國家清史編纂委員會·文獻叢刊

張之洞全集 十二

書札 家書 勸學篇

輶軒語 書目答問

讀經札記 論金石札

古文 駢體文 詩集

弟子記

◎主編／趙德馨◎副主編／吴劍杰 馮天瑜

◎本册點校／吴劍杰 薛國中 彭忠德 魯毅 李珠

武漢出版社

第十二册編輯説明

本册收録書札、家書和論著。書札共五百三十三首，包括底本《張文襄公全集》（北平文華齋一九二八年刊本）第二百一十四至二百二十一卷中的全部三百三十八首，并在編次上略有調整（按收件人相對集中），另增補一百九十五首。書札中凡收件人只書字號或職銜者，注其本名及簡歷，提示與作者的關係。又底本第二百二十九卷載家書十三首，因其真僞尚難確斷，仍照録存疑，留待方家考訂。論著包括底本第二百二十二至二百二十八卷所載《勸學篇》、《輶軒語》、《書目答問》、《論金石札》、古文、駢體文、詩集、《弟子記》，其中古文增補七篇，駢體文增補八篇，詩增補一百四十六首。以上凡增補各首、篇，均在目録中相應標題的上方標示圓圈，并隨文分别注明出處。

書札、家書由吴劍杰負責點校整理，薛國中參加了底本部分的標點。論著中《輶軒語》、《書目答問》、《讀經札記》和《論金石札》（至《董武鐘》）由魯毅負責點校整理，《論金石札》（《董武鐘》以下）和《勸學篇》、古文、駢體文、詩集、《弟子記》由彭忠德負責點校整理。李珠、李華斌、方鵬參加了論著中底本部分的標點。趙德馨、魯毅參加了增補文獻的搜集。

第十二册目録

書札

家書

勸學篇

勸學篇上 内篇

勸學篇下 外篇

輶軒語

輶軒語一

輶軒語二

書目答問

書目答問卷一　經部

書目答問卷二　史部

書目答問卷三　子部

書目答問卷四　集部

別録

讀經札記

讀經札記一

讀經札記二

論金石札

論金石札一

論金石札二

古文

駢體文

詩集

弟子記

書札

致陳熷之大令 一首

去秋曾奉惠函，當擬裁覆，嗣以未得便鱗，遂爾不果，悚歉殊深。今年夏間，再展瑶華，深紉存注。就諗升華凝萃，履候安綏，藉慰馳溯。昨聞榮擢萬全，已升吉座。比維頌聲卓越，新政宜民，補宦超遷，均在指顧。吾兄長才偉器，素深欽佩，區區墨綬，固不足以久羈鳳鸞耳。弟幸託先澤，謬附甲科，時深慙惕。去年九月乞假旋里，今年正月來京供職，現賃屋南横街居住。詞曹清簡，尚便疎慵。惟是寒氈風味，桂玉生涯，長安雖樂，恐居之正復不易耳。拙卷一套，郵呈郢政。尊扇承命塗抹，一併坿上。伏望不遺在遠，時惠南鍼，俾獲遵循，兼抒積悰，是所翹禱。大家兄去夏選授定興教諭，當已履任。二家兄曾經家叔爲之移奬中書，目前即當分發到科。舍間以次，均託平善，堪慰錦懷。 年

九月初六日

致潘伯寅[一] 三十五首

一

前日叨陪清讌，謝謝。目前四方勝流，尚集都下，今番來者頗盛，近年僅有，似不可無一雅集。執事人倫東國，衆流宗仰。晚擬邀集諸君，歘洽一日。如以爲善，便請示知。其譚諸辯論，必有可觀。請大君子主持其間題目而等差之，豈非快舉。如有清興，晚當往約諸君也。

二

兩示具悉。執事同作此舉，極妙極妙。來者必踴躍耳。晚本有此意，未敢冒昧。玆謹當如命辦理，須擇一勝地爲佳。龍樹寺可否，請酌示一地。陶然亭嫌於背窗置坐，謝公祠不能自携行厨也。天甯寺稍疎曠，以爲遠否。所約諸公，即當開送一紙，先奉閲。如有應增應删者，即批示。此覆。

三

兩教俱捧讀，即於龍樹寺可耳。叔平丈如肯來更佳，請入内時商之。來則用端午日，否則初一二日，候酌。作圖人自不可少。李、趙同局，却無所嫌。此兩君不到，此局無色矣。蒓客晚囑其不忿争，執事能使撝叔勿決裂，度萬不至此。則無害矣。若清辯既作，設疑送難，亦是韻事。毛西河、李天生曾於益都坐上喧争，又某某，偶忘其名。在健庵處論詩，至於頭擊，豈不更覺嫵媚乎。鄙意中已有十許人，請將夾袋中探取數君以益之，切切。浙江門下在京者，尚有四五講求學問之人，不審亦可濫附坐隅否。京朝官有韻致者，若董研樵前輩，一輩人同局，亦相宜否。其實已非朝官，大類借裝門面矣。如謂然，即望舉數人見示。丁用之係會試者否。疏舉諸客，並疏所長。別録一紙呈覽，仰候删汰而增益之。

何不曰續萬柳堂雅集，乃云云耶。有大雅在，斷不至此。若獨晚等人爲之，正恐不免耳，方今人少見多怪，使出自晚一人，則必姍笑隨之矣。若翁丈到，更無譏矣。

[一] 即潘祖蔭，字伯寅，號鄭盦。江蘇吴縣人。咸豐二年（一八五二年）探花。光緒八年（一八八二年），以刑部尚書入值軍機處。

王壬秋
桂皓庭
黄元同以周，經學。
趙桐孫銘，浙江庚午科。詞章甚有名。
李蒓客
趙撝叔
相芸甫
陳逸山
楊惺吾守敬，湖北壬戌科。金石、輿地、經學、小學俱能究心。
譚叔裕宗浚，廣東玉笙中翰之子，極聰穎。詞章。

又浙江丁卯通家五人可否擇取一兩人。

王子裳詠霓，經學、詞章俱可。
王子莊棻，經學。
孫仲容詒讓，琴西前輩之子。經學、小學俱用功。
蔡竹孫籛，詩、古文。
張子餘預，詞章。

四

具柬想是各下請帖，帖上是否寫便衣，宜書訂何刻。或午、或未。所謂續萬柳堂者，乃是擬此局命意，非柬上如此書寫也。執事爲方今廣大教主，即以擬之，亦不得爲僭，豈必枚卜後方可耶。王、閻、陳、許、許五君，當增入鏡。初聞已行，即當探之，在則必要之耳。培之先已擬議及之矣。江蘇、山東兩省學人必尚多，望蒐索記憶者以告。如有研翁、培翁，則已有京朝官，若太少，或又嫌偏枯，或宜再增數人否，請酌示。若增，則謝麟伯、詩。許仙屏、詩。倪豹岑詩、理學。之屬，尚不乏也。此論應增與否，否則無庸議，非必欲約此數君也。餘均遵辦。

許鶴巢、王蓮生、閻，請將住處或有衙門示知。

五

頃桂皓庭來敝齋，言已約伴，訂於初二出京，此局只可初一。皓翁學業略與譚論，實不可及，似不可不一識也。望示定，以便速繕各柬。適所奉手教，極有見，除研樵前輩外，應著人去否，芸甫自不得以京朝官例之。即請酌定。今日見翁丈否，可約否。

六

此間所約諸君，不到者四人，有已行者。到十人，尊處送柬有辭者否。假如止十六七客，兩席足敷用否，請酌示。

浙江門人孫德祖所作寄龕詞一卷，附呈大方教之，不知尚可學否。

七

昨日與會諸君及約而未赴者，疏具姓名、鄉貫，遵世叔大人諭，加注耳。別紙呈覽。頃聞王壬秋詩已來，兩主人各得一首。奉贈執事之詩，可得賜與一觀否。桂君作記一首，因治裝悤促，輒用稿書，并納上文，似不經意，正如米元章刷字耳。壬秋之詩，則信精美矣。小作臧否，罪過罪過。

無錫秦誼亭炳文。畫。
南海桂皓庭文燦。經。

元和陳培之倬。經。
績溪胡荄甫澍。經。
會稽趙撝叔之謙。經、金石。
會稽李蒓客慈珍。經、詩、駢文。
吴許鶴巢賡颺。
湘潭王壬秋闓運。經、詩、古文、駢體，辛酉科。
遂溪陳逸山喬森。詩，辛酉科。
長山袁鶴洲啟豸。詩，壬戌科。
黄巖王子常詠霓。經、詩、駢文，丁卯科，庚午科。
錢唐張子虞預。詩，丁卯科。
朝邑閻進甫廼兟。金石，戊辰科。
南海譚叔裕宗浚。駢文，辛酉科。
福山王蓮生懿榮。金石。
瑞安孫仲容詒讓。經，丁卯科。
洪洞董研樵文焕。詩。

約而不赴者六人

鎮海黄元同以周。經，庚午科。
秀水趙桐孫銘。駢文，庚午科。已行。
宜都楊惺吾守敬。小學、輿地，壬戌科。已行。
海豐吴仲飴重熹。金石。
許静。後漢書、古文。字及郡縣俱未詳。
黄巖王子莊棻。經、小學，丁卯科。

欲約而不及者五人。

長沙曹鏡初耀湘。經。
錢唐潘鳳洲鴻。經，庚午科。
歸安施峻甫補華。古文，庚午科。
仁和譚仲修廷獻。詩、古文，丁卯科。
黄巖蔡竹孫篪。詩、古文，丁卯科。

八

門人孫詒讓，留詩一首，代呈賜覽。吐屬致佳，功力殊淺耳。前日散時，忘將册葉携歸，請擲下一幅，當録惡詩奉教。蕁客、益甫諸君子詩望促之。圖成時幸先賜覽。

九

聞西陲遂已肅清，真可喜悦歎服。尊著體例若何，書成時亦藝林一重公案也。楚蜀藏書家、彝器家皆少，容搜索以報。廟市一無所見，真可歎也。

十

極樂卷奉繳，并填小詞一首，因見雅製及蒓客作，姑效顰爲之。執事長短句之宗匠，敢以就正，謂尚可教否。自寫胸臆，故語多悽感，非無病而呻也。委録舊作，本可不作新章。然必欲作之者，緣前日在廉生坐上，見尊札一紙，云看來今年新試官學政及新孝廉，皆不可與通書，讀之不覺媿汗。此數項人埋頭屏氣，百事俱廢，誠有如執事所譏者。晚近來情愫與諸公同，然若於應試文字外，竟不别作一字，未免不武。故特揀平日所不習者而作之，此宋相王淮所謂秀才争閒氣也。自覺可笑，想執事亦必大笑也。

十一

劉四丈札記一卷，皆經説。在敝處，如蒙刊入叢書，盛德事也。韓南溪師今尚健在，未聞有何著述，有兩世兄，一諸生。公牘、書札或當有之耳。鄒叔績經説付刊，此説確否。鄭子尹書似無須重刻，其乃郎伯更秀才，却有三種未刻者，皆劄記，小學兩種，説經一種。別有兩種，曰汗簡箋正，曰説文新附考。姚彦士已刻，但未竣工。惜遠莫致之耳。近日輦下士夫，益不聞有談經學、小學者，可爲慨然。

劉丈詩集，昨大索，竟日止得數紙，其成卷者，竟不知所在，仍須細尋之，若竟失去，是心疚也。焦急不可言，望先將經説付刊爲幸。因檢尋箱籠，乃知晚積年詩文稟艸，亦盡失去，惡劣筆墨，固不足言，若遺失他人物，真負負矣。此連年奔走之所致也。

十二

翁六丈與劼剛自是當代偉人，如不才豈堪鼎足，公言過矣，皇恐皇恐。昨讀陳户部倬敤經筆記，條條精審，真學人也。

十三

開元占經，敝藏是尋常寫本，乃從四庫傳鈔。曾見廣東潘孺初户部有一本，是孫淵如手校，極詳細，若刻此書，想可借來迻寫。空借必不願也。但此書太繁重，必不能刻，雖知有善本，亦徒然耳。

十四

珍貺四種，拜謝拜謝。所謂鰣魚者，燕齊之間謂之合洛魚，江南謂之鮝，與此一類。亦曰鱠魚。晚據郝蘭皋爾雅義疏及在楚蜀時所目驗，定爲鰣魚。詩禮之鮪，爾雅之鮥、鮇、鮪、鰭、當［？］魱，皆此物也，曩以爲此臆斷而甚確，然以語人，人不信也。今讀尊札，先得我心，但不知公所沿者，何人之稱名也。京師人從不以此爲鰣也。便中示及。

十五

日本權少書記官，彼國四品。竹添進一，前日曾與相見，文學頗優，識趣亦正，冠西冠，服唐服，其心亦苦矣。聞其言今秋尚欲南游，謁孔林也。

十六

今日親盡之廟，皆郊配之主，斷無祧理，固非古禮，今日當八聖配天，以後止可論今日之禮，設而不失，其可矣，斷無祭於郊而不祭於廟者。兩廡便成配享，何名升祔。違禮傷義，萬萬不可。後殿亦與禰廟升祔之義有害，禰者邇也，昵也，皆謂最親近也，豈有更遠於祖廟之理。祔者附也，附食於祖也，後殿何附乎。惟有建立世室，有徵於古，可行於今。若必無隙地，袁侍郎之説尚爲近之。謂中殿兩端，各展寬五楹，共爲十九楹，中一楹祀太祖，左右各一楹爲夾室，以備他日藏。祧主在左右，各五楹，爲世室，再左右各三楹，爲三昭、三穆，世廟與親廟中立一墻，以爲區別。其實世室東西各三楹，亦足矣，十世室似可不必也。更思其次，止有併殿增室一議，尚勝於配殿，餘非所知也。或謂世室止宜有二，似不必拘也。周二魯一，公羊魯公稱世室。殷亦一，殷祀契，又祀湯，共六廟，湯即世室之意也，有其名而無其實。虞夏無。既是可有可無，可增可減，安見有定數乎。公羊所謂德盛者流光，德薄者流卑，由五廟、七廟，遞加至九廟，古來已甚有增變也。

十七

手示讀悉。世室本應特建，聞人言無隙地，故姑取袁說，或展寬數楹，占地尚小。今中殿既不能展拓，而東堧尚有餘地，自以毀垣拓地，別建爲宜。惟自古世室皆祀親盡而不祧者，若禰廟即別祀於世室，穆世室之議，意已甚善，但不合古制耳。終與祔字禰字之義不合，非禮意也。今日仍以世室祀太宗、世宗、高宗，穆宗祔太廟爲正。至驚動之說，諸貴人說。意非不善，惜未知禮意，故爲此說耳。若上議時，須先將世室極力鋪張一番，言歷代不當有此，惟周之文武功德極崇，乃創爲之，世室之尊崇，遠過於親廟。我朝歷聖可比文武，故可興此盛典云云，則驚動之說破矣。竊謂議禮者，止可持正據理，酌古準今，有徵於古，可行於今。爲之。或遇他人再有精義高論，舍己而從之可也。若主議者自有成見，必不聽許。禮臣知禮而已，說縱不行，正論不可不存也，幸教之。尊見若謂鄙說可采，敬當擬稿，候示遵行。

十八

若別立一穆世室，此後世世升祔，是二太廟也，是終古無祧之說也。郊配者不祧，變禮之禮也，萬世無一祧廟，非禮也。子孫議祖宗祧，即云不便，祖宗爲子孫豫定當祧之制，無不便也。宣宗且不欲升祔，豈止於祧。今日似正可將以後親盡則祧之禮，豫爲酌定耳。

十九

毀垣別建，費鉅而事繁，便覺有鄭重尊崇之意。可破驚動之說。後殿標名，則有遷移，而無鋪張，恐仍以驚動爲解也。後殿與中殿顯有親疏遠近之別，實嫌於類祧。正論若必不行，再以此說進，可乎。如袁議云云，固無此數楹餘地乎。近日執事會詳規度否。至袁議夾室儘可無須他日，即或有祧主，必祀於後殿，斷不肯藏於夾室無疑，然則又可省兩楹地步矣。

二十

拓地特建世室，上也。借後殿作世室，次也。如袁議云云，又其次也。後殿雖嫌於近祧，然取其與四親廟秩然不紊。袁議則世室、親廟混合爲一，特强爲之名耳。世室安得有十名，雖稍存古義，實則萬世不祧而已。

二十一

兩意合作一議較妥。次一義作餘波。兩廡云云，斷無顯攻之理。竊謂此議似不甚爲難，緣諸臣僅不悉古禮耳，未必有成見也。無私心自無成見。今日之議，即以後萬世之計，無所用私。如果理可據而勢可行，儘可聽從耳。聞廟中林木甚蕃，想不至無可展布也。

二十二

陸農師說確不可易，即使必拘左右一定之說，亦僅可爲古制都宮異廟者言之，與後代同堂異室之制，絕無干涉。如唐之十一室，實祀十一帝。宋之十二室，實祀十二帝，兩代皆兄弟繼統者多。既無虛位，亦無參差，其爲以次遞遷無疑。此外列朝，凡同堂異室者，無不皆然。如左右不遞遷，則十一室豈能容十一帝哉。即使有世無及尊卑，不且紊亂哉。每當祔一帝，必致子居父左，必須間一代，乃順其序耳。行之數千年而無異説，何獨於今而致疑哉。都下不少經學史學通人，試以此義質之，看有能破鄙説者否。此段請飭抄胥增入，切禱切禱。自即使起，至疑哉止。再，袁議細思大有窒礙，如世宗以下，先須移於兩端之昭穆廟，將來再入世室，由中而遷於旁，此不可也。如此時即入世室，則昭穆廟必虚，親廟不備，尤不可也。此兩議彼此牴牾，斷難併用，惟擇而從之。翁議即兩端各增一室之説，晚昨日面談，未敢以爲然。翁六丈囑爲一議，擬即將此稿送與一覽，大約廷議將來必從翁説也。聞李、徐皆用翁説。

二十三

四祖朝〔一〕乃始祖之廟，並非祧。虞、夏、商、周四代，皆未聞於始祖之外，更立遠祖之廟。古禮始祖即是太祖廟。此古無今有，無可考徵者也。然國家既有四廟，則自應在世室之後，無可疑者。可疑者，世室應在旁，不應在後，此則權宜之計，原稿已暢言之。不祥之説，即如來示所言，不惟此也。東頭增一室以祀惠陵，而今上與惠陵同輩，若拘昭穆必分左右之説，則兄弟必同昭穆，將來亦不能居西頭所增之室，是一傳以後，即須另議另建，不待再傳也。國家大禮，豈有毫無長算，動輒聚議紛呶之理。今上當陽詔令諸臣集議，而所議之禮，所更之制，即不爲今上留一地步，尤爲怪絶。至中九楹作世室，兩端作昭穆廟之説，究恐難行。蓋東西占地太長，中殿、前殿、兩廡垣墻，皆須移展，不惟所費太多，紛更太甚，形制亦不甚受看。若其不合禮意處，則世室、親廟混合爲一，原稿已言之矣。若謂世室必不宜在後，則仍於東北徹垣拓地可也。在後本是第二義，正議原在中殿之旁。如謂昭穆不必拘左右，謂與惠陵同輩者，不必在左，可以居於右室。則自世宗以下，以次遞遷而二。即前所用陸農師之説。世宗升祔，毫無難處矣。執事何不更求究心禮學者，使考議之。

二十四

配殿之説，衆論譁然，必不能行可知。即原發此議者，亦必不能再出諸口。若無所聞，必不致爲增室之説矣。然則袁議及鄙説指駁此層處，不如删去爲是。蓋明知此議既廢，何必爲文字攻之，使有激而不聽吾説哉。然則提及此層者，正執事所謂鈍人也。若謂然，則請將鄙説此段删之，并告袁處删之。

二十五

祀世祖、聖祖於世室，於古有徵，於今難行，文武即是舊例，不惟難行，直是難言。必不行，故不言也。增室一間，止增東頭一間乎，抑兩端各增一間乎，乞示。自有同堂異室之制以來，千餘年廿餘代，皆以世次遞遷，從無一人駭異，何也。總之，此不過書生講書，禮官議禮耳，亦知難期聽從也。昭穆一定，朱子亦同此説，前稿有昭穆必拘左右之説，斷然難通等語，實係昏憒失檢。若令人執此以爲訾謗朱子，則罪在不赦矣。務祈將斷然難通四字，改爲勢有難拘。袁處送回時，務請改之。

〔一〕「四祖朝」，疑為「四祖廟」之誤。

二十六

以別建一殿爲餘義，若曰如世室窒礙難行，則擬別建一殿云云。文不必繁，說到世室、昭穆遞遷處，以輕活之筆斡旋之，且以朱子說爲證，朱子論古禮用一定之說，議宋制用遞遷之說。他人說亦不必攻，皆決不行，自不必攻。如此則既陳古禮，又通時變，俗陋與迂執兩病俱可免矣。議禮本忌此兩病。并陳兩義，聽之上裁，尊見以爲何如。一間不行之說似也，爲新主而拆舊廟，一也。費許大工程，僅計目前，二也。九間舊、兩間新，太不好看，三也。新工斷不如舊工之堅久，必下墊，一經道破，人人悚然，四也。且聞此說並非出自極貴人也。

二十七

以鯫生謬見，論之正議既用此矣，篇尾仍將附綴世室一說，恪守古禮，即以恭奉太宗、世祖、聖祖爲辭，既無葛藤，百餘言可了。既不攻駁他人，於他人亦無所謂難堪也。即不見聽，將來書之史册，仍有議雖不行、天下韙之八字耳。非辨典禮，乃計久長也，亦知立言大有難處，決非與執事固執强争，題就我胸臆間，言語不能不傾吐耳。

二十八

第一次以此事下問，在未調秋卿時。即已明白奉答，其詞甚決。乃第二次來札再問，在甫調秋卿後。一似未覩晚前函者，然則執事已有成見矣，晚復何言哉。然盛意虛懷，究不敢負，故以看案之說進，此歐陽公之教也。逆知明敏絶人，一覽顛末，是非自定，此不答之答，不斷之斷也。執事竟不喻鄙意，奈何奈何。今讀此次來札，紙尾一語，精透之至，拍案叫絶，誠哉其明也，紛紛審轉查辦諸公，皆夢中耳。然此非由看案來乎。但積牘過繁，亦須稍求要領。不然即爲人各一是非所眩矣。大約府縣原禀，委員祝棻、太平縣知縣府委往查。將官謝思發原禀，總兵督委，初次往剿辦，最先到彼，先檄歸者，此要之要者也。老法家之言曰，斷案以初供爲憑，查事以初禀爲根據。是非皆易見。晚生長外官衙門，略聞緒論，敢以爲芹美之獻。大約此事甯緩勿率，執事推求數日，必有定識卓解。如雅懷詳慎虛沖，必欲詢芻廣益。敢請閱有疑竇，即以相示，當逐條奉復，庶易瞭然耳。令威君子也，名臣也，再求如此川督，中外有其人乎。此舉則大謬也。是非不相蒙，功罪不相掩，豈以能識六如而曲恕之乎。且識六如者，亦以所辦之事，實是有益於國，無損於民耳。若鹽法果不可行，則六如亦謬矣，何論能識之者乎。

二十九

鄂生爲人，清廉剛直，宏毅膽決，斷爲當世奇才。以某所知者言之，定爲今日司道中第一。在蜀多年，其吏治戰功，士民人人歎服，駱文忠、王文〔勤〕〔一〕雁汀先生。兩公皆以國士相待。不審不理蜀口之言，何因而至。大約近日丁稚公改鹽法，使鄂生總司其事，丁公甚爲蜀商所怒，因叨波及耳。蓋蜀中京官之語，即蜀中鹽商之語也。但稚公改鹽法之舉，却可不必，所謂自尋煩惱。鄂生於此等事亦不應擔承，未免蹈壯往之戒。若遽如傳說云云，恐亦不至是。執事所聞如何，務望示及，擬致書諷之。感幸感幸。

〔一〕指駱秉章、王慶雲，曾先後任四川總督。

三十

鄂生自應得謗。手莞利權，一也。大府舍實任鹽道而任一人，言聽計從，二也。官場故態亦何足怪，但其變法太勇，接物太峻，亦是一病。古來才如劉晏，近代忠如陶文毅，猶不免一被禍，一被毀，況其他乎。堰工一節，近已考據得實，其興工在內外江分流之處，非離堆，云鑿離堆者，乃傳訛也。其失在改舊日籠工爲石工，故致衝決。籠工者，以竹籠盛碎石，若乾隆時海塘之所爲也。成都水利同知，每年開銷七千金，並不修工，故丁公思爲一勞永逸之計，咎在督工者不解治水耳。若仍用籠工，工堅料實，豈非萬世之利哉。要之，丁公及鄂生二人之忠清勇毅，實爲當世上等人材。然其輕變成法，官籠利權，鄙見亦不謂然。蜀人百計欲攻丁公去之，不思兩年以來，弊固有之，利亦不少。如夫馬局、滿堂紅兩件巨毒，一朝廓清，豈是等閒功德。夫馬局者，藉辦差爲名，而加賦也。滿堂紅者，州縣餽送上司，優缺每年需萬一千金者也。以時勢度之，丁公必罷，代者自必盡反所爲。再一反覆，吾恐擾益加擾矣。總之，蜀紳所聽者蜀商之言，京朝所聽者蜀官與蜀紳之言，安得一問之蜀民乎。因來示欲問其詳，故縱筆及之。

三十一

今日羅馬教堂横行中國，自然各種邪教乘機而起，事理固然，無足怪者。豺狼當道，安問狐貍。然第一層既已無可如何，若欲清理內地邪教，惟有修明人事，盡闢巫覡妖妄邪説，可以已之。即如翦髮一端，中外囂然，外省無一處不自相驚擾者。京師五城，煌煌告示，發端即以實有其事四字，坐成鐵案。官自擾矣，民不擾乎。究之實據何在，真犯何人，被翦何害，晚生性迂拙，堅持不摇。然無一人肯相信，亦無一人能相難也。至於歸功鬼神，請封請扁，刊經扶箕，此風天下流行，皆召妖之媒也。若實有已成之白蓮等教，止有清保甲一法，最爲切實不擾。鄙見拙陋，無甚奇策，高識至論，敢請教之。前後三札皆讀悉。

三十二

清保甲，絶盜賊，緝會匪，禁邪教，其法不外乎勤下鄉三字。平淡淺陋，人人能行者也。今日州縣勤於聽訟者已罕矣，況耐煩僕僕於四鄉乎。

三十三

張振軒朝氣方盛，必能力排羣議，爲若農作主。怨則不免，害猶未也。若農膽力甚猛，然好在見理真，自處穩。凡事依於正理而行者，雖有不利，終有退步，無慮也。若雅意必憂之，勸其取財勿盡，舉事勿急，任人勿黨而已。

三十四

來教具見忠告，感佩之至，謹當書紳。維是今日事勢變態，有（迴）［迥］非古來所有者。古來皆權貴之黨與君子爲難，今日則有無數不相干之人，並不足齒於權貴之黨者，無故亦與君子爲難。造言挑衅，横加誣衊，此則無從防耳。其肺肝性情，真不可解，執事已知之，無待覼縷也。權貴不足畏，權貴之黨亦不足畏。何也，既忤其人，則不避其禍。君子既無東林惡習，則權貴不過以其罪罪之，固所甘也。若此輩混充權貴之黨者，誣衊挑播，無所不至，淆亂是非，則真可畏耳。雖然，今日必無黨禍。何也，有清議，然後有黨禍。小人無以自容，盡去之而後快。今也不然。毁譽雜糅，入主出奴而已。清流勢太盛，然後有黨禍。疾之已甚，無往不復。今也不然，偶有補救，互相角立而已。總之，今日局面，文言之則曰相忍爲國，質言之則曰模糊一片，悶氣到底而已。君子小人皆不得行其志，君子悶氣，小人亦悶氣。此論甚怪，高明以爲何如。所謂無東林惡習者何也，鄙人立身立朝之道，無臺無閣，執政皆閣之屬，言路皆臺之屬。無湘無淮，無和無戰。其人忠於國家者敬之，蠹於國家者惡之。其事利於國家者助之，害於國家者攻之。中立而不倚，論卑而易行。當病而止，而不爲其太過。奉公而不爲身謀，期有濟而不求名。此則鄙人之學術也。易曰澤滅木，大過，君子獨立不懼。惟其獨立，所以能不懼也。論語曰君子和而不同，羣而不黨。惟其獨立，所以既和又能不同，既羣又能不黨也。此鄙人之解經，即鄙人自處之道，敢以質之鄭盦先生。

三十五

到廣之日，即逢海警。内防外援，應接不暇。兵食兼籌，無一不難。事機則非常之緊急，而我之人才物力，文法習氣，則無不患非常之疲緩。數月以來，寢饋並廢，燭武之精亡矣。洞所殫精悉慮、全力注之者，尤在征越一舉。今兵機方利，而款議驟成，以後事體尚難豫料，此時惟有仍不懈弛而已。設有狡謀反覆，兵機已鈍者不能鋭，軍心已涣者不能振。官軍入越，桂往者五百里，滇往者千五百里，須行一月。道途險遠，糧械艱難，已退者不能再進，彼兵仍不撤，口仍不開。何以禦之。洞屢次電奏，力爭撤兵，不允。近日復疊奏苦争詳約，此所謂日中不彗，操刀不割，即使口舌勞敝，挽回一兩端，亦不過補牢拾瀋而已。卓識遠猷，尚希有以教之。年來端憂多暇，故書石墨定當時有蒐羅，便中賜示一二，以醒昏疲，幸甚。聞瀧岡之石，乃趙撝叔及廉生各書一分，祈賜拓本一讀，俾得闡揚先德也。光緒十一年三月二十日

致潘伯寅[一] 二首

一

手示謹悉，感戢之甚，當即轉味秋。惟需銀幾何，想頃間必與前途談及，幸賜示，以便遵辦，禱切。瑣瀆不安，肅此陳謝。

二

昨日未能盡歡，悚歉難。定庵、性農兩集奉到，謝謝，並當共□□讀之。

致黃子壽[二] 一首

貴門人王晉卿大著數種均收到。公暇瀏覽，誠不愧北方學者。大戴禮校補極詳審，某亦有十數條，擬補入書中，以備一解。其所擬送窮文，別闢蹊經，詞亦雅而有趣。何時同晉卿來京，盼甚念甚。

[一] 以下二首録自黃氏憶江南館藏《清代名人翰墨續集》影印件，載臺北文海出版社《近代中國史料叢刊續編》第六二輯，第六二九册。

[二] 即黃彭年，字子壽。貴州貴筑人。原籍湖南醴陵。道光二十七年（一八四七年）庶吉士。光緒十四年（一八八八年），官至江蘇布政使，曾護理巡撫。

與王廉生 六首

一

弟今年以來終日勞煩，甚於在楚時數倍。非不欲少自攝養撙節，無如事繁道遠弊多，非如此振刷，竟不能料理妥當。前月考酉陽一棚，山行十餘站，大率荒山絶壁，盤路一綫，險不可言。天氣嚴寒，大雪迷路，不敢投足，舁夫顛踣，從騎隕斃，不知凡幾。此外水程則處處皆灘，驚心動魄，絶無從容怡曠之地。不知當日何苦更改舊制，强令學政親臨按行此一州也。元附重慶棚，嘉慶初年始改。此外尚有最遠甯遠府一棚，亦是舊坿棚後分棚者。又有夔州、眉州亦然。承平時疆臣不知治體，輕改舊章，以後生童益多，試事益繁，棚數益多，道遠日促，流毒無窮，若非學臣鞠躬盡瘁，則惟有草率敷衍而已。此四川試事所以壞，弊竇所以多也，可爲浩歎。鄉試亦何嘗不如此，現在辦法，斷無不草菅人命之理。昨見張朗山、錢湘吟、王耕虞諸人條陳科場事宜，皆洞中癥結之言，未知禮部如何議法。此外尚有無數淘神嘔氣之事，筆難殫述。總之，此差殊非樂境，他日吾兄登第出使時，當自知之。聊覼縷舉之，以代面談耳。弟續弦事並無暇議及，忙亂可知。夏間忽遭大家兄之變，家事尤爲棘手，心情蕭索，更不待言。幾及一年，未與京師交友通信，此時有一事可以懸揣而得大約，凡在京與弟相識者，早已謗書盈篋矣。甲戌除夕，忠州考棚

二

夏間得手書，具感注存。弟近況平平，回省兩月，亦仍然寢食不暇，人斷不信也。今有一快事，漢上庸長司馬君臺神道，曾見繫釋，後遂無聞，頃爲弟訪得之，拓本一紙奉鑒。又唐永徽二年修學宮碑，今亦求得之。此外尚有唐刻數種，在執事則以爲不足重矣。

三

大考一等，簡擢侍讀，此稽古之力，非後生俗學以律詩律賦取勝者比也，欣慰欣慰。賦題出梅氏古文，公必有獨見，分曉處當有一序解説斡旋之，望詳示，論亦必有考據。此時想已補缺矣。得勝之師，考差亦必指揮如意，公甚憂貧，八月再盼佳音耳。代購書籍各種，感甚，惟已有通鑑紀事本末，似不宜複出李燾通鑑長編。此書擬留以自用，望再尋一書足成之，但須莊雅得體者，不拘何時版本，能兼有陳善進規之義，如通鑑等類者尤佳。弟公事艱難，精力日衰，其苦殆有甚於大考者。貴繆師竟考下等，深可惋惜。然我兄平生攻古文尚書，而以古文尚書遷官。貴繆師平生長於目録之學，而以書目筆誤奪俸。梅賾可謂以德報怨，唐太宗可謂以怨報德矣。

四

蟋蟀詩傳曰：及其歲晚務閒之時，乃相與宴飲爲樂。不才身處唐魏，歲既晚矣，而仍不閒不樂，可謂不學詩者矣。得賜書，深慰馳仰。新居既佳，何不買之，早定居處，可以位置清閟閣中物事豈不勝於墨子久居朝歌乎。頃亦接信卿書，知外舅於明春方北上，謹已掃榻祇候久矣。津貼事大農何爲不懌，恐是謡傳，幸道其詳。附去三十金，敢懇過市時代求有風趣物事數品，以娛勞

人新年。破書棄扇皆好，如價貴不足用，乞示知補寄，幸勿以一無所遇見覆也。 光緒九年十二月

五

歐公象，頃思之甚不難寫，現有耳白於面、脣不掩齒八字在此，即鑿鑿畫案也。檢架上舊藏歐集，恰有小象可橅臨。然日内即能畫出裝褾，焉能趕辦，高明有何妙法耶。頃函告司農，不知渠意如何也。

六

連奉陝西道上及抵成都後手教三通，甚慰甚慰。進則循陔，退則聯床，人生至樂孰過於此。又以其餘搜羅古器，譏彈俗流。天不我禁，人不我責，南面不與易矣。屢次外舅賜與存問，感不去心，許久未作一簡，疏慢之咎，其又奚言。然公私焦慮，苦於搦管，惟閣下知我艱耳。

致王廉生[一] 一首

弟在此刊書目以示生童，意在開闊見聞一，指示門徑二，分別良楛三，其去取分類及偶加記注，頗有深意，非僅止開一書單也。更有深意，欲人知此所列各書精美而重刻或訪刻之。特自知謭陋，以職司所任，不敢謙避，其間舛漏必多。特寄上一本，請爲補正，至感。補正後，請疏於別紙，分條速即寄川，以便改補。又一本一函寄繆小珊進士，望轉交，屬其訂正，亦即詳列見覆爲要。此物可作公牘觀，不可作著述觀，蓋不得已也。或與潘少宗伯一觀，必無暇詳覽，但能指摘其體例大端亦好。所以不逕寄者，嫌於自衒。如非同道，不必與看，免致徒招脣舌。然此舉作法自敝，於買書大不便矣。又輶軒語一本，説更淺陋，亦呈一覽。此真是告示公牘一例物事，本不足登大雅之堂，不過欲使執事知弟在此勞精敝神，舌敝脣焦，大率皆爲此等事。此物雖潘宗伯亦不可與看，見之徒令其罵耳。 光緒二年閏五月

致王廉生[二] 三首

一

再啟者，弟自調任鄂邦，晌逾兩載。前者在粵建議開辦鐵鑛一疏，誠見洋鐵之漏卮過鉅，思所以收回利權。鄂中煤鐵均屬豐盈，自抵任經營至今，體段漸備，今年秋、冬成效當有可覩。其餘織布、槍礮兩局亦漸有規模。楚疆地連五省，地方各事措置爲難。去年教案猝多，幾開釁端，奸民乘隙句煽，防不勝防，加以會匪黨羽衆盛，到處思逞，精神若稍不到，事體即不可言。此皆近日棘手者，幸經悉力分別維持懲辦，始獲漸告安平。惟際此時事日艱，老態日度，自撫鬚鬢，時用慨然。閣下愛我，何以策之。再肅，并頌升祺不盡。

能向廠肆求一二佳扇面寄下乎，渴盼渴盼。鄂之陋甚于嶺南。聞楊守敬在日本得唐經宋槧無算，爲京師人分去，我兄亦得數種，

〔一〕即王懿榮，字廉生，亦作蓮生。録自胡鈞編《張文襄公年譜》卷一，頁十九。民國二十八年鉛印本，北京圖書館藏。

〔二〕以下三首録自苑書義等主編《張之洞全集》第十二册，第一〇一二七至一〇一二八頁，河北人民出版社一九九八年版。

確否。如知其尚有未售，精，亦幸示及。其人方以所藏求售，知其名，方可托人購之也。

二

今年親好比不得外差，悶極。仲約書來，甚屬望於兄，當尚有仲補缺之望耳。兒子到之京，令其徑報門館，欲執事約束稽考之耳。得電知埸前借寓盛齋，埸後仍依左右，飲食教誨，感何可言，謝謝。漢甫侄婿埸作，當必得意，甚盼附驥尾耳。十侄女仰蒙慈愛，不意其夭折無福，聞之深爲酸惻，嘗致一電，想已入鑒矣。

弟今年多病，昨日漸差，交涉公事尤棘手，當不知如何歸結也。兒子如在京，請趣其速回鄂，至感。

三

旋奉惠書，承賜朱少河尺牘一册、戚少保詩文集一函，珍荷無量。南塘當日在西湖上談詩，大爲諸名士所窘，今日此輩酸子已如飄風腐草，消歸烏有，而南塘詩文集得我兄搜羅於四庫抽毁之餘，創刊版本，流播世間，從此定當永永不朽，如我兄者乃真名士也。信卿三兄之女與再同之子聯，近始知之，已過門否。前聞喜期定臘月初二日，想已辦過。鄂省鐵款續請百萬，不審大農意如何，近日必已議論及之，如有所聞，務望速示。沈妹省留闈，漱老可久署憲副，將來必可真除矣。仲弢言訒庵所購萬季野明史稿草若干卷，乃經人謄寫者。萬季野墨迹執事必見之，如是萬筆，擬商訒庵相讓，否則不必。即非萬筆，如與明史定本及横云史稿本大有異同，亦極可艷羡也。然此亦是姑妄言之，如訒庵極珍愛，則亦不必提。前函向台端乞巴魚子，甚爲延望。手泐。敬頌新喜，并請開安、閣弟安好。

與侄女一信，請閱后付之。其琴學務望諭其勿荒，切懇。漱老、仲弢、再同、訒庵、柏泉均代致歡，此次不及作函。

再，令弟總戎公，未詳其號，祈示知。頃聞其因事詿誤，有應繳公款三百金，現已措繳，懇現護將軍開復，不知允否。此間與西路諸公隔膜，擬特覓人爲之言，不知能濟否，且不悉原因，恐云之亦不中肯。京師較易爲力，兄能一籌否，并望示其詳。愚弟又及。

致譚叔裕[一] 三首

一

一再談讌，温克過人，淺學粗材，不覺傾倒。頃奉到駢文兩册，即亟炳燭展讀數首，閎麗之觀，方駕芥子宕逸之氣，足藥穀人。近世當家已足，高參一坐，明日早起，從容卒業，瞠目撟舌，抑可知也。惜會辦嚴，未獲款洽，相見殊晚，藴結而已。

二

束裝倥偬，未得盡言，寸心耿耿。到新都縣爲瑣事句留一日，餘日皆夜半抵寓。篝鐙倦眼，不能竟書，今始作就奉覽。凡七單，原交單三，原交單面典吏經制字，單内批抹，皆夏書也。續出單一，公事單一，碎事單一，涇渭單一，皆紅摺也。續出單者，前人未言及，

[一] 即譚宗浚，字叔裕。廣東南海人。同治十三年（一八七四年）探花。工詞章。光緒二年（一八七六年），繼張之洞之後任四川學政。

本任始查出。路門同年，除付原交三單外，更無一字一語，今辱下問，竭誠奉獻。行旅疲薾，蒐索輳集，想不責其遲也。其實公私一應事體，皆在高明裁決，此荃蹏耳。涇渭云云，所不言者，非不記也，秘密爲要，請一一見而試之。參以諮訪，鄙説不足據也。涇渭無定，在上轉移。裁汰各條，當時蓋有所不得已而，然亦知過當。然有明文者，皆指本任而言。文無定法，惟其是耳。執事家學淵源，文章淹雅，海内曾有幾人。前聞旌節之來，逢人輒道蜀士有福，所望大雅宏達，爲弟彌闕救過，滌煩除苛，實爲原幸。身雖去蜀，獨一尊經書院，惓惓不忘。此事建議造端，經營規畫，鄙人與焉。根柢淺薄而欲有所建立，誠知其妄。今日略有規模，未臻堅定，章程學規，具在精鑒。章程有稿存案，書院記即學規。斟酌損益，端賴神力。他年院内生徒各讀數百卷書，蜀中通經學古者，能得數百人，執事之賜也。此次語言文字不能盡者，具在三年案牘，如不嫌污穢，澄觀六寸之簿，兩日可畢。各房稿簿有牌票簿、咨揭簿、劄文簿、詞詳簿、呈詞簿、挂牌告示簿、題目簿之屬。弟於文學雅非所長，獨於吏事頗爲究心，然以鈍根人辦細碎事，自知可笑，亦如歐公在夷陵通閲舊時案牘，聊爲執事遣日之助耳。三月條奏，請向五六月邸鈔中尋之，便以存案，行篋不能檢，檢得亦不能鈔也。舊稿有不能載者，或事體繁碎，或原委曲折，或規矩法令不能形諸筆墨者。吏問之賴何，書問之龔煥然、陳肇仁、譚玉崑、謝思澤、吕友仁，經問之劉級升、車積章，此數人皆常侍側承令而較明瞭者也。通省佳士，豈能蒐拔無遺，就目力所及者言之，大率心賞者，盡在書院。請飭吏將歷年調院者，無論正備，總開一摺，分注籍貫，隨棚驗之。惟涪州陳驤瀚能文通算，因知其處館未調。丁稚翁前輩到鎮後必謀山長，或仍舊委員，或定議延聘，或議而未決，敢請馳書相告，幸甚幸甚。此爲官也，非爲私也。更有兩細事極不能忘。院署本甚湫隘，廳事之前則臺榭障蔽，内衙之後則朽壞山積。弟鋭意剗除勞人傷財，頓爲一快，偏種棕、花、竹數百本，充塞無罅，四時芳馥，稍有佳趣。房廊池亭，略有改作，灌溉培植，是所翹望。廳事東偏新造碑廊，以庋弟訪得石刻三種，漢一、唐二。漢石尤希異足珍，若得時一按行，勿令殘毁，何幸如之。舍親朱必禄，廣西臨桂人。試用典史，無以爲家，前已縷陳懇派巡捕，此事乃本衙門爲政者。渠與弟至戚，非若葭莩之比。東西兩粤，亦同埘鄉，幸惟推愛，感何可言。如可便請速定，如必不可，亦請明白告彼知之，以便報弟早爲設法，拜禱拜禱。入署想已諏吉，遥賀遷喜。十一（年）［月］二十四日亥正左縣公館作（一）

再啟者，劉步雲事已更正否。經制因此人差事出色，場内公事，弟多令其指揮，遂懟嫉而惡之。典吏糊塗，公然聽從，其他皆飾説也。昨在新都，詢問林肇棠情形桀驁，答云早年無此名目，課績房乃照舊案開造。試思天下衙門，豈有舍現行事例不用，而遠引數十年前之老例舊案者哉。若必以例言報部，止有承差，何從別有經制耶。何朝俊者，乃何子貞前輩，時考列四等，革逐之人，即係交替時蒙混，擅自添入。弟早已查出，始念其老房，又無多事，勉令備員。乃渠因素不爲弟所喜，遂敢如此。乃悟五鼓送册，職是之由，天下之惡一也。若交替時一切如此，國無政矣。但此兩人林、何本屬糊塗，或由無心，弟所望於報事者，更正而

（一）許同莘編《張文襄公年譜》頁十九：光緒二年（一八七六年）十一月，任滿將受代，交卸啟程，至綿竹，與譚叔裕學使宗浚書。據此，「十一年」應為「十一月」之誤。

已，不望深究也。萬勿深究，切禱切禱。深究則若輩積怨，必一切陰壞弟之成法舊案，沮撓新政矣。再，本日繙經承册，又得一誤。承差尹國藩，乃弟於九月半親筆諭令提升，名列第四者，爲其穩練差使，勤以頂戴，鼓厲之也。今底册仍在原處，殊不可解，是弊是誤，均不可知。特將九月由弟親筆更改名次之册封呈，請查詢衆經承便知。但問尹國藩何以頂戴入謝，顧文焕何以並無頂戴，即顯然矣。種種疏舛，實深愧赧，惟希更正。若原無此説，弟儘可稱薦其人，懇提名次，不至誣吏書也。幸鑒之。

三

緜州奉布一牋，諒登籤掌。辰維春和煦物，衡鑒延釐，即迓芝綸，良殷藻頌。弟北行以來，天寒晷短，入秦境後，時有風雪，祀竈後方達西安。開正六日，换車前發。承派護送承差、快手等，一路極爲勤慎，甚覺得力。長途皸瘃，勞勩備嘗。兹令其回蜀銷差，務祈録其微勞，酌加鼓勵，以爲激勸之助，是所感禱。緣向來陸路送差，未有如此達行者耳。至承差尹國藩卯册錯誤一節，前函業已縷布，伏望俯賜更正，幸甚。蓋承差名次先後，無關實際。其頂缺不係乎此。渠經拔升後，頂[戴]出入，衆目共覩，務望飭還其原列第四之名次，免致弟以口惠抱慙，則幸甚矣。光緒三年正月初六日西安倚裝[一]。

補録前三單未及數條

一、幕友斷不必用本省候補人員。

一、内巡捕、常巡捕斷不必用。

一、夔州府三節皆有節禮。

蜀才甚盛，一經衡鑒，定入網羅。兹姑就素所欣賞者，略舉一隅。

五少年

楊鋭。緜竹學生，才英邁而品清潔，不染蜀人習氣，穎悟好學，文章雅贍，史事頗熟，於經學、小學皆有究心。

廖登廷。井研學生，天資最高，文筆雄奇拔俗，於經學、小學極能覃索，一説即解，實爲僅見，他日必有成就。

張祥齡。漢州學生，敏悟有志，好古不俗，文辭秀發，獨嗜經學、小學，書篤信古學，不爲俗説所惑。

彭毓嵩。宜賓學生，安雅聰悟，文藻清麗。甚能深索經學、小學。

毛瀚豐。仁壽學生，深穩勤學，文筆茂美。

以上五人皆時文詩賦兼工，皆在書院。美才甚多，好用功者亦不少，但講根柢者，實難其人。此五人未能深造，尚有志耳，已不易矣。此五人皆美質好學，而皆少年，皆有志古學者，實蜀士一時之秀。洞令其結一課，互相砥礪，冀其他日必有成就。幸執事鼓舞而教育之，所成必有可觀。

四校官

楊聰。酆都教諭，楊鋭之兄，博雅好學，文章遒麗。

蕭□□。雅安縣教諭，尚屬博洽，好學不倦，讀書細心。

李星根。署茂州訓導，讀書不俗，好古能文，詩才尤佳。

譚焕廷。梁山教諭，風雅善畫，其尊人石門先生是績學。

[一] 底本未系年月，今據許同莘編《張文襄公年譜》第二〇頁補。

致李筱泉、彭芍庭〔一〕 一首

違教以來，迴溯無閒。祇以政務孔殷，未敢以尋常簡牘相慁。昨奉賜書，深慰馳仰。稔惟偉績崇閎，蕃祺茂豫，志同道合，綱舉目張，奠南紀於磐安，儲中朝之枚卜，私衷翹祝，豈罄敷陳。之洞學術迂疎，備員法從，孤行愚戇，無補清時，濩落浮沈，無足言者。來教興懷文獻，將有續修湖北通志之舉，具見雅識宏規。見定體例宗東原之說，續其所有，補其所無，續輯者坿刊各門，舛誤者別爲補正一節，義例精善，已得大綱，佩服佩服。至尊意欲以總纂相委，惶媿却顧，非所敢承。其不可有七。學殖本淺，近益荒廢，澀如寒竽，不能勝任，一也。家事駁雜，憔悴傷人，性又好爲杞憂，益多煩鬱，邇來神思日困，憚於搆思，艱於握管，二也。考耆舊識前聞，必資邦彥，始易集事。惟楚多才，乃遠擇一京朝官以爲領局，必非楚人所樂，三也。按卷寄覽，刻期待報，以疲薾鈍滯之材，加以疏嬾健忘之性，必致延閣逾時，有誤局事，四也。方志以地理爲大宗，地理以目驗爲定案，原本山川，極命草木，遥領臆度，皆成甕言，五也。勘誤拾遺，當據前代圖書，近年吏牘，鄂局自必求備，京邸何從得此史料乎，六也。順天志事，自以分屬桑梓，無辭可謝，然終以力小難任，僅爲草定體例門目，以後便脱然事外，此芍公之所知也。小棠京兆屢申前議，堅詞峻卻。開局兩載，一不與聞。此時成書幾卷，入局幾人，功課是否中程，條例有無更變，懵然不知，亦不問也。今若從鄂志之役，其何以解於萬尚書、周京兆乎，七也。綜此七端，豪無飾說，非敢方命媿謝而已。惟望別訪通儒，付兹鉅任，幸甚幸甚。如必不鄙愚蒙，或俟將來開局後，遇有義法文辭疑難未決者，隨時郵示，諮詢所及，效其一得，其知者請以臆對，不知者謹從闕如，如此則進退綽然，毫無窒閡。仰酬雅意，如斯而已。抑又聞之，自知者明，薦賢者公，若總領必無其人，則有敝門人樊生增祥，字雲門，文學博雅，才思敏贍，日下名士，罕有其匹。去年以庶常改官縣令，待闕未除，旋以憂歸。竊惟楚人習於楚事，使處斯席，遠勝鄙人，惟大君子裁之。

致張幼樵〔二〕 四首

一

昨日所録論結字兩紙呈鑒，一隅中一隅也。非前日抽出之紙，抽出者仍緩呈。尊札病在執筆，昨已盡得其故。所以有上廣下狹、上長下促之弊者，上三指分布太疎，附管太直，逼管太緊，腕骨着力太實，腕實由管緊，管緊由指直，消息次第，須體會了然，方得救之之法。以致筋絡弦急，不能進退，故左畔直畫常向右，緣行筆至中半，爲手背大筋所掣引之使右；右畔直畫常向左，緣行筆至中半，無名指尖爲虎口下大肉所障遏之使左，此下狹之故也。凡行筆取勢時，有毛髮阻遏，則勢敗而不行，貝字、八字常苦局促，亦由于此。

〔一〕即李瀚章，字筱泉。安徽合肥人。李鴻章之兄。拔貢。歷任湖南、江蘇、浙江巡撫，四川、湖廣、兩廣總督。彭祖賢，字芍庭，江蘇長洲人。舉人。曾任湖北巡撫。

〔二〕即張佩綸，字幼樵，號蕢齋。直隸豐潤人。同治十年（一八七一年）庶吉士。曾任翰林院侍講、署都察院左副都御史。中法戰爭時派赴福建會辦海疆事務。以下四首録自苑書義等主編《張之洞全集》第十二册，第一〇一三五至一〇一三九頁，河北人民出版社一九九八年版。

每字上半筆勢必稍翹起，此自然之勢，人人皆同。故尚不覺，至下半時，筆爲寸口所拒，即掌後診脈處。不能舒長，只好隨便收煞，此下促之由也。波磔苦短，人字頭苦平，亦由此。宜令指稍進，腕稍退，則腕虛筋緩，惟吾所欲爲矣。將指稍斜，食指稍下，中指稍緩，則自然進，前肘退則腕退。結體不同，由於用筆有異。用筆由於執筆，盡改雖難，略變尚可。戰國策老人教養由基有支左絀左之說，政由肄書求之於執筆也。請試參也。如竟不效，夏楚不辭也。弟自不能書，拙劣在四五十人而强聒高明以書法，洵所謂不自見其眉睫者矣。昨夜尊論，甚感啟迪，豈以爲忤，殆誤會耶。容再詳談。

今日爲高麗人所困，到劉宅已晚，鐵生前輩處竟不能到，大約主人必甚索然。

尊作吳詩跋，自以他人書之爲宜，然王君書與伯潛書仍相近，既不署名，何由知非陳書耶。似可以稍大行書書之，弟見宋版書行書序跋多矣，惟裁之。光緒五年十一月初十日燈下。

二

昔葉天士見一病者，謂不可治，薛一瓢鋭然治之，竟愈。鄙人請爲薛生何如。

荀子云，矯枉者必過其直。今請爲執事説矯之之法。此爲救病，非通義也。此先救上廣下狹之弊，非上乘禪不得不然耳。

波拂宜長，如東、天、木、火、攵、殳、石、碧、左。

下垂直畫宜長，如筆、申、干。

屋脊直畫大且下覆，如金、春、翏、侖。

左偏旁宜左，如氵、亻、言、車、糹之屬。

有鈎直畫宜偏右，如則、寸。趙書凡無鈎趯者亦擬偏左。

兩直畫平行字，宜上斂下侈，如門、用、川。

匡廓宜豐下，如國、向。口勿過斂，義、同、口、白、而等字，下不能不稍收筆，圓内抱則不嫌。

之繞宜令作波下垂，勿平出，如達、趙。

有鈎直畫，宜讓出放長，如可、將。

有偏旁宜長，如木、扌、言、耳。凡字形長短定於下手時，而不覺左長則右長矣。

用筆之病多虛鋒，入重出輕，結尾處草草。大抵是不實、不到、不留三義。實然後有血，到然後有力，留然後有味。用筆腹，勿專用筆鋒，則實矣。力在筆腹，則墨下注，故實。

波拂波即磔，拂即掠。稍緩，起落稍匀，則到矣。作波處用力在内。

鈎趯稍短稍厚，每字末筆須經意，則留矣。

通幅筆勢，皆趨於右波，竟與勒即横畫。相似，宜令斜趨亥角爲佳。以十二支譬況字之方位，本史記正義。亥角，即奕譜所謂入角也。

結字之病，上廣下狹如聚頭扇，上長下促如折足床。

勒稍短稍肥，努啄稍輕稍緩，策亦同努稍長，其有趯者，尤宜稍長，則字形自然豐下矣。亦頭不宜過寬。

結體與用筆相同。尊札筆勢大率東西勢多，南北勢少，試一參之。

執事豐潤人，書訣即於兩字求之。結體求豐，用筆求潤。更有一捷訣，每字於字尾加意，自然豐潤矣。之洞本不知書，書訣更不盡於此，今姑就尊札所不足者妄言之。食指、中指不能改，可將大指後卻，以第一節之上側畔抵筆，推管向外，令管勢稍欹，内無阻閡，自當流暢。若卧筆，惟腕虚指活者，乃可用，非正法眼也。請照此所説一試，何如。

癸亥同年之循吏者，知山東歷城涿州全鑒之、名干錡。直隸苑縣〔一〕淄川鄒岱東、名振嶽。四川達縣高苑張夢符名瑞麟。也。

垂問筆法，另紙録上。詩題無從思索，請拈數題見示爲感。令侄與伯潛兄弟皆書家，而必詢芻蕘，良所未喻，豈秘之不言耶，抑持論不同耶。　光緒五年十一月

三

前次所稱，皆形迹顯著者，似不待求之悟境也。謹摘數字於左，惶恐惶恐。此次來札中之字。

上廣下狹、上長下促二病，請先祛之何如。

聞得教圓頁處彳。此數字皆上廣下狹。

聞得教圓頁處彳用用。用字上長下促。

尊札枯率之病漸減，狹促之病未去。前云矯枉者必過其直，兹知真書，似尚不及直也。有直畫出頭之字，上出長則下引自長，請察之。推之用心，似乎深文。別紙讀悉，大意極是，似宜少緩。　光緒五年十一月

四

奉書時，適會爲人作答，及裁覆時，又加覃思，故爾遲遲耳。緘封將發，忽然思之前所陳者，連篇累牘，猶未見諸采擇。再進多端，徒滋眩瞀畏難而已。故復將此紙抽出，俟前説稍效，方及其他，但先以四字捷訣奉上：筆背着力。

尊書脱漏太多，必是答其字難寫，遂亦超越，此書家大忌也。善書者不避艱險爲一長，其意可知。竊謂以後似可日臨蘭亭正文一通，跋語數條，爲正課。此外，則縱横錯雜，重復顛倒，不妨矣。

張信讀訖，仍納上賈人之褚，自足令苟萏感德，與實出者何異哉。桑、郭合璧一節，頃已函致高陽照料，若謂無益，或更其名曰幫同經理。其實宜日參與謀議，惟不便立此名目耳，明日晤高陽，可詳言也。

請郭君先勘一節，務望明早早爲之。手示及日間所留尊札，均已展讀，謹分别記識奉繳。惟兩日之内，所做止此落落數行，如不欲戰，何也。前所謂隨意揮灑皆可進功者，謂正文之外，無妨涂抹狼籍，然亦必須有成片段文字，方能取筆勢求章法也。　光緒五年十一月　日

致張幼樵〔二〕　十九首

一

來示四條，皆考今不考古之事。西域、畿輔水利，前人早有專書者也。釐金不須論者也。宋之經制錢即有似乎今之釐金。此事衹論今日利病，不必究其源流也。東三省古事甚略，且今昔迥殊也。盛京通志荒率已極，私家考訂必更不易，即使既博且精，不過考黄龍府在何處、斡難河在何方，何關經濟。近日諮訪自遼來者，種種怪異敗壞之狀，非疇昔所有。蓋本朝異於前代，今日又異於全盛時矣。欲講求此三事，惟在稽

〔一〕清代直隸無苑縣，而有清苑縣，似脱一「清」字。

〔二〕以下十九首，原題為「致黄齋」，録自黄濬《花隨人聖庵摭憶》第三〇四至三〇六頁，上海古籍書店一九八三年版。

諸近日奏牘，或訪之故吏老兵，期於洞悉今日情形而已。至於古今竝考之説，乃就成功後貫串旁通言之。若用功下手之時，定應分爲兩事。惟地理家援古以釋今，注經之名物一類，可舉今以證古，此爲古今同時竝考者，與今日之意皆不合。光緒六年冬

二

昨夜思之，若欲有所撰述，他體裁皆不宜，擬爲皇朝經世文續編。止須蒐羅五十年來奏疏吏牘，并近日名家文集，選擇録之。此體有畔岸而無偏倚，得尺則尺，漸次推廣，可以求日進之功。惟奏牘須求諸樞曹、史館、内署及積年邸報，亦不易耳。然此體有今無古，若以古今通爲一書，思之未得其方，望閣下與伯潛兄商度見教。光緒六年冬

三

來示極是。經濟之學，讀官書尤須讀史傳。前夕之談，弟所以亦以考古之説進也，若各爲一事，古今兼考，自無所妨。惟三人結課，如何考校印證，思之未得其方，望與伯潛兄議之。光緒六年冬

四

得天津發書，甚慰。合肥事，以求杰士、汰宵人爲第一義。戰艦以多爲貴，蟲船既不可恃，鐵船不必阻止。勿購易，海戰難，控大連灣、旅順，是海戰也。戰倭易，戰俄難，兩鐵船僅足備倭耳。合北洋三口之税以養水師，沿海屯防，自是勝算，能力贊之否。求開屯之人才而不得，決無此理。初五日集議，駁去一條，

晦庵先生所謂徒多爲人所憎惡而已。光緒七年

五

時事如此，孰不痛心。乃有傾危細人竟欲乘機徼利，令人憤恨。某已危言切論，力排其説，不知果能中輟否。可嘆可嘆。光緒七年

六

藥釐事，恪靖專疏言之，不提税，但加釐，已下海關、督撫議行，津門當已備知，并未知照威使。此舉奇横有趣。中國事向來失之弱懦，此卻太横。但積弱之后，稍變局面，亦可令彼族奪氣。十日之内，威使必至譯署饒舌，諸公須撑持得力方妙耳。光緒七年

七

適間露坐，偶一仰觀，慧星已掩四輔，犯北極，指勾陳，第一第二星之間，光氣尚長尺餘。鄙人素不信占候，安得天下盡如鄙人堅持天遠人邇之説，力掃術士陋談乎。臺官如曉事，不以此摇惑人心則善矣。光緒七年

八

閻丹老處，昨遣弁持書往，但云有旨須當面傳知，未言何事。答書以體病天寒辭，屬將中旨録寄，并云如係起用，實難任職，但候至四月間調養稍愈，無論出山與否，必當入京面聖等語。已再派員敦請，二月初十日邊方有回信。總之，丹老無病，精力猶

强，年才六十五，其心亦未忘君國。所以堅卧不起者，自云因在山東奪情。決非因黄巖事，丹老自向人屢説之，以爲於心無愧，如引疚不説矣，傳言妄也。據所親及山西衆論，皆云不願作京官，且不願進京，恐花錢耳。前年臘月衛放晋撫時，或謂傳放丹老，聞之絶無遜謝之辭。時在解州，次日即回朝邑候旨。以此觀之，心未忘此可見。 光緒八年

九

此間有知縣黄縉榮因公降調，查例有得有升階，可以抵銷之條，遂援此例上請，竟遭部駁。大冢宰之賢，何乃不能與文法吏争乎。若從此開一准抵之門，豈非愛惜人才之道，亦賢冢宰所樂爲也。擬爲再接再厲，尊意如何。 光緒八年

十

江南加新引，以兵威塞蜀鹽以下峽之路，此是霸道。且亦非霸道，乃亂道也。既許楚收淮釐，淮本愈重，川私之本愈輕，其能塞乎。 光緒八年

十一

潛邱決計四月入覲，渠自有謝疏譯發，早已早見明文。渠此疏辭大農而允入京，以愚見肊度之，自是文章波折層次。十召不起，超遷即來，於理欠圓，不能不爾。加以諄命必可拜官，一出真不容易，想朝廷必不肯放之還山也。總以爲此老費盡氣力，曲折甚多，尤要在馬卿一人之力。大農位置自是極好，鄙人因到此，聞其願外不願内，故初意盼以疆圻耳。 光緒八年

十二

新疆郡縣定議若何，劉、張兩疏甚中事理。藥税不宜云怯，必以遞減爲度。前醴陵有書海外事，某可自請與聞，此豈所能自言者哉。竹筠不來，總由某命應勞苦耳。 光緒八年

十三

入臺以來，豸冠增氣，激厲之道，可得聞乎。丹老想時相過從，能隨事開説，化其厭薄洋務之見爲佳耳。 光緒八年

十四

大賢讀卷，首甲不應無人才。殿撰陳君是何等人，幸以見教。越事朝議若何，聞寶使又留，非無轉機也。仲弢首選可喜。 光緒八年

十五

近日諸詩家詳加品第，空同一，大復二，青邱三，牧之四，水部五，和清六。若此數家與仁者聯鑣而進，則爲詞壇全璧矣。六如詩筆，老子頽唐，近乎油矣。北雁詩亦不出色，近有一疵。 光緒九年

十六

讀蒲州所發大咨，知旌節已近，至爲慰仰，何神速乃爾，嘆服嘆服。改道一節，尊意以爲不便，當仍於王胡驛奉候。霍州、

薄州兩次人回，賫到手書，具悉一一。兩公極賞碧川，足徵具眼，誠今日晉史第一長才也。承詢各節，體訪不得端倪。此次軺車所過，清風肅然，歷來未有此六論也。光緒九年

十七

奉覆書，具悉一一。聞黑旗之捷，甚快。日來又有戰信否。此誠公過慎重，已屬滋老力鼓舞之。樂山樸實端方，一洗塵俗。此等舊書陳畫，置之琉璃廠中，大非俗目之所悦，而鄙性之所嗜者也。昨日得外縣報，忽亡一賢太守，阿林亭，潞安守。爲之頓足悼惜，不能已已。人才本少，俄損其二，謂林以病去。真不可奈何也。口外大青山以北甚旱，去秋至今夏。駝馬僵斃殆盡，站夫逃散，臺站中絶，謂賽爾馬蘇一帶。此非小事。光緒九年

十八

此間冬春無雪，以致新年無歡，兼有刑案數件糾纏，豪無佳趣，日來始稍輕快耳。鐵鑛正是鄙人刻意經營之事，正在籌辦。(通)〔適〕奉公函，欣幸之至，敬當奉行。但既責以此事，惟望天不奪吾晉，始可有成耳。洋軍火已籌鉅欵往購，趙任所置，今烏有矣。此間軍裝局直同兒戲，所存有狼牙棒、月牙鏟、三股叉之類，全是戲劇。辦軍需二十年，糜費千餘萬，而其械如此，可恨，可惜。此即是陳湜諸人所爲也。聞稷門妄談，窘急之至，詳具明齋詩中。其詞危苦，若猶不見諒，只有乞蓮花池作祠禄耳。

光緒十年

十九

時事憤急不可説。邸報見閣下乞假，宵旰憂勞，假滿必宜速出。總之，閣下今日萬不可退，退則此局全輸矣。國事如此，家事衹可寬懷。高誼極欽佩，惟萬不可激。枝節愈多，形迹逾離，以後無從補救矣。此事公私雜糅，是非互見，氣宜壯，心宜平，神宜定，方可爲也。光緒十年

與張幼樵 二十首

一

弟廿二日到太原，廿四日到任。途中晝夜奔馳，到後喘息無暇，勞瘁殊甚，大約新正開印以前，可得數日清浄耳。曩謂晉事清簡，亦殊不簡也。

晉患不在災而在煙，有嗜好者，四鄉十人而六，城市十人而九，吏、役、兵三種，幾乎十人而十矣。人人枯瘠，家家晏起，堂堂晉陽，一派陰慘敗落氣象，有如鬼國，何論振作有爲。循此不已，殆將不可爲國矣，如何如何。

晉省可辦事體甚多，惟習染太壞，病痛括之以嬾散二字因嬾成散，官民同病。嬾散之極，將有魚爛瓦解之憂矣。

簡静二字，敬當書紳。但處此時勢，不能不帥以清明强毅四字，先令整齊嚴肅，再議其他。此乃謂照例公事，非別有興作也。

此間私計尚足自給，傳聞過也。若新定公費甚鉅，決不受也。

光緒七年十二月

二

此間官場大患，州縣則苦累太甚，大吏則紀綱蕩然，鮑太憒，曾太濫，葆太昏，衛明白廉静而稍平，非大加振作，求幾於安静不擾之治，不可得也。州縣之累，莫若攤捐，廉者亦必虧空。鄙人欲先去此病，此時正在籌思，不知能作到否。省城局面大有聯爲一氣，口衆我寡之勢，天人戰勝，看此一兩月耳。近來鄙人於地方事體，略加詢訪考求，並非有所興作，然已變色駭怪，一若巡撫之職，惟當緘口尸居，一切不當知、不當聞、不當問者，積習如此，豈一朝一夕之故哉。近來立定課程，丑正二刻即起，寅初看公事，辰初見客，行之多日，似乎稍有微效。微效者何，案無留牘，署無晏起，當常差之委員，來謁見之官吏，亦俱無晏起，如此而已。家丁又去其一，止何安、長慶兩人。門上簽押，執帖用印，内外跟班，看簽押房，共此兩人也。

晋缺雖苦，然已裁去陋規二萬六千金矣。欲整吏治，不得不然，非矯廉也，然如此仍足自給，一笑。光緒八年正月

三

晋省事可辦者頗多，惟同志無人。大約官積累，民積困，軍積弱，庫積欠，能去此數者，似亦可算振作，似亦無傷簡静。審度情勢，自揣雖不才，尚能辦此，但須有指臂耳。晋省州縣之累，以攤捐爲最，攤捐之多，以辦鐵運鐵爲最。弟擬力裁攤捐，以蘇官困。前擬辦鐵動用釐金，總思部議必駁。今擬陳請折價解部，便可省州縣無數之累。望託詒硯先生一商聖證論主人爲幸，此真莫大功德也。近有部吏來信，談及此舉，索費數萬，斷無此力。請折價者，暫折也。晋省不患無鐵，而患無鐵工。災後人民流散，工匠寥寥，無人鎔造。直隸開平鐵務已興，京師豈患無處采買乎。光緒八年二月

四

近日有所規畫，次第舉辦，一月以後當有可觀。大意在清官累，厲廉潔，蘇民困，核蠹弊，除吏奸等事，皆中法，非西法也。凡此皆從民所欲，去衆所苦，迹似非清静無爲，意仍不相背耳。先行其言，而後從之，故不欲多談，俟已有端緒規模，再詳陳也。

寒齋文字可謂案無留牘，實爲此間省内外大小衙門第一積滯之説，真不可解。甚矣，人之妄也。近來諸事日熟，僕役不覺其少，門稿簽稿從此永不設立矣。光緒八年二月

五

晋事已見全局，略得綱領，目前正有經營，日不暇給，事皆牽連相因，欲整頓一事，不能不百廢具舉，勞頓殊甚。過一月後，便可從容矣。以今觀之，晋事大有可爲，薄劣亦粗能了。但能得朝廷垂鑒，求無不允，乃指本分内事，非格外多求也。則今日之晋雖不能爲强國，足可以爲治國，斷不至如從前之頹牆倒壁，烏煙瘴氣也。此時惟苦人才不足，稍爲可靠能了事者，俱已委任優待，大率一人兼二事甚或三事。若將中駒磨練造就，未嘗不可，然非一兩年内所能猝辦也。

丹老至太原，一切詳述，已肯拜職矣。實心爲國，實心爲民，語語破的，精密老辣，自愧不及遠甚。

鄙人僻在一隅，大事都不聞，知防海新論，交議未及，大約止沿海及本省耳。如蒙朝命洋務亦許與聞，下采芻蕘，則當抒其

管蠡，不致後時發議，徒爲不切題之文章也。 光緒八年四月

六

强起丹老，營裏也。爲合肥申勿避之義，營表也。策越南，營表也。薦賢，表裏兼營也。此亦足以塞經營八表之言矣。再同有書責其無以實此四字，當由未知鄙文，請轉致以解嘲，一笑。

光緒八年四月

七

山西官場亂極，見聞陋極，文案、武營兩等人才乏極，吏事、民事、兵事應急辦之事多極，竟非清静無爲之地也。不急求大治則可，養成禍亂則不可，此始願所不及料者。朝廷若假以三年，當爲國家治之，然須寬其銜轡，予以芻牧乃可。鄙人種種行徑，自知大爲貴人所不喜，知則知矣，管則不管也。待罪而已，遑言矜乎。京師此時以安静爲妙，此極要義。 光緒八年四月

八

半月來（録録）［碌碌］，未得作箋奉候。所以（録録）［碌碌］者，由於文案無人，一切筆墨皆須己出，不惟章疏，即公牘亦須費心改定，甚至自創。非不知任人則逸之義，其如未得其人何。不審公能爲我致竹筠、雲門否，二子得一，吾無患矣。 光緒八年五月

九

丹老入朝已久，何尚未相見。此老有條理，有決斷，有作用，的是人物。不過山居多年，時政或未盡悉，然大指亦都瞭然，三月以後，必有設施也。越南事今如何，法人果已罷兵乎，若從此便高枕，則大誤矣。岑公鎮滇，朝廷得人，特閩事又將誰屬。方今人才總是不敷用，顧此則失彼，奈何奈何。前兩月鄙人有一文字，稱引當代人物數十輩，聞時議頗病其多。用人才時則嫌少，薦人才時則又嫌多，蒙竊惑焉。 光緒八年六月

十

公不能静，僕不能簡，可謂篤論。然簡字當力學之，静字亦望公勉之，甘處於動而得謗，殊非中道也。

譬如用兵，今年全是選將士，積糧草，探敵情，審地勢，備器械。明年方是決勝破敵也。今年皆題前，明年方到題耳。 光緒八年　月

十一

越事令人憤悶焦急。尊論觥觥，雖未悉其詳，而六義已得要領，末一義尤要。平心而論，俄事自以不決裂爲勝，法事即決裂亦復何妨。横逆太甚，一味容忍，何所底止。合肥回津，不審此中命意若何。目前此事責之於誰，望詳示。此等大事，豈太沖、南豐一無議論耶。竊謂此舉惟有稚公忠壯可任。蜀事粗平，令人爲之看家，事定再回可也。

天下事計較不得許多。風水相遭，自然成文，豈能事事由人安排。忠信可以行蠻貊，善御可以乘下駟，亦顧我之誠與才何如耳。若誠不能感，才不能馭，乃是自己無用，於人何尤。此間練兵講武，正在喫緊之際，草創之初，而大將遠行，令人無從措手。

有新募北軍，有新增親軍，有舊設而今始練之練軍，都屬一將統之，爲此外更無勝此者也。軍旅豈比地方，可以時常換官，將才豈比文吏，可以隨便選得，無論如何，總須暫緩其行。賤體如舊，惟不甚耐勞耳。桑下之戀，誠然有之，一年心力，可惜徒以未脱稿之文，貽人吹求，且南疆事體，才力真不及也。　光緒九年

十二

前閲邸鈔，敬諗奉使秦中，具徵眷倚優隆，曷勝欣慶。昨讀大咨，知已於初三日陛辭。畿輔水潦過盛，泥淖難行，連日駪征，藎勞可想。小山司農老成碩望，素所欽服。曩在朝房，曾一接晤，未獲傾談，殊爲耿結。而與執事闊别將及兩年，飢渴之懷，無時可釋。此次天假之緣，尤願於杕杜周道，一瞻兩君子光儀，稍抒積愫。特近日檢考例案，并與司道諸君商酌應否至驛路迎候禮節。查吏部則例及律例，上方具載有嘉慶五年所奉上諭，禁戒森嚴，實不敢稍有踰越。咫尺相違，曷勝悵歉。謹遣材官馳書持柬，恭迓雙旌，當令太原府馬守候於王胡驛次，以備傳詢地方公事。此間吏事民事粗稱安謐，惟夏季微旱，自七月以來，始則憂其不雨，繼則憂其不晴，修省祈禱，兢惕莫喻。今幸雨足晴開，稍紓惴惴。以後惟盼天暖霜遲，歲獲中稔，遺黎漸蘇，庶少逭守土者之責耳。弟薪勞如前，撫綏寡效，一切重要政務，近雖漸有條緒，仍須躬自程督，逐一綜理，猶未得片刻寬閒。大端事體，如差徭一節，南北大驛以及次衝州縣，通籌熟計，多方規畫，嚴立條章，痛加裁減，民累稍紓。罂粟一節，自去年以來，勸戒互用，情法兼施，本年確已禁除十之八九，一律普植嘉禾。熟察輿情，尚無怨抗，可見晋民馴良，區區爲民興利除害之愚誠，尚能相諒相喻。荒地一節，比年多方寬恤，百計招徠，續墾者漸多，惟人稀傭貴，故力不能墾者又復不少，驟從行過霍山以南，必當目覩而心惻矣。賤體觕平，惟年來向僚屬諄諄翕翕，言語太多，不免傷氣。今甫覺之，惟苦口法言，仍不能廢，如何如何。此間事體，大率可問平定沈升牧，可得十之三四，問太原馬守，可得十之八九矣。唐魏之風，古稱褊狹。竊恐軺車所過，亭公驛吏拙陋無才，或不免偶有疎簡之處，尚希曲賜鑒涵，切實示弟知之，當加以教習，並爲負荆也。　光緒九年八月

十三

隱侯本是聰明人，固亦知之。然以其知要好有才具，條理詳密，能耐勞劇，在平定實有鑿鑿惠政。差徭之厲民，通省以平定爲最，故辦理尤難。此君設法改章，裁陋規鉅欵，捐爲差費，又能事事親自經理，稽察不役，故民累去而差亦不誤，差不誤而經費又甚省，二百餘年積弊一掃而空，往返書牘數萬言。可謂難矣。平定差章既定，他處順流而下，凡有浮開瀆請者，某皆舉平定之例以繩之，胸有實底，不受欺蔽。故他處著名差累之區，一律清減，實以平定爲首功。此丹老經營苦口累年而爲地方大吏梗阻廢閣者，一旦廓清，豈非一快。論屬官之賢否，祇可憑其實政，不能追咎與逆億矣。　光緒九年八月

十四

疊奉手札，祇悉一一。出郊之舉，本是素心，因局於例文，恐稍有出入，彼此俱招人指摘，以故不免審慎。鄙人只有過謹畏者

耳，豈有失之偃蹇者哉。今讀大咨并手教，疏解詳明，辭嚴義正，即刻戒駕矣。　光緒九年八月

十五

昨聞拜譯署之命，爲海内額手稱賀。責重事急，專賴砥柱擔當，公之所長，惟望出以審慎耳。廣聽而内斷，越事復何憂哉。長順分界，憑空割去二百餘里，張朗齋不以爲然，專疏争之，不知内中如何裁斷。此事不可忽也。

越事日急，劉軍雖屢勝，因爲法人決隄，故避水而退屯清威，粤師亦小却。聞廟謨有用武之意。雪帥已自湘率兩營赴粤，到後增募。來疏甚勇，振帥亦壯，合肥如故，鄙意惟盼公還朝一佐籌策耳。聞譯署議將明告各國，此得之矣。　光緒九年十月十七日

十六

連得手書，具悉一切。時事日急，力任艱鉅，敬仰敬仰。聞廿五日廷議云云，焦急不可言。其時已有文一篇，尚未繕完，因再撰一首，并將前篇略改，兩篇一併進呈。如下廷議，望先摘其可采者裁度行之，免致遲誤，似不至無一語之可采也。此事别無下臺之法，惟有力戰是下臺之法，但須一切趕緊布置，再一游移延誤，禍不可勝言矣。各事臚書於左。

一、丁赴閩可惜，不如調之北來，較爲活便，其用處甚多。外間擬閩是南豐，此似妥當。其人吏治非所長，兵事究是老手，有急時尚可撑持，爪牙較便，與臺灣劉璈同鄉，易聯絡。

一、營口須擇將增兵守之，現苦無人。李雨蒼或可，某屢經稱薦，不便固言之。其人不免茅草，大任殆恐不勝，此一將一障之任，或可優爲，須聽合肥節制方妥。此枯窘不得已之思，請裁酌可耳。

一、振、雪不和，最關緊要，務須設法調和之。此事以屬清卿當可，但須朝命責成之。

一、清卿前往，其兵若何帶往乎。渠赴粤甚好，可以聯團維彭，但其部下不知與南相習否。

一、津防第一要緊，萬不可謂敵不來也。根本不固，前敵萬不能戰。

一、鮑公來否，當已有覆奏，祈示，用之於粤最好。

一、與巴使一翻甚好，不然不可爲國矣。彼雖怒，斷無因語言禮節，遽然下旗發兵入寇之理之事也。

一、粤之官、紳不和，欽、督不和，大是壞證。滇、桂不和，何也。望示其故。黄、趙不和，更不可解。亦望示。宜請詔諭其和衷爲要，然後思所以調護之方耳。

一、振翁不能出海，乃一定事勢，却非其懦。順化海法守已嚴，華船豈能破法，徐而突入海口乎。陸路又迂遠，不如船之速也。

一、甯西之陷，顯是空城受礮，移營避之，非大潰也。與法人戰，必須相機出奇。株守受礮，多殺士卒而已，非策也。

一、唐既回防，豈岑、唐皆駐越耶，乞示。來書又謂之怯，不解。樞府並無成算定計，而執事動責外間將帥以怯懦，外間事難辦矣。

一、撤使一説，如以後中國不願力争，當有各國轉圜。往年英使威妥瑪、倭使宍户機曷嘗不先決裂而後和平乎，望先與劼使謀之。　光緒九年十一月初六日

十七

今日籌餉甚難。鄙意莫如請粵海、閩海兩關暫歸督撫管理一二年，除正額盈餘外，長收者提二成解内府，供額外傳辦要需，按二成之數又提二成爲内務府公費、宮門當差人津貼，餘悉報部充餉。以粵、閩之錢辦粵、閩之防，最爲自然而有實濟。聲明俟試辦一二年後，海防漸緩，再爲奏請議復舊制。一則趁海防緊急，一則趁文相鉅款發露，或有萬一可行之望。過此機會，難爲力矣，卓見以爲何如。

聞内中遣雪帥率湘勇四營防瓊州，以法人揚言欲割瓊、廣故。竊謂此舉似未盡善。振老既不甚健，粵省正賴雪帥維持，置之海外荒島，全局失勢，寥寥四營亦復何濟，無益於瓊而有損於廣，奈何奈何。總之，粵東不難於得勁兵，而難於得大將。雪帥一到，五羊民心頓定，士氣頓雄，廣州省城儼若有長城之可恃，奈何驅之海隅也。中國重臣只此數人，若聞何處有急，即奔命何處，是醫家所謂頭痛醫頭，兵家之大忌也。似宜仍坐鎮省城，遣粵將以兵前往爲是。幸惟熟計，切切。在省仍能調度瓊州，在瓊則省門有急不能兼顧矣，付之何人乎。若爲張、彭不和，以此解之，大誤矣。

光緒九年十一月十二日

十八

聞潤生力扇言者之餤，必欲殺唐鄂生，實爲駭然。噫，何至於此也。渠已干嚴譴，此時只有責其後效自贖，豈有中外戰事未開，遽戮疆臣之理。當日朝命固未決意用兵，此時中旨仍是戒以穩紮。内中調度如此，則外間迷惑無主，恐不盡無因。且越南西省被陷，情形尚未詳知，何遽歸獄一人。若然，則北甯被陷，亦將誅徐筱山乎。爲此論者未免太苛太易，殆深有惡於唐乎。況其平日宣力甚多，其才究屬可用。今日正宜責其戴罪自贖，必當奮力一戰，戰而勝，國之福也。戰而不勝，令其死於敵可矣，何必令其死於法乎。此舉朝廷必不肯如此，但自倡此論以後，事事難爲。敢布其愚，惟高明察之。凡大賞罰必當乎事理之平，足以服天下人之心而後可，非私於唐也。

光緒十年正月二十二日

十九

拙疏何足言，愚闇而兼後時，計畫豈能有當，即一條不采亦無所憾。其扼要用意，全在空議論數處。如第一疏所云，定計宜堅，赴機宜速，自守宜固，料敵宜審，若已有戰衅而尚無戰心，徒有戰形而實無戰具，則其禍不可勝言，持以敬慎之心，守以堅强之志，破格以任賢，節用以養兵等語。第二疏，從來有防則必有戰，有戰則不能無敗，處此時勢，有如騎虎不下。慈聖斷之於上，三邸斷之於下。責樞譯以謀畫而不計强弱，責將帥以力戰而不苛勝敗，十八省合爲一身，南北洋聯爲一氣等語。儻朝廷於此等處稍加鑒納，則微忠愚悃感幸多矣。近聞馬達加斯與法允定之約忽然不允，此亦與急劫有情之著。又聞粵西議設電報通粵東，確否。果然，亦有益也。法攻北甯，日來必有利鈍確信，望示。及前聞傳言，彭出示盡拒洋船，盡殲洋人，振老請朝命止之，頗怪雪老不應孟浪至是。嗣乃知其所阻者，即將到粵時示稿，略言中法曲直，若法必内犯，交兵各國船貨傷損，須向法人索賠，中國不任其咎云云。此稿早經寓目，竊喜雪老甚中竅綮，能爲中國預占地步，使他國不與協力。不意譯署竟力止之，示終未出。此示有何妨礙，愚懵殊不解也。此示尚不敢出，何論交鋒乎。就此看來，誠不如趁早罷兵，尚可省錢省事也。拙疏所謂如與人鬭，既欲擊之，又恐怒之，正謂此矣。

此間清查已辦結入告，其事繁難萬狀不待言。撮要言之，將歷年官吏作弊侵盜之門，杜塞淨盡，以後雖有葆、王，無從設法，清字可謂辦到矣，並爲庫中删除應還之欠債五十萬金。爲此事擾擾二年餘矣，但不知農部以爲何如。儻部吏再欲挑剔强駁，則是有意攪局，不願令外間庫款清楚矣。晤大農時，望一叩之。京官津貼請指外款，自謂此首文字甚佳，愜心貴當，而農部竟不照准，可異也，然此乃不可磨滅文字。光緒十年正月二十六日

二十

徐、唐[一]逮問，固是罪由自取。邊圉孔棘，聖懷震怒，自是當然。惟兩人情節不同，以徐爲夸誕則當宥唐，以唐爲怯懦則當恕徐，異罪同罰，令任事者何所適從。況前敵黄、趙敗北，徐在諒山未動，何遽至此。若前敵軍敗，而主帥即被逮問，恐從古軍營將帥無全人矣。並非主帥逃遁棄城。正理只宜令此兩君褫職戴罪軍營效力，或可收使過之效，若後來生手，果能勝之乎。如此舉動，以後將帥不復有言戰者矣。總而論之，中外兵事，鄙意與尊意及京朝諸言事者迥然不同。諸公意謂法不足畏，我易勝法，故紛紛主戰。鄙人則明知法强華弱，初戰不能不敗，原疏甚明，可覆驗也。特非戰不能練海防，非敗不能練戰。衹要志定氣壯，數敗之後，自然漸知制勝之方。若一敗而即擾動，更易將帥，必至草草完局。則戰備永無練習得手之日矣。山西鎮有劉團，故力戰苦戰而後走，北甯只華兵，故一見大礮，猛然而不支。兵凶戰危，何等大事，何等難事，豈有談笑指揮數營雜兵劣械，而能坐摧强敵者乎，世間安有此等便宜事也。

拙疏意在堅懇聖斷，俾樞譯諸公得以慷慨籌畫，不憂咎責，正所以爲樞譯計。乃聞靈光甚不悦於此文，怪極。光緒十年二月十二日

上閻丹初先生[二]十四首

一

捧誦手教，恭審道履曼福，慰頌無量。料峭春寒，本不敢勉强勸駕，惟前次廷寄傳知事件，必須晤面後，詳晰陳述，相機商度，方可宣播宸衷。且陛辭時尚有面奉懿旨，詞意十分懇切，亦非楮墨所能宣達。若不獲望清光，面聆教言，姪實無從奏覆。儻非因姪下車方始，不能遠出，早已躬詣解梁，摳謁門下，敬致朝命，萬不敢遠勞几杖也。承教各件，語重心長，言言扼要，悲憫之懷，溢於言表，此皆鄙意蓄志決計所必欲見之施行者。得公詳示，益得指南，感激何任。其詳悉辦法及未盡事宜，專待台旆到時，躬親就正，一言而爲全晉造無疆之福，想我公必無靳也。日

[一] 指廣西巡撫徐延旭、雲南巡撫唐炯，因防守不力、喪師辱國被革職拏問。

[二] 即閻敬銘，字丹初。陝西朝邑人。道光二十五年（一八四五年）庶吉士。官至户部尚書、軍機大臣，以善理財名於時。

來春氣暄和，特遣馬守丕瑶恭迓安車，并令隨宜祇應一切，毋慁清神。伏望上體天心之篤至，下諒將命之爲難，萬勿固辭，實所敏禱。 光緒八年正月

二

頃閲邸抄，恭諗恩綸宣被，詔起蒲輪，逖聽之餘，莫名欣抃。年前之洞來晋，傳諭已極諄切，今届激揚大典，特簡司農，倚重老成，至優極渥。總以時勢多艱，人才寥落，聖上環顧廷臣，可恃者少，故特虚計相之席，以待耆德。想聞命以後，不惟感朝廷之殊遇，並當體朝廷之苦衷，就使輿疾龍鍾，亦當一造闕下。公若再堅執不出，必致重傷深宫之心，恐無以解於天下萬世賢人君子之責備也。聞公平日嘗有言，謂彭雪琴尚能孤行己意，堅不任職，豈我遽出其下。果爾，則又過矣。彭公所爲，以之厲俗則可，以爲蹈道則不可，有識之士，不無遺議焉。彭公是奇男子，明公是古大臣，畸行之與純忠，恐難一致而語。近年朝局殆非昔比，深宫求治，鈞軸好賢，碩畫宏猷，請無不允。果蒙到省一行，未論以後之功在國家，目前固已澤及三晋。之洞雖不肖，必能體公之志，達公之忠。若夫資以事君，古有明訓，力疾之報稱，正可以補匆辟之從，權君子内疚，似乎過矣。公視今日之時勢，豈是八方無事，朝野歡娱時耶。聖主冲年，長春旰食，比兩年來，黽勉扶病，不廢臨朝，老成漸稀，封疆多故，尤煩聖心。公如知近日中朝詳悉情事，更不知當如何感喟激楚矣。聞公語及時事，輒憤懣太息，悌泗交頤，故云耳。灑掃以待，書不盡言，所遣馬君當能傳達未申之意。尊恙未盡脱然，極軫鄙念，已屬馬君敬慎調護，沿途將息。如到省後，之洞更可常侍函丈，料量藥餌，非敢專陳公義，竟疏養老之禮也。 光緒八年二月

三

前數日裁就一箋，因循未發，旋奉鈞教，抃慰莫名。連日得驛吏馳報，知台旆已過靈石，侍坐非遥，延頸以待。公此來不惟朝夕親炙，私衷所切，實有重要事理諸待提撕，要語深談，斷非千數百言所能盡。惟有館於署内，庶幾朝夕請問，可罄所懷，非僅如尋常延賓致敬之爲，幸不固拒，至禱。省門日有密雲而屯膏不下，令人焦灼。傳有之國人望君如望歲，今日情事，則國人望公如望雨矣。 光緒八年三月

四

獲鹿人來，敬諗山行平安，爲慰。比維瞻天有喜，邦計宣勤。古之地官亦稱民部，吾師處此，固知澤及生民，至於度支豐富，尚不足爲門下頌也。賜對之際，必當垂念晋民，如有關繫晋事而語可宣布者，敢祈賜示一二，俾得導揚聖德。此間五月杪方得足雨，大略溥徧。賤體粗平，初意以爲入夏後規畫漸定，可以從容就理，今乃不然，譬如遊山探海，愈入愈深，蓋至今日乃始得其窟穴之所在，必應廓清杜塞，欲罷不能。勞瘁不足言，恨無相助爲理者耳。公如閔之，但懇將此間民之積困，官之積弊，與朝列痛切言之。幸蒙朝廷鑒其艱難，不使文法吏動掣其肘，則受賜多矣。 光緒八年六月

五

昨奉手教，謹承一一。計部爲六官第一繁鉅，處此積疲積弊

之餘，豈能急求速效。大賢處此期年之後，必有宏益於國家，即目前砥俗振綱，裨補亦已不少，幸從容爲之。道路傳聞，謂公已萌去志。妄傳則已矣，若信有之，上虛朝恩，下孤衆望，甚不可也。災異迭見，事變日多，宵旰焦勞如此，此豈求去之時乎。萬望采納，幸甚幸甚。光緒八年

六

報銷章程已讀悉，精密而又通達，從此蠹吏自然斂手，固知非我公不能爲也。此間報銷亦須料理，殊爲淆雜，至姪到此後，所用財物，無一錢不可奏咨者。紙絹事擬設局經理，如能較省便，仍以本色辦進。鐵事自光緒六年葆某奏明，認限一年，辦鐵六十四批，兼辦新鐵，限滿並無一批，去年冬始有數批到京耳。姪到後已辦舊鐵六批，新鐵五批，共十一批，限於年内到部。上部之磺亦然，多年不解，近已解兩批到部矣。然爲此數起磺、鐵，費盡氣力，不然三年後尚無信也。卓勝軍餉，劉帥奏派晉協，聞之駭煞，雖敲骨吸髓，亦不能辦。昨有疏請改撥，不知允否。烏科添撥，力實不逮，不得已略增少許。今年下忙，殊不踴躍，加以西征餉急，款須添籌，日内擬竭力解與十萬，又提還部墊六萬，較去年已多十七萬矣，再加京餉增多十萬，晉之困竭可知，善後事宜更無從抽還舉辦。此間同志殊少，掣肘殊多。總之，剔弊懲奸之事，皆人所不樂，至於懲創蠹吏，尤人所不願，奸吏爲晉省巨害。無理取鬧，有意爲難，坐是憤鬱焦勞，益形困憊。古人云别有肺腸，良不誣也。馬、李兩太守將來可望臂助，由其志趣正耳。

光緒八年十一月

七

海邦有事，轉餉艱難，遥想藎懷，定增勞勩。朝官津貼一事，仰賴良謨。乃聞淺人妄生議論，竊抒管窺，更效一策，意欲爲公解圍耳。公身爲上卿，故原議不及三品以上。竊謂事屬大公，避嫌非宜，大僚簞瓢，豈不更重於百司乎。苟有所出，自以兼及爲長。晉事稍有條緒，惟喫力耳。來春當漸清簡。遠承存注，謹當書紳。光緒九年十二月

八

近以防務解嚴，刻意節用，然而外侮日迫，以後應辦之重務不能不辦，已欠之鉅債不能不還。以一粵解南服山海諸省之急，而復以粵受諸省之累，此邦之力實有不支，幸惟藎畫，俯加教益，是所至感。此間洋情，經年以來，略悉鬼蜮伎倆。大抵洋與粵相習，其虛實長短，粵中備知，且仰給藉助於我者甚多。自去年開戰以後，彼皆氣沮，故近與粵官相處，不甚强横，論事亦可受商量。惟彼之慣技，凡無理之事，不能得之於粵者，則捏詞聳聽，嗾其公使向總署瀆擾。總署不悉其情，以爲彼直我曲，祇疑其勢已洶洶，斷不能解，恐生枝節，遂已俯允所請，責令外間照辦。不知其事在外間甚屬尋常，彼已辭窮勢絀。沙路一支河道，不能允其開通。若總署稍一堅持峻拒，推之外省，不難硬駁善了。以後凡遇洋使攪擾事體，務望總署電詢粵省，考其實在情形，有無辦法，再與定議，必可挽回不少。此等情節，伏維裁擇。總之，中外交涉，動有關繫，洞素性謹慎，斷不敢大言迂論，以孟浪誤事也。兩粵任重物博，下材本所不勝，加以年來勞頓過差，精力耗減，近復多病，目前趕將經手事汲汲清釐，意中事略加部署，俟將應

上數疏入奏後，即當引疾避賢矣。

粵事最重而最難，無論吏治海防，非有人才，何以爲治，有一黄筆川而不能得之以治粵，豈非憾事，悵結而已。龔藹人才具可愛，疏放可惜，以調湘部文到太遲，而臬擢滇藩。沈不能接署，不得及早交卸，致有此變，殊爲惋惜也。

九

洞才庸質朽，任重事艱，前拜病疏，未蒙上允，自維薄劣，終當引去，因聞各省疆吏乞退者多，故未敢即瀆。此次續假一月，以待朝廷擇人，決不敢戀棧覆餗也。惟兩廣此席，在今日關繫尤重，尚望鈞衡深念，審擇長才，是爲至幸。粵事最爲難者，首在洋款，合計總數雖多，但洞到任後所借充粵餉者止三百萬，有二百萬係前任張振軒所借。彼時所辦者，無事之籌防，洞到任後所辦者，有事之戰備，相提並論，似或可原。至於此外四百萬，乃因奉旨援臺規越，接濟滇、桂。關外戰事方殷，需餉爲命，因大局所關，臺圍難解，不得不爲救急紓涸之計，疊次電奏俞允，始敢議借。今兵事已罷，部議將所有洋欵悉責粵還，震駭憂煎，不可名狀。除代借四百萬元萬無可籌外，即就本省前後五百萬論之，前二百萬係張振軒奏經議准留西征餘欵抵還，洞任曰三百萬，所謂粵借粵還者，原擬由粵自籌，約略可敷此數。今各項捐欵，猝於去年十二月遽奉中旨一律裁撤，既不敢稍違朝命，且民間知有此旨，即收捐亦必不應，當於去年臘月出示，一律停止。籌者既不許自籌，緩者又未蒙允緩，而加撥嚴催之欵，較前增多數十萬，從前協餉多有蒂欠，西征亦僅解八成，尚可稍爲延欠。今大都改成解京實欵。加以本省洋欵，外省洋欵，舊日代還西征洋欵，現將收支數目確核，每年實短銀三百數十萬。雖極力節省，百事俱廢，豈能省出此數，雖有研桑，恐亦束手。現已詳開清單，披瀝陳奏，祇候聖明化裁，大農指示，但有辦法，無不恪遵。若朝廷必不垂諒，徒加督責，雖將粵省督撫、藩司嚴譴治罪，亦於國家無益。即使海防善後一切暫緩籌及，而本省盜匪縱横，勇營豈能盡裁，緑營豈能遽汰，全無餉糈，豈能一日安居，設有變故，洞一人不足惜，如國事何，如疆事何。伏望垂察俯鑒，爲粵省稍寬一綫，是所叩禱。

中飽誠多，粵窘如此，惟有此處或可設法清釐，然須有朝命耳。前接部文，有粵海關常税局面寬博，該督撫可切實核辦，以資協助等語。此事須有旨令查，自可考其實際，無旨則礙難也。

黄筆川廉儉精核，才守兼長，粵中理財最急，非此等人不可，然不能再瀆，奈何。竊思告養人員召用，事所常有，若蒙恩竟放粵東一缺，俾資臂助，則感荷聖恩無既矣。于次棠廉正明決，而又通達事理，不避嫌怨，實爲粵省第一賢員，惜所處尚未能展布。將來若洊擢藩條，察吏理財，皆當必有起色。能核實，能任怨。

邊事近有定議否，幼樵爲今日搘拄時局之人，萬不可聽其引退。此言爲世爲國，可質天日，伏惟鑒之。

光緒十二年五月

十

澳門一舉，實無大益，洋船入華，祇到香港卸貨，從不到澳。而流弊太多。海中潭仔、過路環兩島，西路門户，萬不能聽其割占。雖有私設兵房礮臺，必應贖回。關繫太鉅，若稍不詳審，朝廷他日必悔，衆論必譁，噬臍無及矣。京師恐不深悉彼處地勢民情，故敢剴切爲吾師布之，不勝皇悚激切之至。民決不服葡屬，必生事端

無疑也。　光緒十三年七月

十一

劉淵亭軍門入都瞻覲，特令叩謁台階。渠立功異域，率部來歸，海外稱爲鐵漢，自是今日奇男子。惟渠久居邊外，於中朝禮數多未諳悉，尚祈俯加容接，錫之訓誨，俾免隕越，是所感禱。其人身經百戰，而謹愿樸訥，抑然自下，殆太史公所謂李將軍悃悃如鄙人者耶。　光緒十三年

十二

前讀慰留温旨，知高懷未能遽遂，又於邸抄内得讀農部疏稿核計庫儲之數云云。時局日艱，藎勞日甚，懸系尤深。粵商閩廠協造兵輪一案，閩疏未能明晰，致煩部駁。此項由粵具疏，詳晰聲明。蓋閩之協粵，乃就閩廠撥定常年經費中協助粵船，實非於額外另請撥支經費，即不協造粵船，閩廠亦不能節省此欵也。此事粵省萬分爲難，大爲本省指責者所咎，無可奈何，勉强增協五萬，乃仰體大部之意，艱苦羅掘，幸蒙鑒察，不致粵輪中輟，感戴豈有涯涘。洞在此不能舉其職，惟有求去，去志已決，已具疏請假矣。

台端爲二李事抗疏力争，事雖未能挽回，然忠忱讜論，昭垂天壤，良深欽佩。嗟乎，世間不平事豈獨二李哉，此洞所以夙夜愧疚而亟求引去者也。臨書三歎，時局如此，甚願吾師强起維持正氣耳。　光緒十四年五月

十三

聞公懸車得請，固甚悵結，亦深欽佩。藎忱雅操，並皆皎然。洞久典海疆，無補時局，悚皇媿疚，非止一端。屢次乞罷未得，仍復勉强支撐，久妨賢路，以視門下，滋愧多矣。

十四

洞自爲外吏以來，如日行荆棘中，愈入愈深，毫無佳境。總由不自揣量，以至愚極弱之才，而所爲者任重道遠之事，又益之以不合時宜之性情，雖時時猛省痛砭，終亦不能更改。鐵廠事繁重已極，工大用宏，經費十分支絀，須今年冬始略有規模。槍礮局甫加經營，事體亦甚精微浩博。織布局將次工竣，夏秋間可開支矣。數年來蒲柳早衰，益覺朽鈍，不堪任事，日日思投劾而歸，徒以創辦諸事自縛，羝羊觸藩不能退，遂揆以出處進退之義，甚無謂也。去年湖北一省，教案疊出，情形皆甚重要，纏擾不休，近日大致已議結，尚餘餘波耳。會匪蘖芽長江上下游一帶，幾成巨患，幸嚴緝敗露，誅渠魁數人，近已解散，然根株已深，終爲江湖五省日後之患。近日荆州又有旗民互鬭，致斃民人一命之案，亦甚棘手事也。先師胡文忠撫楚記，承命校刊，誼不容辭。惟元書體例太不畫一，叙次亦不盡合法，附注頗多支蔓語，不解梅村名宿，何以疎率如此，似宜稍加芟節改正，始可付刊。已屬幕賓整理之，當作速刊成，奉呈鈞覽。江漢湯湯，形勝猶昔，而貧富强弱，與吾師佐文忠以治楚時，殊若霄壤。立國在人，豈不信哉。

致奎樂山[一] 二首

一

到鳴謙驛後，署汾陽徐令、文水王令、平遥楊令、委員王令希濂合詞禀稱：上游河道已開通二十餘里，占用民地數十頃，斷無中輟之理。下游積水實是暢消，文湖四圍涸出民田無數，現已一律種麥，青葱茁長。下游地形看出節節漸低，自積水漸落以來，柳道溝以下，露出坎級三道，並非不能暢流，冬令所以不暢，乃馬跑河來水增益所致。目前急宜開通宣柴堡，民情欣悦踊躍，下游不必再挑等語。四縣令異口同聲，持之甚堅。問其何以與朱守所言不符，則云朱守進省時，水尚未大消，三月消洩極利。及詢朱守，則謂消或有之，暢則未必，堅執前説如故。又詢胡副將，則云水實消退一尺餘，民田播種屬實，惟以後恐難大消，總由文峪正河地勢究嫌微高，所以西河堡以下不能甚暢。據土人言，若由西河堡以下徑由南挑，直達霍家堡以入汾，不必更令東入文峪正河，如此則尾閭方能大暢。三説各各不同，平心體會參互而折衷之，朱守及四令所説，各有偏重。大抵以胡副將之説爲最平允，於文、汾兩縣，地勢北高南下，東高西下之狀，正相符合。前數日批答朱守單銜禀牘，於上下游各工，只分緩急，非分行止。今既察知朱守來省以後，積水確有見消情形，鄙人更未便輕更前議。竊謂上游中作而輟，無此政體，下游推廣疏濬，亦是穩著。兩利俱存，惟有一面令四令仍照原議辦理，一面令朱守專辦下游挑河事宜，令阿牧、胡副將助之。所有督工弁兵，據印委等僉稱上游無甚用處，大可併令隨同辦理。下游開河事宜，核計西河堡至霍家堡，新河廿里，以廣五丈、深七尺爲度，約費不過萬餘金。利害關鍵，詎不容稍有恡惜。今擬上游責成張守督同四縣令辦理，下游責成朱守會同阿牧、胡副將辦理。朱守既建下游宜開之議，即責令速辦，不准以倉猝難以勘估，藉詞推緩，致沮全局，只可儘量趕辦，得尺則尺，得寸則寸，總有效驗，即至閏五月完工，亦尚可禦伏汛。設猶謂爲時過促，則目前先挑深七尺，廣三（尺）[丈]，日後徐徐加寬，未始不可。倘西河堡至霍家堡別開新河，實有窒礙，即就西河堡以下文峪正河下游開寬數丈，亦無不可。此事即照此議定，分投舉辦，如或無效，責有所歸。總之，此事彼此各有所見，亦各有所偏，意見頗重，便不免是丹非素，全在上官爲之折衷。若有逞臆沮撓，即行懲處，不然築室道謀，何日觀成乎。蓋開通上游各節，迺不能停止之工，多開下游一段，迺有益無損之事。此非兩解之術，實是萬全之計，惟高明察焉。已詳告馬守、俞守、朱守暨四縣令到省禀明閣下趕辦，即希審定，並與紫峰商酌，迅速加札，嚴飭恪遵分辦。至朱守新開下游應領之欵，暨四縣令原辦上游應領之欵，均望迅速飭發爲要。

再啟者，十三日途次接馬守來禀，據徐、楊、王三縣令之言，力沮下游之下游[二]不宜再開，思之不得其解。查下游去路，自以愈暢爲愈佳，如朱守所説，不能暢消，則挑濬固不可緩，如諸縣令所説，節節通廻，則加挑抑又何妨。夫倒灌者，謂上游河底與下游平，或上游低於下游，然後有倒灌之慮。既云文峪河面高於汾水二尺，則河身之高可知，建瓴倒灌，未免矛盾。且若挑西

[一] 即奎斌，字樂山。蒙古鑲白旗人。山西布政使。光緒十二年（一八八六年）擢湖北巡撫。

[二] 底本原文如此。似衍「之下游」三字。

河堡以下之文峪正河，則河現有水，只能加寬，不能加深，其河身高下仍循其舊，總屬有益無損。中流雖屬滔滔，兩岸可施畚臿，何至無從施工。若慮占及膏腴，以長二十里、廣五丈計之，積步得七萬二千，步畝法二百四十步，計地三頃。儻於西河堡以南徑開新河達汾，或於兩旁留出河壖隄基，再加五丈，亦只占地六頃。晉省民田，上地畝不過十金，中地四五金。計此項地價，挑正河止費二三千金，開新河止費四五千金，亦非力不能辦之事。開新河暫不留隄基亦可。至謂歷年受病不在此，尤非歷年河行故道，其因塞而決，受病在鄭家莊。今既改行新道，倘因滯而渟，其受病不在西河堡而何在乎。諸縣令不慮下游滯消而受累，反慮下游大通而受累，誠不知其何説也。其論舊河兩岸莠民生心一節，實屬不切。從前所慮居民恐失水利沮撓改河者，謂西河堡以上之舊河，非以下之舊河。西河以下總是行水，今昔無殊，何案可翻。總之，上游百金堰一帶改新河復文湖者，鄙人之定案。下游西河堡一帶先疏下游，再放上游者，亦鄙人之原批。案牘俱存，詳去年批署汾陽令成熙稟。豈得執一廢百。諸縣令偏執太過，馬守據以上稟，亦非深思通籌之言。凡事惟斷乃成。此舉上下游併辦分責，便是斷法。今日只有且照此議辦理，即此次正函所論。不容再參歧説。即或未能盡善，決其必無所損。俟工成以後，經過本年伏秋盛漲，察其利害如何，再爲斟酌損益。特將馬守原稟附呈備案。拙見如此，統聽卓裁，并希作速定議是荷。光緒十年四月十五日

二

今日卯刻郵寄兩函，諒已入鑒。前郭占魁賫來惠書并鈔示兩件，當已讀悉。因連日途次擾攘，且思此事原可從容，故未遽裁覆。茲就鄙見將元稿酌易數語，另紙録呈，究應如何措詞之處，酌度爲之，不必遷就鄙説也。晉省近日得雨否，直境節令較早，麥稔已高尺餘，大田尚未播種，亦甚盼雨。寄上事宜五十一條，附一條。本擬兼致紫峯，因倉卒不及重繕，望飭文案處照録轉致爲幸。

一、察閲路工，堅實節省，現當工竣師還，宜予及時犒獎。已賞千金，蔣牧稟到，即動善後欵發還。

一、路工尤爲出力弁兵，應由院署記名獎拔，作爲外獎。緣歸入奏咨者，不能優，亦不能多也。

一、呼延霖記過可予注銷。

一、湘、豫軍將弁不宜多留晉。劉廣才在省呈有清摺，存文案處。若再留晉省，武缺盡爲所占矣。

一、呼延霖所帶練軍左營，俟張福啟回省，即可令其接帶。呼延霖飭赴本任。

一、張福啟目前似可仍住親軍營。其人曉事而得軍心，故札令兼管親軍營，俟王枝發熟習後，再令張住練軍本營。但親軍兼管之任，仍不宜改。酌之。

一、吴元愷抵省，速飭申參將赴澤州本任。

一、營制議准後，宜以練爲汰，至要至要。他營易辦，惟北鎮兵必須如此。俞守、李鎮所見皆同，可傳詢之，如此則甚不難辦也。

一、武職時常傳見考察。

一、補署武職，仍以先行挂牌爲妥。即現在辦法。

一、韓侯嶺路工，聞不如四天門工程，宜加修，宜切飭方牧加意辦理。通衢而經奏明，必宜精美爲妥。

一、文案處分辦事宜，有改定處。此係詳加審酌者。有核定單

交錢牧轉呈。

一、曾令、盧令宜多留文案當差，得力處甚多，生手好手甚不易求，目前智盡能索矣。將來予以調優，即足酬勞。

一、張令、祝令、趙令，西征案内可予保候補班。

一、淩令暫難離開，只可遇合例之缺，即予敘補。

一、各省購到書，酌發文案處。

一、城守尉稽查釐稅，乃津貼之用，宜告該尉。每季一百。

一、中軍承辦皮胰貢，亦津貼之意，宜明告。免其妄爲耳。

一、陽高姚令可速回。

一、廣雲楊令降補即可。如公事有法可了，即予開缺另補，亦無不可，緣與岳陽楊令事同一律，彼尚較重也。

一、提儲買穀銀廿二萬八千餘，應專存，備重大事體之用。此時穀既不賤，運亦甚費，宜緩辦。

一、洋銅購幾何，蘇錢購幾何，速定，覆直督。

一、部咨辦銅應詳覆。

一、鑛師必宜聘到一看，將開法、機器審定。目前鐵路雖不能遽開，宜趁此託津覓人，令其勘估，以備將來。

一、汾河工無妨試辦，自下游起有益無損。

一、太汾潞鹽以減價速銷爲妙。

一、粵、滬、津探報，應飭分別寄晉、寄京。

一、張煥數月後可與張承熊互相調署，張倅於局務爲宜，張丞於地方尚能作事。此外同通勝此者不多，曾告廉訪。

一、會計簿已閱過，帶回速刊。

一、生息各欵月報摺首案由，飭速刊。

一、酌歸減昜，應催辦。去年有札，并刻入清查章程内。

一、十三案改題爲奏，應速辦。

一、交代舊案無法可想者，宜速了，以清積案。

一、交代新案，宜申禁。

一、釐稅坐賈侵匿減價，宜申禁。

一、買空賣空，俗名虎盤。宜申禁，省城尤要，宜嚴飭首縣。

一、戒煙醫士權源如有效，早發往河東。

一、路工歲修宜催覆，嶺工亦宜籌。

一、釐、稅宜分別，充工、罰欵毋令淆混。

一、釐稅出力各員，宜隨時獎勵。

一、河東道支發各欵畫一章程，應催辦。

一、前飭河東道速定潞岸鹽價鹽秤，應催。

一、晉政輯要即可續修。

一、晉省營制改定後，可重刊一精工輿圖，將營汛載入。

一、考驗武職槍礮，應切飭。

一、以後巡緝弁兵，宜密諭州縣酌予犒獎，方能得力。

一、各州縣行户，宜飭速議。

一、(嬰)[罌]粟仍應隨時派查，最要處無妨酌派弁兵彈壓，以作聲勢。岳陽、交城之類。

一、戒煙醫士飭傳醫方。

一、塔城換防，應奏停。

一、編籍事只可俟察哈爾覆奏後再議。

以上共五十一條，内關涉藩署、清源局、營務處者什之九，不及另書，請飭繕一紙，交署方伯處一閱爲荷。

一、署平陽中軍游擊羅朝樑丁憂，何鎮來書極贊，請給假百日，假滿回任，覆書已允之。惟咨覆文則但云准給假守制，未有回任字樣。該將明亮詳穩，文理甚優，將來假滿，可令回任。覆信稿存文案處，可查。凡公事信稿一律畫閱。

致馮萃亭〔一〕 一首

梧江開閫，夙仰殊勛。梓里褰帷，欣叨共濟。未覯塵論，特犯魚箋。敬維萃亭仁兄大人，方略籌邊，團營懋績，撫神芝之寶劍，虎氣猶騰；瞻大樹之旌旗，鯨波不起。軍德在望，頌德彌殷。弟忝連圻，才慙橫海，下車方始，籌筆難工。撫師律以重申，心馳露布；盼節旄之再建，願切雲停。專肅祗請勛安，統維偉照不宣。 光緒十年六月

致馮萃亭 八首

一

法人棄信背盟，逞兵要挾，索欵甚鉅，數至千萬有奇。美國排解居間，悍然罔聽。然已奪踞雞籠礮臺，近又糾其兵船，麕聚閩海。粤爲閩鄰，防務日亟，萬一始終決裂，戰局紛紜，必須有後路攻襲之師，庶幾敵人有所顧忌，不致盡起陸兵肆擾各口。欽州民團自得宏才指麾，諒已日形精整。鄙意擬請閣下速將團練密加部勒，營哨官分别派定，一遇事機緊迫，即將精健練勇，酌帶二三營，配給軍火，取徑疾趨，襲彼廣安、海防，廣張聲勢，多設疑兵，以爲牽制之計。惟欽州練丁是否善戰，軍械能否禦敵，至少約須幾營，道路共有幾程，或宜沿海，或宜踰山，轉運是否無阻，就地能否因糧，後路消息能否不致隔絶，彼處居民能否結爲内應，廣安、海防敵人陸兵幾營，礮船幾艘，均望切實籌度，繪畫簡明地圖，飛速見示。能行則大可建此奇功，不能行則亦不必徒爲壯論。閣下威略老成，熟習沿邊地理，專賴良謀，無任翹切，特此手書密布。 光緒十年六月二十一日

二

前奉台函，欲親率勁旅進圖廣安、海陽兩省。展誦之餘，欣佩無似。執事公忠體國，以滅寇恢疆爲己任，躬履瘴鄉，不辭艱險，求之往古如伏波之踞鞍，李勣之請行，何以加兹。惟需三十營之衆大舉南征，實非粤省之力所能。省防方亟，兩月以來，與司局諸君百計羅掘，決計由欽州出師，然十營以外，斷難籌措。兹擬請麾下以十營出關，取道龍州，直指那陽，進規廣安，詳悉已具咨牘。另派王鎮孝祺抽撥省防八營，亦由龍州出關，進薄船頭，以分敵勢，與貴部互相援應。在龍州設局，轉運餉械。此時水涸瘴消，我軍無疾疫之虞，敵之兵輪往往阻淺，添調不易，正是絶好機會。務祈速募精選，於文到二十日内，即行部署啟程，以操勝算。餉械即到，必不逾期。軍火極力籌辦，約計擡槍五百桿，士乃打槍一千枝，大吉槍二千枝，劈山礮及後膛洋礮數尊，連響洋槍約有百件，子藥配足，并鍋帳號衣，一律趕辦解往。至前函擬由欽州徑趨越境，而鄙意取道龍州者，以該處爲入越大路，便於籌轉運通文報，且與桂軍聯絡也。如間道出師以趨那陽、廣

〔一〕 即馮子材，字萃亭。廣東欽州（今屬廣西）人。行伍出身。歷任廣西、貴州提督。中法戰爭時，任廣西關外軍務幫辦，率部抗法，取得鎮南關大捷。録自苑書義等主編《張之洞全集》第十二册，第一〇一六九頁，河北人民出版社一九九八年版。

安，而與龍州轉運氣脈仍不隔斷，亦可酌辦。應將改由某處進兵緣由，飛報敝處，一面照知龍局，庶不誤事。師行最戒宣露，前軍指揮只可云赴諒山一帶，出關而後轉旆東南，乘其不備，以收一舉之功。廣安既克，或指海陽，或先掩海防，以斷敵人運道，縱未能守，河内聞之必然驚潰，尤出奇制勝之策也。惟謀畫務須祕密，勿早揚言，是爲至要。遠道未能遥揣軍情敵勢，一切相機辦理。祗候捷音，惟藎察不盡。 光緒十年十月初七日

三

日昨陸續奉到琅翰四函，并所致彭大司馬一椷，均已誦悉。執事接文後，即於月之朔日鼓行而西，軍事神速，使敵有疾雷不及掩耳之懼，必建大功無疑也，欽佩欽佩。十營爲數略少，以餉絀故。茲復竭力圖維，勉籌八營之餉，以厚軍力。九千之精鋭，勝於十萬之横磨矣。際此物力艱難，營中規模止能查照楚軍章程辦理，一有增益，便干部駁，將來報銷尤難措手。今將飭議營中公費一切章程，另備公牘咨達雄麾，即乞照辦。若麾城撕邑，勘定殊方，朝廷自有懋賞。邇來頻頒内帑，犒及偏裨。軍賞之隆，亙古罕見，又諸將士所熟聞也。已革副將周炳林，起解在途，擬難率請留營。此外知縣蔡簡梁、守備陳才業二員，均照來文札飭赴營差遣。至前咨請貴部與王鎮互相聯絡，不得相離過遠者，誠以王鎮雖令就近聽西撫節制，而萃、勤兩部均屬廣軍，並非劃爲兩起。船頭、那陽相距尚邇，聲息自必相通。將來進搗各城，深入敵境，距桂軍漸遠，王鎮一軍自必趨重東路，與貴部互相策應，勢成犄角。大抵今日戰越情形，滇軍攻西路，桂軍攻中路，廣軍攻東路。勤軍如克船頭，以後軍鋒自當徑指東南，斷不使麾下一軍孤行無繼也。以上各節，已另檄王鎮遵行，并以奉聞。廉屬團練，已飭李鎮接辦。餘事續布。 光緒十年十一月十四日

四

疊接台函，均已誦悉。擡槍頭次解去八百桿，云只一百桿者，殆未到齊也。四人擡礮打造已屬無及，其他精械儘力撥解，勿以缺乏爲念。帳棚不如式，即由營中飭匠改製，較爲迅速。功牌如數填發，趕解應用。此時雄師出關，以紀律嚴明絲毫不擾爲要。越民困水火久矣，雲霓之望，有以慰之，斯不戰屈人。他軍頗有馭衆不嚴，致越人引敵自救者，數月不能進尺，糧食采辦無由，職是之故，良可歎喟。庫儲罄竭，籌餉甚難，軍用惟格外撙節，至禱至禱。 光緒十年十二月初七日

五

前接上思州來函，知大旆親率二營進駐龍州，分屯愛箽隘，布置自有把握。王藩司一軍挫衂，敵勢愈覺披猖，亟須會合諸軍，約期穩進，以分其勢，密簡精鋭，擣其支郡，以潰其腹心，帷幄勝算，必有密操者矣。新添八營，諒已一律募齊。進勦已定日否。頃復接初二日郵箋，於逼碼未曾焙乾一節，囑飭欽州余署牧遵照前批辦理。查楚軍章程，一切運送軍械，歸額設長夫辦理，應飭管帶哨弁，督令小心運解，勿得潮濕。至如何曬焙整理之處，亦應營員熟手者經管，未便責令地方官代司其事。專此覆聞。 光緒十年十二月十六日

六

疊奉台函，均已誦悉。昨承載示並電函，知大旆已由那添進駐上思，蓋履勤勞，深爲馳念。雄師所過，飭地方官預集夫役，以補長夫之不逮，其價由營員照例發給，業已札飭照辦。惟離城較遠，以及中外邊界荒僻寥落，官力不能及之處，應由該營員善爲勸諭，按時價僱覓，萬一人數不敷，分運數起，陸續進發，亦可集事。若拉夫强行抑勒，必且驚擾逃避，轉致無夫可用，適足自困，非計也。此節千萬嚴飭各營爲要。際茲餉項艱難，一切務須撙節。師出趨利，本爲自救，緩臺急越，不得不竭力圖之，非如承平之世，帑藏豐盈，甲兵充牣，伐叛柔遠，不妨稍示擴充也。營中差遣自未可少，但期適用而止。賓僚之盛，徒壯外觀，軍事未必有益。辰下滇、桂兩軍，度支甚窘，額定費用類多核減，粤軍亦僅自給，鋪張揚厲，則必不繼矣。執事老成重望，力顧大局，望曉飭各營，破除積習，刪減冗費，厚糈以養勇士，重賞以待有功，庶奇勛可成，人言自息，曷勝盼禱之至。　光緒十年十二月二十三日

七

頃接四月二十四日大咨并台函，祇悉壹是。南關、諒山之捷，僉知萃軍爲首功，西來輿頌，萬口同聲，天下信之，異域信之，鑑堂護院另片推揚甚至，鄙人前摺及附片於貴軍戰績聲叙尤詳，驛遞計期已邀乙覽。温綸異數，斷非諸軍所及，麾下亦可以慰將士矣。況麾下起家治軍，誓滅醜虜，報國赤忠，出於至誠天性，區區刀筆吏文字之軒輊，本不足以攖蓋懷。從來軍營奏報，斷不能字字推敲，此亦今日通病。昔羊太傅謀取東吴而讓開府，曹武惠克金陵而但云句當，事畢，即君家大樹，將軍抑然自下，而勛名獨偉。以今方昔，何復多讓。若夫偏裨小校，爭論鹵獲，在統兵大帥不能不代爲臚陳，以伸士氣，弟亦深悉其情。方今時事艱屯，正資羣策羣力。麾下長城獨任，而盛美不居，衆心更當欽服。至此次西鄰疏稿，不過欲仰分東壁餘光，藉圖自救，此自常情類然，正可付之一粲。朝廷明見萬里，他日鄭、宋賞班，蕭、韓功次，宸衷必有權衡，政不必與因人成事者較短長也。朗齋係獲咎人員，從前屢受屈抑，此次以一戰之功，可冀濯洗。成人之美，諒亦大君子所樂爲。況僅此寥寥數語，與麾下比之，固已瞠乎後矣。會奏稿望即循例書奏送回，勿留痕迹爲要。以後與鑑堂、子熙兩君共事之日方長，尤望顧全大局，海度淵涵，左提右挈，戮力同心，共奬王室，不以小嫌累及大體，是所翹禱。

再，西省所奏最怪謬者，在馮軍失去礮臺三座，他軍奪回一條。然此潘前院初次電奏之語。此次蘇、李奏稿，僅云新築礮壘未成，遽爲所奪，尚有分寸。鄙人當時閲潘此電，深爲不平。夫馮軍止有槍，並無礮。既無礮，何有臺，不過法匪大隊初來，先鋒乍築未成之三壘爲賊所踞，此大戰所常有。西電必欲先坐東軍以失臺，歸功於西軍之復臺，未免挾私虚誕。試問自谷松而威坡，而諒山，而南關，失去營寨、臺壘、槍礮、餉銀、軍裝、糧米，不知凡幾，何不一一奏聞耶。且失諒山省而不以失聞，失鎮南關而不以失報，至當日之失船頭、陸岸，失郎甲、屯梅、觀音橋，更無一字上聞，何於行營草草新築之兩卡，臨陣一時之前（郤）[却]，遂至坐之以失臺大題耶。及見二月十三日明發諭旨，並不提及此層，是朝廷聖明，業已俯鑒，東軍將士亦可釋然矣。又及。

光緒十一年五月二十九日

八

昨閲邸鈔，欣悉明詔酬庸，特頒珍賞，有翎管搬指之美，玉刀火鐮之奇。大小荷包，駢蕃錫賚，輝煌道路，鼓舞軍民。昔仝斌平蜀，賜雪夜以貂裘；陳寵居官，署天章於寶劍，靡不傳爲殊遇，播作美談。兹者武騎髦頭，定桂管百蠻之境，陳湯詘指，符烏孫五日之言。如昆吾之切泥，無堅不入，似爝火之見日，一出即消。恢盛世囊括之勳，宣聖主包容之量。共球大小，迺受乎殊方，擔荷艱難，彌思乎前績。凡此非常之蓋勩，自宜異數之頻叨。文侯彤矢之褒，先承王命。漢世徹侯之典，待定元勛。洞忝領兼圻，喜聞盛事，羊舌悦中行之賞，請誦周書。建武録蕪蔞之功，式諧衆論。光緒十一年六月

致沈芸閣〔一〕十首

一

馮萃亭軍門致雪帥書，意甚不滿，至少亦須廿營。雪帥謂所言有理，鄙人亦謂其有理，不惟許可其言，鄙人之心即如此也，其如爲力所限何。不惟有理，而且深切事情。但鉅餉如何籌法，馮全不知體諒鄙人苦處難處，如何如何。

二

頃詳問欽州差弁，欽州至龍州有兩路均甚好走，有夫有店，運重緩行十二三日，輕騎行八九日，商賈常行。此次馮軍械物，張守、局員定從此路。如行之通暢，以後解西軍械，并可由此。間一爲之。惟輪船無多，不能常往耳。聞此甚快，特布聞。

趙渭卿户部上書，請自練一軍，否則請守邊隘，不允則乞歸，可謂壯矣。其才性以何者爲宜，足下當知其深，即籌示。自練恐難，或發往何營襄助而兼練習，何如。再，來呈文筆甚美，到粤罕見，務請物色其人見示，至感。

三

趙渭卿擬製造局整頓章廿五條，切要詳密，本神機營章程，營章本津章，津又本滬。惟文案用幕友一節無謂，已面駁之矣。曾屬黼侯酌定會詳，遲至月餘，迄無音信。今日見黼侯，復諄囑之。此乃要事急務，必須速加整飭，若原擬未盡善，儘可酌改，豈可因噎廢食。原清摺奉覽，祈將不妥處酌定示復，并望轉致黼侯速辦，勿存意見，爲要。京員初入局，即能如此用心考究，豈非難得，正是廣東人才，正是督辦好幫手。惟章程嚴整，必爲委員匠役所不願，勢必設法阻撓，短毁兩京員，望告黼侯，勿受其愚也。至京員會辦，與本省局中上司自有不同，局員自宜尊敬，會辦亦須格外謙和，方能相處。大約本局府廳班可稱以會辦，略如同通待知府、州縣待同通禮。而會辦兩君不便視爲屬員，仍用平行禮，庶可妥協。此等禮節，不知現等渠係如何，姑擬議及之。外省局面略小，節目稍有參差，便生形跡耳。至局員賢否用舍，兩君既屬會辦，自可與聞，惟只宜詳察默識，與督辦商之，重大事向洞言之，以待酌定辦理爲妥，似不必過於徑直，必招人訾忌也，望婉致渭

〔一〕即沈鎔經，字芸閣。浙江烏程人。同治七年（一八六八年）進士。時任廣東布政使。

卿爲要。近日情形，閣下當知其略，即希示知。洞爲此事甚焦急，而又煩悶，特以布達。原呈清摺附送。

四

吳提一軍，久經定議，有船即行，船容一營即渡一營。至今兩旬，而買船雇船迄無一就，將成輒變，非止一次，不可究詰。臺事日蹙日急，諒山克復，法兵必更急攻。頃譯西報，云澎湖被法攻占。如果確實，更難設法。特此諄切奉布，無論蔡倅、鄭道所議各船，不計貴賤，速買兩隻，迅速派撥吳軍渡臺，并運接到各械至應渡河口，一併訪詢明晰，密速辦理。美敦能否渡臺，益得利據張令云，較美敦略大。如肯渡臺，多租一月亦無妨。能渡無妨保險，或即買之。假如我已買之，船遇險，不與賠同乎。如較美敦大而價與蔡、鄭所買相仿，或即買之。林國祥稟嫌其小，然曾經抵倭無恙，何也。該船長幾丈，須審確是否行海無疑。總之，此時以渡兵運械到臺爲主，他非所計。若臺事日壞，而粵兵粵械竟致不能趕到，運械到廈，另是一事，當較易，亦望速定速行。朝廷震怒時，鄙人實難當此重咎。言盡於此，切懇諸君子竭力迅速籌辦爲幸。公牘不能盡意，手書詳陳，幸惟鑒之。

五

接閩復電，方五營據云到廈須十餘日。自福陸行到廈，自廈舟行到澳，允發餉兩箇月。至由澳渡臺，自是民船，惟太零星遲緩。頃知益得利已抵臺，似敵防尚疎。轉赴横濱，將來或即用益[得]利、米利、美敦三船往運。如有合式洋輪，即另租兩艘亦可，緣民船不能多載，全渡必須明春矣，何濟於事乎。且帆船待風，亦不如輪船之得閒即渡也。望速與照軒商之，租船即託照軒速一詢訪爲要。

六

原奏原檄許劉永福帶二三千人，嗣經發給五營官關防。此時劉已到南甯，舊部不甚多，多係入關新從之者，故前數日擬與别商，令裁除冗弱，止留一千人，分爲五底營，以符原檄五營之説，局面仍復好看。諭以人少免滋事受累。又恐其意不滿，因先有准帶五營之語。擬月給津貼一兩千金。頃詳加籌度，津貼乃經久之欵，歲費不貲，不如格外稍示以惠，彼當欣然，而我所省已多。不給津貼矣。今欲爲該提在省城内買大宅一區，渠家貲多，故安置城内。費數千金。恐須八九千金。渠心安意快，令其携眷同來。諸多便利。其爲人好利而見小，此法當可有益。至買宅之款，可動義捐。前日仲約學士言，義捐已解十一批，約三萬元有奇。局費記不清，約三數千元。今午接仲約自香港來電，尚可由港解義捐一千元，是劉之宅價所差無幾矣。此策似尚有意思，特此奉商，即望酌示，并飭局查開收過義捐總數見示爲要。

七

日來聞游勇甚多，頗生小事，亟須設法彈壓遣去方妥。兹令總巡畢副將往見閣下，詳述一切。望即細詢，與燕齋籌商，並擬一告示稿見示，即當張貼。

八

聞雷州糖行包七千元。牙捐滋事，因外行攬充，又藉食字自稱糖食行。抽及民間食物，衆怨沸騰。其實海安本糖行叠次呈請認辦繳餉五千二百元，其餘四縣各有糖行尚不在内，如海安准後，亦即具呈。所收必多於現數。乃雷州嚴守、海康李令中有所爲。不察輿情，不遵定章，一味徇袒，屢駁不允，以致幾釀大事，實爲極謬。此事洞察訪已得八九分，特布聞。應如何懲儆駁正，以免擾民誤餉，速與牙捐局商辦。燕齋都轉均此。

九

土絲行漏牙捐一案，速查速結。緣爲數太多，曠日恐滋弊竇，不可不慎。鄙意可重罰，不可充公。并致燕齋。

十

昨有寄諭，令籌議裁緑營額兵以節餉，并有期於必可施行語。內意甚堅，必須籌一辦法。鄙意擬奏請明諭通行，各就本省兵數作爲十成。就廣東論，無分水陸，統減一半，歲可省五十餘萬，可養勇二十營。每年裁十之一，十年即畢矣。惟兵既盡裁，則勇須長養，僅免重出之費。且粤省情形，緑營固多弊無能，省外及地面事亦多有資其用者，若盡去額兵，豈不各處又須撥勇巡緝，錢不能甚省，但較有用耳。出入亦相差不多。惟勇則訓練更換之法能行，較兵尚有實際。鄙意擬奏定只裁一半，仍以十年爲限，所省亦不少。省出五十餘萬，可養勇將及二十營矣。如此辦法，爲若輩稍留根蒂，既不至全營觖望，亦不致變法爲難，若盡裁，則營汛地段、緝捕考成等事，議奏極爲繁難，減半則全不必議此奏，咨札均一紙可了。事緩而穩，效易而簡，似尚可行。但其中利弊若何，是否尚有窒礙，抑或別有妥實辦法，均望籌示，并與黼侯、燕齋、杞山諸君密議。須暫密，恐致訛言要緊，辦法定後再宣布，則無訛言矣。

致沈芸閣、黼侯、蔣燕齋 一首

威遠、下橫檔、南石頭、大黄滘、中流砥柱、綏定台，以上六台，自瑞任開辦起，至前任張告竣止，共用銀八十三萬餘兩。局查之數，望即迅速查明前後俱係何人承辦，督工領欵，詳確開單見覆，幸勿疎漏錯誤遲緩，切切。芸閣尚病，此事可即由兩君飭局查開，勿以此事勞擾之也。温事如何，何以尚無眉目，并希詳示。再，前閲來詳，晋欵十萬生息，此事須告芸閣。匯豐何以係交温紳之手，殊爲駭然。匯豐一銀行，人人可與交易，況善後局與之共事數百萬，何不可面與交接，而必付温乎。今我方追其繳欵，而轉將巨欵付伊轉交，是明明令其挪用而已。然則即使照繳五萬，仍是我自存之錢耳，於温何損。此事似爲失算，不勝焦急。敢請設法速遣他人向匯豐問明，將存票換人另立，令與匯豐無涉方妙，換人換票後須另詳。不然目前既失賠欵五萬，將來所餘五萬亦恐不穩也，奈何奈何。即示覆。

致沈芸閣、蔣燕齋 一首

越境春深，瘴疫將作，速覓醫士數人，并訪經驗成方數通，藥料十許種，避瘴避疫。丹散數種，方刊印，藥購買，以多爲貴，發關外軍營。此非行善，即是增兵也，萬勿忽視，至要。

致劉省帥〔一〕一首

接十月廿一日覆電，具稔三軍平安爲慰。待餉情形，深代焦急。前令林國祥解銀三萬兩，聞十月廿七日已抵臺南嘉義縣屬布袋嘴登岸，此時已彈收否，祈示。茲交香港商人匯洋銀三萬元，淡水一萬，臺灣府兩萬，均解尊營察收。此項匯款在港已先付一半，俟取尊處確據回，即日補清。詳加體訪，香港油頭行店與臺商有交涉者不少，此次匯項辦妥以後，可源源照辦，務請麾下派委員紳向臺南、臺北諸商設法力商匯兑。香港油頭之款，見據付銀，決不差誤，少則數萬，多則數十萬，粵東均能應付。至軍火各物爲尊處購備者不少，惟運濟甚難。月來密遣員弁四出設法，現正發軔分運，據報已啟行者兩批，陸續轉輸，惟力是視。請豫飭各港，運到者點收速解。各種已備者，後膛兩千以外，前膛亦兩千以外，礮藥、槍藥、銅冒稱是。惟冀運道能通，此數有贏無絀也。本月初六日自西貢來法艦一，載兵五百赴鷄籠，五日内聞尚有一船到，人約亦五百，而十月内過港回越之船載回病兵，殆多於此數矣。至越地法增到新兵，兩次止來千一百人，前駐越者病亡過半，聞駐越兩酋甚惶急。桂軍十月廿九獲捷，斬其將弁四人。雲軍、劉軍九月下旬攻宣光屢勝，賊蹙，因水漲輪來偶挫，現謀復攻。粵東現派王鎮孝祺率八營，馮軍門子材率十八營，出關會剿，臘月中旬可會師進戰矣。體察事機，兼參偵探，在越之虜漸衰，年底東軍既集，鮑軍亦到，岑、潘、黑旗諸軍餉械亦俱充足，越事必有起色。遠仗神威，鎮茲雄島，醜虜不足患也。孫、章諸君近已愈否，吴鎮鴻源隻身渡臺，計已早達。其人老練而習於臺，使將士勇必能得力，麾下增此良將，堪爲遥賀。粵東近派遊擊方恭率潮勇五營援臺，取其風土較習，到日隸公部下。惟渡兵尤難，恐非一月内外所能到耳。海嶠宣勞，氣候殊詭，馳系良深。另有手書一函，交赴淡水人賫投，茲特照録一通寄上，以冀必有一達耳。

光緒十年十一月初八日

覆王芍棠〔二〕一首

來稟兩件，已經批答封發。頃據委員縣丞沈廣貞稟稱，自瓊來時已受閣下指揮，批准即辦，陳榮輝募勇，武弁二名已同來，是否即行辦理等語。此事赴機宜審，籌備宜豫，募弁既來，應即飭令速將東莞悍勇如數募往。至九頭山投誠義勇，閣下可即及早選募備用。兩項均須實在精能出色，合計共得一營之數。將來有機可圖時，即派此五營前往，彼時自當審度瓊防無虞，方能出師攻敵。至來牘所請省防移紮兩營，劉鎮募補兩營之處，餉力十分支絀，應勿庸議。如東莞、九頭新營已成，而兩三月内熟察情形，衡量彼己，竟無下手處，即將此新營好手補入舊營之額，於舊營中汰其疲懦者抵之，十四營中安插五百人，諒不爲難，庶餉項可稍節耳。至閣下意欲鄭道前往一節，現有要務，屬鄭道前赴閩廈，未能他適，所事未能遽行。爲接濟臺灣事。侯鎮驍勇善戰，曾到越南，將來此五營即令該鎮統帶即好，派一二文員同往料理足矣。其中是否相宜，即示覆。辦札遲緩易洩，手書再布，即以此代公

〔一〕即劉銘傳，字省三。安徽合肥人，淮系將領。光緒十年（一八八四年）督辦臺灣軍務，次年臺灣設省，任巡撫。

〔二〕即王之春，字芍棠。湖南清泉人。廣東按察使。後歷任山西、安徽、廣西巡撫。

牘可也。

再，十月廿九日，桂軍與法虜戰於坑下，我軍勝，斬其五畫一人，二三畫共三人，法兵十餘，兵勇追至法屯乃止。官軍將弁受傷三人，一傷重。此戰蘇軍門及淮軍數將皆在坑下，我軍赴諒江之路也。臺南北均無戰事，新有法來新兵五百過港赴鷄籠，并聞。援臺兵輪無信，北洋二艘因朝鮮有倭變調回。　光緒十年十一月十一日

覆唐薇卿[一] 二首

一

卻穀儒將，宗慤壯心，古今不殊，勛名特盛。前以東師深入，統率乏人，推王式於東班，俾夷小醜，馳文城之別部，冀建奇功。傾耳捷音，殷心抃頌。弟穗垣承乏，桂海相望，屢誦軍書，倍欽壯略。使者通道，知諭蜀之無庸，吏部能文，自平淮之有作。

光緒十年十一月二十五日

二

疊接電函，知經營善後、布置邊防甚備。方今以安插游勇爲第一義。此輩區處得所，爲我捍蔽，勝於十萬師矣。獨是汲汲目前惜費畏事者，語以宏謨遠略，輒謝置不講，如閣下者其多得乎哉。宣光數月戰事，奏懇優獎，已奉俞允交雲督查奏，當即鈔電咨達，并照會尊處，諒登台覽。復將景軍踰境助剿、歷次打仗至爲艱苦情形，函致彥帥，庶不致抑揚高下，有乖軍賞之實。惟是執事出關半歲，跋涉數千里，備歷勞瘁，現始分軍屯處，凡屬將士，俱極可念。邊關春戍，征衣未徧於同袍，帳下健兒，椎饗尚期諸異日。謹具菲物數種，聊致區區，諸惟照察。　光緒十一年四月初三日

與劉淵亭[二] 四首

一

炎徼孤軍，百戰不挫，明廷優詔，三錫崇加。聖世遭逢英雄，事業於古未有，此績不湮。頃接琅函，藉悉宣光環堞，士氣彌揚，蓐食晨趨，疊見艟艨之奪，荼火相接，無非組練之師，迅奏膚功，即邀心簡。洞軍符忝綰，邊境時廑，知僕射徇國之心，修山濤薦士之表。稼軒拔於河北，卒爲名臣，顯忠來自夏人，羣推閫帥。

光緒十年十一月二十五日

二

月前泐覆一緘，諒已照察。邇惟進逼宣光，將士用命，截敵舟於河涘，奪村寨於城南，唐、丁諸軍，會合猛進，外援已斷，孤城指日克也，盼切望切。惟桂軍失利，諒山不守，敵鋒已迫南關，諸軍率退紮關內。東路既無阻扼，慮其全力西向，截我攻宣之師。我師前逼堅城，後禦援賊，大局安危所（係）[系]，萬分

[一] 即唐景崧，字薇卿。廣西灌陽人。同治四年（一八六五年）庶吉士。光緒八年（一八八二年）自請赴越助劉永福拒法，後募四營為景字軍抗法，取得宣光大捷。

[二] 即劉永福，字淵亭。廣東欽州（今屬廣西）人。早年參加天地會起義軍。後率部避入越南，駐保勝。法侵越，應邀抗法，因功封三宣副提督。

緊要。務乞執事與滇軍、唐軍堅忍力持，挫此兇燄，庶桂軍整隊再進，仍成犄角之勢，軍務方有把握。專此飛布。

三

頃得唐薇卿吏部報，十六日大股援賊犯左育，貴部力戰，斃賊甚多，以他營被襲，獨力不支，遂致挫（衅）［衄］。足下此時退保浪泊，園宣諸軍俱漸撤退等語。聞信之下，頓足憤惋。天不殄夷，致使窮城漏網，凶燄復張，貴部與滇、粵諸軍血戰數月之功，付之流水，此豈在人意計之中者耶。雖然，古來豪傑作事，百敗而氣不折，終以成功。惟望足下收衆卷銳，聯絡諸軍，以圖再舉，幸勿自餒爲要。春暖瘴生，遠來黑鬼之類必不能耐，待其病亡枕藉，仍可進兵。浪泊距宣光、端雄、館司各若干里，地勢有險可守否，軍糧取於何處，目前敵情若何，尚欲沿紅江上犯否，滇軍能戰者究有幾枝，人數約有多少，貴部此次損折若干，器械尚可支持否，足下意此時擬如何布置，均望一一切實見示。自去年九月至今，由粵解濟貴軍餉需，合計賞項、餉項、捐項，前後五批，共銀十五萬五千兩，前數批當已陸續收到。道遠多梗，以致紆迴稽遲，無可如何。兩次解寄貴軍後門槍共二千枝。士乃得一千，適遇南關告警，爲桂軍截留。哈乞開思一千，因唐械被留，權分其半濟薇卿。事機多阻，未得早達，鄙衷深爲耿歉，以後仍當極力籌濟也。貴部在越有年，與彼（士）［土］豪傑相習必多，此時越中臣民是否甘心帖服法虜，河内、順化情形若何，能否常通消息，亦尚有結謀起義者否。尚望時通音問，俾知貴軍甘苦，越地情形，法虜舉動，是所翹盼。　光緒十一年二月初一日

四

明詔罷兵，島夷就欵，移大風之猛士，作捍邊之良臣，豈徒國家收干城之材，抑爲彼族釋猜疑之隙。綸書敦迫，使車往返，凡布文告，想荷照存。州判孫鴻勳回，展誦來牘，並悉到貴營後款接之雅，部署之肅，令人有田疇龍城、馬援西州之感，坐使强虜不侵，遺黎相保。以此靜觀世變，詎曰不然。惟臺海餘氛，敵踞如故。聖上廑一夫之不獲，願兩地之相安，迺釋越圍以全大局。今敦盤從事，要約方新，萬難稍事愆期，致渝大信。麾下厚沐皇仁，深明大義，必當輕騎就道，刻日東旋，率田單之宗人，歸河湟之餘衆，同荷大慶，受祉奚涯。貴部棲遲瘴域二十春秋，士馬效節於沙場，介胄櫛沐於風雨。椎髻侏𠌯，終非我族，嶺南故土，松楸成陰，衣錦還鄉，人生一樂。儻或觀望遷延，有遜明哲，徘徊歧路，自恃丸泥，陳伯之無旗鼓之思，晋士會昧歸孥之計，顯違簡書，隱快讎敵。事變之來，誠難預料，竊爲麾下惜之。區區護持良將之心，無微不至，或來或否，一言而決。幸即明白傾寫，俾得上覆朝廷。徘徊濡緩，於事決無所益。敢布肺腑，專候覆音。

光緒十一年四月三十日

覆劉蘭洲［一］　一首

初九日，千總李慶福來粵，疊展來緘，計十月初一日至十一月二十日，共發來紅白稟四封，附摺稿一扣，片稿二扣，夾單二件，又夾單二封，附清摺二扣，又呈文兩件，又詳文一件，驗文

［一］即劉璈，字蘭洲。中法戰爭時，任臺灣兵備道，駐臺南。

一件，均收到，誦悉一切。詳詢來弁，藉悉保障宣勞，金湯鞏固，甚佩甚佩。執事支撐危局，布置井井，使臺南一隅無烽火之驚，厥績甚偉。法船去而復來，不獨運道之梗，敵意正未可測，仍望督飭將士加意嚴防，待至明年春深涌起，彼虜之技窮矣。種示〔一〕辦理情形，極爲中肯。第摺片一節，照會恐屬無益，賃地尤未便輕舉，業經雪帥咨送左相，請其酌核具奏，祇可聽左相裁酌矣。兵餉械三者固宜寬籌，敝意所亟者餉械耳。南北洋兵輪，以朝鮮事起而議寢。粵之方恭五營，經省帥電止，自亦未便成行。吴鎮鴻源既已渡臺，糾合舊部，聯絡漳、泉勇敢之練軍，重賞以激勵之，決可制敵，政不必徵兵他省也。暖暖用團之效，自可類推。餉合臺地及鄰道之力，想足敷衍，惟購械極難。港、滬槍礮都已搜羅殆盡，必須購自外洋，遇有現貨則需兩月餘，訂造則需四五月。且廣、桂、滇、越諸軍紛來索購，正苦無以應之。來文所需槍礮及水雷、大礮、電綫等物，香港皆無，但係力所能爲，斷難漠視。購船甚是，非堅固則動須修理，反致耽閣要務。但雷、礮總須數月，大礮則有無難期，惟火藥及後膛槍、電綫諸物，尚可隨時定買，以後當乘便解濟，多少未能豫定。此間無渡海兵輪，率皆鹽務釐局捕盗緝私之具。蓬洲海乃海關座船，上施板屋，並非戰艦，外觀頗美，而軍事無用。若有可運之械，再當設法雇覓洋輪耳。馬江廢鍋能否移用，應稟商船政辦理。與英商密訂燬船一節，無妨姑與謀之，有益無損，重賞儘可不惜。臺南北既聯一氣，餉需諸便移撥，朝廷南顧之憂，亦可稍釋矣。去船刻日開行，先將大概情形奉覆，餘俟續聞。此間渡臺員弁屢承厚犒，感謝感謝。　光緒十年十二月十六日

致岑彦帥〔二〕三首

一

炎荒駐節，戎事倥偬。諸將仰發，蹤之神交，人有來暮之感。堅壘疊拔，强敵悉摧，欽佩欽佩。唐薇卿吏部久攻宣光，得丁軍併力，自易得手。來函甚爲感激，述及苦戰累月之狀，將士冒險，奮不顧身，甄録其勞，請速軍賞。洞以粵電祇係大致，詳牘必歸幕府，給奬必俟克城。想閣下深入敵境，前軍之勇怯，帷籌之得失，必已犂然胸中，了然筆下，不致有所絓漏也。嗣後唐軍攻戰情形，已囑其詳報尊處，以便詳叙。丁軍戰事，亦望飭令函報敝處，俾得考證而獲實情，於軍事不無裨益。專此奉布。　光緒十一年正月二十五日

二

去年秋間，雲、粵、劉三軍會師宣光城下，敵强瘴惡，道遠糧艱，先經力戰數旬，掃除城外援賊，於是薄城穴隧，肉薄圍攻，賊已窮蹙待斃，法虜自入中國以來，實未嘗有如此挫困者。徒以桂軍失諒，醜虜分援，以致此功未竟。聞報之後，爲之憤懣頓足。特是諸軍之效命摧鋒，諸將之和衷戮力，實不可泯。在雲軍夙蒙訓練，節制嚴明，固深欽佩。而粵軍仰稟藎籌，不致籠束怯敵，亦差幸師律無乖。特慮公撝挹過甚，是以代爲上陳，幸蒙俞允。所奉三月十三日電旨，當經飛電台端，想已入覽。尚祈於雲、粵

〔一〕底本原文如此。
〔二〕即岑毓英，字彦卿。廣西西林人。監生。時任雲貴總督。

各軍均予量功給奬，以勵戎行，俾粵省偏師亦附末光，而有耀幸，何如之。至粵軍艱苦情形，則有不能不更爲奉瀆者。唐薇卿吏部率營出關之時，正值宣、太路梗，滇、粵道迂，勉由牧馬進取。琴帥初以郎甲被挫，恐敵内犯，囑唐軍留防牧馬。洞力趣其前進，以會勦爲急。嗣琴帥來電，接尊函，有唐營由牧馬恐道阻難進語，又有雲軍道阻，會合甚難之語。薇卿途次接台書，亦囑其繞道入滇。渠以軍行既久，前軍亟盼會勦，不願遷延時日於無用之地，竟爾間關崎嶇，踰越圻千有餘里，皆行無人之境，山箐險惡，不見天日，夜墮深塹，晝逢猛虎，馬蝗尺餘，飛噬人肌。遇絶壁高嶺則攀援而登。遇深谿斷岸則躑躅而過。人馬顛隕，不可數計。備歷種種艱苦，而後達於宣光，其行軍之難如此。地方幽僻，無糧可辦，遠至數百里外始可采買，而運到尤復不易。至於搬運軍火，接遞文報，節節設站，處處留兵，既防前敵，又顧後路。至於軍資耗損，需費繁多，更不待言，其轉運之難如此。比攻宣光，與雲軍犄角，搏戰多次，逼城而營，有十一月初五之捷，有十二月十一、十二、十三、十五之捷。嗣後圍攻愈緊，或直衝決口，或滚草猛進，或冒死登城，營哨各官、選鋒精鋭傷亡如積，而卒不少却，其鏖戰之苦又如此。較之雲軍貔虎精强，屢摧大敵，固不足道，然以偏師踰境，涉遠攻堅，爲麾下諸軍聊助旌旗之色，其報國微忱，尚有足嘉，其傷亡情狀，實堪矜閔。弟從不肯自發一疏，恐撓公權而紛軍志。今日事定師還，幸荷聖恩垂念，敢希查明入告，同葆恩綸，庶使弟可以對此鋒鏑餘生之將士，其爲銘刻，豈可名言。至薇卿吏部以文弱書生，不避艱險，身臨前行，謀畫精詳，軍令嚴肅，洵爲有用邊才，可以獨當一面，今世文秩罕有其比，屢讀疏稿及來書，有唐某有膽有識，奮不顧身之語。以後果屢挫凶鋒，捷音頻至，具見我公知人之精鑒，梓里之多才，尤爲欣佩。尚祈加以拂拭，俾得洊蒙大用，爲國干城，則感戢不啻身受也。

再，劉提督永福一軍，雖有左育之挫，而前此親率所部奮勇先驅，圍宣截敵，疊獲勝仗。十一月初五之捷，已奉聖恩，准予保奬。至左育雖敗，然實係血戰兩日，前譯出西人自河内來函，暨法人東京新聞紙，叙述詳悉。蓋此役劉軍雖敗，彼之精鋭殲斃已多，以故未能遽行上竄，遲回旬餘，而雲軍東下，遂獲大捷，是其部衆力戰，犯難嘗敵，亦尚有益官軍。且以後須調赴粵邊，尚須資其捍圉出力。儻蒙俯加甄録，俾益感戴國恩，堅誠内向，則粵邊之幸，皆我公之賜也。

再，現在款議雖定，邊防益無了期。弟與鑑堂護院皆經電奏，請以沿邊之地爲甌脱，各不駐兵，遠敵固防，於計甚便，聞交北洋與法人妥議，未知能否挽回。至越界遊勇太多，李揚才滋事以來，何止數萬，亟宜預籌安插。擾邊擾越，固屬切近之災，即嘯聚擾法，亦爲中國之累，大有關繫。薇卿采諸衆論，或議安置於太原、高平間，令以開鑛自給，鑛雖越官所禁，但華人向有潛開之者。此時剴切曉諭，越宜無不聽允，但經費固須略籌，鈐束亦復不易。滇越界上情形，不審亦相類否。黑旗、黄旗餘衆，必甚紛紜，不知滇關以外，保勝沿江，亦有鑛苗及他地可開否。前已電商，計當入鑒。閣下老謀遠識，必有良籌，望速賜教爲幸。

光緒十一年三月十九日

三

詳約已定，即日頒行，基隆可望收回，而澎湖法艦專視保勝爲去留。劉提如不迅回雲境，法虜不甘，海防不了，朝廷責備，將在滇、粵兩疆臣矣。保勝爲三迤藩籬，關係未嘗不重，而成約已定，無可如何。劉提來稟縷陳行止事宜，當即逐條批示，催其就道，並鈔咨冰案察核。茲復遣州判孫鴻勳等賫送文牘關防，前赴該軍面加開導，惟委員到彼尚需時日。該軍根蒂過深，遠徙不易，敢祈碩畫妥籌，早爲資遣。該提督近隸戎旃，渥被威惠，指揮所及，當無梗阻。鄙意總令其心安計便，庶不致爲部衆沮止。牢籠撫馭，公所優爲。似宜稍加寬假，免致歧路徘徊，不獨結束款局，上紓宵旰，即鄙人亦受賜矣。致劉提函牘各一，即請轉付。

光緒十一年三月二十三日

與李鑑堂〔一〕一首

新命一下，捷報駢來，天心人事，於茲可見。兩次密函均悉，勵精盪穢，正在今日。即請台端徑行上聞，認真辦理。史稱李臨淮入軍，旌旗變色，其間必有實事可以震懾羣頑，鼓舞士氣者，大率即此等事也。日來憔極憤極，不及多書，草草數語代面，惟盼公真除爲快耳。

楊雲階軍門，宿將知名，琴帥調赴桂軍，未加任用，憤鬱致疾。適因瓊防求將，洞發電向琴帥乞之。臘月復再乞之，欲令來守黃埔。因此一乞，堅留不遣，强起令赴前敵，束縛劫制，不能設施。新集之兵，不習之將，南關一戰，以身殉之，雲階固遂其馬革之忠，鄙人實不免有伯仁之憾。聞報驚痛，不可爲懷。此時元纁之篋，計當即返湘中。又，遊擊談敬德在唐薇卿吏部軍中，最爲驍將，戰功極多，其功尤在爲諸軍倡，遂挫强敵，乃竟殞於宣光城下，實可痛惜。茲託便員爲兩君寄去賻贈，楊二百金，談百金，請分別轉交爲荷。談賻或交唐，酌之。邊事方棘，永無了期，鼓鼙之聲，悢悢何已。

光緒十一年三月初七日

致楊石帥〔二〕一首

前諗大軍渡臺，力拯艱危，需用軍械，亦必甚亟，洞亦代爲焦慮。惟礮械一節，内地搜覓已徧，港、滬皆無之，偶有一二來華，即多方購致，不遺餘力，兼以法船搜查，中途羈留，因向外洋訂買巨數，無如急切難到。頃始運到毛瑟頗多，而彈又未到，焦急萬分。茲解二千枝，設法湊墊彈一百萬，并礮藥炸藥，分濟閣下與省帥，以備前敵之用。嗣後各械仍陸續設法運解，不敢漠視。想旌旗所指，得此利械，益覺士氣百倍。元老壯猷，敵愾攘寇，在此時矣。不勝翹跂。

光緒十一年三月十五日

覆鮑春帥〔三〕一首

二月以來，滇、桂官軍兩路同日大捷，法虜震悚無措之際，正逢雄部南來，若乘勝進兵，三路攻勦，匪黨畔離，援寇未到，一月之内可以盡復北甯、山西、興化、太原、廣安，三月之内，可以掃清北圻，西收河内，東扼海防，一洗中華四十年來之積憤。乃狡虜惶遽乞和，聖上寬仁，不欲究武，允欵撤兵。此時麾下惟

〔一〕即李秉衡，字鑑堂。遼寧海城人。時任廣西按察使，署巡撫。

〔二〕即楊昌濬，字石泉。湖南湘鄉人。湘系將領。中法戰爭期間，奉命幫辦福建軍務，授閩浙總督兼署福建巡撫。

〔三〕即鮑超，字春亭、春霆。四川奉節人。光緒十一年（一八八五年）春，曾率部駐雲南白馬關外。

有撫慰雄師，蓄鋭養威，静候朝命，萬一欵局中變，貴部仍須出關。川餉或有道遠難繼之時，弟必當竭力羅掘，以助芻秣犒勞之用。至一切後門洋槍軍火，粤雖褊小，謹當任之。手肅數行，敬請勛安，不盡欲言。　光緒十一年三月十八日

致倪豹岑〔一〕五首

一

頃雪帥〔二〕又有書力阻□送，大意言日來病甚，不能飲食，以應酬擾攘爲苦，南洋船未到，廿六日未能行等語。洞今日擬即不送，特此布達，即請酌之。緣此時我等到營，恐疑爲將速送，轉益其焦急，且來書語意，連日病形似頗困頓，應酬大約實不能支耳。擬俟將來行有定期時，遣弁候送耳。

二

電奏稿已發奉覽，閩電并呈。頃聞民間欲毁賣麻街教堂，已飭營、縣彈壓，恐匪徒藉此蠢動耳。其實□□毁亦不要緊也。各國教堂□□□□停講有益否，請籌一良法速示。各國船隻旗幟，當即飭蔡守與税司索詳圖頒發各營。書院卷此課即作爲貴署課。多考一課何妨。八月，侍□□課請榜示，不必發侍寓目也。

三

傳蕭守商之再，昨日仲約學士〔三〕來言，已撥給二萬金作團費，此款若許之而緩給，則妥矣。詢善後局則云不知，局員云當係蕭守所籌，團捐已有報解者否。大約因此項而起耳。須籌一善策。

四

頃函告蕭守，危令，立將麻街查封，出簡明示，謂法既開釁，其教堂應查封入官，將來變賣，以抵福建船廠之價，不准擅動，並囑□□□勸阻則可，不得擊傷百姓。侍□□□暇，幕府又無能此者。請草一示稿發之查封法堂，禁毁外堂與他國堂，如何防護，請酌。爲感。總之，以後彈壓地方事體甚多而甚細，惟有多費清神，侍僅理其大略而已。

五

□號紳名似宜多寫數人，或至何汝桓止，以下但稱監院，沈澤棠等爲客請。速酌繕。

致張振軒〔四〕、倪豹岑 一首

昨電旨須速覆奏。請將尊處籌畫之策見示，盼切。雪帥回信已來。

〔一〕即倪文蔚，字豹岑。安徽望江人。咸豐二年（一八五二年）進士。廣東巡撫。以下六首録自陶風樓藏《咸同名賢手札》影印件，載臺北文海出版社《近代中國史料叢刊》第一二二册。

〔二〕指彭玉麟，字雪琴。湖南衡陽人。湘系將領。中法戰爭時，會籌廣東防務，後因病乞休。

〔三〕指李文田，字仲約。廣東順德人。咸豐九年（一八五九年）探花。曾任禮部右侍郎、内閣學士。中法戰爭時，在籍舉辦團練。

〔四〕即張樹聲，字振軒。安徽合肥人。淮系將領。原兩廣總督，革職後留辦廣東防務。

致蔣燕齋[一] 四十六首

一

闈姓充公欵，聞尚欠五六萬金未交，疲玩可惡，蕭道言。望嚴飭兩首縣速催，勒限交齊，再遲必須議罰。再，外州縣分廠亦有應提歸公者。四箇月以前即據蕭道言已寫信與各州縣，同該廠人查明提交，何以至今杳然，無一處回信，殊爲可怪。大約意在抵賴全抗，萬不可許。請速飭催，或函或牘，至要，不然三十一萬之數已奏，而實繳無此，如何辦法耶。再，香港東華醫院即何斯犀振捐，究竟尚存若干，前已給諭，當有回信。此銀應否提歸省局，并請酌之。須看港紳願否，或提存愛育堂，酌之。總之，重金巨欵，若久存不提，終歸烏有而已。王道欠欵尚差多少。

二

鑛政局何時可移，洋務處宜速設。前兩月發去貴廠天平山銀鑛，河池州錫。何以至今未煉試，具覆。

三

唐將赴滇，還桂無期。黃守忠兩營，精鋭也，不欲委之無用之地，下凍遠在龍州以西。且耗東餉以常供西防，亦無取義，擬調屯思陵、土州。思陵距龍二百四十里，離越界甚近，距欽約三百餘里。馮軍現存太少，欽防嫌單，如有事尚可與馮軍聯絡。唐存底營二即一營，自亦不能遠懸下凍，此底營現經唐屬唐鏡沅照料。鏡沅管龍局，不能離龍。然則兩底營應屯何處，或併移思陵乎，或令屯龍乎。屯龍則無用，且與黃軍分紮，薇卿亦不願。疑奪其軍。黃軍宜屯何處爲便，大意食東餉應捍東境，思陵漸近欽，與東可通氣。唐底營宜何處，并望酌示。

四

權可仁案，即由營務處詳請遞籍管束，如仍狡悍不服，即詳參。日前鄭軍門言羅琪所帶沙面巡勇三百人不欲裁減，札令裁一百，留二百。以緝捕不敷爲詞。此係已奏者，豈能不裁。此勇不過保護洋行，已向蕭道言之。二百人有何不可。即欲增，只可以後察看情形，另案辦理，此時必應裁。

五

速電黃榮華，除原有兩營千人外。新招之一營，無論湘勇粵勇，一律停招，已招者速散。聽候續札再辦，將來招時，亦應遵照奏案，專募粵勇。暫將此千人分布各船，並速催製造局製礮，不得延誤。

六

上、下凍距龍若干里，距九封若干里。唐吏部擬撤回駐下凍，妥否，鑑堂欲令駐歸順，似太遠。即示。總以出邊易而距龍近者爲合。

七

王道所欠四萬九千七百餘兩，是否在五釐盤費電報等項之外，摺開似是在外。此項因何未交，據該道云作何用，究竟幾時可交。即望切實示覆，幸勿函胡爲要。立須入奏。此事豈有永遠拖欠之理，事隔一年，今將還矣。務即籌示，以便酌一辦法。

[一] 即蔣澤春，字燕齋。時署兩廣鹽運使。

八

前面談欲得一湘將充營官，須奮勇者，又肯講求火器者，意在使之帶練兵營。督操。其營制擬改，與勇營同。即示覆。此紙不必送湘雯處。

九

龍殿揚何如人，望詳示，來電附覽。其策何如。西釐局安得有餘資。又欲赴前敵，又欲鎮内地，注意在何處。其人知兵否。

十

致吴丞書已閲悉。閣下非病，乃謙耳。此有成案。去年兩淮運司委廣西候補道程桓生署理，可署兩淮，不可署兩廣乎。本省從前亦有西鹽道署鹺篆成案，何嫌何疑，況係代理耶。此事須入奏，豈止於咨。目前籌餉方殷，鹺綱緊要，故以相累，萬勿撝挹遜謝。十七日上官大吉，薇柏諸君皆將於此日履新視事，閣下若固辭不已，又須延緩，望即定期與諸君同日到任爲要。此時百事殷繁，幸勿再辭，即再讓三讓，亦終無以易閣下也。

十一

李子孚世兄事，師母來函述及西省彭道、梁守。彭現任，梁尚在桂林，雖丁艱而宦囊甚壯，且係豫省同鄉，必可竭力。望即作函將訃書代爲寄去，爲要爲感。并索覆信，仍交至尊處附匯可耳。江西專丁。原函附呈，祈作函時叙入。

十二

運庫今年已撥解西征洋款若干萬兩，明年十二年應撥解西征洋欵若干萬兩，速即查覆。

十三

運庫每年撥藩庫京餉若干，抑係自解。撥兵餉若干，亦即查示。

十四

前云展緩奏銷，望速具詳，日内即同委署潮榷運同一併具奏，至要。

十五

緝私爲今日粤鹽要義，閣下綜理鹺政，經月以來，必已確考詳籌，望即切實酌擬辦法，一兩日内面談爲幸。

十六

前曾面談，將西振續捐五千兩先設法墊解，日來未聞覆音，望即速委速解爲要。黼侯、廉訪均此致意。

十七

閣下云公所各員稱，每年收數須按奏銷額餉五十九萬之數等語，此説竊有未解。收數除正課之外，豈無雜欵、彌補、帶收各欵。彌補、帶收各欵，須報部有案者。如錢糧有額徵，即有帶徵，儻收數必按正課，則近年奏銷只以七成半爲合格。現銷既不足十成，安得有五十九萬收款乎。其說或尚有曲折，請詳詢見覆爲幸。

十八

牙捐自開辦起至今日止，實繳到銀若干。請速查，簡明示覆。

十九

輯西輪船，即委參將王世評管帶，此攻克諒山之戰骸受礮傷者。

二十

鹽庫欠兵餉十三萬，歷年係解若干，昨日奉詢未復。欠代還西征洋款今年之第二起。五萬餘金，此應早清，望速解。

二十一

東河通判徐德葆，儒雅安靜，會辦臨全大江局差缺，似可委之。請酌定，即速辦。餉差可委鹽大使王慶。

二十二

孫、陳兩員係本衙門所派，不得視爲屬員，須加敬禮。請蔣都轉告劉提督，其營官有不妥者，妄出生意。亦須正告。言鄙人聞之。微聞婁統領昨蒞省，不知已歸否。昨談轉致之語，如在省面談更好。

二十三

移廉鎮事，應由營務處主稿，即請吾兄簡明叙一詳稿送閱，有他項要緊摺待此。急須入奏，不能再延也。清恙稍愈否，念念。

二十四

黄統領來，請示西江屯泊地段，及此間各船如何分撥。已屬其往商閣下，望酌量部署爲要。

二十五

徐德葆人甚勤謹安静，故擬調鹽釐局，欲以觀其才具何如，有無可用耳。若薪水進項，與臨全會辦所勝無多也。但外省人員此局妥否，如不宜，亦不拘定清鹺、鹽釐兩局。姑擬數人另單録上，仍請裁酌。如有不相宜處，亦望示知爲幸。

二十六

裁營餉截至三月二十日止，在省各軍，一律恩餉，在外底營者，每營仍留五哨。至每哨原係八棚，或裁去四棚，較爲整齊。如每棚各減其半似太零碎。請斟酌以何爲宜，並與各統領商之。長夫閤營減半，照勇數計算。公費薪水不減，并請將長夫一節妥酌，不裁全營，而留底營者，此存局勢、優將弁之意。示覆，統領營官之薪水、公費，哨官之薪水，俱不減。惟哨官、長夫若亦減則太苦，似宜照舊。營官、長夫請酌示。并請告善後局早備船隻，訂期送歸。

二十七

另委一差，緣局員裁汰大多，兩員均已函致杞山矣。此兩人在局並無甚大用也。不如此不足以服衆心也。一、修船匠宜留，能再酌減否。一、兩局各色人宜再痛減。一、委員照原議，止留張煥斗、藍開祥足矣。一切事即令兩員司之。陳壽椿、劉承洽二員不必留。陳可告杞山，遇便委一缺，劉當存記。牙捐改章，其説如何，望即示。

二十八

查馮、王兩軍現在底營章程如何，似將來須歸一律。

二十九

公所各委員應仍以王德昌爲督辦，文通爲會辦，鹿融理、周志端爲幫辦。名次依此爲序，即下札更定。

三十

再，王光耀如不便則不必。於造船創始頗爲出力，此次裁差投閒，未免向隅。柏正才甚劣，能以王易柏否，妥籌覆示。柏亦須籌一安頓之法，不可令其無差。

三十一

目前度支日枯，而部檄追呼日急，開無可開，省無可省。忽憶及惟有鹽斤加價一節，尚是各省通行辦法。竊思粵鹽若每斤加錢二文，每年約可得銀二十四五萬兩。惟商力亦不可不卹，擬惟有損私益公一法。若能將各項雜費痛加裁減，刪去每年十萬兩，則雖加此數，商人所出者實止十四五萬兩，似尚不至重困。惟裁減雜費，事殊不易。希我兄廉正練核，正筦鹺綱，亦是百年難逢機會。務請精心核計，密開清單見示，以便面商。若宣言於衆，加價固難，減費亦不易也。如此説必不行，此外有何籌畫巨欵之法，亦希速示。日日搪債，日日搜索，真是苦境，然無可奈何也。

三十二

羊復禮調清鹺局，徐德葆調鹽釐局，曹椿江委徐遺臨全會辦，羊遺臨全會辦，請酌委卓景瀛。如委缺，可將所遺臨全幫辦委鹽經歷徐應奎。擬併西、北江鹽釐緝私船爲一營，編以水軍營制，交黄榮華統帶，或有實際。黄條議兩摺，似均可行。擬暫省四個月薪糧爲造新船費，暫以中營船填紮。此策船有用而餉不增，請酌核改定，示復趕辦。餘令黄將面陳。前數日因尊恙未減，不欲勞瀆，兹聞稍差，特布達。

再，訪聞兩局報銷仍不實在，購辦物料無行單爲憑，莫由考核。如去年十二月各匠辛工發至廿六日爲止，今局員報發至三十日爲止，計東局虚報四日，計銀二百餘兩，西局虚報四日，計一百三十餘兩。又東局張加、李寸均係假名，月領辛工二十一元。西局亦有此弊，務祈察究。

三十三

緝私廠弊規密摺一件，請查核，酌提歸公。此摺閲過録底，仍發還。當此枯窘萬狀之際，能增公項數千金，不爲無益。再，公所王爲楨丁艱，大使周志端才具勞績，均應獎勵，可即委之。所遺龍母廟緝私，有知事段鴻勳，資格頗深，係讀書人，似可派往，望酌之。日來清恙何如，念念，食量略增否。

三十四

前日劉永福營營官劉正興、委員劉肇棠，歐辱廣西守備葉有春，聞葉弁赴營務處禀控，委員未收，必是以爲恐礙劉面耳，大誤大誤。望飭委員如葉再具呈，務須接收。

三十五

廣西腹地勇丁尚有若干營，每營約若干人。陸勇幾營，水師幾營，祈即分晰開示爲幸。若記不確，約略言之亦可，復示草書即可，千萬不必作楷。

三十六

查鹽務所有乾備人名數目，即速查開全單，速速。

三十七

潮運同事，應速詳奏。參錢委朱，説明辦法，劉正興、葉有春案已問明否。

三十八

確切密查，加以懲儆爲要。

三十九

聞昨日小有拂意之事，尚希曠懷排遣爲幸。收支單望催繕交來，至要至要。今日拜客天晚，故未能徧到，明日再趨謝耳。

再，省内省外鹽務各缺已悉，容另覆。惟以後遇有商定缺差，萬勿由文案委員轉致，似有不便，切切。將來於委員不便也。閣下與弟函信，行書草即可，萬不必作楷，此則與致他人無異矣。前已屢言之。

四十

日來清恙漸愈否，行坐不甚苦否，馳系之甚。兩製造局裁費留工清摺四扣，酌核奉還，請再詳酌。鄙人訪察局中得力有用、現尚有事工名一紙，請酌核。

四十一

廣西科場經費，每届實需銀若干，大約需二萬幾千兩。祈即示知。

四十二

林守委督辦省河六門緝私，聲明劉守所辦事宜，一切責成接辦。趙承炳委充省（門）［河］六門緝私局坐局文案委員，趙官階小，故只可稱坐局。以上兩員請即速委爲荷。

四十三

早間讀致吳丞手札，見字體尚能詳整，稍慰。刻下痛少減否，望暫休息，勿過勞苦，所服藥仍是自主方否。昨日聞尊病狀，恐係中風，駭極念極。今一日不增劇，當無恙矣。千萬珍衛。

四十四

前數日踵門奉候，意欲一晤。紀綱力言連日未能起坐，不獲登堂，歉甚。旬日來無日不系念，近見致林、吴兩紙，確係手書，深爲喜慰。昨謨卿言，清恙下血已止，大是起色，惟聞食少如故，不審日來飲食略增否。如能作書，望草十餘字賜慰。如作字喫力，萬不必强，傳語去人可也。

四十五

近日聞清恙未大愈，極爲馳念。頃接來牘，忽有乞交謝之舉，深爲愕然。目前要務紛集，正資襄助，豈能讓閣下閑居自適耶。尊體素强，静攝數日，當可就痊，萬不宜再萌此念，切禱切禱。連日煩勞已極，抽暇當趨候。原禀交吴丞携去奉繳，不復批答矣。

四十六

廉讓盛德，佩甚。惟尊恙已痊，實任將到，萬無更换之理。另件鄙意已詳加斟酌矣。

致蔣燕齋(一)一首

瓊鎮額兵水陸五千有奇，歲需實銀八萬數千兩，餉米、公費并計。擬盡原額餉米裁并爲練軍二千一百人、汛兵四百名，盡化去馬、步、戰、守之兵。照直隸練軍章程也。練軍月餉三兩，每年共七萬五千六百兩；汛兵月餉一兩，向來守兵每月銀、米并計，除扣外，僅領八九錢。每年共四千八百兩。總計八萬零四百兩，餘數千爲該鎮營、哨公費。分爲練軍七營，每營三百人，以百人爲一哨，每一營分中、左、右三哨。鎮標兩營，一紮城内署旁，以中哨爲親兵。一紮府城外要隘。海口營參將一營，紮海口。海安所游擊一營，紮海安。餘三營九百人，分紮瓊州外屬十一州縣。崖州協、儋州參、萬州游各帶一營，以中哨紮本城，餘兩哨分紮附近兩縣。尚不敷二百人，擇較簡僻處所、縣分四處，各紮半哨。各營哨皆須紮營同住令操，不得散處街巷，兼習工商。其汛兵仍照舊制分防，以存餼羊。如汛多兵少，令該鎮酌量裁并數處。其各兵月餉、月米，統折發現銀，按月支給不欠，亦不准鎮將絲毫攤扣。操防鉛藥統歸軍裝局領或善后局發款，將朋扣等緑營積習故套，全删去。惟龍門協已撥歸北海鎮，餉隨兵移，應照龍門原額餉米數，於他處練兵裁省如數以補還瓊鎮原有餉額。總之，以瓊鎮原有之餉養瓊鎮新練之兵，餉足則能戰，聚處則能操，減額不減餉則不譁，就原餉改新章則部議不駁，練軍辦成，則瓊鎮現有之金字勇一營可裁，瓊現有之練兵二百名可省。武有練軍，文有防勇，各盡其職，各盡所長，則不至相争相諉。此事似不可不速辦，此於瓊州海防大舉雖去之尚遠，然亦是海防發端應有之義耳，請與諸君子公同籌計之。大略如此，不必拘之盡如鄙説也。并囑杞山速將瓊鎮兵餉、兵米統合成實銀若干，前開有餉數、米數，但米未合銀。開一清單見示。

光緒十三年六月

致蔣燕齋、湘雯一首

廖長明已動身否，帶幾營。記前聞湘中來函，言過望，即查

(一)録自苑書義等主編《張之洞全集》第十二册，第一〇二〇七至一〇二〇八頁，河北人民出版社一九九八年版。

明示覆。周大盛抵桂後，已拔營南下否，帶幾營，記是六營。其名是此兩字否。并覆。

致蔣燕齋、黼侯一首

潮運同事非速設法不得了，須救課帑，不能專救錢瑨也。望飛飭朱守據實稟覆，並令籌辦法。

致蔣燕齋、王杞山一首

前數日已咨行船局暫停，司事、工匠酌量留用裁撤。言明營務處接收，須會同善後局。今日方軍門來談及，亦面言之，但語氣終未劃斷，務望與方軍門議妥。以後無論造否，均須與前案截清，以後造法價值一切，亦須另估另議也。吳副將、黄遊擊即可令其交代清楚爲要，緣今早方軍門面言，尚有令吳、黄同施道料理之語。故再詳布，且請速將各輪及餘料機器各件點驗，究有若干，每船究價若干，以便日内具奏。報效無論有歀否，不定作何用，即作船費，亦只可截清。

致營務處一首

先辦澛尾滘，俟澛尾辦畢後，如工夫從容，并將蔗圍口一律舉辦。即速傳知利副將，此件公牘已行，營務處酌委一員前往。

致牙捐局二首

一

提調薛守謙不得力，應撤差。委員通判柳鎬、陶家馥，從九謝啟元、朱嘉楨，均不妥，併撤差，不必補員。

二

查雷州府糖行牙捐滋事，有無呈稟，速覆。

致高紫峰〔一〕二十七首

一

煤廠委員彭登焜，老成樸實，昨被回禄，景況尤窘迫可閔。聞揭陽縣丞將出缺，可否即以委之。此缺尚可。此聞杞山言之，至如何出缺則未詳，請查之。

二

前數日，閣下云東莞沙田不甚踊躍，宜添派幹員助之，至要。

三

本年寶源尾數十一萬零四百餘兩，清抵帶解籌邊廿四萬，應速詳。此次必應奏出，宜辦專詳，連明年共二十三萬一千餘。

四

益道致閣下信言海陽代理事，此信望仍付下一閱，其覆言如未發，望稍緩。

〔一〕即高崇基，字紫峰。時任廣東布政使。

五

槍價抵東防，詳稿即用湘雯稿。局稿糊塗一片，我等閱之固不明白，使户部閲之，亦不得明白也。

六

分路委員招徠捐輸事，已得人否，速辦速覆。巡緝費已辦竣否，共捐定若干，并覆。

七

昨聞洪琴西處送賻儀者甚少，請轉致首府、兩廳、兩縣，酌量致賻爲幸。次翁處聞亦未送，恐係遺忘，請轉詢。不在多少。

八

洋藥包釐現繳若干，本年賞若干，即查覆。海關、鹽運司應解各款，已解到若干，尚欠若干，即查覆。

九

查巡緝經費現已議妥者幾行，計銀若干，較上年防捐數是否相等，抑或加增，飭張令速開一節略來，送藩台，緊要。清單清摺，務望閣下親自檢閲一過，如實無暇，可派一二明白精細委員檢核，俾免錯誤爲要。順、直賑共已有一萬四千五百兩，只可由局籌還。去年災賑圍工借用直賑四千三百，近日局詳知州凌兆熊捐七百，未言捐何處，代爲撥直賑。商人盧承恩捐五千，存司。愛育堂捐三千五百，係五千元折算。督署捐一千，須順直分解各半。催十一月糧價詳。催甄別一年期滿各員詳。

十

韶州抽釐委員知縣敖式槱，可札調回省，先令該廠幫辦之事官之之類代之〔一〕。另有差委。所遺釐差，無大關緊，乃騃板者。請酌委一員代之。

十一

即日委員解瓊州馮餉三萬。支瓊餉專欵，解交海口馮軍，收放局備賞一萬，路工一萬。支捐輸徑解陵水馮督辦大營。委二員至香港，搭商輪速往，切速。

十二

欽界東興一帶，邊民被法人殘虐，驅逐失業，死亡者甚多，紛紛逃徙入邊，情形極慘。鄧星使日受窘迫，亟須撫卹，免生事端，且免生衅，有妨界務。速發銀一萬兩，解赴（來）〔東〕興，交署高廉道王道應用。此事甚急，速解勿遲，可支米照欵。

十三

與鄧星使來往電，張、羅兩委員電，附送一覽，共五十件。

十四

京餉十萬、籌邊五萬報解摺，望於三日内出詳爲要。氣礮欵提

〔一〕底本原文如此，疑衍一「之」字，爲「先令該廠幫辦之事官之類代之」。

寄匯豐生息歸還寶源洋欵一件，即照辦。

十五

昨日忽憶及有從九姚近詔，錢塘人，道光間河南巡撫姚亮甫中丞祖同之孫也，文理頗優，當差亦甚勤奮精細。前在敝署充繕校委員，丁艱銷差，今已服闋。貴署公事太繁，必須多有委員數人，以資指揮，前曾屢言之。此人大可委派，至名目可隨意酌之，或即名核對，或即作交代，均無不可。望詳加詢訪，并傳而考校之爲幸。

十六

海康、信宜兩次酌委人員單，錯誤甚多，如蔣希曾、李培元，釐金功過案内記過停委人員。蔣一年，李三年。此外，又有聶、唐，俱現署缺，而仍列入。劉忱注覆奏查從化縣董令發賑不實摺，速具詳爲要。

十七

增亮無應奬處。何福海乃實缺人，可委州縣。海禹祺部覆未到，無可如何。何廷頤雖可備數，但鄙意尚有十員似應甄録。同知祁中夔，老成謹練，年資甚深，年長於何。與何廷頤略同，而何曾署數席，祁到省多年，從未得一委署，派一長差，似宜加以采録，以見幽滯無遺。周駿炳、趙保人既皆係輪委，自應照章辦理。仍望請中丞酌定。

十八

陳令瀛藻，前云委沙田局差，已委否。貴守全賦閑，欲求一差，舉人出身。尚在情理中，望酌量位置。

十九

此次奏解直賑三萬兩，而京部餉無一款報解，似未得體。可否將固本籌解三萬，籌邊餉籌解四五萬，較爲合宜。固本十二萬全未解，昨日尊議擬解六萬，似可行。籌邊尚欠十五萬元，尊議擬解七萬。若俟將來一批併解，似嫌太猛，不如陸續分解也。如以爲然，速辦詳，即奏。

二十

七年粵災，借順直賑四千三百，如何籌還，請飭善後局委員速議，閣下速定，無欵則暫向商號借之。

未入俟堃，武清人，到省年久，人甚穩妥，因其困苦，去年委充鹽釐局幫辦，聊資薪水，而殊無事事。該員係地方人員，久占鹽務差使，究屬不宜，望早委一他差爲荷。釐廠幫辦之類，皆佐雜差也。其間大有優劣，局員皆悉。

二十一

覆函讀悉，具徵厚意，殷拳可感之至。惟此欵斷無令閣下及丁、沈兩君代還之理。鄙人硜硜之性，素在朗鑒之中，決不肯以此等事累及朋友。茲特將原票銀三千兩，仍令朱升送呈，務望督收，轉還前途蔚盛長。至丁、沈兩君從前代還過若干，與尊處若何清算，應由閣下商辦，想亦不甚難。總之，此票萬不可令朱升持還，雖往返百次，亦必奉還。若必推讓不收，是不以君子待鄙人也。千萬督鑒爲幸。 光緒十一年十一月十六日

二十二

覆示讀悉。此舉籌思至再，謙守固宜早委，惟廉州一席頗優。謙不願回瓊，已遂其請，若既離瘴鄉，而又得善地，似太便宜，於義殊無所取，莫若仍委候補人員，而謙守別籌位置。竊思閣下部文不日可到，彼時仍令誦宣署臬，其高廉道一席，即委謙守署理。周道人本平平無奇，已署八個月，亦可更替矣。予實缺從容者以面子，謂謙守景況不累。而予候補困苦者以實際，似乎兩有取義。至候補知府中，惟佘守最相宜。渠京秩正途，曾任實缺，資格既深，年紀已老。實年六十八。今午學使來談，力爲佘守求調劑，極言其宦途屈抑，年老困苦可閔等語，詞意極爲懇切。當告以遇有機會，當爲請補。學使云，憲澤雖深，但渠日暮途遠，恐遠水不能救涸鮒矣，所言似亦有理。夏守省局難離，且署事回未久，李守到惠，正資整頓，不宜動。即望酌定爲幸。

二十三

以資格，則佘培軒最老。以勞績，則金桂馨讞局勞績，嘉應苦累，未足酬勞，仍應補之，以景況，則尹恭保最苦，亦有老親，又有勘界勞績。三員皆係正途出身，似較劉守爲勝。劉固有勞績，或稍緩一步，亦無不可。請與中丞詳酌之爲幸。此函與前函可并轉送中丞一閱。 年　月初六日亥刻

二十四

前日告閣下，云王道事已回明鄙人，鄙人已允如此具詳了結。究係善後局何員所傳，務請即速查明示知。此事甚有關繫，斷不能含糊不問，致滋無窮流弊。若不明白見覆，即當用公牘查究。

二十五

督轅文案並無此事，請詰問該吏，何以任意開寫如此。至鄙人親自核定停委之案，行司不過十餘日内之事，十月三十日發。而缺單仍舊開列，置鄙札於不問，似有未可。假如撫院適點此兩人，將徑用之乎，抑又請更正乎。以後千萬留意，至禱至禱。原摺一件送還，信宜案一摺先已繳。

二十六

前面談貴署及善後局急求人材，須能通籌廣東全局，所辦詳稿即可用作奏稿者。此乃要義。極爲緊要。官幕皆可，薪水脩金無妨從豐均可。以後善後局事，緊要稿囑閣道擬，尋常及次要稿，令劉丞忱擬，鄙人曾見其公牘，筆墨尚明暢。

二十七

來摺只係方功惠劃抵五萬餘兩一欵，運司摺尚有補解乙酉年兵餉三萬兩一款未言及，悶悶。速查明係今年何月日解司。

致高紫峰、王杞山、于次棠[一]前輩一首

各鹺廠既加新，比較其從前婪索陋規、虧短正鹺者，應分别懲罰，以昭平允。舊者不罰，則新者不能責其加矣。望會商酌定辦[法]，示覆。

致高紫峰、于次棠、魯薌、王杞山一首

昨據道府縣面稱，若就撫署東荒園添屋作洋務處甚便。竊思此議甚有理，經費既省，地勢亦便，與敝署西轅門接。但新中丞未到，妥否。請籌議速覆，詳晰令首縣面陳。

致高紫峰、王杞山二首

一

買地新建，須一萬五六千金，就此處只三四千金。魏令以調廉爲最相宜，適坐間閣下所言，當時未細思，故未議及此。文學是其所長，既有廉差勞績，且與上官同寅相習，將來予以委署，更爲妥愜。目前代理茂名，斷不相宜。此缺較優，渠到省尚淺，若過苦之區又不能堪，故不如予以廉差也。李令代增城，則蔣令代茂名亦甚好，不必遲至他日再位置也。總之，魏令此次萬不必委，切禱。餘俱照中丞原單即可。魏令事已告吴丞轉達。

再，武營干預文缺，此風斷不可開。水師副、參、遊、都、守缺補署，由方軍門擬定者十之八，千、把則全聽之方、吴，豈可使干預文缺乎。以後望吾兄力持之，并請轉陳中丞，以爲然否。

二

頃聞王丞云，善後局事如李令無暇，莊丞亦可兼辦等語。此次可令李令代理一次，以舒其氣。既委代，則以增城爲宜，地近而缺較優，將來四省缺。方足以示鼓勵耳。

致高紫峰方伯、于次棠廉訪一首

清理庶獄，爲弭災要政。請飭南、番兩縣清查羈押及礅禁之人。羈者酌量省釋，礅者善其居處，并請查案細閲便悉。此外尚有應行舉辦之事，請博訪詳思，早爲舉行。

致高紫峰方伯、于次棠廉訪、魯薌一首

鹺務鹽官，應有勸懲。請速查去年鹺廠及場官差員，擇尤獎黜，鹺金查短收有弊而情節重者，或劾，或停委，或賠繳，或記過。獎者止於外獎，黜者須奏劾數員。望於初八日擬就清單見示，以便商定速奏。

致總署五首

一

葡人盤踞澳門，歷有年所，久蓄侵占之謀。始則抗租不完，繼則越界設路，漸至建臺屯兵，編牌勒税。每乘我有事之秋，逐漸嘗試。從前但圖目前粗安，未暇議及鈐制之策，致爲彼族瞰破，

[一] 即于蔭霖，字次棠。吉林伯都納廳人。咸豐九年（一八五九年）庶吉士。時任廣東按察使。

隱患日深。至於招納逃匪，包庇私販，尤爲粵省附骨之疽。竊思葡國物力貧弱，政教鄙陋，素爲各國所藐，亦爲粵人所輕。至其米糧食用，多恃粵省接濟，商務來源，尤仗粵貨流通，始足自存，是葡之於粵，尚不能全無顧忌。又況彼之所重者在租界，界以外本在可有可無之列，我讓則彼取，我争則彼棄，勢所必然，斷不至以可有可無、格外侵占之地，與我爲難，要之在我能堅持與否而已。該國不久將派員來京立約，鈞署謀慮周密，自必能峻其隄防。如蒙鈞署主持，外間當與之認真清釐，力杜狡混，彼亦不能不就我範圍，庶不致濠鏡全境盡爲所有耳。除録案備文咨呈外，專此密布。

光緒十三年四月十二日

二

前奉大咨，田使照稱加抽火油釐金一案，當即飭行釐局司道查明議覆。頃據具詳前來，業經備文咨呈，計邀察鑒。第此中情形，有未便遽登公牘者，請爲鈞署詳晰陳之。查火油，粵省名爲火水油，價值甚賤，商民趨利取便，行用日多，幾於無家不有。其性猛烈，稍一不慎，輒致焚如。粵省向多火患，比年以來尤甚，去年冬令無日無之，往往一日之内，此滅彼起，應接不暇。查其失火之由，什九因於火水，即間有一二不因火油而起者，而居民市肆咸有存儲，炸烈之性，延引尤易。粵省坊肆最稠，街道最窄，頃刻之間，焦爛無數。如光緒八年九月大南門外大災，延燒千餘家，燬失財産值銀千餘萬，即因火油所致。至粵省民間素用花生油，山田磽确，多種雜糧，而花生之利爲最，山農貧苦，依此爲生。花生既收，必須榨製，工作萬千，藉以餬口。即榨油所餘之花生枯，如北方之豆餅，用以糞田種蔗，取資甚多，爲利甚厚，所銷亦復不貲。故土産之貨，花生油、花生枯爲大宗，高、廉兩府，生理尤大。自火油盛行，相形見絀，銷路愈滯，價值日昂，種植少則害在農，榨製稀則害在工，販賣微則害在商。吾民生計所關，實應禁止。聞福建省城久已明白出示，懸爲厲禁，未見公使以此爲言。閩粵事同一律，似難聽其妨民滋弊。洞與司道等熟商，若明頒禁令，易滋脣舌，既難禁彼之不來，又難使民之不用。計惟有加抽釐餉，使其價貴，行用自稀。釐金抽自華商，非同洋税，操縱在我，輕重因時，各國之人不能干預，此即洋藥併徵，加重洋税之意也。特是此策治標而非治本。竊思火油多來自美國，近聞因華人赴美傭工，有害彼國，定議禁止。彼可因華工之有害於彼，禁我不往，我亦可因洋貨之有害於我，禁彼不來。若言情理，我固詞直。即論施報，彼亦應然。伏祈鈞署主持，與田使議論，并請密致樵野星使，向其外部相商，當可折服。且條約内如硝磺之有關軍需，米豆之有礙民食，均不准洋商販運。火油既害民生，復易引火，似可援照辦理。如能使其不來，則一二年間不禁自絶，庶使商民之生計漸紓，閭閻之燎原無患，粵省幸甚。

光緒十三年四月二十三日

三

三月初六日接奉鈞函，以税司現已派人至粵，應將新、香六廠貨釐統交接辦，委員即日裁撤等因。嗣奉鈞署電傳諭旨，業已欽遵如期照交，復經電達，計已均邀鑒察。洋藥税釐併徵，有益於度支者甚鉅。鈞署籌議經年，彼始就範，具徵碩畫精詳，其爲欽佩欣忭，不言可喻。至六廠貨釐均歸代辦一節，深知鈞署爲用人宜假事權起見。然反覆推求，隱憂殊切。現已核計未盡事宜，請籌妥善章程，具摺入奏，另備公牘抄稿咨呈。摺内所陳踰險混界、侵權擾民、有礙海防、虛誑不實各節，實皆熟察情形、博采衆論而言，非敢稍存意見，故作危詞，亦非迴護前言，好爲逆億。自惟受恩深重，不敢因既奉嚴旨，緘默不言。深知鈞署廣聽虛懷，用敢竭其千慮之愚，爲山海高深之一助。伏冀俯加裁擇，不勝大幸。再，去年新、香六廠開辦貨釐一事，原因内地釐金日形短絀，博采羣議，反覆思得此補救挽回之術。籌畫兩年，始敢舉辦，司道各員，實費苦心。開辦之初，羣言尨雜，多方撓阻，洞堅持不動，實亦備竭棉力。設廠雖在各海口，而實關乎全省内地之行釐，一綫相牽，全局俱動。每年可收十數萬之説，原爲甫經開辦，未敢鋪張，應從減少而言。至本年春初，局面既定，收數日旺，核計歲收，尚不止此。今既改由税司抽收，應請鈞署飭知赫總税司，轉飭儘征儘解。此外尚有帶收、附收棉花、棉紗、豆子、火水各項，坐釐緝費，各有本款，各有本案，亦經附片奏明，均不在内。切懇飭令分款造册，儘數報解，以符原有餉需，以清入款眉目，無任感禱。

再，本年三月二十日，承准大咨，以洋藥税釐併徵，必須與澳門會辦，應如赫德所議。與葡立約一事，在鈞署爲力顧併徵大局，籠絡葡人起見。惟是葡萄牙之與各國雖同在西洋，而兵力强弱，政體優劣，迥不相同。且與粵省陸路毗連，偪處既近，流弊尤多，與香港英界之隔海者，尤不相同，現已專摺臚陳。詳約一節，尚須妥議緩定。伏念洞職膺守土，不敢因成事不説，袖手旁觀。迂愚微忱，計邀鑒察。抑洞更有請者，洋藥併徵，甫經開辦，每年能否收至八百萬，未敢豫定。假使併徵之事未能如數相償，而葡約已經批准，朝廷昭示大信，不能更改，是在我徒有棄地之名，在彼並無增餉之效。想藎慮周詳，此節必已早爲慮及。恭讀咨抄，原奏此節尚未聲明，似應與赫德先爲言定，以免有施無報，致赫德受葡人之誑也。鰓鰓之見，伏祈鑒原。　光緒十三年四月二十五日

四

三月二十六日接奉鈞函，並鈔録赫總税司申呈各件，祗悉壹是。承命將赫擬各條詳細核覆等因，具見鈞署綜覈名實，不厭精詳之至意。竊查赫德此議，擬將粵省貿易與香、澳往來處所，凡有關無關，是口非口，各常税統歸税務司辦理。詳察情形，殊多窒礙，請爲詳切陳之。赫德因洋藥併徵，而闌及六廠貨釐，輿論已多紛紜，今又欲將各口民船民貨，悉改用洋税章程。查粵省各府商貨，多以香、澳爲委輸，處處煩擾，商惑民疑，牽動全省大局，華洋向多形迹，粵民更屬浮動，更變太多，恐生枝節，是有礙於民情者一也。至章程内如發給船牌，訂定號數及應挂旗幟等事，華船大小不等，非輪船可比，恐難一一遵行，是有礙於船業者二也。用人原屬無方，中外終有限制，若粵省内外常、洋各税盡畀洋員，將來推之沿海沿江各口，何所底止，況税司則住香港，徵銀則存匯豐，設有海警，如何提撥，是有礙於利權者三也。海關常税，除報撥正項之（大）〔外〕，支銷甚多，如内廷傳辦之要差，海關雜項之（損）〔捐〕款，關署吏役之用度，供億浩繁，率皆取給於此，若盡行改章，諸事束手，是有礙於權政者四也。其三條所擬未設有粵海分關之不通商口岸，祗收一出口正税，較之有分關地方少輸半税，將來商人避重就輕，必多繞越，條理殊未分明，於税課似無裨益，是有礙於課項者五也。種種窒礙情形，

竊謂不能不慮。伏望藎裁察度，剴諭總税司停輟此議，曷勝企禱。

光緒十三年四月二十八日

五

頃奉鈞署密函：因劉星使接英外部文，詢中英訂立交犯條約應否續議一事，應由之洞詳籌妥善之策等因，謹已讀悉。查粤省匪犯，向以港、澳爲逋逃淵藪。提犯之事，香港最爲棘手。上年六月間，之洞具奏粤省緝匪緊要，香港諸多阻礙，擬與英使妥商交匪辦法。又去年七月間，之洞因催提程三一犯，照會英領事，大意責其任聽狀師刁難，久不交解，事主、人證長途赴港，往返跋涉，受累不堪，質訊一過，又須再訊，良民何辜，既遭賊匪殘害，又受港例折磨，犯之狀師即能顛倒是非，開脱罪犯，亦不過爲香港蒙一庇匪之名，實無益於治理，而有礙於邦交，囑轉商香港英官，能否將交犯章程酌量修改，使匪犯不至漏網，而交誼亦以永固。此文未據英領事照復，是以未經咨呈鈞署。迨後英領事來見，以香港並無庇匪之意，惟格於成例，不能不詳細質訊，其中爲難之處，港督亦深知之，已行文回國，請另議辦法等語。此次英外部行文劉星使，詢及交犯條約應否續議，或因向辦章程刁難太過，自願設法轉圜，或係鈞署曾與議及，均未可知。但彼既提及，自宜趁此與之妥議。惟是欲議此事，必先知現時辦法種種爲難之所在，方易與之争辯。請爲鈞署詳晰陳之。向來香港提犯，雖有文書，仍須證佐。港官接到照會，將犯扣留，限七日内須得事主、眼證到堂質訊，據洋官以爲該犯確係罪人，方肯解交内地。證人長途跋涉，到港稍遲，立即將犯釋放。間有文電諄囑，堅請暫押，亦不過展限三數日，決不久待。及至事主、人證齊集到港，洋官反任意拖延累月，不爲訊結。每六七日始問一次，又復任聽犯之狀師將事主、人證隔别盤問，多方駁詰。每一證人訊問數日，供詞或有參差，洋官即以所供不確，不能交解，又必另尋他案，另文照會，方肯將犯再押七日。催取證人，急如星火，委員往返奔馳，提案帶證，諸費周章，而犯之狀師仍挑剔如故。律師訟費需款孔多，往往糜費數千金，提證三四次，閲時五六月，而其究仍歸於釋放。上年順德有盗首曾鱸魚全及程三即程騷鼠廉，皆本省著名大盗，潛港中，延律師，用訟費，半年之久，糜銀數千，洋官終以爲證供未確，均即釋放。若非之洞先飭各將弁於該犯離港後大舉兜擒，程三幾致漏網。而曾鱸魚全聞中國緝捕甚嚴，即由港中附輪船逃至外國各埠，至今尚未弋獲。其固執供證，故意作難有如此者。不思盗劫大都昏夜，事主驚惶，鄉鄰閉户，豈有多人在場目擊。更有年月稍久，證人他往，一時移提，豈能齊集。即有盗夥綫工在傍作證，而犯之狀師皆經該匪餌以巨金，穿鑿推敲，盤詰入微，内地小民不諳西法，一被盤問，立見詞窮。無論證人難覓，即證真詞確，仍不足以取信於洋官。蓋其訊案全憑律師，律師執法可以難官，故兩證之供，略有不符，官即不能定斷，其信任狀師無理刁難又如此。是條約交犯之文，幾同虚設。若不訂立妥約，則粤省緝匪一事，實難措手。似宜訂明，以後提犯應以兩廣總督公文爲憑，文到即行交解。文内詳叙案由，即爲確據，無須事主、眼證到堂質訊，以省拖累，而免刁難。應請鈞署與劉星使相商，轉告外部，彼可應允，則除嚴刑、允觀審兩端，亦可如其所請。查除嚴刑一事，不用凌遲，已奉鈞署明文，且盗犯非殺傷事主數人，亦本無凌遲之律，自可遵行，毋庸另議。再，中國本有衆供確鑿，即同獄成之例，憑問官駁詰之詞，旁觀證佐之論，儻衆論僉同，證據分明，即狡不成招，亦可定案，自無庸遽用嚴刑，致滋口實。至觀審一節，外國問案固許人觀，即中國問案亦未嘗禁人觀看。但使彼不能撓我之權，自於體制、案情兩無所損。查光緒九年，前出使大臣曾咨行之案，有言觀審則西官無斷事之權，無干預審事之權，且無從旁儳語之權，僅可目擊情形，證實中國官員未用嚴刑一事。自應抱定此數語列入約內，以杜流弊，是爲至要。如彼外部不允憑文交犯，而徒欲免刑觀審，則是窒礙更多。應交者既不交，即偶有交者，而干預牽制，以致不能定供定案，雖交亦如不交，辦理必愈形棘手，則又誠如鈞署來函所云，不若仍從緩議，臨時選募律師，設法與之相譏爭辨，或尚可稍形活便也。此事與清卿中丞熟商，意見相同。是否之處，統候察核。 光緒十四年三月初八日

致鹿滋軒〔一〕 十二首

一

晉陽枉顧，輶褻殊多。比惟瞻天有喜，體候增佳爲頌。到京應酬勞頓否，何日可出都，便望示及。與諸同人談，有可議論，幸賜示。

二

從潤生書中得悉近狀，爲慰。瞻堯天，陪鎬燕，榮遇殊倫，曷勝羡仰。聞清言偉論，裨益時局不少，佩服佩服。何時出都，約計何時到汴，幸示及。此間雨仍未足，聞京師爲水潦所苦，真世間偏枯事也。鹽事務望助力。河東撥餉太重，皆京、協餉，本省不能用一文。滯引缺額太多，大宗全在豫岸，非力圖規復，不可敵私，固是治本緝私，亦須治標。蓋緝之則私來較難，利亦較溥，然後有可敵之道，不然以每斤廿餘錢之蘆鹽，攙三四錢之硝鹽，任意充斥。而此隔省官鹽，有課項，有運脚，南陽千餘里陸運。無論如何減價輕運，安能與之敵哉。尊意或慮操之過急，斷不至此。敝人作事尚知分寸，所以不肯遽派兵勇，而欲借重豫省練軍，正恐主客未能相安之故。此事若閣下在豫尚不能助我，則潞綱大局，將致壞散矣。幸惟藎慮圖之。

再，粤東事實爲可憂。前此尊論稚公爲宜，此説極當，望與當道力言之，不然是委粤也。欽、瓊喫重，較滇、桂爲急多矣。切切。

再，蔗泉遠官瘴鄉，困頓已極，其來書幾如韓昌黎到潮州謝表，覺于清端羅城紀事，尚興會多矣。致曉山書時，幸一及之。

三

兩江履新以來，伏惟大猷炳焕，履體綏和，定如遥頌傳聞。百事勵精，綜核各局，深佩深佩。惟新甯猶未北上，以後局面未定，恐諸事難期速效耳。江南外貌雖大，人才不多，侍曾歷其境，深悉其難。總之，三十年來，純是人情，根蒂難拔，谿壑難盈，如何得有人才耶。又聞台眷登陸之日，適值大風天晚，多致感冒，有令孫女兩人因此病殤，殊爲歎異，想尊懷不免煩鬱。惟此時藎

〔一〕即鹿傳霖，字滋軒。直隸定興人。同治元年（一八六二年）庶吉士。光緒九年（一八八三年）後，歷任河南、陝西巡撫，四川、兩江總督，累官至軍機大臣、督辦政務大臣。係張之洞姐夫。

畫勤勞，尚望忘情自遣耳。程道儀洛在江南道班中，自是第一人才，台端賞識不差。渠經次棠中丞保薦，本擬二月初進京引見，茲屬其早日請咨北上，先到金陵上謁，以備詢訪一切。渠久在江南，於各事利弊知之甚詳，官場積習，劣員蹤跡素行，大率皆能言之。其人端廉儉約，綜核細密，諸事皆思爲公家節省，其辦事深入任怨，甚有力量，若與之相好，亦能規諫，此其所長也。惟量狹多疑，亦是一短。要之，江南人才已無出其右者，得公鑒拔而倚任之，必能爲公盡力，有裨時局矣。渠入覲後，如蒙放一缺固好，儻一時未邀簡放，回江後使之署一道缺最佳，見效最快，其人作地方官最相宜，能展其才。否則使之辦上海製造局最好。緣滬局近二十年，人人皆視爲金穴銅山，有弊無利。軍械爲方今第一要務，豈有歲糜百萬，徒飽私囊之理，非必全歸中飽，然弊端太多，情面太多，則工作草率牽混，終不能得利械矣。故以程道爲總辦最好，可保此百萬不致令羣蠹爭吞。然程道不諳機器，不解槍礮，雖核實而不在行，仍恐無益，且節省太過，亦恐有臨書掣肘之弊。莫若以程爲正總辦，而以潘道學祖爲幫總辦。潘道深通機器，自能動手，方今文職大員中更無其匹，然利心未净，積習不免，潘前在滬局多年，其長其短，侍在江南時皆詳考知之。若以程爲主，以潘爲輔，程司欵項，潘司製造，程司采辦收發物料，潘司豫備物料，應買何物，應買若干件，應買何成色之物，開單告程，不得少買及圖買賤價者。程司稽察委員，潘司稽察工匠，兩人相濟，各盡其長，如此而滬局仍無實際，無起色，則鄙人甘受妄言之咎可也。此局本江南一大事，近聞有廷旨責成此舉萬望勿與他人言，若人知侍畫此策，則爲江南羣道所不容矣。台端，故不覺率臆越俎，爲公籌之，幸不罪其饒舌也。或曰信如此言，則湖北亦有槍礮廠，何不遂以此法行之乎。曰滬、鄂不同，湖北有程無潘，故程不能辦此事。現辦此廠之沈道錫周，亦甚廉潔節省，但不在行，故仍不愜意。且鄂廠規模未全，經費未足，故年年皆辛苦籌湊，枝枝節節而爲之。若使程辦此，則一味節省，惟有聽其殘編斷簡，終不能完全而已。侍庸駑衰朽，日甚一日，楚事之棘手亦日難一日，大率爲貧窘耳。新様難題甚多，而幫手甚少，大約再勉强支持半年，只可引病乞罷矣。

四

兒子權籛分户部，即日日驅車入署，伏案點稿，亦須十五六年方能補缺。時勢日艱，年力已過，即使吏事嫺熟，亦於時局無關，況鶩行紙尾，并無吏事之可學乎。且每年須賠貼資費千餘金，此數十年之費，拙力豈能供之，是以令其在外歷練世事，或可稍裨實學。惟在鄂深居署内，不便令其出外交游，又不便令其講習公事，則仍是一無所見聞，無從閱歷。方今洋務最爲當務之急，故擬令其至海外一遊，或可開擴胸襟，增益不能。然自行出洋，諸多未便。執事現領南洋，欲懇賜給一公牘，派其至東洋、西洋各國遊歷，考究武備水師陸師各事宜、學校章程及農工商務等事。聲明該員自備資斧，不領薪水，但須咨明總署及東洋、西洋、俄、美各國出使大臣備案，庶到彼得以博覽考求，不至爲人所拒耳。此舉於公事毫無干涉，於他人毫無妨礙，想可行也。茲令其叩謁，敢祈進而教誨之，如尚可造，即望裁成，感曷有極。

五

湖北商務報經本年遵旨奏設，報中纂譯，均於互市大局、振商要圖有關，非尋常民報可比。曾將開辦原委暨每期報册咨達有案，計可查察。商務爲富國第一義，内保利權，外籌抵制，居今更不容緩。民間智識未達，器術未興，官商之情未通，中外之局未悉，尤必以商報一端，爲開明風氣之權輿。湖北全省已經一體派閲，半歲以來，官紳商民輾轉傳觀，研究頗殷，風會漸啓。蘇省物産沃衍，財力殷富，口岸早開，輪騶總匯，固東海之上腴，通商之名國也。所有貨殖之虚盈，製造之良楛，行銷之通塞，允宜互相聯絡，切實講求。茲專奉商務報十四期，每期三百五十三分，十四箱共四千九百四十二册，並附上擬派章程一通，尚祈查核量行，一律派購。可否按年由局先墊報費寄鄂，更由各屬解局歸款，定爲恒規，以歸簡易，俾蘇民蒙利導之休，鄂館受維持之盛，爲一省裕民阜物，爲中國塞漏開源，皆出自左右宏賜矣。其有各屬官紳商民考究論列之詞，均可照報後地址，隨時寄館，采擇登報，庶各省商情無虞隔閡，商務得以流通。專此奉懇，統希鑒核示覆爲禱。

六

此次奇變，千古所無。當亂端初發之時，即知其必危大局。五月初四日，洞即電總署並榮相痛切言之，力請速剿拳匪，免致引洋兵，開巨衅。總署當即將此電進呈，奉有覆旨。大意言已派聶彈壓。五月二十日，又會同劉峴帥電奏，語甚悚切，奏中已有危亡字樣，乃未能補救萬一，遂致滔天。五月廿五日，又會公及李、劉等十銜電奏，則時局已變矣。憤恨填膺，曷其有極。此次鄂省入衛之兵，原奉諭旨，只調武功、武愷一千五百人。鄙意以人少兵雜，斷無絲毫之益，乃選募各營湘勇，足成步隊五營，礮隊兩哨，共二千七百五十人。猶恐單薄，又與湖南商之，與錫清弼之湘勇勁軍五營，合爲一軍，奏派錫爲總統。共計此軍有湘軍步隊十營，礮隊兩哨，尚可成偏師一枝，到北後當能一戰。又不敢以雜湊槍械充數，選配精槍利礮，趕製藥彈，勢不能草草成行。沿途車艱率病，洞復致以重賞。自問平生事君報國，惟以誠實爲本，事事必求實濟，固不敢欺朝廷，亦不敢自欺。乃聞京師議論，責鄙人發兵遲緩，難免不竟以上聞。徒抱愚誠，無由自達。洞身爲疆吏，不能爲國家破敵定難，咎責深重，無地自容，然何至硬誣以不發兵，實可惶駭。數月以來，萬分悚懼，不能自明，聊爲公一言之。頃有上榮相書，亦及此事，并録稿坿呈一覽。公曾到近畿，一切皆所目覩，試問各省市人烏合之兵，有何益處。且到直略早者，皆近省之兵，且皆現成原有將卒餉械之兵也，何以獨苛責於鄂省，可爲撫膺長歎。欵議至今未開，令人焦極愁極。條款前兩月已聞大略，很者止兩條。一、撤直隸沿海礮台。一、津沽駐兵。然駐兵多少，若開議爽快，尚可商量，則尚非極很也。禁軍火一條，前聞可商。近日各國因拖延日久，彼此會議，互有增加，愈添愈多，愈改愈苛，其詳不能盡知，然就所聞者，已較前很辣多矣。疊次電奏，危言竭論，披瀝無餘，究不知有絲毫補益否，如何如何。此間自五月以來，忙急萬分，艱苦萬分。不惟無寢食之暇，幾無喘息之暇。賤體本已衰朽，今更不支，説話十數句則氣不屬，行數十步則需人扶掖。國事如此，兩宫播遷，艱危如此，臣子艱苦，分所當然。所可歎恨者，頽病無用，恐不能補救時艱矣。默生五甥到陝後，左右有人承侍寬解，尊體當較前漸勝，極念。洞不能常作書，茲因差便，手布數紙，惟有電語尚可時相聞問。凡電報皆鄙人親筆屬稿，與手書無異也。無論致何處之電皆然，電奏千百言更不待言。

七

今年自仲夏以來，北氛告警，以完全無缺之金甌，無端爲羣昏所誤，遂致兩京淪陷，二聖蒙塵。禍變之速，劫運之慘，千古所無。弟力弱不足以障狂瀾，道遠不能以親捍牧，忝受疆寄，責重江防，雖懷三諫隨泣之誠，實有跬步難移之苦，叢愆速謗，罪戾若山。幸公遠燭幾先，援師首發。迨聞西狩，夙駕星奔，躬衛六飛，克拱宸極，用孚一德，入贊大鈞，問夜求衣，借箸輟食，焦勞況瘁，不察可知。惟藎躬繫天下安危，大局賴勤施旋轉，退直之暇，尚祈珍衛有加。此間地瘠財殫，民囂匪悍，教堂徧布於屬境，敵艦伺隙於長江，因應或疎，責言立至。加以秋間康梁逆黨潛來武、漢，造謀煽亂，雖先期破獲，渠魁就誅，而狼子野心，益復飲恨尋仇，日思報復，譸張爲幻，幾於防不勝防。用是添募重兵，分投勦捕，匪蹤暫戢，軍需浩繁。羅掘既窮，供億難緩，勉力措拄，已苦不勝。加以行在所需餉械，駐晋鄂軍所需餉械，皆屬絲毫不容短欠。而陝、豫、滇、皖各省之催餉請械者，亦復羽電交馳，誼難恝置。張羅無計，仰屋徒嗟。況武昌近爲轉運衝途，舳艫鱗萃，甚爲外人所忌，屢次昌言欲斷我關中接濟。湘中教案又以遷延過久，頗費調停。百憂煎心，不知寢食，自維衰鈍，其何以堪。尚望時錫箴規，匡其不逮，幸甚禱甚。　光緒二十六年十月十三日

八

夏秋以來，憂憤相煎，不知寢食。冀於時艱補苴萬一，而智術短淺，權力輕微，速謗叢愆，徒深悚疚。欵局至今未能開議，竊慮戎心叵測，曠持愈久，要索愈堅，則他日遷就愈多，受虧愈甚。弟雖奉有函電會商、便宜行事之命，無如地遠情隔，消息難通，重以朽鈍不才，益復無能爲役。惟望公匡時體國，密贊廟謨，折衷羣言，深陳至計，俾危局早定，宗社重安。此海内所企望於公者，非獨弟一人之私禱而已。鄂中艱難支絀情形，略詳昨訊。惟槍礮廠、轉運局兩處最招敵忌，占奪阻截之謀日益加顯，措拄彌縫之術日益加難。憂心如焚，莫可殫述。尤可恨者，鄂廠經費窘乏，儲料無多。前此各國禁售軍火，無煙藥固難覓購，猶冀快槍快礮所需子彈，仍可加工趲造，改用新仿洋製黑藥，以應急需。乃近來敵謀愈狡，并各種製造軍火之洋鋼洋銅等料而禁之。無米爲炊，直將束手。現惟儘所儲各料搜括，以供工作。過此以往，則真有無可如何之苦矣。現鄂解之槍礮，皆自造之小口徑快槍快礮，子彈半係無煙藥，半係黑藥。江南所解大口徑老毛瑟，尚是弟在兩江購存之物，其兩磅礮亦舊式黑藥，非快礮也。鄂解前膛鋼礮，亦是新式自造者。兩省所解之數似乎相仿，其實精粗難易，大有區别。南洋甯、滬兩局經費視鄂不止加倍，而鄂籌撥之件如此，似當道亦可鑒其不遺餘力矣。　光緒二十六年十月二十六日

九

頃陶子方制軍過此，述及精神矍鑠，極慰鄙懷。並知於處置毓賢一事，幸賴公與仁和相國力持公義，開悟聖心，將來可望明正厥辜，稍紓敵憤。仰見維持國是，不爲羣議所淆，佩甚。程雨亭擢淮鹾，可謂用當其才。蓋其人弟所深知，作上海道則不足，作運司則有餘也。兹派沈道錫周督解軍械赴陝，並給咨引見，特附數行，飭其晋謁台端，鄂中艱難拮据一切詳細情形，當能縷陳清聽。該道經理槍礮廠有年，苦心經營，頗著成效，其生平踐履

篤實，操守清嚴，洵爲監司中結實可靠之員。現經弟專疏保薦，冀其年力尚强，及時有以自效。知公宏獎人才，尚望訓迪而裁成之，幸甚感甚。

光緒二十六年十月二十七日

十

前由貢員摺弁帶去兩函，想均入鑒。比維贊畫宣勤，興居萬福，定如遥頌。和局粗定，兩宫當可稍釋憂勞。惟使館、津沽之兵，不知如何定議，聞洋人言，彼將視我兵之多少，以酌定彼所留之兵數。不審聖意是否急欲回鑾。鄙人直言招忌，語默兩難，不勝憂憤，但看全權如何籌畫耳。聞在陜之翰林、部屬近日尚有請戰者，迷謬如此，以後即欲補救整頓，力圖自强，恐衆論仍多隔膜，大是可憂。此次巨衅，幸而勉强了結，然從此中國恐將不振。未了之事尚多，恐朝野上下以爲從此安享太平，無復憂危之意，則大誤矣。康黨尚熾，孫文又與合夥。夏間已分，秋間又合。目下孫黨潛入長江，助之勾煽，正在密詗嚴訪。鄂省兵多餉竭，萬分爲難，然又不能遽行裁減。至賠款派出，更難爲計。此乃各省之同患，不過鄂尤苦累耳。他省可少留兵，鄂軍不能多裁。他省可不辦用錢之事，鄂之槍礮廠經費更須加多。軍火已禁，此廠爲今日第一要義，必當擴充，此所以與各省不同也。此廠經費似宜令各省協濟，方爲正辦，公能爲力否。康黨專欲與鄙人爲難，屢有逆書徑來投地，必欲甘心於鄙人。康黨所開之日本清議報、新加坡天南新報、澳門知新報三種，猖獗已極，專以詆毁慈聖及鄙人爲事。總之，今日沿江沿海無人敢昌言聲罪攖康之鋒者，即私議亦不敢詆斥，不贊者即算好人，其贊者尚不少。昌言攻討者，獨鄙人耳。然此等情形，恐在廷諸公未必知也。秋間敝處刊有告示稿、勸戒文，傳布中外，不知台端已見之否，兹寄上兩種各十本奉覽。弟氣體平平，半年來勉强支持。和議既成，恐此後必然仍復故轍，事更難辦。俟大局略定，即當乞罷矣。

十一

時局艱難到此地步，而滔滔不返，依然襲故蹈常。惟公正色在朝，以莊見憚，介然獨立。直道難行，高引之懷，良非得已，惟中流一柱，賴障狂瀾。兩宫顧遇之恩，薄海喁喁之望，維持補救，能盡一分心，即得一分益。蹇蹇匪躬，他非所計。近聞新甯亦有乞骸之舉，弟馳書敦勉，謂此時此勢，我輩除鞠躬盡瘁，别無他義。若公所憑益高，所任益重，尤不宜恝然舍去，想生平篤棐之忱，當亦不忍出此。即如俄約一端，國家根本所關，豈得不加審慎。乃主謀者前後一轍，惟冀含胡了事，向非公卓識正論，堅持力拒，則東三省早非我有。是公之進退，關繫全局安危，尚望爲國勉留，殫思宏濟，至禱至盼。弟自經此次世變，側身焦慮，凡所謀畫，力不副心，憂患之餘，精神迥非昔比。交春以來，木火鑠金，咳嗆經月不愈，胸脘間時復作痛，搆思稍久，便覺枯澀衰憊之狀，不鏡而知。鄂中籌款之難，實較各省爲尤甚，司道會議，心志每不能齊。名目多端，實際了無把握。近數月籌解新案賠款，皆係剜肉補瘡，東挪西貸，其實款尚屬懸而無薄。新籌之項，十成不及二三，以後正不知如何措手。本省應舉要政，若興學堂，改兵制，皆非有大宗的款，無可設施，而師範將材，尤艱物色。現擬先從警察辦起，已雇募熟悉捕務之洋員，來鄂承充總目，派員設局。開辦學堂，亦議有端緒，惟教科書編譯需時，正

在理董。營制則非通籌全局，盡易舊章，必仍有名無實，故一時尚未敢草草定議耳。　光緒二十八年二月二十九日

十一

宣南話雨，歲寒瞻松柏之姿。漢上停雲，秋水結蒹葭之想。茲届星弧見丙，適當月琯逢申。敬維勛福崇隆，純禧平格台衡。八座文昌，以司命司禄而尊，密勿中樞，功業以壽國壽民爲重。負寇萊公之清望，命自天申，邁文潞國之大年，齡由帝錫。宮廷異數，寰宇同歡。弟誼重陳荀，情聯盧李。憶蠹簡同孿之歲月，祝鮐梨無極之春秋。欣茲笛倚江樓，奏坡老鶴飛之曲，遥想筵開洛社，賡魯侯燕喜之詩。

致翁叔平尚書[一]　一首

筱山世兄來江傳述鈞教，感激無量。數月來，每有託惲莘耘觀察處轉達之件，均得領悉尊指。之洞方州竊禄，負乘滋慙。自去冬假節東來，江海即已戒嚴，南防北援，軍多餉鉅。既無術以減竈，復計拙於持籌，萬不得已，仍出洋欵下策。仰蒙大鈞斡旋，得邀報可，惠及軍民，歡同挾纊。至於之洞平日才性迂闊，不合時宜，道路皆知，若非密勿贊畫，遇事維持，必更無從措手。比來屢聞芸閣、叔嶠諸人道及，備言我公於疇人廣坐之中，屢加宏奬，謂其較勝時流，忘其侏儒一節之短，期以駑馬十駕之效，並以素叨雅故，引爲同心。惶恐汗流，且愧且奮。昔者李成爲魏相而西河奏其功，國朝安溪在講筵而諸賢展其用，是外吏之得以效其尺寸者，皆由政本爲之。方今時勢艱危，憂深恤緯。所幸明良一德，翕然望治。我公藴道匡時，萬流宗仰，慨然以修攘大猷，提倡海内，内運務本之謀，外施改弦之法。凡有指揮所及，敬當實力奉行，以期仰副藎悃。今日度支艱難，節用爲亟，計相苦衷，外間亦能深喻。特以補牢治牖，用費實多，謹當權衡緩急，省嗇爲之。（八）〔入〕告得請，乃敢舉行。至鐵政、槍礮諸局，當初創設之時，因灼知爲有益時局之事，而適無創議興辦之人，遂不能度德量力，毅然任之，所謂智小謀大，誠無解於易傳之譏。然既發其端，勢不能不竟其緒，用欵繁鉅，實非初議意料所及。今幸諸事已具規模，不能不籲請聖恩完此全局，以後限斷既清，規畫較易。至其間用欵，皆係勢所必需。總由中華創舉，以致無轍可循。比年來無米爲炊，政如陳同甫所謂牽補度日者，尚何敢不力求撙節，必至萬不容已之事，始敢采買營造。旁觀者但詫手筆之恢閎，或未知私衷之艱苦。此諸事正爲講求西法之大端，伏望範圍曲成，俾開風氣，則感荷慶幸，豈獨一人。公以敷陳古義之儒宗，兼通達時務之俊傑，變通盡利，鼓舞盡神，不能不於台端是望也。　光緒二十一年九月初三日

與陳右銘[二]　二首

一

昨見漢報，湘省紳士有請行湘、鄂小輪之稟，尊處已批准舉辦，不審確否，亦不悉已咨譯署否。執事識力恢閎，肇開風氣，

〔一〕即翁同龢，字叔平。江蘇常熟人。咸豐六年（一八五六年）狀元，光緒帝師。歷任刑、工、户部尚書，軍機大臣。

〔二〕即陳寶箴，字右銘。江西義寧人。舉人。湖南巡撫。

通商惠工，百廢俱舉，湖外聞之，足令俗吏陋儒，人人增氣同心，擊檝欽佩，更何待言。然兹事體大，管蠡所及，有不敢不盡者。溯自蘇杭運河准外人行輪，於是奉旨亦准民間於蘇杭行輪，爲稍挽利權之計，他處固未及也。洞攝官兩江時，更議開由蘇州至鎮江，由鎮江至清江、江甯各處。復於江西鄱陽湖，亦奏准開設，事出疆吏指地奏請。若如湘紳所云各省均經欽奉上諭，飭令購置内河小輪云云，並無此説。竊思行駛小輪，於民生商務誠有裨益，故鄙人不憚一再推廣上陳。然此事行於下江一帶固屬有利而無弊，若行於湘中，則尚有不盡然者。西人覬開湘省口岸久矣，徒以風氣未開，若遠人麕至，易滋事端，故每婉謝。彼族冀緩歲月，洞爲此事百計撑持，猶恐不得一當，台端之所稔知也。儻本省紳民先自行輪，難保外人不步趨而至，藉詞申促，譯署恐無以拒之。然所患猶不僅在開埠也。湘中民情視異族異教如讎，一旦見洋商聯臂而來，教堂接踵而起，斷難帖然。近日英領事照會，有長沙民間打該國賣洋書人之事，力請查拏懲辦。業經飛速咨達，並行司查拏，諒邀冰鑒。或謂近年風尚漸見轉移，然湘中士氣素堅，民習素强，其持迂論守舊説者恐仍不少。雖有通達時務之薦紳先生，恐亦不能偏行勸導阻止。設一有衅端，必致牽引大局。自去冬今春以來，局勢日變，洋情益横，又非前三年之比。以後如有傷洋人、燬洋産之事，必將藉此啟衅，加添條約，斷非賠償數萬金、懲辦數人所能了事，且並不止湖南一省之憂。與其圖未可必得之利，而貽不可勝防之患，則莫如不開此端之爲愈矣。此間稟請開辦洞庭小輪者，頗不乏人。今夏以來，疊次瀆請，内有確已備有輪船者，均未批准。即劉峴帥有咨商滬局赴湘運鐵行用小輪之文，亦以窒礙難行覆之，職是之故。或謂湘民即不設輪，豈能保洋人終不來通商傳教。然如今中華時勢，創鉅氣弱，内備未修，外患日亟，能緩一年則可保一年之安。能遲至數年之後，内政漸肅，備禦漸周，士民拘執之見漸化，偶有齟齬發之，或不甚猛，即有枝節，其抵制之難易，較目前或略勝一籌。執事與洞同任巖疆，殆不能不權度及之矣。或更有進專利之説者，謂商例有創辦者專利十五年之條，故爲此先發制人之策，以免外人來奪利權。不知專利之説，爲出新意製新貨而言，非爲敵國通商而言。果准各國通商，則事關交涉，又豈能以先有華輪之説阻止洋輪。蓋公司商例，祇能行於本國之商，豈能行於强敵之商。即如蘇、滬木輪，何嘗不稟准專利，一旦通商，而木輪利歸烏有，成事可鑒。即如他國商輪准入長江内河通商行駛，豈地球萬國商例之所有哉。故此事能從容詳酌，最爲妥善。儻湘人執意甚堅，尊意謂此中利益甚大，不欲中止，則尚有一變通辦法。目下所備小輪，令與官輪區别，專爲渡湖便民起見，北不過岳州，南不過湘陰，如此則既順輿情，而彼族亦不至援請開埠。設或彼族仍有通商之請，則議章允准必需數月之久。彼時一有萌芽，即將湘中小輪北駛出大江，南駛至長沙，圖占先著，尚不至過落人後。相時而動，不爲福先，則操縱在手，較爲穩著。且彼時不但准湘輪出口，即敝處亦必令鄂商多備小輪，一體互駛湘、鄂，且上及荆州、宜昌，改爲厚其力以敵外人之計矣。洞平日素持輪船鐵路最爲利國利民之説，是以於蘇、鎮、淮、揚、江甯、江西皆創議上陳，以開風氣，豈獨不願湘中商民之富饒，豈獨不願湘、鄂兩省來往行旅之利涉。至輪船拖帶有妨民船生計之説，最爲謬論，平日每極力闢之。故聞比年以來，湘中士大夫講求洋務，考究機器，專立書院，研究西法，輒爲之神王眉飛，頌祝勸贊，以速其成。鄙人意指固亦可見，特以事有牽涉湘中應防之患，有在他省之外者，防害爲急，則興利尚在所緩耳。總之，此事以緩辦爲第一義，不可，則以專渡洞庭爲第二義，惟高明裁之。再，湘輪如行入鄂境，直達漢口，其間於鄂省民情、商情、釐稅是否無礙，似亦須商明鄂省中丞，會同酌定，再行奏咨，較爲周帀。事關大局利害，不厭詳求，特此奉商，並請以此書轉致湘中諸君子。務望剴切見教，以啟迂愚，不勝翹禱。並請將湘中公稟、台端批牘，迅賜抄示。如已奏咨，並望録稿見示爲幸。　光緒二十二年十二月二十八日

二

前聞湘省鑛務委員有在上海與華利公司洋人戴瑪德訂立約字，將衡州府屬水口山所産之黑白鉛砂專銷與華利之事。弟以疊奉來函來牘，均未提及，未之深信。近始展轉索得所訂約字十三欵稿，又似確有其事。閲其合同，不勝駭異，不勝焦急。開鑛爲遵旨舉辦之要務，原爲興利起見。若利尚未興而權不我屬，殊乖本意。查此約字第七、第八、第十一等款，均有無窮之害，不敢不爲台端陳之。查各種五金鑛，所難在開采，不在化煉，更不在銷售。所費亦在開采，不在化煉。今第七款定價每石洋例銀一兩二錢，自必永遠照辦。初開時鑛砂浮淺，工價不鉅，石售一兩二錢，或有微利。至開久窿深，必然遇水，須用機抽乾，且須支持撑架，購機鑿石，所費均屬不貲。今售價預登約字，一定不可復移，將來工本遞加，而售價既定，必致虧折。儻開至深處，鑛質漸佳，其鑛砂内之鉛銀日多，所值愈貴，又因定價過少，不能另沽，豈非兩失其利。查白鉛現價洋例銀七兩數錢一石，黑鉛亦三四兩。一百零五斤之鑛砂，酌中計算，約含鉛四十斤，亦值銀三兩外，是洋人必有盈而無虧矣。而此一石之鑛，其開采人工及運費釐稅，恐目前所需，其去一兩二錢之數，已不甚遠，以後費用有增無減，是在我必有虧而無盈矣。反覆思之，不解此合同用意之所在也。第八款水口山金鑛均歸戴瑪德一人承買，不得藉詞封禁，不得希圖高價。是此鑛華人出貲出力，而洋人坐收全利，將來欲罷不能，欲另售又不能，自困孰甚。第九欵鑛砂非與原驗不符，戴瑪德不得無故不受，如有此情，一切用費棧租，唯戴瑪德是問。看似防弊，然彼若稍不合算，即稱與原驗不符，我無從辯也。況所罰過輕，彼亦何惜此區區棧租等項乎。總之，此鑛如愈開愈好，每石鑛砂内提出之鉛甚多，而鉛質内提出之銀亦甚多，彼必執第七款之定價以限我。如鑛砂内提出鉛質銀質漸少，彼又執第九欵與原驗不符之説以困我。我欲不辦，彼更執鑛苗未盡之説以責我，是我何所利而開此鑛乎。鉛本中外通用之物，銷售甚易，化驗亦不甚難，又何必專仗洋商一人爲銷路，而受此奇窘乎。又第十一欵兼及湘省他鑛，亦與戴瑪（得）[德]交易，是不啻舉全湘鑛産歸諸戴瑪德一人，尤駭聽聞。看其語氣，雖似平淡，然與洋人交涉之事，稍有一點根株，將來即成牢固不拔、蔓延無窮之害，其爲湘省禍患，更不勝言矣。查戴瑪德即戴馬佗，該洋人自上年來華，圖罔中國全利，弟所深知，不止一事。觀其公司以華利爲名，能無懔懔。朱道濂、歐陽棟兩委員，不知係何官何處人，並不詳細稟請尊處酌奪，遽在上海與洋員訂字畫押，且有法領事印押，實屬荒謬萬分。此等大事，並無地方大員蓋印押字，亦屬怪事，或可藉此將此押作廢。且第一條寫明請湖北化學官局就爐鎔驗，如與第一次原樣相符等語。此等事並無一字稟知鄙人，而將來須令湖北化學官局爲之，任此牽連膠葛之事，尤爲可怪。至所列見議

陳季同者，其人著名荒唐，罪惡極大極多，海内海外皆知，前經薛叔耘星使參辦，尤非善類。戴瑪德與陳季同相比久矣，不可不防。上年陳、戴同赴漢口，變幻招摇，意欲攬辦湖北鑛務，動輒許以重賄，其許賄動以數十萬計。經弟飭江漢關查傳禁止，旋即遁去。此次朱、歐兩委員並未奉有尊處予以畫押之權明文，乃如此膽大率謬，難保不墮其術中。以上各種情節，竊恐閣下未及周知，弟既有所見，用敢飛布，務請設法挽救，以杜無窮之患，大局幸甚，度閣下不以越俎見責也。此約訂於二月十八日，三箇月彼此照辦，則五月十八日以後即須開辦，尤盼速行更正，不勝翹企。此事關繫太大，弟悚懼萬分，但盼該委員手中無上司切實印文，則出自該委員專擅假託，或可挽回。如鑛務總局係紳作主，即請將此函發與諸紳閱看。此等大事，總應由官作主也。　光緒二十三年三月

致唐鄂生〔一〕一首

滇中鑛務經閣下苦心經營，遞年以來力籌充拓，乃獲成此不竭之源，資京國之正供，裕漢苗之生計，功偉惠廣，實倍尋常。惟聞近來部中催解尤急，而撥款又多不敷，文法繁密，公私交困，動籌翹想，棘手可知。近日情形如何，得有數處佳鑛否，四川甯遠屬境夷地之銅，能供我采購否。以閣下高掌遠蹠，當能一力支拄，望隨時賜示大略，以釋馳系。客歲令姪孫名爾錕者過鄂，今秋復由廣西催餉而來，藉得詢悉近狀。前知閣下右臂患疾，未能作字，竟用高南阜左書之法。聞近來調治就愈，已能握管，甚慰甚慰。惟南詔風土，瘴癘未除，益以勞勩殊常，諸祈善自珍衛爲禱。弟回車鄂渚，瞬又經年。楚中本極枯窘之區，連歲灾祲，民情益困。庫藏之財已竭，交涉之事日繁，自去歲鹽釐百萬撥抵洋債，益不可爲國矣。大農劃欵搪塞，大都畫餅充飢，致百事均難措手。時局艱危如此，當務之亟，又不能不勉力圖之。惟是推廣練兵而將才難得，精求製械而經費不充。農工商爲富國之基，亦經分設學堂局所，切實講求，而皆苦風氣未開，收效難速。逴策十年之計，祇盡寸陰之心。蓄艾已遲，補苴何及。旁皇中夜，憂憤交深。閣下愛我，其將何以教之。頑軀近年衰朽日形，眠食俱減。自慚竊禄，無補時艱。無如經手要件尚未一律竣事，一俟槍礮廠規模立定，即當乞罷避賢矣。　光緒二十三年九月二十日

與袁爽秋〔二〕一首

惡詩三卷，請點定。不宜效漁洋山人過譽發還。一閱後，仍寄存尊處，將以清閟爲東林香山南禪也。

與俞廙軒〔三〕一首

清弼方伯南行，曾託其代致一切，想均得達。兩賢共事一方，不惟舊雨之逢，乃德星之聚也，可喜可羡。岳州開關，此朝廷不得已之舉。自開口岸，較勝於聽命他人。然湘中創舉，較之他省

〔一〕即唐炯，字鄂生。貴州遵義人。舉人。歷任雲南布政使、巡撫，後督辦雲南礦務十餘年。

〔二〕即袁昶，字爽秋。浙江桐廬人。光緒二年（一八七六年）進士。歷任江甯布政使、總理衙門大臣。張之洞門人。

〔三〕即俞廉三，字廙軒。浙江山陰人。監生。時任湖南巡撫。

尤難，執事處此，藎勞可想。承示保釐金、節經費兩義，已屢與張道深切言之，渠尚能體會遵行。前派施守赴湘，專爲就商保全兩省釐金之策。所擬防遏洋旗子口及兩省互相借地設局各節，皆是南北兩省通籌，利害相共，意無偏枯。如南省以爲借地設局於南無益，不辦則亦已矣。函咨皆言姑擬數條，詢商湘省官紳，並切言詢訪湘紳有何善策。乃湘紳竟謂鄙人欲干預湘釐，真無從索解也。前數日見税務司，又力商一切，渠允茶葉、米穀、竹木三項不歸洋旗子口，惟煤炭一項堅執不允，並謂洋商並不開煤鑛，惟販運煤炭，若洋商可辦，每年湘煤必多銷十倍，於湘民生計實有大益等語。此事應請台端酌辦。鄙人之爲湘釐，自問實已不遺餘力，惟大君子鑒之。自去臘至今，弟患目疾苦甚，作書本艱，因目疾更不能握管多書，故三奉手教，未得親筆上復，罪甚歉甚。近三日得大雨，天氣清潤，目光稍復，强作數行，申意不盡百一，餘屬張道面陳。然開埠事宜，大要已具。前數電中至歷次電文，則皆弟手書也。　光緒二十五年五月十五日

覆吴燮臣一首

湘中爲人文淵藪，士氣奮發。自去歲邪説横行，學術幾爲一變。以執事斗山重望，持節彼都，力挽狂瀾，昌明正學，定知風聲所樹，士習蒸蒸，至爲佩慰。來書町畦自守，既聞睡國之讖，畛域全通，恐蹈奔車之覆數語，尤徵觀世獨審，經權得中。師道立而善人多，以此推行，知所成者廣矣。三復斯恉，歎服莫名。方今時局艱危，人才缺乏，先須端學術、正人心，又不能不通海外各國之情勢，儲經濟應變之羣才。此間兩湖、經心兩書院本係專考經古，江漢書院本係專課時文，現在三書院均設有行檢、經史兩門分教，復欽遵上年九月三十日懿旨，設立天文、輿地、兵法、算學四門，各設分教，分門講習。至行檢、經史兩門，則人人皆須砥厲講求。大致以義理經史之學爲體，以經濟救時之學爲用。至江漢向來時文月課，悉仍其舊。即自强、武備各學堂，雖習方言，練洋操，然亦日課以四書大義、中國史鑑，冀端其趣向，以固其根柢，意在學行交修，文武兼習，庶儲有用之才，以備國家任使。但時勢日急，夙夜憂焦，蓄艾方殷，已非閒暇，得尺得寸，盡此微忱緜力而已。　光緒二十五年七月初七日

覆祥笠亭〔一〕一首

旗營添練閒散壯丁，在於川、淮鹽斤加價内奏撥餉銀四萬兩，亟應趕緊撥解，以資兵食。惟川、淮兩局尚未收有成數，無款解省。來示囑於别項款内暫先撥給，當與司道籌議。現在部中指撥鄂省各款，歲歲加增，而所撥補宜昌鹽釐之款無著者，共七十餘萬，收不敷支，以致應解京、甘各項緊要餉需，尚屬無款籌解，正在萬分爲難之際，更無别款騰挪暫撥旗營新兵之用。現仍催飭川、淮兩局作速籌辦，一俟解省有款，即當轉解至荆，以供新餉。至旗營添練此項兵丁，尊處原奏擬於石首馬廠建營駐紮。查石首距荆遠在百里之外，約束不易。近年旗、民械鬥之案，已經疊見層出，近在城外尚且不免，若相距遥遠，更有鞭長莫及之虞。該旗丁等人地生疎，誠恐與地方居民時有齟齬，致生事端，諸多不

〔一〕即荆州將軍祥亨。

便，必致時煩藎慮，弟等亦不敢擔此責成。且台端不能親臨校閱，尤恐訓練難獲實際。似不若於荆州郡城内外擇一寬敞之區，建修營壘，較爲相宜。該營近依麾下，親承訓誡，隨時督飭營官認真教練，悉成勁旅，庶可收練兵之實效。在尊意或是因石首馬廠寬廣荒廢，意欲藉此興屯贍軍，未嘗非卹兵足食之盛意。惟開墾馬廠另是一事，未便與挑練新兵合而爲一。查洋操功課最爲詳密精勤，終日無暇，該兵等斷難以耕種而兼操練。既已歲增巨餉，若只令其墾種田疇，於操練功夫竟致抛荒，是徒有糜餉之費，而無練兵之益，與原奉諭旨及弟等與閣下會銜原奏，均有不符。况若擬將馬廠開（懇）［墾］，必須修築圍隄，建造佃房，購備農具牛種，所費甚鉅，竊恐無從籌畫。總之，旗丁若遠離旌麾，屯聚數百人自行（懇）［墾］種，終恐窒礙實多，想碩畫精詳，期歸盡善。弟等既有管見，不敢不言，尚希卓裁示覆，至以爲禱。　光緒二十五年七月

致于次棠[一] 六首

一

武勝門外紅關、青山隄工修竣，涸出田畝無數，居民受益甚鉅。原勘望山門外自［白］沙洲至金口之隄，及鮎魚套閘，同屬利民之舉，自應一律興修完工。此隄由白沙洲至金口，號稱六十里，實在丈量，不過鄂省木尺四十三里，向來與夫頭講土方，係按鄂省木尺。除去已到金口之一里，中間楊泗磯一段之四里本係高岸可不修外，應修之工實止木尺三十四里，内有舊隄基址，尚可憑藉。舊基最少者須築一丈三四尺，共止三里餘。舊基略高者，須築八尺，共不足二里。又漸高者須築六尺，共十五里，合土工硪工共約銀二萬七千兩。舊基最高者止築五尺，共十四里，高低牽算，約共作爲六尺，以視紅關、青山之隄全須築高一丈一尺者不同。青山隄長二十一里餘，其土工石工薪水雜用，共費約銀五萬三千兩，青山閘工約銀一萬二千兩。金口隄道里雖較彼隄將及加倍，而以丈尺兩抵，土工經費所減甚多。又青山隄外幫鋪砌蠻石一丈五尺不等，共費約銀八千兩，草皮趕辦較費，約合銀一千數百兩。此次金口之隄無須鋪石，草皮亦可設法從省辦理，可省此兩欵九千餘兩。是此隄照青山隄工之欵減少甚多，連薪水雜用在内，不過三萬五千兩。鮎魚套閘工約需銀二萬兩，合計仍少一萬兩。此係利民要政，地方久已周知，民間亟欲觀成，夏間即有紳民來敝處遞呈，惟恐勘而不修，尤不能不接續興辦，一氣修成，以免偏枯。惟此隄仍須俟九月水涸，方能委員修築。至鮎魚套閘需用物料甚多，石尤難辦，不可不先行委員購料，及早運齊，一俟水涸興工時，方有料可用，明年春漲以前，始可蕆事。兹會列台銜，札委吴丞學莊、曾令專禄辦理。會稿送上，即請酌定核判。至此項白沙、金口之隄並閘工，大約需欵通共不過五萬五千金。隄工三萬五千金，閘工二萬金。現賑捐局尚共存銀十五萬餘兩。前數日四川勸捐之汪部郎致炳來電，云已集鉅欵，至李京卿徵庸前有函，云以後尚有續解，爲數必有可觀，大約至少總可續來三四萬，是合計賑局可有十八九萬，故此舉敢於定計興辦耳。　光緒二十五年八月十四日

［一］即于蔭霖，字次棠。時任湖北巡撫。

二

昨晚奉手教并謝摺稿一件，措詞正大，意旨肫誠，曷勝欽佩。其中兼管巡撫四字，乃係七月以前舊案，久已作爲罷論，侍八月以後奏摺行文，久已將此四字刪除，務望節去。內中見之生厭。印信字應改稱關防，已於原稿内注明，惟後幅督臣至力求實濟數語，尚須奉商。竊思君子和而不同，朋友勸善規過，自是正理當然。守道之誼，彼此同之。侍斷不敢强老前輩見解事事必與不才相同，侍亦不敢謂管見事事皆與大賢相合。況台端之鯁直方嚴，朝野孰不知之。特是驂從下車伊始，侍在楚經營諸事尚未與台端詳談，恐左右亦或未深悉原委。他日籌辦一切，仰賴匡規之處良多。倘蒙隨時指示，砭訂愚頑，何幸如之，斷無不從善如流，以冀少免罪戾。如實有不妥之處，或隨時駁正，或直言入告，均無不可。若此時履任第一疏即揭明與侍必有異同，似未免令人疑訝。侍庸劣無能，惟此耿耿愚忠，可盟幽獨，可質神明。痛念國勢艱危，任事者鮮，妄思竭其毛髮之力，作一簣障河之想。十年以來，千辛萬苦，衆謗羣疑，皮骨僅存，生意已盡，溝壑之期會已不遠，於身於家，曾何利之有焉。徒以生性不合時宜，政府事事督過，大率皆坐侍以空言糜費四字，詬病叢集。此摺力求實濟一語，屬之與其商榷以下，恰與空言糜費四字鍼鋒相對。此摺到後，當道諸公必將執爲口實，都下喧傳，則侍之毫無實濟，已成定論，必然攻擊蠭起，想亦斷非老前輩初念之所及也。竊謂謝摺乃循例之件，此數語可否略從簡省，於冀少伸夫寸報句下，但云當隨時與督臣張某妥商籌辦，似無不可。以後指陳建白，爲日方長。仰叨摯愛逾恒，且深知此數語決無他意，故敢布其區區，妄加擬議。是否可行，統請裁奪，不勝惶悚之至。再，以後函柬，凡憲台大人、舊屬等字樣萬勿再施。本係同館至交，似更與世俗官場有間，撝謙太甚，轉令受者不安，務望俯從。今日自辰會客，至申初方散，故裁覆稍遲。又目疾加甚，目睛漲痛，不能作紅箋，均祈鑒原。

三

謝摺文案所擬未愜，輒自擬一稿呈教。侍自揣爲疆吏則不稱，作文案委員則差可耳。雨亭已往約，來即趣其速詣轅下，聽候指撝。侍目疾如前，遵命休息數日。依帥猝殞，驚惋萬分，遼事益不可爲矣，如何如何。

四

昨夜奉手示，祗悉。貴標練軍，向係貴中軍帶。已書行送還其旗幟、號衣、軍械各件，有繳存善後局者，有繳存督中協者，有須新製者，侍已告璞參將，分別領造。璞甚清楚，自能妥辦，札内即照來稿渾言飭局給領即可。昨晚燈下不能作字，故未及奉覆。

五

屢奉手示及各摺、片稿，均讀悉。先將補德安府密片奉繳，其餘釐金各件，關繫重要，不能不詳細斟酌奉商，商妥方可具奏。臚書於左。

一、去年加增四十萬一節，前日詢徐道，云係加增三十三萬串。昨晨徐道云，係加增三十六萬串。此數（清）［請］查確。

一、以後如果年敉順成，商民樂業，加增四十餘萬，確有把握。此語似須詳審。年歲豐不豐，地方靖不靖，實無把握，則釐收增不增，恐亦無把握也。似須放活，只可云收數常至大減。正摺尾湖北欵絀，加增留用，惟當劃清界限數語，可節。既酌提解京，即不須留用。若不以二十四年爲額加增，隨時奏明，即無所謂劃界限也。

一、各省釐金有加增實數可稽，鄂省倘儱侗解歸，善後局收支造報轉無實數可核，未免眉目不清。此語思之未解。釐局解善後局，按旬咨解，聲明此係何月何旬釐金。善後局按旬列收，亦聲明此係何月何旬釐金。而牙釐、善後兩局一解一收，皆係按旬申報兩院。然則每年較前某年加增若干，或減收若干，案牘俱在，并未儱侗，何至無實數可核、眉目不清乎。

一、廿四年解善後局若干之外，所有盈餘即是加增之數，另交藩庫存儲，每半年奏報一次。查釐收數目，照章半年奏報一次，尊署主稿，會敝署後銜。尊任已奏過兩次，如有加增，儘可於摺内聲明較某年加增若干萬，其不簡明輕便，不待另行奏報。如此則加增實數目，可隨時奏明。似無慮其儱侗不清也。

一、另交藩庫存儲。查善後局銀欵俱存藩庫，藩司外庫。錢欵俱存餉錢所，局中所存者止有外銷之銀錢。凡動支善後局正欵者，皆必須有部文奏案，不然藩司固不允，收支委員亦不允也。

一、查照光緒二十四年解善後局若干，仍照原數劃解，以作常年應用之欵。查二十五年釐金收數較多，然甘餉預解之十萬未解。歷年從未欠，仍不敷錢數萬串，除存銀相抵外，約不敷七八萬串。以鹽釐撥補，無著之欵太多故也，廿四年所以勉敷者，以平空得各有撥補，多收三十餘萬也。若按廿四年收數解善後局，如何能敷。

一、以作常年應用之欵。查常年者，必其有定也。乃自今年起，部中加撥約四十萬，曾會台銜奏明，鎊價廿四萬，税司十萬，東北邊防五萬六千。即除兩關籌解外，善後局亦須多解十餘萬。又，今年撥補無著者，鐵廠商繳十萬，藩庫裁兵節餉不敷約五六萬。又，宜昌鹽釐認解洋債，部中多派五萬，原奏認七十萬，部派七十五萬。是已短卅餘萬兩，即照二十五年已解到局之數，不敷已多。雖冬臘所收，是二十四年之欵，恐亦不能多數十萬。凡已奉部文者，即是常年應用之欵。況部撥有加無已，如何能以廿四年收欵爲額乎。

一、此外所有盈餘。查釐金向無定額，光緒十三四年及廿一年收數不少，似不得僅以廿四年比校之外，即名爲盈餘，若名盈餘，部中必提解矣。

一、惟釐局歸貴衙門管理，其餘各局均歸督臣主持。查關涉正欵之局，只有善後局循舊由敝署主稿，其餘各局，如銀元、農工商局，武備、自强各學堂，皆係以外銷之欵，辦奉旨之事，與釐金及各項正欵毫無關涉。至善後局僅主稿具奏而已，所動各欵，皆係奉有部文。奏案之事，所主持者不過向部中苦争力辦、求減撥欵、搪塞催賑，與江南淘神争索楚釐，與湖南争税保釐，及設法用官錢票借銀解餉而已，實無主持動用釐金及丁漕、關税、鹽課之權。來稿均歸督臣主持一語，惶悚萬分，尚求明察詳考，於此語再加妥酌，是爲厚幸。

一、善後局儱侗收支造報，轉無實數可核。查兩局一解一收，俱係用印文按旬申報並未儱侗。兩院，前已聲明。且善後局每五日又有清摺報兩院一次，皆係實數。自可隨時查核。今入奏乃云無實數可核，似須詳酌。

一、鄙意擬請台端將去年多收之數奏明，數須查確，或云三十餘萬串。但只可云多收，不宜名曰盈餘。

一、鄙意擬於此多收之數内，酌提若干萬解部，藩司云已蒙允許。聲明此因裁陋規、除中飽而加收。此加收之數，即由剔弊而來，但不能分析陋規幾何，中飽幾何，故於中酌提若干萬，解部充餉，與去臘儉電奏並不相妨，去臘聲明未截數。其數請酌定。

一、鄂意既有加增之數，又言常年用款之外，又言另存藩庫，則必須酌提若干解部方妥，既有提解之款，則其餘不留而自留矣。亦較得體。若照此敘奏，雖言本省要需，奏明撥用，部必不允，其覆文必曰另款存儲，聽候撥用，不准擅動，雖力争亦必不行。是鄂省徒有巨款解部之實，而仍居不肯提解之名，大爲不妥，部中必謂鄂省有錢，而又慳吝也。

一、鄂意廿四年收數爲常年用額一節，萬不宜限定，自入窘步。本不敷用，所差太多。若尊意恐善後局濫用，擬以後令善後局將部撥奏案之款，開單呈鑒，令釐局只將此數解足，此外即解存藩庫，此乃外案，無須奏明。聽候尊示，方准動用，似此亦可劃清界限。若奏明以廿四年爲限，實多窒礙，務祈詳思。

一、奏報加增之數，請尊署會敝處後銜。若奏明提解若干，自應另摺，應會敝處前銜，以符向章。蓋向來凡請動錢糧、關税、釐金、鹽課，皆係督、撫雙銜。若平日奏報解餉，皆係有部文定案之事，故由敝署會尊署後銜。此早已撥定奏定，不過循例一報。凡稍有新樣，無非雙銜，請查案可悉。

以上各條，侍爲鄂省大局起見，爲經久起見，不敢不慎。況尊稿既云與督臣商酌，意見相同，來函又云令酌改，萬勿客氣，是以勉效芻蕘。至此摺即遲數日亦不妨，總以妥善爲主。德安摺可先發也，不過多派一摺差耳。即請裁覆。

六

榮擢滇藩大喜，賀賀。然鄂懷實爲不快，容面談。

致李木齋[一]一首

自北方搆衅，周旋樽俎，迴異平時。深仰忠悃藎籌，導和弭隙，外情秘計，藉得周知，銘佩曷可言喻。正擬奉書詳布近事，適黄守到鄂，遠承手教，省覽再三，所以教督而期待之者，甚厚甚厚，如弟之迂庸駑鈍，愧何敢當。交夏以來，妖賊四起，舉國若狂。當兩葉涓流之時，未嘗不瀝陳利害，而當路者錮蔽太深，煽其醜類，箝禁言路，挾制宫廷，以韓侂胄之搆兵，兼賈似道之錮使。兩奸悍暴，萃於一時，雖懷三諫號泣之誠，曾無一得芻蕘之補，坐致鑾輿出狩，莫戒前驅。弟捍圉難親，奔問未及，懷痛省咎，能不腐心。兹當駐蹕西安，則長江實爲門户，而鄂州尤爲上游，屏蔽益須加緊籌防。此間餉絀兵單，民囂匪衆，仔肩勉任，搘拄良艱。幸目前繕守粗完，屬境暫稱安堵。知關廑系，聊用附陳。黄守屢晤詳談，才識通敏，深明時局，皇華佐使，敬賀得人。不盡之懷，已屬其到東時面陳壹是。子産有辭，諸侯賴之，海天蒼浪，馳仰曷極。

欵議中外相持，至今未開，即開談後亦大略可想，恐中華從此不可爲國矣。義所當争，惟力是視。但齊晉登壇，邾莒與會，恐不能與聞機要耳。七月間大通突被匪擾，即聞係康黨句結師船散勇所爲。初猶疑爲匪徒假託，若輩未必知情。不意七月下旬復在武、漢地方糾衆聚謀，約期起事。幸先幾破獲，未遂奸圖。逮

[一] 即李盛鐸，字木齋。江西德化人。光緒十五年（一八八九年）榜眼。時任中國駐日本公使。

訊黨魁及搜獲種種逆據，則竟是康、梁指使。其所煽誘，實繁有徒，自百粤以及三江、兩湖，蔓延殆徧。一切奸謀逆蹟，具詳弟所出告示稿中，已備文另咨冰案。查康逆於外情世態，極善揣摩。當運窮變亟，人心思奮之秋，掇拾泰西教士唾餘，既以立憲維新之説，誑誘血氣未定之少年浮薄文人，又以民權自主之説，鼓動江湖桀黠不逞之徒之心，冀盡天下智愚賢不肖盡入牢籠，然後惟所欲爲，隱遂其窺竊非常之舉。計謀凶狡，振古未聞。海外之人不知中國實在情形，但急望我能變法自强，遂以康、梁之能言新而誤信之，且以其言保皇、言復辟而深許之、陰助之，殆亦未料其假託名義，潛謀不軌，確有真憑，如前日事也。日本與我鄰壤同文，故彼都人士之關心中國，誤信康説者尤多。唐才常逮捕後，有三浦梧樓、犬養毅輩七人致電敝處，求爲保全，蓋尚信其爲憂國志士，而不知其已自陷爲叛國逆徒，律有明條，法難曲宥。然弟於此曹少年文士，未嘗不深憫而痛惜之，因於百忙中特草勸戒國會文一通，冀有以平其矜心，發其深省。頗聞在東遊學諸生，耳目濡染，不無張脈僨興之病，文中故兼及之。兹與示稿並刊印成册，各備六百分，以其半具牘，交文報局遞呈，以其半固封，交黄守賫上，統乞分神代爲傳布。黄守並謂南洋各埠時有便人往還，不難設法推廣，因又託其多帶若干本，隨宜散布。竊冀多一人省悟，即少一人附和，亦即少一人株連，或亦伐謀之一助。至另咨匪單及李傅相電文，因已由羅稷臣星使商允英外部，電飭其各口領事查拏拘禁，勿再容留，故特分咨皇華諸君子，就商各國外部，一體辦理。尚祈台端婉商彼中政府，協力謀之，蓋必中國之内訌靖而後外洋之商務興。大局所關，固彼此兩利者也。光緒二十六年九月十七日

與余晉珊〔一〕一首

七月，康、梁逆黨以富有票散布長江，造謀倡亂，雖大通撲滅於事後，武、漢破獲於幾先，渠魁就誅，凶燄摧熄，而梟獍之心頻思蠢動。屢獲逆信，仍有挾帶重貲，潛來湘、鄂，再圖大舉之説。近粤之惠州，寇氛又見告矣。可見此輩伺機蹈隙，其志未嘗須臾或忘。證以鄂、湘兩省獲匪訊出口供，及李傅相、德静帥來電，則此輩恃以爲窟穴者，實以新嘉坡、香港、澳門及上海租界爲逋逃淵藪。就中黨魁，文士居多，誠不解其倒行逆施，干名犯義，迷惑一至於此。幸李傅相已商允英外部電飭新嘉坡、香港總督及駐華各口領事，於此輩匿跡界内，一體查拏拘禁，勿得容留。而澳門總督亦經德静帥照會，覆准照辦，並擬有辦法三條，甚爲切實。業經敝處通咨駐洋各星使，就商各國外部，各飭其在華領事，仿照英、葡辦法，協力施行，庶使醜類無從託足，並已另文郵達冰案。務祈閣下與駐滬各總領事剴切商行，蓋必中國之内訌克靖，而後外洋之商務可興，大局所關，彼此兩有裨益，想各總領事必能體察及此。惟念此等少年文士，如上海國會中人，未嘗無講求時務、才藝可造之材，其謀亂已成者不得不捕誅，而其附和同聲者，猶望其改悔。前曾刊發告示，曉諭兩湖士民，兹復別草勸戒上海國會文一通，一併印訂成册。特各具五百本寄塵清覽，即祈就貴治所及，隨宜散布，庶幾多一人省悟，即少一人陷溺，亦即少一人株連，或足爲伐謀之一助耳。光緒二十六年九月二十一日

〔一〕即余聯沅，字晉珊。上海道道台。

覆榮仲華中堂[一]三首

一

晚幽冀迂儒，素乏幹濟之略，承乏疆吏已逾十年，無補時艱，夙夜愧疚。猶憶曩在京朝，與故協揆李文正公素稱雅故，每聞其談及衷曲，謂平生相知最深，交誼最厚者，遠則文文忠公，近則執事。謂文忠篤棐忠貞，竭誠盡瘁，執事公忠宏達，直道不阿。晚深信文正之取友必端，故於台端素深景仰。祇以蹤跡闊疏，恨未獲一瞻顔色。兹讀來函，道及文正當日交誼議論，許爲蘭臭之同，推及屋烏之愛。懷賢感舊，益用愴然，垂愛至殷，尤深銘刻。方今時事日棘，又非十數年前氣象。入告訏謨，問從下風，傳聞一二，要皆上沃聖心，下維全局，正而不迂，通而不雜，欽佩尤不可言。湖北槍礮廠創設僅止數年，經費既屬支絀，而地處腹省上游，委員、工匠通曉機器製造者，實不易得。晚極力考求督率，終愧未能遽臻十分精美，歉仄奚如。寄京考驗之槍，承尊處派委永都統、張軍門校驗，德槍取準三里，鄂槍二里八分，滬槍一里半，雖較滬差勝，而較之德造究屬尚遜一籌。自當恪遵來牘，加意研求，日臻精利，以副藎囑。光緒二十六年四月二十二日

二

此次拱衛六飛，間關跋履，忠忱貞苦，敬仰至深。惟大厦重安，端資隆棟，時艱待濟，尚祈珍衛有加。此間地處四衝，民嚣匪衆，教堂徧布於屬境，敵艦伺隙於長江，因應偶疏，責言立至。加以康、梁逆黨，因秋間奸謀破敗，渠魁就誅，飲恨尋仇，日思報復，譸張爲幻，幾於防不勝防。又武、漢現爲轉運衝途，舳艫鱗萃，頗爲外人所忌，近且揚言欲斷我關中接濟。省防既萬分喫緊，而上下游匪藪到處乘機思逞，不得不添募重兵，分投扼紮，猝難減併。行在及各路指撥餉械，羽電交馳。鄂省數年以來財力困竭，久如懸磬，目前用款又較平日加倍，供億之艱，羅掘之苦，孱肩勉拄，智力俱窮，百憂煎心，不遑寢食。欵議至今尚無端緒，晚雖奉有會同商辦之命，自維智術短淺，欲追隨二三元老折衝樽俎之間，深虞不逮。所望南鍼時錫，俾奉周旋，是所翹禱。光緒二十六年十月十三日

三

明詔更張，天下咸知公造膝敷陳之力。旋乾轉坤，非至誠格天，曷克臻此。紉佩鴻規，欽欽在抱。竊念變法一事，造端宏大，條理繁多，非決計破除常格，終慮牽掣難行。且百度修明，無一不需鉅欵，但使其用實歸於教民、養民、衛民，目前雖稍覺喫力，日後尚可立國，紳民自能相諒。若僅取足賠欵而止，則新政之行，事事束手，無復實濟可觀矣。夫今日繫屬人心，全賴此變法一舉，海内士民，猶謂有自强之一日。若辛苦蒐羅，盡供歲幣，一切教養善政，坐困而不克施行，天下見理財之政，專爲人而不爲己，嗒然失氣，冀望皆窮，將恐籌劃賠欵，亦多窒礙。晚識短才疏，豈知大計，昨會峴帥覆奏三摺一片，大率皆書生文章，俗吏經濟，作按部就班之事，期銖積寸累之功，撮壤涓流，深愧無裨山海。因原奏太繁，恐直廬難於詳閲，謹將排印副本寄呈兩册，以備從

[一] 即榮禄，字仲華。滿洲正白旗人。歷任工部尚書、兵部尚書、直隸總督兼北洋大臣、軍機大臣等職。

容披覽，尚祈指示而削正之，幸甚。賠欵本息期限，敝處與峴帥所議，每年多還三百萬，綜計可省二百兆，似較合算。蓋同一羅掘爲難，初不繫三百萬之出入也。乃某相國堅執己見，每年所省有限，而全數所加甚多，令人不解。某相國藉外人謂抵欵不敷爲辭，尤所未喻。中國雖貧，何至無三百萬之抵欵耶。至京、津所留洋兵之數太多，回鑾後諸多可慮，然此時與各國商減，未必見聽。未識公有何良策以處之，敬求示知，以開茅塞，感禱。俄約不歸公斷，實無善策。彼俄人自擬之約十一條，無論如何商改，所差不過百步五十步之間。竊恐祖宗發祥之地，名雖還而實踞，利盡去而害存。我置官吏供彼指揮，我設警察供彼役使，利益則歸彼獨享，損失則責我賠償，政權、利權、兵權盡歸他人，而鐵路抵京，永遠無安枕之日。且各國必然效尤，援一體均霑之例，全局勢必瓦裂，內地各省皆無自主之權矣。是以晚偕峴帥屢阻力爭，只欲力杜狡謀，並非爭執意見。而某相國非但不諒，愈益堅持。賴朝廷灼見利害，飭全權妥慎籌商，但恐其成見終難消融，全局何堪設想。尚望我公密贊廟謨，堅持定見，將開門通商之議辦到。蓋必須將鐵路、工商及雜居一切利益，皆許各國共享，始爲開門通商，與尋常口岸章程不同，則是我關東創業之地，藉各國爲我守之，庶幾保全根本，杜絕瓜分。我公藎忱肫懇，明察無遺，儻蒙采及芻蕘，大局幸甚。

光緒二十七年七月初七日

致梁節庵先生〔一〕 十七首

一

手示並清摺五件均讀悉。衡校精卓，等差詳密，種種極費清神，至感至佩。商籍王、左、胡三人，已遵示書于摺尾，與南北兩省優等一律。至優等擬獎十兩、加一兩。末等擬亦獎一兩二條，乃台端重士勸學之盛心，本應遵辦，惟凡事由減而增易，由增而減難。上年額數充足時，月獎率係七百餘金，六百餘者較多。其間有八百九百餘者，必別有故。大約係添時務一門，倉卒不能細核，故只可多獎一分，以後諸課仍復減少如舊。只兩月多。且去年人數較多，今一百數十名，若獎數較前加多，將來足額時所加更鉅，經費實有不支，似只可仍照章上等九兩，其末等仍照章無庸給獎，以示激勸。再，此初次考定分數，其能五門均到十分者，本不易得，諸先生之意特予從寬，以資鼓舞，用意甚美甚善。六月課程分數，似上等亦不必遽到十分，但合較各門得算多者，即是優等，庶諸生益可奮勉求益耳。五門俱列十分，即是諸學大成矣，尤難其人。管蠡之見，前日曾面陳，並望轉致諸君爲幸。招考示已照改。再，發榜必須蓋印。主考取中，監臨書榜，學使所等第新生，提調書榜。此書院榜應由何處發，請妥酌見示。或敝處或提調。清摺五紙仍奉繳。手此奉覆。

二

今年講席勤勞尤甚，諸生蒸蒸，規模大備，文通武達，一堂兼之，創始書院千百年未開之風氣，歘起中華十八省有用之人材，公之教也。守土之吏與有榮施，感佩曷極。大課已畢，道躬務望

〔一〕即梁鼎芬，字節庵。廣東番禺人。光緒六年（一八八〇年）庶吉士。中法戰爭前，官至布政使，因劾李鴻章，被降五級調用。張之洞督粵時，聘主廣雅書院。後隨張移鄂，主兩湖書院事，且歷參帷幕，深受信任。

少休。行期定在何日，幾時可返武昌，翹盼翹盼。日内當專詣叩謝，并訂明年之約，先肅布謝。

三

算學門斷不可缺，兩年以來，各題想不至全無底本，惟刊存似應擇其較爲精深者。幸是有問無答，又無細草，名師爲之，當不甚難，不審兩日能寫數十題否。此就舊題覆加審定，或酌加推闡耳。繁簡似可不必一致，望婉商子壽兄酌辦爲感。

四

頃與近衛約定初二日九點鐘看兩湖書院，約計一時可必，但此臆度，非彼言。十一點鐘到敝署設讌，已告堯階陪到院，當即約蘇龕。届時事畢，請惠臨共談。操場平地，可從容矣。

五

即刻拜候王、陳、朱三君，後即到雪岑處，請台從堂課畢後九點鐘惠臨布局，共談早飯。如有他事，可否於下半日治之。弟夜來不寐，過午便須休息，縱强坐亦無神思矣。千萬明晰示覆爲幸。明日國忌，不能出門，故願今日一晤。

六

尊體方極猥勞，撰句見賜，以寵賤辰，感愧之至，不安之至。詩意獎飾過量，萬不敢當。風裁清俊，又復使事精密，真具有坡公本領矣。來示云服張方有效，何以又歐五次。似須商令止歐，人方可耐。若今日仍未止，竊有驗方奉上。

七

漱老及仲韜、叔容、繆、蒯、宋諸君，均在此便飯，務望惠臨共談，此局足可暢叙。連日爲瑣事過勞清神，深抱不安，似不可不有以疏散滌蕩之也。不然明日不敢見客，後日是家忌，須隔兩日方能暢談矣。盼甚盼甚。公屏椽筆，精美非常，愧謝。

八

枇杷已熟，在樹頭爛然可觀，恐再經雨，急須下之。弟止園丁勿遽下，請即臨同往一寓目。如此閒事清興，罕得觸發。看卷緩半日不妨，詩云民亦勞止，汔可不休。既以自稱，兼爲執事誦之。

九

恩及衰朽，非意所期。猥勞枉駕，惶悚慚謝。六月課榜已發，放假牌、季獎牌均已掛。敬覆，并謝。

十

仰蒙俯允，監督湖學，欣喜萬狀，謹先陳謝。尊恙漸差，喜慰喜慰。

十一

昨晤定國，有何要語，祈示，至盼。請公想鄙人所處，尚有生趣否。自思亦不知是何境界也。

十二

數日來煩悶益甚，毫無生趣。今日晴朗，擬即刻奉訪，欲藉高論以已幽憂，便請在水閣早飯，前日來札數事，面商可定。此刻計堂上功課可畢矣。別無賓客，并聞。

十三

三奉手翰，深感注存，謝謝。欬嗽未愈，又增頭痛，倚床斜坐，方可得少睡，平卧則欬不停聲，終夜不合眼矣。前夜五鼓始悟得此法，故雖勞極，尚可支持，惟飲食都不甘。此是苦事，尚未思得救之之法。急甚。既未延醫，亦未服藥。敬謝，餘事不能詳也。

十四

手示讀悉。行檢二百題，誠覺其多，三年學生斷不能作許多題。若真作完，則與小試無異。但有交卷之功，斷無讀書之暇，一也。各題多收，考時出，一次數十題，人不知也。況又兼習各門精細繁重之學，題亦忌多。學生安能人人有此敏才强力，外人必以爲各門皆是敷衍，教不真教，學不真學，二也。如其真學，諸生斷不堪其苦，外人必議其過於繁苛，三也。更有一要義，行檢一門所重在行，若題目過多，外人必議曰，此仍是考文，非考行也，四也。爲今之計，或將行檢一門止留百題，數目多少請酌。此外則存，俟隨時出與院生作之。蓋有此等佳題，不令諸生玩味發揮，亦可惜也。至各門題，請查開一數，開單見示，各門題分開。以便較其多少，詳加斟酌。至史學門不足之題，請於通鑑中擇二三十條，表有通鑑，題無之，似是闕漏，補通鑑題亦要。見示，或有可考者，或有可論者，史學不外此兩類。總須令學人於此題有可見其用功用心之處。似須兩漢、三國皆有爲佳。蓋此時課題，外人大意以爲兩三年課程，若年代太古，其去致用之意稍覺迂遠。以上各節，統望裁酌見示。此册行遠，必須妥善，稍遲數日無妨，不宜倉猝欠缺滋議也。即候示覆。

十五

支郡己堂，商學堂久經議定，不便再改。前日已令高守淩霄、陳丞樹屏往看賀公祠，據云二千餘串可以修好，即飭速修，明年二月必完功。中路高小學十日内可移入新堂，目前己堂可暫設在貢院中路學舊地，如此辦法，面面俱到，不致偏廢，十日甚不爲遲。望速飭照辦。

十六

再，青山閱操一節，恐執事願率諸生往觀，故以奉告耳。地段廣闊二十餘里，觀者與行間有職事者，各不相謀，無所謂賓主也。來示有相陪之語，因憶夏間城南閱操，尊意亦有陪往之語，恐係誤會，故并及之。

許電讀悉，京師既索兩湖書院章程，自應鈔送。敢請酌擬大略開示，弟當詳思妥酌奉商。但此事甚不易，必須事事可爲後法。其應如何式樣，即請酌示爲望。

十七

修律大臣所訂民事、刑事各訴訟法，奉旨飭各省議覆，前已行司核議。此件必須議駁，自不待言。又，疊次部咨，概免笞杖及删除虚擬死罪各項減等定擬兩條，均多窒礙，亦必須切實議駁，雖已經通行，仍可切實奏陳也。查敝處奏陳變法三摺，内恤刑獄一條，聲明盜案、命案證據已確而不肯供認者，准其刑嚇。又，竊賊、地痞、惡棍、傷人、詐騙、訟棍，應量予扑責監禁，藉以儆其悍暴，昭示良民，此數項不准罰贖等語。今若一概不准刑訊，則盜賊兇犯狡供避就，永無吐實之時，重案皆不能結，如何可行。聞北洋現在亦並未廢刑責。茲將敝處會奏原稿簽出，附送察覽。此件亟應覆奏，專待尊處議覆，五六日内必須發摺。務希迅屬幕委從速細心核閱，推敲研究，各抒所見，分條詳議，以説帖具覆，以備覆加酌核。質直明白爲貴，不必琢鍊成文。濡筆以待，幸勿再遲，是所切盼。光緒三十二年八月二十四日

致梁節庵先生[一] 二十六首

一

頃晤徐道，武備提調。據云，兩湖諸生食宿皆該堂代備，甚慰。既與武備學生約定同往，請即照辦。執事仍與弟同舟，及岸後則不相聞問矣。諸生不辭勞苦，可嘉之至。惟看操之四十二人，亦須有人照料，方能行止合度，遠近相宜。頃思得一法，與自强提調程倅商妥，該堂先已議定，届期該堂學生約六十人，由日本教習三人帶往看操，然則兩湖閲操諸生登岸後，即可隨自强學生而行，其行止遠近儀節有東教習在列，必皆有法，如此極爲簡妥省心矣。經心之船只飯食，自强程倅經理，兩湖之船只飯食，已派馮丞經理，指閲操四十二人而言。

二

今晚如晴，擬請到紗局樓上與筱帆、雪岑共談何如。月正在西，候示。

示悉。精神疲乏，不能看操，謹聞。擬五鐘到，只可雅談耳。以後從俗，去□字，省繁文。以後擬要事加封，平事露呈，省目力。

三

前數日念劬來函，言沈翔雲與湖北四生共爲一堂，習武備，故急發電離之。電已呈覽。尊意擬如何戒約諸生，請速行示覆。

四

觀梅之約，惟有心領，斷不敢赴，苦人豈有此清福哉。大凡數年以來，若今日舒暢數刻，明日必有煩苦事數種，故不敢也。敬謝。

五

見告之事爲何，能草示否，如非簡牘所能罄，請即枉教，但深抱不安耳。十九日辰刻

六

白鹿洞今是何人主講，祈示。附一電奉閲。擬以洞主與漱老

[一] 以下二十六首録自張之洞手書原件。具體時間不可考，大致在梁鼎芬任兩湖書院山長期内。函中因漫漶不易辨識的字，用方框表示。原件藏武漢市博物館。

互易，此策何如。

七

示悉。茂萱新到，計台旌將赴湖南，且恐近日時事執事亦欲聞知，故奉約共談。執事及喬、王、錢四位。今日既不願來，請改示一日爲幸。

八

因聞□有要語，從者欲赴鄂，故急思一談，惠臨至盼。電已發。

九

黄稟文函奉繳。雅惠食物四種，拜謝。

十

請明日早八鐘惠臨，因滄溟約明早八鐘表來談，故奉邀同坐共話。非吃飯。此老難進言，又重聽，時危事緊，趕辦已恐無及，冀高論有以諷勸規益之耳。廿三日亥刻

十一

五點鐘方到，早集早散可也。

十二

頃探知姚園桂花盛開，故改於姚園奉候。待二沈移居后，則花爛漫矣。弟刻已先往，如台從能即惠臨尤幸。擬晤談後再速他客。總之，萬勿待。原件下缺。

十三

察典幸蒙恩叙，兢悚莫名。猥承枉駕，感謝。連日精神不佳，未得奉候。擬明日辰刻八鐘趨詣聆教，專此奉訂。初三日

十四

來示各件均悉。窄條一紙最謬，將來必不妙。王說甚是而無策，執事既以王說爲好，何數日置之不論不議耶。執事既與其事，宜速思一策方妥。今日又有急電催某君，想過此不過□□半日留耳。前日來示有五日不相見之約，不敢奉擾。望速籌一辦法，切切。連日院事重勞，感佩無極。惟事有緩急，若明日非必明日。爲考□占盡一日，恐行者已過境矣。統惟裁酌。敬覆。

尊恙極念，藥不宜寒熱雜投，至要。

頃尊電已代發滬，前日覺事機不好，已將尊處致滬電及合□致彂電發去，節去數語，取其平妥。其稿他日可閱也。又及。學堂章程類已見。

十五

明日請勝之學使晚飯，後日將行。聞渠已奉拜未晤。擬請執事惠臨共談，并約雪岑。尊意是否願同坐，祈示。

十　六

昨晚奉詢榜由何處發一節，或敝處，或提調。今晨覆示未提及。竊思此榜仍以敝處發爲妥。榜須鈐印。招考告示向由敝處發，已飭繕矣。請將清單數件擲下爲望。榜内自仍寫明此等第係監督、分教諸君所定也。

十　七

再，榮發在邇，應談之事甚多，除奉詣外，擬多請枉顧數次爲感。數日來煩苦已極，公事八分，閑事攪擾一分，病人一分。至於賤軀，扶病支持，眼食恍惚，不足論矣，勢不能多出門。擬於明日廿四日。八點鐘趨教，今晚廿三日。準十點鐘奉請兼臨晚飯。候示覆。明早并送閩遠之行，他分教有宜并□者，祈見教。

十　八

原稿上缺。請速示知，敝處當照數送往。

其人數請速查明開示，前後功課到者，故一律發給，如夏課有、此次無，或此次有、夏課無者，亦均照給。

十　九

翁焜燾譯三本，又一本。每一本給薪水銀十兩，共四十兩。飲食每月三千，書院給。委該員教譯書，兼查收院後與後門工役勤惰，月薪十二兩。

二　十

今日佳節，擬自放假半日。欲請台從到符樓庭與仲韜共談共飯，藉以少息。先生精勤，或午或酉，統聽裁示。敬賀午喜。端五巳刻

二十一

遵於酉刻在符樓館候教。

二十二

揀擇已定，惟諸分教經史、天文、輿地、兵法、算學，亦必應有數題目方合。請即速賜設法，撿查蒐采得有數十題即可，否則須另設變通之法。兹特奉請。遣車往。

正擬遣車奉迎，適奉手翰，知清恙仍發，念甚。以後擬請□□執事於大局未定之前，暫將親臨早堂一段功夫停辦。非停學生功課，謂不必親臨也。約定每日七點鐘六鐘后必遣車奉迎。惠臨，以便籌商要事，執事即賜命駕惠臨，專商此事，務須籌有辦法，當於兩三日趕成。先將此事設定，再談他事。盼禱盼禱，此請。

晚間昏倦，不能妥酌，明日見洋人，後日太晚矣，行香回亦疲乏，此時稍覺清爽耳。

二十三

右牌示一通，已飭吏繕寫，少頃即發書院，懸挂講堂，請先將此紙傳示諸生。惟渡海十二生後日即行，此欵即行文鹽道照發，待尊示人數。但恐稽延，可令徐委員道恭先向錢店取來發此十二人

爲要。如該委員不便，昆田可行矣。

二十四

原稿上缺。可也。每一生官制各件四十金，其治裝銀只可發十兩矣，被褥皆備。尊意以爲如何。□彦書深於湯，而明顯切用不如也，來見不審有何語。 廿二日夜

日記版式已奉到。

二十五

再啟者，前子培致萬木。電未發，至今思之，乃大誤也。此電稿猝難尋撿，可否即由尊處代擬數語速發爲要，要語云聞時務報事，□□與穰卿齟齬，此間曲折，弟未深知，然盍少緩之以存氣類乎。曾植。一面電子培，似無妨。

二十六

尊候未□，□□無已。賤體似已愈，然勞則諸證齊作。承注，感謝。

致高澤畬觀察[一] 一首

別已月餘，遥想賢勞勤敏，旅祉咸宜，定如心頌。引見事辦理迅速，瞻天有喜，欣賀欣賀。津鎮路事，自梁崧使奉命後，曾有電往來商推辦法，近日想已向樞府詳陳，當已與德、英開議，不審情形若何。現在三省京官議論以何策爲善，據尊意以何策爲善，望示及。此事將來不知成效若何，惟發端之初，袁慰帥屢次來電，皆不肯極力擔任，第一次箇電，則曰請都察院、度支部、郵傳部與三省官紳確寔考核，能否籌集四五千萬之鉅款，公同議覆，寔有的款，方可與德試商等語。第二次江電，則曰前年在京議約，英人言韓人不知尊重條約，任意失信，各國視日人代執其柄，頗謂公允。次日又對，據以上陳，力言我之條約必須尊重，不可輕言廢。儻令凱發端廢約，前後矛盾。今尊意擬先與德、英商及廢約，凱實不敢承命等語。第三次文電，則曰梁升道現爲出使大臣，似應請旨簡派，會議此路詳細合同，隨時電商尊處暨敝處，並外務部、郵傳部，公同核奪等語。第四次感電，則曰現崧生在津，擬囑其請示邸樞，先定宗旨，再擬辦法等語。詳譯慰帥屢電，其不肯擔任之意顯然。敝處多方婉勸，極力斡旋，始照現在辦法。乃三省全不知敝處維持之苦衷，籌畫之實事，專與鄙人爲難，未免可怪。前將各電鈔寄，望查閱後，即送三省聲望在前之諸君同覽爲荷。

與陶子方[二]

電音往覆，諸佩藎籌。近讀變科舉疏稿，具徵卓識堅定。至請汰閹宦一疏，尤爲大臣格心要義，言人之所不能言，欽佩無已。兄以駑馬疲（驅）[軀]，日行崎嶇泥淖之中，比年以來，艱者益艱，苦者益苦，以致朽者益朽，鈍者益鈍。現擬償欵辦法，日與樞府、兩江及各國馳電籌商，既須指抵有憑，又防干預財政，支

[一] 即高淩霨，湖北道員。

[二] 即陶模，字子方。浙江秀水人。同治七年（一八六八年）庶吉士。歷任陝西、新疆巡撫，陝甘、兩廣總督。張之洞門人。

左絀右，動多阻礙。各國挾憤逞欲，不至剥膚消骨不止，而全權既别有成見，政府亦但顧目前，竊恐將來終無善策。變法條陳以冗迫太甚，尚未入告。濫厠參預，彌覺慚惶，惟發憤之言，迂遠之計，恐必爲固陋自封之士所駭，從容雅步之人所沮耳。光緒二十七年三月二十七日

覆日本公爵近衛篤麿一首

武昌送别，眴已兩秋。江海相望，蒼波無極。比年以來，稔聞高瞻遠矚，提倡同文，願力宏大，萬流歸仰，敬佩何可名言。比者長岡子爵溯江來遊，道出鄂渚，遠荷惠書，傾吐肺腑，語重思深，高誼懇摯，感甚感甚。籍審前此答書，已登記室，天禍敝國，事勢艱危，至於此極。弟忝膺疆寄，蒿目痛心，惟有静鎮東南，共維萬一，冀挽和平之局，稍紓君上之憂。半年以來，和議粗有端倪，而北方之强獨欲逞其虎狼吞踞之心，新約十二條，貪很無饜，顯背公議。弟雖屢次披瀝奏陳，極力諫阻，然言輕力薄，幾至鑄錯將成。幸賴貴國清議衆盛，政府明決力助，敝國得以暫阻畫諾。然弟夙夜焦思，徒堅持不肯畫押之一事，終不足弭狡逞之心。非速將東三省之地大開門户，以圖保全，此外别無完策。蓋通商開埠，主權猶存，友邦享均霑之利，既足以示大公，强敵戢南牧之謀，庶足以固根本。我兩國脣齒相依，利害與共，此議若成，便可維持東方數百年之局。當即首倡此議，於中歷二月初奏達朝廷，幸兩江劉峴帥亦助之。政府尚不以爲謬，已電告敝國各使臣，密商貴政府及英、美兩國。惟敝政府之意，以侵地未反，啟齒爲難，稍有躊躇疑慮。執事深惟左氏輔車之言，力伸常棣禦侮之誼，旁皇局外，借箸紓籌，切論危言，炳若觀火，適與鄙見若合符契。且所核計以後整飭遼東事宜，開地利、衛民生、足軍實諸條，有益無損，鑿鑿不誣。且從此可借遼東一方，爲内地十八省改行新法之開端式樣，迨關外行之有效，則内地變法自可沛然無阻，引人入勝，更爲善策，尤與鄙意相愜。在台端誼切善鄰，視如己事，矧弟自謀其國，豈忍坐失事機。當即將來書要領，另紙新章，會同峴帥粗擬辦法，詳達政府，力請采擇施行。至長岡子爵惠然來遊，得歌杕杜，傾聆名論，深豁蓬心。小住怱怱，東道簡略，殊深愧歉。日來杯酒傾譚，略已面陳窾曲，想能縷達清聽也。先此覆謝，尚祈時惠德音，是所跂幸。光緒二十七年四月二十五日

與樊雲門〔一〕二首

一

去冬連接手書兩函，並新詩數紙，如接面談。不圖杜陵遺山之作，今日見之。時局日變，詩境日高，亂離哀感，百端交集，至於嵇生琴，夏侯色，更不忍卒讀矣。並聞途次有遺悲哀逝之文，深爲扼捥，值此時勢，諒可達觀。昨聞鳳潁拜命以後，復蒙温旨留行，以備顧問，凡所規畫，動繫安危，佩甚慰甚。比稔派充政務處提調，尤可爲得時行道之慶，子春爲政，真可喜而不寐也。變法詔書知出鴻筆，海内喁喁，始有昭蘇之望，僕與峴帥已會銜覆奏。所愧者卑無高論，所

〔一〕即樊增祥，字雲門。湖北恩施人。光緒三年（一八七七年）庶吉士。歷任陝西布政使，江甯布政使，曾護理兩江總督。張之洞門人。

信者平易近人，但不知有當萬一否。方今賠償未有的欵，俄約不歸公議，前事尚有未了，如僕之迂闇尚且憂之，何況賢智，閣下有何策以發我幽憂之疾乎。此間因去年富有票爲亂，誅其渠魁，殲其援賊，東南自立之局遂破。羣醜飲恨，遂集矢於鄂渚，征繕修防，至今未能解嚴。自五月以來，沿江各省大水，武、漢爲衆流所匯，隄防處處可危，日日奔走江干，尚不知終能平善否。湖北一困於防務不解，再困於米糧兩運，三困於洋欵加增。困不足歎，無人閔其困則真可歎耳。陳龍川有言架漏過時，牽補度日，恰似今日湖北情事。惟時日方長，如何如何。　光緒二十七年六月初八日

二

去歲今春兩誦惠函，並承遠寄書畫多品，重刊學堂章程兩部，珍貽稠疊，良問殷勤，展對欣賞，感佩奚如。書畫並皆精美，其尤精者，則鄂文端行書，周櫟園畫竹，真希有之珍品也。祇以口瘖日久未差，尚闕修報，遲作答而愛書來，痼習乃不減昔賢矣。夏首春餘，關河清晏，益審政教修明，起居佳勝，欣頌欣頌。兄還鎮倏已一年有半，時事日艱，鄙人之不合時宜亦日甚。所幸南北兩省均尚安静，廣西兵事得手，邊防已紓，此大是幸事。惟今春至此時雨水過多，桑茶菜麥無不受傷，今日曉雨方止，積陰未散，深可憂焦。賤恙自去秋以來，兼用中東醫家雜治之，已愈十之八，足慰廑系。由於事煩心勞，不得酣寢，故奏效甚遲耳。兹乘曹竹銘中丞之便，寄上江漢書院熊文端碑拓本二紙。文端乃本朝湖北第一名臣，其文字石刻罕見。文中所謂督院郭，即郭華野琇也，故喜而亟搨之。又，宜昌三遊洞歐、黄題名拓本一幅，天門胡松門翁八十八歲畫西塞山詩意一軸，皆是梓鄉掌故，偶一展閲，無異還鄉矣。來書云對時流已成舊物，視鄙人猶是後生。足下若與松門翁較，則真是後生矣。並寄去甲辰以後拙詩稿一卷，又自撰存古學堂章程五十本，學堂歌一百本，軍歌三十本，願質同志，兼貽學者，炳燭思明，亦藉以見近日用心之端耳。新詩必多，幸録寄數十首讀之，以遣幽懷，而助佳想，盼甚盼甚。　光緒三十二年四月初十日

致姚彦長[一] 一首

湖齋送别，瞬入新年。辰維道履綏愉，静觀自得，蕙風盈襟，松月入坐，春酒介壽，觴舉顔和，山居之樂，南面誠不易也。兩湖諸生承執事誘掖頻年，四教爲體，三長爲用，於是學識擴充，皆奮然有經世濟時之志，感佩豈可名言。去臘專書奉訂，飢渴方殷，詎意蒲輪寂然，未蒙允許。望朱霞於天半，緬叢桂於山幽，欲從末由，悵然失望。或者課程教法未盡與尊恉相合，故不欲鬱鬱久居此耶。弟現加詳酌，史學一門課程統由高明酌定。或令諸生録寫日記，或指示應看何書，令其按日標明起止，由台端查核。或間數日將諸生酌傳數人，面詢學業。或由台端録舉此書要義，令其發揮答復。或令諸生將看書疑義心得，隨時自寫一紙，呈候批答。抑或此外别有訓迪之法，概請尊裁指示。總之，不設成格，敬聽指揮。至上堂講論一節，過於煩勞，此節現已停罷，較之從前章程，諸從簡易。務祈鑒南州懸榻之誠，念魯黨待裁之切，闡

[一] 即姚晉圻，字彦長。湖北羅田人。光緒十八年（一八九二年）進士，授翰林院編修、刑部主事。後任兩湖書院史學分教、存古學堂史學總教等職。

涑水專門之學，彰楚材用世之功，早迴高躅，俾慰翹跂。如有未盡事宜，均可面商。書不盡言，請爲大賢賦杕杜之詩矣。　光緒二十八年二月初一日

致劉博泉〔一〕一首

折漕一議，最爲利國遠圖，明詔施行，方深慶幸。乃旋又令南漕仍運百萬石以實京倉，雖慶邸實主此策，正恐書吏、經紀、花户、車頭等無數倉蠹，從旁詭布流言，爲所鼓動。其實運路暢通，商販逐利，爭趨京師，有錢豈患無米。執事體國公忠，藎籌宏遠，務望於折漕之舉，力排異議，加意維持，使二百餘年積弊，一旦廓清，則盛德殊勳，當不讓司馬温公之專美於元祐也。又，直隸一省，兵匪寇仇迭相蹂躪，閭閻蕩析，脂髓早枯，重以教案賠卹數百萬，新案大賠欵七十萬，撫此孑遺，豈堪再加敲剥。儻更激而生變，糜爛益難收拾。聞他省因賠欵追呼，致滋俶擾者不一處。殷鑒不遠，實可寒心。查此次順直善後賑捐，收欵至七八百萬，捐以賑及善後爲名，似民間教案賠欵，正宜以捐欵代償。即新案大賠欵，此一二年中亦應另行設籌，俾兵燹餘生，暫紓喘息。弟爲疆吏，未便干預鄉里事，儻能由公邀約同鄉京官抗疏上陳，兩宮仁慈，必蒙寬卹，則仁言利博，澤被梓桑，尤爲感禱。

光緒二十八年三月初一日

致袁慰庭〔二〕一首

前奉寄諭飭各省更定兵制，事關强國永圖，草率定議，致蹈換湯不換藥之譏。大抵綢繆戰備，與巡警地方事不相謀，必須改換面目，分道揚鑣，方有實濟。弟儒家者流，豈知兵事，特以外任十餘年來，防海防江，迫於職守，不能不從多年老兵、他邦客將詢訪考求，不難於一新壁壘，而苦於牽掣太多。緑營尚可以裁字盡之，勇營則殊無良策。當世武學敬當推袁，屢奉電音並寄函，受教良多。日内擬就章程，當先請正，誠願與諸將士捐棄故技，從公更受要道也。學堂事大，中小學必須同時並舉，師資既少，經費尤難。現已籌有大段規模，即擬上聞，大指不能出公東學範圍。商約要挾過甚，窮於贊畫，幸承執事隨時指示，裨助宏多。進口税徵足抽五，聽人估計，有名無實，而加税之議又復操約望奢，驟免全釐，又減茶課，計歲入所短，將及千萬，雖有補苴之術，恐外人不能由我徑行其志，如何如何。　光緒二十八年四月二十八日

致陶春海一首

兩湖書院經弟苦心經營，乃獲就緒。經學爲院中首席，事賅體用，最切身心，必須經明行修，始足楷模多士。閣下爲東塾先生高弟，淵源宏深，經學、小學，博綜醰粹，平正精密，鄙人在嶺外時，數聆麈論，心折已久。若得高賢來主臯比，必能牖啓士林，昌明絶業，庶幾從此東塾學派流衍中原。區區之誠，既承鑒納，謹掃榻以待。

〔一〕即劉恩溥，字博泉。直隸吴橋人。同治四年（一八六五年）庶吉士。時任倉場侍郎。

〔二〕即袁世凱，字慰庭。河南項城人。直隸總督、北洋大臣。

致劉峴帥[一] 一首

鯉通尺簡，幸衣帶之非遥。鵠報牙旗，欣綵綸之下賁。頃讀電傳邸鈔，敬審棨脣殊眷，疊晉崇銜，秩並疑丞，權騰江海。敬惟誠孚北極，功奠南疆，九州蒙清晏之庥，重巽錫保衡之命。壯略潛消乎外侮，虎踞龍蟠，餘波並及乎上游，驥馳駑駕。吉占公望，頌洽民儀。弟捫籥滋慙，同舟忝附，左提右挈，仰桓文翼戴之勛，前喁後于，志王貢彙征之慶。

致劉峴帥[二] 四首

一

久疏箋候，辰維杜躬旉福，諸符所頌。日前以挖泥機器船一事，始承借用，繼荷允留。因此件於安陸隄工尚爲合用，故安陸府、縣擬由該處船釐匀欵購置。但此欵每年所收，必須撙節動用，始可略有贏餘，爲數有限，故於電商時先有乞讓價值分年歸欵之請。乃荷逾恒舟誼，悉許所言。又，江漢自承尊處派輪留鎮，軍容所照，民氣爲安，藉重之多，已深感篆。近復承許以測海一艘見畀，喜出所期。凡茲瘠區支拄之難所不敢求諒於大邦者，而公竟次第施之，悉如所願，足見關懷全局，畛域無分，造福楚邦，良非淺鮮。附泐鳴謝，再請勳安。

二

昨因上游防務緊要，籍手無貲，商借軍火，仰承德意，慨撥後膛臺礮四尊，並浮沉水雷以及各種彈子、槍藥、礮藥等件，感何可言。右銘廉訪自江回旋，復再荷隆情，續撥臺礮一尊，以助防禦。凡此有加無已之惠，下忱所不敢請者而公竟次第施之，不遺餘力，俾全楚之藩籬鞏固，士氣飛揚，受賜實非淺鮮，益佩關懷全局，畛域無分，感篆之私，更無既極。至代魏軍懇假林明敦槍一千桿，並蒙俯允，尤紉推愛。魏軍即日到鄂，便須整隊而行，所有軍火，自應由鄂先行籌備。茲特派輪船飛尊處領取，即祈飭局點交是荷。再有請者，金陵機器局嘗有舊存水雷並火箭等物可以修理備用者，擬令委員順便赴局檢點，量加修整，借撥備用。冒瀆之愆，統希惠鑒。肅泐布謝，再請勳安。

三

此次摺片各稿，務請切飭繕校各員慎密從事，於未達西安以前，萬萬不可先行傳播，致上海各報刻入，諸多關礙。且各條與尊意合否，有無增減，亦尚未定，尤不可預爲傳布。又，昨寄稿內第二摺裁緑營條，所叙湖南鎮筸、綏靖兩鎮裁兵數，復檢與敝處原奏稍有未符，茲已更正，並祈飭知寫官繕校此條時，務照此次改正稿謄寫，是爲至要。

四

譯署所刊密碼電本，外間多有知者，易於漏洩。茲由敝處另編密電本，專備江、鄂兩處電商一切之用。謹郵呈一册，祈飭交習電之員密儲備用。如電首有商字，即係此本。此册到後，即請

[一] 即劉坤一，字峴莊。湖南新寧人。廩生。湘系將領，時任兩江總督、南洋大臣。

[二] 以下四首録自張之洞手書原件。原件藏湖南省圖書館。

電示爲感。此布，祇請勳安。附呈密電本一册。

與劉世兄 一首

前接電音，駭悉尊公忠誠公騎箕之耗[一]。台斗星辰，蒼茫掩曜，東南柱石，瞬息傾頹，哀痛當徧寰中，何止鄙懷摧（測）[惻]。夙諗世兄至性過人，禮隆爲後，遭此大故，慟毁可知。顧念尊公大人殊勳懋績，彪炳中興，內治外交，經營全局。東山再起，以蒼赤爲心。西平篤生，實國家之福。用能上孚帝眷，下奠民依。今則百度方新，而更始之規模畢具。遺章未上，而飾終之恩命先頒。業足千秋，歿無片憾。世兄箕裘繼志，帶礪延恩，尚希篤念仔肩，稍紓毁瘠，是所切禱。弟曩事追維，正深共濟無人之慨。名疆暫屬，更抱難乎爲繼之憂。俟鄂事料理清楚，即當浮江東下。念老成之遺範，展奠匪遙。遣一介以先馳，將芻致悃。茲寄呈輓幛一懸，輓聯一副，祭席一筵，楮幣全分，尚祈代呈几筵，是幸。

致瞿子玖[二] 二十二首

一

今晨面奉懿旨，各國賠欵或應還金，或應還銀，飭與外務部妥商辦法，免生枝節等因。欽此。查各國零票，聞美國與他國不同，所列金數銀數不知如何寫法。各國送來零票式樣，敝處向未得見，無從斟酌，應請尊處向外務部衙門飭取滬道送來各國票式，即日擲下，以便明早面商爲叩。　光緒二十九年四月二十五日

二

昨梁、幸兩委員回稱，見過美、英、德、奥四公使，雖所見不同，均尚無決裂之意。美使謂零票萬不可不簽字，但於簽字後立備一照會，聲明爲各國所迫，不得不簽字，以爲再商地步。英使謂如用此照會，仍與不簽字同，惟商以金鎊折中定價辦法，彼私見以爲可商，惟不敢知各國允否。德使則謂另定鎊價，料彼政府必不能允，但別有善法，彼亦無不願商。奥使則謂零票萬不可遽行簽字，一簽字更無可商，須另商一變通辦法，與零票一同簽字方妥各等語。觀各公使意，似尚無決絶不受商量之意，當不致遽生枝節。昨得上海道覆電，亦謂滬上並無決裂風聲。茲將去電來電一併鈔呈台覽。此本係遵照尊指商辦，用再函陳大略，祈於慶邸、夔相前代達爲幸。　光緒二十九年四月二十八日

三

昨接滬卅電，美使允留內地常關，而不征行貨之税，於常關改征出產税、銷場税等語，竊以爲萬萬不可。查常關專爲收行貨之税，若出產税、銷場税，必須各州縣、各大市鎮設局稽征。產地貨多，銷場地廣，區區數十常關如何收法，乃愚我耳，此條萬不可允。茲已電覆吕、伍兩星使，令商美使，果能轉勸英國允我收出產税，得有英國確實回信，則無妨裁去內地常關，以免有名

[一] 光緒二十八年（一九〇二年）九月初五日，劉坤一卒，謚忠誠。初六日，諭張之洞署兩江總督。

[二] 即瞿鴻禨，字子玖。湖南善化人。同治十年（一八七一年）庶吉士。歷任工部尚書、軍機大臣、外務部尚書等職。

無實。茲將敝處覆電一紙録呈察閲。本擬親赴慶邸處面陳一切，緣今日有日本公使訂於午後來寓答拜，不能不在寓接待。敬請台端轉達慶邸、夔相，協力主持，勿允所議，曷勝盼禱。總之，滬電催雖急，然此事必須詳思妥酌，方可定議，似可勸滬勿過急。明晚赴園奉詣面陳。

再，頤和園距城三十餘里，遇有交涉緊要電報，往反不下六七十里，不免稽遲。似宜於樞府辦公之所設一電報房，庶遇有要務，消息靈通。昨詢盛杏蓀侍郎，謂如辦不過三日可成，所費亦屬無幾。謹以附陳，並祈裁奪爲幸。光緒二十九年五月初三日

四

日本商約在滬停議已久，其所堅持力争者，爲加税、運米、北京開埠三事，而注重尤在北京開埠。日前日本内田公使訂晤商此三條。加税一節，告以進口税非加至十二五，斷不能允裁釐，無可再商。運米一節，因去年冬在江南確察情形，詳考舊案，知每年私運至仁川轉運日本者，約在百萬石内外，由來已久。因告以中國米穀向禁出洋，如貴國必需接濟，須加税議妥後，始可商量，然須限以每年百萬石之數，且祇能渾淪言之，不能專指日本一國。至開埠一節，北京爲輦轂重地，未便視作口岸，開埠通商，詳切與之辯論。内田謂，加税、運米或尚可别商辦法，至京城地面，各國洋商業已紛紛設肆，中國並未過問，與其散漫無稽，於地方管轄之權有礙，不如劃地開一商埠，尚有限制，大意在崇文門外。力勸中國允此一條。弟思所言頗近實情，因擬姑發一難以爲抵制之計，當告以各國如能將護館兵撤退，當將開埠事商我政府，但必須仿照日本東京所開外國居留地例，巡捕由我自設，地面由我管轄，或可與我政府酌商。内田謂須電彼政府請示，再行答覆。十七日，復與内田會晤，渠謂已奉政府訓條，加税事可加至提明十二五，但於約内列一款進口税願照各國共同税則輸納，即是十二五也。運米事，願照前貴部照會矢野公使辦法。至北京開埠，擬以撤兵抵換，則護館兵未便遽撤，惟京外護路兵尚可商撤。内田因謂此係口述大略，緩日當將政府訓條譯録送覽，並謂各國護館兵共止二千人，各國護路兵約有一萬三千人，似撤去護路，退兵較多等語。弟答以護館兵不撤，礙難以開埠事商諸我政府。第各國既可將護路兵全撤，何妨將護館兵退出京外，作爲酌留護路之兵。此係我一人私見，格外通融辦法，政府允否則不可知。内田謂姑俟將彼政府訓條譯出送閲後，再行訂期晤商等語。昨准内田公使將彼政府訓條録送前來，謹録别紙，送請察閲。一切情形，並祈轉呈邸、相，統候裁示。光緒二十九年五月二十七日

五

日前英國燾署使、日本内田公使訂臨，均稱俄人近日要求各欵，慶邸堅持力駁，伊等甚爲欽佩。惟聞山海關税項酌提數成交存道勝銀行，及營口檢疫用充税務司之俄人管理兩欵，意似活動，中國尚無決定駁拒之語。此二事看似無甚緊要，其實極有關繫。俄人包藏甚深，與中國財政主權大有妨礙，亦與各國不便，恐各國必將援例要索，屬爲代達政府，極力勸阻。内田並謂此時俄人無論要索何項，無論事之大小，但係上年約外之事，中國儘可置之不理，萬勿輕易允許，總不可稍有活動。如慮俄人藉此延不撤兵，日本必不坐視。現其政府正在籌商此事，旬日内必可定議，議定後彼國可向俄人詰問，俄志斷不使逞等語。昨准英、日兩

公使先後來函，意與面談略同，而晤談時口氣尤緊，中國苟允所求，各國效尤之舉，萬不能免。此時似不妨暫作宕筆，静觀日本及英美舉動何如，再作計較，一切總與三國商明，庶爲周妥。想邸意必已早見及此，原無庸妄參末議，特因兩使切懇危言，故代轉達。謹將英日兩使來函别紙録呈台覽，敬祈轉陳邸鑒暨夔相察核爲幸。

再，東三省税務司萬不可專用俄人，然用他國人歸赫總税司統轄，俄人斷斷不允。竊思大可乘此機會，與之議明東三省各税關，將來永遠專用中國人，斷不參用外國人，此税關亦不歸赫德統轄。如此則俄人忌英之心稍平，當可就範，而我亦藉此收回理財之權，以爲將來各省海關參用華員之漸，實於財政主權大有裨益，似尚是可乘機會，不可坐失。管見並候鈞裁。　光緒二十九年閏五月二十七日

六

美約中保護專利一欵，大於中國有害。今日中國救貧之計，惟有振興農工商實業，勸導民間仿用機器製造，以外塞漏卮，內開民智，尚是一綫生機。若許洋人專利，所出新機我皆不能仿造，是自杜中國利源，自蹙國民生計。滬電止争軍火一項，實非中肯之言。此欵萬不可許，已電三星使力争。兹將電稿鈔呈台覽備案，敬祈轉陳邸鑒，迅速切電三星使，務與美使磋商，删去此條，中國幸甚。夔相、滋翁均望轉致。　光緒二十九年閏五月二十七日

七

日前晤日本内田公使，續議北京開埠須撤護館兵一欵。彼以該國政府祇允撤護路兵已不易，礙難全撤。嗣一再熟商，除護路兵全撤外，其護館兵如不能全撤，或暫時酌留三幾成在使館左右，餘則概行撤至京城百里内外，於局面較好。彼允電政府請示。本月二十三日復與内田公使訂晤，渠云已奉有外部覆電，謂此條遽難定局，願提出另議，可不列入商約，其加税、運米兩條，即如前議作定等語。查日本商約最鄭重堅持者，惟加税、運米、北京開埠三條。兹加税允與各國一律，即係指十二五税則言。運米事即照從前總署照會矢野公文辦法，此次商約允删此欵。北京開埠一條亦可於商約中提出另議，其事已解。是以上三欵均已議妥，謹此縷達，用釋藎懷。惟第三條北京開埠一事，於我並無所損，如彼再提，我正可藉此催其撤兵。愚見竊謂若能量減護館之兵，移紮京外，於我國體固爲極好，即僅撤護路兵，於大局亦甚有益。撤護路兵者，即撤護館兵之漸也。而北京商埠由我自開，歸我管轄，免致如現在各國洋商任意各處開行租屋，自行硬造，成一内地雜居、徧地通商之局，漫無限制，彼絶不領我之情，而我無治外法權，又不能稍加稽察管束，實屬大礙治理。不惟以後膠葛繁多，且洋行開設漸多，洋人租寓日廣，已成徧地開放之局，雖欲再與之議開商埠，亦不願矣。實不如及早限以通商場，而又白換得撤去護路兵一條之十分上算也。管見所及，不敢不剴切言之，並祈轉陳邸鑒爲幸。夔相、滋翁均望代致。邸意於此節以爲何如，尚祈示及。　光緒二十九年閏五月二十七日

八

各國争論賠欵還金一案，在我雖未便遽畫零票，然日久相持，無一轉圜辦法，難保各國將來不藉口遷延，愈加堅執。再四籌度，莫若趁此時各國意見尚未齊一，采用伍秩庸星使請荷蘭國公會評

斷之議，由貴部照會各國，謂各省督撫意見，僉謂金銀出入，須歸一律，各國允我賠欵還銀，則我海關所收進口税自應收銀，如各國決意還金，則我海關所收正加各税亦應按時價收金，方昭公允。以此爲詞，婉切與商，請將此案歸荷蘭國公會公斷，以資折衷，而免異論，且看各國如何答覆。儻能允我公斷，竟可稍有挽回，固爲甚善。即或公斷仍主還金，或各國竟不允公斷，則我已辦到盡頭地步，亦可借此結局。彼時再允其還金，將應補金價與商展限減利辦法，總期多盡一分心，即少受一分損。將來攤派各省，在大部暨各省爭辯已竭心力，不願重累民間之意，亦可曉然昭示於天下，商民出資者自當見諒。管見如此，是否可行，敬祈台端轉陳邸鑒，早賜裁奪施行，曷勝盼禱。夔相、滋翁均望代致。

光緒二十九年閏五月二十七日

九

昨與日本公使面議商約，又與内田索增一條，大意言中國既允保護日本版權，則日本亦應幫助禁阻有害於中國之書籍報章，以盡報施之誼等語，別紙録呈台覽。内田甚不願意，言外國向准言論自由，此事萬辦不到。辯論半日，舌敝脣焦，始允照録此條，請彼政府核示，且云政府允否尚不可知。内田並詢及美約内亦有保護版權一欵，是否亦照現議有幫助禁阻有害於中國之書籍報章一條。當即權詞答以現正與美使商論此事，令其添入約内。内田云，兩國必須一律，方可添叙，似已有八分可行。查美約内亦有保護版權一欵，美國人士能以中國語文在中國著書刻書者，亦復不少，應請趁此美約將定未定之時，迅賜電致上海三星使與美使切商，酌照日本約文所叙，添此一節，以歸一律。此條内田已屬勉允，其政府意見尚不可知。若美約無此，則日本必更藉口斷然不允，失此機會，未免可惜。近來滬上逆書逆報，敢於明目張膽刊布售賣者，全恃洋人爲護符，實爲煽亂之根。此條去年八月敝處箇電曾與議約大臣切言之，劉忠誠覆敬電深以爲然，乃兩使竟未與議。弟於昨日内田携來約稿全文，始見版權一欵，故始得言之耳。將來各國議約，凡有保護版權一欵，均應承入此節，以塞亂源。此係於版權欵内商添一節，並非節外生枝，另有駁改，應不在三星使原約二十六日爲限之列。致滬電務請直言出自樞府之意，須索此條以爲版權報施，萬望勿言出自鄙意，若知是鄙説，恐三君不肯切議矣。此事關繫十分重要，特此飛布。邸座及夔相處，均請轉陳爲叩。

光緒二十九年六月二十九日

十

頃讀貴部致上海卅一電，於英約第八欵第十二節及敝處去電，似略有誤會。查立約以聲叙詳明爲要，而自開二字固爲扼要，似尚未足以包括自設巡捕、工部局之意。蓋自設巡捕、工部局，即自開之實事也。故敝處去電，欲其於約内聲明。然若無根據，又恐美使不允，故引英約第八欵第十二節，使美使易於允從。查英約原文祇言開口岸，與江寗、天津各條約所開之口無異。迨馬凱至鄂敝處切商，添叙各國人在該口岸須守該處工部局、巡捕章程，洋人不得設立工部局、巡捕。所謂該處工部局、巡捕者，即我自設之工部局、巡捕也。乃馬凱嫌此語太硬，謂間有中國不願自設而洋人欲設者，亦不可一律禁阻洋人設立，乃改末句爲非得華官允准，不能在該處界内自設工部局及巡捕。然我若不允，彼不能設，允與不允之權仍自我操，其本意仍是歸我自設工、巡而已。

當日面議，原委猶能記憶，約文似甚明顯。若仍嫌英約字句尚有未盡明晰之處，囑三星使於加入自開二字之外，將美約按照英約酌加添改，使自設工部局、巡捕之意更爲明顯，庶爲有益。若僅自開二字，而不詳晰聲叙，誠恐將來彼謂自開不過我自願開作商埠而已，並非工部局、巡捕亦由我自設，洋人不能設，是英約所争得者，美約反失之，則大可惜矣。祈再詳酌，是爲至幸。光緒二十九年七月初三日

十一

頃接商約大臣江二電，以美約聲叙國幣一條，擬添入彼此訂明所有關税，仍應按照向來關平大於庫平銀數，比較核算，補足平色等語。查銀幣補色一節，萬萬不可，既名國幣，必應照庫平足色收發一律，方足以昭大信。關平大於庫平，凡用國幣完納海關洋税，令其照數補平，自是正理。若兼令補色，是明示人以此項國幣並非足色之銀，將鑄幣本意全失，將來行用之際，勢不能出欵則作爲足色，進欵則作爲欠色。若出欵亦不作爲足色，是國幣仍當生銀用矣，其造幣時所需工火局用，轉致無所取償，國家反受虧耗，又何貴鑄此國幣乎。從英約附件聲叙，劉忠誠原電有補足平色一語，然馬使照覆，惟言明商人可用前照重照色之銀條易换，須加例徵之鑄費，而於完納關税、抵還債負，但云照市價折算，並未明提補色字樣，尚屬渾含。今若於美約内明言補色，竊恐非所以明示天下信用國幣之道。蓋劉忠誠向不以内外收發一律行用銀元爲然，弟所深知，近兩三年來與敝處來往之電，及與商約大臣往來之電可查。今明旨行用國幣，則與劉忠誠當日時勢迥然不同，必應通盤籌計，大處落墨，另立規模方可。應請尊處商明財政部，迅賜電致三星使，將比較核算、補足平色八字酌量删改妥協，是爲至要。總之，國幣既定爲庫平一兩，收發一律，俸餉以此發，關税以此收，民間市價自不能作九成算，即使錢店奸商於初行用時略使爲壓價，爲數亦甚微末。既是出入一律，收者仍即放出，公家並無所謂喫虧。果内外理財衙門抱定章程，總不更改，一半年後大信既著，自與足紋同價，斷不宜自作九成之銀看待，自阻國幣暢行之機也。至賠欵買鎊一事，其權在我而不在洋商，但看中國商民將國幣作何成色，洋人絶無成見。曾面詢日本公使。若國幣通行，生銀日稀，自然漸抬漸高，與實銀等，其買他貨與實銀同價，其買鎊自亦與實銀同價。若言明補色，是國幣永無抬成足銀之日矣。此事乃創行國幣第一緊要關鍵，不敢不言，敬敢飛布，尚祈轉陳邸座及夔相公商裁定，是爲至幸。那琴翁、鹿滋翁處亦已函致矣。光緒二十九年七月

十二

頃奉手函，并承鈔示俄使照會稿譯文，敬悉一是。查松花江一帶廣闢馬頭，自設衛隊，並於鐵路所經暫設站所，此實爲永遠屯兵之計，萬難照允，日使注意亦必在此，恐未便與陸路貨税一條，同推歸將來緩議。敢請將俄使法文照會稿，迅速飭録原文見示，以便與譯文詳細磨對，審其詞意有無參差之處，再與内田妥商。昨陶道大均續往勸解，未知内田口氣如何，并祈示悉，俾晤商時可以接頭。幸甚。光緒二十九年七月十九日

十三

昨奉手函祇悉。弟因連日右臂掣痛異常，腫及手指，不能出

門，特派梁道敦彦等，以鄙意往商內田公使，討論此事利害，并慮內田偏執，令兼往英美兩館詢商此事。茲據梁道等覆述內田之言如左。

撤兵一事，兩國訂有成約，彼此經朝廷批准，俄尚如此留難要索，今若允其緩至四月或一年後再撤，則俄兵備布置益爲完密，到彼時俄仍不撤，中國更無奈之何，此兵便成永踞。批准之約尚不遵，一照會何足爲據乎，其害一。

俄於東三省鐵路已徧布守兵，今若於松花江沿岸及齊齊哈爾等處允其廣闢馬頭，久駐衛隊，分設站所，所設站所即是屯兵，設衛隊更不待言。果爾，則英於長江，德於山東，法於雲南、廣西，以及各國承造之各省鐵路，必皆彷照辦理，水陸任便屯兵，是中國僅以東三省許俄，即不啻以十八省許各國，試問中國何以自存，其害二。

通商開埠，必須租地開設行棧。今必令中國於滿洲聲明不論土地多寡，或租或押及用他項名目，皆不讓出，是將來東三省開埠之所，各國商民租地造屋，貿易居住，彼皆可以出阻，是有意使各國不能通商，侵害各國權利，各國必紛向中國詰責，其害三。

商稅一事，英約訂明凡經陸路邊界運入中國十八省及東三省之貨，與海路運入中國之貨一律征收此項加稅。今若允俄鐵路運入東三省之貨不加重稅，各國援海、陸一律之明文，皆不肯加稅，商約便成畫餅，其害四。

派兵保護華俄銀行，由彼給餉，却仍扣中國應得之利息。夫餉權彼主，即兵權彼操，是不啻以中國之餉，代俄國養兵，其害五。

俄欲防疫，儘可於其邊界轄境自行防衛。今必令中國於牛莊驗疫局所永有俄醫一人，各國援例，恐上海、天津等處章程，皆將變亂，徒滋紛擾，其害六。

以上各條，無一可允。我已奉本國政府訓條，將其中利害，切實面達慶邸，望再懇切勸阻，勿稍游移等語。內田所言如此所云索福建鐵路者，意在於鐵路屯兵也，若僅造路，尚非大害矣。

至英館，適薩使他出，晤其參贊戈頒，謂英國所見與日使相同，薩大臣亦已向慶邸切勸力阻，勿允俄請等語。美康使則謂俄索各款允之，則東三省仍徧是俄兵，與不撤何異。然允之而俄得留兵，其咎全在中國，不允而俄不撤兵，其咎全在俄國，各國不致效尤。又密告曰俄果逾期不撤，中國尚可敦請各國出與理論，或尚有挽回之理，否則不可救藥矣等語。

參觀英、美、日本三使議論，實皆利害顯然，尚非故意作梗。其害仍以水、陸多處永遠設兵兩條爲最大，尤以各國效尤爲最險。前日鄙函業已上陳，且不獨關東利害，實關全局安危。不允俄請，不過東三省暫不交還，將來尚有懇求他國理論助力之望。若允俄請，則東三省還如不還，永無補救，且必致各國效尤，十八省水、陸皆有各國屯兵，中國治權、兵權全爲人占奪矣，言之可爲寒心。不如靜候英、美、日三國消息，商定一萬全之策。此時萬勿率允，即使俄人至第三期仍不還，不過與今日情形一樣，我尚可與之羈縻勿絕，相機催還，庶不致自召各國效尤之急患鉅患也。敬祈轉陳邸座裁察。日、英兩使之言既已面達邸座，謀國老成，宏遠精詳，必能堅持勿允。如尚有疑慮之處，務懇公詳切剖解，想執事公忠明達，必能盡力贊助，曷勝跂禱。夔相及滋翁處，并希轉達爲幸。

再，日本政府訓條，有中國儻不顧慮日本政府勸阻，允俄索欸，則將來中國所受之累，實爲深鉅，至其結局，中國當獨任其責等語，是明言我若允俄，彼必遷怒於我，勢將決裂，斷不甘心。此實不可不防，合併陳及。

再，外務部送來俄文照會稿，僅有聲明滿洲不讓給他國及保護銀行兩條，此外緊要各欵，未曾交下，不解其故。敢請再飭檢齊各件，封送敝處一閱，至禱。　光緒二十九年七月二十三日

十四

試辦科舉減額一節，前聞邸意尚不以爲非，當有可商之機。惟夔相夙有成見，竊恐不無挑剔。查科舉爲外人詬病已久，方今時勢艱危，此時欲各省廣興學堂，急儲有用人材，若非變通科舉辦法，稍示歸重學堂之意，各省學堂安得大興。在不肯停減科舉者，不過云學堂規矩未善，興辦未廣，未必遽有人材，故不肯遽停科舉。然現擬各學堂章程，注重中學根本，於防弊之法似已周密。兹擬遞減之法，不過試辦，擬請暫減一科。計自今至己酉年第二科應減之時，尚需六年，如六年後學堂之流弊仍然不除，人才並不能多，即盡復科舉原額，停辦學堂，亦有詞以謝天下。伏維執事卓識宏謨，深明大局，於此中利病早已燭照無遺。務懇鼎力主持，於邸座前力贊其成，則此後人材蔚興，胥出大鈞轉移之力，曷勝迫切感禱之至。　光緒二十九年八月初九日

十五

日本商約就滬議原案，迭次與内田公使往復磋商，推誠開導。凡在滬時彼所堅持不允者，幸克轉圜，彼所要求過當者，頗多删減。祇因各欵中字句彼此時有斟酌，更改一字一句，内田又動須電請彼政府訓示，直至昨日，全約甫一律就緒，計約文十三欵，往還照會附件六件，開埠一欵，謹繕清稿送呈台覽，内中如加稅欵、北京開埠欵，辦法前已函陳清聽。此外各欵或照英約聲叙，或照美約聲叙，均屬毫無出入。惟度量衡欵，爲英美約所無，因係有益於我釐革弊端之法，且約文聲明由我自行酌辦，於主權絲毫無損，故允其列入。東三省開埠欵，初索奉天府、大東溝兩處，嗣因查知大東溝僅如天津之唐沽，其商務全在安東縣，内田堅請添入，當以既索安東，應將大東溝删去。内田謂大東溝即係安東縣之口門，既許安東開埠，大東溝爲出入所必經，何妨併列。且我政府原索内地各口岸共十處，今僅允長沙一處，實太減色，請添安東縣，似不應再删大東溝以相抵换。至東三省口岸多開一兩處，於中國未嘗無益，且我已删去常德等九處矣，如必不允，則日本約内當寫大東溝等語。鄙見彼因美約已許安東縣，故改索大東溝，將來仍須均霑，似不如全許，免致再生枝節，相距止數十里，無甚出入。且東三省與内地情勢不同，與其多開内地口岸，不如以安東允其添入。儻大部必不謂然，當再商内田，删去安東縣，改爲大東溝可也。至版權欵内，我索查禁違礙書報以爲酬報，弟擬有一段甚詳。内田初已首肯，無如彼政府謂與日本法律兩歧，萬辦不到，堅不允商。辯論至於數四，終不我允。嗣彼以此約畫押日期，須與美約同時並畫爲請。我持此條，謂違礙書報不允查禁，萬難向大部申説，約不能定，何從畫押。渠慮畫押或落美後，於體面有關，始不得已重電彼政府援美約爲請。日政府亦不得已，始於前夜來覆電，允照美約聲叙。查美約此條聲叙雖簡，意尚包括得此，將來尚有查禁辦法，因遂照叙入約。全約如此，實係費

盡磋磨，無可再商。內田並送許多人情，大約言皆該國政府實在要好之意，務須告我政府知，不可没其美意等語。其語甚繁，然甚渾淪，姑代轉達。茲特縷布一切，務祈垂察，轉陳邸座迅賜核定示覆，以便電滬照譯洋文，詳加校對，與美約同日畫押。內田并云務請大部一體電知上海商約大臣，照辦勿誤，本月十八日畫押日期最爲緊要，渠當往告外務部等語。弟告以此可代達，無須貴大臣自往。敢請速賜電滬，至爲感禱。

光緒二十九年八月初十日

十六

昨布一緘，并日本商約全稿，計邀覽及。第十款第二節長沙開埠，係照英約原文聲叙。第三節東三省通商，係照美約內外務部與滬電商定字樣聲叙。鄙意初擬東三省通商亦照英約聲叙，而內田以英約須遵守該處工部局巡捕章程，則管轄地面之權全屬中國，不如美約一切章程俟將來會同商定辦法，較爲活便。盛京新開兩處通商場，既有美約新經議定字樣，故堅欲援照美約聲叙，斷不肯與美國兩樣。查美約既有成例，只可照辦，而長沙非美約所有，弟仍堅持照英約聲叙，決不更改。且長沙辦法，英約議定批准已久，其勢亦斷不能更改，彼遂無詞，因分作兩節入稿，一照英約，一照美約，各不牽混。此敝處與內田分別商定之情形也。頃送約稿，此款漏未簽注，恐大部或疑一款中辦法兩歧，實則各有取意。兩條均不能更改，只可兩存其説。用再專函奉達，尚祈垂察，轉達邸座，迅賜核覆爲幸。

光緒二十九年八月十一日

十七

頃聞有人上疏，謂廣西軍務，岑辦未見起色，請另派大員往辦，聞之不勝駭然。此等重大事體，想兩宮自有裁酌，斷不至輕爲浮議所摇。誠恐聖衷眷懷西事，稍不堅持，則於兩廣全局大有關繫。伏思岑雲階制軍其性情雖有稍偏稍暴之處，然其才氣魄力，任事之勇，求治之切，辦事之敏速，實爲邁越尋常。加以廣西是其桑梓，必能實力廓清，細心措置，竭廣東之人才物力以助之。而其在廣東官聲極好，民情最爲感戴，故今日爲兩粤之督辦廣西之事，件件湊合，實無逾於岑者。且其聖眷甚優，陳奏多邀俞允，措置亦較易得手。統論今日內外諸大臣，若云督粤，實無一人能出岑雲階之上。此弟之確有真知灼見者也。猶憶今春自武昌北上時，有粤人談及兩廣事甚難辦，恐成大患，問弟有何良策，當即答以惟有調岑雲階署兩廣督，則兩廣事必辦得好，此爲最上之策，到京後必當面奏，力建此議。及行至中途，則岑已簡粤督矣，深服朝廷任人得宜，私衷實深欣慰。到京初見慶邸時，弟曾言及近日朝廷用人，如岑督粤，錫督川，德調漕，此三事最愜公論，可謂盡善恰好。請詢之邸座，當能記憶也。今岑到粤不過三閲月，聞其鋭意整頓，聲威遠播，西事已有轉機，乃言者遽責其無效，真所謂全不曉事之人，苛而無理。夫以十年養癰、全省糜爛之地，乃責人於三月內即須辦了，雖曾、胡復生，其將能乎。惟望台端轉陳邸座，於敷奏時剴切上陳，務持定見，期以一年，責其成功，兩廣幸甚。若易他人，不惟廣西斷辦不好，即廣東籌餉治盜諸事，亦必不能支持。兩廣既壞，天下大局不可問矣。竊思新進言官尚可發議，弟既有確見，不敢不言。若蒙邸座采納，固爲深幸。若邸座或有躊躇，上意游移未定，弟願請對面陳。弟爲大局起見，謹此飛速密布，尚祈鑒察，並望轉致夔相、滋翁爲幸。儻上意堅任岑督本無移動之意，則鄙論即作爲贅談，固所願深者矣。

再，傳聞言官所陳，有擬請派滋翁赴粵之説，實爲可怪。滋翁正直廉謹，綜核精詳，長處甚多，極可佩服。然論才略精力，較岑雲階則遜之，若云辦粵事，斷斷不如岑也。弟亦不知滋翁之意如何，特大局所關之事，只可據理直言。此紙或與滋翁閲或不與滋翁閲，均無不可。統請酌之。光緒二十九年九月

十八

學堂章程，昨聞滋翁傳述慈聖論，催令速奏，曷勝惶悚。茲先呈上奏稿兩件，片稿一件，學務綱要一册，請奬學生章程一册，續經增改者。管理學堂通則一册，實業學堂通則一册，最要者係此數件，特先送請察閲，并望轉呈邸座、夔相暨同事諸公察閲。其餘各學堂章程，尚有十數件，但綱領要義全在此次所送各件内。其餘當陸續呈閲，一面繕寫也。此係遵旨奉商，務請俯賜繩削，應改則改，應删則删，無不遵命。所擬請奬章程，似乎稍優，然此乃比照日本遊學章程，非此不足以鼓舞羣才。即從容詳核，多閲數日，再行發還，亦無不可。稿既定後，繕寫即不費多日矣。總期預商妥協，免致奏上後又多周折，是所感禱，若非先行商妥，斷不敢入告也。惟此事繁難已極，關繫甚重，改定不止十次。兩月以來，晝夜趕辦此事，困憊已極，寒天病軀，十分心急，而無可如何。近來頭痛目眩，欬嗽無時，肩臂痛楚之舊證又發，飲食頗減，實係力疾從公。本擬請假五六日，稍加休息，又恐旁人詫異。特種種下情，不得不縷陳台座，敢請於召對時代爲上達聖聽，免致以躭延見責。并請將今日已將七稿送政府商酌一節奏聞，則不致上煩聖慮再催矣。切懇切懇。光緒二十九年十月二十三日

十九

昨送上七件，想已分送察閲。聞遞減科舉一事，同列中尚有意見參差之處，不知邸意如何。如必不肯，則或改爲四科遞減。如再不肯，則擬將此摺提出，俟學堂章程奏上後再遞此件，邀允與否，聽之而已。惟學堂章程，總望邸樞核定後，方可入告。其請奬章程如嫌過優，儘可核減，即請樞府諸公酌改，弟毫無成見。此外如有不以爲然之處，均可更改。總之，弟係遵旨與政務處商酌，不商妥不敢率爾上陳也。再，其中有言及電報、鐵路、鑛務各學堂一節，係謂此各事亦須設普通學堂，並聲明其所辦之事，仍歸該管衙門辦理，並非學堂干預其事，總綱内言之甚詳，請檢閲轉陳爲要。七稿送到一節，不審已蒙上達否，并祈示知爲幸。光緒二十九年十月二十四日

二十

頃由日本内田公使譯録俄廷宣諭全文，函送前來。查所稱黑龍江、關東等處地方定爲特别省分，又云授極東總督以平靖東省鐵路等勢力所及地方之權等語。現我東三省皆有俄國鐵路，何得徑定爲俄國省分，且勢力所及之地方何有限制。似此語太含混，實爲可駭。似應電屬駐俄胡使照會俄國，詢明所指黑龍江、關東等處係何地方，是否能將中國之東三省界限劃清，抑竟籠統包括

在内。第三條云該省地方與鄰邦有所交涉者，專歸極東總督辦理，豈俄外部及俄公使皆不問耶，我將來東三省交涉事件，究竟向何處商辦。務將俄國之主意問明，以便我急籌妥善辦法。至高加索本波斯屬地，所謂照初設高加索律例辦理者，不過佔人之地據爲己有之成案，尤屬可駭，不可不預籌布置。謹將日使送到譯文原稿附呈台覽，并請轉陳邸座暨夔相、滋翁爲禱。光緒二十九年十月

二十一

頃將章程全件送呈，諒邀鑒及。前奉手示五條，蓋籌深遠，指示周詳，曷勝欽佩。謹奉覆如左。

一、學堂兵操萬不可少。來示豫防流弊，具見藎慮周密。惟學堂所謂兵式體操者，乃操練步法行列，並演習放槍之式，若無槍械，即操法不全。向來操時只用空槍，並無火藥槍彈，學堂並不儲此物，亦不須上等精槍，只是後膛槍足矣。且平日槍械仍藏儲一室，操時則管理員發出，操畢收回，似無流弊。查各國無論何種大小學堂，無不習兵操者，即幼童數十人出入游戲，亦舉小紙旗爲號，以兵法部勒其行步。日本前於明治七八年間初辦學堂時，亦只有柔輭體操、器械體操，而無兵操，嗣經其文部大臣森有禮遊歷德國回，見德國學堂皆習兵操，恍然大悟，乃定爲全國大小學堂皆習兵操之章。至今日本兵力之强，舉國咸推森有禮爲首功。蓋既入學堂，皆是通學問知禮義之良士，將來乃爲國家辦事之文員，似不必涉於過慮。若其中有桀驁荒謬者，早應隨時沙汰之矣。方今各省兵勇多者數萬，少者數千，皆是粗獷不學之人，平日尚不能［不］付以槍礮彈藥使之操演，何況學堂文士少者止六七十，多者止二三百，且並無彈藥之空槍，又何妨乎。此乃環球各國辦學堂者第一注意之事，在中國今日學堂尤爲自强要端，政與古人寓兵於農，管子作内政寄軍令之意相合，似不宜刪除也。

一、學堂服式乃爲禮法整肅而設，且以示表異學問出衆之意，斷不能令其奇衺。姑就湖北學堂言之，講堂衣冠，夏日藍布一裏，元罩袍一件，束帶著鞾，緞鞾太貴，故令著絨鞾。戴羽纓凉帽，安金頂。上堂後設有帽架，即除去之，下堂仍戴，不准露頂，亦不准戴便帽。冬令藍布棉一裏，元袍一件，束帶著鞾，戴紅纓冬帽，安金頂。此講堂之服也。操場衣冠則無論冬夏，皆戴貂尾，冬帽安金頂，穿長袖馬褂，不穿長衣。夏則一色之單夾袴，冬則一色之棉袴，均著絨鞾，大約與軍官一樣。此操場之服也。以上所云，但取其禮容整齊，似無甚新奇之處。茲遵來示，已於綱要内添入並嚴禁奇衺服飾一語。

一、辦學堂人員，擬改爲五年一奬，分别奬劾，勸懲兼施，已於綱要内詳細添入。

一、此次奉旨，以前之官私學堂，自應分别辦理。如先經奏明有案及實在辦有成效者，方准照奬，仍須將情節咨明學務大臣，候學務大臣考核確實覆准後，方可奏明辦理，已於請奬章程内添入。

一、學務大臣屬官，所擬原章並未定爲實職，係分爲六所，並無六司之名，惟内有所屬司員字樣。茲已將司員二字改爲屬員，六所即遵改爲六處。

一、暫減科舉一節，仰賴鼎力斡旋，曷勝佩慰。惟此次摺内有與政務處商酌，意見均屬相同之語。若某公未經商妥，此語似有不便。究應如何措詞，抑或能否設法再與某公婉商之處，尚祈

裁奪。

以上六條，統望示覆，以便遵辦爲幸。　光緒二十九年十一月初八日

二十二

昨奉手示并章程稿兩包，祗悉一一。保姆院章程，已遵示另改，録呈察閲，如此想無流弊矣。前聞滋翁言，諸公意皆謂進士館獎勵過優，故請核減。兹發下章程，仍未改動。斟酌再三，惟有將最優等與優等合爲一獎，但最優者加一銜耳，如此則似不甚優矣。鄙意中不能思得許多花樣，故只可如此。如尚有未協，務懇即爲批改於上，以免往返。其實新進士果能在館講求實學有效，較之從前閒曠三年者，實遠勝之，優獎亦不爲過。再，昨聞孫燮相意，知進士館屋舍尚寬，欲令前一兩科進士願來館入學者，亦准其入館，一體就學。此意極善，實爲造就已仕人才之捷法，即速成科之意。經費係由外省籌解，人數雖多無妨也。兹已於進士館章程内添入此條，并祈查閲。邸座及諸公統此代呈，均望早日核覆，至感。再，減科舉事，壽州已允。昨已託治翁往再商仁和，俟其回信再看。如仍固執，此一摺内只可不提會商矣。　光緒二十九年十一月十三日

致瞿子玖、那琴軒〔一〕、鹿滋軒 一首

頃聞魏午莊制軍電致尊處，商調毛道慶蕃接辦上海製造局務，並未知會敝處，竊所未喻。查政務處覆奏，以弟爲創議節費移廠之人，未便置身事外。奏令南洋遇事會商敝處辦理，更易總辦，爲全局成敗所關，安有不使弟與聞之理。原派趙道濱彦籌畫辦法，煞費苦心，祗以南洋續派唐道郁華，意見不合，動多掣肘。午莊制軍寖不以趙道爲然，弟恐因意見牴牾，無益於事，故特允將趙道奏調回鄂，惟力勸南洋原奏辦法絲毫不可更動。乃南洋檄飭該局，方將添置機器，就滬廠力圖擴充，謂恐停造後四五年間，軍實不給於用。弟告以鄂廠可年備新槍一千枝，祗取半價，聽南洋隨時撥用，免致移廠之舉牽掣無成，南洋置之不覆。前以擬調毛道見商，弟以尊處正在需人，甫經派定，未便商調，另舉沈道邦憲，請南洋斟酌，亦未見答。今仍單銜徑電尊處，商調毛道滬局總辦，月薪千兩，自較在京爲優，諒毛道無不樂從。惟毛道操守清廉，人所共信，而主見無定，於疑難之際，不甚肯著力擔當。即如移廠之議，本創自該道，迨弟出奏後，以抉摘滬廠積弊過嚴，頗聞其退有後言，轉謂移廠爲過舉。其識議自相矛盾，於此可見一斑。第念全才難得，苟於事尚可有濟，弟亦何敢偏執，徒争意氣。擬於日内招毛道來寓，詳細與之討論，察其志願是否能力擔此任，再爲酌量。此時務請尊處暫勿遽允南洋所請，以便審量，是所至禱。弟專爲大局起見，毫無成心。前覆南洋一電，謹鈔録呈覽，亦可見區區之誠，固别無所爲也。　光緒二十九年六月二十九日

〔一〕即那桐，字琴軒。滿洲鑲黄旗人。舉人。歷任總理衙門大臣、外務部會辦大臣等職。

致瞿子玖、鹿滋軒二首

一

前奉旨與日本政府商訂約束留學生一事，尊指最重者，以不安分學生必須驅逐回國，私學奬勵應與官學有別兩端。隨即與內田公使晤商，辨論多次，現經彼政府覆電允許，無可再争矣。兩條分別如左。

一、不安分留學生宜遣回一條。此條彼甚不願，告以如不安分學生不肯遣逐，則安分學生之奬勵不能從優，始勉允商之彼國政府，添此一條。惟驅逐、押送、勒令等字，彼堅執不肯，現改爲如察其無悛改之望者，即行飭令回國，不准稍有逗遛。雖不明言驅逐，其語意似已切實。

一、奬勵私設學[堂]畢業生宜示區別一條。內田謂私設學堂，必其教育管理確實可信，與官學堂毫無差別，方能認可。現在約束章程，私設學堂既與官學堂一體照辦，若奬勵顯分區別，即不能使其照章認真約束。當囑其切商彼政府，其政府覆電，仍堅執不可兩歧之説。因與商云，如此則以後官學多送，私學少送。內田云保送學生之權在使臣、監督，私設學堂如實不放心，儘可少送入學，將來畢業回國，尚須欽差大臣察核考驗。如私學堂之學生，其品行科學實不如官學堂，届時中國自可斟酌辦理，日本可不過問等語，所言亦尚有理。竊思此條祇可由我自加權度，默爲限制，將來保送時先儘官學，其私學不得過三分之一，至多不得過半。如實不妥，儘可不送。其回國奬勵時，私學較官學格外慎重，可不必再與日本商也。

以上兩條，係新與增議之欵。此外各條，間有經日本政府商酌增損字句者，核與原擬無甚出入。此事一切俱已議妥，謹另録清稿，計照會日本約束鼓勵章程一件計十六條，中國自行酌辦立案章程一件計三條，分別簽注，送請鑒裁，即請轉陳邸座、夔相裁定示覆後，即作爲定議。敝處當一面知照內田，一面具奏請旨，發交外務部，由部照會日使，并由部咨行出使大臣、總監督遵照辦理。

光緒二十九年七月十一日

二

奉函示邸意，以約束留學生章程內第一條保送學生、第七條斥退學生末數語聲明日本官、私學堂不遵章照辦者，學生畢業後概不給奬兩節，應行删去。又，鼓勵章程內所擬各學堂畢業學生出身毋庸明叙，應改爲從優奬勵等因。遵即訂晤內田公使，商令删改約束章程內所删數語，彼已照删。至奬勵學生出身一節，內田一聞即怫然，曰如此是全翻了，且云前因中國欲商定約束留學生章程，此事本係極難辦之事，日本官設學堂規矩雖好，然出學堂以後豈能處處防察，且私設學堂甚多，敝國政府實難代爲料理。嗣後言明畢業生有實在優奬，則各學生各有希冀功名之念，自不致放縱爲非，而私設諸學堂，願其堂內學生成材顯達，自覺有光，必亦樂於約束裁成，顧此名譽。我政府責其約束，各學堂方肯實力遵行，是以允定約束各章，事事極爲嚴密。今若但言從優奬勵，殊不足以堅學生之信，豈能堅其勵品勤學不染惡習之心，則約束章程我政府即無從相助爲理。況回國後，中國仍須派大員察核考驗，其權仍在中國。且此係中國自定章程，並非兩國條約，不過照會日本借此以懲勸學生耳。我政府此次允爲相助，原是格外幫忙之事，並非有必須擔承約束之責。設我政府敬謝不敏，則私設學堂日多，私往學生日雜，將來無論留學生流弊如何，中國亦不能責我等語。告以政府之意，並非靳留學生出身，祇因此是中國自主之權，可自行酌辦，毋須於照會貴國章程內叙明而已。內田云既可定學生出身，何不可使日本知之，且此係從前上諭已有之奬，堅不允改。再四與商，內田謂當自見邸座面談。敝處無從再說，謹將商辦情形馳陳清聽，敢祈轉陳邸座，敬候會晤後速賜裁奪示知，再與設法商辦。光緒二十九年七月十五日

致瞿子玖、榮華卿[一]二首

一

昨日各章程全寫畢，統加覆閱。惟奬勵章程，尚有參差不畫一之處，亦有偏於較優與他學堂不一律之處，將來必多紛紜。茲特覆加核減，其等差難細分，辦法難執一者，均改爲渾淪虛活之語，以待臨時體察酌辦，似較妥便。間有要義應補叙者，酌增六七條，統録奉鑒，祈鑒定後即由尊處轉送冶老閲定，迅賜發下。現已一面補繕，如有更改處，換數葉尚不難耳。滋翁處祈將大略告知，至他處應否送閲，統祈裁酌。弟日來百病叢生，坐卧皆不便，力疾從公，艱苦萬狀。裝訂作套，大約廿三日可成，賤軀但能支持，廿四日即當呈遞，特不敢豫定耳。遞減科舉章程，現已遵照玖翁、冶翁意指，改爲決斷之詞，與原議亦可通，但摺前後仍有暫行試辦字樣，務望向邸座將此意透達爲要。

再，日本遊學章程，第二次內田請補入不照章不給奬勵數語。聞玖翁言，外部已咨出使大臣及各省，並照覆內田。惟敝處並未接到此咨，務祈飭署速咨敝處爲禱。光緒二十九年十一月二十日

二

承命與英使商酌一切，當即於初三日約薩使來館面商，告以係我政府意詢商，并將吕班語告知。反覆商酌，其說甚長，撮其大指如左。

薩云從來各國戰爭，必須開戰後始能調停，若未戰之先，兩國均不肯聽。歷觀百年內外歐洲舊史，無不如此。此時日本決不受調停，俄亦然。吕使之言，乃隨口應酬之詞，斷非法國之意。且日本正在決戰，中國又請人調停，何以處日本。答云若英、法肯出爲調停，中國當勸日本。薩云勸必不聽。當告之云請其姑發一電，與英國政府詢問，肯出爲調停否，何如。薩云中國欲請人調停，不應遲到此時，現在機會已錯過，此時此電斷無益，不便發。日前內田亦言，機會已錯過，蓋指撤兵到期時也。答云日、俄交戰，中國原可聽之，惟局外須守得分明確實，恐俄人蠻横，誣賴中國左右袒，藉端與中國開衅耳。薩云中國守局外，届時自當布告各國。渠一人之意見，當邀約各國聲明中國之爲局外。答云如此甚感。又詢之云如俄兵犯山海關，各國阻之否。薩云届時當請本國示。其意似可行，而不肯此時下斷語。又詢以俄人設或欲入關取用開平煤鑛，中國斷不能許，英國能協力拒之否。薩云開平煤鑛現在興訟，尚未斷結，無論將來此官司如何斷法，此時總是英商公司，斷不能令俄人取用。又詢之云俄如侵犯熱河、張家口一帶，我不能不力拒，然恐俄人藉口派爲局內，如何。薩云

[一] 即榮慶，字華卿。蒙古正黄旗人。光緒十二年（一八八六年）庶吉士。歷任刑部尚書、管學大臣、會辦政務處大臣等職。此條底本目録謂一首，實為二首。

俄既與日戰，斷無餘力擾及熱河、張家口。又詢之云聞日本人畏寒，擬遲至春暖再戰。確否。薩云不然，天冷可先在海上戰，日必先將俄海軍困住，乃進陸軍耳。又詢之云聞内田告慶邸，言俄覆信尚和平，故日本覆俄信亦尚和平。薩云内田向渠言、邸向渠言皆不如此。大抵薩使語意謂日俄必戰，不能勸，且日必勝俄。日俄戰於中國有益，更不必勸。渠不允調停，而允聯絡各國聲明中國作爲局外，又允開平煤鑛決不令俄人占用，此即所以助中國者也。前夜即擬奉書，因賤恙叢生，正在延醫調理，今晨力疾書此數行，以報尊命，即請轉呈邸樞諸位鑒閲爲荷。　光緒二十九年十二月初五日

致日本内田公使[一]　六首

一

昨與貴大臣面議保護版權欵内加添一條，請貴國幫助中國查禁有害於中國之書籍報章，業承慨諾。惟首數語，原擬係中國既允保護日本版權，則日本亦應幫助禁阻有害於中國之書籍報章，以盡報施之誼三十五字，貴大臣以日本亦允保護中國版權，已有報施，故改爲中日兩國既允彼此保護版權云云。茲反復思維，照復改之説，尚與敝國政府意見不協，必致將來仍須駁改。今請將第五欵第四節日本國國家亦允保護中國人民按照日本律例注册之商牌及印書之權，以免在日本冒用之弊一節内，删去及印書之權五字。蓋中國情願將日本保護中國版權一條删去，專懇添此禁阻有害中國之書籍報章，以爲抵换，似甚公允。其後添一欵，首數語仍用原擬中國既允保護日本版權，則日本亦應幫助禁阻有害於中國之書籍報章，以盡報施之誼三語，另紙録送台覽，務祈照此改正，再行電請貴政府復核。此節並非現在添索，去年八月二十二日敝處箇電曾電上海議約大臣，力言此事，并電外務部，有案可查。兩江劉忠誠深以爲然，是月二十四日亦有電致京、鄂、滬三處。茲將原電稿摘鈔附上，實係有案可憑。如不見信，儘可電詢盛大臣，必能記憶也。　光緒二十九年六月二十九日

二

鼓勵留學生出身一節，昨將尊論縷達敝政府，并聲明執事擬自見慶邸面談。頃接政府覆函述慶邸意，謂尊意既以爲必須將學生出身叙明，亦無不可，仍屬敝處與台端妥商訂定等語。特此奉達，仍祈執事晤慶邸時，將所以必須明定出身，專爲實施約束章程之意，切實詳告，曷勝感禱。　光緒二十九年七月十七日

三

頃接惠函，誦悉一是。查大阪商船馬頭，當時本言明暫行借設。現在漢口地方，貴國已定有租界，大阪躉船理應及早移讓。頻年鄂省極意通融，未嘗一言催促。近因德商美最時欲援大阪之例，在龍王廟一帶停泊躉船。該處逼近襄河，盛漲時水流湍急，民船出口動輒碰撞躉船，立遭沈没，民命攸關，萬難遷就。再四與德領商沮，而德領總以大阪有例可援，不容歧視爲詞，堅持要索，故端署部堂令關道、税司及他國領事等公同商酌，照會貴國

[一] 指日本駐中國公使内田康哉。

駐漢領事，轉飭大阪公司，於六箇月限内將躉船移泊江心。現屆期滿，故復照催，並非突然相迫也。兹承貴大臣雅囑，以爲期太促，請飭江漢關道勿庸迫之過急，但使於事理無妨，自可勉允。惟必須商定一展限之期，不致漫無限制，庶免德商藉口。除將尊意電致端署部堂，轉飭關道、税司會商酌辦外，務請貴大臣電飭駐漢領事，轉諭大阪公司，酌定一展限日期，就近與江漢關道及税務司妥商辦理可也。此係鄙人格外通融之意，未知漢口他國領事公論如何，端署部堂能否辦到，鄙人無從懸斷，尚希見諒爲荷。

光緒二十九年七月二十九日

四

梁道回，得悉商約各欵，彼此均已洽意，惟報館一節，貴國政府仍不允入約。查此事敝國政府極爲著意，屢次諄囑，必須於約内載明禁令。迨貴大臣與敝處擬定此欵約文，即經函達政府，照録全文，電致上海商約大臣，告以日約已有此條，囑其與美國切實照此商議。今美雖民主之國，尚允於約内聲明彼此按律懲辦，而貴國反一字不允入約，鄙人固難與敝國政府商酌，抑亦無以對美國也。務祈將鄙人爲難實情，婉電貴國政府，務懇於約内聲明數語。即不能照原擬聲叙，至少亦須照美約一律。至爲感禱。

光緒二十九年八月初七日

五

漢口大阪公司移設躉船一案，昨接端署督部堂録寄貴國駐漢領事照會，内云日歷本年六月間，貴大臣與張大臣親商，張大臣之意亦不在即令遷移躉船，且有此案再爲緩商等語，又經允諾飭諭地方官遵照等語。查漢口沿江十里上下，華商船隻停泊之界僅得里許，其餘皆屬各國租界，不准華船停泊。前數年貴國初劃租界，永瀧領事以租界未定，爲大阪公司暫借華界安設躉船。我以兩國交誼爲重，格外通融，允其暫借，意謂一二年内租界開定，即可遷移。不料六七年來，貴國租界並無舉動，而大阪躉船於民船往來大屬不便，甚且連年有傷斃人命之事。按照海關章程，無論何國躉船，無論因何事故，可令於二十點鐘内遷移，儻不遵照，海關即自行代其遷移，一切移費悉由該行補還。但我亦不願過於逼迫，致令大阪受虧，又格外寬其期限，令於六箇月内辦理，俾得從容布置。前於五月間本部堂與貴大臣面商，當將中國實在爲難格外通融情形，面達左右，并力勸及早飭令移設江心，免傷雅誼，並無不在即令遷移之意，貴大臣當能記憶。現屆六箇月期滿，因承貴大臣函囑勿過逼促，當已電勸端署部堂略爲展限。然此事既於中國民命商務均有大害，略展一月半月之限則可，斷斷不能永不遷移。貴國商人即不念當日通融允借安設躉船之情，亦應知今日有害華人生命之理，立將躉船移去，輪船移泊江心。一公司之生意固屬甚大，然較之往來民船性命，衆華商利權，則大相懸絶，且移泊江心，亦不過略增剥費而已。萬望速定期限飭令遷移，以免有傷雅誼。是爲至要。

光緒二十九年八月

六

台從來華共事有年，諸承雅愛，敦槃樽俎之間，皆荷和衷商搉，總以兩國均有裨益爲主，感佩良深。此後尚望遇事關注，益篤邦交，曷勝跂禱。屬書堂額，謹就執事静坐之意，擬以主静二字，特推闡其義，附跋數語。書就寄呈，尚祈學養兼優之大君子

鑒之。　光緒三十二年閏四月二十四日

附録跋語

静學之旨，發於淮南，暢於武鄉龍峰。仁兄大人早年好研究宋儒理學，及仕宦以後，治事之暇，惟喜静坐，無他嗜好。自爲余言如此，洵可謂學道有得者矣。以此意奉題堂額，即請鑒正。南皮張之洞。

致日本内田公使〔一〕一首

大冶鑛局借欵事，尚有窒礙及未能明悉之處，本部堂正與盛大臣往返電商，一俟詢商明白，當即訂期拱候惠臨，暢談一切。先此奉覆，順頌日祉。　光緒二十九年十月十五日

與錫清弼〔二〕一首

昨夜熟加商度，此公司仍以專招華股爲妥。一、此路宜言自漢口起，抵成都省城，至四川邊境。二、其有緊要枝路，隨宜審度興修，以資輔助。三、并言連日詢訪蜀中正紳，僉云目前二百餘萬尚易湊集，擬即分段興辦，先就繁盛之區修起，以後陸續勸募接修。四、沿路煤鑛及五金各鑛即歸此公司開采，以供鐵路之用，及養路經費。五、云云。大略要義如此，其如何聲叙之法，或詳或略，統請裁酌。至蜀紳一節，日内台端似可擇兩三人詢之，知公有此德意，無不欣感踊躍也。文内不必稱外國，但稱外人可矣。　光緒二十九年閏五月十一日

致張野秋〔三〕九首

一

編纂課本書，外國所以必經文部核定乃准頒行者，亦正慮宗旨不一，程度不齊，易滋流弊。特私家纂本如無流弊，即准與官本兼行，則用力少而取材多，爲益自更宏大。卓論識微慮遠，欽佩至深。江楚編纂成書，自必郵呈鑒訂。至鄂省各學堂從前雖已辦有端倪，尚須因時參酌，加意擴充，一切規程，允當遠秉鴻裁，歸於畫一，自當隨時請政。惟鄂省民力困竭，財用極艱，羅掘已窮，尚不足供新案賠欵之半，内外兼顧，焦灼異常。聞各省因賠欵生事者，已非止一起，杞人之憂，不獨一楚也。弟近年精力日就衰頽，憂憤之餘，益形困憊。要政既難延緩，商約又費調停，病軀朽質，豈能補救時艱，行當投劾而去耳。　光緒二十八年二月二十九日

二

兩示均讀悉。壽州相國通達明爽，曷勝欣佩。惟遞減科舉奏稿，壽州尚未得見。兹仍送還，即請轉送壽州察閲，尊改末段原紙併粘呈。竊思此事前送樞廷仁和諸公商閲之稿，係言有弊仍可

〔一〕録自武漢大學經濟系編《舊中國漢冶萍公司與日本關係史料選輯》第九十四頁，上海人民出版社一九八五年版。

〔二〕即錫良，字清弼。蒙古鑲藍旗人。同治十三年（一八七四年）進士。歷任湖南布政使，山西、河南巡撫，四川總督等。

〔三〕即張百熙，字野秋。湖南長沙人。同治十三年（一八七四年）進士。歷任内閣學士、禮部侍郎，充管學大臣，主持京師大學堂。

復還。此時無論如何，總須與仁和商明方妥。否則惟有於摺尾聲明，擬於遵旨與政務處王大臣會商之下、意見均屬相同之上，添一句云除大學士王文韶外八字而已。總之，此時壽州已允，是八人已允其七。若由台端徑與仁和一商，彼見衆論僉同，又重以鼎言，或可從衆。此尚是一策耳。若不商明，萬不妥也。祈速籌之。

三

兩承手示，具聆一是。寶道豊明保帶引，全賴鼎力成全，曷勝紉感。尊意部字恐與六部字面相同，極是，官文書中自不宜用。惟三部云云，鄙人談論及往來函件中，均無此説，反覆思之，實未用過。查清稿中，但云教務長、庶務長、齋務長，並無三部字様。或幕中人與人議論此事，襲用東人語口中有此字耶。現在各學堂章程草創之稿粗具，請將前送台覽之進士館章程、初等師範學堂章程各册，飭檢付下，以便詳加校正，再行彙呈察閲，面晤談商。

四

日前李亦元刑部交來編書局章程稿數紙，日久不知檢存何處，頃徧尋不得，祈即轉致編書局另鈔一分，封送敝處。又，嚴幼陵觀察所辦譯書局章程，亦請飭鈔一分交下。均望從速爲荷。

五

昨誦手示，關係全局，匪止學務一端，至佩深識。用人行政，責在要地，不從根本著想，何事可爲。此稿可密屬書衡爲之。弟見其先後各稿，多能洞中肯綮，委婉動聽，此近日好摺奏手也。

六

昨玖翁來函，保姆院章程諸公皆以爲未妥，茲已改訂。滋翁前數日云進士館獎勵，諸公皆以爲過優，茲已酌減。原章附呈，以便比較。聞燮相意欲令前一兩科進士俱入館同學，此舉極好，費由外籌，人多無礙也。茲已添入三件並録上，均祈察核。再，昨請徑商仁和一節，已晤商否，此乃最爲緊要關鍵。若台端與仁和面談，渠礙於尊面，又知壽州已允，必可轉圜，否則於此事大有妨礙。昨玖翁函云某公未商定，摺内只可不加會商意見相同兩語，可見其中情節，必有不能硬寫之處耳。至將來如有流弊，即仍不減不停之説，前於面奏及與邸樞五公商酌，皆是如此，此時實未便頓改前説，更進一步也。且近數十年來時事，欲常行必先從暫行起，欲停辦必先從緩辦起，百事皆然，歷歷不爽，何必於此事鰓鰓過慮哉。管見如是，卓識以爲何如。光緒二十九年十一月十三日

七

昨奉手示，祇悉。科舉奏稿，玖翁意以尊改一節爲然，現已照改繕摺，將原稿復還一段删去。好在摺内前後均仍有暫行試辦字様，語意尚活。仍望兩三日内晤玖、華翁時，諄切轉致。儻召對時尚有從旁阻撓者，務請將將來如無成效，仍可復還原額之意奏明，則與叙入奏内無異矣。但望玖、華翁務將此段係尊處所改，向邸座言明爲要，至禱至禱。茲將奏稿、片稿四件，送請書奏，并祈轉送華翁書奏交下爲荷。再，綱要内新添兩條，選外國教科

書一條，後又新添一段，大學章程内新添數語，均係萬不可不添者，俱已發繕。添入四件，附呈察覽，并祈轉送玖、華翁一閱。大約十七日可繕齊校對，裝作訂套，十九日當可畢，二十日或可遞。惟賤恙甚劇，連日苦楚已極，須賤體稍可支持，方能進内也。

光緒二十九年十一月十五日

八

日前言官建議請復設詹事府，以爲翰林升轉之階。聞貴部擬將議駁，自是正論。惟是詹事廢署不可復，而翰林升階不可不籌。蓋新庶常入學者，既有開坊之獎，大學堂畢業亦有翰林升階，缺愈少，争缺者愈多，道路太隘，抑鬱無聊，必思別生枝節。前聞晦若京卿於去年曾有添置翰林官屬之議，若宋待制、正字之類，大意復還翰林院九缺，竊謂此説甚善。前明國初舊制，翰林院學士本是三品官，明人説部謂之光學，此學士即係掌院，即今之掌院學士也。明制及國初，翰林院學士銜即書掌翰林院事，正詹銜即書掌詹事府事，今爲中堂、尚書兼官矣。若滿漢各添設學士一人，三品。待制四人，正五品，在講讀上。校理二人，正六品。著作二人，從六品。則九缺足矣。文淵閣校理本係翰林資深者派充，宋秘書省有著作郎，若正字，較小。何不試商之變相以爲可行否。如變相謂然，再商政府。其實每年滿漢大小十八員，所加俸銀俸米，除編檢原有銀米相抵外，不過添銀米共二三千金而已，此亦消學堂阻力之一端也，功德無量而關繫甚多。姑妄言之，以備采擇。光緒二十九年十一月十七日

九

昨奉手示壽州欲改速成科三字各節，當將摺内及章程内所有速成科字樣，俱改爲簡易科，而於章程内聲明即外國之速成科。查速成科乃外國一種教法，專爲需才救急起見。速成科對完全科而言，故中國學生到日本所學之業，大半皆速成科也。方今國勢危急，如救焚拯溺，夜以繼日猶恐不及，至師範速成科尤爲緊要。若待完全師範畢業，必須五年，各省小學堂將待五年後再開乎。故章程内既設有傳習所，又設有旁聽生，皆爲廣施教育計。且摺内所言三十以上至五十以下之舉貢生員不能入學堂者，可入師範學堂之速成科，乃爲體恤寒儒自謀生計起見。因年齒已長，斷不能孜孜數年盡學完全科，因設此種學科以便之。故改爲簡易科則可，删去則不宜也。且此三字名目，乃尊處奏定通行之大學堂章程所有。本擬與壽州詳論此事，因時期過促，若再往返辯論，又須遲兩三日，是以即照壽州之意更改，想簡易兩字可無妨礙矣。

光緒二十九年十一月二十三日

致商約大臣[一]一首

日本商約迭次與内田公使切實磋商，近始定議，衹因開議後，各欵中字句彼此時有斟酌更改，致未能隨時電達左右。茲甫磋磨就範，並經隨時與外務部商定，用特鈔録全文，郵呈台覽。大約皆係仰體尊處全約宗旨，相機立論，似與藎籌均屬符合。其中加税一欵，允照各國一律輸納，而約文删繁就簡，較省枝節。報館、

[一] 指呂海寰、伍廷芳、盛宣懷。

書鋪一欵，辯論百端，渠始允列入約内。其北京開埠一欵，係以全撤各國護館、護路兵抵换，經敝處先經詳商政府核准，始行入約。此外各欵，或照英約聲叙，或照美約聲叙，或仍尊處原議，均屬毫無出入。國（弊）［幣］欵末數語，亦已查照秩翁電示更正，一字未易。惟度量衡一欵，英美均未入約，鄙意以爲此係有益中國財政商民之事，列入約内，或尚有漸次舉辦之期，故允其列入此欵約文，聲明由中國自辦，於主權固毫無所損，想諸公必能鑒及也。頃内田議明漢文即在此間定稿，其英文、日本文仍歸尊處與日使核辦，與美約同日畫押，爲期已迫，即請尊處迅將英、日文派員查照漢文譯出，詳加校對，無任盼禱。全稿準即日録送外務部覆核，如有商改字句，容隨時飛電奉聞，以便於約内改正。此約費盡唇舌，乃得就緒，實已無可再商，併以陳及。　光緒二十九年八月初十日

致軍機處 一首

日本商約事，頃奉鈞函，當即派員按照指示各節，與内田面商添改。第一欵，於所有中國征收出産、銷場下，加出廠二字。第六欵改用國幣，於欵末照美約添惟彼此商明，凡納關税，仍以新關平核計爲準等字。至此條毫無窒礙句下，原文係惟不得因中國改定國幣，將應納税課及往來用欵各數，致明有增減及暗有增減，用昭公允等語。前吕、盛兩使已允入約，而伍侍郎接議後，以此數語大礙主權，堅持不肯。於是復行駁辯，致相持未定。敝處在京續議，與内田面商，彼總不肯删此數語。疊次電滬商改，伍侍郎謂若就原文增損，總屬不妥。因由伍侍郎改爲中國改幣，仿照日本及泰西各國改幣辦法宗旨，酌量辦理等語，電囑敝處照改。細玩伍改數語，甚屬靈妙，蓋東西各國計利最精，其改幣法制從無出入喫虧之事，亦從無他國干預之事，如果中國真能仿照各國辦法宗旨，自必有利無弊。且係仿照各國，並非商之各國，復有酌量辦理字樣，尤爲活便，似不致各國干預。内田讀伍改數語，沈思片刻，點頭微笑，意似贊伍措詞之巧者。此數語應請勿庸删去，若删此數語，則彼必照原文添明增減、暗增減數語，大不妥矣。第七欵度量權衡，先從通商口岸辦起，恐於關平完税有礙，遵與切商，聲叙數語，特於欵末添叙惟以後新定度量權衡與現行之度量權衡有所參差，或補或減，應照數核算，以昭平允等語，庶將來納税凡應補者，必須補足。以上各節，内田公使均已照允，即刻電請日本政府核示。惟東三省口岸，彼堅不允將大東溝删去，謂安東與大東溝兩處，何處相宜作爲口岸，彼尚未測量，特以美國改開安東，故亦添入，以免錯誤。如必不允，只可照原議索開大東溝，并云此次商議此約，彼處處將就，祇欲八月十八日畫押而已。若再挑剔遷延誤期，已允者均作罷論等語，意甚堅執。應否准其仍照原議開大東溝之處，統請裁定。爲期已迫，以上各節均祈速示，以便電滬爲禱。　光緒二十九年八月十二日

覆外務部 六首

一

頃奉鈞函，具承一是。昨内田公使遣其參贊鄭永邦來告，亦以前議章程删去各節，於限制官私學堂之意未能完密，仍請添叙等語。當詢以原擬此三節，係奉我政府飭删，前經面商内田大

臣，當時並無異議，何以此時必欲重爲聲明。該參贊謂前此面商時，内田大臣因注意在獎勵章程，往辯復論，删去此三節實未留心。今接外務部照送前章，細加覆校，實覺删去各節甚有關繫。蓋日本法律，學堂收留學生，各有自主之權，政府亦不能强迫，惟不給獎勵，權操自我，可藉此以明限制之意，故於約束章程第一款末、第六款末，均叙明凡學堂不遵守此章程者，所教中國學生概不給以獎勵。又於獎勵章程篇末，添叙中國學生非在照辦約束章程之學堂畢業者，概不給本章程所定獎勵一條，良以日本學堂衆多，勢不能徧責其遵守中國章程，惟明示以不守此章程者，即不給獎勵，則在學生既奪其上進之階，在學堂即失其招徠之具，相形見絀，自然就我範圍。内田大臣前謂必有獎勵章程，乃有助中國實行約束之法，蓋正爲此，若竟删去，命意全失，故不得不商請添叙。此内田大臣所以爲貴國計，別無他意等語。細味其言，甚屬有理。正擬函請鈞示，適奉垂詢，知内田已先陳達。竊思前項章程係經奏准，此次添叙之三節，自應列入奏定章程，方足以昭鄭重。擬請大部附片陳明，一面迅速咨行日本公使及出使日本大臣、總監督暨各省，一律遵照。若不奏明，恐彼學堂及遊學生謂非奉旨定章，仍致無所顧忌耳。 光緒二十九年九月初八日

二

昨奉寒電，敬悉壹是。英使照稱江南議設專賣官膏局，湖北亦擬照此辦法，有礙中英條約第五款、法約第十四款等因。查英約第五款，係不設公行，聽便英商赴口貿易。法約第十四款，係不可另有别人聯情結行，包攬貿易等語。現查專賣官膏辦法，他省雖屬收土售膏，均歸官辦，然仍有准商任便販土之例，並與約章無礙。湖北辦法較之他省更寬，係商土官熬，官膏商賣。既係商土，自然任便販運，復歸商賣，何必另設公行。照此辦理，於洋藥銷路毫無阻滯，並不有背約章。至所以必須立廠督熬者，因事關禁煙，非將銷賣實數確查，無以嚴限制而絶根株。地方官實行其主權，豈另有别人可比。官商並不合本，則非聯情結行，商人各自買賣，則非包攬貿易。以現在辦法細核約章，毫無相礙之處。況光緒十一年煙臺續約專條首段，英國政府深願聲明於行銷洋藥之事，須有限制約束之意，原爲日後實行禁煙起見。該政府既願贊成，自應按照當年所允辦理。現當未曾議定之時，洋藥自可照常銷售。如果議有定額，逐年遞減，自必照額認銷，似不必誤會於事前，過慮於事後。除將擬議章程另行抄送核閲，及試辦有效再當奏咨立案外，應請貴部先行據此聲駁爲要。藥土流毒，有礙公理，英美兩國戒煙會起而反抗，該政府始有此贊助我禁之説。其實洋商之視爲利源者，已疊生阻力。即我國奸商之因以爲利者，亦百施其句串之術。此關一鬆，何以善後。本年三月，准民政部咨開英議院與汪大臣論及禁煙，頗疑我意在暢行土藥，專阻洋藥。又民政部附送致英使節略各條，有查洋藥進口總數折中定額遞年減成之議。竊謂非勒地户減種，無以取信外人，非禁設舖開燈，無以遏絶沾染，非辦熬膏專賣，無以稽查銷數。湖北除已派員詳查煙地、議章減種實力辦理外，擬請貴部查照民政部致英使節略第一條所開辦法，切向英使磋商，將進口洋藥折中定額，遞年減成，預算立表，咨行各省按額照減，定明官爲督熬，商自買賣，如數認銷之法。如果未届期限，或已禁絶，原訂認銷洋土，亦應籌議如何停輟。務祈明白詳慎，切商立約，通咨照辦，以便

各省切實查禁，預承成算，有可籌維，大局幸甚。至煙館設舖開燈，湖北省城業已禁絶，各府亦次第限期嚴禁。官熬督賣熟膏一事，必得連續辦理。現即設廠開熬，未便坐失事機，稍爲停輟，以致販土奸商，肆行句串，種煙莠民，依舊違延。敝處飭局開熬，於交涉所關係者，亦必設法避開，不致有礙，以免外人藉口，堪紓藎慮。再，風聞十年期滿，萬一查禁未絶，有應照遞減之數賠補之説。究應如何賠補，亦望酌定，以（隱）〔穩〕地步。統祈查照駁覆示知，是所感荷。　光緒三十三年七月

三

接准來函：本月初七日美國柔使到署，面稱奉本國政府電稱，一千九百零四年，外務部曾有公文致前康大臣，許以將來建築川漢鐵路如籌借外欵，先儘英、美商借。現聞該路向英、法、德三國訂借，特命向貴部聲明前案。鄙意如將美國增入，通融辦理，諒美國政府或可見允等語。爲此函達冰案，即希統籌酌核見覆，以便轉覆等因。查此次湖北、湖南兩省境内粤漢鐵路及鄂境川漢鐵路借欵，係專爲通籌湖北、湖南兩省境内地段路綫，並非接至四川成都之鐵路。再，查貴部於光緒二十九年六月曾覆美使一函，内有總之各國公司請辦中國鐵路，均應由中國酌定，不能以請辦未定之案，視爲應得利益，並爲日後儘先承辦之舉等語，是當日並未允許美國承辦借欵。貴部此函駁覆美使之語所言不能以請辦未定之案，視爲應得利益及儘先承辦之據，措詞極爲嚴正公允。現在此項鐵路辦法，自可由中國隨時酌定，毋庸定向英、美兩國公司商議。惟中、美兩國睦誼素敦，敝處籌借路欵，自去年七月起已經十箇月，如上年秋間，美國將允願借欵之意早爲提議，敝處亦願同爲商借。現在敝處與德華、匯豐各銀行久經定議草約，貴部所稱美國柔使願商借欵之函近數日始到，爲時已遲，無可如何。爲此函覆貴部，請將此次借欵爲時已遲，不及將美國增入通融辦理情形，代爲婉覆美使爲禱。　宣統元年四月十九日

四

敝處議訂粤漢鐵路暨鄂境川漢鐵路借欵合同一事，前曾將歷次商辦情形，隨時飭高學司、曾道前往面請崧生尚書詳示機宜。昨復飭將合同底稿面呈核閲，深荷藎籌周至，指示方鍼，至爲感泐。兹於昨日即十九日，將該合同先行草押，特鈔呈一分，敬祈再逐條公同核閲有無應再修改之處，並祈轉呈邸座察核裁奪示覆，敝處專候貴部核定賜覆後，再行入奏。敬祈迅賜核覆，不勝感禱。琴軒中堂於此事原委，知之最悉，望並送一閲爲荷。再，附呈洋文合同一分，並祈發交精通英文司員逐細核對，一併示覆，尤紉公誼。　宣統元年四月二十日

五

前接大咨，具悉。美費署使面交節略，内稱此次借欵應與美國資本家商議，意欲將英、法、德借欵分撥若干，均霑利益等語。當經敝處以已與英、法、德三國銀行議定，合同業經簽押，無從與美國商借，實未便再令承辦人員轉商，致生别項枝節等因，於四月二十九日咨覆貴部，仍請查照見覆在案。事已經月，尚未接貴部核覆。正深焦急懸盼，昨接三國銀行來函，據稱美國銀行遣派代表在倫敦與敝銀行等會商，當經敝銀行等允將湖北境内川漢鐵路借欵總數四分之一，作爲美國分借之欵。經美國銀行代表轉

詢後，據稱回電屬其加入兩湖境内粤漢鐵路借欵分借四分之一，即係五百五十萬鎊借欵全數四分之一。美國銀行此次所請加入一節，敝銀行等實不能復允。現因所商未能就緒，理合從速陳明等語。查敝處屢次覆文，因美國來議過遲，實屬自誤。本未允許美國借欵，惟念中、美兩國交誼素敦，且查光緒二十九年六月間貴部覆美國康使函，於美國請准承辦川漢鐵路借欵一節，雖未允認，亦尚有案可稽。此次美國願商借欵之説，爲時已遲。如將來三國銀行肯與美國銀行和衷商議，分借此項借欵，但使已簽押之合同不再更動，敝處亦並不堅執前説，不肯允借，此即顧全中、美兩國交誼，格外通融之辦法也。今乃聞三國銀行已允美國銀行以鄂境川漢鐵路借欵四分之一，美人更欲分借兩湖粤漢鐵路借欵四分之一，致使三國銀行罷議，延緩日期，鄙人深爲駭異。查粤漢鐵路前因美國合興公司私將底股三分之二轉屬比國，違背合同，經鄙人訪聞奏明，息借英國一百一十萬鎊之鉅欵，始將該路主權利權合行贖回，此時斷無復借美欵修築該路之理。且自光緒三十一年十二月中國贖回粤漢鐵路以後，該路並無允許美國借欵之案，美國何至無端更欲分借粤漢鐵路借欵，斷斷無此辦法。此議一出，三省全路紳民必至譁然駭怪，訾議沸騰，羣相抵抗，斷不遵從，即鄙人亦決不肯於此路自美國贖回以後，重復又借美欵修造粤漢鐵路也。再，敝處前准大咨，屬令暫緩出奏，現在爲日已久，鄙人責任重大，衆情盼望甚急，未便久延，擬再稍緩數日，專候覆音。如美國於三國銀行允借鄂境川漢鐵路借欵四分之一至公至平之辦法尚未允認，致使無從轉圜，敝處實不能再爲延候，惟有將三國銀行已訂之合同先行出奏，以免貽誤要工。相應函達貴部，即希從速照鄙人原函轉致美使爲盼。

宣統元年五月二十六日

六

前以美國欲均分鐵路借欵，致使敝處與英、法、德三國銀行已經簽押之合同至今未能出奏，曾經函請貴部速爲轉達美使，早日定議，迄未得覆，焦急萬分。兼旬以來，經敝處與三國銀行屢次委婉切商，現聞三國銀行皆已願均分借欵，美國總無切實回音，一味延宕，實出情理之外。爲日業已過久，萬一債票價落，中國借款扣頭必致大受其虧，夫豈美國所謂篤念兩國交誼之美意乎。此路乃中國大政，南北利害樞紐，環球屬目，豈能聽人無理要挾，躭閣經年，自誤大局。且延宕不已，枝節横生，將來亂民會黨意外波瀾，都難逆料。洞身膺重任，曾被先朝嚴旨責成，尤深悚懼。務請貴部迅速切商美使，除粤漢鐵路從美國贖回，萬難復借美欵外，至借欵總數，三國銀行業已允認四國均分，並無軒輊。蓋川漢路本議必須續借，現議此次借款，將川漢多借數十萬鎊，三國銀行允願匀出川漢借欵之半，全分與美，三國僅分認其半，務使四國統算借欵總數，彼此必得均平，似此最爲公平，而又極力遷就之辦法，可謂至矣盡矣，蔑以加矣。務囑其速電本國，派定銀行代表，早與三國銀行直接商明，俾得定議奏准，早日開工，免誤要政，曷勝盼禱。再，近日俄國竟藉詞漢口茶務，强欲分認借欵，此等毫無情理，毫無案據之言，均可任意要求，其爲欺藐我國者至矣。此端一開，各國皆羣起效尤，他日中國興一工辦一事，外人皆得而干預之，束縛之，中國將何以立國乎。此時彼既公然啟齒，若不早爲拒絶，彼且認爲默許，延宕愈久，交涉愈難。此係貴部亟應嚴防之事，洞實不能不代爲隱憂也，務請迅速駁拒爲禱。專此奉達，鵠候示覆。扶病作書，不勝翹盼迫切之至。 宣

統元年六月十四日

覆商部 一首

前月接奉公函，詢及商部應辦事宜，仰見虛衷講求，曷勝欽佩。當將管見各節面告菊人左丞，託其轉達，想入清聽。竊謂農工商三端，事本相因，整頓農工，自皆於商務有益。惟是農事皆麗乎土地，無論山林藪澤，開墾培植，皆是地方官之事，處處與民事及地方公事牽涉，恐不能盡歸之於商。若事事由京城商部代謀，既多紛擾之處，亦恐不免侵官之嫌，似不相宜。至勸工固屬要義，然工藝一道，官不能勸工，惟商乃能勸工耳。若此一貨銷路快、運商多，則業此工者日多，製此貨者日精，故必商學既博，則工藝自盛。若無運商，無銷路，則工亦安從勸哉。蓋辦事必須有條理，尤必須有次第。此時正當貴部創設之初，其下手應辦者，約有數端。

一曰講商學。機器、格致、化學，皆製貨者所當曉。各國風尚，道里遠近，口岸衝僻，皆運貨者所當知。若無此學，不過步人後塵，聽人操縱，豈能獲利。現在議各學堂章程，即有農工商實業學堂在內，果能認真開辦，處處多設，數年畢業以後，商智漸開，自必各出新意，自闢利源。此自學之於中國者也。一面多派學生數十人，分至東、西洋，入其商業學堂，分門學習，分爲兩班，一班學速成科，兩年畢業，一班學完全科，五年畢業。速成學生畢業回國，即可分任以事。完全科學生畢業回國，更可加精加詳。如此則所講商務皆有實際，且切於今日中外通商之情形矣。此分學之於外國者也。收功似乎稍緩數年，然必從此下手，方有實效。此爲商政第一義。

一曰定商律。商律之義，保護而已矣。禁訛詐，禁假冒，禁虧塌，准專利。現貴部正議定商律，須俟商律成書後，曉示民間，方能見效。

一曰開商會。商會者，謂於繁盛鎮市，令商人自立一會，按期聚會，互相講求孰利孰害，孰緩孰急，若上海、天津、漢口、廣東等處尤要。并可由商會中自籌經費，自行推舉明習商務、老成練達者若干人，遊歷東、西各國，考校各國華貨銷路遲速，運道難易。回華以後，自然展轉布告，商智日開矣。

一曰恤商情。恤者，平日不騷擾，將辦之時不需索，辦成以後不苛征，如此而已。或初辦數年免税，或有税而從輕。商人樂其不擾不苛，自然踴躍營運，不待官之督勸也。

總之，以上各事，出洋習商學、定商律兩條，應由官迅速辦理。中國立商學一條，應由官認真勸辦，然經費難籌，則學堂之多少難定。恤商情一條，應隨時由官體察酌辦。至商會可勸諭商人自爲之，不須官出經費，亦不可令商籌經費，交官辦理，此最爲商人所深忌。蓋中國商務之通病，往往未辦事先須費錢若干，必須先除盡此弊，始可言商務矣。若官勸設公司，斷斷無益。有大利可圖，有資本可集，自必趕設公司，何待官勸。若無把握，勸亦不行。管見則謂此時貴部所宜急辦者，尤在迅速選派明白切實人員，出洋遊歷，專意考求商學，期以兩年回華，與所派學習商務速成科之學生同時回國，則胸中既有成竹，措施自有次第，此尤爲要著中之先著。近聞貴部擬派員至各省查考商務，此時官既不悉商情，商亦不喻官意，恐無大益，徒致紛紜。竊思與其派員赴各省，不如派員赴各國，俟遊歷各國考察商務之各員回華，再行派往各省。其考求海疆之物産商務者，派往沿海。考求江湖之物産商務者，派往沿江。考求陸路山林之物産商務者，派往内地各省。則所到各處，皆能爲商賈、工業、農民指出某國商業有可仿照營運之法，某事有可抵制漏卮之方，某處有可銷流外國之貨，某處有擅長之手工，有可製造之棄物，某處有宜廣植之物産，有可采用之新法，地不空到，語無虚發，自然商民感激，鼓舞生機，蓬勃舉辦，雖遲兩年，而動必有成，無曠時亦無糜費，是似遲而實速，較之聚集多員於京城，空煩文牘，徒耗經費，爲益多矣，何如移京署之經費爲出洋員生之經費乎。每一游歷委員，一年約需五千金，若派十員，每年計五萬金。每一遊學生，西洋年約需二千金，因需用繙譯，故費尤多。東洋約需五百金。若派學生四十人，西洋二十人，東洋二十人，每年計五萬金，共十萬金。芻蕘之見，不知有可采否。一得之愚，聊塞下問，統惟鑒察。 光緒二十九年十二月

致農工商部一首

頃承電索敝處所譯各國鑛章稿本。查各國鑛章，前經委派洋員購取洋文，分派譯員摘譯，計譯成英國煤鑛定律一册，英國鑛務册記一册，英屬圭備格鑛務章程一册，法國鑛務章程一册，美國鑛務章程一册，德國鑛務章程譯略一册，奥國鑛務章程譯略一册，比國鑛務章程譯略一册，日斯巴尼亞鑛務章程譯略一册，又英使馬凱交來中國鑛務章程草議一册，又印度鑛例一册，共十二册，彙裝一函，兹特固封交郵局寄呈台覽。其中所黏各籤，乃初次發交委員閲勘所黏者，頗爲簡略。嗣經删改鈔寫成册，復另派委員細勘一次，又經洞親自復勘，將總綱大例及字句文義，細加推求，另行編訂繕清，復屢加斟酌修改，共已四易其稿，始敢作爲定本。此册内各籤已是筌蹄，無關要指，不過姑存卷内，以存最初之面目耳。查鑛務爲今日理財要政，近來中外商人亟盼中國鑛務新章及早頒行，俾可遵章稟辦。務望貴部從速參考核定，早日奏覆，請旨施行，曷勝翹盼。再，敝處奏進鑛務章程摺内，有兼采日本鑛章一語，係當時詢據日本法政員稱述，並派譯員就日本法規大全内所載鑛務條例詳加參校而得者，並未譯有專書。併以附陳。 光緒三十二年十一月十九日

致英國駐漢總領事法磊斯四首

一

前派周守以翰，同普利公司洋商前往黄安采取鑛砂，計在睡虎山采得鑛砂四千二百斤，在黄金砦采得鑛砂一百四十餘斤，在明家山采得鑛砂十斤，均已交該商人承領，一切開挖之費，均由官出。當時因明家山鑛砂甚少，該商人必欲開深，致巨石猝倒，壓傷做工人三名，其一人受傷甚重，羣情洶洶。周守恐别生枝節，該商人亦有戒心，因彼此商允停工回省。此次該商人約同鑛師前往，又經黄安縣通融辦理，准代雇夫再爲開挖鑛砂，兩日計得鑛砂若干，現尚未據稟報。各山鑛質經本部堂飭局化驗，睡虎山係最佳鉛鑛，明家山、黄金砦皆係銅鑛，惟明家山鑛質雖佳，該山蕴鑛砂少，開采費工，不能多得。此前次在黄安采鑛情形也。該洋商如僅爲化驗，計所得鑛砂已屬不少，儘足敷用。至欲試辦一年，非俟新定鑛章奏准頒行，該商人遵章訂立合同，未便遽議。

即使該商人願遵新章辦鑛，亦止能認定一處，指明一鑛，方爲合理，安能將黄安一縣之鑛，概許該商人包攬耶。此時該公司如必欲采足二百石之數，須先指定山名鑛質，候本部堂酌核辦理。希即轉飭普利公司商人遵照爲荷。　光緒三十一年二月十六日

二

此次借款，承貴總領事代爲介紹，辦法極爲公道，本部堂感謝良多。以後粵漢鐵路如須向外洋續借造路之款，自當先與貴國詢商，果其利息、抵押等款較他處相宜，應先儘貴國承辦。如造路借定英款，則粵漢鐵路需用之外國工程師，當一半雇用英國人。其粵漢鐵路需用機器車料等項，除鐵軌係用漢陽鐵廠所造，枕木係用中國所産外，凡用外國物料者，亦可先儘英商開價，由鄂、湘、粵三省總公司擇公道便宜者訂辦。特此專函奉達，即希貴總領事查照。　光緒三十一年七月十九日

三

廣州、九龍鐵路一事，本與此次借款無涉。初與貴總領事商辦借款時，亦未嘗提及廣九鐵路。本部堂權限職分，只在粵漢鐵路一事。且當初議辦廣九之路之原委，本部堂全然不知，故廣九鐵路之辦法，本部堂不敢越俎，輒下斷語，實未便干預其事。總之，借款一事，乃承薩大臣及貴總領事與本部堂之厚誼和衷，本部堂實深感謝。至廣九鐵路，本部堂實不願與聞，務望貴總領事轉達薩大臣見諒，將借款一事萬勿牽涉廣九鐵路，是所深感。

光緒三十一年七月十九日

四

梁大臣處所訂正約，現尚未到。金元小票比股東願留，本可不必收贖，鄙意如能借利息較輕之款收回，自較合算，故以奉商。至合興公司應交全路利權及一應産業文契，均已於本月十二日在粵、滬分别交收矣。儻續借之四十五萬鎊貴國政府或有爲難，即作爲罷論可也。至前言二十萬鎊，復言四十五萬鎊，係汪守面與貴總領事核算連加息、年利等項，須有此數，方足贖回二百二十二萬五千餘元之金元小票，非有他也。昨又接誦惠函，並華英、華中兩公司借款節略等件，詳加察閱，與本部堂前日面議間有未符。其借款扣頭究竟於九四之外能否減讓若干，總以定一確數爲準，未便參用活筆。似此種種，尚待斟酌。容酌定後，再派汪守偕詹繙譯同赴尊處面商一切。本部堂日來感冒畏風，未能接晤，尚希見諒爲荷。至前言鐵路工程師金達一節，借款未議定以前，萬勿招其來鄂。特此奉達。　光緒三十一年九月二十三日

致劉梅卿朝鼎一首

自離黔中，久疏箋敬。數年來屢向俊卿、喬梓問候起居，稍知近狀，具稔道履康娱，箸祺日懋，靈光碩望，矜式攸資，曷勝馳仰。回憶郡閣趨庭，獲瞻文範。范希文之劬學，石守道之研經，庭訓時聞，久深欽慕。雖雲路之扶摇未遂，而儒林之山斗彌尊，欣慰之餘，愈殷泂溯。先大夫服官珂里，歷年最深，與貴郡士民亦最洽，先則受經興學，横舍弦歌，終則枕戈同袍，危城患難。歲月如駛，倏已五十餘年，乃荷貴郡父老緬懷舊政，共建私祠，追思同峴首之碑，遺愛等欒公之社，具見貴郡薦紳耆舊性情之敦

厚，堅於金石，風義之高迥，上薄雲天。寄示祠堂圖象，并拜祭扁聯各圖，當即一一敬謹瞻禮，望風百叩，不知感涕之彌襟矣。惟是祠宇既成，而歲時灑掃修葺之費，祭期蘋藻品物之需，必須籌有常欵，乃克經久。貴郡諸同人勞費已鉅，寸衷深抱不安，萬不敢再以此累及諸君。茲特匯寄千金，擬酌量購置田租若干石，以爲祭田，并充歲修之費。已託宋、張兩世兄到黔後，與台端商酌辦理。再，興郡學堂，聞因經費未充，規模尚未大備，以故學子尚屬無多。謹捐寄千金，以助興義府城學堂經費。并寄去學堂應用圖書儀器，計中學二十分，每分十五種，高等小學三十分，每分十種，中小學公用圖及儀器一分，共十二種，并希點收應用。特是延師選徒，經營布置，恐尚需時，竊擬招致貴郡行端質美諸生十人，即日來鄂，附入各學堂肄業，庶可期早覩成材。所有來鄂川資及在鄂附學學費，皆由弟代爲籌備，務請會商同人迅速遴選遣之，與宋、張兩世兄偕行返鄂，實深翹盼。專此肅函。令族姪毅隨同赴黔，面謁台端及諸同人，敬鳴謝悃。同郡諸君不能一一致書，均請代達鄙忱申謝。 光緒三十三年四月二十三日

與黃仲韜[一]一首

日本貴族院議員伊澤君修二在京晤談。此君於中國文學根柢頗深，因日人有廢漢文之説，特立漢字統一會，並擬聯東亞諸國儒者維持漢學，謬以鄙人海外知名，公舉爲該會會長。僕年老學荒，豈能勝此，且現居樞要，政務殷繁，亦無暇與外國人聯絡結會，當舉足下以代，伊澤君亦甚傾慕。據云擬便道赴武、漢考察，藉聆閎議，特爲介紹一言，尚希撥冗接見，以副此君願言之雅。

光緒三十四年九月二十五日

致郵傳部一首

洙昭路綫一事，昨接湘路公司王紳先謙、余紳肇康、席紳匯湘等庚電，請仍將此路交公司承辦，一切如何稟督稽核，并如何嚴定期限之處，無不惟命是聽，即萍局已購有料件，公司亦可一概承受等語。又接盛侍郎佳電，請飭由湘公司兩頭即日開工，限八箇月告成，所有運煤經費，悉照萍洙合同，按里科算各等語。查此段路綫，貴部當日擬由部辦，自係爲工速運利起見。惟此路現勘應修者，不足四十里，萍煤遇水漲時，至洙洲時即須下船，水涸時過易家灣以下，仍須經由幹路而行，似由萍至洙，由萍至昭，得失無幾。敝處去冬曾派李道實滏赴湘會勘此綫，雙綫之處雖不甚寬，並軌尚能設法，若如湘紳所議，止造單軌一綫，他日幹路發達之後，必致煤貨擁擠，自甕路利。現在總須劃留雙綫地位，以備煤、貨並盛之時，即令湘省添築應用。至運煤按里計費，向有定章，湘公司決無我行我法之理，獨勒重價，特此奉商貴部。鄙意擬即將該綫允交幹路承修，當由敝處督飭湘省官局公司限期趕工，以免久延萍煤運道，有誤漢陽鐵廠工作。特此函達，即祈酌核示覆爲荷。 宣統元年二月

[一] 即黄紹箕，字仲韜。浙江瑞安人。光緒六年（一八八〇年）進士。歷任翰林院編修、武英殿總纂，後任京師大學堂總辦。

與梁崧生〔一〕五首

一

昨承示英國朱大臣節略，藉悉一切。敝處昨亦接到漢口法總領事〔二〕來電一件，特抄呈察閱。查從前贖路之時，極承法總領事厚意，深爲可感，是以訂有照會，今日若處處皆按照會辦理，本係最易商辦之事。蓋前在漢口所訂照會大綱辦法，本已載明，足爲依據，又有最近之津浦、郵部各借欵合同，可爲參仿。此次祇一商訂息扣數目，即可定局。乃濮蘭德不顧前訂照會，節外生枝，必欲令總工程師於購料用欵簽字，思干涉中國路權。鄙人雖極重交誼，但似此無理要求，何能照允。縱使鄙人輕率允許，亦必爲各部所駁詰，各省士民公論所詆訾，終必不能照辦，仍然於事無益。濮蘭德既已自聲明不辦，且令與他國商辦。查濮爲法總領事電明朱大臣所薦舉之人，濮既決言不辦，自足爲英國辭辦此事之據。鄙人先請法總領事派員又與濮商議多日者，係按照會先儘英國詢商開價之義辦理。濮既不辦，改與他國商辦者，係按照會由中國酌擇公道便宜者另行籌借之義辦理。刻下與他國所商大致已有頭緒，濮所力争者，他國皆未争，愈顯濮節外生枝，不顧交情，有意挾制。鄙人既已竭盡情誼，處處按原訂照會辦理，且與他國商訂將定，自可不必再與濮蘭德開商，似亦無不合之處矣。但念與法總領事交誼夙敦，又重以朱大臣轉託台端之意，因格外顧全睦誼，姑允再與濮蘭德開商一次。但有三事必須濮蘭德應允，方與開商，如不允，即不必再商矣。

一、總工程師祇管分内應辦工程之事，餘事皆不得干預，購料用欵不能簽字。

一、各條大概均仿照津浦合同辦理，不得於津浦合同所准權利之外，另有要求。惟經理購料一層，須先儘中國自有自造材料購用，在合同内切實聲明照津浦合同原文，須略加更改。

一、合同條欵大概既均仿津浦辦理，必須於兩日内商議決定，決定後在三日内與他國各密開息扣價值，當面揭封，不得藉詞支延。

以上辦法，擬託台端轉達朱大臣酌核轉飭，并即示覆，無誤。鄙人與他國商訂定局，是爲至盼。再，查照會内所指先儘英欵商借，自係指英國各商欵而言，非指中英公司一家。如按照上開辦法，朱大臣能另派他家來敝公所商辦，尤爲鄙人所深願也。至英使館與外務部派員調停一節，似可不必，因此事本甚易辦，如濮不節外生枝，即可定議，如仍始終堅執，即無可再商，均無所用其調停也。祈并轉達。宣統元年二月初一日

二

頃誦來函録示英國朱大臣節略，并閣下面告高、曾兩委員兩次與朱大臣面談各節，均已聆悉。查當日漢口法總領事慨借贖路欵，深爲可感，鄙人銘泐不忘，是以與法總領事當面商定照會各節，正所以爲酬報。如果法總領事於照會各節不能滿意，借欵即不能成議矣。至簽字一節，當日照會并未提及，未便添入。朱大臣節略言造路向係如此辦理，云云。查他路是否如此，不能援照。若前年鄙人會奏定之津浦路合同，即無簽字之條。又如鄙處前函

〔一〕即梁敦彦，字崧生，亦字嵩生。廣東順德人。時任外務部尚書。

〔二〕即英國駐漢口總領事法磊斯。

息扣高低，須詢商他國，同時開標一節，乃是最公道辦法。即如他路合同內有購料先儘借欵之國之語者，亦係同時開標，可爲確切比例證據。總之，此項借款斷不肯移作他用，以及糜費濫用。將來如何用法，必能令借欵公司相信，然總須於主權絲毫無損，鄙人自當籌一妥善辦法。鄙人於此事固深感英政府篤念邦交之厚誼，朱大臣和衷商辦之雅懷，惟只能抱定從前照會辦事。因今日各部院衙門好挑剔者尚多，此乃無可如何之事。尚祈閣下向朱大臣婉達鄙忱，并希朱大臣原諒，是所感禱。此事議已數年，其間多有梗阻，今幸奏明議辦，鄙意真心願與英國妥商，辦成此事，免爲旁人譏笑，則是鄙人所深盼者耳。如拖延日久，不能定議，萬一別生枝節，此路竟不能辦成，鄙人固所不願，想亦朱大臣之所不快也。

宣統元年二月初七日

三

粵漢鐵路借欵一事，前經催令濮蘭德速開價值。嗣據濮蘭德稱，所有辦法及價值，准於十四日下午四五點鐘訂定，如英國不欲承辦此事，亦於十四日回覆等語。嗣於十五日上午十一點鐘，濮蘭德來公所，面稱借欵事如照津浦合同辦理，中英公司決不肯辦。當經高、曾兩委員再三詢問，濮蘭德已切實聲明決意退辦。查此事關係重要，已與英公司商議數月，可謂情誼兼盡。彼既始終不肯開價，現又明言退辦，鄙人恐貽誤路政，因不得不改與他國商定。是日下午三點鐘，即與德華銀行柯達士面商，訂定大概辦法，均仿照津浦合同辦理，惟息扣較津浦尤格外公道，并據柯達士寫立函單爲據。及至七點鐘後，濮復由德律風傳達，請再展期一日。當經高、曾兩委員告以已與德國開商，既請展期，允以一日爲限。乃候至十六夜，濮仍無一准回信。鄙人實不能再候，致徒延誤時日，遂函覆德華銀行，允認其所立函單爲據矣。所有粵漢鐵路借欵中英公司業已退辦及改與德華銀行商定情形，合亟函請台端轉達英國朱大臣知照，并煩將如此辦法實非鄙人本意，因已延誤多時，事體重要，前已歷次函陳，不能久候，始迫而出此也。

宣統元年二月十七日

四

前由貴部開送六月二十五日即西歷八月十號在署與美署使面商各條，既經與三國銀行接洽，彼此允願，內除借欵數目更改外，原合同概行照舊，其餘大致均可通融辦理。至延用美國工程司數人一節，查合同附件內，有各段所用工師技手等，應聽憑督辦大臣，或派用中國人，或派用歐洲人，或由勘路情形熟悉酌派日本人等語。中國向來視美國與歐洲人無異，故僅用歐洲字樣，將來需用各項工程司之時，自當歐美一律酌用。希將鄙人此意轉達美使爲荷。再，聞美國所派銀行代表人已來京多日，務祈貴部代催美使，轉飭所派銀行速與三國銀行妥商定議，以憑早日出奏，實深盼禱。

宣統元年七月十一日

五

昨由宗委員鶴年鈔呈俄使交來節略及擬覆俄使節略二件，接閱之餘，實深駭異。查此次借欵先與中英公司開議，嗣與德華銀行續商，均係有往年成案在先，自應如約辦理。後因中英公司未能就範，英國改派匯豐銀行接議。以中英本有法商在內，加入匯理銀行，尚非節外生枝。至美國銀行分讓鄂境川漢借欵一節，亦係貴部於光緒二十九年曾經商允，亦屬有案可援，有詞可藉，想皆閣下所深知。中國與各國交誼本無歧視，然辦理内政自有主權，辦理外交須有成案，外人斷不能憑空强爲干預。前次俄人妄肆要求，即經敝處函勸速爲嚴詞駁拒。及閲貴部照覆俄使原稿，僅叙業已成議，無從再商等語，未將各國銀行皆有案據可援各情形詳細剖駁，以絶其望，致俄人認爲所列意見，并不固執，遂思設法嘗試，覬覦攙入。設若再許其請，不惟四國銀行萬無輕允之理，中國毫無主權，任人干涉，其將何以爲國。鄙人事有專責，更將何以對三省，何以對天下乎。尊處所擬覆俄使節略，語氣太鬆，且多有隱許可以通融之意，實百思不得其解。想貴部外交日形棘手，有不便與各國輕傷感情者。此事不妨聲明督辦大臣專政，以期互相維持。務祈閣下將以上所述詳情嚴拒俄使，并告以匯理銀行即係附入匯豐辦理，全由英商作主，并未與英德兩國銀行並列，萬不能於匯理之下，更列華俄銀行字樣。此種影射之言，萬不可爲俄所惑，恐交涉之事不在俄而在英矣，思之彌爲可懼。如貴部照復俄商難於措詞，即將該使原交節略鈔咨敝處，再由敝處嚴加駁拒，貴部據以轉覆俄商，何如。　宣統元年七月二十四日

致寶竹坡[一] 一首

寄示攻駁西學談天一篇，用意極正大可佩，與楊光先不得已一書異曲同工。惟天算之術，究係專門，執事於推步未能燎然，故攻擊處尚未中其要害。竊思天算最耗心力，較之考據尤甚，此等學術似非我輩中年以往而又孱弱多病之人所能窮究。我兄之意，無非以閒居多暇，不欲以玩愒遣日，故欲於著述中，爲補救世道人心之計，此誠古來賢人志士之所爲也。尊意既喜考據，則天算不如經史事是素習，較易致力。且考釋經史亦有樂趣，經之體尊，史之用廣。史學又差易，且令人心思壯闊，於善病者尤相宜也。如考經學一事一語，須繙數十種書，史學則不過繙數種書至十許種足矣。本朝史學家蒐考亦極繁極細，然亦稍有貪多識小之弊。惟下筆必須矜慎，經學尤甚，經説往往因一字誤解，一篇俱廢，一數有差，立義全失，或年月或物數。史學尚不至是，事實較明，證佐較多耳。

經説諸篇，前屬經生鄭伯更細讀，久而未覆。頃從粤索回，現存敝處，當再覓人看之，斷不散失。尊意大抵於天算則主中而駁西，於經學則抑漢以申宋，此微恉所在，以爲此所以救世道人心也。惟天算中法實不如西法，經解宋學實不如漢學。若云救世，但當破近日眩於西法之迷途，發墨守漢學之流弊，方爲有益。若并西人之天算法、漢學家之考據、訓詁而駁之，尊意亦欲就考據、訓詁以駁近日經學，但似未能入其閫奥。既非事實，終不能勝矣。西法迷途者，知西人算術、機器、製作之精，於是心悦頂禮，并慕其飲食、衣服、風俗而效之，忘其狙詐貪狠而信之，震其富强整齊，自安貧弱無能，以得免觸怒爲幸，隱忍遷就以從之，西人實是富强整齊，我有自治自强之道，則足以敵之矣。此西法之迷途也。客氣、空言亦迷也。通經貴知大義，方能致用。義理必出於訓詁，於是因訓詁而事考據，因考據而務校勘，久之漸忘本意，窮末遺本，買櫝還珠，與身心世務全無關涉，此漢學之流弊也。若能通西法以

[一] 即寶廷，字竹坡。清宗室。同治七年（一八六八年）庶吉士。曾任禮部右侍郎。

得自强之術，博漢學以爲明理之資，是西法正爲中國所用，漢學正爲宋學所用，豈非快事便宜事，何爲反攻之乎。天旋歲差諸條，西法固精，即使錯謬，於實事何害，此不足爲中國患者也。弟庸鈍衰朽，不合時宜，自知無用於世，事事棘手，日日思歸，但求經手事體粗有規模，可以稍塞咎責，即當早避賢路。他日還至都下，與兄晨夕過從，商量學問，自擬成數卷説經之書，非還都則斷無暇也。尊判亦可隨時獻疑參訂，豈非至樂。爲期不遠，此願當易酬耳。弟有自知之明，仍是文學較長耳，故願用其所長也。

致寶竹坡〔一〕一首

承示駁正戴、阮、李諸學，甚當，佩服，與鄙見正同。鄙性於漢學、宋學皆所敬愛，尤深惡好奇蔑理之漢學。今刻學海堂續經解，自當慎擇。阮之文學，薄劣何敢望，然學術趨向不同，即有人以阮公相擬，亦不樂口。略覆數語代面。敬候起居安善，不盡。

致廣雅書院分校馬季立、黃子鵬、林子颺、黃芑香一首

著袂以來，倏已逾歲，每懷雅度，未之或忘。書院創始不易，收效甚長，惟望互爲維持，俾高材生接迹其中，蔚爲時彦，則誠東西兩省之幸，區區之懷，亦藉以稍釋矣。春季卷已閱竣，即日寄回。每卷皆兼數體，校閱較費日力，若詳考出典，不免時須檢書，其勞同於作者。至於評騭之精，甲乙之當，尤爲識力並到。諸生學業之進，自由於此。而鄙人於每年四季，亦得時修舊學商量之業。案牘如山，抽空披覽，相隔數千里，恍若對面討論，誠可樂耳。

與俞階青〔二〕一首

前閱報紙，即聞令祖曲園前輩大人噩耗，私衷驚悼，莫可名言。嗣奉訃音，並讀留别諸詩，仰見襟懷灑落，道力堅深，其存也超然於聲色貨利之途，其歿也了然於生死去來之故，可謂合靖節康節爲一人矣。溯自道、咸以迄今日，世風益變，耆宿罕存。獨令祖大人以魯殿靈光，爲昌黎泰斗。守樸學於經籍將熄之秋，養高蹈於功利競争之世，主持壇坫凡數十年，箸述名山逾六百卷。以翰林歸田，隱居終老，名望日隆，似全榭山、蔣心餘、洪稚存，而享年之高過之。主講名都，成就後進，教澤廣被，似杭大宗、姚惜抱、陳東塾，而著書之多過之。又得閣下謀承燕翼，美濟鳳毛，追小同之傳經，效范喬之捧硯，沐天語而列儒林，真無媿色。繩祖武而述明德，必有達人。此則海内人倫同深欣慰者也。猶憶同治丁卯得一見令祖大人於金閶，備聆教益，佩仰良深。其後雖書問曾通，而山河遠隔。今則湖樓如故，已等黄壚，滄海思賢，僅留畫象。撫今思昔，曷勝憮然。謹具挽聯一副，素幛一懸，敬祈代告几筵，以當芻束，至爲感幸。

〔一〕録自苑書義等主編《張之洞全集》第十二册，第一〇三四四至一〇三四五頁，河北人民出版社一九九八年版。

〔二〕即俞陛雲，字階青。浙江德清人。光緒二十四年（一八九八年）進士。曾任四川鄉試正考官。著名學者俞樾（曲園）之孫。

致汪穰卿[一] 一首

沈子復所著養病庸言、魯歸紀程兩種，望賜一閱。

致汪穰卿、梁卓如[二] 一首

戒纏足會叙，呈教。農學會請附賤名。謹捐助銀元五百元，已交匯號。甚盼卓老中秋前後來鄂一游，有要事奉商，欲得盤桓月餘。此多不及。手書。敬請兩君著安。不盡。　光緒二十三年七月二十日

致許竹筠、袁爽秋、樊雲門、王廉生[三] 一首

再，前奉高密相公覆電，言至痛切，憤恨無極，惟其中尚多未盡之詞。自肇事至今，內間秘密宗旨、兵事曲折情形，務懇詳悉示我，其有關重要者，請速用密碼繙好，付原差至保定電發，以便早得所聞。

致伊藤博文[四] 二首

一

前承騶從莅止，江漢生輝。連日盤桓，欣聆偉論。只以行旌忽促，未罄所懷，殊爲悵惘耳。昨奉滬上惠緘，猥以東道簡褻，尚辱署諸齒頰，尤深愧汗。兹悉大旆即日東旋，辰維迎春納祜，爲頌無量。前者承論亞洲大局各條，良規卓識，啟發深切，莫名感佩。弟以駑朽下材，處此危局，舉凡一切補救之事，夙夜汲汲，思副厚期。惟自愧力薄權輕，才庸智鈍，百憂叢集，寸效無聞。上無以報國恩，下無以慰朋友，中心如焚，夜不能寐。昨與小田切總領事傾談，略述艱窘情形，諒達清聽。此次選派學生赴貴國學習武備，尚祈俯賜關垂，是所翹禱。東方大局，日新月異，以執事勛望顯赫，大雲再出，自在意中。海鴻西來，尚祈時賜箴言，借匡不逮，幸甚幸甚。專肅布臆，敬請勛安，諸惟亮照，不備。

光緒二十四年

二

遠隔風儀，久疎執訊，傾思積慕，不暫弭忘。近聞元老壯猷，俯從人望，鈞衡再秉，許國匡時，欣誦之懷，難可言喻。曾托小田切總領事暨敝國李木齋星使代致賀忱，知邀鑒及。目前大兒權游歷貴邦，猥叨容接，殷懷摯誼，感戢尤深。兹敬啟者，敝歷七月初，聞有富有票匪倡亂長江，先在大通起事，江、皖查出僞示各據，始知是康、梁逆黨所爲。旋復聚集武、漢間，匪徒潛謀不

〔一〕即汪康年，字穰卿。浙江錢塘人。光緒朝進士。曾任兩湖書院史學分教，加入上海强學會，創刊《强學報》、《時務報》等。以下二首，録自《汪康年師友書札》第一六七二頁，上海古籍出版社一九八六年版。

〔二〕即梁啟超，字卓如。廣東新會人。時任上海《時務報》主筆。

〔三〕即許景澄、袁昶、樊增祥、王懿榮。函中「高密相公」隱指榮禄。禄字仲華，漢高密侯鄧禹亦字仲華，故云。録自黃濬《花隨人聖庵摭憶》第七十一頁，上海古籍書店一九八三年版。

〔四〕伊藤博文，日本前首相。光緒二十四年八月初抵北京，同月底至湖北會見張之洞。以下二首録自湯志鈞《乘桴新獲》第一九二頁、第一九五至一九七頁，上海古籍出版社一九九〇年版。原件藏日本國會圖書館。

軌，幸經破獲，則康、梁弟子唐才常在焉，一切糾匪謀逆實情，供認不諱。國有常刑，不得不執法從事。嗣得李傅相與駐英羅星使往復電告，及湘省同時獲匪所訊口供，均有康、梁主使寄錢糾匪確據。近日廣東德制軍電知惠州匪亂，暨廣州省城炸藥轟毁撫署，情節亦復相同。其所句結，皆係無賴會匪，兩粤、三江、兩湖，蔓延幾徧，計謀凶狡，振古未聞。蓋康有爲於外情世態，極善揣摩，當運窮變亟之秋，既以立憲維新之説誑誘少年浮薄之文人，又以民權自立之説煽動江湖桀黠之群盗，冀盡天下智愚賢不肖咸墮其術中，然後惟所欲爲，求遂其盗竊非常之舉，真可謂亂臣賊子之尤者矣。海内之人，關心全球大局，不知中國實在情勢，但急望中國變法自强，或遂以其能言新而誤信之，且以其言保皇而深許之，初不料其詐僞凶險，一至於此也。此次提獲唐才常等種種逆據，并軍械火藥等物，其令其軍以自立爲名，其謀以焚殺刼掠占據城池爲事，其漢、洋文規條，有指定東南各省爲新造自立之國，不認滿洲一朝爲國家等語。其逆黨逆信，有皇上倉皇西竄，此時此機，萬不可失等語。其康、梁會銜僞通飭文，又有欲圖自立，必自借遵皇權始等語。夫遵皇權，明言是借，且明言圖自立，明言不認國家，甚至以逃竄等字加諸至尊。如此情詞，尚有絲毫愛戴我皇上之意乎，其平日對外人所言保皇，果尚足信乎。而國會中人如唐才常等，竟甘心附和之、推戴之，悖謬極矣。弟於此輩少年文士，極願培養其才，開通其智，勗以忠愛，進諸文明，儲備國家他日緩急之用。不意康、梁從而煽惑之，得罪名教，干犯王章，鄙人當執法之時，未嘗不深憫其愚，而惜其爲奸人所絓誤。爰特刊發告示，曉諭兩湖士民，并於百忙中，別草勸戒國會文一通，廣爲傳布，冀有以平其矜心，發其深省。頗聞在東游學諸生，習聞康、梁邪説，不無張脈憤興之病，文中故兼及之。能少一人附和，即少一人株連，告誡諄諄，亦保全之微意也。

貴國與我鄰壤同文，教以倫理爲科，人以忠義爲本，敦尚氣節，最重尊親，愛其國則如家，戴其君則如天，鄙人素深佩服。苟如康黨陰謀暴行，自覆宗邦，凡熱心之士，必且共爲鷹鸇之逐、豺虎之投矣。兹將告示稿、勸戒文各備十册，附呈台覽，藉可見鄙人辦理此案之苦衷。向使康逆謀亂果成，東南各省同遭蹂躪，則華洋商務全局，必將攪擾不堪，是以李傅相特商英國政府，承允轉飭新加坡、香港兩總督及駐華各國領事，於該匪潛來界内，立即查拏拘禁，勿再容留。澳門總督亦經粤省照會，復准代爲拘拏，并擬有辦法三條，極爲妥協，已由敝處咨請李星使照會貴國外務大臣查照，一體切實執行。閣下維持東亞，夙具同心，倘有此種梟獍之徒潛留宇下，萬望會商内務、外務兩省協力驅除，勿使凶人得以假息。弟非必欲窮其所往，蓋亞洲時局，現在已極艱危，東南江海奥區，萬不可再生禍亂，況必中國之内訌靖，而后外洋之商務可興，大局所關，固彼此兩利者耳。專緘布意，敬請勛安。

致寺内正毅〔一〕 一首

蓬瀛一水，幸鯉訊之遥通。葭露三秋，聽鴻名之逖播。望風引領，積日馳懷。教惟韜鈐在抱，經濟垂時。參偉略於樞機，才

〔一〕寺内正毅，時任日本陸軍部大臣。録自湯志鈞《乘桴新獲》第三九七至三九八頁，上海古籍出版社一九九〇年版。原件藏日本國會圖書館。

優帷幄。陳訏謨於密忽，勛著旂常。翹企鴻猷，曷勝欣頌。此次貴國舉行陸軍大操，鄂省特派朱觀察滋澤等文、武十二員，并小孫厚琬、厚瑗，往觀巨典，并游歷各處，考究學校、武備、工廠等事，以開茅塞。惟是員等學識謭陋，人地生疎，恐問俗之未周，致禮文之有闕，務祈閣下雅誼關垂，照拂指示。喜師資之有賴，卜賓至之如歸，曷勝感幸。弟謬領疆符，無裨時局。西門種樹，慙坐鎮之無功。東壁分光，欽善鄰之古義。私願竊方於學海，遠懷遥寄于停雲。一切除由朱觀察等面陳外，謹附呈微物四種，聊充芹曝，尚祈哂存是幸。專肅布懇，敬請勛安。諸維愛照，不具。

光緒二十九年

致某先生[一] 二首

一

頃奉鈞柬，知明日仰蒙賜飯，亟應趨侍座隅。惟明日係課日，適之洞爲主人，早經約定，同人甚多，倉猝間實難徧致改期。同人手筆皆不甚迅速，謹先陳明敬謝。設能速了，即當摳謁。伏惟鑒察，敬請鈞安。 十五日戌刻

二

叩送行旌，瞬逾數月，翹瞻道範，依戀奚如。遥惟舟車載福，安抵西江，重訪舊游，博攬名勝，蕃祺清興，定慰馳忱。之洞於本月初旬蒙恩遷右庶子，顧惟竽濫，益切冰兢。京師暘雨尚調，畿輔秋成可望。邊事尚無確信，曾侯亦不知已到彼否。恫喝之言屢至，狡謀難測，令人悶鬱。茲有啟者，去冬因明詔集議，之洞曾上兩疏，當即焚草，未嘗示人，不知何緣流播，以致上海刻入新聞紙，翻成洋文，徧傳海外，於是洋人嘖有煩言，謂中朝言者昌言主戰，大不相宜，恐因此激怒敵人。合肥遂致書總署，頗歸咎漏此之人。竊思此稿外省紛傳，之洞亦有所聞，良不可解。近年廷寄密旨，往往外國得知，刊入洋報，可爲怪嘆。吾師在江省，彼處亦必有人流傳，故懇於同人言及時，囑其勿爲騰播，徒供談資，致貽流弊，是所叩禱。賤體叨蒙福芘，尚稱平適。茲因風便肅上寸片，恭請鈞安，伏惟垂察，不盡依馳。 六月三十日

過濟南時，前所陳之件曾蒙念否，敢祈賜示。

致于晦若[二] 一首

前日面約暢游一節，今日天氣晴暖，特邀台從於未刻一點鐘至符曾、菊農兩君處齊集，約同符曾、菊農先至土地廟看花廠看菊花，再到彰義大街新建昭忠祠看松，歸途到松筠庵便飯。祈即時命駕是幸，稍遲則又曛黑荒寒矣。

致吟樵 二首

一

舊槧書三種，蘇集、昏禮、紀聞。奉還。所以遲遲未繳者，意

[一] 以下二首録自張之洞手書原件。收信人不詳，時間約在同、光間。原件藏武漢市博物館。

[二] 即于式枚，字晦若。廣西賀縣人。光緒六年（一八八〇年）庶吉士。以下四首録自苑書義等主編《張之洞全集》第十二册，第一〇一二〇至一〇一二三頁，河北人民出版社一九九八年版。

欲再一翻閲。連日公事積牘如山，掃除未盡，迄亦未能重翻也。

前托鄂生轉致，竊欲奉假尊園并煩大庖，邀集友朋譚笑一日，擬十二日準午刻。已承見許。謹送至二十金，如不敷，祈飭匯總開帳。祈飭紀綱排當一切，上席一，不用燒烤，中席一，酒茗鐙燭一應物事。好酒無從物色，故擬一并相累，望從者代爲求之。仰勞清神，曷勝感激。外四金，以犒庖人，勿客氣也。

何日到楊通侯第看書，望先約定示及爲幸。弟亦令舍侄往詢，但須請執事同往爲妙。手肅。統容晤謝，敬請著安，不宣。

二

覆示敬悉。今日官樣文章，似以用燕菜爲得體，慁漬清神，且感且悚。楊氏看書之約，即訂十三日早飯後準未初刻，爲何如。復請吟樵尊兄姻大人日安，不備。

致許仙屏[一]一首

自出國門，風雨泥涂，宵旰勞頓，苦不可言。惟税駕長安之夕，獲接清標，舉杯奮塵，傾吐積愫，心顔爲之一開，此出都以來第一樂也。惜漏深雨急，不敢久留騶從，餘懷未盡爲快耳。别後，十四日晨到鳳翔府，本擬是日宿寶鷄，詎因積雨旬餘，汧水盛漲，深至二丈，廣闊數里，向非津渡，并無舟楫，直至十七日始從他處調船挽入汧水。汧流又分爲二，須浮渡兩次，乃達彼岸，行李宵濟，中夜始畢。是夜，鍾學士從一僕宿山谷敗寺中，輿夫皆無所得食。弟獨乘驛馬一騎，令縴夫一人前導，亦無鐙燭，時陰雲穿駁，凝有月影，倀倀奔竄。是日，騾綱大半顛墜崖谷，天明，始得之大道爲行，慢矣。頽岸數百尺，岌岌欲崩，行徑狹處不及一尺，泥水滑澾。遇極險處，便下馬徒步，以鞭爲杖，捫崖挽草，躑躅而行。循渭而西，狂波如吼震蕩，駭人耳目。從騎尚未渡汧，皆不能屬馳，至四鼓，奔馳三十里，始達寶鷄。距城數里，有一山澗，亦復暴漲，闊百餘步，深四尺餘，策馬亂流而渡，衣履皆濡。次日午，鍾君及僕馬稍稍繼至。此夜情景，真恐從來皇華使者所未有也，自詫奇絶。比得渡渭，則巨流浩淼，湍悍非常，止有兩船，雜以他人争渡，水勢大，駛到岸甚難，一日止能渡一次耳。第二日，衣裝僕馬方得畢渡，弟等只身前行，復遇風雨。益門以南，荒巖復嶂，蔽日虧雲，嵐氣烟霏，□□□峭寒侵肌，熾炭猶不御，蓋無裀枕衾裯已二日矣。裯被爲渭所阻。今日到鳳縣，便擬不待輜重襆被，先行兼程疾驅，或可如期到彼，然須從此晴霽方妙，再有雨潦，真無策矣。在鳳翔時，地方官吏已禀陝西中丞，言雨水阻隔，請□川省以便，初度改期，但鄙意終覺如期爲佳耳。自寶鷄以來，即又自備小轎，雇夫十餘人，行路始稍迅利。山谿繁多，類皆湍怒，至山上棧道，多被久雨衝壞，近雖略一料理，多未修治。峭仄逼促，殊多危境。馬墜者屢矣。看此情形，非陝撫擢川督過此一行，行旅終不獲得坦途矣。此路弟十八年前入京會試曾往返兩次，未嘗如今日之苦也。過鳳翔日，而館於蘇公喜雨亭，竹石森秀，池橋清幽，況是前賢所遺，可謂名園高館，惜心急如灼，日對愁霖，當易名苦雨，不當名喜雨也。比想録遺事將次完畢，稍將清燕，大可登慈恩，泛杜曲矣。僕人張玉在西安時，欲令其

[一] 即許振禕，字仙屏。江西新奉人。同治二年進士。時任陝甘學政，後任河道總督、廣東巡撫。

暫依仁宇養病休息，渠堅願隨行。數日來山路嶇嶔登頓，甚覺艱苦。渠乃患創，其病急切難瘥，然亦一時不能增劇也。因仍令其還省，趨敏左右。曩蒙慨允，伏望賜以棲跱之所，俾得醫治調養，待弟還過此，仍當携之北歸。弟因資斧將匱，故止得與渠盤費并養病共廿金，恐日久不足耳。如藥餌無資，更懇暫爲借與，回日敬當奉趙，此實萬不得已，故暫以累吾兄瑣費清神，至感至禱。專函布懇，敬請台安，不盡。二十日自鳳縣作

致盛杏蓀[一] 一首

武、漢兩岸爲蘆漢、粵漢鐵路南北兩端發軔之地。南北陸行，東西水運，均爲往來要衝。將來鐵路告成，商務暢盛，所有沿江緊靠鐵路之地，價值騰踊，十年之後，其利必增至數十倍。惟此項地段，均係本省民業，購買、查禁，均須官力維持，本省地方自應同享其利。況將來鄂省修建衙署、礮臺、兵房以及官局工廠，需地甚廣。前經閣下與弟面議，慨允將漢口通濟門外之地，經鐵路總公司購定後，其後面地段撥歸湖北本省之用，不取地價。嗣經弟與閣下商定，所購江岸各地，必須由鐵路公司與湖北本省勻配，衡、僻分半攤用，其地價亦各照數分認，各自發價購定，酌量興造。現派員圈購省城武勝門外地段，圈購一千丈，自應一律均分，先按一千丈各分五百丈。其南五百丈與省城聯絡通氣，將來修建衙署、礮臺、兵房、馬路，一切較便，即應歸湖北官局購買，其北五百丈即歸鐵路公司。將來仍視鐵路軌道或南或北，爲適中之界。如軌道設在新河以下五百丈之內，則官仍須要足五百丈，除軌道以南得若干丈外，尚欠若干丈，在軌道以北鐵路公司五百丈外補足五百丈之數。若軌道在新河以下五百丈之外，想亦不多，則仍以鐵道爲界，附近軌道以南之地，悉數歸官，以北歸鐵路公司，以昭平允，而清界限。應給地價，先按户憑用聯票，俟軌路勘定後，由業户分别分赴湖北官局、鐵路公司報領。其分中之處，自應留出馬頭、車站之地，擬請以五十丈爲限，湖北官局與鐵路公司（名）［各］讓出二十五丈，共成五十丈，如仍不敷用，即由公司在鐵路以北自行覓地可也。查創辦鐵路，弟十年來極力贊成，不過爲地方興利起見。今地方應行興辦事件甚多，而籌欵極難，此項地方應有之利，自宜稍撥若干爲地方之用，想閣下體念時艱，必蒙照允，故於會稿内已將此意酌擬添入，務祈鑒諒照辦。字句如有不明晰之處，並希酌定爲荷。光緒二十四年十二月初十日

致盛杏蓀[二] 十首

一

尊示暨來往津電讀悉。請代弟擬一電致夔帥，并言武勤事。武既在京，似可請飭赴津，就近考察。至現在有何迅速辦法，統望籌酌，叙入電中爲荷。

二

前日夔帥電不分南北，通力合作，此朝廷意等語，關繫最要。

[一] 即盛宣懷，字杏蓀。江蘇武進人。早年入李鴻章幕，經辦近代企業。後歷任天津海關道、中國鐵路總公司督辦、會辦商約大臣等職。

[二] 以下十首録自苑書義等主編《張之洞全集》第十二册，第一〇二四七至一〇二五〇頁，河北人民出版社一九九八年版。

請閣下速電詢夔帥，此數語是否可靠，得自何人，密電速覆爲荷。

三

手示并津電均悉。致京電甚妥，請即發。原稿附繳。

四

昨接巴蘭德來函，約期渡江一晤。聞其人尚可談，本所願見，惟因事冗，難訂日期，未及裁覆。頃承手翰，得悉其十一晚即旋滬，兹已函約其明日十點鐘會晤矣。

五

昨接覆電，知尊恙已占勿藥，欣慰。兹有啟者，前聞台端云，各國鑛務，國家所得紅股甚優，國家開鑛利益全在於此等語。未知國家紅股，是否於地租、鑛税之外另提若干成，最多有至若干成者。民地、官地有無區别。究係如何章程，尊處聞自何人，抑見自何書，是否各國通例，抑是某國專例。即祈詳細示覆爲荷。

六

京漢鐵路章程所得餘利，係提幾成報效國家。開辦時，必已議有章程。至各國商辦鐵路公司有無此項報效，或别有名目，台端地（？）路政考核有年，當知詳細，即祈迅賜示覆爲盼。

七

黄河橋工，經敝處飭委竇道豐前往勘驗。兹據詳覆，墩、柱均尚穩固，於河流亦無阻礙。當將復勘情形，於大橋内酌量添叙。兹特書奏繳還，即請尊處迅速繕發爲荷。

八

屢奉手書，久稽裁答。側聞德惠旁流，譽問休暢，欣慰之至。昨汪丞來粤，承賜人參四枝，殊深心感。本應拜領，因賤軀氣分尚足，向不服參。以珍貴之品置之無用，殊屬可惜。敬謹璧謝，仍交汪丞帶回，而閣下見愛盛意，固已紉佩不忘矣。另函捐事一切，已飭局員照辦，即日具覆。

九

電音往覆，風度暌違，仰表海之宏猷，結停雲之遐想。敬維杏蓀仁兄大人藎猷彪炳，蕃祉鴻敷，樹偉望於神山，巡車頌起。荷濃恩於帝陛，陳臬猷宣。引企吉輝，式孚揄悃。弟綏疆乏術，歸隱未能。幸穗石之有年，百城風静。望蓬萊於無盡，五色雲開。專肅奉達，敬請台安，諸祈朗照，不宣。

十

朱蓮生先生逢甲，雲間碩儒，品行孤潔，學識博通，年已七旬，巋然宿望。早年設帳寒家，舍弟受業門下，弟亦深領教益。近年客游滬上，晚景甚窘，敬祈吾兄推愛屋烏，爲之道地，如招商局位置一席，館穀較優，足資敷衍。否則，祈函托龔仰遽觀察就近吹噓，倘荷玉成，無任感佩。專此奉懇，載頌台安，鵠候賜覆，不備。

覆江南機器局〔一〕一首

來牘閲悉。該局因小口徑毛瑟快槍所用子彈施放既久，往往有不出殼不發火之弊，特參用滬局快利子式酌量改制，將造成樣槍，委派原辦委員吴從九立標，賫解來鄂考驗。具見該局於利器所關，深思體驗，凡所考究籌慮，極爲周密。當將解到樣槍，發交漢陽槍礮廠，飭傳來員吴從九眼同試驗。兹據漢陽廠將試驗討論情形，詳細禀覆前來。查所稱彈入槍内，寬緊應與膛合，不得有毫釐之差。歷查外洋各種最新槍式，彈殼均未加邊，滬局所指各弊，是爲用久膛松及較膛失之於小之子彈而言。銅底加寬，思慮固屬深遠，然此彈不能用於新毛瑟槍，誠如兩江所咨，微有不便等語。所陳亦尚足資參考，業經據禀咨覆南洋大臣酌核施行。查來員吴從九人甚精細，此次在鄂日久，委因守候文批，并非無故逗留。現已飭令趕緊回滬當差，希即知照。此覆。光緒二十七年六月十六日

致周玉山〔二〕一首

頃奉寄諭，以左右偶爲言官所指摘，飭由敝處確切查明，據實覆奏。查原奏内惟台端將城内獅子山下地借給德國兵艦水勇爲體操場一節，最關緊要。此事各報傳揚已久，諒非無因。在台端允許之時，或係出於萬不得已，或并非出於台端明允，或别有情節。第獅子山緊接城垣，上築礮臺，實爲保護省城最切近之第一衝要，似未便借給外國操兵，自撤藩籬，上貽宸廑，下叢口實，想台端斷不出此。弟焦灼憂思，愚見以爲查覆不過文法，更正乃爲實際。查外國水師上岸借地操兵，本非條約所有，擬請仍由執事婉商德官兵，將此地退還，動之以情，喻之以理，彼知此事實與台端甚有關礙，宜可通融。或稍許以他項利益之無關緊要者，亦覺彼善於此。總之，無論如何設法，總須將此事極力挽救更正，方不致於金陵守衛大局有礙，於長江防御大局有礙。此事萬分緊要，竊思與其待將來朝廷督過，外部辯論，形迹已著，枝節已多，德人逞强護前，或反於交涉有礙。反覆籌思，仍以繫鈴解鈴爲上策。台端深謀碩畫，練事審機，定有轉旋補救之良方。可於樽俎談笑之間，消弭無窮巨患，庶將來敝處覆奏亦易措詞矣。迂陋之見，未知尊意以爲何如。除備文咨達并分别委查外，特此專椷密布。務祈俯賜鑒納，設法挽回，是所翹禱。敬請勛安，統希朗照。鵠候惠覆，不盡。光緒三十一年五月二十日

致周玉山一首

杜軍换統一事，前奉賜電，謂除换將整頓，别無辦法，極佩藎籌。兹端午帥過鄂與弟面商定議，以劉華軒提軍責任注重專在湘西防務，若帶所部至永接統杜軍，湘西又須另募新軍，派將填紮，兼顧湘西，諸多窒礙。查提督張慶雲，本湘中宿將，最爲出色，其軍現駐黄沙河，距州僅九十里，以之就近接統杜軍，必可得力，於事亦便。特擬會奏電稿一紙，一切詳細情形具詳此稿内。此電適因電綫水阻不通，特録稿專弁送呈台覽，務請詳切改定。此電

〔一〕以下二首録自苑書義等主編《張之洞全集》第十二册，第一〇二七七、一〇三三三頁，河北人民出版社一九九八年版。

〔二〕即周馥，字玉山。安徽建德人。早年入李鴻章幕，參預籌畫近代企業，後歷任兩江、兩廣總督。

即由甯迅速拍發爲禱。光緒三十一年十二月十二日

致李蒓客〔一〕一首

徐梆士想已往拜。前日已函致樂道閣下力疾尊師之意，餘紙筆不能盡達，見面時必爲詳談。蔭翁事略一通呈覽，祈采摘其要領，仍發還，晚間發還即可。緣弟尚未屬稿也。

致某人一首

（上缺。）顧怒之不顧，禍之福之不顧，持此不變，如是而已。來書訪求人才，盛節可佩。兹有敝門人湖北來鳳王生，名國棟，字松生，以拔貢、謄録、州同職銜家居。上年聞俄事方棘，意謂必將用兵，既見鮑軍北來，輒即奮然投袂，毁家破産，募集戰士百餘人，徑赴津防，自請軍門效用。時會和議已成，乃將徒衆安插罷遣，獨自入都。弟謂此生以一窶疲書生而如此舉動，雖不免率爾之譏，然其忠義奮發，志氣果鋭，碻足當代奇士。加之練習，成就必有可觀。豐潤先生一見，大加激賞，因令其杖策東行，上謁麾下，務望賜以陶冶，器使裁成，齒諸門弟子之列，感甚幸甚。資裝已專輒屬尊處委員支發不罪□，風雪早寒，千萬爲國珍衛。手肅，敬頌起居安吉不宣。銅井希致候。

致李蘭蓀宮保九十五首〔二〕

一

清恙漸安定否，服藥有效否，懸繫之至。尊症本由肝火，此時萬勿着急。時勢如此，公所繫至重，數日不入直，則大事敗矣。千萬珍攝，切禱切禱，尚希示慰。限期一節，實屬不妙。廿日外，曾始開談，稍有齟齬，不及待此處覆示，而限已過，彼又不與議矣。或布策仍來，或即令立沙司鴿爲公使，曾信本有海部爲公使之文，申報亦言沙司鴿爲公使，來此訂議，不更急迫乎，可謂自尋苦惱，奇怪之極，令人頓足叫苦，如何如何。此間電寄並無許曾便宜行事之文，曾即欲變通，能乎。此時或速發電信，令曾與商展限一月。蓋曾既有權，則由彼婉商推廣，先將限期議展，再與開議，或者可行。曾不置可否，彼當不能舍之，而別遣使也。一面與凱使〔三〕再商，或即託德使展間展限。因德使與合肥書，不以俄定限一月爲然，故思及之耳。德書幼樵來函所言。此節關繫太重太急，明日如能入直，務望與諸公極力謀之，或力言之於興獻〔四〕，何如。展限本興獻之謀，當易入也。切要。

二〔五〕

手教敬悉。今午困睡，未得即覆爲罪。龐公已與談及否，尚

〔一〕即李慈銘，字蒓客。浙江會稽人。光緒朝進士。歷任户部郎中、山西道監察御史。長於經史，有文名。以下二首録自苑書義等主編《張之洞全集》第十二册，第一〇三四五、一〇三四六至一〇三四七頁，河北人民出版社一九九八年版。

〔二〕即李鴻藻，字蘭蓀。直隸高陽人。咸豐二年（一八五二年）庶吉士。曾以清流議政，名重當時。歷任工、兵、户、禮部尚書、軍機大臣。以下九十五首録自李宗侗、劉鳳翰著《李鴻藻先生年譜》，臺北中華學術著作獎助會出版，一九六九年初版。

〔三〕指俄國駐中國署理公使凱陽德。

〔四〕《李鴻藻先生年譜》著者原按：「興獻當指醇王，德宗之父也。」

〔五〕《李鴻藻先生年譜》著者原按：「光緒五年直隸募振款，振災有餘，公與張之洞議建畿輔先哲祠，並於光緒六年七月建成。以下十七首（至第十八首）即張之洞為建祠事致李鴻藻函。」

慷慨否。

三

桂翁之畫不捐實是憾事，或向邊君設一策何如。邊若在江西謀一館之類。君與雅航爲戊午同年也，此姑妄言之耳。

四

再，鹿忠節公從祀一説，如何回報，伏望裁示。

五

先哲祠春祭，廿五日可以舉行。此時祭遇亦妙，不然終不便讌會也。外省欲借坐者甚多，均已拒之。望裁定後，速出知單爲要。並請即致叔稚一札，請其辦理一切，或令小帆往請。此兩端爲最要，詳悉事宜別紙臚陳，伏望裁示。鵠候賜覆，以便早爲布置是幸。十五日

六

孫文正承宗尺牘殘字一册，已可謂希世之寶，必宜表章昭示。後進擬重裝爲横卷，附原跋於後，以識緣起。軸用半開闔式，有事時，張之北學堂中央㮄閣楣上，則爲横幅，平日卷之則爲手卷，仍歸尊處藏弆，未敢擅專，候示遵行。秋圃先生係何輩行，並請示及。

七

來教敬悉。種種相禮，請應試者知單，添直年最妥，酒席價不可再簡。文勤公書榻本奉覽。明日退直後遣使相聞，當趨詣詳陳。十六日

八

王畫價銀三十兩收到。袁捐祭器，依禮尚少四爵、三尊、三句。每分獻爵三，稞爵一，堂上福爵一，共須十三爵，今止九爵。書謝鏡塘詩，可否屬其製全，尚可及明年春祭。爲浮圖者必合其尖，捐畫已多，不在此區區矣。十六日

九

先哲祠牲俎六，正室、兩廂各二。尊爵帛祝案四，皆正室，所用兩廂賃之。奠几三，正室、兩廂各一。饌案一，原案太狹，必增一案於內，此惟正室用之，兩廂暫從略。盥洗槃架一。以上各種，皆禮所必需，本月初已親到山左館考覽模式，飭工製造。前期可畢，價值隨後開呈。藤蘿架本擬不用，因藤蘿數本，種花時統議在內，中有一藤甚鉅，即剔出亦難減價。竊思後院西廳，向日若有藤陰，似亦甚佳，輒令植於西廳廊外，惟木架較貴，經費方絀，已商之木廠，稍緩給價，此舉未免專擅，惟鄙性素有竹垞貪多，漁洋愛好之病，難於割愛，便宜辦理，罪甚，伏祈鑒諒是幸。特此奉聞。至九龕先哲姓名爵里，已用宣紙畫格書寫。據松竹齋云，立軸久懸磚壁，亦有捲邊起伏諸弊，不如木匡粘帖紙本，園亭寺觀字畫，多有此式。於中整齊中直，銅鉤懸掛。即欲補正，渠舖可爲揭下，決無傷損，持之甚堅。察其所言，甚有理可信，當即飭令照辦。併此節與原議微有出入，若欲表成立軸收藏，將來亦可改爲立軸也。併聞。桑叔雅拙存諸君子既允經理一切，請屬其約定一日，偕晚同

往，豫爲相度部署，不能待至前期一日也。至要至要。種種彙陳，統惟詧鑒。　十七日

十

昨晚潤生來言，叔雅意，牲牢難於兼顧，請飭尊庖備辦，謹爲轉達。至堂上兩牲，鄙意謂總宜豐腯，豕必至百斤方可壯觀，敢望飭紀豫爲省視，察其大小，以便裁度。姪孫正堉届期願往觀禮，一二日尚擬上謁。再，湖北勸振信内曾列蔭軒前輩之名，渠平日又不入大同鄉知單，但入津南館同鄉單。此舉應否知會，殊費斟酌，統候卓裁。廿日會商已約同人否。　十八日

十一

酌擬禮節一紙、與竹潭諸君公同商擬。執事單一紙呈閱，祈裁定。今日桂翁亦到，諸君皆公同與議，竹潭曾官國學，故禮儀尤嫻習。趙、李兩君望速請定示知姓名爲要。主祭較勞，柏齋先生萬難成禮，叔雅述乃翁之意，諄屬力薦。竊謂惟有台端最爲相宜，同人意見僉同，請勿遜讓是幸。牲牢單謹已閱悉，牲豐而價廉，惟羊豕皆兩大一小，不解其故，堂上較大，兩厢稍次，然則應兩小一大也。或係誤寫耶，抑或紀綱誤聽耶。讀祝已定。鄙意謂廿四日如午後有暇，從者似可到祠一觀。神牌，禮器，各處陳設，臨獻紛雜，恐不及細閱也。願祠祭儀奉上，初意謂台端今日到祠，擬面交，故未送去。禮節執事兩單，祈飭録副，草草速録。爲仍發還。　二十日亥刻

十二

先哲祠祭禮準賢良祠、昭忠祠之例，止於讀祝獻爵帛，一跽三叩，如此既爲合禮，亦甚簡易。禮節容檢察録上。經費方絀，喬生現已來京，望屬其於家書中一提餘項，宜早寄到爲妙。前云陳貴陽鴻翥有捐欵，不知已交到否。

十三

無暇談議。廿四日望一臨爲佳。三四點鐘不晚，主祭者不必肄習，不過前期從容，可以觀覽神牌禮器、諸人禮節及書畫陳設之屬，不合者可一指點耳，且可略加賞鑒，祭日太紛繁也。統祈酌示。新裝新收字畫共廿件，呈閱。閱後即望發還，交去人帶回，明晨即往張設也。楊忠愍卷，望亦付下，明日付下亦可。後日陳之堂上，以壯觀瞻。再尊府先德兩世崇祀堂上文勤公墨寶，既有三軸，可否擇一幅捐置祠中，留鎮北學堂，與衆共寶，實爲鄉人至幸。如以爲可，敢望示明何軸。如珍惜則不必矣。此乃姑妄言之，冒昧一商，若不必稍有勉抑也。至張桂岩畫柳，兹請付下，俾得懸掛。總思書畫繁重，今日即不送呈，候祠中張設已畢，到後觀覽可耳，但將清單奉閲。禮節單已録副否，亦祈示及。　廿二日

十四

覆示謹悉。楊史卷、張畫均奉到。擬撰祝文呈教，伏希裁定後即行發下繕寫爲幸。廉夫已訂妥否。　廿三日巳刻

十五

文勤公較射詩幅奉到，過一二日與魏敏果手札同繳。

十六

三札均奉到。昨夜書成已三鼓，故未遣送，知單到者不多，可免擾雜亦佳。前數日傳至晚處，書到者廿七人，此城外單也。執事暨柏翁、桂翁、漢卿，並晚爲卅二人。城内當有十許人。到者加之襄禮九人，襄禮望尊處多備兩人爲妥，恐臨期或有推諉遲誤也。已五十餘人，不寂寞矣。再請台安。幼樵信早覆矣。亦及。

十七

手教敬悉。執事主祭最妥。贊唱有人，自勝於無，但尚須一人配之，不必嫺習，備員可矣。贊者是否須兼引導，並祈商妥示知。明日從者前不必到，緣正掛字畫，未免紛擾。廿四日同人必集祠中，若廿三日又集，似太數矣。

廿六日乃直隸團拜，叔雅、潤生均在，彼料理是日先哲祠春祭，似有窒礙，擬廿五日宜祭祀，可否改用，祈裁奪示覆。叔雅頃亦有函來，言及此團拜日，渠爲總辦故耳。

魏敏果公卷，文勤公校射詩，幸賜覽爲幸。

十八

文勤公書墨榻本四十紙呈上。共五十紙，晚處留十紙。直蹟三幅，容數日後，與他件同繳。刻下有兩外任，廣信太守董瑞峰、忠州州守侯菊坡也。可否具柬請兩君謁先哲祠，即在祠中設席相請，當可各輸香火之資，以後隨時照辦，經費即可有出。惟請帖出名不宜用會館直年，嫌於重出，直年請已出團拜費。似以台端暨沈相、桂翁作主人爲宜，如此必於經費有裨。敢請詳酌爲要。主人外或添叔雅、潤生，幫同應客。再，祠中陳設既備，不可不令人觀瞻數日，再爲收拾。且張設時煩勞已甚，此時若遽摘下藏弆，更換他件，實覺不堪其苦。現飭長班暫添更夫兩人，加意巡警數夜，大約少則五日，多則十日，特以奉聞。至此祠與會館截然兩事，以後即由永遠。尊處主掌，晚等佐之，萬不可歸入直年，切禱。以後章程尚須詳定，每月朔望應令司祠者潤生即可。詣祠拈香，即查各事，便可不致廢弛。此節可先舉行也。　廿六日

十九

聖明可感，不能不欽服也。清卿來書，詞意迫切，既無兵以與之，予以一將何如。祈從容詳籌之，容面談。不盡。敬覆。

光緒六年十一月

二十

奴子回傳不詳，但聞尊侯腹痛甚劇，殊爲懸念。竊講買方如不效，何不急取正氣丸三枚速服之，不拘瀉痢皆可治，此最穩妥。如仍不解，恐須服痧藥，令人刮出痧，尤輕便穩捷之法，即以錢刮前後肩背腕足矣。蓋瀉痢皆不要緊，腹痛須速解耳。不必作覆書，但令紀綱傳語刻下情形可耳。敬請愈安。　光緒六年十二月初四日

二十一〔一〕

再，總例雖有口岸處准領執照入内地販賣物之條，與今西漢一條情形不同，不許崇約此條，則彼自不入内，勢多窒礙故也。既無專注購買土貨之區，各處自銷洋貨又無行棧，自不能貿易前往，自招賠折，既無歸宿，又無停留故也。若許此條，則入内之説大暢，不可收拾矣。近年南省内地仍無洋商者，不便故也。惟常德買茶、嘉興買絲間有之，亦暫局也。在當日卒許此條，致成厲階禍本，今日尚不可設法挽救乎。

二十二

手教謹悉。情形如何，明日奉覆。但管見總覺無甚妨礙，絶不要緊，固知高明必笑之耳。敬覆。待有妨礙時，自然冰消瓦解，所謂絶不要緊也。若必不肯消懈，自然帆隨湘轉，歸於無礙，此真可看透到底者也。

二十三

竊謂俄人應急而緩，大非好意，必還故疆者，不欲改商務也。此展眼者明知已屆封河，不能舉兵，俟凍解兵集，再肆要挾也。此事在我恐以速結爲妙。

二十四

西漢松花〔二〕，如已争回，此時辦法，伊犂仍會還我，如數給與盧布十二兆，變其名曰償欵，兵費之名萬不可居。此一策也。明讓伊犂，不必定緩，以此準折，兵費絲毫不出。此其次也。緩索伊犂，稍給償欵，與俄商明誅崇。此又其次也。如第一策所云，是以五兆買伊犂，一兆買帖克斯川，六兆買西漢松花，尚不至十分吃虧。且究竟争回三大端，所費尚非無名，於本題尚不致抛荒。不然，將令崇厚笑人也。

二十五

答書如何，敢請賜示爲幸。尤重一節，想仍諄屬緩索一語，想必即行塗銷。惟前路既有改一償一之説，而諸公又不肯用公司之法，復不願以銀交易，不知何意也。國家形勝，民生利害所關，若能以銀贖回，豈非得計，乃吝錢物而甘受大害何耶。前此甘將十八條全讓，甚至並棄伊犂而不惜，即近日不可輕許之意，又何嘗不可讓也。卻斤斤於此，惜之，怪謬不可解者也。

二十六

昨件能否采用，敢祈示知。惟此件忘將立公司一語叙入。意以爲曾三次陳説，想閲者不致遽忘之也。如此説蒙采，寄信時務須將此義叙明，方有辦法，不然硬駁必不行也。不允招商立公司，保其茶定價賤，今俄商獲利與自運無異，則輕給銀亦不行也。關繫至重，千萬留意。總之，此輩無心肝人，昏謬敗國，令人裂眥痛恨，所望惟在公耳。敬上。

明日鄉祠有聚會，昨送呈金石榻本各軸，望付下張掛，畫畫不汲汲也。

〔一〕《李鴻藻先生年譜》著者原按：「光緒六年伊犁交涉案起，張之洞致公密函甚多，本應閲後即毁，故多暗語，亦無日期。以下二十六首（至第四十六首）即為此函。」

〔二〕光緒五年八月，崇厚與俄簽訂伊犁交還條約，有允俄人自嘉峪關通商西安、漢中、漢口及松花江至伯都納貿易自由等款。

二十七

總之，吴江按沈桂芬。昏謬私曲，既無公事之法，又不實修戰備，調將帥，籌將帥軍火，籌借餉，百方阻止，惟其心必欲使大局敗壞而後已。輔之以嘉定、常熟，禍不可言，事不可爲矣。某苦口言之，欲公燭悟其奸耳。公此時必不信，他日當知。曹克忠、陳國瑞、岑毓英、鄧、張抵死不用，軍火抵死不買，非不買乎。不發巨欵，餉抵死不借，此何心也。

二十八

手教具悉。緩索伊犂之説，鄙見不以爲然。我以緩爲棄與，彼以緩爲虚懸。以虚懸之物易三端，西漢、松花，償欵自不給與。恐未必肯也。肯亦不甚得計。若用鄙説，先止争一端，既云不强概允，必可争得。然亦須如鄙説立公司之法。提開松花緩議，至許以到三姓，彼意爲貿易至三姓，則已有馬頭矣。彼欲稍饜矣，即不允，尚不失伊犂。何至決裂乎。大抵緩索而加併議，則是争三條，拆開單議則是争一條，顯有難易。且此兩事之允否，亦不在緩索也，明棄則可。況電信又不經采立公司之説，而詳論不許，亦難措詞，彼重在商利，硬推則不顧也。大約諸君子誤以爲鄙説與許説一樣耳。立公司與華商代運，判若天淵，奈何。總之，此時白棄伊犂，實覺可惜，不知有策挽回否。再，限期許以廿九日，實爲失計，渠將來即欲以廿九日定議，能乎。曾信往返，如何來的及，萬萬不行。不知尚能與商否。既改議，何以有限。聞海使與合肥書深以定限爲謬，輕總署而不直俄人，竊恐此某公有意劫制朝廷也。二事關繫甚大，伏惟若與商再限一月，彼即不允，往返又半日矣。熟思之。能再致（曹）[曾]，先不露緩索之意否。鄙意謂松、漢二事之允否，不在伊之緩不緩也，即緩亦只换得一條耳。

二十九

昨日談次怱促，鄙意多有未盡。竊有所見，不敢不爲執事陳之。吴江沈桂芬此次原擬電覆初稿，所謂他俱勿問云云者，猶言只求了事，十八條俱可應許云爾。大意言，梗阻者不必慮之，然則即是兩大端可許矣。蓋吴江決意不欲戰，不敢戰，故深恐布策之來，不欲曾之固争也。某此次疏意，言條約，則力持四條必不可許，而設爲抽换之法以輔之。言防務，則決其今年兵衅之必不能開，專即籌兵待將。將即左爲主。蓋某深知目前則不能戰，左來則兵備已齊而可以戰。又灡知曾議尚不如布議，故不畏布策之來也。且既有抽换之法，在彼或可定議，布策亦未必竟來也，若昨所談新發之電，則大意與兩説均有不合，何也。硬争松花、西漢兩條，彼不允，曾力必不能辦，雖欲以緩伊犂相抵，然言緩不言棄，俄人豈肯以此作抵。雖後有抽换一語，然未實指其法，曾必無從措手，鄙疏抽换之法，曾既以爲張論而駁之矣。議不成則布必來矣。尊意既亦謂決不能戰、不可戰，而又致布之來，似非策也。由吴江之説，純用柔者也，由某之法，先柔而後剛者也，得已則柔，必不得已則剛。由現在辦法，則先剛而後柔者也。欲了事，而恐未能了事耳。凡事見解不能人人相同，此等大計，某更不敢自以爲是。惟文章命意與作法，須成一貫，今之辦法，恐意與詞不甚相合，故敢屢陳，以待早裁。若欲止布來，而又不欲全盤概允，則必速將如何抽换，如何追減，詳細確切告曾，今其隨宜酌商，總以不出所擬方略之外爲度，庶或可行耳。簡傳其文，亦不過二百餘字，即使文繁，不可分爲兩電報，同日並發乎。再，伊犂當去年初起時，則棄之有益，今日則斷不棄，蓋依現在辦法，雖棄伊犂，而他事重大者，必不能爭回，不過徒賠一伊犂而已，名實俱喪，大不可也。至抽換追減之法，某疏及昨日太史公之疏，前數日某亦談數端。已具大概，但尚有未盡，且叙而無紀，如願聞之，當簡約條列以備覽。

三十

露布有三不可。此舉須參活筆，留退步，宣播則文字之間，必多滯泥，以後難於轉圜，一也。雖有人居間，敵人之改議與否，仍視我備禦之虛實。此文一出，封疆將士立時解體，並此虛聲而無之，二也。宣播以後，中外譁然，必有無數文字忿爭切論，措詞必多激烈，兩宮必覺此舉於大體不光，必然不快。聖體甫安，豈可更增憂憤，三也。至於政府不受攻擊，上干詰責，猶其後耳。千萬不可孟浪，詳思審處爲要。務望力持，姑緩數日，再作計較。

三十一

昨奉覆示云云，竊所未喻。此時已是曲終奏雅時矣，何以尚不將著重之處說出，然則將待何時耶。至答書大意若何，可得聞其梗概否，感幸。

三十二

咸賓議論若何，能盡力否，邊防已加意否。伏希示及，以慰杞衷。

三十三

今日如何作答，伏望示知，大抵仍是上文舊稿耳。酬銀之說，不知亦令渠商之前路否。細思此説，若行則兩端俱可以銀交易而留伊犂。昨夜所陳，前一策較善也。

曹克忠之疏言之矣，廿四日又言之。仍寂寞乎，此不可解也。

三十四

曹克忠何以總不肯用，廿四日會議拙作又力言之。購軍火何以不發欵，拙作請部立發鉅欵數十萬，令外間籌欵能有幾何乎。富陞何時可到，均乞示知。九帥已思贊否。

三十五

前數日，聞銘鼎臣家信云，十月内琿春海濱大風，沉俄船三艘，鐵船二，帆船一，皆載軍械槍礮丸藥者。此語想不妄，亦快意事也。附聞。

三十六

頃聞人言，前日電音三百餘字，意在准駁由内議定等語。竊思數萬里外之信，三百餘言之文，必有要領，恐非空談，望速飭署中速將全文譯出，可否。

三十七

覆書如何，可得聞其大略否。今日聞夢得作文一首，評點若何，致閲者恠笑否，希示及。以後覆書，似宜屬其詞義須求詳明淺顯爲要。

三十八

手教敬悉。緩字自是正辦，且看以後事勢，較爲活便耳。昨日所接空談之信，可否將原文録示，以便審其情狀。敬覆。至禱，至禱。

三十九

清卿書奉閲。此中曲折，果如所料。如此殫心國事者不多，惟賴鼎力維持耳。昨覆示奉到。

四十

此間事最不平者，莫如南豐。曾紀澤種種荒謬，公人人皆以保王爲詞，其重者姑勿論。其實一切弊政，皆此老所主持作之，乃竟無人論及。去年有人責其薦王，其實王輕於葆遠甚。此老之咎，乃有意令諸人妄爲以市恩耳。並訓飭亦不及，以後何所儆畏乎。

四十一

日來清静無爲，必公之力也，敢望示其梗概。南豐又有信來否。聞倭人屢催定約，竊謂此斷不必汲汲，總須俟俄事稍有眉目，再爲詳酌。竊有私意，前曾面陳端倪。商務可允，球事不可允。管見如此，伏惟鈞裁。

四十二

書三册續呈。此事斷不容妄談，姑奉一覽耳。鄙意謂的是肺症，然羣醫不從此療治，無可奈何也。日來起居如何，望示悉。日來有南豐文否，念念。

四十三

延陵兩椷奉閲，致敝處者便中發還。前日事昨始刊布，昨日讀邸報，輿誦翕然。南豐消息若何。

四十四

聞奉天事，今日部議奏上，當已奉明旨，祈示。護軍事聞又奉駁覆訊，確否。西聖起居如何，南豐有續音否。

四十五

前缺扼守煙臺者，不使敵人攻踞此處口岸之謂也，非謂攔阻敵船，使不能到大沽也。陸兵豈能攔海船乎，即有兩鐵船，定能攔無數之兵船乎。敵踞煙臺，則煤水糧芻，敵船載馬而來。皆有接濟，不得此處，則不能久攻天津也。煙臺、威海衛、登州府，三處口岸，非一處也。登州、威海不守，則敵由此二處登岸，仍可奪踞煙臺也。無論調何將何軍，總之，非本省原有之軍所能守也。即不調吴、唐軍三人，何不調别將乎，不過因三人在江邊，五六日可到煙臺。且若非嚴旨責成東撫親(騷)[駐]地以東省全力守之，亦必不能守也。江防諸軍，劉、吴即不願調，然北澤承急，江防爲緩，某曾詳切言之，正爲江南督撫不願，故發此論也。篇末審緩急，權輕重，即指此類。周恒祺本不足恃，不過因明知此君中有奧援，萬萬不能輕摇，故只可另調將動兵以助之，責成親駐其地以淑厲之，此美不得已之苦心也。周恒祺如是良材，弔委之彼一人是矣，豈有山東一省全力而不能守一口者乎。第一條請催調曹克忠、張得勝、鄧安邦、依克唐阿、善慶、陳國瑞諸人，曹正發出差委而無兵，張、鄧諸人，或詢之督撫而(來)[未]決調，或竟不調，□意不過，清必須免用耳。原以文繁，難於觀察分晰，故只(澤)[擇]括言之，朝廷自可相交會意，分別處置，非某必欲諸將人人各募數千兵也。若不決意嚴旨催調，鄧必不來。曹在津而無用，鄧爲粤倚重，廣東所不放也，近日張樹聲禦防摺，曾□此人。即不全調，不可調一二三人乎。天津內河，內河者專指海河而言，係由海入內之河，故曰內河，文義甚明。歸船路者，不過不使洋人兵船至紫竹林耳，似無甚深奧。原文明言宜歸船路，非謂公曰即將海河塞路也。總之，當軸者不過因言出於某，故意百計駁之。國事敗壞置之不顧，某既確有所見，不敢不再爲申説，不過疼心焉耳，若待他日始悔不用張某之言，嗟何及乎。

四十六

賜與一讀，尋其端緒爲幸。至感至感。此時間不容髮，不可再有舛錯矣。

四十七

燕召公四器，易州出土，是爲世間鐘鼎彝器之第一古物，恰是畿輔所有，至可寶也。索得拓本一分，裱成奉鑒，仍請發還。銅器最古在世者，無過西周，世傳商器皆僞也。周則召公爲最早矣。餘紙寛者爲標題，及書釋文地也。　光緒七年正月十一日

四十八[一]

西聖病體未愈，尚醫萬不可恃，可否商之諸邸，馳召良醫數人來都，以備參酌。輪船迅疾，旬餘可到，及今調理，尚易爲力，秋深更費手矣。重臣切近，此舉似亦當措意也。　光緒七年二月

四十九

費伯熊、馬佩芝，均常州人，江南人人知名，翁叔平稔知。程春藻，安徽人，現官湖北候補道，署湖北鹽道，醫素有名，去冬李相太夫人病重，服其藥而愈，此外奏效甚多。姑舉數人，此外如有知名者，無妨多召數人。乾隆間，徐靈胎兩次應召入京，診宮闈之疾，洄溪醫案載之甚詳，此故事也。　光緒七年二月

五十

同人爲吴公妻子集西歸之資，募啟奉覽。幼樵在京時與議，故列其名。更欲仰藉鼎力送潘。日寇一書，可否惟命。　光緒七年三月初十日

五十一

尊欵五十金並元啟奉到。嘘枯吹生，無任感佩，不獨吴公子

［一］據《李鴻藻先生年譜》，光緒七年二月，張之洞為西太后病曾兩函李鴻藻薦醫。以下二首即是。

也。昨日得史閣部畫梁蕉林書，價均不多，並聞。光緒七年三月

五十二〔一〕

此事實出非常，奈何之。百官齊集行禮，應在何處，早集須何時到，殮奠是否明日，均乞示。翰林院向係派人輪班前往，至今未見知會，亦不聞派有何人，不審宜靜候乎，抑逕往乎。即使未派，當亦無礙否。並希示及爲感。光緒七年三月十一日

五十三

天象誠然可慮，然亦只有盡人事之所當爲耳。近日洋務已有極扼要極精神事兩端，發照會一也，用豐潤二也。晤詒公時，代道敬佩之忱。光緒七年六月初　日

五十四〔二〕

手教敬悉，未申間，當偕吾宗同詣。

五十五

別紙謹悉，已化爲煙雲矣。

五十六

手教謹悉。數日情事已知大略。貴華宗疑當爲李鴻章。究是任事之人，惟賴執事協力同心，乘此將數大端辨有眉目，庶不負此番雅集耳。大約某某諸公，總以此舉發自外人，惡爲多事，欲以空談塞責耳。退谷帖附繳。地骨確不對證，但兩三劑尚無大害。若漸有泄瀉之勢，則必屏去矣。敬覆。

五十七

大作捧讀，無懈可擊，欽佩之至。頃呈近作一首，雖出庸手，然實係苦心孤詣，當行出色之文，萬望垂覽是幸。

五十八

必須趁貴華宗在此商之，不然，此外無可與談者矣。前件已化煙雲矣，並聞。

五十九

豐潤張佩綸已來，其乃兄病勢日增，延兩醫同來，豐潤自己體中亦不適。太冲廿三日到津，廿五日又往他處，未詳何所，大約西行耳。五月房租票一紙附。又及。

侗按：太冲指左文襄。

六十

聞社友日來頗有中肯之誌，即指新議諸端。此是浮氣漸消，明機漸啓，不可不乘機獎成，便可徐徐就範。不然左右齟齬，不得一當，則從此終於晦塞矣。區區之愚，卓見以爲然否。目前事惟斷乃成，若此時出之以緩字訣，則數日後必歸於化字訣矣。此言非妄，垂察爲

〔一〕此首為東太后卒函李鴻藻。

〔二〕據《李鴻藻先生年譜》，以下三十五首（至八十八首），為光緒六七年間張之洞致李鴻藻函，具體月日不詳。

幸。

六十一

兩奉來教，因意中有欲言者，躊躇未覆，歉歉。另件讀畢附繳，感甚。惟前數日已接家信，此乃短局，且非出此君意也。其中情節令人煩悶，容他日從容面陳，不敢瑣瀆也。如作覆書，望先勿及此事爲禱。敬覆。

六十二

前日所談社友舉動，欲執事昌言力争一節，當時因此公行徑粗率，任性自便，朝［夕］更改，可笑可恨，故爲此憤激之談。繼而思之，此事雖無益，亦無大害，不過有傷政體，有損渠自己名望而已。看來此公性情病痛無可救藥，一人力争亦必無益，徒多形迹。惟有聽其自然，不惟不必力争，直不必與之辯駁，一聽容之所爲，俟其興闌意沮，合肥發有議論，與立異同時，再爲相機補救，庶有濟乎。所以欲力争者，不過以此係美舉，希冀此公如可匡救爲之，隨時修補或改正，或擴充改成一篇好文字耳。如今看來，決無辦好之望。賴有合肥牽制，或不致大壞耳。總是時局不順，爲之奈何。今而後，知此公純是功名之見，純是偏私之習，不可以誠格，只可以術馭，誠者勸導辯論，争之於樞堂，争之於上前之謂也。術者待其力盡勢沮，外人發之，從而過之之謂也。此亦是不得已耳。

六十三

社友此議，尚不甚支離，此明機也。一變至魯，再變即將至道。此時業已八闕，十日後便至中亭河，又十日便至子牙河矣。一咲。亦非盡戲談，請存驗之。且猪龍河爲清河上游，匯唐、沙、滋三大支而成，亦在當治之列也。姑與委蛇，以觀其變何如。俟直隸委員鄒君來京則又變矣。敬覆。

六十四

六如純乎老滑，豪無設施，聞依舊作壽收乾禮，實不覺其佳也。今日不便言其短，公然不奉令，奇極。爲短之人，將謂爲河南報復矣。甫當遷擢，且於政體有妨。

六十五

手教謹悉。此君可謂率爾操觚者矣。且當竭力爲之，有無轉撥耳。再，此等落筆過率處，社長儘可正言阻之，似乎甚易，何以束手，此亦不可解者也。湖北信奉繳，四月房租附繳納。祈詧入。

六十六

手教敬悉，欣慰無量，明日專賴藎誠格天矣。敬覆。

六十七

四册奉到。昨所談之事，務望以全力争之，此舉若行，裀不遠矣。再，前如有請多調閩粤將士一條，不審施行否，鄧安邦已往調否。杞憂瑣瀆，惟鑒爲幸。

六十八

日來情形若何，深爲馳系。防務有何整頓，可否略示一二。敬上。

長春起居[一]，日來更臻安善否，伏望賜示。

六十九

來件均銷訖。某君昔老練，而今衰庸，毫無可取，當年累保至此，徒以其爲合肥之表兄故耳。總之，目前楚南北官吏，似不宜過加青睞，偶一爲之則可。不然恐適足爲他人右軍攬權市德之資耳。敬覆不宣。

七十

六月房租呈上督收。今日當有明發，可否先示大略爲幸。

七十一

日來私衷深爲懸系，刻如有暇，擬即趨謁。祈示遵。

七十二

幼樵張佩綸頃來札，倉卒出京，云台端具知其詳，伏望示其梗概爲幸。

七十三

明日駕出祈雨係何服色，晚進内碰頭應何服色。或云上御青褂，道旁碰頭者亦當着青褂，似覺不妥。然否，乞示。

七十四

徐公固佳，如此卷不中，則趙晴嵐、任愷、涂保，現南陽守，南陽與楚毗連。劉璈左保，現左瑩候補道。皆佳。備卷須多，僅止一卷不可恃也。

所以某公偶亦助之者，一彼所深知，一同年也，非若彼所知而又無依據，則亦不助之矣。試驗鄙言何如。

七十五

數日來，長春起居如何，敬希示及。

七十六

書十册奉到，所示云云敬悉。復請夕安。

七十七

教言聆悉。圖收到，原件附繳。覆。

七十八

今日衙門知會，有内閣傳知閱看之件，惟未定期日，想尚未定期耶。且閱看是否即在内閣，抑在總署，且是否係九卿皆往同閱。伏請閱看約在何日，亦望賜示爲要。示悉，免致舛誤爲幸。

[一]《李鴻藻先生年譜》著者原按：「長春指慈禧太后。」

七十九

前缺撤盡，均請示悉，至感至感。此布。敬請午安。前奉上河道圖，望覽擲下，令人照填一分，二日後仍即送繳，感幸感幸。

八十

日來有何議論，敢希垂示。今日賜對否，起居如何，精神如何，敬祈示慰爲禱。廿一日

八十一

再，幼樵所謂不争事而争人之説，甚爲扼要。謹條列數件，别紙録上，以爲山公靈桂啓事之助，皆有實蹟可徵，案牘可考者，無一臆説也。惟所言無論當否，萬望密之，勿令一人知言出自某，至要至禱。西聖已大安否，伏懇詳示。切。

八十二

焦悶非常，伏祈略示數行爲幸。

八十三

添稿謹擬呈閲，頃多拉雜事，草草奉閲祈鑒。務望向諸位言明，此出尊意諄命，至禱至感。原件二扣附繳。竹坡之意，實是極厚，不過欲説的極重大悚切，然後聖人有以自處，我輩籲請者均有以自處耳，不然恐好事者動其喙也。

八十四

手教謹悉，以前筆墨均化爲煙雲矣，敬覆。

八十五

手示敬悉，曷勝欽服。願君字無從知之，容便中向吴人一詢。

八十六

正作書，適奉手教，謹悉一切。

八十七

聞粤中覆書已來，篇尾有集議之請，目前若何定議，抑或即從其集議之請。敢祈賜示爲幸。

八十八

再擾者，終有定時，所定如何，乞示。焦急屢瀆，不罪不罪。

八十九

今而後知天下事，同心第一，順手次之，得力又次之。無聊之極。此爲第二義説法也。忽思一人，葉冠卿是也。伯英敏練，而能奉行。此卻深知。近常與通書，若此間有能及此君者，吾亦不若矣。原非上乘。户部報銷新幸甚好，妙在補奏案照省辛兩層，兩層仍是一義。名爲造册，與開單無異也，但此後融銷則不能耳。此老可謂筆妙。兵、工不知照辦者否，智者落得依樣壺盧耳。青老能説之乎。僞古文若退還書鋪，惟有買真古（人）［文］爲宜，真古文卻

極佳。不然，不如不還也，懸系之至。此間事前書已盡，聽天而已。十八先生甚念之，不知肯爲書小兒名戳否。盛何如念。達夫詩筆穩而庸。 光緒八年

九十

鄙人之志，惟欲在此稍久，至少亦須三年。意中欲辦之事一一辦成，已辦之事一一見效，將謝疏十事：擇吏、養民、墾荒、積穀、節用、練兵、鹽、鐵、邊、屯，六月疏二十事，與前十事大致相同。一一踐言，庶幾心安理得，不虛此行，爲國計可使晉人實受其福。鄙人政成法立，可保十年之内不改觀，三十年之内不至盡行廢壞。若所興之利日開，所樹之人日盛，所可保三十年者恃此耳，則後勝於今亦未可知。晉國本非小國，況輔帝畿，扼邊塞，在今日定是關繫者，將此一方整理强固，於國事亦有絲毫補益，此公義也。爲身計，則鄙人精力漸差，才智本鈍，鈍者遲鈍也。必須看題詳審，筆墨和調，然後能放筆爲好文字。今到晉已十閲月，方略將全局看清，粗將線索尋著，可望漸入佳境。若朝秦暮楚，揚歷中外，其名甚美，其效甚少，何如久於是邦，吏民日習，士馬日精，心力日覺寬閒，事機自日見順利，既有實在功效，條教文移一切可爲後法，將來刊成撫晉奏議二十卷，亦可當晚年著書一種矣。此私心也。公私如此，思之爛熟，鐙前涉筆偶爲。此一題作好，則文筆益練，文望益高，然後可請試他題耳。足下發之，以當言志詩耳。來札又謂於某公當善遇之，此冤也。彼則不善，我則善矣，非不極力包容，多方將就，無如鄙人之所爲，不便於其私，雖善亦不樂耳。

一、太冲嗜好，教之不改，可恨已極。一種疲俗習氣，入骨不移。

一、大盗久不飛騰，未免可惜，定有短之者耶。不滿之者其説如何，望見示，必是誣罔，百思不得其可詬病之端也，鳶青與之相形，恐不無爵之耳。

一、聞有人議察哈爾兩都護，所議何事。

一、歸化城副都統奎英在京陛見未回，現請假。聞渠意不願回。其人不明大體，於歸綏七廳改制事，故意無謂挑剔，議論甚謬，將來必事事掣肘。渠自盼升調，而此間亦盼其升調，然竟不升調，奈何奈何。渠曾草一疏，欲阻止改制事，爲將軍所阻而止。其説謬極。大約一味偏袒土默特蒙古，不顧地方利害也，心甚憂之。

一、南山屢屢求改京秩，言之十餘次矣，一到即説，至今常説。昌言私言皆然，人人皆知，不解其故。

一、黄筆川真好，萬萬不可離河東矣，如何如何。整飭鹽務勝於達夫遠矣。 光緒八年

九十一

久未上記，馳念實無已時。下缺。某此間規畫粗定，惟新收文集，不可測度，夫復何尤。前者曾作兩藝，不過自竭愚誠，文體合否，則不敢知也。北海乞吾宗爲副，可謂得人，不審何以被抹，以後越事若何措置，合肥能强起否，此外無策矣。九老所不勝任，且太濡緩，此間處僻。下缺。

九十二

唐君素有循聲，其人正派有風力，而能辦捻匪，知其有守城功。同治初年，曾知上蔡縣。此君所歷官州縣，多南汝一帶多盗之區。癸

亥甲子間，已升直牧。久欲舉以奉聞，因近年邸報中，不見其事蹟，撿摺紳又無之，故未及耳。蔣君乃毛營舊將，人材僅平穩，其姪蔣希夷乃健將也。亦記名提督，曾隨張曜出邊。希夷亦毛營舊部。

九十三

久未上書，伏惟鼎履曼福爲頌。越事深切杞憂，竊謂總以堅持爲要。法人理甚曲一也，兵事亦須論曲直。力亦不甚强二也，我與海戰則不能，海防則止此數處，與俄胥壞。劉掣其肘三也，德議其後四也，此是第一要害。兵不可撤，約不可代定，彼豈能並樹兩敵，公然封港，撓亂商局，甘包鉅欵。就使萬一決裂，越不能支，我不能勝，充其量不過越舉國聽命，雲南開岸通商，責償兵費而已。今日若調和議約，亦必許到此三處，越力不能償許多，仍將責之於我。然則亦何取乎調和哉。今日之計，惟有大修水陸之防，選將籌餉，四成洋税正爲今日。聯德助劉，以觀其變。法敗越壯固善，即使法勝越滅，我兵已盛，我防已固，法亦不敢逞。總之，此兵所不徒勞，此錢所不枉費，惟望權度事勢，急辦勿疑。前陳一牋，未蒙明示，特以此舉關繫大局，不避煩瀆，抒其瞽説，幸惟垂察，但若傳聞臆揣，不得真際耳。卓識碩劃，如有不關粵秘者，可否指示一二，以啟茅塞。荔秋、子峩、誼卿諸君，有何妙論。賤體粗平。滋軒到後當已晤談，望屬其於鹽務緝私，代爲助力已面懇之，意甚推謝。是感。敬請台安，不盡。　十六日

九十四

近日中朝舉動，滇事付唐，桂事付徐，可謂得人，惟粵東尚未可恃。振翁非不佳，特安攘事體亦恐不勝。當世人才，惟有稚老近之耳。此時若暫以稚老作督辦，俟到彼部署稍定，即與振老互易，豈不兩美。此時蜀事已定，不慮更張，且全局勝負所關，豈得專顧一角耶。更生廢棄，羣情鬱鬱，方今京朝仕途疏通，閎冗無聊者接踵而進，棄瑕録用者聯翩而來，謙都統、胡、楊、江。豈忠讜卓卓，名聞海内者，獨不在棄瑕之列耶。本欲上陳，竊以爲恩出自上爲盛美，且恐愈激愈遲，特至今竊竊不能不急悶耳。李護洲昨來一信通候，係呆板四六套話，空話，又並非古雅脱俗書札體式。字有一寸大，每行六字，狂妄已極，可笑可怪，且並不知紫峯任省局。此等小樞，令人欲嘔。信中並無一事一語。海事望詳示。

九十五

秋暑未減，伏惟臺履百福爲頌。越事日急，騎（處）［虎］不下。滇、桂防事並已得人，惟粵東要衝，尚有可慮。振老固佳，竊恐獨力未能了此。當世人才，惟稚老近之。竊惟備海尤要於備陸。粵海未固，杞憂實深，不憚瀆陳，幸蒙采擇。定興到後，想數晤談，所見似亦相同。此舉若荔秋、子峩諸人，號稱習於洋務者，議論若何，可否略示梗概，以開茅塞。

致李蘭蓀宮保[一] 一首

鐵廠早已告成，采鑛、煉炭、熔鋼、造軌，一一皆已得法，

[一] 録自苑書義等主編《張之洞全集》第十二册，第一〇二三八至一〇二三九頁，河北人民出版社一九九八年版。

萬目共覩。無如經費久罄，去秋業已奏明只能支持勉至年底，廷旨責以招商。數月中，極力招徠，殊無端緒，緣華商力薄，不能任此，而洋商雖有願者，又恐格於部議。目前萬分爲難，萬分焦灼。因前兩年盛道宣懷曾有願承辦鐵廠之議，當即與商，令其來鄂一看，以便議辦。渠因年來言者指摘太多，東撫覆奏不佳，意甚自危，故決計舍去津海關，別圖他項事業，遂亦欣然願辦。現正來鄂周覽漢陽鐵廠、大冶鐵山、馬鞍煤井諸處，俟看畢再作商量。

蓋詳核鐵廠全局，因煤貴爐少，工本太鉅，若非廣籌資本，添設爐座，多開煤井，必致成本不敷。此事本爲煉鐵利用，塞漏卮以圖自强，原非爲牟利起見。無如户部成見已定，不肯發欵，諉以招商。而盛道此來與之細談，渠亦并無如許鉅欵，大意謂鐵路若歸鄂辦，則鐵有銷路，煉鐵之本可於鐵路經費内挹注。正籌議間，適聞有蘆漢鐵路交王夔帥及敝處督率商辦之旨，廷寄尚未奉到，此夔帥電信。渠甚踴躍，謂亦願招商承辦。竊思從前許、韋諸商，斷不能獨肩此鉅欵重任。此路總須數千萬。此外劉鶚此人甚荒唐。諸人，則恐多是洋商影射，終恐難成，將來考核確實，恐真正華商之欵必不能多，許力所不能及者，則擬即令盛招商成之。盛若令辦鐵路，則鐵廠自必歸其承接，如此則鐵廠全盤俱活，晚亦從此脱此鉅累矣。

盛爲人極巧滑。去冬因渠事方急，其願承鐵廠之意甚堅。近因風波已平，語意又多推宕。幸現有鐵路之説以歆動之，不然鐵廠仍不肯接也。渠已向所親言之。盛之爲人，海内皆知之，我公知之，晚亦深知之。特以鐵廠一事，户部必不發欵，至於今日，羅掘已窮，再無生機，故不得已而與盛議之，非此則無從得解脱之法。種種苦衷，諒蒙垂鑒。且鐵廠如歸盛接辦，則廠中將來諸事，大農俱可不挑剔，此當早在明察之中矣。先布大略，容再續陳。

光緒二十二年一月

致李蘭蓀宫保 一首

晚自春間回任鄂疆，瞬逾半載，時艱鮮補，栗碌滋慙。鐵廠因經費無出，遵旨交津海關盛道招商承辦，良非得已。該廠煉鋼造軌，足媲西製，將來鐵路、鐵廠，必須聯爲一氣，我用我軌，方能自保利權，且協政體。認辦鐵路之商人，昨已陸續來鄂，面加詢考，惟其中皆係洋股影射，殊覺令人索然，此事實難措手耳。沙市商埠，日前派員往商日領事，忽緩忽急，迄無成議，擬俟蘇杭定局，援照辦理。鄂中羅田、麻城、潛江、江陵等縣，多被水災，亦經賑撫並施矣。　光緒二十（四）〔二〕年七月十四日

上韓南溪先生〔一〕 一首

咸豐乙卯秋冬之間，貴州畔苗蠭起，都匀、麻哈、貴定以下諸郡縣咸被攻圍，警報狎至。巡撫蔣君强起先君於家，使率師辦賊。先君子以在興義城守勞瘁成疾，固辭不獲，扶病視事。當是時，賊去省會數十里，新募之兵才萬五千人。自出省門，步步荆棘，轉戰而前，身在行間者二百餘日，大小數十百戰，殺賊萬計，一定清水之亂，一擒賊渠楊崇妹，兩解貴定之圍。至於蒙犯霜露，

〔一〕即韓超，直隸昌黎人。貴州巡撫。録自胡鈞編《張文襄公年譜》卷一，頁十一，民國二十八年鉛印本，北京圖書館藏。

絶甘分少，自同將校，有少壯之所不能堪者。度支懸罄，不能給饟，自質服御百物以給軍實，以次安輯流亡，鳩集團練，爲我殺賊，不用官錢。至丙辰七月，迭覆賊巢，遂達都匀城下。徒以當路掣肘，搤捥惋鬱，發憤歐血。而且日夜坐卧一帳，寒暑蒸濕，勞苦過差，遂成沈痼。此當日三軍之所共見，士民之所周知。故總督某怒其方正，誣以無功，罷歸省城。其時病已危篤，至省八日而卒，此而謂之没於王事，夫復何疑。而總督行其己私，不以入告，於是先君子拳拳憂國之苦心，冒死百戰之成勞，闇然而就澌滅矣。是年七月，巡撫以先君子題補貴東道，有旨令總督查明覆奏，於是飾詞上聞，更以他人題補，其覆奏有云節節退守，始退至龍頭營，又退至舊縣，而且年近七旬等語。時先君子年止六十四耳。夫由貴定退紮至龍頭營，乃巡撫恐賊從他道入犯，飛檄調還，令駐其地，以扼省城門户，非擅退也。若謂又退至舊縣，則更妄矣。龍頭營去省六十里，舊縣去省百餘里，誰不知之。在先君子賫志以終，補缺與否，何足損益。惟血戰效命以死，而反蒙敗北畏葸之聲，如此沈冤，其誰甘之。伏維吾師託志忠雅，勇於爲義，倘蒙博采輿論，以疏上聞，請照軍營病故例賜卹，俾地下之靈藉以不朽，則之洞兄弟等没齒糜頂，豈敢忘德。昧死呼籲，惟吾師可否之。　同治元年

致晋壬〔一〕 一首

尊集六朝碑版封聯，臨行時遺忘几上，望撿付一鈔爲幸。禮器碑可否借觀數日，惟裁奪是荷。明日申刻便飯，奉屈一談，惠臨爲幸。

致潤生 一首

白小山先生書扇，望速爲一問。祭期已迫，此等細碎事須早發付也。至要至盼。

致李少荃中堂〔二〕 一首

湖北煉鐵一事，現在大冶鐵山鋪直達石灰窰江岸運道鐵路鐵路五十餘里已完，煤路十里亦計日可成。已成，興國州錳鐵運道小鐵路亦將次修成。漢陽煉鐵廠大致已備，爐座廠基及馬頭艱重之工已完，外洋料件已陸續運齊，各廠詳細圖式已電催，陸續寄到，從此可計日程功。大約明年二月，各爐及貝色麻鋼廠、鋼軌廠、西門士鋼廠、熟鐵廠均可一律竣事。

英、比各國領事皆言鐵山開采數百年不能盡。大冶屬王三石油煤三層，共厚四丈二尺。江夏屬馬鞍山油煤兩層，共厚一丈八尺，均試過，可煉焦炭，地段煤脈均極廣闊，在十里以外，將來可開井多處。現已用西法開大井三處，明年六月竣工，可共出煤每日六百噸，除鐵廠自用外，可銷售與華洋商民輪船等用。若再多開數井，其利無窮，百年不盡。約計購機、造廠、鐵路、馬頭、

〔一〕 以下二首録自陶湘編《昭代名人尺牘小傳續集》影印件，載臺北文海出版社《近代中國史料叢刊》續編第七五輯，第七四八册。

〔二〕 即李鴻章，字少荃。安徽合肥人。道光二十七年（一八四七年）庶吉士。淮系首領。歷任江蘇巡撫，湖廣、兩廣總督，直隸總督兼北洋大臣，授文華殿大學士、一等肅毅伯。曾主持創辦江南製造局、輪船招商局、電報局等近代企業。録自夏東元編著《盛宣懷年譜長編》上册，第三八七至三八九頁，上海交通大學出版社二〇〇四年版。

煤井、輪船、剥船等費，共用銀三百餘萬兩。部欵二百萬，已奏准由鄂省自行籌挪八十萬，又另籌墊二十餘萬，又粤訂機器價十數萬，勘鑛雜費數萬。惟明春即須開煉，開煉即不能間斷停工，亟須籌定常年成本，計每年約需銀一百萬兩。所出各種貝色麻鋼、西門士鋼、熟鐵及供廠用外，銷售之煤，可值價銀一百三四十萬兩。此如農夫良田已墾，仍有人工牛種之需。又如鹽務場竈已成，必有煎煉運售之費。是爲常年運造出貨之本，與造廠之本兩不相涉，此非專籌鉅欵不可。緣鐵廠端緒繁重，一經開辦，煤鐵局廠十餘處，日役洋匠數十人，華工、民夫數千人。事屬創辦，修改未合之工作，添換損失之機器，制造求精，物料必有耗折。而鋼鐵初出之一二年，各省尚未周知，銷路不能甚速，斷須百萬成本，始足資周轉。惟此時向户部請欵，必仍以統歸北洋鐵路經費爲辭。若無開辦鉅欵，惟有廠成以後，奏請停工。以奉旨飭辦之件，既已用欵數百萬，經營三四年，若付之停廢，不惟失策，亦非政體，將大爲海外各國所怪所笑。竊思此事自應先與中堂籌商，以期周詳妥善，成此大舉。現擬有一辦法：尊處鐵路經費未經動用者尚多，擬於此項鐵路經費内，由部預支軌本五十萬。約計關東每年造路二百里，加以歧軌增多里數，需軌一萬餘噸，合魚尾鈎釘等件，每噸銀三十兩有奇，共約三十餘萬兩。加以橋梁、熟鐵、生鐵各料極多，約需銀將及二十萬兩。是每年即需價銀約五十萬兩。即或路軌所用不及五十萬，而天津各機器局需用精鋼、熟鐵亦必不少，足可用至此數。外洋定貨亦須先付半價。此係官廠，自應先領貨本，以便制造。京外官設局廠皆係如此，從無墊辦之法，不比買諸民間商販，見貨然後付銀。滿一年後核計，尊處用料若干，仍照用過貨價撥付現銀。以後每年如此，俟關東路工告成之年，總計盈絀，或鄂找津，或津補鄂，照數清結。至此外并擬向尊處經費内暫借五十萬，俟光緒二十五年各省應解鐵路經費已畢，鄂省仍每年接續認解五萬，共解十年，即將五十萬還清。此不過先後一轉移間，於尊處經費毫無所損，而中國鐵利從此大興矣。至鋼軌各料件如有不精、不能合用者，惟鄂省是問。查鄂省奉旨開設鐵廠，本意專爲造軌而設，光緒十六年三月醇賢親王來電，曾有鑄軌爲先之示。是以恪遵趕辦，竭力籌維，部欵不足，又外籌以益之。是北洋修路，湖北造軌，本是一事，似無再買洋軌之理。公前年來電并聞與人言及，亦俱主此議。但洋軌價值，傳聞較前又減。前年詢考外洋軌價，需三十餘兩，尊電所議亦二十九兩。此時聞又略減，工本運費，斷然不敷。此或是外洋鐵價偶然輕減，不可爲常。或是恐中國鐵廠造成，利不外耗，故意減價求售，亦如太古、怡和減價與商局輪船相争故智，數年之後，仍然增長矣。況此廠兼可制煉各種精鋼、精鐵，各省局槍炮、船械、機器所需鋼鐵，皆可奏明取給於此，似爲中國自强要圖。萬一海防有事，永不受外洋挾制，即較洋軌稍貴，亦宜自用中國之鐵。公前年來電所云，誠深識偉論也。

此廠俟成本籌定以後，即須一面奏明開煉，試造軌件及各種鋼鐵料。至經久之計，終以招商承領、官督商辦爲主。非此不能持久，非此不能節省迅速，旺出暢銷，前年曾致書台端詳言之。緣近日疆吏識解嗜好不同，未必人人皆能篤好力行。若稍有意見，必多沮格，或出貨不多不精，或糜費過鉅。中國盛舉，設令漸歸停廢，實可痛惜。擬於開煉後，即一面招商承辦。竊思方今有才思、有魄力、深通西法商務者，惟津海關盛道爲最。前三年初議建設鐵廠時，盛道曾條上一稟，有概然自任之意。近日來電，亦仍持官督商辦之説。若盛道能招集商股，只須集資數十萬酌繳鄂省挪墊官本，以爲歸還鄂省暫挪槍炮廠等項之用，即可付之承領。自承辦第二年起，或每年認繳官息若干，永遠納息，或每年認抽還廠本若干萬，分幾年還清，均可臨時商酌辦理。然必須官先籌常年造辦成本，開煉一年半載，俾出貨之精粗遲速，行銷之利鈍，具有規模，商股自然易集。以後或納息，或抽本，公家未嘗無利。泰西商務皆是公家極力護持，凡有大商、銀行勢將不支，則出鉅帑以濟之。況中國創開之舉，尤須扶持，不能不官任其難，俾商享其利也。今日鐵務，非公大鈞宏遠一力維持，恐無他妥善之策。若能照議舉行，從此風氣大開，兵、農、工、商各事取用不竭，有裨富强大計，則中國鐵務雖鄂省經理之，實台端主持創成之耳。

盛道若能照所擬各節招商督辦，俟定議時，當會同台端具奏。商局、電局事皆關涉各省，由盛道一手遥領督辦，日起有功，是鐵廠一事，在津遥領，自無不可。奏准後，當屬盛道酌派親信可靠一二人來鄂，酌擬商局章程，會同蔡道商辦。至盛道承辦以後，若晚在此，廠事當一切皆與公會奏商辦。經始之事，不敢稍涉推諉，以致初基不固。即晚去鄂後，亦如招商、電報諸局例，統歸尊處主持，斷不慮其停廢矣。

鐵煤各廠工程物料清單一件，附呈詧覽，全局自可了然。此事成否興廢，惟在鈞懷一措注間。尊意若何，即望籌酌，早賜示覆，曷勝翹盼。　光緒十八年十月十五日

家書

謹案：文襄公書札向無存稿，當時人之得其手書者，皆珍如拱璧，不肯示人。竭力搜索，不過百分中之一二而已，其家書亦泰半散佚。今從其文孫修甫處續得數通，謹坿於後，不復計其年月之先後也。　樹枏謹識。

致叔父 一首

二月内自汴省發一禀，計已鑒及。比維福體康和，闔家清吉。前聞吾叔奉委辦理釐金，事竣可望回任，此時不知已有佳音否，嬸母在漢中光景若何，一兄以次均在何所，念念。姪仰賴祖考庇佑，吾叔栽培，會試中式一百四十名貢士，覆試一等第一名，殿試一甲第三名，進士朝考一等第二名，授職編修。僥倖成名，惶媿交集。惟有抑畏自將，益加力學，勉圖樹立，冀紹家聲。硃卷、朝殿各卷，六月方能刻出，當續寄呈。惟各項費用極力撙節，亦非五百金不辦。京師光景窘迫，姪人地生疎，現在託人展轉通融，枝枝節節，補苴敷衍，然皆尅期秋間償還，政不知彼時何以處之。至以後在京供職，何術墊補，不敢設想。左右思維，惟有仰懇吾叔大人格外鴻慈，潤其涸轍，是所感禱。姪擬八月回里省墓，臘底來京，如蒙賜諭，函即交下斜街長春寺對過吏科劉宅劉鐫山表叔處甚妥。　五月十一日

今春蒙韓南溪師以姪父盡瘁軍營，奏請賜恤。奉旨，照軍營立功後病故例議恤。欽此。姪父以死勤事，淹没多年，終被恩綸，闔家感涕。向部中探聽，大約可贈三品卿銜，子廕一七八品官，須六月底方能辦出。二月内所發一禀，曾請將中書移獎姪之清，當已接到。查此案於去年三月到部，六月内已經掣籤注册，名次第六。緣户部核算，尚短銀六兩，飭令補交。故雖已注册，總算未經核准，仍可改移。此部友云。今姪既僥倖，更非移獎不可，但移獎仍須從外邊奏入。伏懇俯允所請，移予姪清，即云姪洞無力補交，移獎之禀，須填當先年月，不可云姪洞中式，恐類於取巧也。可爲姪清請一部司務。姪父恤典所得廕生，擬即令姪涌承領。似此一轉移間，俱臻妥協。務望速賜禀請，咨奏更正，是所切禱。其應如何措詞，方爲盡善之處，敢請裁酌辦理。

致兄文竹 一首

久未作書，實深懸念。昨讀自黔來書，知嬸母以下均平安抵黔，爲慰。聞其時吾兄方有小恙，想早已大安復元矣。邇惟闔寓康吉，定如遠頌。吾兄年内能望一缺否。局中差事緊要，上游器重可知。即暫在省當差亦甚佳，他人新到省者，斷不能如此也。公館在何街道。黔中軍務，見邸抄屢克城邑，近來想更見起色矣。可惜鄂老罷兵，枉費心力，而不能目覩收功奏凱耳。子密今夏弟召之來京，令其一瞻帝都人物。盤桓兩月，隨伯兄回里。八月南行，已接其到楚之信，目下當已達貴陽矣。弟到京後，一切平平。六弟今夏在雙妙又患失血之證，去血太多。秋間又發瘧疾，係三陰瘧，其勢甚重，纏綿二十日始得痊愈。渠身體本弱，加以新發吐血之後，尚未復元，接患此病，益不能支。八月到京，氣血虧損已極，多方調理，總不能培補强壯，日弱一日，至十月二十日，竟爾夭折，深可痛惜。六弟婦年紀尚輕，遭此慘變，又無子息，實覺難堪。現已函商伯、叔兄，急爲立嗣，或可稍慰生者。不審

家鄉塋地有何疾，以致連年人口傷損，深可慘駭。擬物色一精於堪輿者，明春同其回家一看方妙。大約是先太僕新塋或有不甚完全之處，真令人不解也。六弟近年頗漸老練，尤極好學，弟心甚喜，謂從此在京寓與弟相聚讀書，極爲天倫樂境。不意青年逝世，尤爲可惜耳。現已出殯，停於觀音院，擬明春再送回家。雨琴在川，不審興致尚好否。子青五兄因升閩督後，旱路辛苦，二伯母斷不能行，因陳請終養，想已見報矣。弟身體歇息一年，漸覺精神稍好。今年四月得一子，名之曰頵。寓中俱平適。小妹詩境想更進益，前兩月曾得其手書并詩，極有清句，深可喜也。努力好學，當爲在京求一佳婿，勿在黔中草草説定也。匆匆，不專爲作書矣。

兹有新選餘慶縣典史鹿學程，號象如，係滋軒從堂姪孫，聞其人向來極爲穩當，兹遠選邊省，人地生疎，諸多爲難，到黔時必往見吾兄，務望代向上游一爲嘘拂。如必不能，到任能得一差事方妙，俾不至困頓無策爲禱，日後我等亦可以對滋軒也。

致姪子密七首

一

去年聞乃祖母之變，當時未得作書，數於致乃三叔書中詳詢一切。嗣知諸事漸有端緒，稍紓焦慮。比知扶匶由海船平安抵里，未審葬期定在何時。頃接京師來信，驚悉乃三叔凶耗，不知所措。頃震鶴信亦到。兹遣孫賢等探視，一切望將詳悉縷述見覆爲要。乃三嬸計已早到，總以扶匶挈家，速速陸行歸里爲上。聞公事膠葛甚多，極爲焦灼。幸接辦者爲聽翁，尚是不幸中之幸，諸事必有決斷，必有商量。此已是上游十分相關，但不知此時已到否。務望轉告乃三嬸，一切開誠布公，推心置腹，公事私事，一聽聽翁斟酌，萬勿稍存猜疑，稍有掣肘，此爲扼要第一義。惟此事致聽翁爲難，深抱不安耳，爲我拜懇拜謝，當銘刻不忘也。接此信後即作一書，令高福回。乃三叔靈匶眷口起程日，即令孫賢回。叔在此如坐針氊，惟盼一確信也。乃諸叔事體皆賴吾姪，今此事尤極艱鉅，復以相累，吾姪可謂張氏之功臣矣。九月十九日

聽翁一函轉交太急，不能多書也。芝舫、鼐臣、蓮溪諸君，均代致意叩謝。與震鶴書可索一閱。

再，船户十分可恨可殺，鄂省已據兩江咨飭聽翁查辦，聽翁到彼，必須重懲數人方好。聽翁老練更事，想必能操縱得法也。叔此時心如棼絲，悲憤交集，欲與聽翁作書，竟不能措一辭，望先代爲申意，即將致吾姪函送閱，隨後再布，幸鑒原之耳。

再，前日接八百公信，並將江西、兩江、鄂省司局各咨詳録寄，一切備悉，令人焦急萬狀。已往之事已無可説，惟有速將公事及早完結歸里，以後不致再起波瀾，便爲幸事。江、鄂各文件須送與乃三嬸一閱，詳細解説告知，乃三嬸方能悉其原委，不然事不好辦也。閱震鶴信，謂吾姪來信云全已完清，尚未敢信。江西事體恐尚須費脣舌，此是臆度之詞。或可但將認欠之數交清，即可結局，並此不交則萬難矣。此全在接辦者申説得法。兩江事若何。至淮安、臨清以及抵津交費約須幾何，望詳告爲要。總之，鄙意令外舅到後，便宜將公事一切交付，聽其裁度布置，方爲正辦。如有應出自前手承辦之員者，萬萬不可吝惜，斷不可再生波瀾，太不好看也。

二

去年得乃父惡耗之日，正乃四嬸綿惙床蓐之際，煩惱萃集，傷痛可知。嗣恐吾姪離黔必速，故遲遲未得寄信。在京在蜀兩次。昨接手函，備悉近狀。叔已致函黎、林兩君道謝。茲特手書唁問，即候孝履。餘詳別紙。

三

屢得手書，具悉。前月乃祖母來書，促姪赴黔。既然如此，勢難留待院考。府縣試過否，在所不計矣。可即速來京，既可一面，兼一覩長安風物，與乃大叔同歸可耳。叔於日前舉一子，全家平安。初九日辰

四

李福帶去一械，計已接閱，比想文祉多佳，爲念。閤家坿筆雙妙家中。乃大嬸以下均代此間家人請安問好。去年自楚到家，吾姪可謂勞苦，且一人力疾支持，諸臻妥善，接信後甚慰甚感。乃大叔留在家用功過考，自是正理。惟聞吾姪心緒不定，志不在考，殊不可解。無論如何，目前縣考在即，想必已進過場矣。以後事宜，吾姪自爲熟計。如願讀書下大場，則縣試後即來京，在叔處讀書。如必不願，則祇可隨乃大叔南行。然在家鄉小住數月亦可，藉悉故鄉風味，稼穡艱難，於宦途世事，未必無益。乃祖母到黔後，未接過來信，當畨已平安到黔矣。叔臘底到京，倉猝忙迫，頃甫就緒，身體尚平適，用度可敷衍。今年過去，明歲再作道理。吾姪氣體强壯復元否，書箱自必帶來。吾姪自來則帶來，否則便人用船寄來，大叔到，當佈置也。二月十一日

五

屢得手書，具知近狀，甚念。縣考有信否，如在春間，可過考後來京。如尚遠，可結妥伴來京。總之，考必須過，方知甘苦。回南一層，到京商辦，隨乃大叔行即妥，若不願過考，便無庸來京，若夏初亦不得爲遠。叔到京後尚平善。

六

得手書，知侍奉萬福，公私順鬯，爲慰。緝捕認真，上游器重，以後益望努力爲之，定有薦剡超遷，何勝欣盼。聞衙署甚寬綽爽潔，且有花木，可以賦白華，娱老親，此誠足喜耳。叔公事近尚平順，惟憂經費不足。精神飲食臘正以來尚可，大約煩心事略少，則精神便佳耳。昨以細事甚費堂上心，深爲不安，望代我請安致謝。正月二十八日

楚産四種，轉呈堂上，醉棗一器與諸小孩。再，姪孫輩所作詩及所寫大小字，可寄數紙來一閲，近來惟覺此事有趣耳，此老境也。

七

前得手書，具悉一一。因來信竟已拆過，封面注明上海信局誤拆云云，不近情理，故未便由局覆函，擬專人寄書，以病且忙未果。茲又接來信，較爲詳晰。秋間雖小有波瀾，然既已禀請減成徵收，民間無論賢愚，自然悦服，斷不至再有口舌矣。即我覆信，亦仍是首勸減徵也。江南棉花被災，關繫甚重，不能不加體恤。至惡紳刁民，只可隨宜應付。良民頌聲載道，公事無瑕可指，

雖有强宗訟棍，彼何能爲。至於紳士之十分狡很者，若自揣力不能鋤去而降伏之，則亦不能不略用籠絡駕馭之法，免致撓我政事。此事在度德量力，姪之資望才具，目前上司之識力，恐辦不到之事甚多耳。至於捐升開缺一節，萬萬不可毫無取義。方今候補知府安有出路，既不戀缺，更可放手辦事，專心爲民，即使將錢漕贏餘減去大半，亦不過與無缺等，尚落得口碑載道，萬家尸祝也。總之，江蘇州縣缺，大率皆甚優，而錢漕亦實太重，遇有覬望乞恩之舉，不能盡責刁民，亦不能盡怪劣紳，州縣處處克己恤民，劣紳何從挾持煽動哉。姪能禀請減成徵收，又能捐鉅金辦緝捕破重案，已是探驪得珠，聞之深爲欣慰，勉力爲之，必然與地方日臻浹洽。至於幕友門丁、官親書役，往往多以不可壞舊規、長刁風、壞缺分、招人罵之説進者，乃是邪説惡習，務宜屏斥勿聽，自定主義，至要至要。須知聲名功德，是本官得，餘光沾潤，是衆人得耳。假如以後設别有情節，有不可一朝居之勢，則自請藉差調省，暫且交卸。在省閒住數月，或當一差以待調署他處，亦未嘗不可，總勝於捐升開缺耳。我與吴中當道無交，不能代爲設法，然實缺人員，若非被撤而自請調省者，斷不能久令賦閒。此乃公道，不能盡泯，亦不在别有人力也。汝母親想甚康健，甚念。兩姪孫詩文賦皆佳，龍瑞尤開展興會，可喜之甚，明年必可進學，以後不可限量。寄來食物種種，均收到，謝謝。坿去廣東新會甜橙一筐，漢口火腿筍一包，可代呈堂上，聊佐春盤。我冬月患喘欬甚，委頓月餘始瘳，此時已大愈矣。公事繁難萬狀，晝夜無暇，眠食俱不能由己，可歎可歎，明年當可漸順手耳。立春日

致姪子陽、子密二首

一

接屢次來書具悉，邇日想已達淮安矣。到家時，所有各親友見者，均代致候，言太忙不能寫信。下人聞多不受約束，可即在彼遣去之，不得力者，多一人更多一累，不必姑息，若過清口更難位置矣。在淮有乃五伯在。前有寄家中各院應酬單一紙，不審啟行時接到否，兹補寄去。送錢十分，送物十一分。如其項無出，到家時子陽姪可詢查，家中必有存項，動用可也。來信言詩稿交上，是否即係叔平日所作，可告知。黔中來接眷屬一節，只可俟叔到省計議。同叔何日進京鄉試，便望告知。百吉屯事，叔決無餘力，可作罷論。兹同叔亦有信來，願仍舊貫，應勿庸議。叔體尚平適。惟時常疲乏思睡，只可因其睡而睡之而已。安陸事已畢，有乃六叔在，諸事頗能料理。五月二十四五日可旋省，六月二十日一律完竣矣。可詳細將一路情形覆我爲要。五月十二日戌刻

再，此次科試，安陸府所取鍾祥、京山、天門三縣院案首皆是眇一目，其一本是縣首。可謂罕有僅見，然論其文藝，實無出其右者，勢不能以貌取人，致蹈澹臺子羽故事也。書此以發一笑。

數棚以來，每場必於落卷中搜出幾本來，多則十本外，少則四五本，生員較少亦必有之，可歎可怕。想來天下皆是如此，可怕也。昨劉小春過此，詢湖南光景，尤可怕也。最奇者，昨搜出一本極佳，調覆不到，查出係槍手。嗟乎，以槍手而不能入備薦，槍其窮矣。

陳本森來應科試考，居一等尾，書法大進，文藝亦甚有墨裁，所患已瘉矣。

襄陽縣院首吴慶恩，十四歲，書法真、行俱佳，文、詩甚穩

秀，亦可喜也。

再，劉四表叔斷斷不必來棚，初接手亦不知如何辦法，實無益處。如欲來時，千萬阻之爲要。其人甚荒唐也，且到外邊實無所能。以後借錢不必常借，可探詢其意，何時動身，即送程儀二十金可也，須問准，可遣人持帖向雅翁問之。可將叔苦况縷向渠告知爲要。小帆舉薦萬君，其戚。亦可勿庸議。北墅雖生，尚能學習，以後足可辦得動。叔此棚亦頗有睡覺時刻，不至竭蹶叢脞也。家眷北歸一層，到棚後籌計，如此辦法，并不省許多，究竟分兩起多帶人，且叔不在跟前，必多繁費，仍無益也，到京所費更多。一切俱作罷論，仍與叔一同進京爲妥善耳。乃三叔近有信來，亦如此說，現在只計議靈（柩）［柩］何時起身耳。書箱全數帶回，樓上者皆可收撿也，其餘棚内數箱，亦擬棚畢用船帶回。下人共帶三人亦可，總須有兩人能隨大姪回楚便了。兩姪斟酌之，求其敷用耳。李福雖帶去，分帳則可。亦斷不能帶回楚也。黄升、房成隨大姪回。其實其人亦無甚用也。先生何爲辭館，想是爲家眷四日北行之故。家眷不走，便勿庸議矣。書院房已派妥，已有札行。膏火仍按二金爲妥，以後照辦。獎賞不可無也。新文昌書院已完工否，告知爲要。莫子偲來否。

二

三接手書，具悉。船户支銀，儘可與之。水勢既無准，到淮安換船亦好，俱可臨時酌之。不過有陸路四站，川資須多些方足。乃三叔初十日交卸，現在樊城，大約初十邊可到省。既不候水，程期便少，四月半起行不遲，計其時大姪已大强健矣。近日大姪痘證清楚否，五姪服藥亦見效否，念念。

此兩棚事尚不甚繁亂。北墅尚可學習，惟叔覺殊不耐勞。帶出之蔘是僞，可爲另買真者，俟便寄來。日内遣張喜回省，詳細信具其函内。二十三日寅刻

致伯、叔兄一首

月初自歸德發一函，由信局遞往，諒入鑒矣。昨聞家鄉來人，道伯、叔兄已入都。比想仲兄亦當鄉試，現同寓何所。伯兄張羅之件，想是有成，良可忻慰，刻下已辦妥否。叔兄籤掣何處，五妹嫁期定在何日，鎸翁處能體諒分任否，滋軒甲第何許，臚示爲幸。到京必數與伯洵相見，渠生計若何，芝翁當補御史未也，亦與緇生相晤否，渠仍分刑部，大難爲懷，其近狀何似。公冰已入京未，渠功夫有無進益，興會尚佳否。諸兄現在京師，寄書甚便，務望多發數函，或交提塘，或託陸世兄耕瑶坿入家信包封，尤爲妥速，總祈每月以兩封爲率。如交提塘或南皮驛遞，徑打歸德，書眉翁[一]銜可也。欽差河南團練大臣毛營總理營務處陸。眉翁甚病，雖號稱營務，尚不治事，事皆李君綜理。渠病日深，令人焦慮，如有不虞，當奈之何。弟氣體頗健，既來此間，内與京朝隔絶，外與各省間阻，既不足以廣見聞，又不足以資閱歷，爲此區區，亦殊索然。兹託樊少庸户部名鴻錫。帶去六十金，不必告人。囑其交賡堯處轉送。渠二十四日啟行，到京約在七月初十外。渠李鶴翁内姪，回京鄉試，與霽雲兄弟皆相識也。恐其行遲，先坿摺便

［一］即陸眉生，名秉樞。據許同莘編《張文襄公年譜》卷一，同治元年（一八六二年）五月，張之洞偕陸至河南彰德入毛昶熙幕。底本作眉翁，誤。

肅此一函告知。六月二十一日

吾兄雋翁、芝翁，見時希爲請安。

致仲兄 一首

韓魁回里，寄去一函，計已接到。昨日探知先大夫請恤事，已於三月二十日奉旨著交部照軍營立功後病故例議恤。欽此。頃託人在兵部探詢恤典，詳悉如何，隨後布聞。牓發後弟倖獲中式，適出范鶴生師之門。日來料理一應事宜，擬力從節省，至五月事畢，各項費用以五十金爲率，張羅已有頭緒。兹帶去銀三十兩，除扣還仲兄墊項外，交弟婦作日用。若姨孃伯嫂屋内窘乏時，囑弟婦酌量接濟。此項即係雨琴寄來者，元封未動。懸知家中之累，不可言狀，故仍帶回家應用。兹乘春艇表兄之便肅此，敬賀大喜。

四月初九日

案：文襄公家書三卷，前兩卷考其年代，實不相符。文襄尊人春潭先生在貴州辦賊，咸豐六年七月卒於軍，時文襄年方二十歲。文襄同治二年癸亥成進士，入詞林，距春潭先生之歿已八年矣，不知何以是年中式後有致雙親諸書。且文襄會試中式一百四十名，而致雙親第一書中言中進士第四名，名次不符。若此，其為偽託無疑。但此三卷實自其文孫修甫處得來，不解何故。今謹删去二卷，只留一卷，然亦無甚關重也。己巳十月樹枏謹誌。

勸學篇

上　諭

光緒二十四年六月初七日，奉上諭：本日翰林院奏侍講黄紹箕呈進張之洞所著勸學篇，據呈代奏一摺，原書内外各篇，朕詳加披覽，持論平正通達，于學術、人心大有裨益，著將所備副本四十部，由軍機處頒發各省督、撫、學政各一部，俾得廣爲刊布，實力勸導，以重名教，而杜卮言。欽此。

勸學篇序

昔楚莊王之霸也，以民生在勤箴其民，以日討軍實儆其軍，以禍至無日訓其國人。夫楚當春秋魯文、宣之際，土方闢，兵方强，國勢方張，齊、晉、秦、宋無敢抗顔行，誰能禍楚者，何為而急迫震懼如是之皇皇耶？君子曰：不知其禍，則辱至矣；知其禍，則福至矣。今日之世變，豈特春秋所未有，抑秦、漢以至元、明所未有也。語其禍，則共工之狂、辛有之痛，不足喻也。廟堂旰食，乾惕震厲，方將改弦以調琴瑟，異等以儲將相。學堂建，特科設，海内志士，發憤搤捥。於是圖救時者言新學，慮害道者守舊學，莫衷於一。舊者因噎而食廢，新者歧多而羊亡。舊者不知通，新者不知本。不知通，則無應敵制變之術；不知本，則有非薄名教之心。夫如是，則舊者愈病新，新者愈厭舊，交相為瘉，而恢詭傾危、亂名改作之流，遂雜出其説，以蕩衆心。學者摇摇，中無所主，邪説暴行，横流天下。敵既至無與戰，敵未至無與安。吾恐中國之禍，不在四海之外，而在九州之内矣。竊惟古來世運之明晦，人才之盛衰，其表在政，其裏在學。不佞承乏兩湖，與有教士化民之責，夙夜兢兢，思有所以裨助之者，乃規時勢，綜本末，箸論二十四篇，以告兩湖之士。海内君子，與我同志，亦所不隱。

内篇務本，以正人心；外篇務通，以開風氣。

内篇九：曰同心。明保國、保教、保種為一義。手足利則頭目康，血氣盛則心志剛，賢才衆多，國勢自昌也。曰教忠。陳述本朝德澤深厚，使薄海臣民咸懷忠良，以保國也。曰明綱。三綱為中國神聖相傳之至教，禮政之原本，人禽之大防，以保教也。曰知類。閔神明之胄裔，無淪胥以亡，以保種也。曰宗經。周秦諸子，瑜不掩瑕，取節則可，破道勿聽，必折衷於聖也。曰正權。辨上下，定民志，斥民權之亂政也。曰循序。先入者為主，講西學必先通中學，乃不忘其祖也。曰守約。喜新者甘，好古者苦。欲存中學，宜治要而約取也。曰去毒。洋藥滌染，我民斯活，絶之，使無萌枿也。

外篇十五：曰益智。昧者來攻，迷者有凶也。曰遊學。明時勢，長志氣，擴見聞，增才智，非遊歷外國不為功也。曰設學。廣立學堂，儲為時用，為習帖括者擊蒙也。曰學制。西國之强，强以學校，師有定程，弟有適從，授方任能，皆出其中，我宜擇善而從也。曰廣譯。從西師之益有限，譯西書之益無方也。曰閲報。眉睫難見，苦藥難嘗，知内弊而速去，知外患而豫防也。曰變法。專己襲常，不能自存也。曰變科舉。所習所用，事必相因也。曰農工商學。保民在養，養民在教，教農工商，利乃可興也。曰兵學。教士卒不如教將領，教兵易練，教將難成也。曰鑛學。興地利也。曰鐵路。通血氣也。曰會通。知西學之精意，通於中學以曉固蔽也。曰非弭兵。惡教逸欲而自斃也。曰非攻教。惡逞小忿而敗大計也。二十四篇之義，括之以五知：一知恥。恥不如日本，恥不如土耳其，恥不如暹羅，恥不如古巴。二知懼。懼為印度，懼為越南、緬甸、朝鮮，懼為埃及，懼為波蘭。三知變。不變其習，不能變法，不變其法，不能變器。四知要。中學考古非要，致用為要。西學亦有别，西藝非要，西政為要。五知本。在海外不忘國，見異俗不忘親，多智巧不忘聖。

凡此所説，竊嘗考諸中庸而有合焉。魯，弱國也。哀公問政，而孔子告之曰：好學近乎知，力行近乎仁，知恥近乎勇。終之曰：果能此道矣，雖愚必明，雖柔必强。兹内篇所言，皆求仁之事也；外篇所言，皆求智求勇之事也。夫中庸之書，豈特原心杪忽、校理分寸而已哉！孔子以魯秉禮而積弱，齊、邾、吴、越皆得以兵侮之，故為此言，以破魯國臣民之聾瞶，起魯國諸儒之癈疾，望魯國幡然有為，以復文武之盛。然則無學、無力、無恥，則愚且柔；有學、有力、有恥，則明且强。在魯且然，況以七十萬方里之廣，四百兆人民之衆者哉！吾恐海内士大夫狃於晏安，而不知禍之將及也，故舉楚事；吾又恐甘於暴棄，而不復求强也，故舉魯事。易曰：其亡、其亡，繫於苞桑。惟知亡，則知强矣。

光緒二十四年三月，南皮張之洞書

勸學篇上 内篇

同心第一

范文正爲秀才時，即以天下爲己任。程子曰：一命之士，苟存心於利物，於人必有所濟。顧亭林曰：保天下者，匹夫雖賤，與有責焉。

夫以秀才所任，任者幾何？一命所濟，濟者幾何？匹夫所責，責者幾何？然而積天下之秀才，則盡士類；積天下之命官，則盡臣類；積天下之匹夫，則盡民類。若皆有持危扶顛之心，抱冰握火之志，則其國安於磐石，無能傾覆之者。

是故人人親其親，長其長，而天下平；人人智其智，勇其勇，而天下强。大抵全盛之世，庠以勸學，官以興能，朝廷明於上，則人才成於下；艱危之世，士厲其節，民激其氣，直言以悟主，博學以濟時，同心以救弊，齊力以捍患，人才奮於下，則朝廷安於上。

昔春秋之季，周若贅旒，孔子誅亂賊，孟子明仁義，弟子布滿天下，而周祚延二百餘年。七十子後學者流衍益廣，至西漢而儒術大興，聖道昭明，功在萬世。東漢末造，名節經學最盛，李、郭之氣類，鄭康成之門人，亦布滿天下，一時朝野多重操行、尚名義之人，故卓、操不能遽篡，而蜀漢以興。諸葛隱居躬耕，而師友極盛，其人皆天下之豪傑，所講明者天下之大計，故昭烈得之而成王業。曹魏迄隋，江北皆尚鄭學，故北朝兵事紛紜而儒風不墜。隋王通講道河汾，門徒衆盛。唐之佐命，如房、杜、魏、薛，皆與交遊，其書雖有夸飾，其事不能盡誣，房、杜輩非必門人也。故貞觀多賢，而民得蘇息。唐韓子推明道原，攘斥佛老，尊孟子，贊伯夷，文宗六經。至北宋而正學大明，學統、文體皆本昌黎，由是大儒蔚起。宋代學術之中正，風俗之潔清，遠過漢唐，國(派)〔脈〕[一]既厚，故雖弱而不亡。宋儒重綱常，辨義利。朱子集其成，當時雖未竟其用，其弟子私淑亦布滿天下，故元有許、劉、吴、廉諸儒。元虐以(減)〔滅〕[二]。明尚朱學，中葉以後，并行王學，要皆以扶持名教、砥厲氣節爲事。三百年間，主昏於上，臣忠於下，明祚以延。咸豐以來，海内大亂，次第削平，固由德澤深厚，廟算如神，亦由曾、胡、駱、左諸公，聲氣應求於數千里之内，二賀熙齡、長齡、陶文毅、林文忠諸公，提倡講求於二十年以前，陳慶鏞、袁端敏、吕文節、王茂蔭諸公，正言讜論於廟堂之上，有以致之。是故學術造人才，人才維國勢，此皆往代之明效，而吾先正不遠之良軌也。

吾聞欲救今日之世變者，其説有三：一曰保國家，一曰保聖教，一曰保華種。夫三事一貫而已矣。保國、保教、保種，合爲一心，是謂同心。保種必先保教，保教必先保國。種何以存？有智則存。智者，教之謂也。教何以行？有力則行。力者，兵之謂也。故國不威，則教不循；國不盛，則種不尊。回教，無理者也，土耳其猛鷙敢戰而回教存；佛教，近理者也，印度惷愚而佛教亡。

〔一〕據楚學精廬一九三七年版《張文襄公全集校勘記》，「派」爲「脈」之誤。

〔二〕「減」，當爲「滅」之誤。

波斯景教，國弱教改。希臘古教，若存若滅。天主耶穌之教，行於地球十之六，兵力爲之也。

我聖教行於中土數千年而無改者，五帝、三王明道垂法，以君兼師；漢唐及明，宗尚儒術，以教爲政；我朝列聖尤尊孔、孟、程、朱，屏黜異端，纂述經義，以躬行實踐者教天下，故凡有血氣，咸知尊親。蓋政教相維者，古今之常經，中西之通義。

我朝邦基深固，天之所祐，必有與立。假使果如西人瓜分之妄説，聖道雖高雖美，彼安用之？五經四子，棄之若土苴，儒冠儒服，無望於仕進。巧黠者充牧師，充剛巴度，充大寫。西人用華人爲記室，名大寫。椎魯者謹納身稅，供兵匠隸役之用而已。愈賤愈愚，愚賤之久，則貧苦死亡，奄然澌滅。聖教將如印度之婆羅門，竄伏深山，抱守殘缺；華民將如南洋之黑崑崙，畢生人奴，求免笞罵而不可得矣。

今日時局，惟以激發忠愛，講求富强，尊朝廷、衛社稷爲第一義。執政以啟沃上心、集思廣益爲事，言官以直言極諫爲事，疆吏以足食足兵爲事，將帥以明恥教戰爲事，軍民以親上死長爲事，士林以通達時務爲事。君臣同心，四民同力，則洙泗之傳，神明之胄，其有賴乎！

且夫管仲相桓公，匡天下，保國也，而孔子以爲民到于今受其賜；孟子守王道，待後學，保教也，而汲汲焉憂梁國之危，望齊宣之王，謀齊民之安。然則舍保國之外，安有所謂保教、保種之術哉？今日頗有憂時之士，或僅以尊崇孔學爲保教計，或僅以合羣動衆爲保種計而於國、教、種安危與共之義忽焉。傳曰：皮之不存，毛將安傅？孟子曰：能治其國家，誰敢侮之。此之謂也。

教忠第二

自漢唐以來，國家愛民之厚，未有過於我聖清者也。請言其實。

三代有粟米、布縷、力役之征。盛唐有租、庸、調三等之賦，最稱善政，已列多名。以後秦創丁口之錢，漢行算緡之法，隋責有司以增户口，唐括土户以代逃亡，唐及五季、宋初有食鹽錢，中唐、北宋有青苗錢，宋有手實法，金有推排民户物力之制，皆出於常例田賦力役之外。明萬曆行一條鞭法，丁糧尚分爲二，明季又有遼餉、勦餉、練餉。至我朝康熙五十二年，奉滋生人丁永不加賦之旨；雍正四年，定丁銀併入錢糧之制；乾隆二十七年，停編審之法。於是歷代苛徵，一朝豁除。賦出於田，田定於額。凡品官士吏、百工閒民，甚至里宅、貨肆、錢業、銀行，苟非家有田産、運貨行商者，終身不納一錢於官。順治元年，即將前明三餉除免；康熙中，復減江蘇地丁銀四十萬；雍正三年，減蘇松一道地丁銀四十五萬，南昌一道地丁銀十七萬；乾隆二年，減江省地丁銀二十萬；同治四年，減江南地丁銀三十萬，減江南漕糧五十餘萬石、浙江漕糧二十六萬餘石。初制已寬，損之又損。是曰薄賦，仁政一也。

前代賜復蠲租，不過一鄉一縣。我朝康熙、乾隆兩朝，普免天下錢糧八次，普免天下漕糧四次。嘉慶朝復普免天下漕糧一次。至於水旱蠲緩，無年無之，動輒數百萬。損上益下，合而計之，已逾京、垓以上。是曰寬民，仁政二也。

歷代賑卹，見於史傳者爲數有限，或發現有之倉，或移民就食。宋河北之災，富弼僅勸民出粟十五萬斛，益以官廩；曾鞏僅請賜錢五十萬貫，貸粟一百萬石；杭州之灾，蘇軾僅請度牒數百道。本朝凡遇灾荒，仁恩立霈，動輒鉅萬。即如光緒以來，賑卹之舉，歲不絶書，丁丑、戊寅之間，晉、豫、陝、直之灾，賑款逾三千萬金。此外畿輔、蘇、浙、川、楚各省，每一次輒數百萬或百餘萬，從古罕聞。以今日度支之匱乏，洋債之浩繁，而獨於賑卹之欵，雖多不惜，甚至減東朝之上供，發少府之私錢。出自慈恩，以期博濟。是曰救灾，仁政三也。

前代國家大工大役，皆發民夫，行齎居送，官不給錢。長城、馳道、汴河之工無論矣。隋造東都，明造燕京，調發天下民夫工匠，海内騷動，死亡枕藉。以及漢鑿子午，梁築淮堰，唐開廣運，宋議回河，民力爲之困敝。本朝工役，皆給雇值，即如河工一端，歲修常數百萬，有決口則千餘萬，皆發庫帑。沿河居民不惟無累，且因以贍足焉。是曰惠工，仁政四也。

前代官買民物，名曰和買、和糴，或强給官價，或竟不給價，見於唐宋史傳、奏議、文集，最爲民害。本朝宫中、府中需用之物，一不累民。蘇、杭織造，楚、粤材木，發帑購辦，商民吏胥，皆有霑潤。但聞商賈因承辦官工、承買官物而致富者矣，未聞商賈因采辦上供之物而虧折者也。子産述鄭商之盟曰：無强賈，無匄奪。於今見之。是曰恤商，仁政五也。

任土作貢，唐虞已然。漢之龍眼荔支，唐之禽鳥，明之鰣魚，皆以至微之物，而爲官民巨害，其他貴重者可知。本朝此義雖存，所貢並無珍異。廣東貢石硯、木香、黄橙、乾荔之屬；江南貢箋扇、筆墨、香藥之屬；湖北貢茶、筍、艾、葛之屬；他省類推。由官發錢，不擾地方。又如宋真宗修玉清昭應宫，所需木石、金錫、丹青之物，徵發徧九州，搜羅窮山谷，致雁蕩之山由此開通，始爲人世所知。史書之曰：及其成也，民力困竭。宋徽宗興花石綱，破屋壞城，等於劫奪，民不聊生，遂釀大亂。今内府上用，民不與知，是曰減貢。仁政六也。

前代遊幸，最爲病民。漢、唐、宋以來，東封西祀，四海騷然。若明武宗北遊宣大，南到金陵，狂恣敗度，尤乖君德。至於秦、隋，更無論矣。本朝屢次南巡，亦間有東巡、西巡之事，大指皆以省方觀民爲主，勘河工，閲海塘，查灾問民瘼，召試求人才，所過郡縣，必免錢糧，其橋道供張，除内帑官款外，大率皆出自鹽商，或豁免積虧，或予以優奬，至今舊聞私記，但道其時市廛之豐盈，民情之悦豫，從無幾微煩擾愁苦之詞。是曰戒侈，仁政七也。

前代征伐，多發民兵。漢選江淮之卒以征匈奴，唐勞關輔之師以討南詔，田園荒蕪，室家仳離，死傷過半，僅得生還。唐之府兵，明之屯衛，書生稱爲良法，然而本係農夫，强以戰鬬，征戍之苦，愁怨慘悽。司馬温公嘗論之矣，于忠肅嘗改之矣。北宋簽官軍，刺義勇，練保甲，當時朝野病之。本朝軍制，不累農民，除八旗禁旅外，乾隆以前多用緑營，嘉慶以後參用鄉勇。其人由應募而來，得餉而喜，從無簽派之事。是曰恤軍，仁政八也。

前代國有大事，財用不足，則科斂於民，漢唐以來皆然，今土司猶仍其俗。即如宋宣和將伐遼，則派天下出免夫錢六千二百萬緡，見蔡絛鐵圍山叢談。宣和中創經制錢，紹興以後又有經總制錢、月椿錢、板帳錢、折帛錢，歲得數千萬緡，並無奬叙。明季用兵，初加遼餉，繼加勦餉，又加練餉，共加賦二千萬。果如此法，籌餉易耳！本朝每遇河工軍旅，則別爲籌餉之策，不以科派民間。歷年開設捐輸，奬以官爵，并加廣其學額中額，朝廷不惜爲權宜之策，而終不忍朘小民之生。是曰行權，仁政九也。

自暴秦以後，刑法濫酷，兩漢及隋，相去無幾，宋稍和緩，明復嚴苛。本朝立法平允，其仁如天，具於大清律一書。一、無滅族之法。二、無肉刑。三、問刑衙門不准用非刑拷訊，犯者革黜。四、死罪中又分情實、緩決。情實中稍有一綫可矜者，刑部夾籤聲明請旨，大率從輕比者居多。五、杖一百者折責，實杖四十，夏月有熱審減刑之令，又減爲三十二。六、老幼從寬。七、孤子留養。八、死罪繫獄，不絶其嗣。九、軍流徒犯，不過移徙遠方，非如漢法令爲城旦、鬼薪，亦不比宋代流配沙門島，額滿則投之大海。十、職官婦女收贖，絶無漢輸織室、唐没掖庭、明發教坊諸虐政。凡死罪，必經三法司會核，秋審句決之期，天子素服，大學士捧本，審酌再三，然後定罪。遇有慶典，則停句減等。一歲之中句決者，天下不過二三百人，較之漢文帝歲斷死刑四百，更遠過之。若罪不應死而擬死者，謂之失入。應死而擬輕者，謂之失出。失入死罪一人，臬司、巡撫、兼管巡撫事之總督，降一級調用，不准抵銷。失出者，一案至五案，止降級留任，十案以上始降調，仍聲明請旨。遇有疑獄，則詔旨駮查覆訊，至于再三，平反無數，具見於歷朝聖訓。是曰慎刑，仁政十也。

昔南北分據之朝，中外阻絶之世，其横遭略賣、没蕃陷虜之民，朝廷不復過問。本朝仁及海外，凡古巴誘販之猪仔，美國被虐之華工，特遣使臣與立專約，保護其身家，禁除其苛酷。此何異取内府之金以贖魯人，拔三郡之民以歸漢地耶？是曰覆遠，仁政十一也。

前代黷武之朝，殘民以逞。本朝武功，無過康熙、乾隆兩朝，其時逞其兵力，何求不得？然雅克薩既下而界碑定，恰克圖交犯而商市開，越南來朝而即赦其罪，浩罕畏威而不利其土。自道光以至今兹，外洋各國屢來搆衅，苟可以情恕理遣，即不惜屈己議和，不過爲愛惜生民，不忍捐之於凶鋒毒燄之下。假使因大院君之亂而取朝鮮，乘諒山之勝而收越南，夫亦何所不可者？是曰戢兵，仁政十二也。

本朝待士大夫最厚，與宋代等。兩漢多任貴戚，北朝多任武將，六朝專用世家，趙宋濫登任子，甚至魏以宦寺、厮役典州郡，唐以樂工、市儈爲朝官，明以道士、木匠爲六卿。若元代則立法偏頗，高官重權，專用蒙古、色目人，而漢人、南人不與。本朝立賢無方，嘉惠寒畯。辟雍駕臨，試卷親覽，寒士儒臣與南陽近親、豐鎬舊族，一體柄用。又漢魏誅戮大臣，習爲常事。唐則捶楚簿尉，行杖朝堂。明則東廠、北司，毒刑、廷杖，專施於忠直之臣，碧血横飛，天日晦闇，尤爲千古未有之虐政。本朝待士有禮，既無失刑，亦不辱士。又唐宋謫官於外，即日逐出國門，程期不得淹留，親友不得餞送；明代宰相被逐，即日柴車就道；且前代每有黨錮、學禁，罰及累世，株連親朋。本朝進退以禮，不以一眚廢其終身。是曰重士，仁政十三也。

歷代親貴佞幸，驕暴横行，最爲民害。漢之外戚、常侍，北魏之王族、武臣，唐之貴主、禁軍、五坊小兒、監軍敕使，元之僧徒、貴族，明之藩府、礦使、邊軍、緹騎、方士、鄉官，脅辱官吏，殘虐小民，流毒徧於天下。本朝一皆無之，政令清肅，民安其居。是曰修法，仁政十四也。

本朝篤念勳臣，優恤戰士，其立功而襲封者無論已。凡戰陣捐軀者，但有一命，無不加贈官階，給予世職，自三品輕車都尉，至七品恩騎尉，即至外委、生監殉難者，亦皆有之，本職或襲二十餘次，或襲三四次，襲次完時，均予恩騎尉，世襲罔替。皇祚億萬，其食禄即與爲無窮。咸豐至今，京師順天府及各省奏請忠義卹典已至數百案。又職官雖非戰功而没於王事，或積勞病故，亦官其子一人，名曰難廕。自漢迄明，其待忠義死事之臣，有如是之優渥者乎？是曰勸忠，仁政十五也。

此舉其最大者。此外良法善政，不可殫書。列聖繼繼繩繩，家法、心法，相承無改二百五十餘年。薄海臣民，日遊於高天厚地之中，長養涵濡，以有今日。試考中史二千年之内，西史五十年以前，其國政有如此之寬仁忠厚者乎？

中國雖不富强，然天下之人，無論富貴貧（踐）[賤]〔一〕，皆得俯仰寬然，有以自樂其生。西國國勢雖盛，而小民之愁苦怨毒者，鬱遏未伸，待機而發，以故弑君刺相之事，歲不絶書，固知其政事亦必有不如我中國者矣。當此時世艱虞，凡我報禮之士、戴德之民，固當各抒忠愛，人人與國爲體，凡一切邪説暴行足以啟犯上作亂之漸者，拒之勿聽，避之若浼，惡之如鷹鸇之逐鳥雀。大順所在，天必祐之，世豈有無良之民如小雅所譏者哉。

明綱第三

君爲臣綱，父爲子綱，夫爲妻綱，此白虎通引禮緯之説也。董子所謂道之大原出於天，天不變，道亦不變之義，本之論語。殷因於夏禮，周因於殷禮。注：所因謂三綱五常。此集解馬融之説也，朱子集注引之。禮記大傳：親親也，尊尊也，長長也，男女有别，此其不可得與民變革者也。五倫之要，百行之原，相傳數千年更無異義，聖人所以爲聖人，中國所以爲中國，實在於此。故知君臣之綱，則民權之説不可行也；知父子之綱，則父子同罪、免喪、廢祀之説不可行也；知夫婦之綱，則男女平權之説不可行也。

嘗考西國之制，上、下議院各有議事之權，而國君、總統亦有散議院之權。若國君、總統不以議院爲然，則罷散之，更舉議員再議。君主、民主之國略同。西國君與臣民，相去甚近，威儀簡略。堂廉不遠，好惡易通，其尊嚴君上不如中國，而親愛過之。萬里之外，令行威立，不悖不欺。每見旅華西人遇其國有吉凶事，賀弔憂樂，視如切身，是西國固有君臣之倫也。

摩醯十戒，敬天之外，以孝父母爲先。西人父母喪，亦有服，服以黑色爲緣，雖無祠廟木主，而室内案上必供奉其祖父母、父母、兄弟之照像，雖不墓祭，而常有省墓之舉，以插花冢上爲敬，是西國固有父子之倫也。家富子壯，則出分，乃秦法。西人於其子必教以一藝，年長藝成，則使之自謀生計，別居異財。臨終分析財産，男子、女子皆同，兼及親友，非不分其子也。

戒淫爲十戒之一。西俗男女交際，其防檢雖視中國爲疏，然淫佚之人，國人賤之。議婚有限：父族、母族之親，凡在七等以内者，皆不爲婚。七等謂自父、祖、曾、高以上，推至七代，母族亦然。故姑、舅、姨之子女，凡中表之親，無爲婚者。惟男衣氈布，女衣絲錦，燕會賓客，女亦爲主，此小異於中國。禮記坊記：大饗廢夫人之禮。左傳昭二十七年：公如齊，齊侯請饗之。子仲之子曰重，爲齊侯夫人，曰：請使重見。是古有夫人與燕饗之禮，因有流弊，廢之。女自擇配，亦須請命父母，且訂約，而非苟合。男不納妾，此大異於中國。然謂之

〔一〕「踐」，當為「賤」之誤。

男女無別，則誣。且西人愛敬其妻，雖有過當，而於其國家政事、議院、軍旅、商之公司、工之廠局，未嘗以婦人預之，是西國固有夫婦之倫也。

聖人爲人倫之至，是以因情制禮，品節詳明。西人禮制雖略，而禮意未嘗盡廢，誠以天秩民彝，中外大同。人君非此不能立國，人師非此不能立教。乃貴洋賤華之徒，於泰西政治、學術、風俗之善者，懵然不知，知亦不學，獨援其秕政敝俗，欲盡棄吾教、吾政以從之，飲食服玩，閨門習尚，無一不摹仿西人，西人每譏笑之。甚至中土文學聚會之事，亦以七日禮拜之期爲節目。禮拜日亦名星期。機器局所以禮拜日停工者，以局內洋匠其日必休息，不得不然。

近日微聞海濱洋界有公然創廢三綱之議者，其意欲舉世放恣黷亂而後快。怵心駭耳，無過於斯。中無此政，西無此教，所謂非驢非馬，吾恐地球萬國將衆惡而共棄之也。

知類第四

種類之說，所從來遠矣。易同人之象曰：君子以類族辨物。左氏傳曰：非我族類，其心必異。神不歆非類，民不祀非族。禮記三年問曰：有知之屬，莫不知愛其類。是知有教無類之說，惟我聖人如神之化能之，我中華帝王無外之治能之，未可概之他人也。西人分五大洲之民爲五種：以歐羅巴洲人爲白種，亞細亞洲人爲黃種，西南兩印度人爲棕色種，阿非利加洲人爲黑種，美洲土人爲紅種。歐洲種類又自有別：俄爲斯拉物種，英、德、奥、荷爲日耳曼種，法、意、日〔一〕、比爲羅馬種，美洲才智者由英遷往，與英同爲白種。同種者性情相近，又加親厚焉。

西起崑崙，東至於海，南至於南海，北至奉天、吉林、黑龍江、內外蒙古，南及沿海之越南、暹羅、緬甸，東、中、北三印度，東及環海之朝鮮、海中之日本，日本地脈與朝鮮連，僅隔一海峽。其地同爲亞洲，其人同爲黃種，皆三皇五帝聲教之所及，神明胄裔種族之所分。隋以前佛書謂之震旦，今西人書籍文字，於中國人統謂之曰蒙古。以歐洲與中國通，始於元太祖故。俄國語言呼中國人曰契丹，是爲亞洲同種之證。其地得天地中和之氣，故晝夜適均，寒燠得中。其人秉性靈淑，風俗和厚，邃古以來，稱爲最尊、最大、最治之國。文明之治，至周而極。文勝而敝，孔子憂之。歷朝一統，外無强鄰，積文成虛，積虛成弱。歐洲各國開闢也晚，鬱積勃發，鬬力競巧，各自摩厲，求免滅亡，積懼成奮，積奮成强。獨我中國士夫庶民懵然罔覺，五十年來，屢鑒不悛，守其傲惰，安其偷苟，情見勢絀，而外侮亟矣。

方今海內之士，感慨發憤、竭智盡忠、求紓國難者，固不乏人。而昏墨之人，則視國家之休戚漠然無動於其心，意謂此非髮、捻之比，中華雖淪，富貴自在，方且乘此阽危，恣爲貪黷，以待合西夥、爲西商、徙西地、入西籍。而莠民邪說，甚至詆中國爲不足有爲，譏聖教爲無用，分同室爲畛域，引彼法爲同調，日夜冀幸天下有變，以求庇於他人。若此者，仁者謂之悖亂，智者謂之大愚。

印度屬於英矣，印度土人爲兵、爲弁，不得爲武員，不得入學堂也。越南屬於法矣，華人身稅有加，西人否也；華人無票，遊行有禁，西人否也。古巴屬於西班牙矣，土人不能入議院也。

〔一〕「日」，為日斯巴尼亞之簡稱，原文為España，今譯西班牙。

美國開闢之初，則賴華工，今富盛之後，則禁華工，而西工不禁也。近年有道員某，吞蝕公欵數十萬金，存於德國銀行。其人死後，銀行遂注銷其帳，惟薄給息而已。夫君子不以所惡廢鄉，故王猛死不伐晉，鍾儀囚不忘楚。若今日不仁、不智、不恥爲人役之人，君子知樂大心之卑宋，必亡其家，韓非之覆韓，必殺其身矣。

左傳昭公二十五年：春，叔孫婼聘于宋，桐門右師見之。杜注：右師樂大心，居桐門。語卑宋大夫，而賤司城氏。昭子告其人曰：右師其亡乎！君子貴其身，而後能及人，是以有禮。今夫子卑其大夫，而賤其宗，是賤其身也。能有禮乎？無禮必亡。定公九年傳逐桐門右師。注：終叔孫昭子之言。左傳哀公八年：吴為邾故，將伐魯，問於叔孫輒。叔孫輒對曰：魯有名而無情，伐之必得志焉。退而告公山不狃。公山不狃曰：非禮也。君子違，不適讎國，未臣，而有伐之，奔命焉，死之可也。所託也則隱。且夫人之行也，不以所惡廢鄉。今子以小惡而欲覆宗國，不亦難乎？

通鑑卷六：秦王下吏治韓非，非自殺。臣光曰：臣聞君子親其親，以及人之親，愛其國，以及人之國，是以功大名美，而享有百福也。今非為秦畫謀，而首欲覆其宗國，以售其言，罪固不容於死矣，烏足愍哉！

宗經第五

衰周之季，道術分裂，諸子蠭起，判爲九流十家。惟其意在偏勝，故析理尤精，而述情尤顯。其中理之言，往往足以補經義，乾嘉諸儒以諸子證經文音訓之異同，尚未盡諸子之用。應世變，然皆有釣名徼利之心，故詭僻横恣，不合於大道者亦多矣。即如皇子貴衷，田子貴均，墨子貴兼，料子貴別，王廖貴先，兒良貴後，此不過如扁鵲適周則爲老人醫，適秦則爲小兒醫，聊以適時自售耳，豈其情哉？

自漢武始屏斥百家，一以六藝之科爲斷。今欲通知學術流別，增益才智，鍼起瘖聾跛躄之陋儒，未嘗不可兼讀諸子，然當以經義權衡而節取之。劉向論晏子春秋曰：文章可觀，義理可法，合於六經之義。斯可爲讀諸子之準繩矣。漢書藝文志曰：若能修六藝之術，觀九家之言，舍短取長，則可以通萬方之略矣。意與此同。蓋聖人之道，大而能博，因材因時，言非一端，而要歸於中正。故九流之精，皆聖學之所有也；九流之病，皆聖學之所黜也。諸子之駮雜，固不待言。茲舉其最爲害政、害事而施於今日必有實禍者：如老子尚無事，則以禮爲亂首；主守雌，則以强爲死徒；任自然，則以有忠臣爲亂國。莊子齊堯桀，黜聰明，謂凡之亡不足以爲亡，楚之存不足以爲存。此不得以寓言爲解。列子楊朱篇惟縱嗜欲，不顧毁譽，管子謂惠者民之仇讎，法者民之父母。其書羼雜，僞託最多，故兼有道、法、名、農、陰陽、縱横之説。墨子除兼愛已見斥於孟子外，其非儒、公孟兩篇，至爲狂悖，經上、下，經説上、下四篇，乃是名家清言，雖略有算學、重學、光學之理，殘不可讀，無裨致用。荀子雖名爲儒家，而非十二子、倡性惡、法後王、殺詩書，讀隆殺之殺。一傳之後，即爲世道經籍之禍。申不害專用術，論卑行鄙，教人主以不誠。韓非子及他書所引。韓非用申之術，兼商之法，慘刻無理，教人主以不任人、不務德。商鞅暴横，盡廢孝、弟、仁、義，無足論矣。此外，若吕覽多存古事，大致近儒。晏子兼通儒、墨，瑕瑜互見。劉向謂其中詆孔子者爲辯士僞託。戰國策考見世變，勢不能廢。晁公武以戰國策入子部，今入史部。孫、吴、尉繚，兵家專門，尚不害道。孫子惟用間篇末有謬語，尉繚惟兵令篇末有謬語。尹文、慎到、鶡冠、尸佼，可采無多。至於公孫龍，巧言無實，鬼谷陰賊可鄙，皆不足觀，又如關尹子，多勸佛書。并有後世道書語。文子全襲淮南，皆出作僞。西漢儒家諸子，如賈長沙、董江都、劉子政，皆爲儒家鉅子。説苑、新序最爲純正。新書已多殘缺。春秋繁露精義頗多；惟董治公羊，多墨守後師之説，幾陷大愚之誅，宜分别觀之。法言文藻而已。孔叢、家語，甚多精言，兼存孔門行事，雖有附益，要皆有本，近人概斥爲王肅諸人僞作，未免太苛。道家如淮南，可資考古，間有精理。

大抵諸家紕繆易見，學者或愛其文采，或節取一義，苟非天資乖險，鮮有事事則傚、實見施行者。獨老子見道頗深，功用較博，而開後世君臣苟安誤國之風，致陋儒空疏廢學之弊，啟猾吏巧士挾詐營私、輭媚無恥之習，其害亦爲最鉅。功在西漢之初，而病發於二千年之後，是養成頑鈍積弱，不能自振之中華者，老氏之學爲之也。大巧若拙一語最害事。此謂世俗趨避鑽刺之巧，則可矣。若步天測地、工作軍械，巧者自巧，拙者自拙，豈有巧拙相類之事哉！數十年來，華人不能擴充智慧者，皆爲此説所誤。故學老者，病痿痺；學餘子者，病發狂。董子曰：正朝夕者視北辰，正嫌疑者視聖人。若不折衷於聖經，是朝夕不辨，而冥行不休，墜入於泥，亦必死矣！

不獨諸子然也，羣經簡古，其中每多奧旨異説，或以篇簡摩滅，或出後師誤解。漢興之初，曲學阿世，以冀立學。哀、平之際，造讖益緯，以媚巨奸。於是非常可怪之論益多，如文王受命、孔子稱王之類，此非七十子之説，乃秦漢經生之説也，而説公羊春秋者爲尤甚。新周王魯以春秋當新王。乾嘉諸儒，嗜古好難，力爲闡揚，其風日肆，演其餘波，實有不宜於今之世道者。如禁方奇藥，往往有大毒，可以殺人。假如近儒公羊之説，是孔子作春秋，而亂臣賊子喜也。

竊惟諸經之義，其有迂曲難通、紛歧莫定者，當以論語、孟子折衷之。論、孟文約意顯，又羣經之權衡矣。伊川程子曰：窮得語、孟，自有要約處，以此觀他經，甚省力。語、孟如丈尺權衡相似。道光以來，學人喜以緯書、佛書講經學。光緒以來，學人尤喜治周秦諸子。其流弊恐有非好學諸君子所及料者，故爲此説以規之。

正權第六

今日憤世疾俗之士，恨外人之欺淩也，將士之不能戰也，大臣之不變法也，官師之不興學也，百司之不講求工商也，於是倡爲民權之議，以求合羣而自振。嗟乎，安得此召亂之言哉！民權之説，無一益而有百害。

將立議院歟？中國士民至今安於固陋者尚多，環球之大勢不知，國家之經制不曉，外國興學、立政、練兵、製器之要不聞，即聚膠膠擾擾之人於一室，明者一，闇者百，游談囈語，將焉用之？且外國籌欵等事，重在下議院，立法等事，重在上議院。故必家有中貲者，乃得舉議員。今華商素鮮鉅貲，華民又無遠志，議及大舉籌餉，必皆推諉默息，議與不議等耳。此無益者一。

將以立公司、開工廠歟？有貲者自可集股營運，有技者自可合夥造機，本非官法所禁，何必有權？且華商陋習，常有藉招股欺騙之事，若無官權爲之懲罰，則公司貲本無一存者矣。機器造貨廠，無官權爲之彈壓，則一家獲利，百家仿行，假冒牌名，工匠鬨鬪，誰爲禁之？此無益者二。

將以開學堂歟？從來紳富捐貲創書院，立義學，設善堂，例予旌獎，豈轉有禁開學堂之理，何必有權？若盡廢官權，學成之材，既無進身之階，又無餼廩之望，其誰肯來學者？此無益者三。

將以練兵禦外國歟？既無機廠以製利械，又無船澳以造戰艦，即欲購之外洋，非官物亦不能進口，徒手烏合，豈能一戰？況兵必需餉，無國法豈能抽釐捐？非國家擔保，豈能借洋債？此無益者四。

方今中華，誠非雄强，然百姓尚能自安其業者，由朝廷之法維繫之也。使民權之説一倡，愚民必喜，亂民必作，紀綱不行，大亂四起，倡此議者，豈得獨安獨活？且必將劫掠市鎮，焚毁教堂，吾恐外洋各國必藉保護爲名，兵船、陸軍，深入占踞，全局拱手而屬之他人。是民權之説，固敵人所願聞者矣。或謂朝廷於非理要求，可諉之民權不願，此大誤也。若我自云國家法令不能制服，彼將自以兵力脅之。昔法國承暴君虐政之後，舉國怨憤，上下相攻，始改爲民主之國。我朝深仁厚澤，朝無苛政，何苦倡此亂階以禍其身，而并禍天下哉！此所謂有百害者也。

考外洋民權之説所由來，其意不過曰：國有議院，民間可以發公論、達衆情而已。但欲民申其情，非欲民攬其權。譯者變其文曰民權，誤矣。美國人來華者，自言其國議院公舉之弊，下挾私，上偏徇，深以爲患。華人之稱羡者，皆不加深考之談耳。近日摭拾西説者，甚至謂人人有自主之權，益爲怪妄。此語出於彼教之書，其意言上帝予人以性靈，人人各有智慮聰明，皆可有爲耳。譯者竟釋爲人人有自主之權，尤大誤矣！

泰西諸國無論君主、民主、君民共主，國必有政，政必有法，官有官律，兵有兵律，工有工律，商有商律，律師習之，法官掌之，君民皆不得違其法。政府所令，議員得而駁之。議院所定，朝廷得而散之。謂之人人無自主之權則可，安得曰人人自主哉！

夫一鬨之市必有平，羣盜之中必有長。若人皆自主，家私其家，鄉私其鄉，士願坐食，農願蠲租，商願專利，工願高價，無業貧民願劫奪，子不從父，弟不尊師，婦不從夫，賤不服貴，弱肉强食，不盡滅人類不止。環球萬國，必無此政。生番蠻獠，亦必無此俗。至外國今有自由黨，西語實曰里勃而特，猶言事事公道，於衆有益，譯爲公論黨可也，譯爲自由非也。

若强中禦外之策，惟有以忠義號召合天下之心，以朝廷威靈合九州之力，乃天經地義之道，古今中外不易之理。昔盜跖才武擁衆，而不能據一邑；田疇德望服人，而不能拒烏桓；祖逖智勇善戰，在中原不能自立，南依於晉而遂足以禦石勒；宋棄汴京而南渡，中原數千里之遺民，人人可以自主矣，然兩河結寨、陝州嬰城，莫能自保。宋用韓、岳爲大將，而成破金之功。八字軍亦太行民寨義勇也，先以不能戰爲人欺，劉錡用之而有順昌之捷；趙宗印起義兵於關中，連戰破敵，王師敗於富平，其衆遂散，迨宋用吴玠、吴璘爲將，而後保全蜀之險。蓋惟國權能禦敵國，民權斷不能禦敵國，勢固然也。

曾文正名爲起家辦團練矣，其實自與髮匪接戰以來，皆是募勇營造師船，濟以國家之餉需，勵以國家之賞罰，而以耿耿忠義、百折不回之志氣，激厲三軍，感發海内，故能成戡定之功。豈團練哉！豈民權哉！

或曰：民權固有弊矣，議院獨不可設乎？曰：民權不可僭，公議不可無。凡遇有大政事，詔旨交廷臣會議，外吏令紳局公議，中國舊章所有也。即或諮詢所不及，一省有大事，紳民得以公呈，達於院司道府，甚至聯名公呈於都察院。國家有大事，京朝官可陳奏，可呈請代奏。

方今朝政清明，果有忠愛之心，治安之策，何患其不能上達？如其事可見施行，固朝廷所樂聞者。但建議在下，裁擇在上，庶乎收羣策之益，而無沸羹之弊，何必襲議院之名哉！此時縱欲開議院，其如無議員何？此必俟學堂大興，人才日盛，然後議之。今非其時也。

循序第七

今欲强中國、存中學，則不得不講西學。然不先以中學固其根柢，端其識趣，則强者爲亂首，弱者爲人奴，其禍更烈於不通西學者矣！

近日英國洋文報譏中國不肯變法自强，以爲專信孔教之弊。此大誤也！彼所繙四書五經，皆俗儒、村師解釋之理，固不知孔教爲何事，無責焉耳。淺陋之講章，腐敗之時文，禪寂之性理，雜博之考據，浮誕之詞章，非孔門之學也。簿書文法，以吏爲師，此韓非、李斯之學，暴秦之政所從出也。俗吏用之，以避事爲老成，以偷惰爲息民，以不除弊爲養元氣，此老氏之學，歷代末造之政所從出也，巧宦用之，非孔門之政也。

孔門之學，博文而約禮，温故而知新，參天而盡物。孔門之政，尊尊而親親，先富而後教，有文而備武，因時而制宜。孔子集千聖、等百王、參天地、贊化育，豈迂陋無用之老儒，如盜跖所譏、墨翟所非者哉！

今日學者必先通經，以明我中國先聖先師立教之旨；考史，以識我中國歷代之治亂，九州之風土；涉獵子、集，以通我中國之學術文章，然後擇西學之可以補吾闕者用之，西政之可以起吾疾者取之，斯有其益而無其害。如養生者，先有穀氣，而後可飫庶羞；療病者，先審藏府而後可施藥石。西學必先由中學，亦猶是矣。華文不深者，不能譯西書。

外國各學堂每日必誦耶穌經，示宗教也。小學堂先習蠟丁文，示存古也。先熟本國地圖，再覽全球圖，示有序也。學堂之書多陳述本國先君之德政，其公私樂章多贊揚本國之强盛，示愛國也。如中士而不通中學，此猶不知其姓之人，無轡之騎，無柁之舟，其西學愈深，其疾視中國亦愈甚。雖有博物多能之士，國家亦安得而用之哉！

守約第八

儒術危矣！以言乎邇，我不可不鑒於日本；以言乎遠，我不可不鑒於戰國。

昔戰國之際，儒術幾爲異學諸家所軋。吾讀司馬談之論六家要指，而得其故焉。其説曰：儒家者流，博而寡要，勞而少功。何以寡要少功？由於有博無約。如此之儒，止可列爲九流之一耳，焉得爲聖？焉得爲賢？老詬儒曰：絶學無憂。又以孔子説十二經爲大謾。墨詬儒曰：累壽不能盡其學。墨子又教其門人公尚過不讀書。法詬儒曰：藏書策，修文學，用之則國亂。韓非子語。大率諸子所操之術，皆以便捷放縱，投世人之所好，而以繁難無用誣儒家，故學者樂聞而多歸之。

夫先博後約，孔孟之教所同。而處今日之世變，則當以孟子守約施博之説通之。且孔門所謂博，非今日所謂博也。孔孟之時，經籍無多，人執一業，可以成名，官習一事，可以致用。故其博易言也。今日四部之書，汗牛充棟，老死不能徧觀而盡識。即以經而論，古言古義，隱奥難明，譌舛莫定，後師、羣儒之説解，紛紜百出。大率有確解定論者，不過什五而已。

滄海横流，外侮洊至，不講新學，則勢不行，兼講舊學，則力不給。再歷數年，苦其難而不知其益，則儒益爲人所賤。聖教儒書，寖微寖滅，雖無嬴秦坑焚之禍，亦必有梁元文武道盡之憂。此可爲大懼者矣！尤可患者，今日無志之士，本不悦學，離經畔道者，尤不悦中學，因倡爲中學繁難無用之説，設淫辭而助之攻，於是樂其便而和之者益衆，殆欲立廢中學而後快。是惟設一易簡之策以救之，庶可以間執讎中學者之口，而解畏難不學者之惑。

今欲存中學，必自守約始，守約必自破除門面始。爰舉中學各門求約之法，條列於後，損之又損，義主救世，以致用當務爲貴，不以殫見洽聞爲賢。十五歲以前誦孝經、四書、五經正文，隨文解義，並讀史略、天文、地理、歌括、圖式諸書，及漢、唐、宋人明白曉暢文字有益於今日行文者。自十五歲始，以左方之法求之，統經、史、諸子、理學、政治、地理、小學各門，美質五年可通，中材十年可了，若有學堂專師，或依此纂成學堂專書，中材亦五年可了，而以其間兼習西文。過此以往，專力講求時政，廣究西法。其有好古研精、不騖功名之士，願爲專門之學者，此五年以後，博觀深造，任自爲之。然百人入學，必有三五人願爲專門者，是爲以約存博，與子夏所謂博學近思，荀子所謂以淺持博亦有合焉。大抵有專門著述之學，有學堂教人之學。專門之書，求博求精，無有底止，能者爲之，不必人人爲之也。學堂之書，但貴舉要切用，有限有程，人人能解，且限定人人必解者也。西人天文、格致，一切學術皆分專門學堂與普通學堂爲兩事。將來入官用世之人，皆通曉中學大略之人。書種既存，終有萌蘖滋長之日。吾學吾書，庶幾其不亡乎？

一經學，通大義。切於治身心、治天下者，謂之大義。凡大義必明白平易，若荒唐險怪者，乃異端，非大義也。易之大義，陰陽消長。書之大義，知人安民。詩之大義，將順其美，匡救其惡。詩譜序：論功頌德，所以將順其美，刺過譏失，所以匡救其惡。春秋大義，明王道，誅亂賊。禮之大義，親親、尊尊、賢賢。周禮大義，治國、治官、治民，三事相維。太宰建邦之六典：治典，經邦國、治官府、紀萬民。其餘教典、禮典、政典、刑典、事典，皆國、官、民三義並舉。蓋官為國與民之樞紐，官不治，則國、民交受其害。此為周禮一經專有之義，故漢名周官經，唐名周官禮。此總括全經之大義也。如十翼之説易，論、孟、左傳之説書，大、小序之説詩，孟子之説春秋，戴記之説儀禮，皆所謂大義也。欲有要而無勞，約有七端：一明例，謂全書之義例。毛詩以訓詁、音韵為一要事。熟於詩之音訓，則諸經之音訓皆可隅反。一要指，謂今日尤切用者，每一經少則數十事，多則百餘事。一圖表，諸經圖表，皆以國朝人為善，譜與表同。一會通，謂本經與羣經貫通之義。一解紛，謂先儒異義各有依據者，擇其較長一説主之，不必再考，免耗日力。大率國朝人説而後出者較長。一闕疑，謂隱奥難明、碎義不急者置之不考。一流別，謂本經授受之源流，古今經師之家法。考其最著而今日有書者。以上七事，分類求之，批郤導窾，事半功倍。大率羣經以國朝經師之説為主，易則程傳與古説兼取。並不相妨。論、孟、學、庸，以朱注為主，參以國朝經師之説。易，止讀程傳及孫星衍周易集解。孫書兼采漢人説及王弼注。書，止讀孫星衍尚書今古文注疏。詩，止讀陳奂毛詩傳疏。春秋左傳，止讀顧棟高春秋大事表。春秋公羊傳，止讀孔廣森公羊通義。國朝人講公羊者，惟此書立言矜慎，尚無流弊。春秋穀梁傳，止讀鍾文烝穀梁補注。儀禮，止讀胡培翬儀禮正義。周禮，止讀孫詒讓周禮正義。已刊，未畢。禮記，止讀朱彬禮記訓纂。欽定七經傳説義疏，皆學者所當讀，故不備舉。論、孟，除朱注外，論語有劉寶楠論語正義，孟子有焦循孟子正義，可資考證古説，惟義理仍以朱注為主。孝經，即讀通行注本，不必考辨。爾雅，止讀郝懿行爾雅義疏。五經總義，止讀陳澧東塾讀書記、王文簡引之經義述聞。説文，止讀王筠説文句讀。兼采段、嚴、桂、鈕，諸家明白詳慎。段注説文太繁而奥，俟專門者治之。以上所舉諸書，卷帙已不為少，全讀全解，亦須五年。宜就此數書中擇其要義，先講明之，用韓昌黎提要鉤元之法，就元本加以鉤乙標識。但看其定論，其引徵、辨駁之説，不必措意。若照前説七端，節録纂集以成一書，皆采舊説，不參臆説一語，小經不過一卷，大經不過二卷，尤便學者。此為學堂説經義之書，不必章釋句解，亦不必録本經全文。蓋十五歲以前，諸經全文已讀，文義大端已解矣。師以是講，徒以是習，期以一年或一年半畢之。如此治經，淺而不謬，簡而不陋，即或癈於半塗，亦不至全無一得。有經義千餘條以開其性識，養其本根，則終身可無離經畔道之患。總之，必先盡破經生箸述之門面，方肯為之，然已非邨塾學究、科舉時流之所能矣。

一史學，考治亂典制。史學切用之大端有二：一事實，一典制。事實，擇其治亂大端、有關今日鑑戒者考之，無關者置之。典制，擇其考見世變、可資今日取法者考之，無所取者略之。事實求之通鑑。通鑑之學，資治通鑑、續通鑑、明通鑑，約之以讀紀事本末。典制求之正史、二通。正史之學，約之以讀志及列傳中奏議。如漢郊祀，後漢輿服，宋符瑞，禮樂，歷代天文、五行，元以前之律歷，唐以後之藝文，可緩也。地理，止考有關大事者。水道，止考今日有用者。官制，止考有關治理者，如古舉今癈，名存實亡，暫置屢改，寄禄虚封，閑曹雜流，不考可也。二通之學，通典、通考，約之以節本，不急者乙之。通考，取十之三；通典，取十之一，足矣。國朝人有文獻通考詳節，但一事中最要之原委條目，有應詳而不詳者，内又有數門可不考者。通志二十略，知其義例可也。考史之書，約之以讀趙翼廿二史劄記。王氏商榷可節取，錢氏考異精於考古，略於致用，可緩。史評，約之以讀御批通鑑輯覽。若司馬公通鑑論，義最純正，而專重守經。王夫之通鑑論、宋論，識多獨到，而偏好翻案。惟御批最為得中，而切於經世之用。此説非因尊王而然，好學而更事者，讀之自見。凡此皆為通今致用之史學，若考古之史學，不在此例。

一諸子，知取舍。可以證發經義者，及別出新理而不悖經義者，取之。顯悖孔孟者，棄之。説詳宗經篇。

一理學，看學案。五子以後，宋明儒者遞相沿襲，探索幽渺，辨析朱、陸，掊擊互起，出入佛、老，界在微茫。文體多仿宗門語録，質而近俚。高明者厭倦而不觀，謹願者惝怳而無得，理學不絶如綫焉耳。惟讀學案，可以兼考學行，甄綜流派。黄梨洲明儒學案成於一手，宗旨明顯而稍有門户習氣。全謝山宋元學案成於補輯，選録較寬而議論持平，學術得失瞭然易見。兩書甚繁，當以提要鉤元之法讀之，取其什之二即可。通此兩書，其餘理學家專書可緩矣。惟朱子語類原書甚多，學案所甄録者，未能盡見朱子之全體真面，宜更采録之。陳蘭甫東塾讀書記朱子一卷最善。

一詞章，讀有實事者。一為文人，便無足觀。況在今日，不惟不屑，亦不暇矣。然詞章有奏議、書牘、記事之用，不能廢也。當於史傳及專集、總集中，擇其叙事述理之文讀之，其他姑置不讀。若學者自作，勿為鉤章棘句之文，勿為浮誕嵬瑣之詩，則不至勞精損志矣。朱子曰：歐蘇文好處，只是平易，説道理，初不曾使差異底字换卻尋常底字。又曰：作文字須是靠實説，不可架空細巧。大率七八分實二三分文。歐文好者只是靠實，而有條理。均語類一百三十九。

一政治，書讀近今者。政治以本朝為要，百年以内政事，五十年以内奏議，尤為切用。

一地理，考今日有用者。地理專在知今：一形勢。一今日水道。先考大川。一物産。一都會。一運道。水道不盡能行舟。一道路。一險要。一海陸邊防。一通商口岸。若漢志之證古，水經注之博文，姑俟暇日考之可也。考地理必有圖，以今圖為主，古圖備考。此為中學地理言。若地球全形，外洋諸國，亦須知其方域廣狹、程途遠近、都會海口、寒煖險易、貧富强弱。按圖索之，十日可畢，暫可不必求詳。重在俄、法、德、英、日本、美六國，其餘可緩。

一算學，各隨所習之事學之。西人精算，而算不足以盡西藝，其於西政更無與矣。天文、地圖 化、力、光、電，一切格致製造，莫不有算。各視所業何學，即習何學之算，取足應用而止。如是則得實用而有涯涘。今世學人治算學者，如李尚之、項梅侶、李壬叔諸君，專講算理，窮幽極微，欲卒其業，皓首難期。此專家之學，非經世之具也。算學西多中少，因恐求備求精，有妨中學，故附於此。

一小學，但通大旨大例。中學之訓詁，猶西學之繙譯也。欲知其人之意，必先曉其人之語。去古久遠，經文簡奥，無論漢學、宋學，斷無讀書而不先通訓詁之理。近人厭中學者，動詆訓詁，此大謬可駭者也。伊川程子曰：凡看文字，先須曉其文義，然後可求其意。未有文義不曉而見意者也。二程遺書近思録引。朱子曰：訓詁則當依古注。語類卷七。又曰：後生且教他依本子認得。訓詁文義，分明為急，今人多是躐等妄作，誑誤後生，其實都曉不得也。答黄直卿書。又曰：漢儒可謂善説經者，不過只説訓詁，使人以此訓詁玩索經文。答張敬夫書。又曰：向議欲刊説文，不知韓文有意否？因贊成之為佳。答吕伯恭書。此外言訓詁為要者尚多。朱子所注各經，訓詁精審，考据説文者甚多。潛夫論聖為天口，賢為聖譯，可謂善譬。若不通古音、古義，而欲解古書，何異不能譯西文而欲通西書乎？惟百年以來講説文者，終身鑽研，汩没不反，亦是一病。要之，止須通其大旨、大例，即可應用。大旨、大例者，解六書之區分，通古今韵之隔閡，識古、籀、篆之源委，知以聲類求義類之樞紐，曉部首五百四十字之義例。至名物無關大用，如水部自有專書，示部多列祭禮，舟車今制為詳，草蟲須憑目驗，皆不必字字深求者也。説解間有難明，義例偶有抵牾，則闕之不論。許君書既有脱逸，復多奥義。但為求通六書，不為究極許學，則功力有限斷矣。得明師説之，十日粗通，一月大通，引申觸類，存乎其人，何至有廢時破道之患哉！若廢小學不講，或講之故為繁難，致人厭棄，則經典之古義茫昧，僅存迂淺俗説，後起趣時之才士，必皆薄聖道為不足觀。吾恐終有經籍道熄之一日也。

如資性平弱，并此亦畏難者，則先讀近思録、東塾讀書記、御批通鑑輯覽、文獻通考詳節。果能熟此四書，於中學亦有主宰矣。

去毒第九

悲哉！洋煙之爲害，乃今日之洪水猛獸也。然而殆有甚焉，洪水之害，不過九載；猛獸之害，不出殷都；洋煙之害，流毒百餘年，蔓延二十二省，受其害者數十萬萬人，以後浸淫，尚未有艾，瘝人才、弱兵氣、耗財力，近年進口洋貨，價八千餘萬，出口土貨可抵五千餘萬；洋藥價三千餘萬，則漏卮也。是中國不貧於通商，而貧於吸洋煙也。遂成爲今日之中國矣！而廢害文武人才，其害較耗財而又甚焉。志氣不强，精力不充，任事不勤，日力不多，見聞不廣，遊歷不遠，用度不節，子息不蕃，更數十年，必至中國胥化而爲四裔之魑魅而後已。

昔者國家嘗嚴刑峻法以禁之而不效，天禍中國，誰能除之？然而吾意以爲不然。論語曰：齊之以刑，免而無恥；齊之以禮，有恥且格。是法所不能治者，名得而治之。顧亭林曰：以法治人，不若以名治人。學記曰：君子如欲化民成俗，其必由學乎！是政所不能化者，學得而化之。何也？中國吸煙之始，由於嬾惰，嬾惰由於無事，無事由於無所知，無所知由於無見聞。士之學，取辦於講章墨卷；官之學，取辦於例案；兵之學，取辦於鈍器老陣，如是已足。近日宋學、漢學、詞章、百家之學，亦皆索之故紙，發爲空言，不必徵諸實事，考諸萬物。農無厚利，地無異產，工無新器，商無遠志，行旅無捷塗，大率皆可以不勤動、不深思、不廣交、不遠行而得之。陋生拙，拙生緩，緩生暇，暇生廢，於是嗜好中之。此皆不學之故也。若學會廣興文武道藝，城鄉貴賤無有不學，弱者學之於閲報，强者學之於遊歷，其君子胸羅五洲，其小人思窮百藝，方且欲上測行星，下窮地隔，旁探南北極，豈尚有俾晝作夜，終老於一燈一榻者？導之且不爲，況禁之哉！故曰：興學者，戒煙之藥也。

近日海内志士，傷時念亂，怵然有人類滅絶之憂。上海、揚州均有戒煙會，其説大抵各自治其所屬之人。如吸煙者，主不以爲僕，師不以爲士，將不以爲兵，田主不以爲傭，商賈不以爲夥，匠師不以爲工，凡以治愚賤之人而已。夫不治富貴、智能之人，則將吏、師長、田主、工師不乏吸煙者，彼恃有逃墨歸楊之藪，猶不戒也。且官師皆無常職，彼視其官師如傳舍，亦不戒也。吾謂惟在以學治智能少壯之人；愚賤者，視吾力所能及者治之，衰老者，聽之。十年之後，此智能少壯之士，大率皆富貴成立，或有位，或有家，因以各治其所屬之人，三十年而絶矣。今各省多創立學會，謂宜即以戒煙會附之而行。無論何學會，皆列此一條：四十歲以上，戒否聽其便；四十歲以下者，不戒煙不得入會。家訓訓此，鄉約約此，學規規此。剥窮則反，此其時乎？孔子曰：知恥近乎勇。孟子曰：不恥不若人，何若人有？夫以地球萬國鄙惡不食之酖毒，獨我中華乃舉世寢饋、湛溺於其中，以自求貧弱死亡。古今怪變，無過於此。使孔、孟復生，以明恥教天下，其必自戒煙始矣。

勸學篇下 外篇

益智第一

自强生於力，力生於智，智生於學。孔子曰：雖愚必明，雖柔必强。未有不明而能强者也。人力不能敵虎豹，然而能禽之者，智也。人力不能禦大水、墮高山，然而能阻之開之者，智也。

豈西人智而華人愚哉！歐洲之爲國也，多羣虎相伺，各思吞噬，非勢均力敵不能自存，故教養富强之政，步天測地，格物利民之技，能日出新法，互相仿效，争勝争長。且其壤地相接，自輪船鐵路暢通以後，來往尤數，見聞尤廣，故百年以來焕然大變，三十年内進境尤速。如家處通衢，不問而多知；學有畏友，不勞而多益。中華春秋、戰國、三國之際，人才最多，累朝混一以後，傫然獨處於東方，所與鄰者，類皆陬澨蠻夷、沙漠蕃部，其治術、學術，無有勝於中國者，惟是循其舊法，隨時修飭，守其舊學，不踰範圍，已足以治安而無患。迨去古益遠，舊弊日滋，而舊法、舊學之精意漸失。今日五洲大通，於是相形而見絀矣。假使西國强盛開通，適當我聖祖、高宗之朝，其時朝廷恢豁大度，不欺遠人，遠識雄略，不囿迂論，而人才衆多，物力殷阜，吾知必已遣使通問、遠遊就學，不惟采其法、師其長，且可引爲外懼，藉以儆我中國之泄沓，戢我中國之盈侈，則庶政百能，未必不駕而上之，乃通商用兵。待至道光之季，其時西國國勢愈强，中國之才愈陋，雖被鉅創，罕有儆悟；又有髮匪之亂，益不暇及。林文忠嘗譯四洲志、萬國史略矣，然任事而不終；曾文正嘗遣學生出洋矣，然造端而不壽；文文忠創同文館、遣駐使、編西學各書矣，然孤立而無助。迂謬之論，苟簡之謀，充塞於朝野，不惟不信不學，且詬病焉。一儆於臺灣生番，再儆於琉球，三儆於伊犂，四儆於朝鮮，五儆於越南、緬甸，六儆於日本。禍機急矣，而士大夫之茫昧如故，驕玩如故。天自牖之，人自塞之，謂之何哉！夫政刑兵食、國勢邦交，士之智也；種宜土化、農具糞料，農之智也；機器之用、物化之學，工之智也；訪新地、創新貨、察人國之好惡、較各國之息耗，商之智也；船械營壘、測繪工程，兵之智也。此教養富强之實政也，非所謂奇技淫巧也。華人於此數者，皆主其故常，不肯殫心力以求之。若循此不改，西智益智，中愚益愚，不待有吞噬之憂，即相忍相持，通商如故，而失利損權、得粗遺精，將冥冥之中，舉中國之民已盡爲西人之所役矣！役之不已，吸之、朘之不已，則其究必歸於吞噬而後快。是故智以救亡，學以益智。士以導農、工、商、兵，士不智，農、工、商、兵不得而智也。

政治之學不講，工藝之學不得而行也。大抵國之智者，勢雖弱，敵不能滅其國，民之智者，國雖危，人不能殘其種。印度屬於英，浩罕哈薩克屬於俄，阿非利加分屬於英、法、德，皆以愚而亡。美國先屬於英，以智而自立。古巴屬於西班牙，以不盡愚而復振。

求智之法如何？一曰去妄，二曰去苟。固陋虚憍，妄之門也；儌幸怠惰，苟之根也。二蔽不除，甘爲牛馬、土芥而已矣。

愚民辨

三年以來，外强中弱之形大著。海濱人士稍稍閲萬國公報，讀滬局譯書，接西國教士，漸有悟華民之智不若西人者，則歸咎於中國歷代帝王之愚其民。此大謬矣！

老子曰：有道者，非以明民，將以愚之。此李斯、韓非之學，暴秦之政也，於歷代何與焉？漢求遺書，尊六經，設博士，舉賢良，求茂才異等、絶國使才，非愚民也。唐設科目，多至五十餘；宋廣立學校，并設武學；明洪武三年開科，經義以外，兼考書、算、騎、射、律，日知録引明太祖實録。非愚民也。自隋以詞章取士，沿襲至今，此不過為薦舉公私無憑，詞章考校有據耳，謂立法未善則可，謂之愚民則誣。

至我朝列聖，殷殷以覺世牖民為念，刊布數理精藴、曆象考成、儀象考成，教天算西學也；遣使測經緯度、繪天下地圖，教地輿西學也；刊布授時通考，教農學也；纂七經義疏，刊布十三經、二十四史、九通，開四庫館修書，分藏大江南北，縱人入讀，教經史百家之學也；同治軍務敉平以後，內外開同文、方言館，教譯也；設製造局，教械也；設船政衙門，教船也；屢遣學生出洋，赴美、英、法、德，學公法、鑛學、水師、陸師、礮臺、鐵路也；總署編刊公法、格致、化學諸書，滬局譯刊西書七十餘種，教各種西學也。且同文館三年有優保，出洋隨員三年有優保，學堂學生有保奬，遊歷有厚資，朝廷欲破民之愚，望士之智，皇皇如恐不及，無如陋儒俗吏，動以新學為詬病，相戒不學，故譯書不廣，學亦不精，出洋者大半志不在學，故成材亦不多，是不學者負朝廷耳。且即以舊制三場之法言之，雖不能兼西學，固足以通中學，咎在主司偏重，士人剽竊，非盡法之弊也。

果能經義、策問，事事博通，其於經濟大端、百家學術，必能貫徹，任以政事，必能有為，且必能通達事變，決不至於愚矣。譬如子弟不肖，楹有書而不讀，家有師而不親，過庭入塾，惟務欺飾，及至頽廢負困，乃怨懟其父母，豈不悖哉！大率近日風氣，其贊羡西學者，自視中國朝政、民風無一是處，殆不足比於人，數自視其高、曾、祖、父亦無不可鄙賤者，甚且歸咎於數千年以前歷代帝王無一善政，歷代將相師儒無一人才。不知二千年以上，西國有何學、西國有何政也！

遊學第二

出洋一年，勝於讀西書五年，此趙營平百聞不如一見之説也。入外國學堂一年，勝於中國學堂三年，此孟子置之莊嶽之説也。遊學之益，幼童不如通人，庶僚不如親貴。嘗見古之遊歷者矣：晉文公在外十九年，徧歷諸侯，歸國而霸。趙武靈王微服遊秦，歸國而强。春秋戰國最尚遊學，賢如曾子、左邱明，才如吴起、樂羊子，皆以遊學聞。其餘策士、雜家，不能悉舉。後世英主、名臣，如漢光武學於長安；昭烈周旋於鄭康成、陳元方，明孫承宗未達之先，周歷邊塞；袁崇焕爲京官之日，潛到遼東。此往事明效也。

請論今事：日本，小國耳，何興之暴也？伊籐、山縣、榎本、陸奥諸人，皆二十年前出洋之學生也，憤其國爲西洋所脅，率其徒百餘人，分詣德、法、英諸國，或學政治工商，或學水陸兵法，學成而歸，用爲將相，政事一變，雄視東方。

不特此也，俄之前主大彼得，憤彼國之不强，親到英吉利、荷蘭兩國船廠，爲工役十餘年，盡得其水師輪機駕駛之法，并學其各廠製造。歸國之後，諸事丕變，今日遂爲四海第一大國。不特此也，暹羅久爲法國涎伺，於光緒二十年與法有衅，行將吞併矣。暹王感憤，國内毅然變法，一切更始，遣其世子遊英國，學水師。去年暹王遊歐洲，駕火船出紅海來迎者，即其學成之世子也。暹王亦自通西文、西學，各國敬禮有加，暹羅遂以不亡。

上爲俄，中爲日本，下爲暹羅，中國獨不能比其中者乎？

至遊學之國，西洋不如東洋。一、路近省費，可多遣。一、去華近，易考察。一、東文近於中文，易通曉。一、西書甚繁，凡西學不切要者，東人已删節而酌改之。中、東情勢風俗相近，易仿行，事半功倍，無過於此。若自欲求精求備，再赴西洋，有何不可？

或謂昔嘗遣幼童赴美學習矣，何以無效？曰：失之幼也。又嘗遣學生赴英、法、德學水陸師各藝矣，何以人才不多？曰：失之使臣監督不措意，又無出身明文也。又嘗派京員遊歷矣，何以材、不材相兼？曰：失之不選也。雖然，以予所知，此中固亦有足備時用者矣。若因噎廢食之談，豚蹏篝車之望，此乃禍人家國之邪説，勿聽可也。

嘗考孟子所論聖賢、帝王、將相歷險難，成功業，其要歸不過曰動心忍性，增益其所不能而已，曰生於憂患而已。夫受侮而不恥，蹙國而不懼，是不動也；冥然罔覺，悍然不顧，以效法人爲恥，是不忍也；習常蹈故，一唱百和，憚於改作，官無一知，士無一長，工無一技，外不遠遊，内不立學，是不增益所不能也。無心、無性、無能，是將死於憂患矣，何生之足云。

設學第三

今年特科之詔下，士氣勃然，濯磨興起。然而六科之目，可以當之無愧、上幅聖心者，蓋不多覯也。

去年有旨令各省籌辦學堂，爲日未久，經費未集，興辦者無多。夫學堂未設，養之無素，而求之於倉卒，猶不樹林木而望隆棟，不作陂池而望巨魚也。遊學外洋之舉，所費既鉅，則人不能甚多，且必學有初基，理已明識已定者，始遣出洋，則見功速而無弊。是非天下廣設學堂不可。各省各道各府各州縣，皆宜有學。京師、省會爲大學堂，道、府爲中學堂，州、縣爲小學堂。中、小學以備升入大學堂之選。府縣有人文盛、物力充者，府能設大學，縣能設中學，尤善。小學堂習四書，通中國地理、中國史事之大略、算數、繪圖、格致之粗淺者。中學堂各事較小學堂加深，而益以習五經，習通鑑，習政治之學，習外國語言文字。大學堂又加深加博焉。或曰：天下之學堂以萬數，國家安得如此之財力以給之？曰：先以書院改爲之。學堂所習，皆在詔書科目之内，是書院即學堂也，安用駢枝爲？或曰：府縣書院經費甚薄，屋宇甚狹，小縣尤陋，甚者無之，豈足以養師生、購書器。曰：一縣可以善堂之地、賽會演戲之欵改爲之，一族可以祠堂之費改爲之。然數亦有限，奈何？曰：可以佛道寺觀改爲之。今天下寺觀，何止數萬。都會百餘區，大縣數十，小縣十餘，皆有田産，其物業皆由布施而來，若改作學堂，則屋宇、田産悉具。此亦權宜而簡易之策也。

方今西教日熾，二氏日微，其勢不能久存。佛教已際末法中半之運，道家亦有其鬼不神之憂，若得儒風振起，中華乂安，則二氏固亦蒙其保護矣。大率每一縣之寺觀，取什之七以改學堂，留什之三以處僧道。其改爲學堂之田産，學堂用其七，僧道仍食其三。計其田産所值，奏明朝廷，旌奬僧道，不願奬者，移奬其親族以官職。如此則萬學可一朝而起也。

以此爲基，然後勸紳富捐貲以增廣之。昔北魏太武太平真君七年、唐高祖武德九年、武宗會昌五年，皆嘗廢天下僧寺矣。然前代意在税其丁，癈其法，或爲抑釋以伸老，私也。今爲本縣育才，又有旌獎，公也。若各省薦紳先生以興起其鄉學堂爲急者，當體察本縣寺觀情形，聯名上請於朝，詔旨宜無不允也。

其學堂之法，約有（五）[六]要[一]：

一曰新舊兼學。四書、五經、中國史事、政書、地圖爲舊學，西政、西藝、西史爲新學。舊學爲體，新學爲用，不使偏廢。

一曰政藝兼學。學校、地理、度支、賦税、武備、律例、勸工、通商，西政也；算、繪、鑛、醫、聲、光、化、電，西藝也。西政之刑獄立法最善，西藝之醫最於兵事有益，習武備者必宜講求。才識遠大而年長者，宜西政，心思精敏而年少者，宜西藝。小學堂先藝而後政，大、中學堂先政而後藝。西藝必專門，非十年不成。西政可兼通數事，三年可得要領，大抵救時之計、謀國之方，政尤急於藝，然講西政者，亦宜略考西藝之功用，始知西政之用意。

一曰宜教少年。學算，須心力鋭者；學圖，須目力好者；學格致、化學、製造，須質性穎敏者；學方言，須口齒清便者；學體操，須氣體精壯者。中年以往之士，才性精力已減，功課往往不能中程，且成見已深，難於虚受，不惟見功遲緩，且恐終不深求，是事倍而功半也。

一曰不課時文。新學既可以應科目，是與時文無異矣。況既習經書，又兼史事、地理、政治、算學，亦必於時文有益，諸生自可於家習之，何勞學堂講授，以分其才思、奪其日力哉！朱子曰：上之人曾不思量，時文一件，學子自是著急，何用更要你教。語類卷一百九。諒哉言乎！

一曰不令争利。外國大小學堂，皆須納金於堂，以爲火食、束脩之費，從無給以膏火者。中國書院積習，誤以爲救濟寒士之地，往往專爲膏火奬賞而來。本意既差，動輒計較錙銖，忿争攻訐，頽癈無志，紊亂學規，剽襲冒名，大雅掃地矣。今縱不能遽從西法，亦宜酌改舊規：堂備火食，不令納費，亦不更給膏火。用北宋國學積分之法，每月核其功課，分數多者，酌予奬賞。數年之後，人知其益，即可令納費充用，則學益廣，才益多矣。

一曰師不苛求。初設之年，斷無千萬明師。近年西學諸書，滬上刊行甚多，分門別類，政藝要領，大段已詳。高明之士研求三月，可以教小學堂矣。兩年之後，省會學堂之秀出者，可以教中學堂矣。大學堂初設之年，所造亦淺，每一省訪求數人，亦尚可得。三年之後，新書大出，師範愈多，大學堂亦豈患無師哉！若書院猝不能多設，則有志之士當自立學會，互相切磋。文人舊俗，凡舉業楷書、放生惜字、賦詩飲酒、圍棋葉戲，動輒有會，何獨於關繫身世安危之學而緩之？古人牧豕、都養，尚可聽講通經，豈必横舍千間、載書兼兩而後爲學哉！始則二三，漸至什伯，精誠所感，必有應之於千里之外者。昔原伯魯以不悦學而亡，越句踐以十年教訓而興，國家之興亡，亦存乎士而已矣。

學制第四

外洋各國學校之制，有專門之學，有公共之學。專門之學，

[一] 據下文所述，「五」為「六」之誤。

極深研幾，發古人所未發，能今人所不能，畢生莫殫，子孫莫究。此無限制者也。公共之學，所讀有定書，所習有定事，所知有定理，日課有定程，學成有定期。或三年，或五年。入學者不中程不止，惰者不得獨少；既中程而即止，勤者不必加多。資性敏者同爲一班，資性鈍者同爲一班，有間斷遲誤者附其後班。生徒有同功，師長有同教。此有限制者也。無事無圖，無堂無算；師無不講之書，徒無不解之義；師以己習之書爲教，則師不勞；徒以能解之事爲學，則徒不苦。問其入何學堂，而知其所習何門也；問其在學堂幾年，而知其所造何等也。

文武將吏，四民百藝，其學無不皆同。

小學堂之書較淺，事較少，如天文、地質、繪圖、算學、格致、方言、體操之類，具體而微。中學堂書較深，事較多，如小學堂地圖則極略，僅具疆域、山水大勢，又進則有府縣詳細山水，又進則有鐵路、電綫、鑛山、教堂。餘書仿此。方言則兼各國，算學則講代數、對數，於是化學、醫術、政治，以次而及，餘事仿此。大學堂又有加焉。

小學、中學、大學，又各分爲兩三等。期滿以後，考其等第，給予執照。國家欲用人才，則取之於學堂，驗其學堂之憑據，則知其任何官職而授之，是以官無不習之事，士無無用之學。

其學堂所讀之書，則由師儒纂之，學部定之，頒於國中，數年之後，或應增減訂正，則隨時修改之。

其學堂之費，率皆出地方紳富之捐集，而國家略發官款以補助之。入學堂者，但求成才，不求膏火。每人月須納金若干，以爲飲食、束（修）〔脩〕之費，貧家少納，富家多納。其官紳所籌學堂之費，專爲建堂、延師、購書、制器之用，不爲學生膏獎。亦有義學以教極貧子弟，學生出貲甚微，然義學甚少，所教極淺。來學者既已出費，則必欲有所得而後歸，學成之後，仕宦工商各有生計，自無凍餒。此以教爲養之法也。是以一國之內，常有小學數萬區，中學數千，大學百數，由費不仰給於官，亦不盡仰給於紳故也。其善有三：出貲來學則不惰，志不在利則無爭，官不多費則學廣。蘇子瞻沮新法學校之説曰：必將發民力以治宮室，斂民財以養遊士。如西法所爲，可無多費之虞矣。王介甫悔新法學校之誤曰：本欲變學究爲秀才，不謂變秀才爲學究。如西法所爲，可無變爲學究之患矣！

凡東、西洋各國立學之法、用人之法，小異而大同。吾將以爲學式。

廣譯第五

十年以來，各省學堂嘗延西人爲教習矣。然有二弊：師生言語不通，恃繙譯爲樞紐。譯者學多淺陋，或僅習其語而不能通其學，傳達失真，毫釐千里，其不解者，則以意刪減之、改易之。此一弊也。即使譯者善矣，而洋教習所授，每日不過兩三時，所教不過一兩事。西人積習，往往故作遲緩，不盡其技，以久其期，故有一加減法而教一年者矣。即使師不憚勞，而一西人之學能有幾何？一西師之費已爲鉅款，以故學堂雖建，迄少成材。朱子所謂無得於心而所知有限者也。此二弊也。前一弊，學不能精；後一弊，學不能多。至機器製造局廠用西人爲工師，華匠不通洋文，僅憑一二繙譯者，其弊亦同。

嘗考三代即講譯學：周書有舌人，周禮有象胥誦訓。揚雄録別國方言，朱醂譯西南夷樂歌，于謹兼通數國言語，隋志有國語雜文、鮮卑號令、婆羅門書、扶南胡書、外國書。近人若邵陽魏源，於道光之季譯外國各書、各新聞報爲海國圖志，是爲中國知西政之始。南海馮焌光，於同治之季官上海道時，創設方言館，譯西書數十種，是爲中國知西學之始。跡其先幾遠矚，洵皆所謂豪傑之士也。

若能明習中學而兼通西文，則有洋教習者，師生對語，不惟無誤，且易啟發；無洋教習者，以書爲師，隨性所近，博學無方。況中外照會、條約、合同，華洋文義不盡符合，動爲所欺，貽害無底。

吾見西人善華語、華文者甚多，而華人通西語、西文者甚少。是以雖面談久處，而不能得其情，其於交涉之際，失機誤事者多矣。大率商賈市井，英文之用多；公牘條約，法文之用多。至各種西學書之要者，日本皆已譯之。我取徑於東洋，力省效速，則東文之用多。

惟是繙譯之學有深淺，其僅能市井應酬語、略識帳目字者，不入等；能解淺顯公牘、書信，能識名物者，爲下等。能譯專門學問之書，如所習天文、鑛學，則只能譯天文、鑛學書。非所習者，不能譯也，爲中等；能譯各門學問之書及重要公牘、律法深意者，爲上等。下等三年，中等五年，上等十年。我既不能待十年以後譯材衆多而後用之，且譯學雖深，而其志趣才識固未可知，又未列於仕宦，是仍無與於救時之急務也。是惟多譯西國有用之書，以教不習西文之人。凡在位之達官、腹省之寒士、深於中學之耆儒、略通華文之工商，無論老壯，皆得取而讀之、采而行之矣。

譯書之法有三：一、各省多設譯書局。一、出使大臣訪其國之要書而選譯之。一、上海有力書賈、好事文人，廣譯西書出售，銷流必廣。主人得其名，天下得其用矣。此可爲貧士治生之計，而隱有開物成務之功。其利益與石印場屋書等，其功德比刻善書則過之。惟字須略大，若石印書之密行細字，則年老事繁之人不能多讀，即不能多銷也。今日急欲開發新知者，首在居官任事之人，大率皆在中年以上，且事煩暇少，豈能挑燈細讀。譯洋報者亦然。

王仲任之言曰：知古不知今，謂之陸沈；知今不知古，謂之聾瞽。吾請易之曰：知外不知中，謂之失心；知中不知外，謂之聾瞽。夫不通西語、不識西文、不譯西書，人勝我而不信，人謀我而不聞，人規我而不納，人吞我而不知，人殘我而不見，非聾瞽而何哉？

學西文者，效遲而用博，爲少年未仕者計也。譯西書者，功近而效速，爲中年已仕者計也。若學東洋文、譯東洋書，則速而又速者也。是故從洋師不如通洋文，譯西書不如譯東書。

閱報第六

李翰稱通典之善曰：不出户，知天下；罕更事，知世變；未從政，達民情。元文民作人，乃避唐諱。斯言也，殆爲今日中西各報言之也。吾更益以二語曰：寡交游，得切磋。

外國報館林立，一國多至萬餘家。有官報，有民報；官報宣國是，民報達民情。凡國政之得失，各國之交涉，工藝商務之盛衰，軍械戰船之多少，學術之新理新法，皆具焉。是以一國之內如一家，五洲之人如面語。

中國自林文忠公督廣時，始求得外國新聞紙而讀之，遂知洋情，以後更無有繼之者。上海報館自同治中有之，特所載多市井猥屑之事，於洋報采摭甚略，亦無要語。上海道月有譯出西國近事，呈於總署及南、北洋大臣，然皆兩月以前之事，觸時忌者輒削之不書，故有與無等。乙未以後，志士文人創開報館，廣譯洋報，參以博議，始於滬上，流衍於各省。內政、外事、學術皆有焉，雖論説純駁不一，要可以擴見聞，長志氣，滌懷安之酖毒，破捫籥之瞽論。於是一孔之士，山澤之農，始知有神州；筐篋之吏，煙霧之儒，始知有時局，不可謂非有志四方之男子學問之一助也。

方今外侮日亟，事變日多，軍國大計，執政慎密，不敢宣言，然而各國洋報早已播諸五洲。不惟中國之政事也，并東西洋各國之愛惡攻取，深謀詭計，一一宣之簡牘，互相攻發，互相駁辨，無從深匿，俾我得以兼聽而豫防之，此亦天下之至便也。

然而吾謂報之益於人國者，博聞次也，知病上也。昔齊桓公不自知其有疾而死，秦以不聞其過而亡。大抵一國之利害安危，本國之人蔽於習俗，必不能盡知之，即知之亦不敢盡言之。惟出之鄰國，又出之至强之國，故昌言而無忌。我國君臣上下，果能覽之而動心，怵之而改作，非中國之福哉！

近人閱洋報者，見其詆訾中國不留餘地，比之醉人、比之朽物，議分裂、議爭先，類無不怫然怒者。吾謂此何足怒耶？勸攻吾闕者，諸葛之所求；諱疾滅身者，周子之所痛。古云：士有諍友。今雖云國有諍鄰，不亦可乎！

變法第七

變法者，朝廷之事也，何爲而與士民言。曰：不然。法之變與不變，操於國家之權，而實成於士民之心志議論。

試觀曾文正爲侍郎時，嘗上疏言翰林考小楷、詩賦之弊矣。文集卷一。及成功作相以後，若力持此議，當可成就近今三十年館閣之人材，然而無聞焉，何也？大亂既平，恐爲時賢所訴病也。文文忠嘗開同文館，刊公法、格致各書矣。以次推行，宜可得無數使絶國、識時務之才，然而曲謹自好者相戒不入同文館，不考總署章京，京朝官講新學者闃然無聞，何也？劫於迂陋羣儒之謬説也。夫以勛臣元老、名德重權，尚不免爲習非勝是之談所撓，而不睹其效，是亦可痛可惜者矣！

又如左文襄在閩創設船政，在甘創設機器織呢羽局；沈文肅成船政、設學堂，與北洋合議設招商局；丁文誠在山東、四川皆設製造洋槍槍彈局。此皆當世所謂廉正守道之名臣也，然所經營者皆是此等事。其時皆在同治中年、光緒初年國家閒暇之時，惜時論多加吹求，繼者又復無識，或廢閣、或減削，無能恢張之者，其效遂以不廣。夫不可變者，倫紀也，非法制也；聖道也，非器械也；心術也，非工藝也。

請徵之經：窮則變，變通盡利，變通趣時；損益之道，與時偕行，易義也。器非求舊惟新，尚書義也。學在四夷，春秋傳義也。五帝不沿樂，三王不襲禮，禮時爲大，禮義也。温故知新，劉楚楨論語正義引漢書成帝紀詔曰：儒林之官，宜皆明於古今，温故知新，通達國體。百官表以通古今，備温故知新之義。孔沖遠禮記叙：博物通人，知今温古，考前代之憲章，參當時之得失。是漢唐舊説皆以温故知新爲知古知今。三人必有我師，擇善而從，論語義也。時措之宜，中庸義也。不恥不若人，何若人有，孟子義也。

請徵之史：封建變郡縣，辟舉變科目，府兵變召募，車戰變步騎，租庸調變兩税，歸餘變活閏，篆籀變隸楷，竹帛變雕版，籩豆變陶器，粟布變銀錢，何一是三代之舊乎？歷朝變法最著者四事：趙武靈王變法，習騎射，趙邊以安；北魏孝文帝變法，尚文明，魏國以治。此變而得者也。若武靈之不終，以孽幸；魏之不永，以子孫不肖，與變法無涉。商（鞅）［鞅］變法[一]，廢孝弟仁義，秦先强而後促；王安石變法，專務剥民，宋因以致亂。此變而失者也。商、王之失，在殘酷剥民，非不可變也，法非其法也。西法以省刑、養民兩事爲先務。

請徵之本朝：關外用騎射，討三藩，用南懷仁大炮。乾隆中葉，科場表判改五策，歲貢以外增優貢、拔貢。嘉慶以後，緑營之外創募勇。咸豐軍興以後，關税之外抽釐金。同治以後，長江設水師，新疆、吉林改郡縣，變者多矣。即如輪船、電綫創設之始，訾議繁興。此時若欲廢之，有不攘臂而争者乎？

今之排斥變法者，大率三等：一爲泥古之迂儒。泥古之弊易知也。一爲苟安之俗吏。蓋以變法必勞思，必集費，必擇人，必任事，其餘昏惰偷安、徇情取巧之私計，皆有不便，故藉書生泥古之談，以文其猾吏苟安之智，此其隱情也。至問以中法之學術、治理，則皆廢弛欺飾，而一無所爲，所謂守舊，豈足信哉。又一爲苛求之談士。

夫近年仿行西法而無效者，亦誠有之，然其故有四：一、人顧其私，故止爲身謀而無進境。製造各局、出洋各員是也。此人之病，非法之病也。一、愛惜經費，故左支右絀而不能精，船政是也。此時之病，非法之病也。一、朝無定論，故旋作旋輟而無成效，學生出洋、京員遊歷是也。此浮言之病，非法之病也。一、有器無人，未學工師而購機，未學艦將而購艦，海軍各製造局是也。此先後失序之病，非法之病也。乃局外游談，不推原於國是之不定，用人之不精，責任之不專，經費之不充，講求之不力，而吹求責效，較之見彈求鴞炙，見卵求時夜，殆有甚焉。學堂甫造，而責其成材；鑛山未開，而責其獲利。事無定衡，人無定志，事急則無事不舉，事緩則無事不廢，一埋一搰，豈有成功哉！

雖然，吾嘗以儒者之論折衷之矣。吕伯恭曰：鹵莽滅裂之學，或作或輟，不能變不美之質。此變法而無誠之藥也。曾子固曰：孔孟二子，亦將因所遇之時，所遭之變，而爲當世之法，使不失乎先王之意而已。法者所以適變也，不必盡同；道者，所以立本也，不可不一。此變法而悖道之藥也。由吕之説，則變而有功；由曾之説，則變而無弊。夫所謂道本者，三綱、四維是也。若并此棄之，法未行而大亂作矣。若守此不失，雖孔孟復生，豈有議變法之非者哉？

變科舉第八

朱子嘗稱述當時論者之言曰：朝廷若要恢復，須罷三十年科舉。以爲極好。痛哉斯言也！

中國仕宦出於科舉，雖有他途，其得美官者、膺重權者，必於科舉乎取之。自明至今，行之已五百餘年，文勝而實衰，法久而弊起。主司取便以藏拙，舉子因陋以儌幸，遂有三場實止一場之弊。錢曉徵語。所解者高頭講章之理，所讀者坊選程墨之文。於

［一］據楚學精廬一九三七年版《張文襄公全集校勘記》，「鞅」為「鞅」之誤。

本經之義、先儒之説，概乎未有所知。近今數十年，文體日益佻薄，非惟不通古今、不切經濟，并所謂時文之法度、文筆而俱亡之。

今時局日新，而應科舉者拘瞀益甚，傲然曰：吾所習者，孔孟之精理、堯舜之治法也。遇講時務、經濟者，尤鄙夷，排擊之，以自護其短。故人才益乏，無能爲國家扶危禦侮者。於是詔設學堂以造明習時務之人才，又開特科以蒐羅之。

夫學堂雖立，無進身之階，人不樂爲也。其來者必白屋鈍士，資稟凡下，不能爲時文者也。其世族俊才，皆仍志於科舉而已。即有特科之設，然廿年一舉，爲時過遠，豈能坐待？則仍爲八比、詩賦、小楷而已。

救時之才，何由可得？且夫齊衣敗紫，晉曳苴履，趙文王好劍而士死於相擊，越句踐好勇而士死於焚舟，從上所好也。兩漢經學，實禄利之途驅之。使鄉、會試仍取決於時文，京朝官仍絜長於小楷，名位取舍惟在於斯，則雖日討國人而申儆之，告以禍至無日，戒以識時務、求通才、救危局，而朝野之汶闇如故，空疏亦如故矣。故救時必自變法始，變法必自變科舉始。

或曰：若變科舉、廢時文，則人不讀五經四書，可乎？於是有獻學校貢舉私議者曰：變科舉者，非廢四書文也，不專重時文，不講詩賦、小楷之謂也。

竊謂今日科舉之制，宜存其大體而斟酌修改之。昔歐陽文忠知諫院時，惡當時舉人鄙惡剽盜、全不曉事之弊，嘗疏請改爲三場分試、隨場而去之法。每場皆有去留，頭場策合格者試二場，二場論各格者試三場。其大要曰：鄙惡乖誕，以漸先去；少而易考，不至勞昏；全不曉事之人，無由而進。其説頗切於今日之情事。歐公之欲以策論救詩賦，猶今之欲以中西經濟救時文也。

今宜略師其意，擬將今日三場先後之序互易之，而又層遞取之，大率如府縣考覆試之法。第一場試以中國史事、本朝政治論五道，此爲中學經濟。假如一省中額八十名者，頭場取八百名；額四十名者，頭場取四百名。大率十倍中額，即先發榜一次，不取者罷歸，取者始准試第二場。二場試以時務策五道，專問五洲各國之政，專門之藝。政如各國地理、官制、學校、財賦、兵制、商務等類。藝如格致、製造、聲、光、化、電等類，此爲西學經濟。其雖解西法，而支離狂怪、顯悖聖教者，斥不取。中額八十名者，二場取二百四十名；額四十名者，取一百二十名，大率三倍中額，再發榜一次，不取者罷歸，取者始准試第三場。三場試四書文兩篇、五經文一篇，四書題禁纖巧者。合校三場，均優者始中式，發榜如額。如是則取入二場者，必其博涉古今、明習內政者也。然恐其明於治內而闇於治外，於是更以西政、西藝考之。其取入三場者，必其通達時務、研求新學者也。然又恐其學雖博、才雖通，而理解未純，趣向未正，於是更以四書文、五經文考之。其三場可觀而中式者，必其宗法聖賢、見理純正者也。

大抵首場先取博學，二場於博學中求通才，三場於通才中求純正。先博後約，先粗後精，既無迂闇庸陋之才，亦無偏駁狂妄之弊。三場各有取義，較之偏重首場，所得多矣。且分場發榜，下第者先歸，二、三場卷數愈少，校閲亦易，寒士無久羈之苦，謄録無卷多謬誤之弊，主司無竭蹶草率之虞。一舉三善，人才必多，而著重尤在末場，猶之府縣試皆憑末覆以定去取，不愈見四書、五經之尊哉？

惟科舉必以生員爲基，其學政歲科兩考，生、童均可以例推之。歲科考例，先試經古一場，即專以史論、時務策兩門發題。生員歲考正場，原係一四書文、一經文。生員科考正場，原係一四書文、一策，亦照歲考例改爲經文，以免荒經之弊。童試一切照生員，惟將正場第二篇四書文改爲經文而已。蓋生童考試舊章，正與今日所擬科舉之法相類。二十年來，經古場久已列算學一門，是尤不勞而理者也。

難者曰：主司不能盡通新學，將如之何？

曰：應試難，試官易。近年來上海編纂中外政學、藝學之書，不下二十種。闈中例准調書，據書考校，何難之有？且房官中通曉時務者尚多，總裁、主考惟司覆閱，何難之有？至外省主考學政，年力多强，詔旨既下，以三年之功講求時務，自足以衡文量才而有餘。鄉、會試之外，惟殿試臨軒發策，典禮至重，自不可廢，然可即據以爲授職之等差。朝考似爲可省。及通籍以後，無論翰苑部曹，一應職官皆以講求政治爲主。凡考試文藝、小楷之事，斷斷必宜停免，惟當考其職業以爲進退，則已仕之人才，不致以雕蟲小技困之於老死矣。

難者曰：本朝名臣出於科舉者多矣，安見時文之無益？

不知登進限於一途，則英雄不能不歸於一轂，此乃人才之亦能爲時文，非時文之足以得人才也。且諸名臣之學識閱歷，率皆自通籍以後始能大進，然則中年以前，神智精力，銷磨於應舉者不少矣。假使主文者不專以八比、詩賦爲去取，所得柱石之臣、干城之士，不更多乎？

竊謂議者之説，意救時而事易行，實本明旨特科、歲舉講求經濟之意而推闡之，因存其説於此，并將朱子論科舉之弊，及歐公論三場以漸去留之疏，節録於左，可知七八百年以上之賢人君子，憂國勢人才之不振、疾官人選舉之無方，其謀慮固已如此，庶今世士大夫得有所儆悟焉。

東塾讀書記引朱子論科舉

南宋時科舉之弊，朱子論之者甚多，其言亦極痛切，今略舉數條於此：

衡州石鼓書院記云：今日學校科舉之教，其害有不可勝言者，不可以為適然而莫之救也。

學校貢舉私議云：名為治經而實為經學之賊，號為作文而實為文字之妖。主司命題又多為新奇，以求出於舉子之所不意，於所當斷而反連之，於所當連而反斷之，為經學賊中之賊，文字妖中之妖。又云：怪妄無稽，適足以敗壞學者之心志，是以人材日衰，風俗日薄。

語類云：今人文字全無骨氣，自是時節所尚如此。只是人不知學，全無本柄，被人引動，尤而效之。如而今作件物事，一箇做起，一箇學起，有不崇朝而徧天下者，本來合當理會底事，全不理會，直是可惜。卷一百三十九。時文之弊已極，日趨於弱，日趨於巧小，將士人這些志氣都消削得盡。莫説以前，只是宣和末年三舍法纔罷，學舍中無限好人材如胡邦衡之類，是甚麽樣有氣魄，做出那文字是甚豪壯，當時亦自煞有人。及紹興渡江之初，亦自有人才。那時士人所做文字極粗，更無委曲柔弱之態，所以亦養得氣宇。只看如今是多少衰氣。卷一百九。最可憂者，不是説秀才做文字不好。這事大關世變。同上。問：今日科舉之弊，使有可為之時，此法何如？曰：更須兼他科目取人。同上。問：今日之學校，自麻沙時文册子之外，其他未嘗過而問焉。曰：怪他不得。上之所以教者不過如此。然上之人曾不思量，時文一件，學子自是著急，何用更要你教？你設學校，卻好教他理會本分事業。同上。

此亦朱子欲救當時風氣之弊，使朱子見今日科舉時文，不知更以為何如耳。

節録歐陽公論更改貢舉事件劄子慶歷四年

伏以貢舉之法，用之已久，則理當變更；必先知改弊之因，方可收變法之利。知先詩賦為舉子之弊，則當重策論，歐公時之不專重詩賦，意與今日不專重時文同。知通考紛多為有司之弊，則當隨場而去，而後可使學者不能濫進，考者不至疲勞。請寬其日限，而先試以策而考之，擇其文辭鄙惡者、文意顛倒重雜者、不識題者、不知故實略而不對所問者、誤引事跡者、雖能成文而理識乖誕者、雜犯舊格不如式者，凡此七等之人先去之，計二千人可去五六百。以其留者次試以論，又如前法而考之，又可去其二三百，其留而試詩賦者不過千人矣。於千人而選五百，少而易考，不至勞昏；考而精當，則盡善矣；縱使考之不精，亦當不至太濫。蓋其節鈔剽盜之人，皆以先經策論去之矣。比及詩賦，皆是已經策論、粗有學問、理識不至乖誕之人，縱使詩賦不工，亦可以中選矣。如此，可使童年新學、全不曉事之人無由而進。

農工商學第九

石田千里，謂之無地；愚民百萬，謂之無民。韓詩外傳語。不講農工商之學，則中國地雖廣、民雖衆，終無解於土滿、人滿之譏矣。

勸農之要如何？曰：講化學。

田穀之外，林木果實，一切種植、畜牧、養魚，皆農屬也。生齒繁，百物貴，僅樹五穀，利薄不足以爲養，故昔之農患惰，今之農患拙。惰則人有遺力，所遺者一二；拙則地有遺利，所遺者七八。欲盡地利，必自講化學始。周禮草人掌土化之法，實爲農家古義。養土膏、辨穀種、儲肥料、留水澤、引陽光，無一不需化學。又須精造農具，凡取水、殺蟲、耕耘、磨礱，或用風力，或用水力，各有新法利器，可以省力而倍收，則又兼機器之學。西人謂一畝之地，種植最優之利，可養三人。若中國一畝所産，能養一人，亦可謂至富矣。然化學非農夫所能解，機器非農家所能辦，宜設農務學堂。外縣士人各考其鄉之物産，以告於學堂。堂中爲之考求新法、新器。而各縣鄉紳有望者、富室多田者試辦以爲之倡，行而有效，民自從之。上海農學報多采西書，甚有新理、新法。講農政者宜閲之。昔者英忌茶之仰給於華也，印度、錫蘭講求種茶，無微不至。自印茶盛行，茶市日衰，銷路僅恃俄商，大率俄銷十之八，英美銷其一二。緣茶中含有一質，澀而兼香，西人名曰膽念。印茶惟膽念較華茶略少，故俄尚食華茶。若再數年，印茶日精，恐華茶無人過問矣。此茶户種茶不培、摘芽不早，茶商不用機器、烘焙無法之弊也。光緒二十年，湖北、湖南兩省合力以官款買茶三百二十箱，附俄公司船運赴俄境自銷之。西路水運銷阿疊薩，託出使許大臣交俄行帶售；東路陸運銷恰克圖，託俄商佘威羅福代售。除茶價運費、關税外，西路贏餘得息一分，東路贏餘得息五分。若使我自有公司在彼，其利必更饒餘可知也。

絲之爲利，比茶尤多。十年以前，西洋各國用華絲者十之六。三年以内，日本絲銷十之六，意國絲十之三，華絲僅十之一。且本貴則價難減，價昂則銷愈滯，此由養蠶者不察病蠶，售繭者多攙壞繭，繭耗既多，成本自貴之弊也。

外國種棉，分燥土、溼土兩種，長莖宜溼地，短莖宜燥地，種植疏闊，故結實肥大。每莖相距，横三尺三寸，縱一尺三寸。種子三粒爲一窠，長至四五寸，留壯者一株，其餘拔去。洋布、洋紗，爲洋貨入口第一大宗，歲計價四千餘萬兩。自湖北設織布局以來，每年漢口一口進口之洋布已較往年少來十四萬匹。特是洋紗最精有四十號者，而華棉絨短紗粗，以機器紡之，僅能紡至十六號紗止，以故不能與洋紗、洋布敵。購洋棉子種之，多不蕃茂，此由農夫見小，種棉過密，又不分燥溼之弊也。

麻爲物賤，南北各省皆產，然僅供緝繩作袋之用，川、粵、江西僅能織夏布耳。西人運之出洋，攙以棉，則織成苧布，攙以絲，則織爲紬緞，其利數倍。此由漚浸無術，不能去麻膠，又無攙絲之法之弊也。湖北現設製麻局於省城外，以西法爲之，若有效，各省可仿行。

絲、茶、棉、麻四事，皆中國農家物產之大宗也。今其利盡爲他人所奪，或雖有其貨而不能外行，或自有其物而坐視內灌。愚懦甚矣。惟種稻，西人謂其勤力得法。西法植物學謂土地每年宜換種一物，則其所吸之地質不同，而其根葉壞爛入土者其性各別，又可以補益地力。七年一周，不必休息，而地力自肥，較古人一易、再易、三易之法更爲精微，此亦簡顯易行者也。

工學之要如何？曰：教工師。

工者，農商之樞紐也。內興農利，外增商業，皆非工不爲功。工有二道：一曰工師。專以講明機器學、理化學爲事，悟新理，變新式，非讀書士人不能爲，所謂智者創物也。一曰匠首。習其器，守其法，心能解，目能明，指能運，所謂巧者述之也。中國局廠，良匠多有通曉機器者，然不明化學、算學，故物料不美，不曉其源，機器不合，不通其變，且自秘其技，不肯傳授多人，徒以把持居奇、鼓衆生事爲得計。此王制所謂執技事上，不與士齒者耳。今欲教工師，或遣人赴洋廠學習，或設工藝學堂，均以士人學之，名曰工學生，將來學成後，名曰工學人員，使之轉教匠首。更宜設勸工場，凡衝要口岸，集本省之工作各物陳列於中，以待四方估客之來觀，第其高下，察其好惡，巧者多銷，拙者見絀，此亦勸百工之要術也。

商學之要如何？曰：通工藝。

夫精會計、權子母，此商之末，非商之本也。外國工商兩業，相因而成。工有成器，然後商有販運，是工爲體，商爲用也，此易知者也。其精於商術者，則商先謀之，工後作之，先察知何器利用、何貨易銷、何物宜變新式、何法可輕成本、何國喜用何物、何術可與他國爭勝，然後命工師思新法、創新器，以供商之取求。是商爲主，工爲使也，此罕知者也。二者相益，如環無端。中國之商，惟聽其自然而已，所冀者億中之利，如博塞求贏，但憑時運；所分者，坐賈之餘，如刮毛龜背，雖得不多。雖有積貨如阜，日贏千金，猶爲西商役也。

至勸商之要，更有三端：一曰譯商律。商非公司不巨，公司非有商律不多。華商集股，設有欺騙，有司罕爲究追，故集股難。西國商律精密，官民共守，故集股易。

一曰自治。近年茶市雖敝，然仍是芽嫩無煙者，價高而速售；黴溼攙雜者、樣盤抵換者，價虧而難銷。若不求自治之方，而欲設總行，以爲合羣持價之計，西商固必不聽，羣販亦必不從。

一曰遊歷。各省宜設商會，上海設一總商會，會中自舉數人出洋遊歷，察其市情、貨式，隨時電告，以爲製造販運之衡，此較設外洋公司爲易。夫學問之要，無過閱歷，各國口岸即商務之大學堂也。

大抵農工商三事，互相表裏，互相鈎貫。農瘠則病工，工鈍則病商，工商聾瞽則病農，三者交病，不可爲國矣。至如駝、羊之毛，鷄、鴨之羽，皆棄材也；馬、牛之皮革，皆賤貨也。西商捆載而去，製造而來，價三倍矣。水泥、西人名塞門德土，華名紅毛泥。火塼、以中國觀音土和塼屑燒成之。火柴、火油、洋氈、洋紙、洋蠟、洋餹、洋鹹、洋釘，質賤用多而易造者也。事事仰給外人，而歲耗無算矣。然而以上諸事，非士紳講之、官吏勸之不可。荀卿盛稱儒效，而謂儒不能知農、工、商之所知，此末世科目章句之儒耳，烏覩所謂效哉！

兵學第十

或曰：兵必須學。論語曰：以不教民戰，是謂棄之。諸葛忠武曰：八陣既成，自今行師，庶不覆敗矣。是兵有法、有教也。

或曰：兵不在學。霍去病曰：顧方略何如耳，不至學古兵法。岳武穆曰：運用之妙，存乎一心。是兵無法、無教也。此皆聖賢名將之説也，何道之從？

曰：吾將以四説通之。蓋兵學之精，至今日西國而極。有械不利，利械不習，與無手同。工作不嫻，橋道不便，輜重不備，與無足同。地理不熟，測量不準，偵探不明，與無耳目同。聚千萬無手、無足、無耳目之人，烏得爲兵？是必先教之以能戰之具，範之以不敗之法。

既成爲兵矣，而後可以施方略、言運用。至於方略運用，豈必西法，亦豈必古法哉！漢藝文志兵家分權謀、形勢、陰陽、技巧四類。西人兵學，惟陰陽不用，餘皆兼之。

槍礮、雷電、鐵路、礮臺、濠壘、橋道，技巧也；地圖、測算，形勢也。至攻守謀略，中西所同，因其械精藝多，條理繁細，故權謀一端亦較中法爲密。

陸軍之別有五：曰步隊、馬隊、礮隊、工隊、輜重隊。工、輜兩隊，皆兼有步隊之所能。每一軍皆兼有之，如四體具而後爲人。工隊主營壘、橋道之事，輜重隊主械藥、衣糧之事。西法以步隊、礮隊爲最重，馬隊止爲包抄及偵探之用。工、輜二隊，古人所略。緣火器猛烈，或大隊相持，或偵探扼守，必須掘地營、開濠塹，頃刻立就。若遇溪河泥沙，必須應時可渡，故立工隊。今日用快槍、快礮，所需彈藥過多，一裝五子、十子，連珠而發者爲快槍。礮子如槍子式，彈藥相連，一分鐘可放數十出者，爲快礮。以及備戰各物，至爲繁重，故立輜重隊。分爲數起，層遞轉運，故進不誤用，退不全失。淮南子兵略訓言：將以五官爲股肱手足。一曰尉之官，治軍者也。一曰侯之官，偵探也。一曰司空之官，空、工，古今字，即工程隊之官也。一曰輿之官，即輜重隊之官也。其一闕。其説輿之官曰：收藏於後，遷舍不離，無淫輿、無遺輜，輿之官也。因往年遼東之戰，多無此隊之爲累矣。

臨戰之善有三：一、未戰先繪圖。欲與敵國有戰事，先於一兩年前詳繪敵境地圖。一、馬隊充偵探。偵探必以馬隊分途四出，更番歸報。一、前敵有軍醫。隨在陣後，藥物皆具。西法有軍樂隊，以作戰士之氣，今姑從緩。卹兵之善有四：一、餉厚。一、將不發餉，別有官主之。一、兵不自爨，官爲供備。一、陣亡者，卹其家終身。

教武備學生之法有三：曰學堂、曰操場、曰野操。學堂講軍械理法、地理測繪、戰守機宜、古來戰事。操場習體操、隊伍、火器。野操習分合、攻守、偵探。或於山阜，或於溪谷，或於平地，作兩軍對敵狀，惟將所指揮無定式，不僅在校場排演舊陣也。

將領教偏裨之法有二：曰兵棋、曰戰圖。兵棋者，取地圖詳繪山水、道路、林木、村落，以木棋書馬步各隊，將校環坐，各抒所見，商確攻守進退之法。戰圖者，取西國古來大戰事諸圖，推究其勝敗之故。其教之程期有三：教兵止在操場，遲者一年可用，速者半年可用；教弁即有學堂，若緑營把總、外委、額外，勇營哨官、哨長皆爲弁。步隊、輜重隊弁十四月，馬隊弁十六月，礮隊、工隊弁十八月，均兼隨營操演。其十四歲以前例入之小學堂，不在此數。教將官者，學堂五年，隨營操演二年。若緑營千總以上至副將，勇營管帶以上至分統，皆爲官，以下爲弁，界限甚嚴。教大將者，學堂五年，隨營二年，再入大學堂二年。若提鎮及大統領。凡爲將官者，雖爲官，仍不廢學，以時受教於本管之將領。必至大將，乃不受學。初入學堂者，年無過二十歲。總之，略於教兵，詳於教將，此其要旨也。自將及弁，無人不讀書，自弁及兵，無人不識字、無人不明算、無人不習體操、無人不解繪圖，此其通例也。

水師之別有二：曰管輪，曰駕駛。管輪主輪機、測量；駕駛主槍礮、攻戰。先教之於學堂，大率五年，復教之於練船，游歷各國海口，習風濤、測海道、觀戰事，大率三年，其事較陸軍爲尤精。將領之外，又有關涉軍事最要之官兩項：一曰參謀官。主謀畫、調度，考地理，審敵情。國君之參謀，若宋之樞密、明之本兵。將帥之參謀，若今之營務處而較尊。一曰會計官。主一軍械物、衣糧、車馬，何物用瀛車，一車裝若干；何物用馬，一馬馱若干；何物用馬車，一車裝若干，皆豫算於平時，若今之糧臺。兩項官皆出於學堂，參謀尤重。今日固有營務處、糧臺，但無豫爲此學者耳。

兵之等差有三：在營者爲常備兵，教之三年即遣之歸，名爲豫備兵，不給餉，每年調集一操，酌予獎賞，又三年，則罷爲後備兵。有大戰事，常備不足，則以豫備兵充之。大率每年常備之退爲豫備兵者約三之一，補新兵亦三之一。新舊層遞蜕換，行之二十年，則舉國之人無不習戰者。用餉愈省，得兵愈多，兵技常熟，兵氣常新。其法創始於德，歐洲效之，東洋踵之。歐洲大戰，動輒用兵二三十萬，故兵須多。然此法所以能行者，外國重武，其民以充兵爲榮，爲國家效力計，不爲一身餬口計。華兵以入伍爲生計，故疲老多而裁汰難。且工商多，閒民少，其兵皆有技能，軍籍既脱，仍有執業，故可行也。中國若仿爲之，則惟有於三年學成之兵發給憑照，退爲豫備兵，遣歸本籍，酌給半餉，以供本縣緝捕之用。改業遠出者，不給餉，三年以後，亦照西法退爲後備，有事募集，亦可得半。

至其教將士之本務有二：曰知忠愛，曰厲廉恥。西洋將官教武備學生之言曰：汝等須先知自己是中國人，將來學成專爲報效國家，若臨戰無勇，乃國家之恥、一身之恥。若無此心，雖練成與西兵一律之才能，亦無用也云云。西人武備書所言，意與此略同。東洋將領，人給官書一卷，佩之於身。有來湖北者，取視其本，所載皆中國古來忠義文字，如出師表、正氣歌之類。所以將士皆能知忠愛、厲廉恥者，其道有一，曰：尚武功。其國君服提督之服，鄰國之君相贈以武將之銜，臨戰之饑寒有備，戰殁之家屬有養。兵之死亡，君親弔之；兵之創傷，后親療之。故將之尊貴，過於文臣；兵之自愛，過於齊民。强國之由，其在此矣。

今日朝野皆知練兵爲第一大事，然不教之於學堂，技藝不能精也；不學之於外洋，藝雖精，習不化也。在上無發憤求戰之心以倡導之，兵雖可用，將必不力也。

或曰：使古之孫、吴、韓、岳、戚，近今之江、塔、羅、李、多，與西人戰，能勝否乎？曰：能。亦學西法否乎？曰：必學。夫師出以律，聖之明訓也。知己知彼，軍之善經也。後起者勝，古今之通義也。兵事爲儒學之至精，胡文忠閲歷有得之格言也。孫子火攻篇即西法先導，謀攻篇其次伐交，九地篇不知諸侯之謀者不能豫交，争天下之交、養天下之權，皆西國兵争要義。吴子地輕馬、馬輕車、車輕人、人輕戰，與西法行軍修路合。一人學戰，教成十人。萬人學戰，教成三軍。與西法學堂重在教將領合。畜騎之對與西法養馬合。知忠愛、廉恥，則必學；其不學者，必其不知忠愛廉恥者也。使諸名將生今之世，必早已習其器，曉其法。參以中國之情勢，即非仿行，亦必暗合，即出新意，亦同宗旨。而又鼓以忠義之氣，運以奇正之略，奚爲而不可勝哉！若近日武臣怠惰粗疏，一切廢弛，而藉口於漢家自有制度，亦多見其無效忠死國之誠而已矣。

方今兵制、教法，東洋、西洋大畧皆同，蓋由推求精善，故各國有則效而無改易之者。語曰：不習爲吏，視已成事。況不習兵，而又不視成事，豈不殆哉！

鑛學第十一

鑛學者，兼地學、化學、工程學三者而有之，其利甚溥，而其事甚難。夫以渾渾土石，略見苗引而欲測其鑛質之優劣、鑛層之厚薄、鑛脈之横斜、施工之難易，是何異見垣一方人之神術矣。

西國鑛師之精者，聲價極重，不肯來華，其來者，中、下駟而已。方今興利之法，誠無急於此者。然華商既無數百萬之鉅貲，鑛之易開者，一鑛亦須數十萬。又無數十年之鑛學，但憑西師一言，豈能驟集巨股？且無論何鑛，非深不佳，水源不止一孔，石隔不止一層，資費耗盡，亦必中作而輟。若略備微資，姑用土法，遇水遇石即已廢然而返，是鑛利終不可興也。是惟有先講實學，緩求速效之一法。

今山東之鑛，已爲他人所籠；山西之礦，亦爲西商所覬。若東三省之金，湖南、四川、雲南以及川、滇邊界夷地、番地之五金、煤炭，最爲豐饒，他省亦尚不少。有鑛之省，宜由紳商公議，立一鑛學會，籌集資斧，公舉數人出洋，赴鑛學堂學習數年，學成回華，再議開采。察鑛之質性，而後購機。水有開通運道之法，陸有接通大小鐵路之法，而後采鑛。能不用西師固善，即仍用西師，我亦可辨其是非，而不爲所欺。如是則得尺得寸，不等於象罔求珠矣。

竊謂今日萬事根本，惟在於煤，故煤鑛較他鑛尤急，而開煤尤非鑿井深入不爲功，凡近地面之煤，其灰質必較多，其磺氣必較重，其煤質必不甚堅結。土法之病，斜穿而不能深入，遇水而不能急抽，或積水淹，或架木圮，或煤氣閉，或地火發。是四者皆足以壞井。即使淺嘗可得佳煤，而所得無多，其井已廢。數月必棄一井，一年必易一山，人力已竭，而佳煤未動。雖鑿偏九州之山，而斷不能得一可用之煤鑛。鍋爐氣機止用煙煤、白煤，若煉鐵、煉鋼，必須焦炭。非佳煤不能煉焦炭，非西爐、西法所煉，亦不能精。此又煤鑛之相因遞及者。嘗考英國之富，以煤鑛興。故西人謂煤鑛之利國利民，實在五金以上。五金若乏，可以他物代之，煤則孰能代之？煤源一斷，機器立停，百舉俱廢，雖有富强之策，安所措手哉！大抵西法諸事，皆以先學藝、後舉事爲要義。學將而後練兵，學水師而後購艦，學工師而後製造，學鑛師而後開鑛。其始似遲，其後轉速，其費亦必省。

或曰：必待學成而後開鑛，如時迫效遠何？無已，則有一變通之策焉。就本省内擇取一鑛，募西人之曾辦鑛廠確有閲歷者，與議包辦。一切用人購器，聽其主持，不掣其肘，約定出鑛後優給餘利，限滿而不得鑛有罰。即於局内設鑛學堂，鑛成獲利以後，我之學生及委員、工匠，皆已學成。此藉鑛山爲鑛學堂之法也。但須嚴定限制，止開此處，若全省包辦，則其害甚大，不可行。記曰：地不愛其寶，人不愛其情。若人無湛深之思，專壹之志，而欲乞靈富媪，安坐指揮，以儌大利，蓋不可得之數矣。

更有一策：與西人合本開采，本息按股匀分，但西本止可十之三四，不得過半，尤為簡易無弊，較之全為西人所據，及閟佳鑛而不能開者，不遠勝乎？此策在前三年，則必梗於時議，此時或可行矣。

鐵路第十二

有一事而可以開士、農、工、商、兵五學之門者乎？

曰：有，鐵路是已。

士之利在廣見聞，農之利在暢地産，工之利在用機器，商之利在速行程、省運費，兵之利在速徵調、具糧械。三代以道路爲大政，見於周禮月令、左傳、國語諸書。西法富强，尤根於此。

中國道路之政，久已不講，山行則犖确，澤行則泥淖，城市蕪雜，鄉僻阻絶，以故人憚於出鄉，物艱於致遠。士有鐵路，則遊歷易往，師友易來；農有鐵路，則土苴糞壤皆無棄物；商有鐵路，則急需者應期，重滯者無阻；工有鐵路，則機器無不到，鑛産無不出，煤炭無不敷；兵有鐵路，則養三十萬精兵，可以縱横戰守於四海。凡此五學，總之以二善：一曰省日力。一日可治十日之事，官不曠、民不勞、時不失。一曰開風氣。凡從前一切頽惰之習，自然振起；迂謬耳食之論，自然消釋泯絶而不作。至於吏治不壅，民隱不遏，驛使不羈，差徭不擾，災歉不憂，皆相因而自善。夫如是，故天下如一室，九州如指臂，七十萬方里之地皆其地也，四百兆之人皆其人也。如人之一身，氣脈暢通而後有運動，耳目聰明而後有知覺，心知靈通而後有謀慮。

耳目者，外國報也；心知者，學堂也；氣脈者，鐵路也。若鐵路不成，五學之開，未有日也。至鐵路所不到之處，則先多修馬路及行手車之小鐵路，阜民敏政，亦其次矣。

綜觀東西洋各國，自三十年來無不以鐵路爲急，日增月多，密如蛛網。大國有鐵路數十萬里，小國有鐵路二三萬里。東西洋各國，公設有鐵路會，考求鐵路利病新法，三年一舉。

今中國幹路，北起盧溝，南達廣州，已歸總公司建造。以後分造支路，工尤省、利尤厚。其尤便者，凡借洋款，皆須抵押，獨修鐵路一事，借款即以此路作抵，無須他物。商爲之則利在商，國爲之則利在國。況方今東海之權，我已與西洋諸國共之。門户阻塞，如鯁在喉。若内無鐵路，則五方隔絶，坐受束縛，人遊行於海上，我痿痺於室中，中華豈尚有生機乎？昔魏太武譏劉宋爲無足之國，以此較兩國勝負之數，謂北朝多馬、南朝無馬也。若今日時勢，海無兵輪，陸無鐵路，則亦無足之國而已。

及今圖之，爲時已晚，若再因循顧慮，恐盡爲他人代我而造之矣。

會通第十三

易傳言通者數十。好學深思，心知其意，是謂通。難爲淺見寡聞道，是謂不通。

今日新學、舊學，互相訾謷，若不通其意，則舊學惡新學，姑以爲不得已而用之，新學輕舊學，姑以爲猝不能盡廢而存之。終古（柄）〔枘〕〔一〕鑿，所謂疑行無名、疑事無功而已矣。

中庸天下至誠，盡物之性，贊天地之化育，是西學格致之義也。大學格致，與西人格致絶不相涉。譯西書者借其字耳。

周禮土化之法，化治絲枲，飭化八材，是化學之義也。周禮一易、再易、三易，草人、稻人所掌，是農學之義也。

禮運貨惡弃地，中庸言山之廣大，終以寶藏興焉，是開礦之義也。

周禮有山虞、林衡之官，是西國專設樹林部之義也。

中庸來百工則財用足。夫不以商足財，而以工足財，是講工藝、暢土貨之義也。

論語工利其器；書器非求舊，維新，是工作必取新式機器之義也。

論語百工居肆，夫工何以不居其鄉，而必居肆，意與管子處工就官府同，是勸工場之義也。

周禮訓方氏，訓四方，觀新物，是博物院、賽珍會之義也。

大學生之者衆，食之者寡，即西人富國策，生利之人宜多，分利之人宜少之説也。

大學生財大道，爲之者疾；論語敏則有功，然則工商之業，百官之政，軍旅之事，必貴神速，不貴遲鈍可知，是工宜機器，行宜鐵路之義也。

周禮司市，亡者使有，（微）〔利〕〔二〕者使阜，害者使亡，靡者使微，是商學之義，亦即出口貨無税，進口貨有税，及進口税隨時輕重之義也。

論語教民七年，可以即戎，不教民戰，是謂棄之，是武備學堂之義也。司馬法雖遇壯者，不校勿敵，敵若傷之，醫藥歸之，與西人交戰時有醫家紅十字會同。

漢書藝文志謂九流百家之學，皆出於古之官守，是命官用人皆取之專門學堂之義也。

左傳仲尼見郯子而學焉，是赴外國遊學之義也。

內則十三年舞勺，成童舞象，學射御；聘義勇敢、强有力，所以行禮，是體操之義也。學記不歆其藝，從鄭注。不能悦學，是西人學堂兼有玩物適情諸器具之義也。

呂刑簡孚有衆，維貌有稽；貌，説文作緢，細也。王制疑獄，汜與衆共之，是訟獄憑中證之義也。

周禮外朝詢衆庶；書謀及卿士，謀及庶人，從逆各有吉凶，是上下議院互相維持之義也。

論語衆好必察，衆惡必察，是國君可散議院之義也。

王制史陳詩，觀民風，市納價，觀民好；左傳士傳言，庶人

〔一〕據楚學精廬一九三七年版《張文襄公全集校勘記》，「柄」為「枘」之誤。

〔二〕據《周禮》，「微」為「利」之誤。

誇，商旅市，工獻藝，是報館之義也。

凡此皆聖經之奥義，而可以通西法之要指。其以名物、文字之偶合，瑣瑣傅會者，皆置不論。若謂神氣風霆爲電學，含萬物而化光爲光學之類。

然謂聖經皆已發其理、創其制則是，謂聖經皆已習西人之技，具西人之器，同西人之法則非。昔孔子有言曰：吾聞之，天子失官，學在四夷，猶信。是此二語乃春秋以前相傳之古説。列子述化人，以穆王遠遊、西域漸通也。鄒衍談赤縣，以居臨東海，商舶所傳也。故埃及之古刻類乎大篆，南美洲之碑，勒自華人，然則中土之學術、政教東漸西被，蓋在三代之時，不待疇人分散、老子西行而已然矣。以後西漢甘英之通西海，東漢蔡愔、秦景之使天竺，摩騰輩之東來，法顯輩之西去，大秦有邛竹杖，師子國有晉白團扇。中西僧徒，水陸商賈，來往愈數，聲教愈通，先化佛國，次被歐洲，次第顯然，不可誣也。

然而學術治理，或推而愈精，或變而失正，均所不免。且智慧既開，以後心理同而後起勝，自亦必有冥合古法之處，且必有軼過前人之處，即以中土才藝論之，算數、歷法諸事，陶、冶、雕、織諸工，何一不今勝於古？日食有定，自晉人已推得之。謂聖人所創，可也；謂中土今日之工藝不勝於唐虞三代，不可也。萬世之巧，聖人不能盡洩；萬世之變，聖人不能豫知。

然則西政、西學，果其有益於中國、無損於聖教者，雖於古無徵，爲之固亦不嫌，況揆之經典，灼然可據者哉！今惡西法者，六經古史之無明文，不察其是非損益而概屏之，如詆洋操爲非，而不能用古法練必勝之兵；詆鐵艦爲費，而不能用民船爲海防之策，是自塞也。自塞者，令人固蔽、傲慢，自陷危亡。

略知西法者，又概取經典所言而傅會之，以爲此皆中學所已有，如但詡借根方爲東來法，而不習算學；但矜火器爲元太祖征西域所遺，而不講製造槍礮，是自欺也。自欺者，令人空言爭勝，不求實事。

溺於西法者，甚或取中西之學而糅雜之，以爲中西無別，如謂春秋即是公法，孔教合於耶蘇，是自擾也。自擾者，令人眩惑狂易，喪其所守。

綜此三蔽，皆由不觀其通。不通之害，口説紛呶，務言而不務行，論未定而兵渡江矣。然則如之何？曰：中學爲内學，西學爲外學，中學治身心，西學應世事，不必盡索之於經文，而必無悖於經義。如其心聖人之心，行聖人之行，以孝弟忠信爲德，以尊主庇民爲政，雖朝運汽機，夕馳鐵路，無害爲聖人之徒也。如其昏惰無志，空言無用，孤陋不通，傲很不改，坐使國家顛隮、聖教滅絶，則雖弟佗其冠，神禫其辭，手注疏而口性理，天下萬世皆將怨之、詈之曰：此堯舜孔孟之罪人而已矣。

非弭兵第十四

兵之於國家，猶氣之於人身也。肝藏血而助氣，故内經以肝爲將軍之官。人未有無氣而能生者，國未有無兵而能存者。

今世智計之士，覩時勢之日棘，慨戰守之無具，於是創議入西國弭兵會，以冀保東方太平之局。此尤無聊而召侮者也。

向戌弭兵，子罕責其以誣道蔽諸侯，況今之環球諸强國，誰能誣之，誰能蔽之。奥國之立弭兵會有年矣，始則俄攻土耳其，未幾而德攻阿洲，未幾而英攻埃及，未幾而英攻西藏，未幾而法攻馬達加斯加，未幾而西班牙攻古巴，未幾而土耳其攻希臘，未聞奧會中有起而爲魯連子者也。德遂以兵占我膠州矣，俄又以兵占我旅順矣。廿年以來，但聞此國增兵船，彼國籌新餉，争雄、争長，而未有底止。

我果有兵，弱國懼我，强國親我，一動與歐則歐勝，與亞則亞勝，如是則耀之可也，弭之亦可也，權在我也。我無兵而望人之弭之，不重爲萬國笑乎？誦孝經以散黄巾，黄巾不聽；舉騶虞幡以解鬭，鬭者不止。苟欲弭兵，莫如練兵。海有戰艦五十艘，陸有精兵三十萬，兵日雄，船日多，礮臺日固，軍械日富，鐵路日通，則各國相視而不肯先動，有敗約者，必出於戰，不恤孤注，不求瓦全，如是則東洋助順，西洋居間，而東方太平之局成矣。

管子曰：寢兵之説勝，則險阻不守，全生之説勝，則廉恥不立。若弭兵之議一倡，則朝野上下，人人皆坐待此會之成，更不復有憂危圖治之心、枕戈待敵之事。各省寥寥數軍，裁者不復、存者不練，器械朽敗、臺壘空虚，文酣武嬉、吏貪民困，忠諫不入、賢才不求，言官結舌、人才消沮，諸國見我之昏愚如此，無志如此，於是一舉而分裂之，是適以速亡而已。

山行不持兵，而望虎之不咥人，不亦徒勞矣乎？又有篤信公法之説者，謂公法爲可恃，其愚亦與此同。夫權力相等，則有公法，强弱不侔，法於何有？古來列國相持之世，其説曰：力均角勇，勇均角智。未聞有法以束之也。

今日五洲各國之交際，小國與大國交不同，西國與中國交又不同。即如進口税，主人爲政，中國不然也；寓商受本國約束，中國不然也；各國通商，只及海口，不入内河，中國不然也；華、洋商民相殺，一重一輕，交涉之案，西人會審，各國所無也。不得與於萬國公會，奚暇與我講公法哉！知弭兵之爲笑柄，悟公法之爲讆言，舍求諸己而何以哉！

非攻教第十五

異教相攻，自周、秦之間已然：儒、墨相攻；老、儒相攻；莊，道也，而與他道家相攻；荀，儒也，而與他儒家相攻。唐則儒、釋相攻；後魏、北宋則老、釋相攻。儒之攻他教者，辨黑白；他教之相攻者，争盛衰。歐洲因争新教舊教，連兵相殺數十年，乃教士各争權勢，藉以爲亂，非争是非也。

至今日而是非大明，我孔孟相傳大中至正之聖教，炳然如日月之中天，天理之純，人倫之至，即遠方殊俗亦無有譏議之者。然則此時爲聖人之徒者，恐聖道之凌夷，思欲扶翼而張大之，要在修政，不在争教，此古今時勢之不同者也。

中外大通以來，西教堂布滿中國，傳教既爲條約所准行，而焚毁教堂又爲明旨所申禁。比因山東盜殺教士一案，德國藉口，遂踞膠州，各國乘機要求，而中國事變日亟。有志之士但當砥厲學問，激發忠義，明我中國尊親之大義，講我中國富强之要術。國勢日强，儒效日章，則彼教不過如佛寺道觀，聽其自然可也，何能爲害？如仍頹廢自甘，於孔孟之學術、政術，不能實踐力行，學識不足以濟世用，才略不足以張國威，而徒詬厲以求勝，則何益矣。豈惟無益，學士倡之，愚民和之，莠民乘之，會匪游兵藉端攘奪，無故肇衅，上貽君父之憂，下召憑陵之禍，豈志士仁人所忍爲者哉！

不特此也，海上見聞漸狎，中西之町畦漸化，若游歷内地，愚夫小兒見西國衣冠者，則呼譟以隨之、擲石毆擊以逐之，一鬨而起，莫知其端，并不問其爲教士、非教士、歐洲人、美洲人也。夫無故而詬擊則無禮，西人非一，或稅關所用，或官局所募，或游歷，或傳教，茫然不辨，一概憤疾則不明，詔旨不奉則不法，以數百人擊一二人則不武，怯於公戰、勇於私鬬則不知恥。於是外國動謂中國無教化，如此狂夫亦何以自解哉！

至於俗傳教堂每有荒誕殘忍之事，謂取人目睛以合藥物，以造鏹水，以點鉛而成銀，此皆譌謬相沿，決不可信。光緒十七年宜昌教案，先閧傳搜獲教堂所蓄幼孩七十人皆無目者，百口一辭。及委員往，會同府縣一一驗視，則皆無影響，止一人瞽，其一目眼眶内瘡，其睛尚在。其人及其父母均言因出痘所傷，羣疑始釋。又如光緒二十二年江陰教堂之案，乃係劣生向教堂索詐，埋死孩以圖栽誣，城鄉周知其人，當即服罪訊結。此皆近事之可憑者。試思西教創立千餘年，流行地球數十國，其新教、舊教爭權攻擊，則多有之矣，從無以殘忍之事爲口實者。若有此事，則西國之人早已盡爲教堂殘毁，無完膚、無遺種矣。若謂不戕西人，惟殘華民，則未通中華以前，此千餘年中之藥物、鏹水、銀條安所取之？且方今外洋各國所需之藥物、鏹水、所來之銀條，一日之内即已無算，中國各省雖有教堂，又安得日斃數千萬之教民，日抉數千萬之眸子，以供其取求耶？

語云：流丸止於甌臾，流言止於智者。薦紳先生、縫掖儒者皆有啟導愚蒙之責，慎勿以不智爲海外之人所竊笑也。

輶軒語

輶軒語一

輶軒語序

律令，學政按試畢，集諸生於堂。行賞罰，申以董戒，名曰發落。使者行部之處，凡士習得失，文學利病，不惜竭知詳說。然漏刻有限，不能盡言，且子衿如林，到者不能共聞，聞者不能悉記，故舉當為諸生言者，條分約說，筆之於書，以代喉舌。分為三篇，上篇語行，中篇語學，下篇語文。其間頗甚淺近，間及精深。緣質學非一，深者為高材生勸勉，淺者為學僮告戒。要皆審切時勢，分析條理，明白易行，不為大言空論，稱心而談，一無勦說。使者嘗謂蜀中士人聰敏解悟，嚮善好勝，不膠己見，易於鼓動，遠勝他省。所望不以此言視為規瑱，引伸觸長，異日成就必有可觀。使者自惟，資學不逾中人，益之荒落，豈謂一人之知綜括無闕。特在官言官，誼無多讓云爾。

光緒元年　月　日，提督四川學政、侍讀銜翰林院編修南皮張之洞書。本名發落語，或病其質，因取揚子雲書輶軒使者絕代語之義，謂與蜀使者有合，命曰輶軒語。□案：一本無此小字。

語行第一

教士之道，其宏綱要領，世祖皇帝臥碑八條、聖祖皇帝聖諭十六條盡之。凡屬士林，恭敬遵守。此外儒先教條、學規，具有成書，無待演說。茲擇其切於今日世風，本省士習者言之。

一、德行謹厚

德行不必說到精深微渺處。心術慈良不險刻，言行誠實不巧詐，舉動安靜不輕浮。不爲家庭事興訟，不致以邪僻事令人告訐，不謀人良田美產。住書院者不結黨妄爲，無論大場、小場守規矩不生事。貧者教授盡心，富者樂善好施，廣興義學，捐錢多買書籍置於本處書院，即爲有德。

近今風俗人心日益澆薄，厚之一字，尤宜加意。

一、人品高峻

不涉訟，不出入衙門，不結交吏胥，不參預本州縣局事。必不得已入局者不侵漁，教書院、義學不素餐，求功名不夤緣，試場不作弊。武生勿與帽頂來往，蜀人謂匪類爲帽頂。即爲有品。

一、立志遠大

不以一衿而自足，不以能文而自滿，立志希古，不隨流俗，無論學行兩端，常與古人比較，不以今人自寬，是謂遠大。常讀書，常對古人，即是與古人比較法。常看史事，胸襟自然闊大。常覽古人言行，志氣自然增長。案：「與古人比較法」下，一本作：「立身自無臨深爲高之見，學問自無井幹坳堂之見」。

志在聖賢，固是遠大。即思立功名、圖進取亦是立志。若得青衿，視同極品，自雄鄉里，營營錙銖，陋哉。

一、**砥厲氣節**

士人立身涉世，居官立朝，皆須具有氣節。當言則言，當行則行，持正不阿，方可無愧爲士。鄉願一途，世俗所喜，聖人所惡，然氣節非可猝辨，必須養之於平日。惟寒微時，即與正士、益友以名節、廉恥互相激發，則積久而益堅定矣。

一、**出門求師**

伏處鄉僻，不見勝己，不惟無師，抑且無書，見聞何由廣博，志氣何由激發。古人千里負笈，豈得畏難辭勞。若守一先生之言，必致俗陋相承，愈傳愈謬。名師固難，益友不少，果能虚心廣益，友即師也。

一、**講求經濟**

扶持世教，利國利民，正是士人分所應爲。宋范文正、明孫文正，並皆身爲諸生，志在天下。國家養士豈僅望其能作文字乎。通曉經術，明於大義，博考史傳，周悉利病，此爲根柢。尤宜討論本朝掌故，明悉當時事勢，方爲切實經濟。蓋不讀書者爲俗吏。見近不見遠，不知時務者爲陋儒。可言不可行，即有大言正論，皆蹈唐史所譏「高而不切」之病。本朝書必宜讀者甚多，但皇朝三通、大清會典之類，寒士不易得見。若聖武記、滿漢名臣傳、皇朝經世文編、國朝先正事略之類，坊間多有，必須寓目。有志經世者，不厭求詳。

一、**習尚儉樸**

川省户口最繁，民生日窘，大爲可慮。在長吏表率，固自别有設施。即以士林而論，補救之道，惟有力行節儉一策。嘗謂一鄉風俗，視乎士類。果能相率崇儉，鄉里必有觀感。浮華漸除，生計自然漸裕。城市讀書人尤戒專講酬酢世故，即異日顯達仕宦，亦望以此自持，則廉正無欲，必有政績可觀。

一、**讀書期於有成**

古人爲士，期於博通今古，德成名立。即使不遇，講學著書，安貧樂道，足以療飢。惟其有道，所以可樂。今人入塾，應考者雖多，名則爲士，而師承固陋，作輟無恒，帖括之外固無所知，應試詩文亦不及格，勉强觀場，妄思弋獲，至於困頓垂老，變計無及。農、工、商、賈皆所不曉，貧窘顛踣，計無復之，遂至喪行敗檢。竊願讀書者務須專精奮發，學必求成。如自揣志向不堅，不如及早棄去，自占一業，尚可有資事畜。慎無冒士之名，無士之實，悠悠泄泄，自誤平生也。

一、**戒早開筆爲文**

枵腹搜枯，苦而無益。破承起講，枝節成篇，終身不能佳矣。近今風氣，年方幼學，五經未畢，即令强爲時文。其胸中尚無千許字，何論文辭，更何論義理哉。常見有開筆十年，而文理仍未明順者，豈非欲速反遲。多讀書，多讀古文，多讀時文，沛然有餘，再使操觚，自然可觀。稍加繩削，期年即已入彀，豈不甘苦懸絶哉。

一、**戒早出考**

消沮英華，增長習氣，最爲大忌。俗師爲見功計，以愚其居停。子弟爲嬉游計，以欺其長老。叩其説則曰：學規矩。夫場屋規矩，皆爲防弊而設。果使自出心裁，則橐筆而入，納卷而出，自無從觸犯規矩，何必學哉。不學文藝，而學其僕僕風廊乎。此與早開筆一條，皆論語所謂賊夫人之子者。近今學人，天資高明者小就，質禀魯鈍者無成，正坐此病，不知斲喪幾許人材矣。今爲疾呼痛詆，慈父良師各宜垂爲厲禁者也。

一、戒僥倖

功名得失，自有命存。幸而得之，鄉里訴病，不足爲榮。挾持誅求，毁家破産，亦不償失。不倖而敗，荷校罷刑，辱莫甚焉。應試求榮，何爲出此。使者於此輩，深惡其鄙，尤閔其愚。如志在表異齊民，則援例納粟。一階一命，亦邀章服之榮，尚覺光明坦蕩，何必冒法網與貧士争一青衿哉。因歧冒而借人三代，詐偁出繼者，實爲悖理忘本之尤。蜀中此弊頗熾。武童尤甚。此輩不可教訓，惟當以官法治之耳。又童試多有年才五六十，而填注八九十者。希圖倖進便可叠叨恩榜，坐致詞林，以嚇愚蒙，爲患鄉里。近年已事，較然可覩。此尤巧詐無賴，與舞弊作奸無異，保結者不得辭其責。

一、戒濫保

顧槍之弊，川省爲最，保結廪生，實爲罪魁。發覺褫黜，漁利有限，功名不貲，不待言矣。假如通縣廪生十二人，人保三槍，槍作三卷，則捉刀之作已及百篇。況此間槍替，一場尚不止數十人，學額能有幾何，童生有何幾望。如此十年，膠庠盡是富兒，寒士無一家一人讀書者矣。爲廪保者，獨不爲己之子弟應試計乎。不特此也，人人皆不讀書，則己欲求覓館地亦不可得，豈非自貽伊戚哉。敬告爲廪生者，不保槍冒，即是修德積善，爲己身及子孫造福也。提學專主寬政者，往往於報政受代之日，將濫保褫黜者通行開復，以致視禁令爲具文。使者目擊蜀事，意在救時，閔此孤寒無路，不憚身爲怨府也。

一、戒好訟

川省士林，訟風甚熾。瑣瑣瀆告，已爲非理。甚者牟利，居間爲輔爲坐，最玷儒冠。或有本無所爲，負氣忿争，株連糾結，尤爲無謂。不思敗者固辱，勝者僕僕對簿，徒隸雜處，亦有何榮。蓋百戰百勝，不如偃兵而民安。百訟百直，不如無争而人服。且訟則終凶，未聞以此致富者。州縣到官之初，往往訪求訟師，多方捕治。積成冤對，終罹網羅，何苦爲此。

一、戒孳孳為利

此乃天下通病，然須立志戒之。先除此病，然後可言品學經濟。墮行干禁，多由於此。犯此者所以自解，或曰家貧，或曰親老。不知渴死不飲盗泉，祀親必求仁粟，何乃以此藉口耶。寒士謀生自有正道，止可擇其不傷義者爲之耳。薛文清有言，爲學必先治生。或疑治生詎非爲利。要知不然，學者治生之道，修德勤儉，博學多能而已。有此數善，理無餓莩。即如教授餬口者，苟能學優文美，訓課誠篤，成就後進，不較錙銖，自然屣履争迎，羔雁踵至。推此以求，凡執他業者，何獨不然。豈必損人自利，作奸犯科，乃可生於人世哉。

一、戒輕言箸書刻集

士生今日典籍詳備，但當讀書耳。讀且不能盡，名且不悉知，何暇言箸書哉。四部九流各種學問，專家成書已如煙海，即以國朝人而論，已難殫述。今人偶有所得，早爲前人道及，甚至久爲前人唾棄而駁正之矣，尚津津然筆之於書乎。經學尤不可輕言箸述，徒爲通人所訶而已。必能精通專門之學，讀盡專門之書，真有所見出乎其外，方可下筆。至如詩文集，古人名家太多，當世識者亦不少，末學下士既無根柢，又鮮功力，學作之則可，勿輕言刻集行世也。

一、戒講學誤入迷途

近年川省陋習，扶箕之風大盛。説文引尚書「稽疑」字作卟，然非今日扶箕字。爲其術者，將理學、釋老、方伎合而爲一。昨在省會，有一士以所著書來，上將陰隲文、感應篇，世俗道流所謂九皇經、覺世經，與大學、中庸雜糅牽引。忽言性理，忽言易道，忽言神靈果報，忽言丹鼎符籙，鄙俚拉雜有如病狂。此大爲人心風俗之害，當即痛訶而麾去之。明理之士急宜猛省，要知此乃俗語所謂魔道，即與二氏亦無涉也。案：一本多良士勿爲所惑。

此間奸民，更有託詞宣講聖諭，實即如上項所爲。名是實非，使官師里長不能明禁，尤爲狡黠可慮。

士人志切科名，往往喜談陰隲文、感應篇二書。二書意在勸化庸愚，固亦無惡於天下。然二書所言，亦有大端要務。今世俗奉此，則惟於其末節碎事，營營焉用其心，良可怪也。儒者自有十三經教人爲善，何說不詳。果能身體力行，倫紀無虧，事事忠厚正直，自然行道有福，何用更求他途捷徑哉。

一、戒自居才子名士

文學之道，先貴誠篤。世有聰明浮薄之人，能作淺薄詩數首，略記僻冷書數語，便兀奡放蕩，乖僻不情，自命爲才子、名士，不惟見笑大方，一染此種氣習，終身不可入道。如明之桑悦、徐渭乃病狂人，陳繼儒、金人瑞乃俗陋人，所爲不足效也。夫高陽才子，諸葛名士，果是何等人物。乃以纖人冒居，致令世俗詬病，視才子名士爲一等極可憎之人，累及嘉名，深可疾也。説文：才，草木之初也。與材通。本就草木之質言。舜所舉十六族，有德有用，如良材美器，故謂之才子。舜流四族，敗類害物如惡木毒草，故謂之不才子。後世但以能文者爲才子，失之遠矣。月令聘名士，禮賢者。正義引蔡中郎説。名士者，謂其德行貞絶，道術通明，賢者名士之次。其推崇如此，近世直視爲江湖遊客而已。

一、戒食洋煙

世間害人之物無烈於此，此事乃古今奇變，不可以常情常理論者也。傷生耗財，廢事損志，種種流弊，不忍盡言。然而食之不煖不飽，不甘不芳，舉世趨之真如蓼蟲食苦。尤足異者，人爲他邪僻事所累，縱不幡然，亦有作輟。獨至此事，一隕其中，沈溺不返。骨肉、知交不能勸沮，良方、上藥不肯嘗試，日有孳孳，斃而後已。嗟乎！擲春華於九幽，變白晝爲長夜，富庶轉爲溝瘠，志士廢爲尸居。君子慎始，勿待噬臍可也。此固非特士人所當戒，然士人爲此，更何望大成遠到乎。定例：職官、有功名人及營兵不准吸食。讀書明理之士，當上遵朝章，下愛生命。至於志士仁人，務其遠者大者，無待告誡矣。

語學第二

爲學之道，豈勝條舉。根柢工夫，更非寥寥數行所能宣罄。此爲初學有志者約言之，乃階梯之階梯，門徑之門徑也。

一、通經

讀經宜讀全本。

周禮、禮記、左傳斷不可删，即魯鈍者亦須買全本。就其上鉤乙選讀，日後尚可尋檢寓目，不然終身不知此經有幾卷矣。

解經宜先識字。字書、韻書之學，經學家謂之小學。案：一本無此注。

此非余一人之私言，國朝諸老師之言也。字有形，形不一。一、古文，二、籀文，三、小篆，四、八分，五、隸書，六、真書，案：此下一本有由古文而籀篆、由籀篆而分隸、由分隸而真書三句。相因遞變。字有聲，聲不一。有三代之音，有漢魏之音，有六朝至唐之音。字有義，義不一。有本義，有引申義，有通借義。形聲不審，訓詁不明，豈知經典爲何語耶。

如何而後能審定音義。必須識小篆，通説文，熟爾雅。五雅、玉篇、廣韵並宜參究。案：一本作五雅諸書並宜參究。俗師知其一，不知其二。知其末，不知其源。騁其臆説，止如寱語。此事甚不易，非翻檢字書便能通曉者也。説文字部難於尋檢。近人毛謨説文檢字、黎永椿説文通檢頗便初學。黎書較勝。

方言、釋名、小爾雅、非漢志小雅元書，然是漢儒所作。廣雅、以通雅易埤雅，通雅，明方以智作。名五雅。

説文初看無味，稍解一二，便覺趣妙無窮。國朝講説文之書甚多，段玉裁説文解字注最善。段注繁博，可先看徐鉉注説文解字。俗稱許氏説文，其書較簡約，成都有版。案：一本無此一段。

讀經宜正音讀。

古時九州語言不同，而誦詩讀書同歸正讀，故太史公曰：「言不雅馴，薦紳難言。」班孟堅曰：「讀應爾雅，古語可知。」雅者，正也。近世一淆於方音，一誤於俗師。至於句讀離合，文義所繫，尤宜講明。音讀雅正，可據者有唐陸德明經典釋文一書，其中皆采集魏晋南北朝諸家音釋，不同者並存之，各本經文不同者標出之。此可聽學者自視家法，擇善而從。總不出此書之外，即可爲有本之學。釋文舊有兩本。今武昌局刻乃用盧校本翻雕，清朗可看。成都亦新刻。案：一本無成都亦新刻句。經傳中語，同此一字，而區分平仄，音讀多門，以致韻書數部並收，異同之辨，相去杪忽。此皆六朝時學究不達本原，不詳通變者所爲。本原者，形聲。通變者，轉注、假借。揆之六書之義，實多難通。故顔氏家訓已發其端，經典釋文敘録直攻其失，近代通儒糾擿尤備。特初學諷誦，不示區分，將各騁方言，無從畫一。且義隨音别，解識記也。爲易。律體詩賦一出，更難通融，此乃因時制宜之道。又同此一字，或小有形變，而解詁遂殊。點畫無差，而訓釋各别。訓因師異，事隨訓改，各尊所受，歧説滋多。然正賴此經本異文、異讀、異義參差抵牾，得以鉤考古義。學者博通以後，於音義兩端窺見本原，自曉通借。先知其分，而後知其合，不可躐等也。此二條雖是約説，頗有深談。小學家字書、韻書大指略具，通材詳焉。

宜講漢學。

漢學者何，漢人注經講經之説是也。經是漢人所傳，注是漢人創作。義有師承，語有根據，去古最近，多見古書，能識古字，通古語，故必須以漢學爲本，而推闡之，乃能有合。以後諸儒傳注，其義理精粹足以補正漢人者不少。要之，宋人皆熟讀注疏之人，故能推闡發明。朱子論貢舉治經，謂宜討論諸家之説，各立家法，而皆以注疏爲主云云。即如南宋理學家如魏鶴山，詞章家如葉石林，皆爛熟注疏，其他可知。儻不知本源，即讀宋儒書，亦不解也。方今學官所頒十三經注疏，雖不皆爲漢人所作，然注疏所言即漢學也。國朝江藩有漢學師承記，當看。阮元經籍籑詁，爲訓詁最要之書。

漢學所要者二，一音讀訓詁，一考据事實。音訓明，方知此字爲何語。考据確，方知此物爲何物，此事爲何事，此人爲何人。然後知聖賢此言是何意義。不然空談臆説，望文生義，即或有理，亦所謂郢書燕説耳，於經旨無與也。譬如晋人與楚人語，不通其方言，豈能知其意中事。不問其姓氏、里居，豈能斷其人之行誼何如耶。漢人説豈無譌漏。漢學者，用漢人之法，得漢人之意之謂也。

十三經注疏及相臺岳氏本五經，江蘇、貴州曾依殿本再翻。成都新刻。案：一本作貴州有依殿本再翻刻本。皆古注。易，王弼、韓康伯注。書，孔安國傳。詩，鄭康成注。春秋左傳，杜預集解。禮記，鄭康成注。沿明制通行之五經，皆宋元注。易，朱子本義、程傳。書，蔡沈傳。詩，朱子集傳。春秋，舊用胡傳，今廢，仍用左傳杜注。禮記，陳澔集説。此爲正經正注。御纂七經，乃薈萃歷代傳説裁定。

宜讀國朝人經學書。

經語惟漢人能解，漢儒語惟國朝通儒能偏解。何也。國朝諸大儒，讀書多，記書真，校書細，好看古書，不敢輕改古本，不肯輕駁古説。善思善悟，善參校，善比例，善分别真僞，故經學爲千古之冠。書多矣，以皇清經解爲大宗，雖未全録，已得大概。此書一千餘卷，當從何種看起。先看郝疏爾雅、段注説文、經義述聞三種。此書書精價廉，一舉而得數十百種書，計無便於此矣。乍看註疏，人所不耐，故必以國朝人經説先之。學海堂輯刻皇清經解成書後，續出者尚多。先出而未見未收者，亦不少。以此例之即得。

通志堂刻經解，卷軸雖富，菁華無多。其中上駟，多有别刻本。李衡周易義海撮要、敖繼公儀禮集説、衛湜禮記集説，無别刻本。當徐東海初刻時，即爲何義門所譏，其與學海堂刻經解相去遠甚。若治經從此下手，窮年莫殫，所得有限，不惟徒勞，且茫無師法，轉致迷罔矣。若於此道源流派别既已秩然，再取讀之，未爲晚也。

宜專治一經。

十三經豈能盡通，專精其一，即已不易。歷代經師大儒，大約以一經名家者多，兼通羣經古今止有數人。今且先治其一，再及其他。但仍須參考諸經，博綜羣籍，方能通此一經，不然此一經亦不能通也。

治經宜有次第。

先師旌德吕文節，教不佞曰：欲用注疏工夫，先看毛詩，次及三禮，再及他經。其説至精，請申其義。蓋詩、禮兩端最切人事，義理較他經爲顯，訓詁較他經爲詳。其中言名物，學者能達與否，較然易見。且四經皆是鄭君元注，完全無闕。詩則毛傳，粹然爲西漢經師遺文，更不易得。欲通古訓，尤在於兹。古人訓詁，乍讀似覺不情。非於此冰釋理順，解經終是膈膜。禮之條目頗多，卷帙亦鉅，初學畏難。詩義該比興，兼得開發性靈，鄭箋多及禮制，此經既通，其於禮學，尋途探求，自不能已。詩、禮兼明，他經方可著手。書道政事，春秋道名分，典禮既行，然後政事、名分可得而言也。尚書家伏生、左傳家賈生、公羊家董膠西、何邵公，皆精於禮學，案其書可知。易道深微，語簡文古。訓詁、禮制在他經爲精，在易爲粗，所謂至精乃在陰陽變化消息，然非得其粗者，無由遇其精者。此姚姬傳論學古文法，援之以爲治易法，精者可遇而不可鑿，鑿則妄矣。三禮之中先儀禮、禮記，次周禮。儀禮句碎字實，難讀能解，難記易曉，注家最少，異説無多。好在禮記一書，即是外傳。禮記難於儀禮。儀禮止十七件事，禮記之事多矣，特其文條達耳。周禮門類較多，事理更爲博大，漢人説者亦少，晚出之故。故較難。然鄭注及國朝人零星解説，亦已明白。尚書辭義既古，隸古傳寫，通借、譌誤。自漢初即有今、古文兩家異文歧讀。此謂真古文，非蔡傳所云「今文無，古文有」之古文也。至西晉梅氏古文晚出，唐初僞孔傳專行，六朝江左即盛行，未定一尊耳。而漢代今、古文兩家之經傳一時俱絶，故尤難通。春秋乃聖人治世大權，微文隱義，本非同家人言語。史記明言之。三傳並立，旨趣各異。公羊家師説雖多，末流頗涉傅會，何注又復奥樸。左傳立學最晚，漢人師説寥寥，惟杜註行世。世人以其事博辭富，求傳而不求經。故公羊家理密而事疏，左傳家事詳而理略。非謂左氏，謂治左氏者耳。穀梁師說久微，見隋書經籍志。國朝人治者亦少。學者於春秋，若謂事事能得聖心，談何容易。至於周易統貫天人，成於四聖，理須後聖方能洞曉。京、孟、虞、鄭諸大師以及後代諸家，皆止各道所得，見仁見知，從無一人能爲的解定論，勢使然也。且陰陽無形，即使謬偁妄說，無人能質其非。所以通者雖少，而註者最多。演圖比象，任意紛紜，所謂畫狗馬難於畫鬼神之比也。總之，詩、禮可解。尚書之文，春秋之義，不能盡解。周易則通儒畢生探索，終是解者少，而不解者多。故治經次第，自近及遠，由顯通微，如此爲便較有實得。蜀士好談易，動輒箸書，大不可也，切宜戒之。尹吉甫之詩曰：「古訓是式，威儀是力。」古訓，詩學也。威儀，禮學也。此古人爲學之方也。試考春秋時，幾無人不誦詩學禮。偁道尚書者已較少。至於周易，除卜筮外，談者無多。意亦可知三代時，易不以教學僮，爲太史掌之。今賴有繫辭或可窺見一斑耳。

非謂此經精通，方讀彼經。謂淺顯者未明，則深奧者不必妄加穿鑿，橫生臆見。津梁既得，則各視性之所近，深造致精可也。治詩、禮，可不兼三經。治三經，必涉詩、禮。

治經貴通大義。

每一經中皆有大義數十百條，宜研究詳明，會通貫串，方爲有益。若僅隨文訓解，一無心得，仍不得爲通也。

考据自是要義，但關繫義理者，必應博考詳辨，弗明弗措。若細碎事體猝不能定，姑仍舊說，不必徒耗日力。

一、讀史。

宜讀正史。

史記、漢書、後漢書、三國志、晉書、宋書、齊書、梁書、陳書、魏書、北齊書、周書、隋書、南史、北史、舊唐書、新唐書、舊五代史、新五代史、宋史、遼史、金史、元史、明史，此廿四部爲正史。凡引据古人事實，先以正史爲憑，再及別史、雜史。僅看坊本删削綱鑑，不得言史學。

唐劉知幾史通最爲史學樞要，必當先讀。國朝萬斯同歷代史表、沈炳震廿一史四譜、李兆洛紀元編歷代地理今釋、王鳴盛十七史商摧、趙翼廿二史劄記、錢大昕廿二史考異，皆讀史者不可少之書。

正史中宜先讀四史。

全史浩繁，從何說起。四史爲最要，史記、漢書、後漢、國志。四者之中，史記、前漢爲尤要。其要如何，語其高，則證經義，多古典、古言、古字。通史法。諸史義例，皆本馬、班。案：一本作語其高，則中多古典、古言，可證經義。無「通史法」句。語其卑，則古來詞章，無論駢散，凡雅詞麗藻大半皆出其中，文章之美無待於言。

諸史中，體例文筆雖有高下，而其有益實用處並無輕重之別。蓋一朝自有一朝之事蹟，一朝之典制，無可軒輊。且時代愈近者，愈切於用，非謂四史之外，可束高閣。四史外，新五代史最好。義例正大，文辭和雅。其疏處，前人已言之。新唐書志，亦歐作。欽定明史體例最精。

宜讀通鑑。

史學須漸次爲之，亦須窮年累月。若欲通知歷朝大勢，莫如資治通鑑及續通鑑。乃國朝畢沅撰，非指宋元明人所續者。通鑑猶恐未能貫串，宜兼讀通鑑紀事本末、宋元明紀事本末。温公自作通鑑目録，簡便易尋，金陵局刻。

宜讀通考。

三通並偁，然通志除二十略外，皆可不讀。二十略中亦多不可据。通典甚精，多存古書古禮。於經學甚有益。若意在經濟，莫如文獻通考詳博綜貫，尤便於用。中資者，儻苦其卷帙繁重，則坊刻有文獻通考詳節一書，亦可先一瀏覽，略得頭緒，然後從此問津。

史學亦宜專精一種。

覽雖宜博，欲求精熟則亦貴專攻，但能精熟一二種足矣。隋劉臻精於兩漢書，人偁漢聖。宋范祖禹熟唐事，箸唐鑑，人偁唐鑑公。國初馬驌熟三代事，撰繹史，人偁馬三代。此古人爲史學之法也。蘇文忠讀史有八面受敵法，謂事蹟、典制、文章諸門，每讀一次，專尋一端，亦可則效。

讀史宜讀表志。欽定遼、金、元三史國語解，讀此三史者最要。

作史以作志爲最難，讀史以讀志爲最要。三代典章制度皆在其中，若止看列傳數篇，於史學無當。除三史外，隋書經籍志、新唐地理志、明史歷志皆要。表亦史家要領，可訂歲月之誤，兼補紀傳之闕。簡質無情，人所厭觀。先覽大概，用時檢之。

讀史忌妄議論古人賢否、古事得失。

事實詳確，善惡自分。首尾貫通，得失乃見。若不詳年月，不考地理，不明制度，不揣時勢，妄論苛求，横生褒貶，則舛誤顛倒，徒供後人訕笑耳。讀史者貴能詳考事蹟，古人作用言論，推求盛衰之倚伏，政治之沿革，時勢之輕重，風氣之變遷，爲其可以益人神智，遇事見諸設施耳。古人往矣，豈勞後人爲之讞獄注考哉。胡致堂論史，不可爲法。

讀史忌批評文章。

明人惡習，不惟史、漢，但論其文。即周禮、三傳、孟子，亦以評點時文之法批之，鄙陋侮經，莫甚於此，切宜痛戒。史、漢之文法、文筆原當討究效法，然以後生俗士管見俚語，公然標之簡端，大不可也。卷端止可著校勘考證語，若有討論文法處，止可别紙記之，讀諸子同。

一、讀諸子。

讀子爲通經。以子證經，漢王仲任已發此義。

子有益於經者三，一證佐事實。一證補諸經譌文、佚文，一兼通古訓、古音韻。然此爲周秦諸子言也。漢魏亦頗有之，至其義理雖不免偏駁，亦多有合於經義，可相發明者，宜辨其真僞，别其瑜瑕，斯可矣。唐以後子部書最雜，不可同年而語。

讀子宜求訓詁看古注。

諸子道術不同，體製各别，然讀之亦有法。首在先求訓詁，務使確實可解。切不可空論其文，臆度其理。如俗本莊子因、楚辭燈、管子評注之類最害事。即如莊子寓言，謂其事多烏有耳，至其文字、名物仍是鑿鑿可解，文從字順。豈有箸書傳後，故令其語在可曉不可曉之間者乎？以經學家實事求是之法讀子，其益無限。大抵天地間人情物理，下至猥瑣纖末之事，經史所不能盡者，子部無不有之。其趣妙處，較之經史，尤易引人入勝。故不讀子，不知瓦礫糠秕，無非至道。不讀子，不知文章之面目變化百出，莫可端倪也。今人學古文，以爲古文。唐、宋巨公學諸子，以爲古文，此古文家祕奥。此其益人，又有在於表裏經史之外者矣。

讀子宜買叢書。

諸子切要者，國朝人多有校刻善本。多在叢書中。其未及者，明人亦多有仿宋重刻單行本。但枝節求之，即五都之市亦須積年累月始能完備，將何日讀之耶。爲學者計，只有多買叢書一法。購得一書，即具數種或數十種。其單行精本，徐圖可也。明刻叢書，極爲荒率。脱誤固然，其專輒刪改最爲大害，然不聞陶淵明語云，慰情聊勝無耶。

明刻若漢魏叢書，凡四刻，後出愈多，刻不精，然易得。爲子部大輳。津逮秘書，古傳記甚多。力能購者，不可不蓄。其餘有四子、六子、十一子、二十子之屬，皆坊間所有，此外甚繁雜，彙刻書目備載之。今皆微矣。品彙秘笈，刪本，不好。近時刻本有十子全書，此書名甚陋，而習見價廉。中有善本，且皆舊注，惟批語不雅。荀、謝校淮南，莊校莊子，附釋文，皆好。通行易得。至國朝人叢書，率皆精好。二孫星衍、馮翼，孔繼涵、二盧見曾、文弨、畢沅、黄丕烈諸家尤勝。聚珍版書亦叢書類。間有古子。惟其書體例不一，不專子部，或止一兩種。戴氏遺書、郝氏遺書、孔顨軒所著書，竟是一人所箸，而中有注解、古傳記。然其中有精校本、精注本、足本、孤本。學者過市，遇叢書可檢其目，多古籍者萬不可忽。坊行秘書廿八種，粗惡誤人，不可看。

一、讀古人文集

讀古集宜知體要。

凡集中有奏議、考辯、記傳文字，中有實事者，須詳覽之。往來書牘中有實事者，刻書序詳載緣起者同。其餘鑿空立論，流連風景之作，不必措意。

詞章家宜讀專集。

古人名别集俗偁專集，須取全集觀之，方能得其面目。一集數十百卷，不能一一精美，然必見其疵病處，方知其獨到處也。中材下學古集豈可勝讀，止擇最有名諸大家瀏覽之，取性所嗜者三兩家，熟玩之可矣。漢魏人專集有數，明張溥彙集，漢魏百三名家，如力能購之，亦省尋求。

詩之名家最烜赫者，六朝之陸、陶、謝、鮑、庾，唐之李、杜、韓、白，宋之蘇、黄、陸，金之元好問，明之高啟、李夢陽、國初之吴偉業。又如唐之四傑、王、孟、韋、柳、高、岑、錢、劉、孟郊、張籍、李商隱、杜牧，宋之歐、梅、王安石、范，元之虞、楊、吴，明之何景明、王世貞、李攀龍、徐禎卿、楊慎，國初之施閏章、王士禎、朱彝尊、查慎行，亦甚表表。詩家太多，此約言之。

古文除世偁八家外，唐之元結、陸贄，雖多排偶，不得限以四六之名。劉禹錫、孫樵、李翺，宋之宋祁、張耒、葉適，元之姚燧、明之王守仁、歸有光，國朝之方苞、姚鼐、惲敬、魏源諸家，皆宜一覽。案：一本無諸家二字。

詩文一道，各有面目，各有意境。大家者氣體較大，所造較深，所能較多耳。若謂大家兼有古今之長，此目未見衆集之謬説也。雖杜與韓，豈能盡詩文之能事哉。

文選宜看全本。

爛熟固佳，即擇尤而讀，案頭亦宜常置一編。若坊刻文選集腋之屬，譌脱瓅碎，首尾不具，就之掇拾入文，無益有害。胡刻精，葉刻亦精。讀文選宜看注。李善注最精博。所引多古書，不獨多記典故，於考訂經、史、小學皆可取資。五臣注不善。

學文選當學其體裁、筆調、句法，不可徒寫難字。

選本宜擇善者。

選本以御選唐宋詩醇、文醇爲最，精粹且其書簡約易購，能得殿本五色評點者尤豁目。此外，文以國朝姚鼐古文辭類纂最爲善本。爲其體例分明，評點精妙，校讎詳審。於此道求深者，古文苑、唐文粹宜讀，宋、元、明至國朝似此名目選本各有一部，餘力博涉可也。詩選自唐及今或各標一派，或各選一體，或求多取備，名目實繁，未爲定衡通義。若郭茂倩樂府詩集，源流具在。全唐詩録、宋詩鈔，尚不繁重，亦無偏畸。再思其次，則采菽堂古詩選、沈選五詩别裁，雖有科臼，然平正不入惡道，且寒士易購，可爲學詩津梁。若欲以詩文名家，總宜博覽，徒恃選本無益也。

姚選版本見存京師，江南繙刻。若外間不易得，亦宜就各選本中，視其篇幅稍多，而又多有博大文字者讀之。如古文雅正、續古文雅正、唐宋十大家、元明十大家、儲選七種古文眉詮之類，林西仲選本不好。若觀止釋義太陋，不足用。

一、通論讀書。

讀書宜求善本。

善本非紙白板新之謂，謂其爲前輩通人用古刻數本精校細勘付梓，不譌不闕之本也。此有一簡易之法，初學購書但看其序，是本朝重校刻，而密行細字、寫刻精工者，即佳。

善本之義有三：一足本、二精本、一精校、一精注。三舊本。一舊刻，一舊鈔。

讀書宜博。

先博後約，語、孟通義。無論何種學問，先須多見多聞，再言心得。若株守坊本講章一部，兔園册子數帙，而云致知窮理，好學能文，世無其理。

天下書，老死讀不可偏。四庫有未收者，有四庫書成後訪出者，有近人作者。博之爲道將如何，曰：在有要而已。太史公曰：儒家者流，博而寡要。古書不可不解，真者不多，真古書無無用者。有用之書不可不見，不限古今。專門之書不可不詳考貫通，立志爲何等學問，此類書即是專門。如是，則有涯涘可窮矣。若治經者，雜覽苦思，而所据多僞書、俗本。讀史者，記其詞語，而不曉史法。多蒐異聞，而本事始末未嘗通考。爲詞章者，頗有僻典難字，而流别不明。華藻富豔，而字義不合雅訓。引用但憑類書，而不求本源。講經濟者，不通當代掌故，雖口如懸河，下筆萬言，猶之陋也。能祛數蔽，斯爲博矣。雖目有未見之書，文無希見之語，不害爲博。

讀書宜有門徑。

泛濫無歸，終身無得。雖多無用。得門而入，事半功倍。或經、或史、或詞章、或經濟、或天算地輿，經治何經，史治何史，經濟是何條，因類以求，各有專注。至於經注，孰爲師授之古學，孰爲無本之俗學。史傳，孰爲有法，孰爲失體，孰爲詳密，孰爲疏舛。詞章，孰爲正宗，孰爲旁門。尤宜決擇分析，方不致誤用聰明。此事宜有師承，然師豈易得，書即師也。今爲諸生指一良師，將四庫全書總目提要是一書名，省文可偁四庫提要。讀一過，即略知學問門徑矣。析而言之，四庫提要爲讀羣書之門徑。提要較多，未必人人能置一編。别有四庫簡明目録，乃將提要約撮而成書，止一帙。大抵初學須先將經、史、子、集四種分清，何書應入何類，於此憭然，則購書、讀書皆有頭緒。然簡明目録太略，書之得失亦未詳説，且四庫未收者，提要尚列存目於後，簡明目録無之，不得誤認爲世間所無也。略一繙閲，然後可讀提要。

漢學師承記爲經學之門徑。國朝人箸小學考，爲小學之門徑。説文通檢，亦可謂初學繙檢説文之門徑。顧炎武音學五書，爲韻學之門徑。史通，爲史學之門徑。國朝齊召南歷代帝王年表，爲讀史之門徑。古今僞書考，爲讀諸子之門徑。文心雕龍、鍾嶸詩品，爲詩文之門徑。國朝趙執信聲調譜、沈德潛説詩晬語、紀昀瀛奎律髓刊誤、孫梅四六叢話、近人歷代賦話，爲初學詩賦四六之門徑。孫過庭書譜、姜堯章續書譜、國朝包世臣所箸安吴四種内藝舟雙楫一卷，爲學書之門徑。

讀書宜多讀古書。

除史傳外，唐以前書宜多讀，爲其少空言耳。大約秦以上書，一字千金。由漢至隋，往往見寶，與其過也，無亦存之。唐至北宋，去半留半。南宋迄明，擇善而從。茲將先秦以上傳記子、史及解經之書，古人通名傳記。真出古人手者，及漢魏箸述中理切用者，約舉其名於後：

國語、戰國策、大戴禮、七經緯、國朝人搜集，較古微書爲備，緯與讖異，乃三代儒者説經逸文，瑕不掩瑜，勿耳食而議之。山海經、世本、近人秦嘉謨輯補。逸周書、竹書紀年、穆天子傳、三書雖有假託，皆秦以前人所爲。周髀、素問、司馬法。班志列入禮家，其書皆言軍禮。以上諸書，皆有考證經義之用。

以上三代古傳記。其餘皆是漢後僞書，斷不可信。國語、國策、大戴最要。

老子、管子、孫子、晏子春秋、列子、莊子、文子、吴子、墨子、荀子、韓非子、鶡冠子、孔叢子、吕氏春秋、楚辭。此集類，然可證經，故附此。此外尚有尸子、商子、尹文子、關尹子、燕丹子，國朝人均有采集校刻本。

以上周秦間諸子。其餘尚多，或僞作，或佚存無幾。荀、管、吕最要，莊、墨之屬理雖悠謬，可證經文者極多。

乾鑿度鄭注、尚書大傳、韓詩外傳、春秋繁露、白虎通、春秋釋例、陸璣詩疏、皇侃論語疏、周易集解、經典釋文。二書雖唐初人集，乃漢魏六朝人舊説。此外尚有五經異義、駁五經異義、虞氏易注、鄭氏易注、荀九家易注、尚書馬鄭注、左傳賈服注、蔡邕明堂月令章句、箴膏肓、起廢疾、發墨守、毛鄭異同評、劉炫規杜、漢魏遺書、古經解鉤沈等書，皆元書亡佚，國朝人從他書采集者。

以上漢至隋説經之書。唐至國朝經學書太多，俟他日擇要標目。

説文、方言、釋名、急就篇、字林、書久佚，國朝任大椿搜集成書，名字林攷逸。玉篇、廣韻。廣韻即陸法言切韻，略有增修，故列隋。此後唐人一切經音義最勝，尚有汗簡、集韻、韻補、韻會、薛尚功鐘鼎款識之屬，亦資考證，但可少緩耳。倉頡，凡將諸書久已亡佚，任大椿搜集之，名小學鉤沈，最好。

以上漢至隋小學之書。説文、玉篇、廣韻尤要。

新序、説苑、列女傳、吴越春秋、越絶書、家語、王肅所集故列此。漢官六種、三輔黄圖、水經注、華陽國志、淮南子、法言、鹽鐵論、新論、潛夫論、論衡、獨斷、風俗通、申鑒、齊民要術、文中子中説、雖門人所作，體制未善，詞理頗精，不可廢。顔氏家訓、九章算術。此外隋前算經尚有六種。算乃專門之學，極有實用。自唐至明算書不少，後出愈精，至國朝而極精。此取其古，爲通經之用。

以上漢後隋前傳記諸子。此外，如大元經、易林、物理論、中論、人物志、高士傳、博物志、古今注、南方草木狀、洛陽伽藍記、荆楚歲時記、世説、抱樸子、金樓子之屬，雖頗翔實，雅馴，僅資詞章談助，非其所急。難經、參同，無關儒術，理惑、拾遺，違正害理。其餘多是僞作，宜辨。新序、説苑、列女傳、水經注最要。

諸古書宜分真僞。

此事本朝諸老論之最詳，辨之最精，即四庫提要中已具大略，試取觀之，自然昭若發蒙。國朝姚際恒古今僞書考，簡便易看。有單行本，又收知不足齋叢書中。

讀書宜讀有用書。

有用者何，可用以考古，可用以經世，可用以治身心三等。唐人崇上詞章，多撰瑣碎虚誕無理之書。宋人筆墨繁冗，公私文字多以空論衍成長篇，著書亦然。明人好作應酬文字，喜談賞鑒清供，又好藍本陳編，改换敷衍便成著作。以故累車連屋，眩人耳目，耗人精神，不能專意要籍。唐以後書，除史部各有所用外，凡記典章、風俗、軼事、地理之屬，皆史類。明人地志最劣。其餘陳陳相因之經注，無關要道之譜録，庸猥應酬之詩文集，明人書尤無謂者，鄙陋不根之方志，書帕饋贈之小品，變名射利之評本、程試，湊集之類書。皆宜屏絶廓清，庶幾得有日力以讀有用之書耳。近代文集，鄙者無論，即佳者少看數部亦無妨。多讀經子史乃能工文，但讀集不能工文也，詩亦同。若論其深，總須人有餘於詩文者佳，詩文餘於人者必不佳。

宋學書宜讀近思録。

宋儒以後理學家書，推明性理，洵發前代未發。然理無盡藏，師無定法，涯涘難窮，其高深微眇，下學未能猝解。朱子近思録一書，言約而達，理深而切，有益身心，高下咸宜。所宜人置一編，其餘俟積久基成，自宜廣覽。國朝江永有校注本極精，近湖北局刻亦好。

王陽明學術宗旨雖與程朱不同，然王出於陸，亦宋學也。猶如繼別之後，更分大宗、小宗，不必强立門户，互相訾謷。

講宋學者，必先將二程遺書、朱子語類、明儒學案三書讀過，字字寓目，方可幾望入門耳。國朝王懋竑最深於朱子之學，所著白田雜著必當看。

爲學忌分門户。

近代學人，大率兩途。好讀書者，宗漢學。講治心者，宗宋學。逐末忘源，遂相詬病，大爲惡習。夫聖人之道，讀書治心。誼無偏廢，理取相資。詆諆求勝，未爲通儒。甚者，或言必許、鄭，或自命程、朱。夷考其行，則號爲漢學者，不免爲貪鄙邪刻之徒。號爲宋學者，徒便其庸劣巧詐之計。是則無論漢宋，雖學奚爲。要之，學以躬行實踐爲主。漢宋兩門，皆期於有品有用。使行誼不修，涖官無用，楚固失矣，齊亦未爲得也。若夫欺世自欺之人，爲漢儒之奴隸，而實不能通其義。爲宋儒之佞臣，而並未嘗讀其書，尤爲大謬，無足深責者矣。經典義理，舍文字、訓詁何從知之，此事恐難析離。

宋儒表章學、庸，然禮記乃二戴所傳，七十子後學者所記。見漢書藝文志。夫云七十子後學者，非秦漢以來經師而何，是真漢學也。漢志有中庸説一篇，在戴記後。隋志有梁武帝中庸講疏一卷。宋天聖八年，以大學賜新第王拱辰等。專尊學、庸，義有所昉。況樂記一篇，漢人所撰，据別録有竇公一篇知之。實括論性主静諸義，董子之書備言性道中和，然則性理之學源出漢儒，强生分別，不知學者也。考證、校勘之學，乃劉敞、宋祁、曾鞏、沈括、洪邁、鄭樵、王楙、王應麟開其端，實亦宋學也。

愚性惡聞人詆宋學，亦惡聞人詆漢學，意謂好學者即是佳士。無論真漢學未嘗不窮理，真宋學亦未嘗不讀書，即使偏勝，要是誦法聖賢，各適其用，豈不勝於不學者。乃近人著書，入主出奴，互相醜詆，一若有大不得已者。而於不學者，則絶不訾議，是誠何心，良可怪也。近年士人既嫌漢學讀書太苦，又嫌宋學律身太拘，五經幾於廢閣，名文亦嫌披覽，但患其不學耳，何暇慮及學之流弊哉。洛、蜀交訌，章、蔡快意。於是，世之不學者，襲兩家之剩言，無論漢宋，一律謗毁，必欲天下同歸於不學而後快，此亦如恥獨爲君子者耳。好學者各尊所聞，各行所知，勿爲所動。

作秀才後宜讀書。

今人爲童子時，尚與經傳相親。身入膠庠，自命成學，弁髦敝之矣，此爲天下通病。夫學僮讀書，不過上口粗通，豈能鉤深致遠。入學以後，神智漸長，閲世稍深，此時讀書方能尋其要領，探其精微。乃以惡濫時文，奪其本務，抑何謬哉。蓋惟入學後，正宜讀書。通籍後，更好讀書耳。袁伯業長大而能勤學，吾願諸生效之。

讀書不必畏難。

以上所言當讀之書，如此其繁，讀書之道，如此其密，似乎莫殫莫究，何暇省身致用耶。是又不然，一經一史，古集一家，詞章一體，講經史者，詞章亦不可竟廢。可以涵養性靈，兼資筆扎。經濟一門，經濟存乎其人，生性闒弱者，不講亦可。專精探討。果能精通一經，則羣經大旨要義皆已憭然矣。通鑑、古子觀其大略，知其要領，又其次涉獵而已。如此爲之，不過十年，卓然自立。聰强而得師友者，所得尚不止此。自茲以往，左右逢源。兼精羣籍原好，但人生精力歲月有限，以一爲主，以餘爲輔，已可終身用之不盡。才力有餘者，任自爲之。夫航斷港而求至海，驅北轍而求至越，則難矣。若津渡顯然，定向有在，循途而行，計日而到，何難之有。蓋讀書一事，古難今易，無論何門學問，國朝先正皆有極精之書。前人是者，證明之；誤者，辨析之。難考者，考出之。參校旁證。不可見之書，采集之。一分真僞，而古書去其半。一分瑕瑜，而列朝書去其十之八九矣。且諸公最好著爲後人省精力之書，一搜補，或從羣書中搜出，或補完，或綴緝。一校訂，譌脱同異。一考證，据本書，据注，据他書。一譜録，提要及紀元、地理各種表譜。此皆積畢生之精力，踵曩代之成書，而後成者。故同此一書，古人十年方通者，今人三年可矣。前人甚苦，在前人却於己無大益，校書及注古集尤甚。後人甚樂。諸公作室，我輩居之。諸公製器，我輩用之。今日止須善買書、讀書，便省力，易見效。士生今日若肯讀書，真可不廢無益之精神，若無諸公，自考之則甚勞，不考之則多誤。而取益身心，坐收實用，据漢學之成書，玩宋學之義理，此時不再考證，亦已足用。但多覽先正考證之書而篤信之，可矣。此事亦無窮，力有餘者聽之。事半古人，功必倍之。慎無驚怖其言，以爲河漢而無極也。

讀書勿諉記性不好。

每見今人不好讀書者，輒以此藉口，此欺人也。日記一葉，月記一卷，十年之内，可記百餘卷矣。非不能，實不爲耳。朱竹垞有言，世豈有一覽不忘，一字不遺者，但須擇出切要處記之耳。竹垞爲本朝第一博雅人，其説如此，以告學者。

讀書勿諉無書無暇。

能購購之，不能借之，隨得隨看，久久自富。若必待插架三萬，然後議讀，終身無此日矣。即使四部駢羅，豈能一日讀盡。何如姑盡所有，再謀其他。更有一敝，勸人讀書，多謂無暇。不思嬉遊晝寢，爲暇多矣。一葉數行，偶然觸目，他日遇事或即恰收其用。自非幼學，真讀書者，斷無終日整襟危坐，限定讀書時刻之事也。

買書勿吝。

田穀之利不及什一，商賈之利止於三倍，典籍之利淑身興宗，化愚爲賢，子孫永保，酌之不竭。一卷之書有益天下，此其爲利不可勝言。節衣縮食，猶當爲之。惟買書須得其門，若無通人可訪，則常過書肆，流觀架上名近雅馴者，索取翻檢，要籍精本必時遇之。即使買而不讀，果於此道篤好，子孫亦必有能讀之者。

蜀人尚義好施，書院社學所至，莘莘義卷賓興色目非一。今有一義，更爲進之，仰屋冥搜，專攻帖括，澤渴壁枯，終鮮宏益。以云振救孤寒則有之，如謂興起人文則未也。儻有好禮者廣買典籍，置之書院，計最要各部，所費不過千餘金而已。千金之書，百年以內不至壞爛，三十年內不即散亡，一縣高材咸得霑丐，展轉授受流澤無窮。一鄉之中通人接踵，何憂不成爲冠蓋里乎。較之募集多金爲文昌魁星修造樓閣，號偁培植文風者，有實效多矣。文昌六星雖有司祿，何與學校。魁乃斗宿之一，俗以奎壁書府。傳，誤作魁。與其儌福於星辰，責效於土木，不如求諸人事之爲愈也。

讀書期於明理，明理歸於致用。

書猶穀也，種穫舂揄，炊之成飯。佐以庶羞，食之而飽。肌膚充悅，筋骸强固，此穀之效也。若終歲勤動，僕僕田間，勞勞爨下，並不一嘗其味，蒔穀何爲。近人往往以讀書明理判爲兩事，通經致用視爲迂談。淺者爲科舉，博洽者著述取名耳。於己無與也，於世無與也，亦猶之穫而弗食，食而弗肥也。即如說文，小學誠爲讀經扃鑰，乃吹求無窮，膠柱不化，是守此筦鑰以終其身，仍不免爲門外人，何由望見美富，此豈通六書之本意哉。其他考据家流弊亦多此類，使世人訾漢學者，此輩爲之也。隨時讀書，隨時窮理，譬如農家年耕年食，不聞必待徧嘗百穀，富積千倉，然後謀一飽也。心地清明，人品自然正直。從此貫通古今，推求人事。果能平日講求，無論才識長短，筮仕登朝，大小必有實用。易大畜之象曰：「君子以多識識，釋文：劉作志。前言往行，以畜其德。」多識畜德，事本相因。若讀書者既不明理，又復無用，則亦不勞讀書矣。使者諄諄勸諸生讀書，意在使全蜀士林美質悉造成材。上者效用於國家，其次亦不失爲端人雅士，非欲驅引人才盡作書蠹也。此條特爲能讀書者發之。

輶軒語二

語文第三

舉其有關程試及時俗易犯者，免致良材困學，誤蹈覆車，徒遭擯棄而不知也。此篇說多平淺，所言皆切於川省者。先輩論時文之語極多，不贅言。案：一本無小字。

一、時文

宜清、書理透露，明白曉暢。真、有意義，不勦襲。雅、有書卷，無鄙語。有先正氣息，無油腔濫調。正。不俶詭，不纖佻，無偏鋒，無奇格。

四字人人皆知，然時俗多誤解，今特爲疏明之。案：以上三句，一本作看似老生常談，實則文家極軌。不惟制義，即詩、古文辭豈能有外於此。今人誤以庸腐空疏者當之，所謂謬以千里者也。俗論每云某文尚理法，某文尚才氣，某文尚書卷。夫無理無法，尚何得爲才氣，若無才氣無書卷，又豈能闡出道理哉。

宜多讀書。

讀書多，則積理富。不看講章，自能解題。題理憭亮，文法自合。至於意義精深，詞華宏富，因源得流，不勉而能。

宜學先正。

經、史爲文章根柢，名大家爲墨卷根柢。案：一本無此二句。欽定四書文，即根柢也。學到固不易，稍得其骨力氣息，爲益即已無窮。即使初學不解，作秀才後必宜探討。他日通籍衡文，主講教士，遇有高文方能識別，免致屈高材，貽譏訕也。案：自欽定四書文以下二十七字，一本作：「精粹正大，無過欽定四書文。時文家不讀此者，門外漢也。此爲時文根柢，萬不可視爲迂談。其名大家專稿亦宜探討、涉獵世間時文」云云。無夾注小字。選本甚夥，要以老輩所選者勝。爲舉業計，名稿須讀發揚者，墨卷須讀清楚者，如吳蘭陔、李秬香、梁省吾、許玉叔、周筱村。諸家選本皆好，不能盡舉，以此例求之，淺薄小巧者不足學。名家專稿宜涉獵，隨其所喜看之，周選即制義靈樞，川省坊間多有，甚好。案：一本小字作：時文亦忌險怪，然近人亦無能爲此體者，故不必申禁。與此不同。先輩恒言，時文家須胸中有熟文三千首，自然能文。亦猶揚子雲讀千賦，乃能工賦之説也。今人縱不能如此，至少亦須涉獵千餘篇，爛熟數百首，若并此無之，難矣。

舉業家每謂經史子集無關時文，方家文字不宜場屋。但讀浮濫時墨，展轉摹效，此時文體即已甚敝，愈趨愈下，將來必致一書不知，文亦不可爲文，人人皆没字碑矣，大爲學校之憂也。諸生此時爲學爲教，異日身執文柄，普望努力挽回，即是有功世教。

宜學好墨卷。

墨卷者，有意有詞，有氣有勢，有聲有色之謂也。俗濫房行六者無一焉，有何可學乎。無論生童，凡脉理未清者，斷不可遽學墨卷。一遭汩没，終身迷罔。

宜講用意用筆。

創發名理，案：一本作闡發義理。羽翼經傳，本也。作手始能之。機調諧熟，末也。俗工亦解之。通乎上下，意筆爲先。若意筆俱無，我與人共，此濫調泛語，浩浩一萬四千卷，何以制勝哉。意者，不泛濫，不襞積之謂。筆者，不平塌，不駁鈍之謂。

時文出落處宜用意。

其承注點逗處，則爲文之眉目。其轉捩提挈處，則爲文之筋節。其要在上下連貫，與有勢不平而已。文之佳惡，看此處數語即已瞭然。童卷於此，太不講求，故爲標出。

舉業家平日宜讀小題文，作小題文。

此先輩之言，欲藥膚濫，無過於此。蓋歛游思而入理法，埽浮詞而見意筆，此良方也。施之今日，尤要。

初學作時文宜先作論。

欲學作時文，先學作論。有兩書最可讀，一宋呂祖謙左氏博議。坊間稱東萊博議。文格不甚高古，而詞意顯豁，段落反正分明，有波瀾，有斷制，學之可期理明詞達。唐以前名家集中論説，變動不居，無一定科臼。宋人論則確有規矩，亦如時文，南宋尤甚。但集中作篇幅多長，此東萊少作，故淺顯易尋。一明張溥歷代史論。自漢迄元，每一帝作一論。又取通鑑紀事本末，每一事作一論。大率每首三百餘字，簡練涵蓄，詞采斐然，而邊幅窄小，筆勢整齊。論中將本書本事櫽括約舉，隨讀隨解，便可知史事大段。此書本爲初學熟史而設。學僮於經畢，讀古文時，他古文之外，將此二論讀熟，再以史事子史語命題，使作論，自然汩汩其來，下筆不能自休。一二年後，即兼取時文讀之，雖大家名稿，不至眩駭。至於淺薄塾課考卷，更將俯視之矣。又一年後，試爲四書文，竟作全篇，下筆必已可觀。半年入格，一年即工，豈不勝於鑽仰明文傳薪，咀嚼小題拆字者哉。此似迂緩法，實簡捷法也。爲塾師者，盍以此法試之。先學論，而後爲時文。先學雜體詩，而後作試律詩。其致一也。不惟此也，弱冠以前未嘗學作古文，弄翰屬辭止從兩句破題，三行起講，搜索而起。異日成就後，即欲放筆，爲直幹束縛，終難解脱。前明及近世古文名家費盡學力，似仍不脱時文氣格，少成習貫之言，賈生豈欺我哉。

忌墨守高頭講章。

四書，朱注最精最顯，澄懷觀之，何語不憭。合講、體註之屬腐陋可惡，令人汩没性靈。世斷無通經博覽之人，而不能解朱注者。爲時文計，止有四書匯參搜引頗多，可看。然必埋頭鑽研，亦可不必。蓋不通羣經決不能通四書，不特匯參，雖讀盡宋人語録無益也。四書釋地、國朝閻若璩著。鄉黨圖考，國朝江永著。二書宜看，近人四書經注集證，亦好。

四書一編爲羣經之綱維，萬理之淵海。今世學人，其識解趣向，大率皆自講四書、學時文時開之，先入爲主，則終身不能自拔。夫專抱講章作制義，不過終身無佳文。若誤認講章之理即爲四書之理，將使天下無人材矣。

忌濫調。

習俗濫調令人憎惡，大爲全卷之累。茲舉童試最習見數條，懸爲厲禁。講首：一理之所□□也，一理之所□□也，一理之所□□也，誤矣又迂矣。講尾：□□其□□乎，正不得謂云云。起講：賓主兩扇。講下：不然，何則，夫人必明乎云云。理有淺，亦有深，其淺也歟哉，其深也。凡事論之以情，不如論之以理。後比：惜也，幸也。會心之下，別具深心。世味道味，勢分性分。五百年道統，十六字心傳。萬不至。情亦知。我儀圖之。三排、四排空話，此外類推。童場無論何題，多不入口：氣大非，即轉述他人語亦不宜，通篇斷作有語氣者更不可。

忌奇格偏鋒。如無故分兩大比、三大比或前後四比之類，及不守正解。

忌以雙字輳合成篇。如操修詣力、黽皇圖維、糾虔刻厲、歆爲鼓舞之類，通篇並無真意，止以此等字面輳成，此近二十年來陋習。案：一本無此一節。

忌不可解。

文以通體能用白話解釋者爲上。時墨之病，貌似圓滿鏗鏘，而模黏填塞，淩雜無序，重複合掌，使之自講必然箝口。此由無真理真意之故，名稿名墨必無之。

忌妄援一經作柱。

時俗惡習無論何題，動曰詩教、易教，號爲專經，實則支離滅裂，無理取鬧。不特有妨文體，實爲有害經學，所宜痛絶。

忌詩賦語後世語。

時文自有體裁，史事可苞孕，不可明寫。使者所選江漢炳靈集，才氣雖富，理法尤密，且皆是相題行文，引用切當，不宜誤會，買櫝還珠，致傷文體。

舉業家忌揣摩風氣。

揣摩風氣者，迎合人意，變道逢時之謂也。鄙夫行徑，君子不爲，爲人爲文，理豈有異。乃舉業家視爲固然，父師以此望其子弟，直如陳咸之父教之以諂，可羞可怪。況試官多矣，科目新舊不同，嗜好亦異，即欲迎合，其又焉能。豈知主文選卷，遇脱俗者則刮目欣賞，見陳陳者則頻蹙作惡乎。應試文字，但求不僻、不怪、不晦、不澀足矣。華實兼備，不患莫己知也。戰國策揣摩字義出於鬼谷子，其書有揣篇、摩篇，謂鈎距窺伺，如孟子所謂言餂者也。

一、試律詩

宜工、不率。切、不泛。莊、不佻。雅。不腐。

詩之上乘，自以雄渾超妙爲善。然初學豈易語此，且場屋試律，自有體裁。先求動中規矩，方可言神而明之。

宜讀古人詩。

初學宜先讀唐宋古今體詩，且學作之，再爲試帖，事半功倍。

但就尋常景物，令作五言短古、七言絶句，令其胸中稍有詩情，則不以試帖爲苦。此本務而實捷訣也。

杜詩云：詞林有根柢。時文、試律何獨不然。唐試律外，庚辰集必須先讀，以取氣韻。此皆博通名手所爲，故典核樸雅。時議其拙，非也。自不解其典實，不知其用字所出耳，知者但覺其妍雅。紀氏唐人試律説，近人視爲先進禮樂，然不可不一覽。

七家詩宜善學。

川省此時盛行，無人不讀，無人不學。此詩才調誠佳，迥異庸俗。而其中每有老手頹唐之作，不善學之者，不免遂有纖佻不莊，粗獷叫囂之弊。此病甚深，亟宜戒之。凡學古者，取長棄短爲要。

宜看館閣詩。

體格未必甚高，氣息即甚平静，字句必求妥帖，此爲應試正宗。試律一體，其源出於唐人，試律創此體時，即是如此體裁也。

忌用語助語詞。

此病川省最甚，從古試律無此體式，雜體詩亦罕，間或有之，不可以訓。謂焉、哉、乎、也，及而字、其字之類，而、其等字爲語詞。

忌輕佻不莊。

迂腐固不佳，纖佻狎媟語尤忌，校文者見之，最爲刺目。

忌用疊字。

如重重點點，上句花月，下句月花之類。

忌不對。

虚實輕重，字面門類，務宜銖兩各稱，此所謂律。不可略觀大意，便謂支對停妥。纖巧假借，則亦不可。

忌破題太緩。

近今詩律題字，宜起二聯，點畢一句，五字中，不宜全用題字，俗名罵題。

忌用古人全句入詩。

犯此病者甚多，不知何人作俑，古無此體。

一、賦

宜相題製體。

或古或律，須視其題。擬古者，宜用古人元賦體。平正板重題，宜律。纖巧詠物題，可律體或擬六朝體。博大頌颺題，及詠古有大議論題，可古可律。

試場賦，於法得用古體，然古賦竟是博學人著作之事，應試者先求工於律賦可耳。即間有合用古賦者，止可如作楷臨摹法帖，上者取其氣韻而合以規矩，下者摹其形模而去其駭俗，較於應試爲宜。然此爲考試言，乃萬不得已之論，非爲著作學古者言。

宜讀古賦。

選賦、六朝唐賦皆必宜讀，律賦之有唐賦，猶時文之有明文也。

坊行律賦必以集，簡約平正，宜於初學。國朝張惠言七十家賦鈔，古雅詳備，能讀更佳。

名家賦宜善學。

國朝賦家大手筆最多，才力實勝唐人。不善學者，恐致堆垜泛濫之病。吴祭酒錫麒賦，及鮑、顧、陳三家賦，皆爲近時名家，京師有合刻本。可學。此外選本不拘一格，但看其有書卷而不笨滯，格調整齊而押官韻穩者，即可學。如坊刻插花窗，少巖賦之類，不必學。

忌篇尾作歌。

六朝小賦間有之，場屋效顰既爲不莊，又嫌率爾。選賦篇尾或曰亂，或曰頌，各有體裁，不得藉口。

忌通篇四字句。

古人間有，施之律賦，短促傷氣。宋廣平梅花賦乃宋人僞作耳，前人已辨之，舒元輿牡丹賦中六字句仍不少。

忌濫效騷體。

此間試場此體實多，無病而呻最爲無謂。

忌每段四六聯太多。

多則重膇滯塞。若以唐法論之，每韻中四六隔對止宜用一聯，今難如此深論，但不必過多耳。近代名家賦中，一段往往有三四聯四六者，實皆非法。讀書嗜古，洞悉文章流別者，自能知之。凡擬古詩賦及論，皆宜頂格書寫。蓋試卷低兩格寫者，爲頌颺擡頭而設。既代古人言語，自無擡頭，何低格爲。至於擬古題，竟有末段頌颺者，太迷謬，不足論。

附舉詩賦中習見易誤字。五方所同者，不備論。

平仄舛誤字，如：賞、仄，賞罰。償，平，償還。頃、仄，頃刻。傾，平，傾覆。訊、仄，音訊。詢，平，咨詢。具，仄，備具。俱，平，耦俱。聆，平。應，平，當也，仄，答也。教，平，虛，誰教。仄，實，政教。令，平，虛，能令公喜。仄，實，發號施令。騎，平，虛，騎馬騎虎。仄，實，車騎萬騎。量，平，虛，揣量。仄，實，器量。漫，漫漫，平仄兩音。漫道、水漫，讀仄。紹，仄。占，平，占卜。仄，侵占。攘，平，攘奪、攘除。仄，擾攘。丕，平。撚，仄。踞，仄，古即作居，故集韻有平音，今罕用。祇、平，祇應與神祇，字音異形同。祇，平，祇敬。嗣。仄。

意義相混字，如：尤、過也，寡尤、拔尤。猶，尚也，猶且。盍、何不也。何，詰問辭。郤、同隙，晋大夫姓。卻，退也，却正字。也、順承直斷辭。耶，疑或不定辭，義與乎字近。摹、讀模。摹仿，虞韻。摩，讀磨。盪摩、揣摩，歌韻。束、結束，從口。朿。即芒刺之刺。

俗、別無本字，如：廬、從广，譌從廠非。散、從月，譌從日非。惟、從隹，譌從佳非。忍、上半譌作任。陽、右半譌作易。祀。不從已。鄙俗語，如：詩賦中最喜用「世界花花」四字，不知出何典記，鄙俚已極。又如「堪誇行爲闊，論者邊一箇」等類，亦俗甚。

一、經解

此非可以文字論者，通小學、通漢學以後，再言得失。若僅讀坊本五經者，應試時不必自占此科。小學謂六書之學，見漢書。非小學集註之小學也。

一、經文

以能發揮經義爲第一，必能原本注疏，多搜古義，淵奧博洽，訓詁爾雅，方爲入格。若止墨守體註諸書，其工拙可不論矣。必不得已僅以文勝，亦必有古藻宏辭爲佳。經文雖當恪遵御纂，然別解異聞不妨搜羅駁辨，以爲敷佐。

一、策

沈約受策，僅知其半。朱買臣難公孫宏，十不得一。對策談何易易，不過平日見書多者，學問有門徑者，自能多有所知，不至瞠目茫然。此亦非若時文，可以倉卒取辦者。近見坊間有十三經策案、廿二史策案兩書，引据頗不爲陋，所言多是經史要領，迥非宋人策料八面鋒之比。若肯常加披覽，推類考究，大有益於根柢之學。近人翁元圻注困學紀聞、黄汝成日知録箋釋之類亦好，二書用處甚大。即爲對策計，常看亦好。總之經文或可欺門外漢，對策除平日多讀書外，別無捷徑也。

對策中前偁執事云云，後偁士云云、生云云，此乃舊式，近今久不行用，有干磨勘。

一、古今體詩

此乃專門名家之學，豈能數語盡之。然試場考古必有此體，姑言其略。第一博覽爲先，略知列朝詩家源流派別，方可言入門。規橅一家，稍有所得，方能有佳處。至其法律門徑，前人古題之解，聲調之譜，談藝説詩之作，玉屑金粉之編，言之已詳，此止可粗言其禁忌耳。

忌無理無情無事。

有理、有情、有事三者俱備，乃能有味。詩至有味，乃臻極品。數語雖約，頗能該括前人衆論。學詩者試體會之。新城王文簡論詩，主神韻。竊謂言神韻，不如言神味也。有事一條，尤爲切要，特爲標出。

忌音調不諧。

古詩自有音節、平仄，多讀自知之。俗師於律詩，有一三五不論之説，大謬。古人五七律自有拗救法，既目爲律，豈有不論之理。拗救之説亦甚繁，如不能遽曉，照試律平仄爲之，尚不致過差耳。古詩尤忌多有律句，學四傑、長慶體者，不與。五言古詩，於題目博大典重者，以用古韻爲合格。碑、版、銘、頌有韻語者，同古韻之説，甚繁。看顧亭林音學五書自知之。

忌體製雜糅。

古藻時調羼列同篇，法語情言合居一簡，是爲出言無章。

忌多用宋以後事、宋以後語。

此自修辭要訣，何大復諸人持此説，後人誚之，非也，論史事者不與。

忌以俗語冒爲真率。

近人多有此病，好理語者出於陶，道俗情者託於白，誣古人矣。

忌以粗獷語貌爲雄肆。

宋以後多此病，近人尤甚。蜀中詩派似涉此風，試檢點之。

忌陳熟落套。

古人名手每傷生硬，今世當家但患陳熟耳。

忌纖巧。

製題猥瑣，屬詞尖碎爲纖。對仗假借，比附細密爲巧。皆非大方所有。

忌險怪苦澀。

李昌谷詩乃零句湊合者，見之本傳。賈長江詩乃散聯足成者，見之唐詩紀事。豈特去詩教太遠。古來大家直無此作法，其險怪不平易，苦澀不條達，正其才短，非其格高也。

忌虚造情事景物將無作有。

如長安見漢，宣城臨江之類。

忌貌襲古而無意。

體製必當學古，惟在有意耳。明鍾、譚詆七子，近人主性靈，變本加厲，尤非。

忌大言不慚。

詩家每多越分自贊之語，視爲成例，殊可哂也。五古忌散緩垛積，七古忌空廓平直，五七律忌枝節飣餖，絶句忌剽滑，各體之通忌曰：言外無餘味。

一、古文駢體文

試場策論用散文，今通謂之古文。對策間有用駢文者，但不常有，惟詞館應奉文字用之耳。然駢、散兩體不能離析，今爲併説之。周秦以至六朝，文字無駢、散之别。中唐迄今，分爲兩體，各爲專家之長，然其實一也。義例繁多，殊難備舉，試言其略。古文之要曰實，駢文之要曰雅，實由於有事，雅由於有理。散文多虚字，故尤患事不足。駢文多詞華，故尤患理不足。各免偏枯，斯爲盡美。更有扼要一義曰，不能爲古文者，其駢文可知；不能爲駢文者，其古文亦可知。國朝古文專家倡於方苞、姚鼐，名曰桐城派。雖亦云學史、漢、昌黎、介甫，實則遠宗歐、曾，近法震川。雖未必盡古文之變，然初學者由此入手甚好。侯、魏兩派未善。近人刻有歸、方評點史記，可看。先求法度可觀，再議神明變化，亦猶書家九宫法也。國朝講駢文者，名家如林，雖無標目宗派，大要最高者多學晋宋體。此派較齊梁派、唐派、宋派爲勝，爲其樸雅遒逸耳。取明王志堅四六法海，國朝李兆洛駢體文鈔、曾燠選駢體正宗讀之，可知駢文指歸。總之文學兩字，從古相因。欲期文工，先求學博，空疏淺陋，嘔心鑽紙無益也。

梁劉勰文心雕龍，操觚家之圭臬也，必應討究。

一、字體

字體宜正。

惡俗字體，萬不可令犯筆端，坊刻正字略、字學舉隅之類，可得大略。然必求其本，則心知其意，自能觸類引申，舉筆無誤。本者，讀説文，識小篆之謂也。

字典古字斷不可寫。

字典一書，其體例在網羅無遺，不問正、譌、雅、俗，一概收入。多存而詳辨之，非謂所收之字皆可行用。唐宋所出古篆，半出俗師譌傳，半出羽流僞造。愚者不知古學之所謂，竟將字典所存别體聚斂不遺，書之試卷，意在欺人，其違乎格式無論矣。俗人所駭，通人所哂，非惟不雅，俗又甚焉。

近世通曉説文者，又欲將篆書之筆勢改真書之點畫。豈知源流相因，而體製各别。中間尚隔隸書一關，豈能飛越。終竟不能全改，今六書本義即如之、也兩字，如何改耶。學者貴心知其意，此亦賢知之過也。

書法宜學碑版。

書法止是藝術内事，四庫於論書者，收入藝術部。應試院體書，士人自解求工。蜀士擅長者尤多，無勞勸導。惟凡事具有根柢，書法不知碑版，未能免俗。唐碑爲楷法準的，所宜步趨。如多才好學者，能於唐以前碑刻博觀得悟，洞悉書法源流，從此貫徹篆隸，大可爲詁經考史之資。國朝金石家最多最精，皆爲此事有益經史耳。大約漢以前之款識碑刻，其文字可以證經。列朝之官私石刻，其事實、年月、地名、官制、姓字可以補史。然此指當時所立之碑，非謂法帖。帖與碑有别。文人嗜好不同，各能由博求深，皆可歸於有用。因書法而考碑版，由碑版而通小學、考史事。韓昌黎所謂因文見道，正此意也。蜀中古刻頗多，石質易朽，著録者多亡，續訪者未聞，此邦學人若肯留意，亦有功文獻之事也。好學者如肯學書小篆，極佳。此經學内事，非游藝事也。惟止宜寫小篆，説文所載，斯、冰所書即是。不可寫鐘鼎古文，彼非豪素間物，不能仿爲，爲之者謬也。

書法忌狂怪。

凡事皆貴平正通達，書法亦然。惟不學人始以此相詫，拙書者乃藉此匿瑕耳。即如李斯爲小篆之祖，而遺刻兩石，中規合度。蔡中郎爲八分之宗，其所書石經，雖再經摹刻，規模終在，而謹嚴工整。篆隸如此，楷書可知。其身心之放縱與否，即此可見。不惟真書，草亦不宜。草由隸變，尚在真書之先，若遂放蕩，便爲失體。張、素所爲，蘇文忠已譏之矣。

避諱字斷不可忽。

前代諱忌繁多，嫌名動輒改寫。國朝法令寬大，應避之字並不難記。今見鄉曲諸生，屢屢觸犯，大不可也。至聖先師諱，動輒用入，尤可怪詫。不特違式自誤，且身在學校，此而不曉，可謂不知禮矣。别紙條舉於後。

學究語第四

前三篇，中人以下及鄉塾童蒙未能遽領。别説二十四條，告教授初學者。

五經、四書宜讀官本。湖北局本甚清朗，江南局本五經更好，周易兼刻程傳。必不得已，左傳讀左繡，注中附有補正，宜看。不可讀句解。

學生讀五經時，宜隨時照註講解。

坊間編造之書，萬不可讀。村塾有此等書，采摘五經編造成句，以代讀經，謬妄可惡。師以此授弟子者，東家知之，立即辭退。

讀四書時可連朱註讀。免後日重讀，大字與小註相間難記。場屋害事，此非讀書古法，然爲作時文計，不得不然。

讀四書宜用白話指實事，道俗情。斷不可用空言腐語，連類而及，可兼説古典數條。

讀周禮節訓、儀禮約編，亦勝於不讀。

識字宜察字典，不可憑字彙。既以訓蒙糊口，字典必宜置一部，猶農夫之耒耜也。字彙太陋，不可据。

小字默經，大字臨帖。

宜常與學生講朱子小學。湖北有局刻本。

典故宜講十七史蒙求。宋王令撰。書不多，而歷朝人物、故實，搜羅頗富，有韻易記，且是宋人書，置之案頭較雅。

唐詩宜讀三百首兼古詩源。三百首約而精，宜爛熟。古詩源多歌謡，童子所喜。兩本宜全讀，坊行古唐詩合解不善。

詩韻宜看韻辨附文。前任提學夏路門翰林所刻，校讐無誤。詩韻看此一部，斷不至出韻。集成合璧之屬雖有類典，翻板多譌。

古文宜讀史記菁華録。書止四本，評點醒目。此外古文選本，鄉僻不能不讀古文釋義，然不可再刪。

論宜讀東萊博議。開筆亦宜先作論。

試帖詩宜看養雲山館試帖。詩不高，然無流弊。學此者，應試不至以詩誤事。七家詩選其無拗體、無粗語、俗語者讀之。

時文宜讀明文、必自集。八銘塾鈔、制義考卷。約選仁在堂時文。講究清楚細緻。

勿令弟子讀塾師文。無論不佳，佳亦不可。

初學作文，須令自己講，並將層次柱意自批於上。如此則無糊塗重複合掌之病。

課期作文，不可禁翻書、翻陳文。但不許鈔録耳。窗下枵腹，場中亦然，文何由佳。作課日所看之書，更易記得。

賦可讀律賦新機、中有名家賦，不可不讀數十首。關中課士賦、清醒。東湖草堂賦。有才氣。

戒破體字，宜看字學舉隅。案頭必須常置一編，兼可看其楷法。勿謂幼小，先入爲主。卷首辨似，卷尾摘誤，最要宜看。

勿常解館。一年在館，總須有三百日。

勿以束脩多少爲功之勤惰。孤寒不肯廢書者，日後或竟有大成，且更爲可閔，不可存此鄙淺心。

學生不率教，止可戒飭罰跪，勿重辱。所以養其廉恥，愚魯者尤不可過迫促。

萬不可早開筆，早出考。有似此者，東家勿喜。前編已詳，再申言之。

敬避字第五

聖祖仁皇帝廟諱上一字書□德升聞〔一〕，用元字恭代。然元德、元黄、元鳥等字，皆不可用。弦、絃、炫、眩、衒等字敬缺末點。率字亦缺點，惟慉、蓄、鄐、畜等字不缺點。今茲之茲從艸，上半不得寫作䒑，其上從䒑，下從𢆶者，别是一字。即兩諱字相並，義同黑也，今音滋，古音與諱字同，不可用。牽字上寫作兩厶。

下一字，韓愈文其膏沃者其光□〔二〕，用煜字恭代。又從火從暈之字，詩：□□震電，字典作爗。從日從華之字，後漢書張衡傳：「列缺□其照夜」，字典作曄。三體本是一字，一律敬避。

世宗憲皇帝廟諱上一字，詩：永錫祚□〔三〕。用允字恭代。然祚允、允征等字皆不可用。酳字亦不可用。湑字敬缺乙旁亦不可用。

下一字，左從示，右從真，用禎字恭代。禎祥之禎，别是一字，音義皆别，不避。真字不可書眞。

高宗純皇帝廟諱上一字，論語：人能□道〔四〕。用宏字恭代。然宏道、宏毅等字皆不可用。泓、紘、鞃字敬缺末點，埸屋不用。强弱字上寫作口，不可作厶，上半本是諱字。厷、肱、紘、宏、閎等字，不得缺末點。

下一字，書：天之□數在爾躬〔五〕。用歷字恭代。歷字本從厂，從秝，從止。今從厂，從林，從心。然歷象、歷數、治歷等字皆不可用。試策、公牘如有言及歷象者，以術字或憲字代之。列朝史律歷志，可但偁歷志。閲歷、瀝誠等字不避。

仁宗睿皇帝廟諱上一字，詩：□□卬卬〔六〕。無恭代之字，敬缺頁旁末兩筆。然□若、周□等字皆不可用。

下一字，書：宏璧琬□〔七〕。無恭代之字，欽奉諭旨改右下火字作又。然琬□、翠□等字皆不可用。單用炎字及談、淡偏旁音義各别，不得改炎作𤆍。

宣宗成皇帝廟諱上一字，爾雅：秋爲□天〔八〕。敬缺中點作旻。

下一字，易：萬國咸□〔九〕。敬改作寍。二字雖奉諭旨，然上字如蒼□、高□，下字如咸□、攸□等字，以及加偏旁者，究不敢用。下字寫刻舊書有用甯字代者，或敬缺末筆，从宀从心从皿行文改寫，亦不可用。

〔一〕□内所缺字為「玄」。
〔二〕□内所缺字為「燁」。下同。
〔三〕□内所缺字為「胤」。
〔四〕□内所缺字為「弘」。
〔五〕□内所缺字為「曆」。
〔六〕□内所缺字為「顒」。下同。
〔七〕□内所缺字為「琰」。下同。
〔八〕□内所缺字為「旻」。
〔九〕□内所缺字為「寧」。下同。

文宗顯皇帝廟諱上一字，詩：□□梁山〔一〕。孟子弈秋之弈，下從廾，別是一字，不避。

下一字，左從言右從宁，無恭代之字，敬缺末筆。當宁、綈紵、積貯、延佇等字，形近音同，寫刻舊書有缺筆作宀者，場屋不用。

穆宗毅皇帝廟諱上一字，爾雅：唐虞曰□〔二〕。

下一字，左從氵，右從隸書之享。後漢書及文選張衡思元賦：何道眞之□粹兮〔三〕。無恭代之字，右旁敬避作亯。

從酉從亯之字，音同義近，場屋不用。單用享字，不得寫作亯，緣諱字篆文非從享故也。敦、惇、錞等偏旁皆然，孰、熟等字不得寫作⿰亯丸。郭字左畔，篆文本非亯字，更不可寫作部。

皇上御名上一字，爾雅：唐虞曰□〔四〕。

下一字左從氵，右從書：引養引□〔五〕。無恭代之字，敬缺末筆。恬愉、神恬等字，形全音同義近，皆不可用。若止用舌字者，不宜缺。

端慧太子諱上一字，永不諱。下一字左玉右連。仁宗睿皇帝面諭臣工，避書作連，然瑚連字仍不可用。

至聖先師孔子諱，加偏旁作邱。古書有缺筆作𠀉者，公牘中言及圜丘大祀，則不避，並不必改寫。然行文斷不可用此二字，可以郊壇、南郊等語代之。

孟子諱一體敬避。

凡恭代、缺筆及加偏旁者，皆指寫刻舊書而言，然奏疏、文移道及今日地名、人姓者，不便改字，止可代寫缺筆。若江蘇江□府，用甯字恭代。江蘇高□縣，右書作亯。山東章邱縣及邱姓者，加偏旁之類。若應試、命名及一應公牘、私書，非言地名、人姓概不可用。

若私家著述中有考辨偁引古書，涉及諱字者，代寫缺筆，或作一方空，如上式。至聖諱加偏旁，或缺筆。

磨勘條例摘要第六

鄉會試

一、試卷文理悖謬，文體不正，不遵小註章旨者，黜革。

一、不諳禁例，直書廟諱、御名及先師孔子諱者，均罰停四科。凡停科舉人，停會試。貢士停殿試。

一、應擡不擡及擡寫不合，或擡寫後塗改者，照違式貼出。中式者，罰停三科。

一、題目錯落未經改寫，或遺漏全題，於夾縫添註，或真草篇數不全，或顛倒，或全然不對，或五策誤寫全題，凡曳白越幅及添註塗改，全行漏寫並添註塗改過百字，犯者貼出。已中式者，罰停三科。

一、卷中有空白，犯者貼出。已中式者，罰停一科。

一、脱寫題目，改寫跳行者，貼出。已中式者，罰停兩科。

一、草稿未寫全題，貼出。已中式者，罰停一科。

一、草稿越幅，貼出。已中式者，罰停一科。

一、草稿模糊辨認不清者，罰停一科。

〔一〕□内所缺字為「奕」。

〔二〕□内所缺字為「載」。

〔三〕□内所缺字為「淳」。

〔四〕□内所缺字為「載」。

〔五〕□内所缺字為「恬」。

一、草稿非全然不符，而脱落太多者，罰停兩科。

一、添註、塗改，字數添改者，罰停兩科。或漏一、二處者，貼出。中式者，罰停一科。

一、塗改字數不符，在十字以外者，罰停一科。

一、重寫添註，塗改字數者，罰停一科。

一、二、三場均係改寫添註，塗改字數者，貼出。中式者，罰停三科。

一、四書文不得過七百字，違者貼出。

一、試卷剿襲雷同者，罰停兩科。全篇鈔録舊文倖中者，黜革。

一、文中字句疵謬，重字書作兩點，及引用後世事迹暨書名，並文内遺漏，對策不滿三百字者，俱罰停一科。

一、詩内平仄失黏者，罰停一科。

一、試卷内有書寫卦畫及篆體者，貼出。中式者，罰停一科。

一、墨卷謄真用行草書者，罰停一科。

一、卷内挖補數字，及挖補擡頭者，貼出。中式者，罰停一科。

一、試卷反寫及倒寫，對策頂格，及策題用大寫壹、貳、叁、肆、伍者，均干貼例。

科歲考按禮部則例，科場條例增入。

一、試卷内不敬避廟諱、御名及先師孔子諱者，均罰停鄉試兩科，發學戒飭。其有已經缺筆者，罰停鄉試一科，仍發學戒飭。

一、試卷内詩少一聯者，罰停鄉試一科。廩生仍罰停廩餼一年，增附由本案補廩者，亦罰廩餼一年。多一聯者同。

一、試卷内鈔襲舊文，已補廩增者，均革去廩增，仍留附生。如係附生，隨棚覆考，仍均發學戒飭。

一、試卷内詩出韻、失黏，及字句欠妥者，如考列三名以前，罰停鄉試一科。四名以後廩生，罰停廩餼一年。增附由本案補廩者，亦罰停廩餼一年。複韻者同。

一、對策不合口氣者，如考列三名以前，罰停鄉試一科。四名以後者，廩生罰停廩餼一年。增附由本案補廩者，亦罰停廩餼一年。

一、經文不滿三百字，經文犯下者，三名以前罰停鄉試一科。四名以後停廩餼一年。

一、詩策中應擡不擡，策頂格者，詩低三格者，均罰停鄉試一科。係廩生仍罰停廩餼一年。

一、命題誤寫一字，詩題漏寫賦得及限韻字，策題書寫違式者，均罰停鄉試一科。係廩生仍罰停廩餼一年。

一、草稿不全，草稿曳白者，罰停鄉試一科。廩生仍停廩餼一年。

一、鈔録非全題，文亦非全篇，罰停鄉試一科。

一、詩句雷同，罰停鄉試一科。

一、默經低二格，三名以前罰停鄉試一科。四名以後罰停廩餼一年。

一、字句脱落錯誤，草稿未寫全題者，三名以前罰停鄉試一科。四名以後罰停廩餼一年。

附　勸置學田説第七〔一〕

養民養士，經傳恒言，不養而教，未之前聞。夫養民之道，豈能衆濟人悦，惟在上者不奪其生理，不擾其生計，斯即養之之術也。養民固爾，養士亦然。今日士多而貧，即使書院、義學、賓興之屬，百計培植，猶懼不濟，況忍重剥削之乎。

川省學校事體，使者於所當為所得為者，竭力圖之。獨有一端蒿目疚心、寢饋不適，莫如新生覆試計較束脩一事。曩年川省風氣，新進謁師，執幣豐腆，實緣生理富饒，學額矜貴，沿為成例，動必取盈。常有一朝進學，毁家太半，負債終身。雖甚孤寒，亦索常例，結費之卷未剖，扣除之牌已懸，通省習慣而視為固然。使者少見而駭為怪事，每至覆試之日，終日旁皇，如芒在背。若操之過蹙，則恐狡黠生童，藉詞挾制。若聽其遲緩，更恐貪惡書斗，逼勒孤寒。操縱皆非，無從亭決，故使者不以晝夜考校、不寢不食為勞，而以覆試日為苦。由衷之言，有如皦日。試思童生應試，躡屩擔簦，三旬九食，欲謀一館，艱如移山，終歲脩羊，不供事畜，甚者寄食無門，敝屣無下。倖而獲雋，安得多金。即或饘粥粗給，而博一青衿，遽責其破家弃産，亦可謂忍情拂理、傷心慘目者矣。特是廣文一席，自唐代以來，即號冷官。束脩自行，尚非在禮法之外，若必并此禁絶，何以自存。送考辦公，資糧用度，于何取之。其富而好禮者，自願致敬，亦將不許乎。且將令其藉案訛詐、勾結劣生、屬托公事、因以為利乎。夫校官子弟，亦望游庠。諸生之家，豈無司鐸，何乃不平不恕，惟務責人。使者按部所到，不憚嚴切禁戒，多方督催。今日諸校官，固多能砥厲廉隅，自甘刻苦，然不肖書斗，造言剔蹶，設謀串陷，變怪百出，又豈人意料所及。尤可患者，由今之道，書斗利舞弊幸進者之一切從豐，必致包芘串合，無所不為，而陸續送覆、隨棚帶覆、單身補覆、下届補覆諸弊，終亦不能禁絶，頂替鬻販，百弊伏焉，試事安望澄清，真才安望吐氣。此川省積年之痼疾，已然之明事，皆士類所目擊之、身受之，搤捥拊心而歷歷言之者也。若不思一兩利經久之方，仍為本省師生終古之累。

今日止有一策，汝等可自為之。川省尚稱殷實，各州縣公局義舉款目甚多，士民樂善急公，捐施恐后。夫四民以諸生為翹楚，地方以讀書人為元氣，此之不講，好善何為。若得各處紳宦糧民感發集議，公捐一款，置買學田，計其三年收獲之租，足敵兩考束脩之數，各學豐歉不同，須就本處歷届情況酌議之。分年勻給，送考時酌加資斧。如此，則遠郡署事者，即不送考，亦不致困踣難歸。取進后限定止以千錢為贄，一切書斗小費、認號、轉案、補廩、幫增、出貢、舉優、報丁、起復、録遺諸費，取辦於此，陋款概為湔除。士民定議于下，然后稟請長吏，督率行之，官吏勸捐則滋弊，士民籌辦則可行。由本州、縣詳明立案立石，永永不得變革。若不能籌此買田巨款者，或每年仿照他項公事之例，酌議定數，按年捐助，或別籌他款，取息給用，惟地所宜，不必一轍。其瘠土狹鄉，不能辦者，聽之。不願辦者，聽之。倉卒不能辦者，徐圖之。通省辦，則通省之士林利；一縣辦，則一縣之士林利。斯則貧士不病，冷官不饑，諸生寛然無累，然后可壹心而讀書。學師廉介無求，然后可抗顔而訓士，豈惟庠序之樂，抑亦化導風俗之源也。夫川

〔一〕録自《慎始基齋叢書》。

省公舉之費亦多矣，然飽衿棍、飽衙蠹，不如飽寒畯之為得也。三費局之設誠善矣，然恤捕衙、恤汎官，不如恤學師之為尤要也。三費大是善政，不可挹彼注兹。

如或吝財惜費，則更有説以喻之。要知富室大户，孰無子弟，孰不望其成名，既有公款，則異日子弟入學，不致受無名之抑勒，費無益之唇吻。就云自謀，亦復甚善。縱使家無儒士，可決其后必昌。既擅樂施之令名，兼獲濟物之美報。况此日之孝秀，即他日之搢紳。此日獲助于鄉人，他日必思造福于桑梓。無往不復，更非他項捐資所可同年而語者也。如校官者，雖非本縣人士，要是同省寒儒，即云於彼有益，亦是楚弓楚得，并非波及局外。

此舉在他省則甚難，在川省則甚易；在他省則可緩，在川省則甚切。比者，南川縣令文昌黄君際飛，即持此議，設法勸捐，有志竟成。置買學田千有餘石，計其所入，足與往歲相當，章程皆與右所説同。前年歲試招覆時，師生同歡，確有成效。黄君之賢能愛士，南川士民之好義知本，使者敬之奬之，願通省百六十州縣效之。若欲查照南川縣辦法者，準赴本衙門鈔案。語云，富者贈人以財，仁者贈人以言。使者庸愚，不能别畫一養士之策，敢以此一隅小補之言進，可乎。

書目答問

書目答問略例

諸生好學者來問應讀何書，書以何本為善。偏舉既嫌絓漏，志趣學業亦各不同，因録此以告初學。

讀書不知要領，勞而無功，知某書宜讀，而不得精校精注本，事倍功半。此編所録，其原書為修四庫書時所未有者十之三四。四庫雖有其書，而校本、注本晚出者十之七八。今為分別條流，慎擇約舉，視其性之所近，各就其部求之。又於其中詳分子目，以便類求。一類之中，復以義例相近者使相比附。再叙時代，令其門徑秩然，緩急易見。凡所著録，並是要典雅記，各適其用。皆先輩通人考求論定者。總期令初學者易買易讀，不致迷罔眩惑而已。弇陋者當思擴其見聞，泛濫者當知學有流別。

凡無用者、空疏者、偏僻者、殽雜者不録，古書為今書所包括者不録，注釋淺陋者、妄人删改者、編刻譌謬者不録，古人書已無傳本、今人書尚未刊行者不録，舊槧舊鈔偶一有之、無從購求者不録。若今人著述，有關經史要義，確知已成書者，間附録其書名，以備物色，且冀好事為刊行之。

經部舉學有家法實事求是者，史部舉義例雅飭考證詳核者，子部舉近古及有實用者，集部舉最著者。每一類之後，低一格者為次録。

多傳本者舉善本，未見精本者舉通行本，未見近刻者舉今日見存明本。子史小種多在通行諸叢書内，若别無精本及尤要而希見者，始偶一舉之。有他善本，即不言通行本。凡云又某本者，有異同。

近人撰述，成而未刊、刊而未見者尚多，要其最著者約略在是。至舊籍習聞者，此録未及，其書可緩。京師藏書，未在行篋，蜀中無從借書，訂補俟諸他日。

茲乃隨手記録，欲使初學便於翻檢，非若藏書家編次目録，故不盡用前人書目體例。學海堂本即皇清經解。津逮本即津逮祕書。問經堂本即問經堂叢書。皆取便省，他叢書仿此。官書据提要偁臣工編輯者，止注敕編，以别於御撰。

漢書藝文志有互見例。今於兩類相關者，間亦互見，注其下。

凡不書時代者，皆國朝人。此為求書計，故生存人著述亦有録者，用經世文編例，録其書，闕其名。

所舉二千餘部，疑於浩繁，然分類以求，亦尚易盡，較之泛濫無歸者，則為少矣。諸生當知其約，勿駭其多。

光緒元年九月日，提督四川學政、侍讀銜翰林院編修張之洞記。

書目答問卷一　經部

經學、小學書，以國朝人爲極，于前代著作，擷長棄短，皆已包括其中，故于宋元明人從略。

正經正注第一

此爲誦讀定本，程試功令，説經根柢。

注疏本與明監本五經，功令並重。

十三經注疏。共四百一十六卷。乾隆四年武英殿刻附考證本，同治十年廣州書局覆刻殿本，阮文達公元刻附校勘記本，明北監本，明毛晉汲古閣本。目列後。

阮本最于學者有益，凡有關校勘處旁有一圈，依圈檢之，精妙全在于此。四川書坊翻刻阮本，譌謬太多，不可讀，且削去其圈，尤謬。明監、汲古本不善。

周易正義十卷，魏王弼、晉韓康伯注，唐孔穎達等正義。　尚書正義二十卷，舊題漢孔安國傳、唐孔穎達正義。　毛詩正義七十卷，漢毛亨傳、鄭元箋、唐孔穎達正義。　周禮注疏四十二卷，漢鄭元注、唐賈公彦疏。　儀禮注疏五十卷，漢鄭元注、唐賈公彦疏。　禮記正義六十三卷，漢鄭元注、唐孔穎達正義。　春秋左傳正義六十卷，晉杜預集解、唐孔穎達正義。　春秋公羊傳注疏二十八卷，漢何休解詁、唐徐彦疏。　春秋穀梁傳注疏二十卷，晉范寧集解、唐楊士勳疏。　孝經注疏九卷，唐元宗御注、宋邢昺疏。　論語注疏二十卷，魏何晏等集解，宋邢昺疏。　孟子注疏十四卷，漢趙岐注、舊題宋孫奭疏。　爾雅注疏十卷，晉郭璞注、宋邢昺疏。毛詩、儀禮，皆依疏本子卷計數，孝經亦依疏分卷。

相臺岳氏本古注五經。宋岳珂校刻。明翻刻宋本。武英殿翻刻本附考證，江南翻刻本，貴陽翻刻本，廣州翻刻本，成都翻刻本。

易九卷，王韓注，附略例一卷。　書十三卷，孔傳。　詩二十卷，毛傳、鄭箋。　春秋左氏傳三十卷，杜集解。　禮記二十卷，鄭注。便文可稱相臺五經。

永懷堂古注十三經。明金蟠、葛鼒同刻本，今江寧書局補足印行。又杭州局刻本。諸經注，即明李元陽刻注疏本。孝經題漢鄭氏注，實是唐元宗注。

易九卷，附略例一卷。　書二十卷。　詩二十卷。　儀禮十七卷。　周禮四十二卷。　禮記四十九卷。　春秋左傳三十卷。　公羊傳二十八卷。　穀梁傳二十卷。　論語二十卷。　孟子十四卷。　孝經九卷。　爾雅十卷。

稽古樓單注巾箱本十三經。星子干氏刻本〔一〕。皆古注。論語併刻朱注，毛詩間采孔疏。

明監本宋元人注五經。明經廠本，揚州鮑氏刻本，南昌萬氏刻本，又江寧局本，又崇道堂本，又武昌局本。通行杜氏巾箱六經單注本，尚不謬。坊本音注，皆不可据。

易宋朱子本義四卷。　宋程子傳四卷。江寧本本義，依朱子原本十二卷，兼刻程傳，他本無。　書宋蔡沈集傳六卷。　詩朱子集傳八卷。武昌局本附序。　春秋舊用宋胡安國傳，乾隆間廢。改用左傳杜注三十卷。江寧本左傳有姚培謙補注，鮑本合刻三傳，附春秋傳説彙纂。　禮記元陳澔集説十卷。崇道堂本兼録御案。新刻五經，江寧本最

〔一〕甘鵬雲《張文襄公全集校勘記》云，「星子干氏」，「干」為「于」誤。

善。

明洪武定制，試士經義，用注疏及此數本。春秋兼用左、公、穀、胡、張洽五傳。永樂五經大全成書後，即專用此本。國子監雕板因至今沿稱監本。今明監本希見，姑以舊名統攝之。

四書章句集注十九卷。明經廠大字本，揚州鮑刻本，南昌萬刻本，武昌局本，皆合五經刻。

以上正經、正注合刻本

毛鄭詩三十卷，詩譜一卷，毛詩音義三卷，嘉慶甲子（本）〔木〕瀆周氏校刻本〔一〕，附毛詩校字記一卷。

重刻嘉靖本周禮鄭注十二卷，附札記一卷。顧廣圻校。黃丕烈刻士禮居叢書本。明嘉靖徐氏有翻刻相臺岳氏三禮單注本，今偶一見，不録。

福禮堂周禮注十二卷。周氏刻本，張青選清芬閣重刻本。鄭注，附釋文。

影宋嚴州單注本儀禮十七卷，附校録一卷。士禮居校本，武昌局翻黃本。鄭注。

影宋景德本儀禮疏五十卷。蘇州汪氏校刻本。

影宋撫州單注本禮記二十卷，附攷異二卷。張敦仁校刻本，武昌局翻張本。鄭注。

惠校本禮記注疏六十三卷。惠棟依宋本校。和氏刻本。

影宋單注本公羊傳十一卷。汪（士鍾）〔喜孫〕刻本，何注〔二〕。

校宋本孟子趙注十四卷，孫奭音義二卷。孔繼涵刻微波榭遺書本。

附釋文爾雅單注本十卷。清芬閣校。郭注。

武昌局刻周禮、儀禮、公羊、穀梁、孝經、爾雅單注大字本。皆古注。卷數仍舊。

仿宋本周易本義十二卷。曹寅揚州詩局刻本，武英殿重刻宋大字本。

重刻宋本周易本義十二卷，附呂氏音訓。寶應劉氏校刻本。宋呂祖謙音訓。音訓別有金華叢書本。

周易傳義音訓八卷，附易學啓蒙。程傳、朱本義、宋董楷合編。呂氏音訓新附。高均儒校。盱眙吴氏望三益齋刻本。

書傳音釋六卷，附書序。蔡傳，宋鄒季友音釋，高均儒校。吴氏望三益齋本。

翻刻宋淳祐大字本四書集注二十六卷。國朝刻本。

璜川吴氏仿宋本四書集注二十六卷，附考四卷。吴志忠校。嘉慶辛未刻本。

以上正經、正注分刻本。注疏乃欽定頒發學官者，宋元注乃沿明制通行者，四書文必用朱注，鄉會試五經文及經解，古注仍可采用，不知古注者，不得為經學。

古香齋袖珍五經四書。康熙間內府刻。無注。春秋無傳。

秦氏巾箱本九經。秦鏷刻。有音無注。易三卷，書四卷，詩四卷，禮記六卷，周禮六卷，春秋左傳十七卷，孝經一卷，論語二卷，孟子七卷。

計樹園十一經讀本。全文無注，直音。嘉慶元年萬廷蘭刻。無論語、孟子，經文皆依殿本注疏，勝于旁訓，惟公、穀無傳之經文未録。

〔一〕《張文襄公全集校勘記》云，本瀆周氏，「本」為「木」誤。據改。

〔二〕據北京三聯書店一九九八年版《書目答問斠補》校改。

春秋四傳合刻本三十八卷。左、公、穀、胡，元失名人編。通行本。

周禮讀本十二卷。袁樵校刻本。

得齋校本周官禮注六卷。殷盤校刻本。鄭注間采賈疏及宋人説。

周官精義十二卷。連斗山。通行本。不能得單注本者，初學止可讀此。

儀禮章句十七卷。吴廷華。乾隆丁丑、嘉慶丙辰兩刻本。阮元編録皇清經解學海堂刻本，極善。

儀禮易讀十七卷。馬之驌。通行本。便于初學，惟字太小。

左傳讀本三十卷。道光間敕撰。殿本，貴陽官本，清河官本。

以上諸經讀本附。

右正經正注。

列朝經注經説經本考證第二

空言臆説、學無家法者不録。

鄭氏易注十卷。漢鄭元。盧見曾刻雅雨堂叢書輯本，又廣州刻古經解彙函本三卷，附補遺一卷。

周易鄭注十二卷。丁杰輯補。陳春刻湖海樓叢書本。

馬王易（翼）〔義〕一卷[一]。問經堂輯本。

陸氏周易述一卷。吴陸績。古經解彙函重刻孫堂輯本，又馬國翰玉函山房輯佚書本三卷。

子夏易傳一卷。孫馮翼刻問經堂叢書輯本，又張澍二酉堂叢書輯本，又玉函山房輯本。此唐以前人依託，今通志堂、漢魏叢書所收十一卷本，乃宋以後人僞作。

周易集解十七卷。唐李鼎祚。雅雨堂本，古經解彙函重刻盧本，明毛晉刻津逮秘書本，張海鵬照曠閣刻學津討源本，又明木瀆周氏刻本，仁和葉氏刻周本。

李氏（集）〔易〕解（勝）〔賸〕義（一）〔三〕卷[二]。李富孫。顧脩刻讀畫齋叢書本。

周易口訣義六卷。唐史徵。孫星衍刻岱南閣叢書本，古經解彙函重刻孫本。

漢魏二十一家易注三十三卷。孫堂輯刻本。

孫氏周易集解十卷。孫星衍。岱南閣别行巾箱本，伍崇曜刻粤雅堂叢書本。

周易虞氏義九卷，虞氏消息二卷，虞氏易禮二卷，虞氏易事二卷，易言二卷，易候一卷。張惠言。茗柯全集本。學海堂本無易事、易言、易候。劉逢禄虞氏易言補、易虞氏五述，李鋭周易虞氏略例：未見傳本。

周易鄭氏義二卷。同上。

周易荀氏九家義一卷。同上。

易義别録十四卷。同上。孟喜、姚信、翟子元、蜀才、京房、陸績、干寶、馬融、宋衷、劉表、王肅、董遇、王廙、劉瓛、子夏。

周易姚氏學八卷，周易通論月令二卷。姚配中。汪守成刻本。

卦氣解一卷。宋翔鳳。自著浮溪精舍叢書本。

周易補疏二卷。焦循。焦氏叢書本，學海堂本。

易緯十二卷。八種。武英殿聚珍版本，杭州、福州重刻本，古經解彙函本。目列後。凡言聚珍版本者，福州皆有重刻本，杭州亦重刻第一單三

〔一〕《問經堂叢書》有《馬王易義》一卷，據改。

〔二〕《叢書集成初編》有《李氏易解賸義》三卷，據改。

十九種小字本。

乾坤鑿度二卷。僞。　乾鑿度二卷。藝海珠塵亦刻。　稽覽圖二卷。珠塵亦刻。辨終備一卷。　通卦驗二卷。　乾元序制記一卷。僞。是類謀一卷。珠塵亦刻。　坤靈圖一卷。緯與讖異，皆古經説，純駁不一，宜分別觀之。

易緯略義三卷。張惠言。茗柯全集本。錢塘易緯稽覽考正一卷，未刊。

乾鑿度鄭注二卷。丁杰輯補。雅雨堂本。

讀易別録三卷。全祖望。鮑廷博刻知不足齋叢書本。

周易義海撮要十二卷。宋李衡。納蘭性德編刻通志堂經解本，廣州書局重刻通志堂經解本。

易小帖（八）［五］卷[一]。毛奇齡。西河集本。

易例二卷。惠棟。周永年、李文藻刻貸園叢書本，張海鵬刻借月山房彙鈔本，錢熙祚刻指海本。

易箋八卷。陳法。京師貴州館刻本。

易圖明辨十卷。胡渭。錢熙祚刻守山閣叢書本，粤雅堂本。

易圖條辨一卷。張惠言。茗柯全集本。

春秋占筮書三卷。毛奇齡。西河集本。

易音三卷。顧炎武。顧氏音學五書本，學海堂本。

京氏易傳三卷。漢京房。津逮秘書本，學津討源本。此書多言占候，故四庫列術數類，惟漢學家多與相涉，未便歧出，姑附于此。易漢學八卷。惠棟。單行本，畢沅刻經訓堂叢書本。孟、虞、京、干、鄭、荀。王保訓輯京氏易八卷，嚴可均校補，未刊。

易象鈎解四卷。明陳士元。守山閣本。

仲氏易三十卷。毛奇齡。西河集本，學海堂本。

易説六卷。惠士奇。家刻本，學海堂本。

周易述十九卷，易微言二卷。惠棟。盧氏刻本。　周易述補四卷。江藩。自刻本。三書皆有學海堂本。

易確（十二）［二十］卷[二]。許桂林。自刻本。

易話二卷，易廣記三卷。焦循。焦氏叢書本。

太極圖説遺議一卷。毛奇齡。西河集本。

河圖洛書原舛編一卷。同上。

周易本義辨證五卷。惠棟。常熟蔣光弼省吾堂彙刻書本。

以上易之屬。雜道家言者不録。魏關朗易傳，唐郭京周易舉正，皆僞書，不録。

尚書大傳定本八卷。漢伏勝。陳壽祺校注。廣州原刻本，古經解彙函重刻陳本，又雅雨堂本三卷。

尚書馬鄭注十卷。孫星衍輯。岱南閣別行本。龔自珍尚書序大義，尚書馬氏家法，未見傳本。

古文尚書疏證八卷。閻若璩。家刻本，吴氏天津刻本。

尚書今古文注疏三十卷。孫星衍。平津館本，學海堂本。孫勝于王。

尚書後案三十卷。王鳴盛。原刻單行本，學海堂本。周用錫尚書證義，未見傳本。臧琳尚書集解一百二十卷，臧鏞堂補，未刊。

尚書釋天六卷。盛百二。學海堂本。

[一] 中華書局點校本《清史稿·藝文志》作五卷，《四庫總目·經部·易類》並同，據改。

[二] 據上海古籍出版社一九九九年版《販書偶記》乙正。

尚書地理今釋一卷。蔣廷錫。借月山房本，指海本，學海堂本。

禹貢錐指二十卷，圖一卷。胡渭。原刻本，學海堂本。程瑤田禹貢三江考，在通藝録内，又學海堂本。

禹貢鄭注釋二卷。焦循。焦氏叢書本。

禹貢集釋三卷，附錐指正誤一卷。丁晏。六藝堂自刻本。

尚書補疏二卷。焦循。焦氏叢書本，學海堂本。

尚書説一卷。宋翔鳳。浮溪精舍本。

尚書餘論一卷。丁晏。自著六藝堂詩禮七編本。

太誓答問一卷。龔自珍。吴縣潘氏滂喜齋刻本。

古文尚書撰異三十三卷。段玉裁。自著經韻樓叢書本，學海堂本。

尚書中候鄭注五卷。學津輯本。

禹貢會箋十二卷。徐文靖。徐氏六種本。

古文尚書考二卷。惠棟。省吾堂本，學海堂本。明梅鷟古文尚書考異，已括閻、惠、王諸家書内。

尚書集注音疏十二卷，尚書經師系表一卷。江聲。原刻篆書、真書兩本，學海堂本。

尚書王氏注二卷。魏王肅。馬國翰輯。玉函山房輯佚書之一。止標列近古尤要及輯本獨詳者數種，餘具總義類原書中。

以上書之屬。不知今古文之别者不録。

毛詩傳疏三十卷。陳奂。單行本，叢書本。

毛詩傳箋通釋三十二卷。馬瑞辰。道光十五年刻本。

毛詩後箋三十卷。胡承珙。墨莊遺書本。許桂林毛詩後箋八卷，未刊。

毛詩稽古篇三十卷。陳啓源。單行本，學海堂本。錢大昭詩古訓十二卷，未刊。

詩經小學四卷。段玉裁。經韻樓本，學海堂本。

毛鄭詩考正四卷。戴震。戴氏遺書本，學海堂本。

毛鄭詩釋四卷。丁晏。六藝堂本。

詩廣詁三十卷。徐璈。刻本。

毛詩補疏五卷。焦循。焦氏叢書本，學海堂本。

毛詩禮徵（文）十卷。包世榮。家刻本。

校正陸璣毛詩草木鳥獸蟲魚疏二卷。丁晏校。六藝堂本，古經解類函重刻丁本，又津逮本。

陸璣疏考證一卷。焦循。焦氏叢書本。

詩經稗疏四卷。王夫之。船山遺書本。

續詩傳鳥名三卷。毛奇齡。西河集本。

詩地理考六卷。宋王應麟。玉海附刻本，津逮本，學津本。

毛詩地理釋四卷。焦循。焦氏叢書本。

詩氏族考六卷。李超孫。別下齋本。

毛詩識小三十卷。林伯（侗）［桐］[一]。修本堂遺書本。

詩本音十卷。顧炎武。音學五書本，學海堂本。

毛詩韻訂十卷。苗夔。自刻本。

毛詩證讀　卷。翟灝。刻本。

詩音表一卷。錢坫。錢氏四種本。

詩經廿二部古音表集説　卷。夏炘。自著景紫堂全書本。

詩聲類十二卷，分例一卷。孔廣森。顨軒所著書本。

毛詩王氏注四卷，義駁一卷，奏事一卷，問難一卷。魏王肅。

[一] 上海古籍出版社一九八三年版《書目答問補正》「侗」作「桐」，據改。

玉函山房輯本。

毛詩異同評三卷。晉孫毓。難孫氏毛詩評一卷。陳統。玉函山房輯本。

毛詩指説一卷。唐成伯璵。通志堂本。

毛詩通考三十卷，鄭氏詩譜考正一卷。林伯桐。修本堂本。

毛詩重言一卷，毛詩雙聲疊韻説一卷。王筠。鄂宰四種本。

魯詩故三卷。玉函山房輯本。

齊詩傳二卷。玉函山房輯本。近人別有齊詩翼奉學一卷。

韓詩故二卷，韓詩内傳一卷，韓詩説一卷。漢韓嬰。玉函山房輯本。邵晉涵韓詩内傳考一卷，有刻本，未見。

韓詩薛君章句二卷。漢薛漢。玉函山房輯本。

韓詩内傳徵四卷。宋緜初。刻本。嚴可均輯韓詩二十一卷，附魯詩、齊詩、漢人詩説，未刊。

韓詩外傳十卷。漢韓嬰。趙懷玉校本，周廷寀校注本，吴氏望三益齋刻周趙合校本，古經解彙函本，又津逮、學津、通津草堂三本，皆遜。陳瑑韓詩外傳疏證十卷，未見傳本。

三家詩考一卷。宋王應麟。玉海附刻本，津逮本，學津本。

詩考補注二卷，補遺一卷。林伯桐。修本堂本。

詩考異字箋餘十四卷。周邵蓮。嘉慶元年刻本。

三家詩異文疏證六卷，補遺三卷。馮登府。道光十年自刻本，又學海堂、續刻經解本二卷。別有三家詩異義遺説二十卷，未刊。

三家詩遺説考十五卷。陳壽祺。家刻本。

四家詩異文考五卷。陳喬樅。自刻本。

吕氏家塾讀詩記三十二卷。宋吕祖謙。錢儀吉編刻經苑本，明嘉靖陸釴刻本。

詩緝三十六卷。宋嚴粲。明刻本。

詩説三卷，附録一卷。惠周惕。家刻本，借月山房本，指海本，學海堂本。

杲溪詩經補注二卷。戴震。戴氏遺書本，學海堂本。

虞東學詩十二卷。顧鎮。刻本。

詩古微［二十］卷〔一〕。魏源。自刻本。魏所著有書古微、公羊古微，未見傳本。

三家詩拾遺十卷。范家相。守山閣本。

毛詩寫官記四卷，札記二卷。毛奇齡。西河集本。

毛詩紬義二十四卷。李黼平。廣州原刻本，學海堂本。

毛詩古音考六卷。明陳第。學津本。

毛詩名物圖説九卷。徐鼎。乾隆三十六年刻本。

以上詩之屬。詩家與四家詩皆不合者不録。子貢詩傳，申培詩説，皆僞書。不録。

禮説十四卷。惠士奇。原刻本，上海彭氏重刻本，學海堂本。

周禮疑義舉要七卷。江永。原刻本，守山閣本，學海堂本。

周禮漢讀考六卷。段玉裁。經韻樓本，學海堂本。徐養原周官故書考，沈夢蘭周官學，未見傳本。

周禮故書疏證　卷。宋世犖。台州叢書本。

周官禮鄭氏注箋十卷。莊綬甲。馬宗槤周禮鄭注疏證，未見傳本。

周禮釋注二卷。丁晏。六藝堂本。

周官禄田考三卷。沈彤。果堂集本，學海堂本。

周禮軍賦説四卷。王鳴盛。學海堂本。

〔一〕楚學精廬一九三七年版《張文襄公全集校勘記》云，「（詩古微）足本二十卷」。據補。

考工記圖二卷。戴震。戴氏遺書本，學海堂本。

考工創物小記一卷，磬折古義一卷，溝洫疆理小記一卷，九穀考一卷。程瑤田。在通藝録内，學海堂本。

車制圖考一卷。阮元。揅經室本，學海堂本。較錢坫車制考尤核。朱鴻考工記車制參解，未刊。

考工輪輿私箋二卷。鄭珍。附圖一卷。今人。同治戊辰莫氏刻本。

肆獻祼饋食禮纂三卷。任啓運。釣臺遺書本。互見。

周官記五卷，周官説五卷。莊存與。味經齋遺書本。

以上周禮之屬。疑經者不録。

儀禮鄭注句讀十七卷。附監本正誤一卷，石經正誤一卷。張爾岐。通行本。吴廷華儀禮章句，已入讀本。

儀禮圖六卷。張惠言。阮刻單行本，武昌局刻縮本。遠勝宋楊復圖。

儀禮釋例一卷。江永。張海鵬刻墨海金壺本，守山閣本。墨海金壺印行不多，所刻書皆在守山閣叢書中。

禮經釋例十三卷。凌廷堪。儀徵阮氏文選樓叢書本，學海堂本。

儀禮正義四十卷。胡培翬。沔陽陸氏蘇州刻本，内有十二卷楊大堉補。

儀禮漢讀考一卷。段玉裁。經韻樓本，學海堂本。

儀禮古今文疏義十七卷。胡承珙。墨莊遺書本，徐養原儀禮古今文疏證，有刻本，未見。

儀禮（故書）〔古今文〕疏證　卷〔一〕。宋世犖。台州叢書本。

儀禮注疏詳校十七卷。盧文弨。抱經堂本。

儀禮〔經注疏〕正譌十七卷〔二〕。金曰追。刻本。

儀禮石經校勘記四卷。阮元。粤雅堂本。

儀禮釋官九卷。胡匡衷。家刻本，學海堂本，胡肇智重刻本。

釋宫增注一卷。江永。指海本。

禮經宫室答問二卷。洪頤煊。自著傳經堂叢書本。胡培翬儀禮宫室定制考，未見傳本。

弁服釋例八卷。任大椿。王氏刻本，學海堂本。

喪服傳馬王注一卷。問經堂輯本。

喪服文足徵記十卷。程瑤田。通藝録本，學海堂本。

喪服會通四卷。吴嘉賓。自刻本。

儀禮管見四卷。褚寅亮。家刻本。

儀禮小疏八卷。沈彤。果堂集本，學海堂本。

儀禮釋注二卷。丁晏。六藝堂本。

儀禮私箋八卷。鄭珍。遵義唐氏刻本，江寧重刻本。

儀禮集編四十卷。盛世佐。刻本。

讀禮通考一百二十卷。徐乾學。原刻通行本。

儀禮識誤三卷。宋張淳。聚珍本，杭本，福本，經苑本，榮譽刻得月簃叢書本。

儀禮集釋三十卷，儀禮釋宫一卷。宋李如圭。聚珍本，福本，經苑本。釋宫有守山閣本，金壺本。二書雖善，已爲今書該括。

儀禮析疑十七卷。方苞。望溪全集本。

儀禮逸經傳二卷。元吴澄。吴文正公集本，通志堂本，學津本。

饗禮補亡一卷。諸錦。吴省蘭刻蓺海珠塵本。宋劉敞補士相見義、公食大夫義，在公是集中。

以上儀禮之屬。有意攻駁古注者不録。

〔一〕據上海古籍出版社一九九九年版《販書偶記》校改。

〔二〕據中華書局點校本《清史稿·藝文志》校改。

禮記集説一百六十卷。宋衛湜。通志堂本。
續衛氏禮記集説一百卷。杭世駿。活字版本。
禮記陳氏集説補正三十八卷。陸元輔代納蘭性德撰。通志堂本。
禮記訓纂四十九卷。朱彬。咸豐元年刻本。
禮記偶箋三卷。萬斯大。萬氏經學五書本，續刻得月簃叢書本。錢坫内則注三卷，未刊。
禮記訓義擇言八卷。江永。原刻本，守山閣本，金壺本。
禮記補疏三卷。焦循。焦氏叢書本，學海堂本。許桂林禮記長義四卷，未見傳本。
禮記集解六十一卷。孫希旦。蘇州新刻本。張敦仁撫本禮記鄭注考異二卷，附仿宋撫本禮記後。
蔡邕月令章句二卷。蔡雲輯。道光四年王氏刻本，又馬瑞辰輯注本。
深衣考誤一卷。江永。單行本，學海堂本。
深衣釋例三卷。任大椿。燕禧堂五種本。
燕寢考三卷。胡培翬。刻本，學海堂本。
明堂大道録八卷。惠棟。經訓堂本。
禘説上下卷。同上。同上。
大戴禮記盧辯注十三卷。雅雨堂校本，聚珍本，福本。
大戴禮記補注十三卷，敘録一卷。孔廣森。顨軒所著書本，揚州局本，學海堂本無敘録。
大戴禮記解詁十三卷，敘録一卷。王聘珍。自刻本。
大戴禮記正誤一卷。汪中。學海堂本。
夏小正傳二卷。漢戴德傳。孫星衍校。岱南閣別刻巾箱本。
夏小正考注一卷。畢沅校。經訓堂本。
夏小正疏義四卷，附釋音異字記。洪震煊。傳經堂本，學海堂本。
夏小正四卷，校録一卷，集解四卷。顧鳳藻。士禮居本。王筠夏小正正義　卷，鄂宰四種本。
曾子注釋四卷。阮元。文選樓本，學海堂本。即大戴禮之十篇。
孔子三朝記七卷，目録一卷。洪頤煊。傳經堂本。

以上禮記之屬

白虎通義四卷。漢班固。抱經堂校本，聚珍本，福本。此書皆言禮制，故入此類。
禮論鈔三卷。宋庾蔚之。玉函山房輯本。
三禮義宗三卷。梁崔靈恩。玉函山房輯本。
禮箋三卷。金榜。單行本，學海堂本，原書十卷，未全刻。
禮學卮言六卷。孔廣森。顨軒所著書本，學海堂本。
三禮義證［十二］卷〔一〕。武億。道光癸卯聊城楊氏刻本。
禮説四卷。淩曙。學海堂本，本名禮論。
禮説［十六］卷〔二〕。金鶚。沔陽陸氏刻本。
求古録禮説補遺一卷。金鶚。潘氏滂喜齋編刻本。
禮説一卷。陳喬樅。家刻本。
郊社禘祫問一卷。毛奇齡。西河集本，藝海珠塵本。

〔一〕楚學精廬一九三七年版《張文襄公全集校勘記》云，「楊氏刻本十二卷」。據補。
〔二〕楚學精廬一九三七年版《張文襄公全集校勘記》云，「沔陽陸氏刻本十六卷」。據補。

大小宗通（釋）[繹]（二）[一]卷〔一〕。同上。

宗法小記一卷。程瑶田。通藝録内，學海堂本。

釣臺遺書四卷。任啓運。彭氏刻本。

五禮通考二百六十二卷。秦蕙田。原刻本。最有用。宋陳祥道禮書，朱子儀禮經傳通解，江永禮書綱目，皆括其中。

質疑二卷。杭世駿。讀畫齋本，學海堂本。

讀禮志疑六卷。陸隴其。單行本，正誼堂全書本。

參讀禮志疑二卷。汪紱。單行本。

三禮圖集注二十卷。宋聶崇義。通志堂本，日本翻刻本，通行翻刻本。是書多謬，以古書存目備考。孫星衍、嚴可均同撰三禮圖三卷，未刊。

以上三禮總義之屬。三禮家不考禮制，空言禮意者不録。

樂律全書四十二卷。明朱載堉。明刻本十種。

御纂律吕正義五卷。康熙五十二年。殿本。

律吕新論二卷。江永。守山閣本。錢塘律吕古義六卷，亦名律吕考文，未見傳本。

律吕闡微十卷。江永。

竟山樂録四卷。毛奇齡。西河集本。

樂縣考二卷。江藩。粤雅堂本。

燕樂考原六卷。淩廷堪。淩次仲集本，粤雅堂本。

聲律通考[十]卷〔二〕。今人。廣州刻本。

琴操二卷。漢蔡邕。平津館本，讀畫齋本。他部無可隸，附此。

瑟譜六卷。元熊朋來。粤雅堂本，指海本。内有唐開元十二詩譜。

以上樂之屬。

春秋釋例十五卷，（長曆一卷）〔三〕。晋杜預。岱南閣校本，聚珍本，福本，又席氏掃葉山房本，古經解彙函本。

春秋土地名一卷〔四〕，長曆一卷。晋杜預。微波榭校本，掃葉山房本。

左傳賈服注輯述二十卷。李貽德。餘姚朱氏刻本。馬宗槤先有輯本刊行，李書爲詳，且有發揮。

春秋左氏古義十六卷。臧壽恭。刻本。錢塘春秋左傳古義六卷，未刊。

左傳詁五十卷。洪亮吉。集外續刻本。

春秋左傳補注十卷。元趙汸。通志堂本，龔翔麟玉玲瓏閣叢刻本。

左傳杜解補正三卷。顧炎武。亭林遺書本，學海堂本，借月山房本，指海本。

左傳補注六卷。惠棟。貸園叢書本，守山閣本，金壺本，學海堂本。

左傳補注三卷。馬宗槤。原刻本，學海堂本。

左傳補注一卷。姚鼐。惜抱軒集本。沈欽韓左傳補注十二卷、考異十卷，未見傳本。

左通補釋三十二卷。梁履繩。家刻本。原書共六種，統名左通，尚有駁證、考異、廣傳、古音、臆説五種，未刊。

左傳小疏一卷。沈彤。果堂集本，學海堂本。

左傳補疏五卷。焦循。焦氏叢書本，學海堂本。

〔一〕據中華書局點校本《清史稿·藝文志》改。

〔二〕《張文襄公全集校勘記》云，《東塾叢書》本聲律通考為十卷。據補。

〔三〕《長曆》一卷，衍。據上古本删。

〔四〕《微波榭叢書》本作《春秋地名》一卷。「土」字疑衍。

左傳舊疏考證八卷。劉文淇。道光十八年刻本。原書十二卷。

劉炫規杜持平六卷。邵瑛。原刻本。

左傳事緯十二卷，附録八卷。馬驌。自刻本，漢陽朝宗書室活字版本無附録。

補春秋長曆十卷。陳厚耀。刻本。今人爲程汪氏補春秋長曆，未刊。

春秋經傳朔閏表二卷。姚文田。在邃雅堂學古録内，家刻本。鄒伯奇春秋經傳日月考，乃學計一得之一篇，在鄒徵君遺書内。

春秋經傳朔閏表發覆四卷。施彦士。附刻范景福春秋上律表四篇，求己堂八種本。孔繼涵春秋閏例日食例，未見傳本。

春秋地名考略十四卷。徐善代高士奇撰。高文恪四部稿本。

春秋地理考實四卷。江永。學海堂本。

春秋世族譜一卷。陳厚耀。與李淇春秋世紀編合刻本，道光十九年湯刻本。

春秋名字解詁二卷。王引之。自刻本附經義述聞後。

左傳姓名同異考四卷。高士奇。高文恪四部稿本。

春秋識小録九卷：職官考略三卷，地名辨異三卷，左傳人名辨異三卷。程廷祚。緜莊遺書本，珠塵本。林伯桐春秋左傳風俗二十卷，未刊。

以上春秋左傳之屬

春秋繁露十七卷。漢董仲舒。戴震、盧文弨校。聚珍本，福本，抱經堂本。

春秋繁露注十七卷。淩曙注。古經解彙函本。

春秋公羊通義十一卷，敘一卷。孔廣森。顨軒所著書本，學海堂本。

春秋正辭十三卷。莊存與。味經齋本，學海堂本。龔自珍春秋決事比，未見傳本。

公羊何氏釋例十卷。劉逢禄。學海堂本。褚寅亮公羊釋例三十卷，未刊。

公羊何氏解詁箋一卷。劉逢禄。學海堂本。

論語述何二卷。劉逢禄。學海堂本。

公羊禮説一卷。淩曙。學海堂本。別有公羊禮疏十一卷、公羊問答二卷，未見傳本。

公羊逸禮考徵一卷。陳奂。潘氏滂喜齋刻本。

公羊補注一卷。馬宗槤。刻本。

公羊補注一卷。姚鼐。惜抱軒集本。

發墨守評一卷，箴膏肓評一卷，穀梁廢疾申何二卷。劉逢禄。學海堂本。

以上春秋公羊傳之屬。

春秋經解十五卷。宋孫覺。聚珍本，福本。

穀梁釋例四卷。許桂林。粤雅堂本題一卷，實四卷。

穀梁禮證二卷。侯康。伍元薇刻嶺南遺書本。馬宗槤穀梁傳疏證，未見傳本。

穀梁補注一卷。姚鼐。惜抱軒集本。

穀梁大義述三十卷。柳興（宗）〔恩〕〔一〕。有刻本，未見。邵晋涵穀梁古注、洪亮吉公穀古義，未刊。

以上春秋穀梁傳之屬。

〔一〕中華書局點校本《清史稿·藝文志》作「柳興恩」，據改。

箴膏肓一卷，起廢疾一卷，發墨守一卷。漢鄭玄。問經堂輯本，珠塵本，亦在黄奭輯高密遺書内。

春秋古經説二卷。侯康。嶺南遺書本。

春秋大事表五十卷，輿圖一卷，附録一卷。顧棟高。原刻本，學海堂本太少。

春秋十論一卷。洪亮吉。卷施閣集續刻本。

半農春秋説十五卷。惠士奇。家刻本。

春秋屬辭比事記四卷。毛奇齡。西河集本，學海堂本。

春秋經傳比事二十二卷。林春溥。竹柏山房十一種本。

春秋三傳異文箋十三卷。趙坦。學海堂本。

春秋三傳異文釋十三卷。李富孫。蔣光煦刻别下齋叢書本。錢塘春秋三傳釋疑十卷，未刊。

春王正月考一卷。明張以寧。指海本，通志堂本。

春秋日食質疑一卷。吴守一。指海本，借月山房本。

春秋毛氏傳三十六卷。毛奇齡。西河集本。

春秋屬辭辨例編六十卷。張應昌。蘇州局本。

春秋胡氏傳辨疑二卷。明陸粲。指海本。

春秋胡傳考誤一卷。明袁仁。學津本。

春秋集傳纂例十卷。唐陸淳。玉玲瓏閣本，錢儀吉刻經苑本，古經解彙函重刻錢本。

春秋微旨三卷。唐陸淳。玉玲瓏閣本，錢儀吉刻經苑本，古經解彙函重刻錢本，學津本。

春秋集傳辨疑十卷。唐陸淳。玉玲瓏閣本，古經解彙函重刻龔本。

春秋金鎖匙一卷。元趙汸。微波榭本，學津本。

春秋集傳十五卷。元趙汸。通志堂本。

春秋説略（四）［十二］卷[一]。郝懿行。郝氏遺書本。

以上春秋總義之屬。春秋家與三傳皆不合者不録。陸氏三種，于三傳皆加攻駁，因唐以前書，舉以備考。

論語鄭注十卷。宋翔鳳輯。浮溪精舍本。鄭珍輯論語三十七家注四卷，未刊。

論語義疏十卷。梁皇侃。殿本，知不足齋本，古經解彙函重刻鮑本。

論語正義二十卷。劉寶楠。江寧刻本。徐養原論語魯讀考、包慎言論語温故録，未見傳本。

論語稽求篇七卷。毛奇齡。西河集本，學海堂本。

魯論説三卷。程廷祚。緜莊遺書本。

論語（俟）［竢］質三卷[二]。江聲。胡珽琳琅秘室叢書活字本。

論語駢枝一卷。劉台拱。劉氏遺書本，學海堂本。

論語後録五卷。錢坫。錢氏四種本。

論語補疏三卷。焦循。焦氏叢書本，學海堂本。

論語偶記一卷。方觀旭。學海堂本。

論語説義十卷。宋翔鳳。浮溪精舍本。

鄉黨圖考十卷。江永。通行本，學海堂本。

論語類考二十卷。明陳士元。湖海樓本，歸雲别集本。

論語後案二十卷。黄式三。道光甲辰活字版本。

以上論語之屬。論語、孟子，北宋以前之名。四書，南宋以後之名。若統于四書，則無從足十三經之數，故視注解家之分合别列之。韓愈、李翺

[一]《郝氏遺書》本《春秋説略》作十二卷，據改。

[二]《琳琅秘室叢書》（咸豐本）作《論語竢質》，據改。

論語筆解，偽書，不録。

孟子音義二卷。宋孫奭。士禮居影宋蜀大字本，抱經堂本，微波榭本，韓岱雲本，成都局本，又通志堂本。此真孫奭作，疏乃僞託。

孟子趙注補正六卷。宋翔鳳。浮溪精舍本。

孟子劉熙注一卷。宋翔鳳輯。浮溪精舍本。

孟子正義三十卷。焦循。焦氏叢書本，學海堂本。錢東垣孟子解誼十四卷、錢侗孟子正義十四卷，未刊。

孟子四考四卷。周廣業。乾隆乙卯刻本。

孟子雜記四卷。明陳士元。湖海樓本。

孟子生卒年月考一卷。閻若璩。學海堂本。

孟子時事略一卷。任兆麟。心齋十種本。

以上孟子之屬。

四書釋地一卷，續一卷，又續二卷，三續二卷。閻若璩。通行本，學海堂本。

四書釋地辨證二卷。宋翔鳳。浮溪精舍本，學海堂本。

四書賸言四卷，補二卷。毛奇齡。西河集本。

四書考異七十二卷。翟灝。原刻本，總考、條考各半。學海堂本，止條考三十六卷。

四書典故辨正（十二）［二十］卷[一]。周炳中。刻本。淩曙四書典故覈六卷、許桂林四書因論二卷，未刊。

四書摭餘説七卷。曹之升。通行本。

四書拾遺五卷。林春溥。竹柏山房十一種本。

大學證文四卷。毛奇齡。西河集本。

大學古義説二卷。宋翔鳳。浮溪精舍本。

四書經注集證十九卷。吴昌宗。通行本。此書括元詹道傳四書纂箋在内。

以上四書之屬。

孝經鄭氏解輯一卷。臧庸輯。知不足齋本。

孝經鄭氏注一卷。嚴可均輯。自著四録堂類集本。

孝經義疏補九卷。阮福。文選樓本，學海堂本一卷。

孝經精義一卷，後録一卷，或問一卷，餘論一卷。張敘。乾隆（三）［二］年刻本[二]。

孝經外傳一卷。周春。珠塵本。

孝經述注一卷。丁晏。六蓺堂本。周中孚孝經彙解，未見傳本。

中文孝經一卷。周春。珠塵本。

孝經彙纂三卷。孫念劬。嘉慶四年刻本。

以上孝經之屬。變改原書篇次者不録。知不足齋叢書有古文孝經孔傳一卷、今文孝經鄭氏注一卷，皆偽書，不録。

爾雅漢注三卷。臧庸輯。問經堂本。

爾雅古義十二卷。黄奭輯。黄奭刻漢學堂叢書本。嚴可均輯爾雅一切注音十卷，未刊。

[一]「十二」，當乙轉為「二十」。據上海古籍出版社一九九九年版《販書偶記》改。

[二]「二」訛作「三」，形近致誤，據上海古籍出版社一九九九年版《販書偶記》改。

爾雅義疏二十卷。郝懿行。孫郝聯薇校刻足本，沔陽陸氏刻本、學海堂本皆未足。郝勝于邵。

爾雅正義二十卷。邵晉涵。原刻、重刻通行本，學海堂本。

爾雅補郭二卷。翟灝。自刻本。戴鎣爾雅郭注補正　卷，未見傳本。

爾雅釋義十卷，釋地以下四篇注四卷。錢坫。錢氏四種本。錢大昭爾雅釋文補三卷、錢繹爾雅疏證十九卷，未刊。

釋宮小記一卷，釋草小記一卷，釋蟲小記一卷。程瑶田。通藝録内，學海堂本。互見。

釋祀一卷。董蠡舟。

釋服二卷。宋翔鳳。浮溪精舍本。

釋骨一卷。沈彤。果堂集本。

釋繒一卷。任大椿。燕禧堂本，學海堂本。

釋舟一卷。洪亮吉。卷施閣集本。

以上爾雅之屬。講爾雅不通小學者不録。

御纂七經。殿本，杭州局本，武昌局本，成都書院本不精。目列後，此當敬遵與正注同。

周易折中二十二卷。康熙五十四年依古本經傳分編。又乾隆二十年欽定周易述義十卷，殿本。

書經傳説彙纂二十一卷。康熙末至雍正八年。

詩經傳説彙纂二十一卷。康熙末年。又乾隆二十年欽定詩義折中二十卷，多宗毛、鄭，殿本。

春秋傳説彙纂三十八卷。康熙三十八年。

周官義疏四十八卷。乾隆十三年。

儀禮義疏四十八卷。乾隆十三年。

禮記義疏八十二卷。乾隆十三年。

古微書三十六卷。明孫瑴。章刻本，陳刻本，活字版本，守山閣本，金壺本。孫書本有焚微、綫微、闕微、删微四種，總名微書，此其删微一種。

七緯三十八卷。趙在翰輯。福州小積石山房刻本。

玉函山房輯佚書經編三百五十二種。馬國翰輯。濟南新刻本。經史子集四編皆刊行，此編皆周秦至唐經説經注。

漢魏遺書鈔一百零八種。王謨輯。原刻本。分四册，無卷數，經史子集四類。此百八種，止經翼一門，皆漢魏至隋經注經説。

古經解鉤沈三十卷。余蕭客輯。原刻本，魯氏重刻本。

五經異義　漢許慎。并駁義　漢鄭元。一卷，補遺一卷。王復輯。問經堂本，珠塵本。

五經異義疏證三卷。陳壽祺。家刻本，學海堂本。

鄭志三卷，附録一卷。錢東垣等校。秦鑒刻汗筠齋叢書本，粤雅堂重刻秦本，又聚珍本，福本，問經堂本，古經解彙函重刻孫本，漢學堂本。

六藝論一卷。陳鱣輯。別下齋刻本。

聖證論一卷。馬國翰輯。玉函山房本，漢魏遺書本。互見。

高密遺書十四種。黄奭輯刻漢學堂本。六藝論，易注，尚書注，尚書大傳注，毛詩譜，箴膏肓、釋廢疾、發墨守，喪服變除，駁五經異議，答臨孝存周禮難，三禮目録，魯禘祫義，論語注，鄭志，鄭記。

經稗六卷。鄭方坤。

以上十二書皆輯古説。

九經古義十六卷。惠棟。貸園叢書本，省吾堂本，學海堂本。馬應潮九經古義注，未刊。

詩書古訓六卷。阮元。粤雅堂本。

助字辨略五卷。劉淇。康熙五十年刻本，聊城楊氏刻本。

經傳釋詞十卷。王引之。家刻本，守山閣本，學海堂本。馮登府十四經詁答問十卷，未刊。

經義雜記三十卷。敍録一卷。臧琳。家刻本，學海堂本。

經問十八卷，經問［補］三卷〔一〕。毛奇齡。西河集本。

羣經補義五卷。江永。單行本，學海堂本。

經咫一卷。陳祖范。家刻本。

經學卮言六卷。孔廣森。顨軒所著書本，學海堂本。

經傳小記（三）［一］卷〔二〕。劉台拱。劉氏遺書本。

經義知新記一卷。汪中。學海堂本。其述學内篇二卷入集部。

羣經識小八卷。李惇。學海堂本。

五經小學述二卷。莊述祖。珍藝宧遺書本。

考信録三十六卷。崔述。東壁遺書本。考信録提要、［上古］、唐虞、夏、商、豐鎬、洙泗、豐鎬別録、洙泗餘録、孟子事實録、續説、附録〔三〕。

經義述聞三十二卷。王引之。自刻本，江西刻本。學海堂本止二十八卷。

五經要義一卷，五經通義一卷。宋翔鳳。浮溪精舍本。

左海經辨二卷。陳壽祺。家刻本，學海堂本。

通藝録四十二卷〔四〕。程瑶田。自刻本。

羣經宫室圖二卷。焦循。焦氏遺書本。近人有經義圖説，巾箱本。雖爲程試而作，然勝于宋明人六經圖。

六經天文編二卷。宋王應麟。學津本，玉海附刻本。

經書算學天文考一卷。陳懋齡。學海堂本。

觀象授時十四卷。秦蕙田、方觀承。學海堂摘本。此五禮通考之一門，阮經解摘出，于學者亦便。

邃雅堂學古録七卷。姚文田。家刻本。

學計一得二卷。鄒伯奇。鄒徵君遺書本。互見子部算法。

九經説十七卷。姚鼐。江寧朱刻本，惜抱軒集本。錢大昭經説十卷，未刊。

經義未詳説五十四卷。徐卓。自刻本。

羣經平議十卷。今人。俞氏叢書本。

十三經客難五十五卷。龔元玠。江西刻本。

隸經文四卷。江藩。粤雅堂本。

説學齋經説一卷。葉鳳毛。珠塵本。

巢經巢經説一卷。鄭珍。家刻本。

句溪雜著五卷。陳立。自刻本。

經義叢鈔三十卷。學海堂本。體例未協，中有精粹。

以上諸經總義之屬。

經義考三百卷。朱彝尊。揚州馬氏刻本，重刻通行本。

經義考補正十二卷。翁方綱。自著蘇齋叢書本。錢東垣補經義考四

〔一〕中華書局點校本《清史稿·藝文志》作《經問》十八卷，《經問補》三卷。《書目答問》脱一「補」字，據補。

〔二〕嘉慶本《劉端臨先生遺書》收録此書，作一卷。《清經解續編》同。今據正。

〔三〕據上海古籍出版社一九八三年版《崔東壁遺書》補。

〔四〕上海古籍出版社一九九九年版《販書偶記》云，此書嘉慶八年初刊本為四十二卷。上海古籍版《書目答問補正》徑改為四十三卷，未是。

十卷、續經義考二十卷，未刊。

通志堂經解目録一卷。翁方綱注。蘇齋叢書本，粵雅堂本。

十三經注疏姓氏一卷。翁方綱。蘇齋叢書本。

授經圖四卷。明朱睦㮮。黄虞稷、龔翔麟同編。玉玲瓏閣本。畢沅、洪亮吉傳經表一卷、通經表一卷，未見傳本。

國朝漢學師承記八卷，附經師經義目録一卷。江藩。原刻本，粵雅堂本。

西京博士考二卷。胡秉虔。錢氏刻藝海珠塵續編本。

五經文字一卷，附五經文字疑一卷。唐張參。微波榭本，馬曰璐小玲瓏山館叢書本，廣州刻小學彙函即馬本，西安石本。

九經字樣一卷，附九經字樣疑一卷。唐唐元度。微波榭本，小玲瓏山館本，小學彙函刻馬本，西安石本。

刊正九經三傳沿革例一卷。宋岳珂。任大椿刻本，知不足齋本，粵雅堂本，海寧陳氏刻本，又叢書大字本。

九經誤字一卷。顧炎武。亭林遺書本，指海本，借月山房本。錢大昕經典文字考異三卷，未刊。

七經孟子考文補遺一百九十九卷。山井鼎考文，物觀補遺。日本刻本，阮刻巾箱本。易、書、詩、左、禮記、論語、孝經、孟子。

經典文字辨證五卷。畢沅。經訓堂本。

注疏考證六卷。齊召南。學海堂本，原附殿本注疏後。書、禮記、左、公、穀。

十三經注疏校勘記二百四十三卷。阮元。原刻單行本，學海堂本，又散附阮刻注疏各卷之後。

經典釋文三十卷，考證三十卷。唐陸德明釋文，盧文弨考證。抱經堂本，武昌局翻本，成都局翻本附孟子音義，通志堂本未善。

蜀大字本三經音義四卷。論語一卷，孝經一卷，孟子上下卷。岱南閣本，士禮居刻別行本。

漢魏音四卷。洪亮吉。卷施閣本。

九經補韻附考證一卷。宋楊伯嵒。錢侗考證。汗筠齋本，粵雅堂本，學津本。

經讀考異八卷。武億。原刻本，學海堂本。錢繹十三經斷句説十三卷、錢侗羣經古音鈎沈四卷，未刊。

十三經音略十二卷。周春。粵雅堂本。

經籍纂詁（二百一十六）〔一百六〕卷[一]，附補遺。阮元。揚州原刻本。以經爲主，故列此。

十經文字通正書十四卷。錢坫。原刻本，間有誤處。

羣經音辨七卷。宋賈昌朝。張士俊刻澤存堂（四）〔五〕種本[二]，粵雅堂本。

以上諸經目録文字音義之屬。

漢石經。殘字六百七十五字，熹平四年。翁方綱重摹南昌府學石本，紹興府學再摹石本。録此以見漢刻體勢，若遺文則隸釋、隸續爲詳。

唐石經。開成二年。西安府學石本，乾符修改，後梁補刻，明王堯惠補缺。十三經無孟子，明人補刻。

國朝石經。乾隆五十八年敕刊，嘉慶八年敕改定。國子監石本。十三經皆備，文字多依古本，與通行本多異，極精核。

石經考一卷。顧炎武。亭林遺書本，借月山房本，指海本。漢唐蜀石經亦詳金石萃編中。

〔一〕中華書局點校本《清史稿·藝文志》作一百六卷，今本同，據改。

〔二〕檢《中國叢書綜録》，張士俊所輯刻者，爲《澤存堂五種》，中有賈昌朝《羣經音辨》七卷。今據正。

石經考一卷。萬斯同。省吾堂本。

石經考異二卷。杭世駿。杭氏七種本。

漢石經殘字考。翁方綱。復初齋集。

魏三體石經殘字考二卷。孫星衍。平津館本。

唐石經校文十卷。嚴可均。四録堂類集本。王朝榘唐石經考正一卷，附十三經拾遺後。錢大昕唐石經考異一卷，未刊。

蜀石經殘字一卷。王昶。摹刻版本，學海堂收經義叢鈔内。

北宋汴學篆隸二體石經記一卷。丁晏。六蓺堂自刻本。

石經考文提要十三卷。彭元瑞。刻本。阮元儀禮石經校勘記，已入儀禮。

石經補考十二卷。馮登府。自刻本，學海堂經解續刻本六卷。國朝、漢、魏、唐、蜀、北宋、南宋。

以上石經之屬。此乃經文本原，故别為類，杭考原流，馮考文字。

右列朝經注、經説、經本考證。此類各書，為讀正經、正注之資糧。

小學第三

此小學謂六書之學，依漢書蓺文志及四庫目録。

説文解字十五卷。漢許慎。宋徐鉉校定附字。平津館小字本，小學彙函重刻孫本，汲古閣五次剜改大字本，朱校大字本即毛本，藤花榭額氏刻中字本，廣州新刻陳昌治編録一篆一行本，孫本最善，陳本最便。

汲古閣説文訂一卷。段玉裁。袁廷檮刻本，武昌局刻附段注説文後。嚴可均段氏説文訂訂一卷，未刊。

説文舊音一卷。畢沅輯。經訓堂本。

説文校議三十卷。姚文田、嚴可均同撰。原刻本，歸安姚氏咫進齋重刻本，李氏半畝園叢書本。

説文斠詮十四卷。錢坫。家刻本。

説文解字考異十四卷。姚文田。姚氏咫進齋家刻本，未畢工。鈕樹玉説文考異三十卷，未見傳本。

説文繫傳四十卷，附校勘記三卷。南唐徐鍇。苗夔校。壽陽祁氏刻本，歸安姚氏翻祁本，小學彙函重刻祁本，汪本、馬本不善。

説文繫傳校録三十卷。王筠。自刻本。錢師慎説文繫傳刊誤二卷，未刊。

説文解字段氏注三十卷，六書音韻表五卷。段玉裁。原刻本，蘇州重刻本，學海堂本，武昌局本附段氏汲古閣説文訂一卷。

説文段注訂八卷。鈕樹玉。原刻本，武昌局本。

説文段注匡謬八卷。徐承慶。姚氏咫進齋刻本，未畢工。馮桂芬説文段注考正十六卷，未見傳本。

説文釋例二十卷，説文句讀三十卷。王筠。自刻本。

説文新附考六卷，續考一卷。鈕樹玉。原刻本。武昌局本。鄭珍説文新附考四卷，尤精核，未刊。

説文逸字二卷，鄭珍。附録一卷，補遺一卷。今人。家刻本。

説文翼十六卷。嚴可均。姚氏咫進齋本，未畢工。

説文（正俗）辨字［正俗］八卷[一]。李富孫。新刻本。

説文聲系十四卷。姚文田。家刻本，吳刻本，粵雅堂本。錢塘説文聲系二十卷，未刊。

説文聲讀表七卷。苗夔。自刻本。別有説文聲讀考，未刊。

[一] 中華書局點校本《清史稿·藝文志》作《説文辨字正俗》，《販書偶記》同。據改。

說文字原韻表［二］卷〔一〕。胡重。金刻本。錢侗說文音韻表五卷、說文孳乳表二卷，未刊。

說文聲類二卷。嚴可均。四録堂本。

說文諧聲譜九卷。張惠言。

說文通訓定聲十八卷，柬韻一卷。朱駿聲。原刻本，甚便初學。

漢學諧聲二十卷，古音論一卷，附録一卷。戚學標。原刻本。

六書說一卷。江聲。琳瑯秘室本。

轉注古義考一卷。曹仁虎。珠塵本。

六書轉注說（一）［二］卷〔二〕。夏炘。景紫堂本。

說文引經考二卷。吴玉搢。姚氏咫進齋本。

說文引經考證八卷。陳瑑。武昌局本。臧禮堂說文引經考二卷、張澍說文引經考證，未見傳本。

說文古語考二卷。程際盛。刻本。錢繹說文解字讀若考三卷、說文解字闕疑補一卷，錢侗說文重文小箋二卷：未刊。

惠氏讀說文記十（四）［五］卷〔三〕。惠棟。借月山房本，指海本。

席氏讀說文記十五卷。席世昌。借月山房本，指海本。

說文管見三卷。胡秉虔。家刻本。許桂林許氏說音十二卷、說文後解十卷，未刊。

說文答問疏證（一）［六］卷〔四〕。錢大昕答，薛傳均疏證。原刻本，姚氏咫進齋重刻本，巾箱本。

小學考五十卷。謝啓昆。嘉慶丙子刻本。

字通一卷。宋李從周。珠塵本，知不足齋本。

說文字通通釋　卷。刻本。

復古編二卷。宋張有。張氏刻本，安邑葛鳴陽刻本。

篆韻譜五卷。南唐徐鍇。蘇州馮氏刻本，小學彙函本。王筠說文韻譜校五卷，甚精核，未刊。

說文通檢十四卷。今人。同治十二年廣州新刻本，附說文後。此書爲翻檢說文而設，極便。毛謨說文檢字二卷，止可檢汲古本，原刻、重刻兩本皆在成都。

說文義證五十卷。桂馥。楊氏原刻本，武昌局翻本。宋鑒說文解字疏、馬宗槤說文字義廣注，未見傳本。

說文聲訂二卷。苗夔。自刻本。錢大昭說文統釋六十卷，未刊。

說文疑疑二卷。孔廣居。家刻本。

說文拈字（四）［七］卷〔五〕。王玉樹。原刻本。

說文羣經正字二十八卷。邵瑛。嘉慶丙子刻本。

說文提要一卷。武昌局本。

別雅五卷。吴玉搢。刻本。

拾雅二十卷。夏味堂。原刻本，劉際清刻青照堂叢書本。

以上小學類說文之屬。元、明人講說文者，多變古臆說，不録。說文兼形、聲、義三事，故別為一類。

〔一〕楚廬精舍一九三七年版《張文襄公全集校勘記》云，刻本二卷。《販書偶記》同。據補。

〔二〕檢《中國叢書綜録》，《景紫堂全書》本作二卷，據改。

〔三〕檢《中國叢書綜録》，《借月山房彙鈔》本、《指海》本均作十五卷，據改。

〔四〕《叢書集成初編》本作六卷，諸本並同，據改。

〔五〕上海古籍出版社一九九九年版《販書偶記》云，《說文拈字》七卷，《補遺》三卷。據改。

汗簡三卷，目録敘略一卷。宋郭忠恕。汪啓淑刻本，汪立名一隅草堂本。此書多沿誤，鄭珍汗簡箋正七卷，極精，未刊。

薛氏鐘鼎款識二十卷。宋薛尚功。阮刻本。

積古齋鐘鼎款識十卷。阮元。通行本。學海堂本，未摹篆文，不便學者。

筠清館金文［五］卷[一]。吴榮光。自刻本。

繆篆分韻五卷。桂馥。自刻本。

隸釋二十七卷，隸續二十一卷。宋洪适。汪刻本，江寧洪刻附正誤本。又單刻隸續二十一卷，曹寅揚州詩局本。

隸韻十卷，考證二卷，碑目考證一卷。宋劉球。翁方綱考證。秦恩復刻本。

漢隸字原六卷。宋婁機。汲古閣本。

隸辨八卷。顧藹吉。通行本。

隸篇十五卷，續十五卷，再續十五卷。翟云升。自刻本。

字林考逸八卷。任大椿。燕禧堂本。

玉篇三十卷。梁顧野王原本。唐孫强增字，宋陳彭年等重修。澤存堂本，小學彙函重刻張本，鄧顯鶴重刻張本附札記，楝亭五種本，又明經廠大字本。

類篇四十五卷。宋司馬光等。楝亭五種本，姚氏咫進齋本。

欽定滿洲蒙古漢字三合切音清文鑑三十三卷。乾隆四十四年敕撰。殿本。

欽定西域同文志二十四卷。乾隆二十八年敕撰。殿本。國書、漢字、蒙古字、西番字、托忒字、回字。

龍龕手鑑四卷。遼僧行均。張丹鳴刻本，釋藏本。多佛書俗字。宋夏竦古文四聲韻五卷，汪啓淑刻本，全本汗簡不録。

六書故三十三卷。元戴侗。明刻本，小學彙函本。

佩觿三卷。宋郭忠恕。澤存堂本，又單行本。

字鑑五卷。元李文仲。澤存堂本。

以上小學類古文、篆、隸、真書、各體書之屬。古今各體形屬。

康熙字典道光七年重修，人人皆知，不贅列。

廣韻五卷。隋陸法言切韻元本，唐孫愐、宋陳彭年等重修。澤存堂本，鄧顯鶴重刻張本，曹寅楝亭五種本，又明經廠大字本，小學彙函重刻張本、明本兩本，張本較勝。

集韻十卷。宋丁度等。楝亭五種本，姚氏咫進齋本。

韻會舉要三十卷。元黄公紹原本，熊忠刪。元刻明補本。注所引有古書。

佩文詩韻五卷，禮部官本。官韻考異一卷。吴省欽。珠塵本。

音論一卷。顧炎武。顧氏音學五書本，學海堂本止摘中卷。

古音表二卷。顧炎武。苗夔音韻鉤沈，未刊。

唐韻正二十卷。顧炎武。

唐韻考五卷。紀容舒。守山閣本。

古韻標準四卷，四聲切韻表四卷。江永。貸園叢書本，粵雅堂本，守山閣本。

音學辨微一卷。江永。借月山房本，指海本，合前二種沔陽陸氏刻本。

聲韻考四卷。戴震。戴氏遺書本，貸園叢書本，經韻樓本。

［一］楚學精廬一九三七年版《張文襄公全集校勘記》云，刻本五卷。據補。

聲類表十卷。戴震。戴氏遺書本。

六書音韻表二卷。段玉裁。附段注説文後。互見。

四聲韻和表五卷。洪榜。刻本。

古音諧八卷。姚文田。姚氏咫進齋本。簡明易曉。

聲類四卷。錢大昕。集外單行本，粤雅堂本。

韻補五卷。宋吴棫。連筠簃叢書校本。

韻補正一卷。顧炎武。亭林遺書本，借月山房本，指海本，連筠簃本。苗夔韻補正，未刊。

禮部韻略五卷。宋丁度等。楝亭五種本，姚氏咫進齋重刻曹本。錢孫保影宋鈔足本，未刊。此書不合於古，不行於今，特藉以考見當時程試之制。

五音集韻十五卷。金韓道昭。明刻本。

以上小學類音韻之屬。音韻聲屬。

倉頡篇三卷。孫星衍輯。岱南閣本。

急就篇四卷。漢史游。唐顔師古注，宋王應麟補注。陳氏獨抱廬本，津逮本，學津本，玉海附刻本。

急就章考異一卷。孫星衍。岱南閣别刻行本，小學彙函本。

小學鉤沈二十卷[一]。任大椿。山陽汪氏刻本。

方言注十三卷。漢揚雄。晋郭璞注。丁杰校。抱經堂本，聚珍本，福本，小學彙函本。方言、釋名、小爾雅、廣雅四種，明郎奎金刻五雅，漢魏叢書，古今逸史，皆并有之，但無校注，不善。

方言疏證十三卷。戴震。戴氏遺書本。錢繹方言箋疏十三卷，錢侗方言義證六卷，未刊。

續方言二卷。杭世駿。杭氏七種本，珠塵本。

續方言補正一卷。程際盛。珠塵本。

釋名疏證八卷，補遺一卷。漢劉熙。江聲疏補。經訓堂篆書、正書兩本，又璜川書屋本、小學彙函本，無疏證。

續釋名一卷。江聲。經訓堂本。

小爾雅疏八卷。舊題漢孔鮒。晋李軌解。王煦疏。鑿翠山房本，非漢書藝文志元書。

小爾雅訓纂六卷。宋翔鳳。浮溪精舍本。

小爾雅義證十三卷。胡承珙。墨莊遺書本。錢東垣小爾雅校證二卷，未刊。

博雅音十卷。魏張揖。隋曹憲音。高郵王氏刻本，明畢效欽原刻本，小學彙函校本。即廣雅。

廣雅疏證十卷。王念孫疏證。家刻本，學海堂本。

駢雅訓纂十六卷。明朱謀㙔。魏茂林訓纂。通行大字、小字兩本。借月山房本。原書七卷。

駢字分箋二卷。程際盛。珠塵本。

一切經音義二十五卷。唐釋元應。莊炘校刻本，海山仙館本，杭州新校刻本。

華嚴音義四卷。唐釋慧苑。粤雅堂本，杭州新校刻本。二書所引古書及字書，古本甚多，可資考證，故國朝經師，多取資焉，于彼教無與也。

匡謬正俗八卷。唐顔師古。雅雨堂本，小學彙函重刻盧本，珠塵本。

字詁一卷。黄生。指海本，家刻本。錢繹字詁類纂一百六卷，未刊。

埤雅二十卷。宋陸佃。顧棫校刻本，明郎氏五雅本。多駁雜，不盡

[一] 中華書局點校本《清史稿·藝文志》作十八卷，《販書偶記》作十九卷。

闗經義。

爾雅翼三十二卷。宋羅願。學津本，格致叢書本。不盡可据。

以上小學類訓詁之屬訓詁義屬。

右小學。此類各書，爲讀一切經、史、子、集之鈐鍵。

按：以上經學各籍目録。下，間註未見刊傳本者，南菁書院所刊皇清經解續編，多已收入。

書目答問卷二　史部

此類若古史、及宋以前雜史、雜地志，多在通行諸叢書内。此舉善本，若諸本相等，舉易得者。

正史第一

事實先以正史爲據。

欽定二十四史。乾隆間欽定。此二十四部皆爲正史，共三千二百四十三卷，目列後。正史撰人不録。

史記一百三十卷。晉裴駰集解，唐司馬貞索隱，唐張守節正義。汲古本、掃葉本無索隱、正義。　漢書一百二十卷。唐顔師古注。即宋慶元附三劉刊誤、宋祁校語本。明監本、汲古本、掃葉本無校語。　後漢書一百二十卷。唐章懷太子賢注。内志三十卷，晉司馬彪撰，梁劉昭注。　三國志六十五卷。宋裴松之注。　晉書一百三十卷。附唐何超音義三卷。　宋書一百卷。　南齊書五十九卷。　梁書五十六卷。　陳書三十六卷。　魏書一百一十四卷。　北齊書五十卷。　周書五十卷。　隋書八十五卷。　南史八十卷。　北史一百卷。　舊唐書二百卷。　新唐書二百二十五卷。明南監本附宋董衡釋音二十五卷。　舊五代史一百五十卷，目録二卷。　新五代史記七十四卷，目録一卷。宋徐無黨注。　宋史四百九十六卷。　遼史一百一十六卷。　金史一百三十五卷。　元史二百一十卷。　明史三百三十六卷。

武英殿附考證本，江寧、蘇州、揚州、杭州、武昌五書局合刻本，新會陳氏覆刻殿本。明南、北監本廿一史，斷自元止，無舊唐、舊五代。北監合刻，南監乃新舊版輳集而成，或别刻，或覆刻。毛氏汲古閣本十七史，至新五代止，亦無舊唐、舊五代。席氏掃葉山房本，與毛本同，增舊唐、舊五代。北監本、掃葉本、陳本、坊翻毛本有脱誤。

以上正史合刻本。

重刻明震澤王氏本史記一百三十卷。武昌局本，間有依明柯校汪刻本者，王廷喆、柯維熊、汪諒，有索隱、正義。

古香齋袖珍史記一百三十卷。内府本。

重刻殿本附考證史記、漢書、後漢書、三國志、新五代史。成都局本。卷數與殿本同。

重刻聞人本舊唐書二百卷。明聞人詮原刻。揚州岑建功重校刻本，附逸文十二卷、校勘記六十六卷。

重刻殿本舊五代史一百五十卷，汲古閣本新五代史七十四卷。武昌局本。

重刻明史三百三十六卷。江寧藩庫本。

史記評林一百三十卷，漢書評林一百二十卷。明淩稚隆刻本，較勝他坊本，有索隱、正義。

以上正史分刻本。此外若明刻之秦藩本史記，劉氏翻刻元中統本史記索隱，汪文盛本兩漢書，馮夢禎刻三國志，皆善本。其餘明刻、近人坊刻史漢甚多，不具録。

單行本史記索隱三十卷。汲古閣本，掃葉山房本。

史記志疑三十六卷。梁玉繩。原刻本。

史記三書釋疑三卷。錢塘。錢坫補史記註一百三十卷，未刊。

史記三書正譌三卷。王元啓。祇平居士集本。律書一卷，曆書一卷，天官書一卷。孫星衍史記天官書考證十卷，未見傳本。

讀史記十表十卷。汪越。

古今人表考九卷。梁玉繩。清白士集本。人表考校補一卷，續考[校]補一卷[一]。蔡雲。自刻本。

漢書律曆志正譌上下卷。王元啓。祇平居士集本。杭世駿漢書疏證、北齊書疏證，未見傳本。

漢書地理志校本二卷。汪遠孫。杭州刻本。

漢書地理志稽疑六卷。全祖望。朱文翰刻本，粵雅堂本。

新斠注地理志十六卷。錢坫。原刻本，同治甲戌會稽章氏重刻本附徐松集釋。又漢書十表注十卷，未刊。

漢書地理志補注一百[三]卷[二]。吴卓信。安徽包氏刻本。

漢書地理志圖今釋　卷。漢志水道考一卷。今人。廣州刻本。

漢志水道疏證五卷。洪頤煊。問經堂本。

補漢兵志（五）[一]卷[三]。宋錢文子。知不足齋本。

漢藝文志考證十卷。王應麟。玉海附刻本。

漢書西域傳補注二卷。徐松。原刻本，張琦刻本，指海本。

漢西域圖考七卷。李光廷。同治庚午刻本。

班馬字類五卷，附補遺。宋婁機。别下齋刻涉聞梓舊本，小玲瓏館仿宋大字本，又仿宋中字本。

班馬異同評三十五卷。宋倪思。劉辰翁評。嘉慶丁酉福建刻本。倪書爲考史、漢文辭異同，劉評無謂，今倪書無單行本。

後漢書補逸二十一卷。姚之駰。刻本。孫志祖補輯謝承後漢書五卷，未見傳本。

[一] 檢《中國叢書綜録》，《元和蔡氏所著書》收有《續人表考校補》一卷，《書目答問》脱一「校」字，據補。

[二] 中華書局點校本《清史稿·藝文志》作一百三卷，據改。

[三] 中華書局點校本《宋史·藝文志》作一卷，據改。

補後漢書年表十卷。宋熊方。盧校鮑刻本。

後漢書補表八卷。錢大昭。汗筠齋本，粤雅堂本。

補後漢藝文志四卷。侯康。伍氏嶺南遺書本。錢大昭補續漢書藝文志二卷、後漢郡國令長考一卷，錢塘續漢書律曆志補注二卷：未刊。

後漢書補注二十四卷。惠棟。寶山李氏刻本，粤雅堂本，馮集梧刻本。

後漢書補注［續］一卷〔一〕。侯康。嶺南遺書本。

兩漢刊誤補遺十卷。宋吳仁傑。聚珍本，福本，知不足齋本。陳景雲兩漢舉正五卷、錢大昭兩漢書釋疑四十四卷、沈欽韓兩漢書疏證七十四卷，未刊。

三國職官表三卷。洪飴孫。道光元年李兆洛合梁疆域志刻本。

三國疆域志二卷。洪亮吉。卷施閣集本。

補三國藝文志四卷。侯康。嶺南遺書本。

三國志補注六卷，附諸史然疑一卷。杭世駿。刻本。

三國志補注［續］一卷〔二〕。侯康。嶺南遺書本，學海堂二集本。

三國志辨誤一卷。宋人闕名。聚珍本，福本，守山閣本，金壺本。陳景雲三國志舉正四卷、錢大昭三國志辨疑三卷，未刊。

三國志考證八卷。潘眉。嘉慶間刻本。沈欽韓三國志補訓詁八卷、釋地理八卷，未見傳本。

晉書地理志新補正五卷。畢沅。經訓堂本。

東晉疆域志四卷，十六國疆域志十六卷。洪亮吉。卷施閣集本。

補晉兵志一卷。錢儀吉。衎石齋記事初稿本。

補宋書刑法志一卷，食貨志一卷。郝懿行。郝氏遺書本。

晉宋書故一卷。郝懿行。洪亮吉宋書音義四卷，未刊。

補梁疆域志（八）［四］卷〔三〕。洪飴孫。李兆洛刻本。

南北史表六卷。周嘉猷。原刻本。章宗源隋書經籍志考證，未刊。

舊唐書校勘記六十六卷。羅士琳、陳立、劉文淇、劉毓崧同校。

舊唐書逸文十二卷。岑建功輯。揚州岑氏附舊唐書刻本。互見。

新唐書糾繆二十卷。宋吳縝。聚珍本，福本，知不足齋本。陳黄中新唐書　誤三卷，未刊。

新舊唐書合鈔二百六十卷。沈炳震。海寧查氏刻本。丁小鶴新舊唐書合鈔補正，有刻本，未見。

新舊唐書互證二十卷。趙紹祖。原刻本。

五代史補五卷。宋陶岳。汲古閣本，掃葉山房本。

五代史記纂誤三卷。宋吳縝。聚珍本，福本，知不足齋本。

五代史記纂誤補四卷。吳蘭庭。知不足齋本，珠塵本，單刻本。

（新）五代史（補）［記］注七十四卷〔四〕。彭元瑞、劉鳳誥同撰。原刻通行本，中分子卷。

宋遼金元四史朔閏考二卷。錢大昕。錢侗續成。文選樓本，粤雅堂本。

遼金元三史國語解四十六卷。乾隆四十六年敕撰。殿本。宋、遼、金、元史原書譯語不合者，殿本四史奉敕改正。

補遼金元三史藝文志。倪璠。抱經堂羣書拾補之一。

〔一〕中華書局點校本《清史稿·藝文志》作《後漢書補注續》一卷，《書目答問》脱一「續」字，據補。

〔二〕《叢書集成初編》收有侯康《三國志補注續》一卷，《書目答問》脱一「續」字，據補。

〔三〕上海古籍出版社一九九九年版《清史稿·藝文志》作四卷，據改。

〔四〕上海古籍出版社一九九九年版《販書偶記》作《五代史記注》七十四卷，據改。

遼金元三史拾遺五卷。錢大昕。潛研堂全書本。

遼史拾遺二十四卷，補五卷。厲鶚。汪刻本。杭世駿補金史一百卷，未刊。

元史氏族表三卷。錢大昕。潛研堂本。別有元史稿一百卷，未刊。

補元史藝文志四卷。同上。

元史備忘録一卷。明王光魯。借月山房本。

元史本證五十卷。汪輝祖。家刻本。

諸史拾遺五卷。錢大昕。潛研堂本。

歷代史表五十九卷。萬斯同。原刻足本，初印本少末六卷。錢大昕唐學士年表一卷、五代學士年表一卷、宋中興學士年表一卷，德清徐氏刻本。

史[目]表[一]卷〔一〕。洪飴孫。李兆洛刻本。乃合編歷代史目録。

歷代帝王年表三卷。齊召南。文選樓本，仁和葉氏重刻本。此書最簡括。

歷代帝王廟謚年諱譜一卷。陸費墀。阮福刻本，仁和葉氏重刻本。

歷代統紀表十三卷，疆域表三卷，沿革表三卷。段承基。自刻本。

廿一史四譜五十四卷。沈炳震。海寧查氏刻本。

歷代建元考十卷。鍾淵映。守山閣本，金壺本。

紀元要略二卷。陳景雲。補注一卷。子黃中。文道十書本，學津本，珠塵本。

元號略四卷，補遺一卷。梁玉繩。清白士集本。

紀元通考十二卷。葉維庚。自刻本。此書最詳。

歷代紀元編三卷。李兆洛。江寧官本，粵雅堂本。此書最便。

歷代地理志韻編今釋二十卷。李兆洛。江寧官本。此書最便。

歷代沿革圖一卷。六嚴。江寧官本。以上三書與皇朝輿地韻編、輿地圖合刻，通稱李申耆五種。

歷代地理沿革表四十七卷。陳芳績。道光間刻本。

十七史商榷一百卷。王鳴盛。原刻本。

廿二史考異一百卷。錢大昕。潛研堂本。李貽德十七史考異，未刊。

廿二史劄記三十六卷。趙翼。原刻本。

南史識小録八卷，北史識小録八卷。沈名蓀、朱昆田同編。刻本。錢大昕南北史雋一卷，未刊。

宋瑣語一卷。郝懿行。郝氏遺書本。此二書爲史鈔類，附此。

以上正史注補、表譜、考證之屬。此類各書，為讀正史之資糧。

右正史類。

編年第二

資治通鑑二百九十四卷。宋司馬光。元胡三省音注。胡克家仿元本，武昌局翻胡本。戰國至五代。

通鑑考異三十卷。同上。通鑑全書附刻本，胡注本已將考異散附本書各條下。

通鑑目録三十卷。同上。蘇州局翻宋本。體若表譜，以便尋檢通鑑。

通鑑稽古録二十卷。同上。單行本，學津本，武昌局本。

通鑑地理通釋十四卷。宋王應麟。津逮本，學津本，玉海附刻本。

〔一〕中華書局點校本《清史稿·藝文志》作《歷代史目表》一卷，葉德輝《書目答問斠補》同。據補。

通鑑釋文辨誤十二卷。元胡三省。胡刻通鑑、武昌局刻通鑑附刻本，通鑑全書附刻本。

通鑑胡注舉正一卷。陳景雲。文道十書本，原書十卷。

通鑑注辨正二卷。錢大昕。潛研堂本。

通鑑注商十八卷。趙紹祖。原刻本。

資治通鑑補二百九十四卷。嚴衍。附刊誤二卷。童和豫。咸豐元年江夏童氏活字本，印行不多。

通鑑（補）［刊本］識誤［三］卷，通鑑補略［一］卷。張敦仁[一]。自刻本。

通鑑問疑一卷。宋劉羲仲。津逮本，學津本。

以上編年類司馬通鑑之屬。其書博大，故别為類，以便考證此書者以類相從。

御批通鑑輯覽一百二十卷。乾隆三十二年敕撰。殿本，杭州局本，武昌局本，南昌巾箱本。伏羲迄明末。是書兼用通鑑及綱目義例。

通鑑外紀十卷，目録五卷。宋劉恕。蘇州局本。包羲至周。宋金履祥通鑑前編十八卷、舉要三卷，坊行通鑑全書附刻本，不如劉書。

漢紀三十卷。漢荀悦。

後漢紀三十卷。晋袁宏。附字句異同考一卷。蔣國祥。兩紀合刻本，又明黄省曾合刻本。

續資治通鑑長編五百二十卷。宋李燾。昭文張氏愛日精廬活字版本，四庫傳鈔本。北宋七代。原闕不全，此卷數乃四庫館重定。

續資治通鑑二百二十卷。畢沅。原刻蘇州補印本。宋、元、明人續通鑑甚多，有此皆可廢。

明紀六十卷。陳鶴。陳克家續成。蘇州局本。

西漢年紀三十卷。宋王益之。掃葉山房本，金華叢書本。改竄前人史書以爲著述，乃宋、明人通病，此取其有可刊正漢書文字之處。

以上編年類别本紀年之屬。隋王通元經，僞書，不録。建炎以來繫年要録二百卷，宋李心傳撰，四庫傳鈔本，無刻本。

御批通鑑綱目五十九卷，首編十八卷，外紀一卷，舉要三卷，續編二十七卷。康熙四十六年殿本。綱目凡例，宋朱子作。餘趙師淵作，前編金履祥，續編明商輅。

綱目訂誤四卷。陳景雲。文道十書本。

綱目釋地糾繆六卷。張庚。原刻本。

綱目釋地補注六卷。同上。

以上編年類綱目之屬。

右編年類。

紀事本末第三

繹史一百六十卷。馬驌。通行本。

左傳紀事本末五十三卷。高士奇。刻本。坊行本乃宋章冲書，與此同名，不如高書。

通鑑紀事本末四十二卷。宋袁樞。袁、陳、谷四種合刻通行本，漢陽朝宗書室活字版本，南昌局本未畢工。王延年補通鑑紀事本末，已進呈，未見傳本。

宋史紀事本末二十六卷。明陳邦瞻。袁、陳、谷四種合刻通行本，

[一]《清史稿·藝文志》作《通鑑刊本識誤》三卷，《通鑑補略》一卷，《販書偶記》同。據改。

漢陽朝宗書室活字版本，南昌局本未畢工。王延年補通鑑紀事本末，已進呈，未見傳本。

元史紀事本末四卷。同上。袁、陳、谷四種合刻通行本，漢陽朝宗書室活字版本，南昌局本未畢工。王延年補通鑑紀事本末，已進呈，未見傳本。

明史紀事本末八十卷。谷應泰。袁、陳、谷四種合刻通行本，漢陽朝宗書室活字版本，南昌局本未畢工。王延年有補通鑑紀事本末，已進呈，未見傳本。

三藩紀事本末四卷。楊陸榮。借月山房本。

聖武記十四卷。魏源。通行大字、小字兩本。平定粵匪紀略二十二卷，同治四年湖北省官撰，通行刻本，亦可備考。

三朝北盟會編二百五十卷。宋徐夢莘。傳鈔本，無刻本。

右紀事本末類。

古史第四

古無史例，故周、秦傳記體例與經、子、史相出入，散歸史部，派別過繁，今彙聚一所爲古史。

逸周書孔晁注十卷。盧文弨校。抱經堂本。

逸周書補注二十四卷。陳逢衡。自著陳氏叢書本。

周書集訓校釋［十］卷〔一〕。朱右曾。自刻本。

逸周書管箋十六卷。丁宗洛。刻本。

國語韋昭注二十一卷，附札記一卷。顧廣圻校。黄氏士禮居仿宋刻本，武昌局翻黄本。黄模國語補韋，未見傳本。

國語補音三卷。宋宋庠。微波榭本，吴氏望三益齋刻本。

國語校注本三種二十九卷。三君注輯存四卷，國語發正二十一卷，國語考異四卷。汪遠孫。自刻本。

國語韋昭注疏十六卷。洪亮吉。旌德吕氏刻本。龔麗正國語韋昭注疏、董斯垣國語正義，未見傳本。

戰國策高誘注三十三卷，札記三卷。宋姚宏校正、續注。顧廣圻校。士禮居仿宋刻本，武昌局翻黄本。

戰國策高誘注三十三卷。宋姚宏校正、續注。雅雨堂校本。鮑彪注本多竄改，不如此兩本。

戰國策校注十卷。宋鮑彪注。元吴師道補正。惜陰軒叢書本。

國策地名考二十卷。程恩澤。狄子奇箋。粤雅堂本。

戰國策釋地二卷。張琦。家刻本。

戰國紀年六卷。林春溥。竹柏山房十一種本。

山海經箋疏十八卷，圖讚一卷。郭璞注、讚，郝懿行疏。阮刻單行本，又郝氏遺書本，郝勝于畢。别行山海經圖贊一卷，藝海珠塵及他叢書多有之。

山海經十八卷。畢沅校。經訓堂本。

校正竹書紀年二卷。洪頤煊。平津館本。

竹書紀年集證五十（八）卷〔二〕。陳逢衡。陳氏叢書本。

竹書紀年補證四卷。林春溥。竹柏山房十一種本。

考訂竹書紀年十四卷。雷學淇。家刻本。

穆天子傳郭璞注七卷。洪頤煊校。平津館本，又古今逸史本。檀萃穆傳注疏。博而多謬，不録。

世本一卷。孫馮翼輯。問經堂本，又高郵茆氏輯刻十種古書本。

校輯世本二卷。雷學淇。自刻本。

〔一〕中華書局點校本《清史稿·藝文志》作十卷，《販書偶記》同。據補。

〔二〕上海古籍出版社一九九九年版《販書偶記》作五十卷，據改。

世本輯補十卷。秦嘉謨。原刻本。

家語王肅注十卷。汲古閣本。今通行李氏重刻汲古本作四卷。非古家語，然不能廢。

家語何孟春注八卷。盧文弨校刻本。

家語疏證六卷。孫志祖。自刻本。

晏子春秋七卷，音義二卷。孫星衍音義。岱南閣本，經訓堂本，又吴鼒仿宋本。

越絶書十五卷。漢袁康。明仿宋刻本，古今逸史本，漢魏叢書本。漢魏叢書有程榮、何允中、王謨三刻，何多于程，王多于何，今通行王本。

吴越春秋十卷。漢趙曄。古今逸史、漢魏叢書本併爲六卷。

附圖列女傳七卷，續一卷。漢劉向。阮刻仿宋本。顧之逵小讀書堆本，亦精，無圖。

列女傳注八卷。郝懿行妻王照圓。郝氏遺書本。

列女傳校注八卷。汪遠孫妻梁端。家刻本。

新序十卷。漢劉向。明經廠新序、説苑合刻本，何良俊合刻本，漢魏叢書本。陳壽祺有新序、説苑校本，未刊。

説苑二十卷。同上。以上五書，雖漢人作，然皆紀古事，多本舊文，故列古史。

古史紀年十四卷，古史考年同異表二卷。林春溥。竹柏山房十一種本。

右古史類。

别史第五

别史、雜史，頗難分析，今以官撰及原本正史重爲整齊，關繫一朝大政者入别史，私家記録中多碎事者入雜史。

東觀漢記二十四卷。舊題漢劉珍。聚珍本，福本，掃葉山房本，桐華館本。

晋記六十八卷。郭倫。原刻本。

晋略六十卷。周濟。道光十九年刻本。

西魏書二十四卷。謝啓昆。乾隆己卯刻本。

大唐創業起居注三卷。唐温大雅。津逮本，學津本，明鍾人傑刻唐宋叢書本。

順宗實録五卷。唐韓愈。海山仙館本，亦在全唐文内。

東觀奏記三卷。唐裴庭裕。續百川學海本，唐宋叢書本，稗海本。

隆平集二十卷。舊題宋曾鞏。康熙四十年彭期校刻本。

東都事略一百三十卷。宋王偁。五松室仿宋本，掃葉山房本。

契丹國志二十七卷。宋葉隆禮。掃葉山房本。

大金國志四十卷。舊題金宇文懋昭。掃葉山房本。古今逸史、説海中遼志、金志，即此兩書摘本。

明史稿二百八卷。王鴻緒。通行本。

東華録三十二卷。蔣良騏。通行本八卷。

宏簡録二百五十四卷。明邵經邦。通行本。是書意在續通志，成古今通史，特不能續其二十略，無力購宋、遼、金三史者，可以此書代之。

續後漢書四十七卷。宋蕭常。郁松年刻宜稼堂叢書本。又有郝經續後漢書，謝陛季漢書，陳陳相因，不録。以下二書，爲訂正三國志、五代史體例而作。

續唐書七十卷。陳鱣。道光十七年刻本。

宋史新編二百卷。明柯維騏。明刻本。陳黄中宋史稿二百十九卷，未刊。以下三書，皆爲删繁就簡。

南宋書六十卷。明錢士升。掃葉山房本。

元史類編四十二卷。邵遠平。通行本。此書意在續宏簡録。

右別史類。

雜史第六

録其有關政制、風俗、軼事者。

玉函山房輯佚書史編八種。馬國翰。濟南刻本。

帝王世紀十卷。晉皇甫謐。宋翔鳳輯。浮溪精舍本，指海本一卷，附補遺。

古史考一卷。漢譙周。平津館輯本。

路史四十七卷。宋羅泌。通行本。

春秋別典十五卷。明薛虞畿。孫星衍補注出典。嶺南遺書本，守山閣本，金壺本。

楚漢春秋一卷。漢陸賈。茆氏輯十種古書本。

伏侯古今注一卷。漢伏無忌。茆輯十種本。

建康實録二十卷。唐許嵩。張海鵬刻本。

貞觀政要十卷。唐吴兢。明經廠本，朱載震刻大字本。

奉天録四卷。唐趙元一。秦校本，粤雅堂本，指海本。

南部新書十卷。宋錢易。粤雅堂本，學津本，明高承埏稽古堂日鈔本。

鑒誡録十卷。宋何光遠。知不足齋本，學津本。

錦里耆舊傳四卷。宋句延慶。讀畫齋本。

涑水紀聞十六卷。宋司馬光。聚珍本，福本，學津本。

澠水燕談録十卷。宋王闢之。知不足齋本。

靖康傳信録三卷。宋李綱。海山仙館本，李調元刻函海本。

建炎以來朝野雜記四十卷。宋李心傳。聚珍本，福本，函海本。

大金弔伐録四卷。金闕名。守山閣本，金壺本。

慶元黨禁一卷。宋闕名。知不足齋本。

宋季三朝政要五卷，宋闕名。附録一卷。宋陳仲微。守山閣本，粤雅堂本，學津本。

庚申外史二卷。宋葛禄權衡。海山仙館本，又學津本。

汝南遺事四卷。元王鶚。指海本，借月山房本。

歸潛志十四卷。元劉祁。聚珍本，福本，知不足齋本。

元朝秘史十五卷。闕名。連筠簃本。

野獲編三十卷。明沈德符。明刻本。

雙槐歲鈔十卷。明黄瑜。嶺南遺書本。

革除逸史二卷。明朱睦㮮。指海本，借月山房本。

弇州別集一百卷。明王世貞。明刻本。

列朝盛事一卷。明王世貞。指海本，借月山房本。

勝朝彤史拾遺記六卷。毛奇齡。西河集本，珠塵本。

明季北略二十四卷，南略十八卷。計六奇。通行本。

綏寇紀略十二卷，補遺三卷。吴偉業。學津本。

明季稗史十六種，二十七卷。通行本。烈皇小識，聖安本紀，行在陽秋，嘉定紀略，幸存録，續幸存録，求野録，也是録，江南聞見録，粤遊見聞，賜姓始末，兩廣紀略，東明聞見録，青燐屑，四王合傳，揚州十日記。

以上雜史類事實之屬。

摭言十五卷。唐王定保。雅雨堂本，學津本。

近事會元五卷。宋李上交。守山閣本。

文昌雜録七卷。宋龐元英。雅雨堂本，學津本。

麟臺故事五卷。宋程俱。聚珍本，杭本，福本。

翰苑羣書二卷。宋洪遵。知不足齋本。十二種。

愧郯録十五卷。宋岳珂。知不足齋本。

朝野類要五卷。宋趙昇。知不足齋本。

玉堂嘉話八卷。元王惲。守山閣本，金壺本。

科場條貫一卷。明陸深。儼山外集本。

翰林記二十卷。明黄佐。嶺南遺書本。

觚不觚録一卷。明王世貞。借月山房本，指海本，廣百川本。

明内廷規制考三卷。借月山房本。

内閣小識一卷，附内閣故事。葉鳳毛。指海本。

南臺舊聞十六卷。黄叔璥。刻本。

以上雜史類掌故之屬。

大業雜記一卷。唐杜寶。指海本，唐宋叢書本。

大唐新語十三卷。唐劉肅。唐人説薈本。

宣和遺事二卷。士禮居校宋本。

洛陽搢紳舊聞記五卷。宋張齊賢。知不足齋本。

湘山野録三卷，續録一卷。宋釋文瑩。津逮本，學津本。

玉壺野史十卷。同上。知不足齋本，守山閣本，金壺本。即玉壺清話。

曲洧舊聞十卷。宋朱弁。知不足齋本，學津本。

松漠紀聞一卷，續一卷。宋洪皓。學津本，又古今逸史本。

石林燕語考異十卷。宋葉夢得。宇文紹奕考異。琳瑯秘室別行校足本，又稗海本。

四朝聞見録五卷。宋葉紹翁。知不足齋本。葉乃宗朱子者，前人或謂此書詆朱，誤也。

東京夢華録十卷。宋孟元老。津逮本，學津本，唐宋叢書本。

夢粱録二十卷。宋吴自牧。知不足齋本，學津本。

武林舊事十卷。宋周密。知不足齋本，唐宋叢書本，祕笈本。

東南紀聞三卷。元人失名。守山閣本，金壺本。

長春真人西遊記二卷。元李志常。連筠簃本。

懸笥瑣探一卷。明劉昌。得月簃續刻本。

明宫史五卷。明吕毖。學津本。

酌中志二十四卷。明劉若愚。海山仙館本。

春明夢餘録七十卷。孫承澤。古香齋本。

社事始末一卷。杜登春。珠塵本。

樞垣紀略十六卷。梁章鉅。道光十五年刻本。

以上雜史類瑣記之屬。主記事者入此類。多參議論、罕關政事者入小説。

右雜史類。

載記第七

華陽國志十二卷，附録一卷。晉常璩。顧廣圻校。廖寅刻足本。

十六國春秋十六卷。舊題魏崔鴻。漢魏叢書本，單行大字本。此非原書。

鄴中記一卷。晉陸翽。聚珍本，杭本，福本，續百川本。

五國故事二卷。宋闕名。知不足齋本。

九國志十二卷，附拾遺。宋路振。守山閣輯本，又粵雅堂本，海山仙館本，龍氏活字本。

江南野史十卷。宋龍衮。續百川本，又函海本。

吴越備史四卷。宋錢儼。補遺一卷。闕名。學津本，掃葉山房本止四卷。任大椿吴越備史注三十卷，未見傳本。

增訂吴越備史五卷，補遺一卷。錢時鈺。乾隆六十年刻本。

十國春秋一百一十四卷，吴任臣。拾遺一卷，備考一卷。周昂。周氏乾隆重刻本，原刻無末二卷。

馬令南唐書三十卷。蔣氏馬、陸二書合刻原本，唐宋叢書本，江西翻本惡。

陸游南唐書十八卷，音釋一卷。汲古閣本。

南漢書十八卷，叢録二卷，南漢文字四卷。梁廷枏。道光己丑刻本。

西夏書事三十六卷。國朝人。原刻本。洪亮吉西夏國志十六卷，未見刻本。

右載記類

傳記第八

孔子編年五卷。宋胡仔。續溪胡氏家刻本。

孔子世家補訂一卷。林春溥。竹柏山房十一種本。

孔子集語十七卷。孫星衍、嚴可均輯。平津館本。遠勝宋薛據書。采集羣書。所引真僞不一，經部、子部皆不可隸，故附于編年之後。

東家雜記二卷。宋孔傳。胡珽編琳瑯秘室叢書活字版本。

闕里文獻考一百卷。孔繼汾。乾隆壬午刻本。

孔孟編年［八］卷〔一〕。狄子奇。自刻本。

鄭學録四卷。鄭珍。遵義唐氏刻本。

諸葛忠武侯故事五卷。張澍。自刻本，沔陽武侯文集附刻本。互見。

高士傳三卷。晋皇甫謐。漢魏叢書本。嚴可均輯嵇康高士傳，未刊。

古孝子傳一卷。茆輯十種本。

襄陽耆舊記三卷。晋習鑿齒。任兆麟校刻心齋十種本，有脱誤。

唐才子傳十卷。元辛文房。日本人刻佚存叢書足本，指海足本。

名臣言行録前集十卷，後集十四卷。宋朱子。顧廣圻校。洪瑩仿宋刻本，同治戊辰桂氏補刻本。

道命録十卷。宋李心傳。知不足齋本。

元名臣事略十五卷。元蘇天爵。聚珍本，福本。

明名臣言行録九十五卷。徐開仕。崑山徐氏刻本。

嘉靖以來首輔傳八卷。明王世貞。守山閣本。

東林列傳二十四卷。陳鼎。刻本。

國朝滿漢名臣傳八十卷。依國史鈔録。通行本。滿四十八卷，漢三十二卷。

國朝先正事略六十卷。今人。長沙刻本。初學便于檢閲。

從政觀法録三十卷。朱方增。道光庚寅刻本。梁章鉅國朝臣工言行記十二卷，未刊。

文獻徵存録十卷。錢林。咸豐八年王藻刻本。

鶴徵録八卷，李集、李富孫、李遇春。後録十二卷。李富孫。嘉慶刻，同治補本。

詞科掌録十七卷，餘話七卷。杭世駿。原刻本。

右傳記類。止繫一隅又非古籍者不録。

〔一〕上海古籍出版社一九九九年版《販書偶記》云，《孔子編年》四卷，《孟子編年》四卷，又名《孔孟編年》。據補。

詔令奏議第九

雍正硃批諭旨三百六十卷。雍正十年敕編。内府本，江寧活字版本。

陸宣公奏議二十二卷。唐陸贄。通行本。舊題翰苑集，實非翰苑集元書，從衆題奏議。

政府奏議二卷。宋范仲淹。單行刻本，范文正公集本。

包孝肅奏議十卷。宋包拯。包芳國天禄閣刻本，漢陽活字版本。

盧忠肅公奏議十二卷。明盧象昇。刻本。

華野疏稿五卷。郭琇。家刻本。

胡文忠公集八十六卷。胡林翼。武昌局本。初刻止十卷，此同治五年重編。奏議之外，書牘皆言政事，故附此類。

曾文正公奏議十卷，補編二卷。薛氏編。蘇州刻本。

歷代名臣奏議三百五十卷。明黄淮等編。明經廠足本，通行本不全。共九千七百二十葉。

明名臣奏議二十卷。乾隆四十六年敕編。聚珍本，福本。

皇朝經世文編一百二十卷。賀長齡、魏源編。長沙原刻本，翻本多譌。此書最切用。是書不盡奏議，此兩體爲多，陸燿切問齋文鈔實開其先，不如此詳。

右詔令、奏議類。

地理第十

今人地理之學，詳博可据。前代地理書，特以考經文史事及沿革耳，若爲經世之用，斷須讀今人書，愈後出者愈要。

王隱晋書地道記一卷，太康三年地記一卷。畢沅輯。經訓堂本。

闞駰十三州志二卷。晋闞駰。張澍輯。二酉堂本。

括地志八卷。唐魏王泰。孫星衍輯。岱南閣本。

元和郡縣志四十卷，唐李吉甫。附拾遺二卷。嚴觀。岱南閣本，又聚珍本、福本，無拾遺。

太平寰宇記一百九十三卷。宋樂史。江西樂氏刻本，萬廷蘭刻本附一統志表。

元豐九域志十卷。宋王存等。聚珍本，福本，馮集梧刻本。

輿地廣記三十八卷，札記二卷。宋歐陽忞。士禮居校本，又聚珍本、福本，無札記。

吴郡志五十卷，附校勘記。宋范成大。守山閣本，汲古閣本，金壺本。

吴郡圖經續記三卷。宋朱長文。得月簃本，琳琊秘室本，學津本。

景定建康志五十卷。宋周應合。岱南閣别行本。

咸淳臨安志九十三卷，札記三卷。宋潛説友。黄士珣校。汪遠孫刻本。

齊乘六卷。元于欽。明刻本，乾隆間周氏刻本。

滇略十卷。明謝肇淛。雲南備徵志本。

武功縣志三卷。明康海。黨金衡重刻本，得月簃續刻本，三長物齋摘本。

朝邑縣志二卷。明韓邦靖。葉夢龍重刻本，得月簃續刻本，三長物齋摘本。此兩志及國朝陸隴其靈壽縣志十卷，最有名，然已爲洪稚存、章實齋所議。

以上地理類古地志之屬。古志舉最著而考證常用者。

大清一統志五百卷。乾隆二十九年敕續編。殿本。乾隆八年本止三百四十二卷。

乾隆府廳州縣圖志五十卷。洪亮吉。卷施閣集本。一統志浩繁，此即其摘本。

皇朝一統輿圖三十二卷。胡林翼等。武昌官本。内府本難得，此本極詳。

合刻恒星赤道經緯度圖、一統輿圖各一具。六嚴、李兆洛。揚州平山堂刻本。地輿必合星度以爲準望，故統于地理。

皇朝地輿韻編，附輿圖一卷。李兆洛。江寧局本。

長江圖十二卷。今人。長沙黄氏刻本。以江爲緯，以郡縣爲經，故入地志。

航海圖一卷。武昌局本。

海運圖説　卷。施彦士。求己堂八種本。附此取便尋覽。陶澍編海運全案十二卷，江蘇官本。

天下郡國利病書一百二十卷。顧炎武。活字版本不善。

日下舊聞考一百二十卷。乾隆三十九年敕撰。殿本。

龍沙紀略一卷。方式濟。借月山房本，述本堂詩集附刻本。

廣陵通典（三）十卷[一]。汪中。揚州局本。

蜀典十二卷。張澍。自刻本。

黔書二卷。田雯。古懽堂集附刻本，貴陽重刻本。

續黔書八卷。張澍。自刻本。

三省邊防備覽十四卷。嚴如熤。道光二年刻本。此書雖邊防，實是内地，故列此類。

平臺紀略十一卷，附東征集六卷。藍鼎元。雍正壬子廣州刻本。詳于臺灣形勢，故附此類。

臺海使槎録八卷。黄叔璥。刻本。與前書同例。

附録：國朝省志、府州縣志善本。目列後。

浙江通志。　廣東通志。阮元。　廣西通志。謝啓昆。　湖北通志。章學誠原稿。　汾州府志。戴震。　涇縣志。　淳化縣志。洪亮吉。　三水縣志。孫星衍。　朝邑縣志。錢坫。　偃師志。　安陽志。武億。　廣德州志。周廣業。　富順縣志。段玉裁。　嘉興府志。伊湯安。　和州志。亳州志。永清縣志。天門縣志。章學誠。　鳳臺縣志。李兆洛。　懷遠志。董士錫。　長安志。董祐誠。　郟城志。陸繼輅。　道光鄢陵志。洪符孫。　遵義府志。鄭珍、莫友芝。　桂陽州志。今人。以上諸志皆有法。

以上地理類今地志之屬。今志除總志外，舉切用及雅贍有法者。

戴校水經注四十卷。魏酈道元。戴震校。聚珍本，杭本，福本，戴氏遺書本。戴校以前，黄刻諸本皆遜，全祖望校水經注，靈石楊氏刻本未成。今京師印行者止百餘葉。

水經注釋四十卷，刊誤十二卷。趙一清。原刻本。

水經注釋地四十卷，水道直指一卷，補遺一卷。張匡學。嘉慶二年新安張氏刻本。

水經注圖一卷。今人。武昌刻本。

水經注圖説殘稿四卷。董祐誠。董方立遺書本。

水道提綱二十八卷。齊召南。原刻本。

行水金鑑一百七十五卷。鄭（餘）［元］慶代傅澤洪撰[二]。通行

〔一〕上海古籍出版社一九九九年版《販書偶記》作十卷，據改。

〔二〕《四庫總目·史部·地理類》作鄭元慶，《增訂四庫簡明目録標注》同。據改。

本。

續行水金鑑一百五十六卷。黎世抒。潘錫恩刻本。

畿輔河道水利叢書十五卷，附圖。吴邦慶。道光四年刻本。九種。

三吴水利録四卷。明歸有光。借月山房本，涉聞梓舊本。

江蘇水利圖説二十一卷。王鳳生。陶澍。江蘇官本。七種。

浙西水利備考八卷。王鳳生。道光四年刻本。

河工器具圖説四卷。麟慶。道光丙午刻本。

崑崙河源考一卷。黄宗羲。指海本，守山閣本。

西域水道記四卷。徐松。原刻本。

海塘通志二十卷。方觀承。乾隆辛未刻本。

新譯海塘輯要十卷。西洋人。上海製造局刻本。

以上地理類水道之屬。

皇輿西域圖志五十二卷。乾隆二十七年敕撰。殿本。

新疆識略十卷。徐松代松筠撰。刻本。

衛藏圖志五卷。盛繩祖。刻本。

西招圖略一卷。松筠。自刻本。

金川瑣記六卷。李心衡。珠塵本。

蠻書十卷。唐樊綽。聚珍本，福本，雲南備徵志本，琳瑯秘室本。

蠻司合志十五卷。毛奇齡。西河集本。

苗防備覽［二十二］卷[一]。嚴如熤。刻本。

峒谿纖志三卷。志餘一卷。陸次雲。説鈴本。

番社采風圖考一卷。六十七。珠塵本。

皇朝藩部要略十六卷，表四卷。祁韻士。道光丙午家刻本。

以上地理類邊防之屬。

宣和奉使高麗圖經四十卷。宋徐兢。知不足齋本。

高麗國史一百四十卷。明鄭麟趾。朝鮮刻本。

琉球國志略十六卷。周煌。聚珍本，家刻本。

越史略三卷。明越南人。守山閣本。

從征緬甸日記一卷。周裕。借月山房本。此非地志，附此。師範緬事述略一卷，在經世文編中。

日本考略一卷。明薛俊。得月簃初刻本。

異域録二卷。圖理琛。借月山房本，指海本。多紀俄羅斯地理。

北徼彙編（四）［六］卷[二]。何秋濤。京師刻巾箱本。此書稿本浩繁，咸豐間進呈，旋燬。今琉璃廠市有刻本，止（四）［六］卷，仍題何名，紀述詳實，非出僞託。

海國聞見録附圖二卷。陳倫炯。珠塵本。

海録一卷。楊炳南。海山仙館本。

職方外紀五卷。明艾儒略。守山閣本，金壺本，龍威本。

坤輿圖説二卷。明南懷仁。指海本。

地球圖説一卷。西洋蔣友仁譯。何國宗、錢大昕奉敕潤色。文選樓本。

瀛寰志略十卷。徐繼畬。原刻大字、重刻小字兩本。

海國圖志定本一百卷。林則徐譯，魏源重定。咸豐壬子廣州重刻定

[一] 中華書局點校本《清史稿·藝文志》作二十二卷，《增訂四庫簡明目録標注》同。據補。

[二] 上海古籍出版社一九九九年版《販書偶記》作六卷，據改。又，中華書局點校本《清史稿·文宗本紀》云，《北徼彙編》八十卷，疑即旋毁之稿本。

本。初刻止六十卷。

新譯地理備考十卷。西洋瑪吉士。海山仙館本。

新譯海道圖説十五卷，附長江圖説（三）［一］卷〔一〕。西洋人。上海製造局刻本。極有用。

以上地理類外紀之屬。古略今詳者，録今人書。

三輔黄圖一卷。莊逵吉校。平津館本，微波榭本。

長安志二十卷。宋宋敏求。經訓堂本。

長安志圖三卷。元李好文。經訓堂本。

唐兩京城坊考五卷。徐松。連筠簃本。

兩京新記一卷。唐韋述。佚存叢書本，粤雅堂本。

宋東京考二十卷。周城。原刻本。

汴京遺蹟志二十四卷。明李濂。國朝人校刻本。

歷代帝王宅京記二十卷。顧炎武。嘉慶戊辰顧氏刻本。

歷代山陵考二卷。借月山房本。錢坫聖賢冢墓考十二卷，未刊。

趙岐三輔決録二卷。晋摯虞注。張澍輯。二酉堂本，又茆輯十種本。

辛氏三秦記一卷。二酉堂輯本。張輯摯虞決疑要注，三輔舊事，三輔故事，劉昞十三州志，段龜龍凉州記，凉州異物志，西河舊事，喻歸西河記，段國沙州記，皆刻二酉堂叢書内。篇葉無多，不别列。

雍録十卷。宋程大昌。通行本。

關中勝蹟圖志三十二卷。畢沅。自刻本。

河朔訪古記二卷。舊題元廼賢。守山閣本。

昌平山水記二卷。顧炎武。亭林遺書本。

洛陽伽藍記五卷，集證一卷。魏楊衒之。吴若準集證校刻本，叢書多有，吴本最善。

洛陽名園記一卷。宋李格非。海山仙館本，津逮本，學津本。

渚宫舊事五卷，補遺一卷。唐余知古。平津館本。

南方草木狀三卷。晋嵇含。漢魏叢書本。

荆楚歲時記一卷。梁宗懔。漢魏叢書本。

北户録三卷。唐段公路。説郛及他叢書本皆不全。

嶺表録異三卷。唐劉恂。聚珍本，杭本，福本。

益部方物略記一卷。宋宋祁。津逮本，學津本。

桂海虞衡志一卷。宋范成大。古今逸史本，唐宋叢書本，説海本。

嶺外代答十卷。宋周去非。知不足齋本。

歲華紀麗譜一卷，附箋紙譜一卷，蜀錦譜一卷。元費著。續百川本。

閩中海錯疏三卷。明屠本畯。珠塵本，學津本。

輿地紀勝二百卷。宋王象之。廣州新刻本，闕三十二卷。

以上地理類雜地志之屬。都會、山水、古蹟、人物、物産、雜記，録古雅者。

右地理類。山志遊記如説嵩、岱覽之屬，今日通行有版本者凡數十種，以非切要，不録。雜地志如桂勝、楚寶、晋乘搜略之屬，止關一方，又非古籍，不録。

政書第十一

通典二百卷。唐杜佑。明刻本，殿本三通合刻，崇仁謝氏合刻本，

〔一〕檢上海江南製造局翻譯之《西學叢書·地理類》，中有《海道圖説》十五卷附《長江圖説》一卷，英金約翰著。《海道圖説》，英傅蘭雅譯。《長江圖説》，美金楷理譯。王德均筆述。同治十三年刊本。

廣州重刻本。

通志二百卷。宋鄭樵。明刻本，殿本三通合刻，謝刻本。提要入別史類，今附此，以便尋檢。

通考三百四十八卷。元馬端臨。明刻本，殿本三通合刻，謝刻本，廣州重刻本。

續通典一百四十四卷。乾隆三十二年敕撰。殿本。

續通志五百二十七卷。乾隆三十二年敕撰。殿本。

續通考二百五十二卷。乾隆十二年敕撰。殿本。

皇朝通典一百卷。乾隆三十二年敕撰。殿本。

皇朝通志二百卷。乾隆三十二年敕撰。殿本。

皇朝通考二百六十六卷。乾隆十二年敕撰。殿本。

通志略二十卷。明刻本，金壇于氏重刻本。止刻其二十略，非删節也，讀通志者，以此爲便，與他删本不同。

文獻通考正續合編　卷。通行本。

以上政書類歷代通制之屬。三通為體，通貫古今，故別為類。

漢制考四卷。宋王應麟。津逮本，學津本，玉海附刻本。

西漢會要七十卷。宋徐天麟。江藩校胡森刻本，聚珍本，福本，蘇州活字版本。

東漢會要四十卷。宋徐天麟。江藩校胡森刻本，聚珍本，福本，蘇州活字版本。錢儀吉三國會要未刊，序例一卷，在衎石齋記事初稿中。

唐會要一百卷。宋王溥。聚珍本，福本。

五代會要三十卷。宋李攸。聚珍本，福本。

宋朝事實二十卷。宋李攸。聚珍本，福本。徐松輯宋會要　百卷，宋中興禮書二百三十一卷，續禮書六十四卷，又半卷，未刊。

謚法四卷。宋蘇洵。金壺本，錢熙祚刻珠叢別録本。

漢官六種。漢官一卷，漢官解詁一卷，漢王隆撰，胡廣注。漢舊儀二卷，補遺二卷，衛宏。漢官儀二卷，應劭。漢官典職儀式選用一卷，蔡質。漢儀一卷，吴丁孚。平津館本。

唐六典三十卷。唐元宗。刻本。提要入職官，今附此。

明會典一百八十卷。明弘治十年官修。原刻本。

以上政書類古制之屬。唐開元禮一百五十卷，宋政和五禮新儀二百二十卷，金集禮四十卷，明集禮五十三卷。除明集禮外，有傳鈔本，未見刻本。開元禮多采入通典内。

大清會典圖説事例一千一百三十二卷。嘉慶二十三年四次敕撰。殿本禮部印行。康熙三十三年、雍正五年、乾隆二十九年本，皆止會典一百卷。乾隆本增則例一百八十卷，坊行巾箱本單刻會典一百卷。

大清通禮五十四卷。道光四年敕修。殿本，貴陽重刻官本，乾隆二十一年本五十卷。

皇朝禮器圖式二十八卷。乾隆二十四年敕撰，三十年校補。殿本。

歷代職官表六十三卷。乾隆四十五年敕撰。殿本，三長物齋本。提要入職官，今附此。因會要舊入政書，此亦其類。

吾學録初編二十四卷。吴榮光。廣州刻本。

以上政書類今制之屬。今日官書，如品級、處分、賦役、漕運、鹽法、税則、學政、科場、樞政、軍需、刑案、工程、物料、臺規、儀象志、各部則例之屬，各有專書，所司掌之，四庫皆不著録。各省官司，以吏牘編纂成書者尤多，其綱要已具會典諸書，并散見經世文編中。

右政書類。

譜録第十二

崇文總目輯釋五卷，補遺一卷。宋王堯臣等。錢東垣等輯。汗筠齋本，粵雅堂重刻本。

宋衢州本郡齋讀書志二十卷。汪士鍾校刻本。此本善。

宋袁州本郡齋讀書志四卷，後志二卷，宋晁公武。考異一卷，附志一卷。宋趙希弁。海寧陳氏刻本。

子略四卷，目録一卷。宋高似孫。學津本，百川本。

直齋書録解題二十二卷。宋陳振孫。聚珍本，杭本，福本。

四庫全書總目提要二百卷。乾隆四十七年敕撰。殿版大字本，(揚)[杭]州小字本[一]，廣州小字本。

四庫簡明目録二十卷。乾隆四十七年敕撰。殿版大字本，(揚)[杭]州小字本，廣州小字本。翻閲較便，惟四庫歸存目者，簡明目録無之，亦間有與提要不合者。

四庫未收書目提要五卷。阮元。即揅經室外集。原刻本。一百七十五種。

千頃堂書目三十二卷。黄虞稷。孫星衍孫祠書目，未刊。

古今僞書考一卷。姚際恒。知不足齋本。

目録之學，最要者漢書藝文志，隋書經籍志，經典釋文叙録，舊唐書經籍志，新唐書、宋史、明史藝文志。文獻通考中經籍考，雖非專書，尤爲綱領。朱彝尊經義考極要，已入經部。阮孝緒七録序目、在廣宏明集内，及續古文苑。文選注引書目、文選理學權輿卷二。太平御覽引用書目、卷首。三國志注引書目，在趙翼廿二史劄記内。亦要。其餘若遂初堂、明文淵閣、焦竑經籍志、菉竹堂、世善堂、絳雲樓、述古堂、敏求記、天一閣、傳是樓、汲古閣、季滄葦、浙江采進遺書、文瑞樓、愛日精廬各家書目，或略或誤，或别有取義，乃藏書家所貴，非讀書家所亟，皆非切要。坊行彙刻書目，續書目，亦可備覽，但未詳核，亦多蕪雜，活字本尤劣。

以上譜録類書目之屬。此類各書，為讀一切經、史、子、集之塗徑。

姓氏急就篇二卷。宋王應麟并自注。玉海附刻本。

元和姓纂十八卷。唐林寶。嘉慶七年洪氏刻本。

古今姓氏書辨證四十卷，校勘記三卷。宋鄧名世。守山閣本，又洪刻本。

姓氏五書。姓韻，遼金元三史姓録附西夏姓，姓名尋源，姓氏辨誤，古今姓氏書目考證。張澍。止刻尋源、辨誤兩種。

史姓韻編六十四卷。汪輝祖。家刻本，江寧活字版本。

九史同姓名略七十二卷，補遺四卷。汪輝祖。家刻本。古今同姓名録二卷，舊題梁元帝撰，唐陸善經續，元葉森補。函海本。

遼金元三史同名録四十卷。汪輝祖。家刻本。

名疑四卷。明陳士元。借月山房本。

避諱録五卷。黄本驥。三長物齋本。此書尚略。周廣業經史避名彙考四十六卷，未刊。

周公年表一卷。牟廷相。福山王氏刻本。

孔孟年表二卷。林春溥。竹柏山房十一種本。

頤志齋四譜四卷。丁晏。六藝堂自刻本。鄭君、陳思王、陶靖節、

[一]《四庫總目》之清代三刻本為殿本、浙本、粵本。乾隆六十年，浙江布政使謝啓昆翻刻《四庫全書》文瀾閣寫本，二百卷首一卷，是為《總目》之浙本，又稱杭州小字本。「揚」，當為「杭」字之誤，今據正。

陸宣公。孫星衍、阮元皆有鄭康成年譜刻本。

韓柳年譜八卷。宋吕大防文公集年譜一卷，宋程俱韓文公歷官紀一卷，宋洪興祖韓子年譜五卷，宋文安禮柳先生年譜一卷。馬曰璐合刻本，粵雅堂本。

朱子年譜四卷，考異四卷，附録二卷。王懋竑。家刻本，粵雅堂本。

重編陸象山年譜二卷。李紱編。刻本。

洪文惠、洪文敏、陸放翁、王伯厚、王弇州年譜各一卷。錢大昕。潛研堂本。

顧亭林年譜四卷，閻潛邱年譜四卷。張穆。合刻原本，粵雅堂本。

杜工部詩年譜。宋魯訔原本，今爲各注家以意更定。附集内。蘇文忠公年譜總案。王文誥。附蘇詩編注集成内。其餘前代聞人，國朝人多爲編定年譜，或附集，或單行，不備録。

以上譜録類姓名年譜之屬。

竹譜一卷。六朝宋戴凱之。漢魏叢書本。

茶經三卷。唐陸羽。學津本，百川本。

北山酒經三卷。宋朱翼中。知不足齋本。

廣羣芳譜一百卷。康熙四十七年敕撰。殿本，重刻通行本。

奇器圖説一卷。明鄧玉函。諸器圖説一卷。明王徵。守山閣本，通行本。

以上譜録類名物之屬。

右譜録類。依隋書經籍志入史部。按譜録類，四庫全書總目入[子]部〔一〕。

金石第十三

金石之學，今爲專家，依鄭夾漈例，別出一門，無考證者不録，疏舛者不録。

集古録跋尾十卷。宋歐陽修。目五卷。歐陽棐。三長物齋合刻本，跋尾附集本。

金石録三十卷。宋趙明誠。雅雨堂本。又三長物齋本，凡歐録所有者，旁加墨圈，便于檢核。歐、趙二書，其要在目録，故列目録之屬。

金石録補二十七卷，續跋七卷。葉奕包。涉聞梓舊本。

輿地碑記目四卷。宋王象之。潘氏滂喜齋刻本。

蜀碑記一卷。宋王象之。永康胡氏刻金華叢書本。函海内蜀碑記補，不善。

寶刻叢編二十卷。宋陳思。翁刻本。

寶刻類編八卷。宋闕名。劉喜海刻本。

寰宇訪碑録十二卷。孫星衍、邢澍。平津館本。

寰宇訪碑録補十二卷。今人。自刻本。

金石萃編一百二十七卷。王昶。原刻本。嚴可均編平津館金石萃編正續三十一卷，未刊。

兩漢金石記二十二卷。翁方綱。蘇齋叢書本。

以上二書，兼目録、文字。

潛研堂金石目八卷。錢大昕。潛研堂本。

金石學[録四]卷〔二〕。國朝人。原刻本。記近人爲金石之學者。

〔一〕原書脱一「子」字，據補。

〔二〕上海古籍出版社一九九九年版《販書偶記》作《金石學録》四卷，李遇孫撰。《清史稿·藝文志》同。據補。

以上金石目録之屬。

考古圖十卷，續圖五卷，釋音五卷。宋呂大防。通行本。

宣和博古圖三十卷。宋王黼等。通行本。

王復齋鐘鼎款識一卷。阮刻本。

嘯堂集古録二卷。宋王俅。明刻本。摹篆形，故列此。

西清古鑑四十卷。乾隆［十］四年敕撰〔一〕。殿本。

金石經眼録一卷。褚峻圖，牛運震説。原刻本。即金石圖上卷。

金石苑。無卷數。劉喜海。自刻本。

錢録十六卷。乾隆十六年敕撰。殿本。嚴可均古今錢圖三十卷，錢東垣錢志二卷，錢侗歷代錢幣圖考二十卷、古錢待訪録二卷：未刊。

薛、阮、吴諸家款識，已入經部小學類。

小蓬萊閣金石文字。無卷數。黄易。自刻本。

隨軒金石文字八種。無卷數。徐渭仁。自刻本。

以上金石圖象之屬。縮摹百漢碑硯石刻拓本，較褚圖為詳，可考漢刻原式，非玩物也。

古刻叢鈔一卷。明陶宗儀。平津館本，讀畫齋本。

金薤琳琅二十卷。明都穆。

石墨鐫華六卷，附録二卷。明趙崡。知不足齋本。

古誌石華三十卷。黄本驥。三長物齋本。

金石存十六卷。吴玉搢。道光刻本。

金石文字記六卷。顧炎武。亭林遺書本，借月山房本，指海本。

潛研堂金石跋尾二十五卷。錢大昕。潛研堂本。錢師徵金石文字管見録二卷，未刊。

金石三跋十卷。武億。授經堂本。

鐵橋金石跋四卷。嚴可均。鐵橋漫稿内。

平津讀碑記八卷，續記一卷，再續一卷，三續二卷。洪頤煊。傳經堂本。

古墨齋金石文跋六卷。趙紹祖。續涇川叢書本。

秦漢瓦當文字一卷。程敦。乾隆丁未刻本。

吉金所見録十六卷。祁書齡。嘉慶己卯刻本。錢坫鏡銘集録四卷、錢東垣豐宫瓦當文考一卷、錢師徵漢玉剛卯考［一］卷〔二〕，未刊。

附録：國朝各省金石書精審者。

皆舉有刻本者，其止考一碑者不録，目列後。

京畿金石考上下卷。孫星衍。　江左石刻文編　卷。韓履卿。　兩浙金石志十八卷，補遺一卷。阮元。　湖北金石詩一卷。嚴觀。連筠簃叢書。意在考据。　中州金石記五卷。畢沅。經訓堂叢書。　山左金石志二十四卷。畢沅、阮元同撰。文選樓叢書。　關中金石記八卷。畢沅。經訓堂叢書。　關中金石附記一卷。蔡汝霖。　雍州金石記十卷。朱楓。　粤東金石略十二卷。翁方綱。蘇齋叢書。　粤東金石略十六卷。阮元。省志内抽印别行。　粤西金石略十六卷。謝啓昆。省志内抽印别行。　滇南古金石録一卷。阮福。　常山貞石志二十四卷。沈濤。　江寧金石考十二卷。嚴觀。　涇川金石記一卷。趙良霨。續涇川叢書。　會稽金石志六卷。杜。

〔一〕中華書局點校本《清史稿·藝文志》作乾隆十四年，《增訂四庫簡明目録標注》同。據改。

〔二〕據上海古籍出版社一九八三年版《書目答問補正》補。

安陽金石録十六卷。武億。附縣志。　偃師金石録二卷。武億。附縣志。　濬縣金石録上下卷。熊象階。　益都金石記　卷。段赤亭。

南漢金石志二卷。吴蘭修。嶺南遺書。趙紹祖安徽金石文編八卷、瞿中溶吴郡金石志、錢大昭嘉定金石文字記四卷，未見傳本。

考石經者，已入經部，石經類隸釋、隸續、漢隸字原，已入經部小學類。

以上金石文字之屬。

金石例十卷。元潘昂霄。

墓銘舉例四卷。明王行。乾隆丙子王穎鋭刻本。

金石要例一卷。黄宗羲。王穎鋭刻本，借月山房本。

以上通名金石三例，雅雨堂合刻本，小玲瓏山館本，嘉慶辛未郝懿行重刻本。

誌銘廣例二卷。梁玉繩。清白士集本。

碑版廣例十卷。王芑孫。自刻本。

金石例補二卷。郭麐。靈芬館集本。

漢石例六卷。劉寶楠。連筠簃本，山東單刻本。

漢魏六朝墓銘纂例四卷。李富孫。别下齋本。

金石綜例四卷。馮登府。自刻本。　漢魏六朝志墓金石例三卷，附唐人志墓諸例一卷。吴鎬。道光己酉顧氏刻本。

以上金石義例之屬。

右金石類。

史評第十四

史通通釋二十卷。唐劉知幾。浦起龍釋。原刻本。　黄叔琳史通訓故補二十卷，原刻本。亦可。

唐書直筆四卷。宋吕夏卿。聚珍本，福本。

舊聞證誤四卷。宋李心傳。函海本。

史糾六卷。明朱明鎬。指海本。

文史通義八卷，校讎通義三卷。章學誠。原刻本，粤雅堂本。以史法爲主，間及他文字。

以上論史法。

涉史隨筆一卷。宋葛洪。知不足齋本，金華叢書本。

東萊左氏博議二十五卷。宋吕祖謙。金華叢書足本，坊本未足。

兩漢解疑二卷。明唐順之。借月山房本。

三國雜事一卷。宋唐庚。函海本。

兩晋解疑一卷。明唐順之。借月山房本。

唐鑑二十四卷。宋范祖禹。吕祖謙注。明刻本，成都局本。

唐史論斷三卷。宋孫甫。聚珍本，福本，粤雅堂本，珠塵本。

新舊唐書雜論一卷。明李東陽。借月山房本。

明事斷略一卷。借月山房本。

御批通鑑輯覽一百二十卷。乾隆三十二年。互見編年類。以下論全史以御批爲主，故史評亦恭録。

讀通鑑論三十卷，宋論十五卷。王夫之。船山遺書本。

空山堂十七史論　卷。牛運震。自刻本。

史林測義三十八卷。計大受。自刻本。

以上論史事。史論最忌空談苛論，略舉博通者數種。宋人歷代名賢確論一百卷，明刻本，今罕見。

右史評類。

書目答問卷三　子部

周秦諸子，皆自成一家學術，後世羣書，其不能歸入經史者，强附子部，名似而實非也。若分類各冠其首，愈變愈歧，勢難統攝，今畫周秦諸子聚列於首，以便初學尋覽，漢後諸家，仍依類條例之。此類若周秦諸子，及唐以前儒家議論經濟之屬，宋以前儒家考訂之屬，唐以前之雜家、釋、道家，宋以前之小說家，多在通行諸叢書内，此舉善本。

周秦諸子第一

依四庫次第，名、墨、縱横、雜合爲一類，秦以前諸子姓名不録。

荀子楊倞注二十卷。謝墉校本。通行蘇州王氏刻十子全書本即謝校本。儒。

荀子補注一卷。郝懿行。郝氏遺書本。

孔叢子三卷。漢魏叢書本。金山錢氏有宋咸注七卷本，未刊。儒。有依託，不盡僞。

孫子魏武帝注三卷。平津館校本。兵。

孫子十家注十三卷。岱南閣校本。

吴子一卷。平津館校本。兵。

司馬法三卷，附逸文。指海本，又邢澍輯注浙江刻本，又平津館本一卷。兵。

六韜六卷。平津館校本。兵。

管子尹知章注廿四卷。舊題唐房玄齡注。明趙用賢校本，即管韓合刻本，附劉績補注。十子本同上，但多評語，不善。

管子義證八卷。洪頤煊。傳經堂本。

弟子職集解一卷。莊述祖。珍蓺宧遺書本，遵義唐氏重刻本。即管子之一篇。

弟子職正音一卷。王筠。鄂宰四種本。

慎子一卷，附逸文。嚴可均校輯。守山閣本，又金壺本。法。

商子五卷。嚴可均輯。平津館别刻本，指海本，又明吴勉學刻二十子本。法。

鄧析子一卷。指海本。法。

韓非子二十卷，附識誤三卷。吴鼒校刻本，又明趙用賢校管韓合刻本即十子本，又明周孔教刻大字本。法。

素問王冰注廿四卷。互見下醫家類。醫。

周髀算經二卷。互見下天文算法類。天文算法。

尹文子一卷，附校勘記、遺文。守山閣本，又湖海樓本，又金壺本。名。

公孫龍子三卷。守山閣本，金壺本，明梁杰訂本。名。

墨子十五卷，［篇］目（録）［考］一卷[一]。畢沅校。經訓堂本。墨。

鬼谷子陶宏景注一卷。秦恩復校刻兩本。縱横。

尸子二卷。章宗源輯。湖海樓注本，問經堂本，平津館本。雜。

尸子三卷，附録一卷。任兆麟輯。心齋十種本。

鶡冠子陸佃注三卷。聚珍本，福本，學津本。雜。

燕丹子三卷。章宗源輯。岱南閣本，又平津館本，問經堂本一卷。雜。

[一]《經訓堂叢書》本作《篇目考》。據改。

呂氏春秋高誘注二十六卷。經訓堂校本。雜。

呂子校補二卷。梁玉繩。清白士集本。呂子校補獻疑一卷。蔡雲。自刻本。

老子王弼注二卷。聚珍本，杭本，福本。河上公注僞。道。

老子道德經考異上下卷。畢沅。經訓堂本。

關尹子一卷。明吴勉學刻二十子本，珠叢別録本。道。

列子張湛注八卷，附殷敬順釋文。汪繼培校。湖海樓本，任大椿燕禧堂本附考異。道。

列子盧重玄注八卷。秦恩復校刻本。

莊子郭象注附釋文十卷。明鄒之嶧刻本，明胡氏世德堂大字本，十子本即世德堂本。道。

司馬彪莊子注一卷，補遺一卷[一]。孫馮翼輯。問經堂本，又茆輯十種本。

文子二卷，附校勘記。守山閣本，又金壺本，吴刻二十子本。道。

文子纘義十二卷。宋杜道堅。聚珍本，福本。

計然萬物録一卷。茆輯十種本。

孟子外書熙時子注四卷。函海本，珠塵本，經苑本。据趙岐題辭，定爲依託。然在漢前，故附此。拜經樓叢書輯刻晋綦毋邃孟子外書注一卷。

意林五卷。唐馬總。聚珍本，福本，學津本，別下齋補刻宋本第六卷。此書所存古子佚文，不盡周秦，然古子爲多。

玉函山房輯佚書子編一百七十二種。馬國（韓）[翰][二]。濟南刻本。

諸子平議三十五卷。今人。俞氏叢書本。

右周秦諸子。鬻子、子華子皆僞書，尉繚子尤謬，不録。六韜、關尹、鄧析、燕丹，僞而近古。

儒家第二

曾子、子思子，乃宋汪晫割裂輳合，非原書。不録。

法言李軌注十三卷，音義一卷。漢揚雄。秦恩復仿宋大字本，又徐養原校李賡芸刻本。

法言五臣注十卷。世德堂本，十子本同。李軌、柳宗元、宋咸、吴秘、司馬光。

新語一卷。漢陸賈。漢魏叢書本。

新書十卷。漢賈誼。盧文弨校。抱經堂校本。

鹽鐵論十卷，考證三卷。漢桓寬。張敦仁考證。岱南閣刻本，明張之象注本

論衡三十卷。漢王充。明刻單行本，漢魏叢書本。

潛夫論箋十卷。漢王符。汪繼培箋。湖海樓本，漢魏叢書本無箋。

新論一卷。漢桓譚。問經堂輯本。

申鑒五卷。漢荀悦。漢魏叢書本。

典論一卷。魏文帝。問經堂輯本。

中論二卷。魏徐幹。漢魏叢書本。

人物志三卷。魏劉邵。守山閣本，金壺本。舊入名家。

傅子一卷。晋傅元。聚珍本，杭本，福本。

物理論一卷。晋楊泉。平津館輯本。

中説十卷。舊題隋王通。宋阮逸注。世德堂本。即文中子。

因論一卷。唐劉禹錫。百川本。

[一] 茆泮林輯《十種古逸書》本，作《補遺》一卷。孫馮翼輯《問經堂叢書》本，作《考逸》一卷。

[二] 「韓」爲「翰」字之誤。

續孟子二卷。唐林慎思。知不足齋本。

仲蒙子三卷。唐林慎思。知不足齋本，珠塵本。

公是先生弟子記一卷。宋劉敞。聚珍本，福本，知不足齋本。

郁離子二卷。明劉基。學津本。

明夷待訪録二卷。黄宗羲。粤雅堂本，指海本。

潛書［四］卷〔一〕。唐甄。王聞遠刻本。

法書十卷。檀萃。刻本。

羣書治要五十卷。舊題唐魏徵。連筠簃本。闕三卷。以下二種爲子鈔之屬〔二〕。附此。

古格言十二卷。梁章鉅。自刻本。

以上儒家類議論經濟之屬。此類兼綜事理，亦尚修辭，後世古文家，即出于此類。此類多唐以前書，故列前。

周子通書注一卷。李光地注。榕村全集本。

二程全書。遺書二十五卷，附録一卷，外書十二卷，文集十二卷，遺文一卷，附録一卷，周易傳四卷，經説八卷，粹言二卷。同治十年求我齋江寧刻本，又寶誥堂吕氏刻本。

張子全書十五卷。高安朱氏藏書本。

朱子語類一百四十卷。宋黎靖德編。明刻本，日本刻本。

朱子全書六十六卷。康熙五十二年敕編。殿本，古香齋本，貴陽官本。

象山語録四卷。宋陸九淵。附象山全集本，止二卷。

黄氏日鈔九十五卷。宋黄震。通行本。

大學衍義四十三卷。宋真德秀。通行本。

大學衍義補一百六十卷。明邱濬。通行本，雲陽重刻本。

讀書録十卷，續録十二卷。明薛瑄。薛文清公集本。

傳習録三卷。明王守仁。明刻單行本，王文成公集本。

呻吟語選二卷。明吕坤。阮福改輯。文選樓本。别有呻吟語節録，通行本。

子劉子學言三卷。明劉宗周。黄宗羲、姜希轍校刻本。

三魚堂賸言十二卷。陸隴其。全集本，正誼堂本。

陸清獻公日記十卷。陸隴其。道光辛丑柳氏刻本，指海本二卷。

五種遺規十五卷。陳宏謀。通行本。養正遺規，教女遺規，訓俗遺規，從政遺規，學仕遺規。

女教經傳通纂一卷。任啓運。

婦學一卷。章學誠。文史通義之一篇，舊别行，亦收經世文編中。珠塵本。

小學集注六卷。舊題宋朱子。通行本。

以上儒家類理學之屬專書。舉其關係學派及其書簡明切于人事者。胡居仁居業録，羅欽順困知記，章懋楓山語録，皆有行本，餘散見。

性理精義十二卷。康熙五十六年敕編。通行本。

近思録集注十四卷。宋朱子、吕祖謙同撰。江永注。原刻本，武昌局本，吴氏望三益齋本。

重修宋元學案　卷。黄宗羲原本，全祖望修。諸星杓校。慈谿馮氏刻本。黄爲陸、王之學，全爲程、朱之學。

增補宋元學案一百卷。全祖望修。王梓材增補。道光丙（戌）［午］

〔一〕中華書局點校本《清史稿·藝文志》作四卷，《增訂四庫簡明目録標注》同。據補。

〔二〕以下實為一種。

（伍）〔何〕氏刻本〔一〕。

明儒學案六十二卷。黄宗羲。乾隆己未慈谿鄭氏補刻本，又故城賈氏刻本。萬氏原刻本，未足。此書爲陸、王之學。

學蔀通辨十二卷。明陳建。原刻本，正誼堂全書本。此書辨陸、王之學。

東莞學案。無卷數。吴鼎。此書攻陳建書，申陸、王之學。

國朝學案小識十五卷。唐鑑。自刻本。此書爲程、朱之學。孫奇逢理學宗傳二十六卷。通行本，爲陸、王兼程、朱之學。

正誼堂全書四百七十八卷。張伯行編。福州局本。六十三種。此書爲程、朱之學。

以上儒家類理學之屬彙集書。舉其博通不腐陋者。此外若北學編、洛學編、關學編、浙學宗傳、閩中理學淵源考，皆有刊本，亦可備考。

獨斷二卷。漢蔡邕。抱經堂校本，又百川本，漢魏叢書本，聊城楊氏刻附蔡中郎集本。

風俗通義十卷。漢應劭。漢魏叢書本，又仿宋單行本。四庫本有附録一卷，即輯姓氏篇佚文，詳見後。

補風俗通姓氏篇一卷。張澍。二酉堂本。錢大昕輯本，在羣書拾補中。

古今注三卷。晋崔豹。附中華古今注三卷。五代馬縞。古今逸史本，漢魏叢書本。

封氏聞見記十卷。唐封演。雅雨堂本，學津本。

刊誤二卷。唐李涪。照曠閣本，青照堂本。

蘇氏演義二卷。唐蘇鶚。珠塵本，函海本。

資暇集三卷。唐李匡乂。續百川本。

兼明書五卷。五代邱光庭。明陳繼儒刻寶顔堂祕笈本。

宋景文筆記三卷。宋宋祁。百川本，學津本。

夢溪筆談二十六卷，補二卷，續一卷。宋沈括。津逮本，學津本。

靖康緗素雜記十卷。宋黄朝英。守山閣本，金壺本，唐宋叢書本。

能改齋漫録十八卷。宋吴曾。聚珍本，福本，守山閣本，金壺本。

西溪叢語三卷。宋姚寬。津逮本，學津本。

學林十卷。宋王觀國。聚珍本，福本，湖海樓本。

容齋隨筆十六卷，續筆十六卷，三筆十六卷，四筆十六卷，五筆十卷。宋洪邁。通行本。

雲谷雜記四卷。宋張淏。聚珍本，杭本，福本，海山仙館本，附一卷。

示兒編二十三卷。宋孫奕。明潘氏刻本，知不足齋本。

考古編十卷。宋程大昌。學津本，函海本，單行明刻本。

演繁露十六卷，續六卷。宋程大昌。學津本，唐宋叢書本。

緯略十二卷。宋高似孫。守山閣本，金壺本。

野客叢書三十卷，附野老紀聞一卷。宋王楙。唐宋叢書本，稗海本。

考古質疑六卷。宋葉大慶。聚珍本，杭本，福本，海山仙館本。

習學記言五十卷。宋葉適。四庫傳鈔本，温州新刻本。

〔一〕上海古籍出版社一九九九年版《販書偶記》云，《宋元學案》道光二十五年至二十六年何紹基刊。又《增訂四庫簡明目録標注續録》云，《宋元學案》道光丙午何氏刊。按道光二十六年歲在丙午，「丙戌」當為「丙午」之誤；「伍」為「何」字之誤。據改。

老學庵筆記十卷，續二卷。宋陸游。津逮本，學津本。

賓退録十卷。宋趙與時。單刻仿宋本。

坦齋通編一卷。宋邢凱。守山閣本。

翁注困學紀聞二十卷。宋王應麟。翁元圻注。家刻本，長沙重刻巾箱本。此注更勝七箋本。

困學紀聞七箋，附集證二十卷。閻若璩、全祖望、程瑶田、何焯、錢大昕、屠繼序箋。萬希槐集證。通行本。

敬齋古今黈八卷。元李冶。聚珍本，杭本，福本，海山仙館本。

譚苑醍醐九卷。明楊慎。升庵集本。

丹鉛總録二十七卷。明楊慎。楊氏教忠堂刻本。又升庵集本分餘録、續録、摘録、總録，共六十三卷。函海編刻丹鉛雜録十卷。

筆乘六卷。明焦竑。粤雅堂本。續八卷，皆談釋理，無謂。

井觀瑣言三卷。明鄭瑗。唐宋叢書本，祕笈本。

少室山房筆叢正集二十二卷，續集十六卷。明胡應麟。明刻本。

通雅五十二卷。明方以智。此藏軒刻本。

巵林十卷。明周嬰。補遺一卷。湖海樓本。

日知録集釋三十二卷。顧炎武。黄汝成箋。原刻本，廣州重刻本，武昌局本。

羣書疑辨十二卷。萬斯同。刻本。

蒿庵閒話二卷。張爾岐。貸園叢書本，粤雅堂本。

潛邱劄記六卷。閻若璩。吴玉搢編刻本，家刻本，學海堂摘本二卷。

義府二卷。黄生。指海本，家刻本。

白田雜著八卷。王懋竑。刻本。

松崖筆記二卷。惠棟。道光壬午徐氏刻本。

樵香小記二卷。何琇。守山閣本。

掌録二卷。陳祖范。家刻本。

管城碩記三十卷。徐文靖。乾隆九年刻本，半畝園本。

訂譌雜録十卷。胡鳴玉。湖海樓本。

韓門綴學五卷，續編一卷。汪師韓。上湖文編附刻本，叢睦汪氏遺書本。又談書録一卷、詩學纂聞一卷。

經史問答十卷。全祖望。鲒埼亭集附刻本，學海堂摘本七卷。光緒八年上海王延學校刊本十卷。

南江札記四卷。邵晉涵。刻本。

鍾山札記四卷，龍城札記四卷。盧文弨。抱經堂本。

蛾術編一百卷。王鳴盛。陸氏刻本未足。

十駕齋養新録二十卷，餘録三卷。錢大昕。潛研堂本抽印單行，阮刻本無餘録。光緒二年浙江書局刊本附年譜。

曉讀書齋雜録（四）［八］卷〔一〕。洪亮吉。集外奕氏刻本。

考古録四卷。鍾裦。阮刻本。

讀書脞録七卷。孫志祖。嘉慶己未家刻本，學海堂本。

惜抱軒筆記八卷。姚鼐。全集本。

札樸十卷。桂馥。原刻本。

炳燭編四卷。李賡芸。滂喜齋校録刻本。

漑亭述古録二卷。錢塘。文選樓本。

癸巳類稿十五卷。俞正燮。何氏刻本。

癸巳存稿十五卷。俞正燮。連筠簃本。

合肥學舍札記八卷。陸繼輅。自刻本。

〔一〕檢中華書局點校本《清史稿·藝文志》，《曉讀書齋雜録》初、二、三、四録共作八卷，據改。

瞥記七卷。梁玉繩。庭立紀聞四卷。玉繩子學昌輯。清白士集本。

過庭録十六卷。宋翔鳳。浮溪精舍本。

筠軒讀書叢録二十四卷，台州札記十二卷。洪頤煊。傳經堂本。

落帆樓初稿四卷。沈垚。連筠簃本。

經傳考證八卷。朱彬。學海堂本。

拜經日記十二卷。臧庸。自刻本，學海堂本止八卷。

秋槎（札）［雜］記一卷〔一〕。劉履恂。學海堂摘本。

研六室雜著［一］卷〔二〕。胡培翬。學海堂摘本。

吾亦廬稿［四］卷〔三〕。崔應榴。學海堂摘本。

寶甓齋札記［一］卷〔四〕。趙坦。學海堂摘本。

書林揚觶二卷。方東樹。盱眙吴氏刻本。

古書疑義舉例七卷。今人。俞氏叢書本。此書甚有益于學者。

四庫全書考證一百卷。乾隆四十一年敕撰。聚珍本，福本。

以下十種皆校勘之學。

義門讀書記五十八卷。何焯。通行本。

援鶉堂隨筆四十卷。姚範。家刻本。

讀書雜志八十卷。王念孫。家刻本。

羣書拾補三十八種。盧文弨。抱經堂本。

斠補隅録（二）十四種〔五〕。蔣光煦。別下齋刻涉聞梓舊本。目列後：尚書全解二十一葉，爾雅十八葉，續通鑑七葉，東漢會要二十九葉，吴越春秋十二葉，錢塘遺事十二葉，宣和奉使高麗圖經六葉，管子三十四葉，荀子九葉，酉陽雜俎十二葉，唐摭言十四葉，蘆浦筆記四葉，陳后山集十三葉，意林十葉。

竹汀日記鈔三卷。錢大昕。劉刻本，滂喜齋編録本二卷。

拜經樓藏書題跋記六卷。吴壽暘。別下齋本。

經籍跋文一卷。陳鱣。涉聞梓舊本。

曝書雜記三卷。錢泰吉。甘泉鄉人稿本，滂喜齋本，別下齋本二卷。

甕牖閒評八卷。宋袁文。聚珍本，杭本，福本。

陔餘叢考四十三卷。趙翼。原刻本。

恒言録六卷。錢大昕。文選樓本。

通俗編三十八卷。翟灝。無不宜齋刻本，指海本。

以上儒家類考訂之屬。録其有關經史者。此類各書為讀一切經、史、子、集之羽翼。

右儒家。

兵家第三

兵者，人事。太白陰經、虎鈐經之屬，詭誕不經，不録。登壇必究、武備志多言占候，所言營陳器械，古今異宜，不録。握奇經、三略、心書、李衛公問對，僞書，不録。武編、兵法百言之屬，多空談，不録。

歷代兵制八卷。宋陳傅良。守山閣本，金壺本。

讀史兵略四十六卷。胡林翼。武昌官本。

讀史方輿紀要一百三十卷，形勢紀要九卷。顧祖禹。通行本。活字版本不善。此書專爲兵事而作，意不在地理考證。

〔一〕上海古籍出版社一九九九年版《販書偶記》作《秋槎雜記》，「札」為「雜」字之誤。據改。

〔二〕《學海堂摘本》作一卷，據補。

〔三〕《清經解》學海堂刻本作四卷。據補。

〔四〕《清經解》學海堂刻本作一卷。據補。

〔五〕《涉聞梓舊》本作十四種。據改。

草廬經略十二卷。明失名人。粵雅堂本。

練兵實紀九卷，雜集六卷。明戚繼光。守山閣本，金壺本。

紀效新書十八卷。明戚繼光。學津本。以上二書，通行本粗惡。

救命書二卷。明吕坤。指海本，附呻吟語刻本，借月山房本。

洴澼百金方十四卷。吴宫桂。据王芑孫序後自記，或云袁氏撰。通行本。近人金湯十二籌，詳于城守，亦切實有用。

火攻挈要三卷。明焦勖。海山仙館本，單行本。李善蘭火器真訣一卷，見下則古昔齋算學内。

新譯西洋兵書五種。上海製造局刻本。克虜伯砲説四卷、砲操法四卷、砲表六卷，水師操練十八卷、附一卷，行軍測繪十卷，防海新論十八卷，御風要術三卷，皆極有用。

右兵家。凡兵家多與史學家相出入，地理尤要。

法家第四

唐律疏議三十卷，唐長孫無忌。附洗冤集録五卷。宋宋慈。岱南閣本。唐律舊入政書，附此，取便尋覽。

折獄龜鑑八卷。宋鄭克。守山閣本，金壺本。

佐治藥言一卷，續一卷。汪輝祖。知不足齋本。

學治臆説二卷。汪輝祖。托氏刻本，讀畫齋本。二書合刻有阮氏本，武昌局本，貴陽官本。

龍筋鳳髓判四卷。唐張鷟。湖海樓本，海山仙館本，學津本。名似法家，實則詞章，無類可歸，附此，其目藉可考唐時律令公式。

牧令書二十三卷，保甲書四卷。徐棟輯。通行本。淺而切用。

右法家。

農家第五

齊民要術十卷。魏賈思勰。津逮本，學津本，秘册彙函本。

耒耜經一卷。唐陸龜蒙。津逮本，學津本。在甫里集内。

農書三卷。宋陳旉。附蠶書一卷。宋秦湛。知不足齋本。蠶書亦在道光重刻淮海集内，作秦觀撰。

農書三十六卷。元王楨。明刻本。

潞水客談一卷。明徐貞明。單行本，粵雅堂本。

橡繭圖説二卷。劉祖震。道光七年刻本。

樗繭譜一卷。鄭珍。道光十七年刻本。

木緜譜一卷。褚華。珠塵本。

農桑輯要七卷。元至元十年官撰。聚珍本，杭本，福本。

農政全書六十卷。明徐光啓。通行本。

授時通考七十八卷。乾隆二年敕撰。殿本，四川布政司刻本。

農桑易知録三卷。鄭之任。乾隆六年刻本。

康濟録六卷。倪國連。通行本，武昌局本。

荒政叢書十卷。俞森。守山閣本，金壺本。

荒政輯要九卷。汪志伊。嘉慶十一年刻本。

附：泰西水法六卷。明熊三拔。互見算法内。

右農家。

醫家第六

録初唐以前者。唐後方書，非專門經驗定其是非，不録。

素問王冰注二十四卷。明仿刻宋高保衡等校本，近人重刻本。互見前古子。

素問釋義十卷。張琦。道光十年宛鄰書屋自刻本。

難經集注五卷。舊題周秦越人。明王九思注。借月山房本。

神農本草經三卷。問經堂校本。

傷寒論十卷。漢張機。明吴勉學刻古今醫統本。

金匱要略三卷。漢張機。醫統本。

華氏中藏經（一）［三］卷〔一〕。平津館本。

甲乙經十二卷。晋皇甫謐。醫統本。

靈樞經十二卷。晋人。醫統本，通行本。

肘後備急方八卷。晋葛洪。程永培刻六醴齋醫書本。

脉經十卷。晋王叔和。借月山房本，守山閣本。

褚氏遺書一卷。南齊褚澄。醫統本，廣百川本。

千金寶要六卷。唐孫思邈。平津館本。

右醫家。

天文算法第七

算書與推步，事多相涉，今合録。推步須憑實測，地理須憑目驗，此兩家之書，皆今勝于古。

今日算學家，習中法者，以算學啓蒙、九章細草圖説、九數通考、四元玉鑑爲要，兼習西法者，以數理精蘊、梅氏叢書、新譯數學啓蒙、代數術、新譯十三卷幾何原本爲要。

戴校算經十書三十七卷。戴震校。微波榭本。目列後。

周髀算經二卷。漢趙君卿注，北周甄鸞述，唐李淳風釋。互見前古子。

音義一卷。宋李籍。又聚珍本，福本，又津逮本，學津本。

九章算術九卷。漢人。（魏）［晋］劉徽注〔二〕，唐李淳風釋，戴震補圖。

音義一卷，宋李籍。附策算一卷。戴震。又聚珍本，福本，常熟屈氏重刻本。

海島算經一卷。晋劉徽。并注。又聚珍本，杭本，福本。

孫子算經三卷。漢人。北周甄鸞注，唐李淳風釋。又聚珍本，杭本，福本，又知不足齋本。

五曹算經五卷。六朝人。北周甄鸞注。又聚珍本，福本，又知不足齋本。

夏侯陽算經三卷。六朝人。又聚珍本，杭本，福本。

張邱建算經三卷。北周甄鸞注。唐李淳風釋，劉孝孫細草。又知不足齋本。

五經算術（五）［二］卷〔三〕。北周甄鸞。唐李淳風注。又聚珍本，杭本，福本。

緝古算經一卷。唐王孝通。并注。又知不足齋本。

數術記遺一卷。舊題漢徐岳。北周甄鸞注。僞書。又津逮本，學津本。

附句股割圜記一卷。戴震。

九章算術細草圖説九卷。李潢。沈欽裴校。嘉慶庚辰家刻本。

海島算經細草圖説一卷。李潢。附前刻後。

緝古算經考注二卷。李潢。程矞采廣州刻本，又南昌刻補草附圖本，非原書。

測圓海鏡細草十二卷。元李冶。李鋭校。又長沙荷池精舍本。

益古演段三卷。元李冶。李鋭校。又同上刻本。

弧矢算術細草一卷。明顧應祥。李鋭細草。

透簾細草一卷。闕名。

〔一〕《平津館叢書》本作三卷。

〔二〕劉徽由魏入晋，當作晋人為是。中華書局點校本《清史稿·藝文志》之《九章算術》條，撰人正作晋劉徽。

〔三〕武英殿聚珍本、《四庫全書》本均作二卷，據改。

續古摘奇算法一卷。宋楊輝。

丁巨算法一卷。元丁巨。

以上六種皆知不足齋本。

數書九章十八卷，宋秦九韶。附札記。宋景昌。宜稼堂叢書本。目列後。

楊輝算法六種七卷。宋楊輝。宋景昌校。宜稼堂叢書本。

詳解九章算法，附纂類，無卷數。附札記。　田畝［比類］乘除捷法二卷[一]。　算法通變本末一卷。　乘除通變算寶一卷。　算法取用本末一卷。　續古摘奇算法一卷，　附總札記。

算學啓蒙三卷。元朱世傑。羅士琳校。觀我生室彙稿本，抽印單行本。

四元玉鑑細草二十四卷。元朱世傑。羅士琳草。觀我生室彙稿本，抽印單行本。互見。

緝古算經細草三卷。張敦仁。岱南閣本。求一算術三卷。同上。

校緝古算經一卷，圖解一卷，細草一卷，音義一卷。陳杰。成都龍氏刻本。

開方補記六卷。張敦仁。道光十四年自刻本。原書九卷，未刻畢。

割圓密率捷法四卷。明安圖。羅士琳校。天長岑氏刻本，觀我生室本。互見。

三統術衍三卷。錢大昕。潛研堂集本。董祐誠三統術衍補一卷，在董方立遺書内。

少廣正負術内外篇六卷。孔廣森。顨軒所著書本。

開方釋例四卷。駱騰鳳。刻本。王元啓句股衍甲集三卷、乙集二卷、丙集四卷，未刊。

弧矢算術細草圖解一卷。咸豐元年中星表一卷。馮桂芬。原刻本。

句股六術一卷。項名達。上海局本。

筆算便覽一卷。紀大奎。紀慎齋全集内。

增删算法統宗十一卷。梅瑴成。

九數通考十三卷。屈曾發。乾隆癸巳刻本，同治十年廣州學海堂重刻本，原名數學精詳。

以上中法。

新法算書一百零三卷。明徐光啓等。明刻本。三十種。原名崇禎曆書。目列後。

治曆緣起八卷。　奏疏四卷。　八線表一卷。　日躔表一卷。　月離表四卷。　五緯表十卷。　交食表九卷。　恒星緯表二卷。　新曆曉或一卷。青照堂亦刻。　曆小辨一卷。　測量全義十卷。　遠鏡説一卷。珠塵亦刻。　日躔曆指一卷。　月離曆指四卷。　五緯曆指九卷。　恒星曆指四卷。　交食曆指七卷。　恒星出没二卷。　古今交食考一卷。　黄赤正球二卷。　渾天儀説五卷。　測天約説二卷。　天測二卷。　幾何法要四卷。　新法曆引一卷。　曆法西傳一卷。　新法表異二本。　籌算指一卷。　籌算一卷。　測食略二卷。

天學初函器編三十卷。明徐光啓等。明刻本。十種。目列後。

泰西水法六卷。明熊三拔。　渾蓋通憲圖説二卷。明李之藻。又守山閣本。　幾何原本六卷。明徐光啓譯。又海山仙館本，全書十五卷，餘九卷未譯，今始譯行。　表度説一卷。明熊三拔。　天問略一卷。明陽瑪諾。又珠塵本。　簡平儀一卷。明熊三拔。又守山閣本。　同文算

[一]《宜稼堂叢書》本作《田畝比類乘除捷法》，據補。

指前編二卷，通編八卷。明李之藻譯。又海山仙館本。明本有别編一卷。圓容較義一卷。明李之藻。又海山仙館本，守山閣本。測量法義一卷。明徐光啓。又海山仙館本，指海本。句股義一卷。明徐光啓。又海山仙館本，指海本。

測量異同一卷。明徐光啓。海山仙館本，指海本。

測算刀圭三卷。面體比例便覽一卷，對數表一卷，對數廣運一卷。年希堯。自刻本。

視學二卷。年希堯。自刻本。

比例會通四卷。羅士琳。刻本。

新譯幾何原本十三卷，續補二卷。李善蘭譯。上海刻本。

代數術二十五卷，卷首釋號一卷。今人譯。上海刻本。

代微積拾級十八卷。李善蘭譯。上海刻本。

曲綫説一卷。李善蘭譯。則古昔齋刻本。

數學啓蒙一卷。西洋人偉烈亞力。上海活字板本。

經天該一卷。明利瑪竇。珠塵本，亦在高厚蒙求内。

中星表一卷。（明）［清］徐朝俊〔一〕。珠塵本，亦在高厚蒙求内。

以上西法。

御製數理精藴。上編五卷，下編四十卷，表八卷。康熙十三年殿本。

御製曆象考成。上編十六卷，下編十卷，康熙十三年殿本。後編十卷，表十六卷，乾隆二年殿本〔二〕。

御定儀象考成三十二卷。乾隆九年殿本。

曉庵新法六卷。王錫闡。守山閣本。

五星行度解一卷。王錫闡。守山閣本。

天步真原一卷。薛鳳祚。守山閣本，指海本。

勿庵曆算全書七十四卷。梅文鼎。魏念彤刻本。二十九種。梅瑴成重編爲六十二卷，名梅氏叢書，序次尤善，附瑴成赤水遺珍一卷、操縵卮言一卷。目列後。

平三角舉要五卷。句股闡微四卷。弧三角舉要五卷。環中黍尺六卷。塹堵測量二卷。方圓冪積一卷。幾何補編五卷。解割圓之根一卷。楊作枚。曆學疑問三卷。曆學疑問補二卷。珠塵亦刻。交會管見一卷。交食蒙求三卷。揆日候星紀要一卷。歲周地度合考一卷。冬至考一卷。諸方日軌高度表一卷。五星紀要一卷。火星本法一卷。七政細草補注一卷。二銘補注一卷。珠塵亦刻。曆學駢枝四卷。平立定三差解一卷。曆學（問）答［問］一卷〔三〕。珠塵亦刻。古算演略一卷。珠塵亦刻。筆算五卷。籌算七卷。度算釋例二卷。方程論六卷。少廣拾遺一卷。

勿庵曆算書目一卷。梅文鼎。知不足齋本。

中西經星同異考一卷。梅文鼎。指海本。

江慎修數學八卷，續一卷。江永。守山閣本。海山仙館本用原名，題曰翼梅。目列後。

曆學補論。歲實消長辨。恒氣注曆辨。冬至權度。七政衍。金水發微。中西合法擬草。算賸。正弧三角疏義。

推步法解五卷。江永。守山閣本。

李氏遺書十七卷。李鋭。道光癸未阮氏廣州刻本。算書十一種。

〔一〕《藝海珠塵》本作清徐朝俊，據改。

〔二〕范希曾《補正》云，表十六卷為康熙間撰。録以備考。

〔三〕《藝海珠塵》本作《曆學答問》，乙正。

董方立遺書算術七卷。董祐誠。家刻本，成都重刻本。遺書共十四卷，餘七卷爲他著述。

割圓連比例圖解三卷。　橢圓求周術一卷。　堆垛求積術一卷。　斜弧三邊求角補術一卷。　三統術衍補一卷。

里堂學算記十六卷。焦循。焦氏叢書本。五種，目列後。

加減乘除釋八卷。　天元一釋二卷。　釋弧三卷。　釋輪二卷。　釋橢一卷。

宣西通三卷。許桂林。刻本。

算牖四卷。許桂林。

翠微山房數學三十八卷。張作楠。原刻本。十五種，目列後。

量倉通法五卷。　方田通法補例六卷。　倉田通法續編三卷。　八線類編三卷。　八線對數類編二卷。　弧角設如三卷。　弧三角舉隅一卷。　揣籥小録一卷。　揣籥續録三卷。　高弧細草一卷。　新測恒星圖表一卷。　新測中星圖表一卷。　新測更漏中星表三卷。　金華晷漏中星表二卷。　交食細草三卷。

數學五書［十九］卷〔一〕。安清翹。刻本。目列後。

推步惟是。　一線表用。　學算存略。　筆算衍略。　樂律新得。

衡齋算學七卷。汪萊。嘉慶間刻本。

六九軒算書［八］卷〔二〕。劉衡。家刻本六種。目列後。

尺算日晷新義。　句股尺測量新法。　籌表開諸乘方捷法。　借根方法淺説。　四率淺説。　緝古算經補注。

觀我生室彙稿二十四卷。羅士琳。阮刻本。十一種，目列後。

句股容三事拾遺三卷。　附例一卷。　三角和較算例一卷。　四元玉鑑細草二十四卷。又單行。　四元釋例二卷。　演元九式一卷。　臺錐積演一卷。　校正算學啓蒙三卷。又單行。　校正割圜密率捷法四卷。又單行。　續疇人傳六卷。　周無專鼎銘攷一卷。　弧矢算術補一卷。此外有交食圖説舉隅，推算日食增廣新術，春秋朔閏異同，綴術輯補，句股截積和較算例，淮南天文訓存疑，博能叢話，未刊。

夏氏算書遺稿四種。夏鸞翔。附鄒徵君遺書。刻本。目列後。

少廣縋鑿一卷。　洞方術圖解二卷。　致曲術一卷。　致曲圖解一卷。

務民義齋算學七種。徐有壬。姚氏咫進齋刻本，有七種未刻。徐別有造各表簡法、截球解義、橢圜求周術各一卷，附刻鄒徵君遺書內。

鄒徵君遺書八種。鄒伯奇。廣州家刻本。目列後。

學計一得二卷。　補小爾雅釋度量衡一卷。　格術補一卷。　對數尺記一卷。　乘方捷術三卷。　存稿一卷。　輿地圖一册。　恒星圖二幅。　附夏氏算學、徐氏算學。

吴氏丁氏算書十七種。今人吴氏、丁氏同撰。同治元年長沙白芙堂刻本。目列後。

筆算。　今有術。　分法。　開方釋。　平方術。　平圜術。　立方立圜術。　句股術。　平三角術。　測量術。　方程術。　天元一術。　天元名式釋例。　天元一草。　天元問答。　四元名式釋例。　四元草。附借根方句股細草一卷。李錫蕃。

則古昔齋算學二十四卷。李善蘭。江寧刻本。十三種，目列後。

〔一〕清嘉慶中樹人堂刊本作十九卷，據補。

〔二〕楚廬精舍一九三七年版《張文襄公全集校勘記》云，道光刻本六卷。又，咸豐五年重刊本作八卷。

方圓闡幽一卷。弧矢啓秘二卷。對數探源二卷。垛積比類四卷。四元解二卷。麟德術解三卷。橢圜正術解二卷。橢圜新術一卷。橢圜拾遺三卷。火器真訣一卷。尖錐變法解一卷。級數回求一卷。天算或問一卷。

疇人傳四十六卷。阮元。續疇人傳六卷。羅士琳。阮氏合刻本。阮傳入文選樓叢書，續傳亦入觀我生室彙稿。學海堂阮傳摘本九卷。

以上兼用中西法。

右天文算法家。算學以步天爲極功，以制器爲實用，性與此近者，能加研求，極有益于經濟之學。

術數第八 舉其雅馴合理者。

易林十六卷。舊題漢焦贛，依徐養原、牟廷相，定爲漢崔篆。士禮居校宋本，單行重刻黄本，津逮本、學津本併爲四卷。火珠林一卷，刻格致叢書百名家書中。

太玄經十六卷。漢揚雄。蜀范望注。明刻仿宋本，孫氏古堂書屋叢書本。

太玄經集注十卷。宋司馬光。嘉慶庚午陶五柳仿宋本。

太玄解一卷。焦袁熹。珠塵本。

五行大義五卷。隋蕭吉。佚存叢書本，知不足齋本。

開元占經一百二十卷。唐瞿曇悉達。長沙刻本。内有唐九執曆。

潛虚一卷。宋司馬光。附潛虚發微論一卷。宋張敦實。知不足齋本。

潛虚解一卷。焦袁熹。珠塵本。

皇極經世書十二卷。宋邵雍。通行本。

右術數家。東方朔靈棋經二卷，僞書，然是晋以前人作。刻得月簃叢書、珠叢別録、劉氏述古叢鈔中。

藝術第九 舉其典要可資考證者，空談賞鑒不録。

法書要録十卷。唐張彦遠。津逮本，學津本。梁庾肩吾書品、唐張懷瓘書斷，已收入此書内。

墨池編二十卷。宋朱長文。明青州李氏刻本，雍正癸卯朱氏刻本。

書史會要九卷，補遺一卷，明陶宗儀。續編一卷。明朱謀垔。三續百川本。錢坫篆人録八卷，未刊。

書譜一卷。唐孫虔禮。百川本、安氏石刻附釋文本。

續書譜一卷。宋姜夔。三續百川本。

藝舟雙楫六卷，附録三卷。包世臣。安吴四種之一。活字版本，又單行本。此編實是雜文，因内有論書二卷，附此。

歷代名畫記十卷。唐張彦遠。津逮本，學津本，續百川本。上古至唐會昌。

貞觀公私畫史一卷。唐裴孝源。續百川本，唐宋叢書本。

圖畫見聞志六卷。宋郭若虚。津逮本，學津本。唐會昌至宋熙寧。

畫繼十卷。宋鄧椿。津逮本，學津本，宋熙寧至乾道。

圖繪寶鑑五卷，元夏文彦。上古至元。續編一卷。明韓昂。津逮本，明初至嘉靖。

讀畫録四卷。周亮工。自刻本，海山仙館本。明末、國初。

畫徵録三卷，續二卷。張庚。通行本。國初至乾隆初。以上七書皆考證歷代畫家大略，相續而成。近人有畫史彙傳，上古至道光，人數不少，考證無多。

南薰殿圖象考一卷。胡敬。自刻四種之一。

佩文齋書畫譜一百卷。康熙四十七年敕撰。内府本。

東觀餘論三卷。宋黄伯思。明項氏萬卷樓仿宋本，津逮本，學津本。

廣川書跋十卷。宋董逌。津逮本。

法帖譜系二卷。宋曹士冕。百川本，青照堂本。

閣帖釋文考正十二卷。王澍。原刻本。

虚舟題跋十卷，補原三卷。王澍。乾隆間刻本，海山仙館本四卷。

蘇齋題跋二卷。翁方綱。得月簃本。多考訂。

法帖題跋三卷。姚鼐。惜抱軒集本。

學古編一卷。元吾邱衍。學津本，廣百川本，祕笈本，唐宋叢書本。

續三十五舉一卷。桂馥。乾隆己巳重定自刻本，海山仙館本，借月山房本。

印人傳三卷。周亮工，自刻本。

琴史六卷。宋朱長文。曹寅刻楝亭十二種本。

樂府雜録一卷。唐段安節。續百川本。

右藝術家。

雜家第十

學術不純宗一家者入此，其雜記事實者入雜史。雜考經史者入儒家。

淮南子高誘注二十一卷。莊逵吉校本。十子本即此本。兼道家。

許叔重淮南子注一卷。孫馮翼輯。問經堂本。

淮南萬畢術一卷。孫馮翼輯。問經堂本，又茆輯十種本。

淮南天文訓補注二卷。錢塘。指海本。

抱朴子内外篇八卷。晋葛洪。平津館本。兼道家。

抱朴子内篇校勘記一卷，佚文一卷。外篇校勘記一卷，佚文一卷。嚴可均。四録堂類集本。

金樓子六卷。梁元帝。知不足齋本。兼釋老。

劉子十卷。梁劉晝。漢魏叢書本。兼道家。

顔氏家訓注七卷。北齊顔之推。趙曦明注。抱經堂本，又知不足齋本。兼釋家。

長短經九卷。唐趙蕤。讀畫齋本。兼縱横家。

兩同書二卷。唐羅隱。續百川本，祕笈本。兼道家。

譚子化書六卷。南唐譚峭。明吴刻二十子本，明單行仿宋本，珠叢別録本。兼道家。

激書。無卷數，五十七篇。賀貽孫。江西刻本。兼道家。

右雜家。

小説家第十一

唐以前舉詞章家所常用者，宋以後舉考据家所常用而雅核可信者，餘皆在通行諸叢書中。

漢武内傳一卷，附録外傳、校勘記。齊王儉。守山閣本，又金壺本。

西京雜記六卷。梁吴均。抱經堂校刻別行本，又津逮本，學津本，漢魏叢書本。

博物志十卷，附逸文。舊題晋張華。指海本，又士禮居本。神異經、十洲記、洞冥記、搜神記、搜神後記、述異記，皆僞書近古者。

世説新語三卷。宋劉義慶。明袁氏刻仿宋本，道光戊子周氏紛欣閣重刻袁本，惜陰軒本。

拾遺記十卷。秦王嘉。漢魏叢書本。

異苑十卷。宋劉敬叔。津逮本，學津本。

國史補三卷。唐李肇。得月簃翻明本，津逮本，學津本。

明皇雜録三卷，附校勘記。唐鄭處誨。守山閣校本，又金壺本。

杜陽雜編三卷。唐蘇鶚。學津本，稗海本。

酉陽雜俎二十卷，續十卷。唐段成式。津逮本，學津本，坊刻單行本。

尚書故實一卷。唐李綽。祕笈本。説薈本。因話録六卷。唐趙璘。唐宋叢書本，説薈本。

北夢瑣言二十卷。五代孫光憲。雅雨堂本，廣州刻本。

茆亭客話十卷。宋黄休復。琳琅祕室本，津逮本，學津本。

唐語林八卷，附校勘記。宋王讜。四庫館重編。守山閣校本，又聚珍本，福本，金壺本。

清異録二卷。宋陶穀。海寧陳氏與表異録合刻本，惜陰軒本，祕笈本。

歸田録二卷。宋歐陽修。學津本，歐集附刻本。

鐵圍山叢談六卷。宋蔡絛。知不足齋本。

侯鯖録八卷。宋趙令畤。知不足齋本。

續世説（二十）［十二］卷〔一〕。宋孔平仲。守山閣本。

萍洲可談三卷，附校勘記。宋朱彧。守山閣本，金壺本。

默記（三）［一］卷〔二〕。宋王銍。知不足齋本。

揮麈前録四卷，後録十一卷，三録三卷，餘話二卷。宋王明清。津逮本，學津本。

聞見前録二十卷。宋邵伯温。津逮本，學津本。

聞見後録三十卷。宋邵博。津逮本，學津本。

雞肋編三卷。宋莊季裕。琳瑯秘室本。

桯史十五卷，附録一卷。宋岳珂。津逮本，學津本。

癸辛雜識前集一卷，後集一卷，續集二卷，別集二卷。宋周密。津逮本，學津本。

輟耕録三十卷。元陶宗儀。明刻本，津逮本。

山居新語四卷。元楊瑀。知不足齋本。

震澤紀聞二卷，震澤長語二卷。明王鏊。借月山房本。紀聞有珠塵本，長語有指海本。

水東日記四十卷。明葉盛。康熙間刻本。明刻本三十八卷。

菽園雜記十五卷。明陸容。守山閣本，金壺本。

何氏語林三十卷。明何良俊。明刻本。

鈍吟雜録十卷。馮班。守山閣本，指海本。

居易録三十四卷，池北偶談二十六卷。王士禎。通行本。

太平廣記五百卷。宋李昉等。通行本。所引多唐以前逸書，可資考證者極多。

右小説家。今人雜記，若阮葵生茶餘客話，王應奎柳南隨筆，法式善槐廳載筆，清秘述聞，童翼駒墨海人名録之屬，皆資考核，均有刻本。

釋道第十二 舉其有關考證事實者。

宏明集十四卷。梁僧祐。明刻本。

廣宏明集三十卷。唐釋道宣。明吴勉學刻本。

佛國記一卷。宋釋法顯。津逮本，學津本，漢魏叢書本，唐宋叢書本。

大唐西域記十二卷。唐釋玄奘。守山閣本，金壺本，津逮本，學津本。

〔一〕《守山閣叢書》本《續世説》作十二卷，乙正。

〔二〕《知不足齋叢書》本《默記》作一卷，據改。又，《四庫全書》本作三卷。

本。此書與佛國記意在紀述釋教，不爲地理而作，故入此類。

高僧傳十三卷，序録一卷。梁釋慧皎。海山仙館本。

法苑珠林一百二十卷。唐釋道世。燕園蔣氏刻本。

五燈會元二十卷。宋釋普濟。釋藏本。

開元釋教録二十卷。唐釋智昇。釋藏本。

翻譯名義十四卷。宋釋法雲。雲棲寺刻本。

列仙傳二卷。舊題漢劉向。王照圓校。郝氏遺書本，又古今逸史本，琳瑯秘室本。

神仙傳十卷。晉葛洪。龍威本。

參同契考異一卷。漢魏伯陽。宋朱子考異。守山閣本，漢魏叢書本，無考異。

道藏目録詳注四卷，附闕經目録二卷。明白雲霽。道藏本。

右釋道家。

陰符經、素書、道德指歸論，皆僞書。真誥、雲笈七籤多詭誕，不録。

類書第十三

類書實非子，從舊例附列于此，舉其有本原者。

皇覽一卷。魏繆襲。問經堂輯本。

校明初寫本北堂書鈔五十五卷。唐虞世南。嚴可均校。四録堂本罕見。今通行刻本一百六十卷，乃明陳禹謨刪補者。

藝文類聚一百卷。唐歐陽詢。明仿宋小字本，明王元貞校大字本。

初學記三十卷。唐徐堅。明無錫安氏仿宋本，古香齋袖珍本。

白孔六帖一百六卷。唐白居易，宋孔傳。通行本。

太平御覽一千卷。宋李昉等。鮑校刻宋小字本，張刻大字本，又明汪昌序校活字版本。

册府元龜一千卷。宋王欽若等。明崇禎李嗣京刻本。

山堂考索二百一十二卷。宋章如愚。明正德慎獨齋刻本。前集六十六卷，後集六十五卷，續集五十六卷，别集二十五卷。

玉海二百卷。宋王應麟。嘉慶丙寅康基田校。江寧藩庫刻本，又明正德以來修補本。原附詞學指南四卷。又附刻十三種，目列後：

詩考一卷。詩地理考六卷。漢藝文志考證十卷。通鑑地理通釋十四卷。漢制考四卷。急就篇四卷。姓氏急就篇二卷。周易鄭康成注一卷。王會解注一卷。踐阼篇一卷。小學紺珠十卷。六經天文篇二卷。通鑑答問五卷。

天中記五十卷。明陳耀文。明刻本罕見。原書六十卷。以上各書，不惟文家所用，亦可考古書佚文異本，其用甚大。

唐類函二百卷。明俞安期。明刻本。

錦繡萬花谷。宋闕名。明仿宋刻本。前集四十卷，後集四十卷，續集四十卷。

合璧事類。宋謝維新。明刻本。前集六十九卷。後集八十一卷，續集五十六卷，别集九十四卷，外集六十六卷。

以上二書，雖未大雅，取其多存舊書，及宋人軼事遺文。

右類書。

類書若國朝官撰之淵鑑類函、駢字類編、子史精華、韻府字錦之屬，士林咸知，不復臚列。

書目答問卷四　集部

楚辭第一

楚辭兼有屈、宋、楊、劉諸人作，義例實是總集，但從前著録，皆自爲一類，冠于別集之前，今仍舊例。

楚辭補注十七卷。漢王逸注。宋洪興祖補。汲古閣毛表校本。楚辭章句十七卷，大小雅堂刻本，止王注。

楚辭集注八卷，辨證二卷，後語六卷。宋朱子。明成化吳氏刻本，明閔刻本無辨證、後語。

離騷集傳一卷。宋錢杲之。知不足齋本，龍威祕書本。

離騷草木疏四卷。宋吳仁傑。知不足齋本，龍威本。

離騷草木疏辨證四卷。祝德麟。自刻本。

山帶閣楚辭注六卷，餘論二卷，楚辭説韻一卷。蔣驥。通行本。

屈宋古音義三卷。明陳第。學津本。

天問補注一卷。毛奇齡。西河集本。

右楚辭類。

別集第二

漢魏六朝舉隋唐著録原有專集之名者，其後人采集者，具在百三家集中，不及。唐至明舉最著而單行者。國朝人除詩文最著數家外，舉其説理紀事、考證經史者。

蔡中郎集六卷。漢蔡邕。聊城楊氏仿宋本，附獨斷二卷。通行三本皆逐此本。嚴可均校補蔡中郎集十四卷、録一卷，未刊。

諸葛忠武侯文集四卷，漢諸葛亮。附録二卷，諸葛故事五卷。張澍編。沔縣祠堂本。

曹子建集十卷。魏曹植。明仿宋刻附音義本，明安氏活字版本，漢陽朝宗書室活字版本。

嵇中散集十卷。（晋）［魏］嵇康。明黄省曾刻本，明汪士賢刻漢魏六朝二十名家集本。

陸士衡集十卷。晋陸機。二十名家集本。

陸士龍集十卷。晋陸雲。二十名家集本。

陶淵明文集十卷。晋陶潛。汲古閣仿宋大字本，何氏成都刻翻毛本。

陶靖節詩注四卷。宋湯漢注。拜經樓校本。

謝宣城集五卷。齊謝朓。拜經樓校本。

鮑參軍集十卷。宋鮑照。明朱應登刻本。

昭明太子集六卷。梁蕭統。明葉紹泰編刻蕭梁文苑本。

江文通集四卷。梁江淹。梁賓校刻本。

江文通集彙注十卷。明胡之驥注。刻本。

何水部集一卷。梁何遜。明張紘刻本。

庾子山集注十六卷。周庾信。倪璠注。通行本。

徐孝穆集箋注六卷。陳徐陵。吳兆宜注。原刻本，阮氏困學書屋重刻本。吳亦有庾注，倪行吳廢。

以上漢魏六朝。

初唐四傑集。唐王勃、楊炯、盧照鄰、駱賓王。通行本。王子安集十六卷，盈川集十卷、［附録一卷］，盧昇之集七卷（附録一卷）〔一〕，駱丞集四卷。

駱承集四卷。顧廣圻校。秦恩復刻本。合李元賓、吕衡州爲三唐人集。

駱賓王集十卷。顧之逵小讀書堆校刻足本。

駱臨海集注十卷。陳熙晋注。原刻本。

陳伯玉文集三卷，詩集二卷。唐陳子昂。楊國楨輯刻本。明新都楊春刻本，雖依舊本題十卷，未足，此本搜輯較多，亦不盡。

張燕公集二十五卷。唐張説。聚珍版輯補本，福本。

曲江集二十卷。唐張九齡。通行祠堂本不善。

李北海集六卷，附録一卷。唐李邕。明崇禎庚辰刻本。

李太白集三十卷。唐李白。繆曰芑仿宋本。

李太白集注三十六卷。王琦注。通行本。

杜詩詳注二十五卷，附編二卷。唐杜甫。仇兆鰲注。通行本。

杜詩鏡銓二十卷。楊倫注。杜文注解二卷。張溍注。成都合刻本。

杜詩注本太多，仇、楊爲勝。

王右丞集注二十八卷。唐王維。趙殿成注。乾隆二年刻本。

孟襄陽集三卷。唐孟浩然。汲古閣本，明閔齊伋刻本，又明刻本四卷。

元次山集十二卷。唐元結。刻本。明湛若水校本十卷。

顔魯公内集十二卷，外集八卷，書評十卷。唐顔真卿。黄本驥編輯。三長物齋本。聚珍本、福本止十六卷，較黄本少文四十四首及年譜。

劉隨州集十卷，補遺一卷。唐劉長卿。席氏本。

錢考功集十卷。唐錢起。席氏本。

韋蘇州集十卷。唐韋應物。項絪翻刻宋本，席啓寓編刻唐百家詩本，汲古閣本後有拾遺一卷。

毘陵集二十卷。唐獨孤及。亦有生齋校刻本。

李君虞集二卷。唐李益。席氏本。張澍有輯本，未刊。

華陽集三卷，附顧非熊詩一卷。唐顧況。明姚士粦輯。顧端刻，席氏本。

權文公集五十卷。唐權德輿。嘉慶間校刻足本，明嘉靖辛丑劉大謨刻本止十卷。

重刻東雅堂韓昌黎集四十卷，外集十卷，附點勘。唐韓愈。宋廖瑩中輯注。蘇州翻刻本。陳景雲點勘。明徐氏東雅堂原刻本，今尚有。

韓文考異十卷。宋方崧卿舉正，朱子校定。李光地刻本。宋王伯大重編韓文考異正集、外集、遺文共五十一卷，明刻本，非朱子原書。

昌黎詩箋注十一卷。顧嗣立補注。秀埜草堂原刻本，吴廷榕重刻本。

昌黎詩增注證譌十一卷。黄鉞。家刻本。

朱墨本昌黎詩注十一卷。怡刻本。

編年昌黎詩注十二卷。方世舉。雅雨堂本。

韓集點勘四卷。陳景雲。文道十書本。重刻五百家注韓集四十卷，乾隆甲辰富氏仿宋本，雖遜東雅堂本，雕印尚好。

柳集四十五卷，龍城録二卷，外集二卷，附録二卷，集傳一卷。唐柳宗元。明嘉靖郭雲鵬重刻宋本，天啓壬戌柳氏再刻本。廷桂永州新刻本，附年譜，無龍城録。陳景雲柳集點勘四卷，未刊。

柳河東集輯注四十五卷，外集五卷，附録揚子注龍城録一卷。

〔一〕據上海古籍出版社一九七九年版《增訂四庫簡明目録標注》乙正。

明蔣之翹輯。楊廷理刻本。此本通行，宋人柳文音辯五百家注，已括此書內。

劉賓客文集三十卷，外集十卷。唐劉禹錫。正集通行本，外集傳鈔本。

吕衡州集十卷。唐吕温。顧校秦刻足本，粤雅堂重刻本。

張司業集八卷，拾遺一卷，附録一卷。唐張籍。席氏唐百家詩本，明萬曆張尚儒刻本八卷。

皇甫持正集六卷。唐皇甫湜。汲古閣本。

李文公集十八卷。唐李翺。汲古閣本。

歐陽行周集十卷。唐歐陽詹。明萬曆丙午刻本。明閔刻本八卷。

李元賓文編三卷，外編二卷，補一卷。唐李觀。顧校秦刻足本，粤雅堂重刻本。

孟東野集十卷。唐孟郊。席氏本，汲古閣本，明閔刻本。

玉川子詩注五卷。唐盧仝。孫之騄注。自刻本。

長江集十卷，附録一卷。唐賈島。席氏本，汲古閣本。

李長吉歌詩四卷，外集一卷。唐李賀。王琦彙解。通行本。

樊紹述集注二卷。唐樊宗師。孫之騄注。自刻本。

王司馬集八卷。唐王建。胡介祉校刻本，席氏本十卷，汲古閣本。

沈下賢集十二卷。唐沈亞之。明萬曆丙午刻本。罕見。

會昌一品集二十卷，別集十卷，外集四卷。唐李德裕。明天啓吴興茅氏刻本，明袁州刻本止十四卷。

元氏長慶集六十卷，補遺六卷。唐元稹。

白氏長慶集七十一卷。唐白居易。明元、白合刻通行本。

白香山詩集四十卷，附録年譜二卷。汪立名編校。一隅草堂刻本。

姚少監詩集十卷。唐姚合。汲古閣本。席氏本。

樊川文集注二十卷，外集一卷，別集一卷。唐杜牧。馮集梧注。原刻本。

玉谿生詩詳注三卷。唐李商隱。馮浩注。原刻本，勝于朱鶴齡、姚培謙注本。

樊南文集詳注八卷。同上。勝于徐樹穀、徐炯箋注本。

樊南文集補編十二卷。今人。清河刻本。

温飛卿集箋注九卷。唐温庭筠。顧予咸、顧嗣立注。秀埜草堂本。

丁卯集二卷，續集二卷，續補一卷，集外遺詩一卷。唐許渾。席氏百家唐詩足本。

文泉子集一卷。唐劉蜕。別下齋本。

孫可之集十卷。唐孫樵。汲古閣本。

麟角集一卷。唐王棨。知不足齋本。

皮子文藪十卷。唐皮日休。明正統庚辰袁氏刻本。

笠澤叢書四卷，補遺一卷。唐陸龜蒙。仿宋刻本。

笠澤叢書七卷，補遺一卷，附考一卷。許槤編。刻本。

甫里集二十卷。唐陸龜蒙。明萬曆乙卯許自昌刻足本。

司空表聖文集十卷。唐司空圖。席氏本。

韓内翰別集一卷。唐韓偓。汲古閣本。別有香奩集三卷，四庫著録本删去。

黄御史集十卷，附録一卷。唐黄滔。明崇禎刻本。

羅昭諫集八卷。唐羅隱。張瓚輯刻本。

讒書五卷。唐羅隱。拜經樓校本。

禪月集二十五卷，補遺一卷。蜀釋貫休。汲古閣本，金華叢書本。

浣花集十卷，補遺一卷。蜀韋莊。汲古閣本，席氏本。

桂苑筆耕二十卷。唐高麗人崔致遠。朝鮮刻本，海山仙館本。

汲古閣三唐人文集、三唐人詩、五唐人集、六唐人集、八唐人集、唐三高僧詩之屬。明劉云份刻十三唐人詩集、八劉詩集之屬。國朝席啓寓刻唐詩百名家集，雖彙刻，多單行。

以上唐至五代。唐之詩家，如高適、岑參之類，文家如李華、蕭穎士之類，今無單行本。詳全唐詩文中。

騎省集三十卷。宋徐鉉。明有刻本，今不可見。在南唐以前所作，已收入全唐文，合入宋以後作者，止有傳鈔本。鉉爲北宋初文學之最。故舉其名。

河東集十五卷，附録一卷。柳開。國朝人校刻本。

小畜集三十卷，外集七卷。宋王禹偁。聚珍本，福本。平陽趙氏刻本無外集。

武夷新集二十卷，附西崑酬唱集。宋楊億。祝氏留香室刻本。西崑酬唱集亦刻浦城遺書内。

和靖詩集四卷。宋林逋。吴調元校刻本。

宋元憲集四十卷。宋宋庠。聚珍本，福本。

宋景文集六十二卷，補遺二卷，附録一卷。宋宋祁。聚珍本，福本。

文恭集五十卷，補遺一卷。宋胡宿。聚珍本，杭本，福本。

文正集二十卷，別集四卷，補編五卷。宋范仲淹。通行本。近范氏後裔以范文正、范忠宣集合刻。

河南集二十七卷。宋尹洙。長洲陳氏校刻本。

蔡忠惠集三十六卷。宋蔡襄。國朝人校刻本。

蘇學士集十六卷。宋蘇舜欽。宋犖校刻本，震澤徐氏刻本。

華陽集六十卷，附録十卷。宋王珪。聚珍本，福本。

司馬文正集八十卷。宋司馬光。劉繩遠刻乾隆修補本，陳宏謀刻本附年譜，翻陳本。

盱江集三十七卷，年譜一卷，外集三卷。宋李覯。明（李）［左］贊重編刻本〔一〕，江西祠堂本。

公是集五十四卷。宋劉敞。聚珍本，福本。

彭城集四十卷。宋劉攽。聚珍本，福本。

元豐類稿五十卷。宋曾鞏。顧崧齡刻本。

宛陵集六十卷，附録五卷。宋梅堯臣。震澤徐氏刻本，又梁中孚刻本。

文忠集一百五十三卷，附録五卷。宋歐陽修。歐陽衡編刻本。

蘇老泉先生集二十卷，附録二卷。宋蘇洵。邵仁泓刻本。原名嘉祐集。

東坡七集一百一十卷。宋蘇軾。前集四十卷，後集二十卷，奏議十五卷，內制集十卷，外制附樂語三卷，應詔集十卷。續集十二卷。明成化四年江西布政司重刻宋本，嘉靖十三年江西布政司又重刻，此本爲最古。又大全集本一百（三十）［十五］卷〔二〕，分體編次，易于檢尋，明刻、今刻多有。

欒城集五十卷，後集二十四卷，第三集十卷，應詔集十二卷。宋蘇轍。明刻本。右三集近人合刻本。不善。

蘇詩合注五十卷，附録五卷。馮應榴注。自刻本。蘇詩，宋施元之注最有名，查慎行補注亦善。馮、王、翁三注更詳備。

蘇詩編注集成九十二卷。總案四十五卷，詩四十六卷，雜綴一卷。

〔一〕北京三聯書店一九九八年版《書目答問斠補》作正德戊寅明左贊重編刻本，《增訂四庫簡明目録標注》略同。「李」為「左」字之誤，據改。

〔二〕檢《增訂四庫簡明目録標注集部三》，《東坡大全集》作一百十五卷，據正。

王文誥注。自刻本。馮詳事實，王兼論詩。

蘇詩補注八卷。翁方綱注。蘇齋叢書本，粤雅堂本。

斜川集六卷，附録上下二卷。宋蘇過。四庫館輯。趙懷玉校刻本，知不足齋本。附三蘇集本不善。

臨川集一百卷。宋王安石。明嘉靖三十九年何氏翻宋本，萬曆再刻本。

王荆公詩注五十卷。宋李（璧）［壁］注〔一〕。張宗松清綺齋校刻本。

山谷内集三十卷，外集十四卷，別集二十卷，詞一卷，簡尺二卷，年譜三卷。宋黄庭堅。聚珍本，福本。

山谷内集注二十卷。宋任淵。外集注十七卷，宋史容。別集注二卷，外集補四卷，年譜十四卷。宋史季温。翁方綱校刻本，聚珍本無末二種。

后山集二十四卷。宋陳師道。趙鴻烈學稼山莊刻本。

后山詩注十二卷。宋陳師道。宋任淵注。聚珍本，福本。

柯山集五十卷。宋張耒。聚珍本，福本。

淮海集四十卷，後集六卷，長短句三卷。宋秦觀。明李之藻刻，乾隆修補本。道光丁酉高郵重刻本，改併二十卷補遺一卷，附年譜。

雞肋集七十卷。宋晁補之。明崇禎刻本。李廌濟南集八卷，四庫傳鈔本，無刻本。秦、黄、張、晁、陳、李諸家文，有蘇門六君子文鈔七十卷，明崇禎韓氏刻本。

西臺集二十卷。宋畢仲游。聚珍本，福本。

以上北宋。

李忠定公集［一百八十］卷〔二〕。宋李綱。活字本，通行本。原名梁溪集。

浮溪集三十六卷。宋汪藻。聚珍本，福本。

石林居士建康集八卷。宋葉夢得。

簡齋集十六卷。宋陳與義。聚珍本，福本。

鴻慶居士集四十二卷。宋孫覿。明翻宋本止周必大原定十二卷。

茶山集八卷。宋曾幾。聚珍本，杭本，福本。

文定集二十四卷。宋汪應辰。聚珍本，福本。

朱子大全集一百一十二卷。宋朱子。蔡方炳刻本，朱子古文［六］卷〔三〕，貴陽官本。

雪山集十六卷。宋王質。聚珍版輯本，福本。

周益公大全集二百五卷。宋周必大。

止齋文集五十一卷，附録一卷。宋陳傅良。陳用光重刻本。

攻媿集一百一十二卷。宋樓鑰。聚珍版刪定本，福本。

盤洲集八十卷。宋洪适。洪氏家刻本，宜黄黄氏刻本。

浪語集三十五卷。宋薛士龍。止見傳鈔本，今温州人議刻。

石湖詩集三十四卷。宋范成大。秀埜草堂刻本。南宋四家，蕭千巖詩集已佚，尤袤止存梁溪遺稿一卷，尤侗輯本。

誠齋集一百三十卷。宋楊萬里。乾隆乙卯吉安刻本八十五卷，函海刻詩集十卷，嘉慶庚申徐氏編刻詩集十六卷。

渭南文集五十卷，逸稿二卷，劍南詩稿八十五卷。陸游。汲古

〔一〕檢上海古籍出版社一九七九年版《增訂四庫簡明目録標注·集部三》，《王荆公詩注》作李壁撰。「璧」為「壁」字之譌。據改。

〔二〕《四庫總目·集部·別集類》，《梁溪集》作一百八十卷附録六卷，《書目答問斠補》同。《梁溪集》又名《李忠定公集》。據補。

〔三〕范希曾《補正》云，《朱子古文》六卷。據補。

閣本。

水心集二十九卷。宋葉適。通行本。

水心別集十六卷。宋葉適。温州新刻本，武昌局本。

龍川文集三十卷，補遺一卷，附録二卷，札記一卷。宋陳亮。同治八年永康應氏刻本，又活字版本，金華叢書本。

嚴滄浪集六卷。宋嚴羽。明潘氏編刻宋元名家詩集本。

白石詩集一卷，附詩説一卷。宋姜夔。揚州鮑刻本。

以上南宋。此外宋人集，若吕陶、劉摯、彭龜年，聚珍本有之。宗澤、吕祖謙，在金華叢書内。永嘉四靈，在南宋羣賢小集内。

拙軒集六卷。金王寂。聚珍本，福州、杭州重刻本，又新刻本。趙秉文滏水集二十卷，王若虚滹南遺老集四十五卷，有傳鈔本，無刻本。

遺山集四十卷，附録一卷。金元好問。張穆校補刻本，又康熙間無錫華氏刻本。

元遺山詩注十六卷。施國祁注。原刻本。

剡源集三十卷，附札記一卷。元戴表元。宜稼堂本。

金淵集六卷。元仇遠。聚珍本，杭本，福本。王惲秋澗集一百卷，有傳鈔本，無刻本。

牧菴文集三十六卷。元姚燧。聚珍本，福本。明劉昌編中州名賢文表三十卷，宋犖刻本，内有姚燧文八卷。

清容居士集五十卷，附札記一卷。元袁桷。宜稼堂本。

道園學古録五十卷。元虞集。通行本。仁壽新刻本六十卷，仍少文遺稿八卷。

楊仲宏詩八卷。元楊載。留香室刻本。

范德機詩七卷。元范梈。

揭曼碩詩三卷。元揭傒斯。以上三家集，均汲古閣摘本，又宋元名家詩集本。

淵穎集十二卷，附録一卷。元吴萊。國朝人校刻本，明嘉靖卓氏刻本。

雁門集三卷，集外詩一卷。元薩都剌。汲古閣本。

九靈山房集三十卷。元戴良。戴殿江家刻本，金華叢書本。

鐵崖古樂府注十六卷。元楊維楨。卜灃注。乾隆甲午刻本，西安王氏刻本四卷。無注。

以上金元。聚珍本諸集，如張説、宋庠、宋祁、胡宿、王珪、劉敞、劉攽、張耒、畢仲游、汪藻、曾幾、汪應辰、王質、樓鑰、仇遠、姚燧諸家，皆世無刻本，或傳本太略，搜輯排印者。

宋文憲全集五十三卷，卷首四卷。明宋濂。嚴榮刻本。

青邱詩集注十八卷，附鳧藻集五卷。明高啓。金檀注。雍正六年刻本。

遜志齋集二十四卷。明方孝孺。明刻本，台州刻本，乾坤正氣集本。

懷麓堂集一百卷。明李東陽。重刻本。

篁墩集九十三卷。明程敏政。明刻本。

空同集六十六卷。明李夢陽。明刻本。今多詩集單行。

大復集三十八卷。明何景明。河南重刻本。

王文成全書三十八卷。明王守仁。明刻本，又通行本亦偁陽明全集。

儼山集一百卷，續集十卷，儼山外集三十四卷。明陸深。明刻本。外集皆雜箸，別行，附此。

升菴全集八十一卷，外集一百卷，遺集［二十六］卷〔一〕。明楊慎。通行本不善。

遵巖集二十五卷。明王慎中。明刻本。

荆川集十二卷。明唐順之。國初刻本。

滄溟集三十卷，附録一卷。明李攀龍，明刻本。

弇州山人四部稿一百七十四卷，續稿二百七卷。明王世貞。明刻本。胡應麟少室山人類稿，今罕見。

震川文集三十卷，别集十卷。明歸有光。歸氏家刻本。

四溟集十卷。明謝榛。明刻本，盛明百家詩本。

袁凱海叟集、邊貢華泉集、徐禎卿迪功集、高叔嗣蘇門集、皇甫汸司勳集、皇甫涍少元集，皆明詩家最著者，有刻本，不常見，並收盛明百家詩内。邊、徐、高三家，王士禎有選刻本。

以上明。

國朝人集，流别太多，今爲分類列之，各標所長，以便初學尋求。其詩文集分刻者分之，本合刻不别行者，仍牽連録之，皆有刻本，不臚列。詞章考訂，多有兼長者，此從其重者言之。

夏峯先生集十六卷。孫奇逢。

二曲集二十二卷。李中孚。

三魚堂文集十二卷，外集六卷，附録一卷。陸隴其。

重訂楊園集五十四卷，年譜一卷。張履祥。同治十年萬氏重編蘇州局本。

湯子遺書十卷。湯斌。

榕村文集四十卷。李光地。

以上國朝理學家。

梨洲集［十一］卷〔二〕。黄宗羲。靳治荆刻。

南雷文定前集十一卷，後集四卷，詩歷一卷。黄宗羲。在粤雅堂叢書内。

亭林文集六卷。顧炎武。

曝書亭集八十卷，附録一卷。朱彝尊。

曝書亭集外稿八卷。馮登府輯。

薑齋文集十卷，詩集十卷。王夫之。并雜著合刻爲船山遺書三百二十四卷。

西河文集一百三十三卷。毛奇齡。并雜著合刻爲西河合集四百九十八卷。

上湖分類文編十卷。汪師韓。

樊榭山房文集八卷，詩集八卷，詞集二卷，續詩集十卷。厲鶚。分刻。

果堂集十二卷。沈彤。

東原集十卷。戴震。戴氏遺書内，亦附經韻樓叢書。

鮚埼亭集三十八卷，經史問答十卷，外集五十卷。全祖望。正集史夢蛟刻，問答萬氏刻，外集别一人刻，詩集鄭氏刻。

南江文鈔四卷。邵晉涵。

抱經堂文集三十四卷。盧文弨。抱經堂叢書。

道古堂文集四十八卷，詩集二十六卷。杭世駿。

〔一〕檢上海古籍出版社一九七九年版《增訂四庫簡明目録標注》，《升菴遺集》作二十六卷，據補。

〔二〕楚廬精舍一九三七年版《張文襄公全集校勘記》云，靳刻本十一卷。據補。

學福齋集［五十八］卷〔一〕。沈大成。

潛研堂文集五十卷，詩集二十卷。錢大昕。

春融堂詩文集六十八卷。王昶。

存悔齋集［二十八］卷〔二〕。劉鳳誥。

述學內外篇六卷，附校勘記。汪中。揚州局本，又初刻小字本，文選樓本、學海堂本二卷。

校禮堂集三十六卷。淩廷堪。

東壁遺書八十八卷。崔述。三十五種。

授堂集［十］卷〔三〕。武億。

顨軒所著書六十卷。孔廣森。七種。

拜經堂文集四卷。臧庸。

經韻樓集十二卷。段玉裁。

問字堂集五卷，岱南閣集五卷，五松園文集一卷。孫星衍。

卷施閣文甲集十卷，乙集十卷，更生齋文甲集四卷，乙集（二）［四］卷，更生齋續集［二］卷〔四〕。洪亮吉。倪良勳刻。

雕菰樓集二十四卷。焦循。

復初齋集［一百五］卷〔五〕。翁方綱。

空山堂集［十八］卷〔六〕。牛運震。

祇平居士集［三十］卷〔七〕。王元啓。

揅經室集六十卷。阮元。一集十四卷，二集八卷，三集五卷，四集二卷，詩集十（二）［一］卷，外集五卷，續集九卷，再續集六卷。

思適齋集十八卷。顧廣圻。徐渭仁刻春暉堂叢書中。

養素堂文集三十五卷。張澍。

鑑止水齋集十二卷。許宗彥。廣州翻刻。

晚學集八卷，詩五卷。桂復。

鐵橋漫稿八卷。嚴可均。全稿未刻。

清白士集二十八卷。梁玉繩。

七經樓文鈔［六］卷〔八〕。蔣湘南。

董方立文甲集二卷。董祐誠。董方立遺書之一。

左海文集二十卷。陳壽祺。

衎石齋記事稿十卷，記事續稿十卷。錢儀吉。

甘泉鄉人稿二十四卷。錢泰吉。

幼學堂詩集十七卷，文集八卷。沈欽韓。

㒰齋文集二卷。張穆。

〔一〕上海古籍出版社一九九九年版《販書偶記》云，《學福齋詩集》三十七卷首一卷，《文集》二十卷，共五十八卷。據補。

〔二〕上海古籍出版社一九九九年版《販書偶記》云，《存悔齋集》二十八卷，據補。

〔三〕楚廬精舍一九三七年版《張文襄公全集校勘記》云，《授堂集》刻本十卷。又范希曾《補正》云，此書名《授堂詩文鈔》共二十卷。

〔四〕上海古籍出版社一九九九年版《販書偶記》云，《更生齋文乙集》四卷，《續集》二卷，據補。

〔五〕上海古籍出版社一九九九年版《販書偶記》云，《復初齋詩集》七十卷，《文集》三十五卷，共一百五卷。又《集外詩》二十四卷，《集外文》四卷。據補。

〔六〕上海古籍出版社一九九九年版《販書偶記》云，《空山堂文集》十二卷，《詩集》六卷，共十八卷。據補。

〔七〕上海古籍出版社一九九九年版《販書偶記》云，《祇平居士集》三十卷，《附録》一卷。據補。

〔八〕上海古籍出版社一九九九年版《販書偶記》云，《七經樓文鈔》六卷，據補。

詁經精舍文鈔初集十四卷，續集八卷，三集［九］卷〔一〕。杭州詁經精舍諸生。初集刻文選樓叢書內。

學海堂初集十六卷，二集二十二卷，三集二十四卷。廣州學海堂諸生。

以上國朝考訂家集。若紀昀、陸錫熊、彭元瑞、趙佑、朱筠、趙懷玉、王芑孫諸家集，既工詞章，間有考訂，此類不可枚舉。以此例之。

壯悔堂集十卷。侯方域。

寧都三魏集七十二卷。魏禮、魏禧、魏祥。附魏世傑、魏世儆、魏［世］儼、三魏合彭士望、林時益、李騰蛟、邱維屏、曾燦、彭任爲易堂九子，有九子文鈔。

水田居文集［五］卷〔二〕。賀貽孫。

鈍翁類稿一百一十八卷。汪琬。

午亭文編五十卷。陳廷敬。

湛園集十卷。姜宸英。

遂初堂詩文集三十九卷。潘耒。

解春文鈔十二卷，補遺二卷，詩鈔二卷。馮景。抱經堂叢書之一。

改亭文集十六卷，詩六卷。計東。

存硯樓集十六卷。儲大文。

鹿洲初集二十卷。藍鼎元。

穆堂類稿五十卷，續稿五十卷，別稿五十卷。李紱。

小倉山房文集三十五卷。袁枚。

梅崖居士集三十卷。朱仕琇。

山木居士集［十二］卷〔三〕。魯九皋。

尊聞居士集八卷。羅有高。

汪子文録［十］卷〔四〕。汪縉。

二林居集二十四卷，測海集六卷。彭紹升。

小峴山人集三十六卷。秦瀛。

龔海峯文集　卷〔五〕。龔景瀚。

安吳四種。包世臣。中衢一勺七卷，藝舟雙楫九卷，管情三義八卷，齊民四術十二卷。道光丙午活字版本，武昌局本。

定盦文集［七］卷，詩［三］卷〔六〕。龔自珍。分刻。

曾文正公文集四卷。曾國藩。青浦初刻本，又直隸再刻本非全集。又長沙新刻本合刻詩集四卷。

以上國朝不立宗派古文家集。古文家多兼經濟家。

望溪文集十八卷，集外文十卷，補遺二卷，年譜二卷。方苞。戴鈞衡補編。

〔一〕范希曾《補正》云，《詁經精舍文鈔》三集九卷，據補。

〔二〕范希曾《補正》云，《水田居文集》五卷。據補。

〔三〕上海古籍出版社一九九九年版《販書偶記》云，《山木居士集》十二卷。據補。

〔四〕上海古籍出版社一九九九年版《販書偶記》云，《汪子文録》十卷，據補。

〔五〕此書又名《澹静齋文鈔》。《販書偶記》云，《文鈔》六卷，《外集》二卷，《詩鈔》六卷，道光六年刻，同治八年重刊。

〔六〕上海古籍出版社一九九九年版《販書偶記》云，《定盦文集》三卷，《續集》四卷，合七卷，又詩二卷，雜詩一卷，合三卷，光緒丁酉萬本書堂刊。據補。

海峯文集［八］卷〔一〕。劉大櫆。

惜抱軒文集十六卷，後集十卷，詩一卷。姚鼐。

劉孟塗集四十四卷。劉開。文十卷，駢體文二卷，詩前集十卷，後集二十二卷。

太乙舟文集八卷。陳用光。

初月樓集八卷。吴德旋。

儀衛堂文集十二卷，詩五卷。方東樹。

東溟文集二十六卷。姚瑩。

柏梘山房集文六十卷，詩十五卷。梅曾亮。

管異之文集十七卷。管同。初集十卷，二集六卷，補遺一卷。

以上國朝桐城派古文家集。

大雲山房初集（八）［四］卷〔二〕，言事二卷，二集四卷。惲敬。

茗柯文編五卷。張惠言。

養一齋文集二十六卷。李兆洛。活字版本。

崇百藥齋集二十卷，續集四卷。陸繼輅。

齊物論齋文集六卷。董士錫。

以上國朝陽湖派古文家集。

湖海樓集五十卷。陳其年。程師恭檢討四六注，選擇未善。

林蕙堂集二十六卷。吴綺。陸繁弨善卷堂四六，章藻功思綺堂四六，皆非至者。

石笥山房文集六卷，補遺一卷，詩集十二卷。胡天游。此本未足。

玉芝堂文集六卷，詩三卷。邵齊燾。

緑蘿山莊四六［二十四］卷〔三〕。胡浚。

小倉山房外集八卷。袁枚。别本。

儀鄭堂駢體文二卷。孔廣森。文選樓本，又附刻所著書中。此集本别行。

述學外篇。汪中。互見。

知足齋集［三十二］卷〔四〕。朱珪。

問字堂外集。孫星衍。互見。此集皆駢文。

卷施閣乙集十卷。更生齋乙集二卷。洪亮吉。互見。此集皆駢文。

夫容山館集。無卷數，文八十四篇，續三十五篇。詩八卷，補遺一卷。楊芳燦。

有正味齋集七十三卷。吴錫麒。初集駢體文二十四卷，續集駢文八卷。

尚絅堂集文二卷，詩五十二卷，詞二卷。劉嗣綰。

小謨觴館集，文四卷，詩八卷，詩餘一卷，續集文二卷，詩

〔一〕上海古籍出版社一九九九年版《販書偶記》云，《海峰文集》八卷，約乾隆間醒園精刊。據補。

〔二〕上海古籍出版社一九九九年版《販書偶記》云，此書名《大雲山房文稿》，初集四卷。據改。

〔三〕楚廬精舍一九三七年版《張文襄公全集校勘記》云，刊本二十四卷，據補。

〔四〕上海古籍出版社一九九九年版《販書偶記》云，《知足齋詩集》二十卷，《文集》六卷，《文稿》二卷，《詩續集》四卷。合三十二卷。今據補。

二卷。彭兆蓀。姚燮復莊駢儷文榷八卷，體與彭近，遜于彭。

賞雨茆屋詩集二十二卷，駢體文二卷。曾燠。

夕葵書屋集［九］卷〔一〕。吴鼒。

移華館駢體文四卷。董基誠、董佑誠。別刻，又附董方立遺書内。

以上國朝人駢體文家集。

梅村集四十卷。吴偉業。欲詳知國朝詩家者，具鄭方坤國朝詩鈔小傳、王昶湖海詩傳、張維屏詩人徵略中。

吴詩集覽二十卷，談藪一卷。吴偉業。靳榮藩注。

變雅堂集五卷。杜濬。濬文集罕傳，武昌新刻。

學餘堂文集二十八卷，詩集五十卷，外集二卷。施閏章。

曝書亭詩注二十二卷。朱彝尊。楊謙注。孫銀槎注本，不如楊注本，別行。互見。

西河詩集五十六卷。毛奇齡。互見。

帶經堂集九十二卷。王士禎。合他著述統名漁洋山人著述三十八種。

漁洋山人精華録訓纂十卷。惠棟注。

白茅堂集四十六卷。顧景星。

安雅堂詩集，無卷數，拾遺文二卷。宋琬。

松桂堂集三十七卷，延露詞三卷，南往集三卷。彭孫遹。

馮定遠集（十二）［十一］卷〔二〕。馮班。

飴山堂文集六卷，詩集十七卷。趙執信。

西陂類稿三十九卷。宋犖。

古懽堂集三十六卷。田雯。

蓮洋詩鈔十卷。吴雯。

溉堂集二十三卷。孫枝蔚。

馮舍人遺詩六卷。馮廷櫆。

敬業堂集五十卷。查慎行。

以上國朝詩家集。詩家太多，讀不勝讀。止舉國初最著數家，餘多行本，泛覽不難。此後最著者，厲鶚樊榭山房詩集，黄景仁兩當軒集。

珂雪詞。曹貞吉。

曝書亭詞注七卷。朱彝尊。李富孫注。

烏絲詞。陳維崧。

彈指詞。顧貞觀。

飲水詞，側帽詞。納蘭性德。

樊榭山房詞。厲鶚。

茗柯詞。張惠言。

蘅夢樓詞。郭麐。

疏影樓詞。姚燮。

金粱夢月詞。周之琦。

空青詞。邊浴禮。

冰蠶詞。承齡。

以上國朝詞家集。今人之詞，不能叶律，乃長短句，非曲也，故附集部詩後。詞乃小道，略舉最精者數家，以備文體之一。

右別集類。

〔一〕范希曾《補正》云，一名《吴學士集》，文四卷，詩五卷，共九卷。據補。

〔二〕檢《四庫全書總目》，《馮定遠集》作十一卷，據改。

總集第三

近世選本，舉大雅者。

文選李善注六十卷，附考異十卷。胡克家仿宋本，武昌局翻本，廣州翻本。葉氏海録軒評注本六十卷，亦佳。汲古閣本較可。

文選理學權輿八卷。汪師韓。讀畫齋本。

文選理學權輿補一卷。孫志祖。同上。

文選李注補正四卷。同上。同上。

文選考異四卷。同上。同上。陳景雲文選舉正六卷，未刊。

文選音義八卷。余蕭客。静勝堂刻本。此書乃少作，余又撰文選雜題三十卷，未見傳本。

文選集釋二十四卷。朱珔。自刻本。

文選旁證四十六卷。梁章鉅。榕風樓刻本。

文選古字通疏證六卷。薛傳均。刻本。原書十二卷。

選學膠言二十卷。張雲璈。三影閣刻本。

文選補遺四十卷。宋陳仁子。長沙刻本。

文選六臣注六十卷。唐吕延濟、劉良、張銑、吕向、李周翰、李善。明新都崔氏大字本。不如李善單注，已有定論，存以備考。

以上總集類文選之屬。

漢魏六朝百三家集一百一十八卷。明張溥編。重刻本。明汪士賢刻漢魏六朝二十名家集，在張前。

文紀一百五十九卷。明梅鼎祚編。原刻本。皇霸、西漢、東漢、三國、西晋、宋、南齊、梁、陳、北齊、後周、隋、釋。三國文紀亦有刻本，四庫未收。

古文苑二十一卷。宋章樵注。明成化壬寅刻本，守山閣校本。又岱南閣本九卷，無注。

續古文苑二十卷。孫星衍編。平津館本。

文館詞林四卷。唐許敬宗等編。佚存叢書本，粵雅堂重刻本。此殘本，原書一千卷。

文苑英華一千卷。宋李昉等編。明刻本。

文苑英華辨證十卷。宋彭叔夏。聚珍本，福本，知不足齋本。

全唐文一千卷。嘉慶十九年敕編。揚州官本。

唐文粹一百卷。宋姚鉉編。顧廣圻校刻大字本，明晋藩刻本，又明刻小字本。

唐文粹補遺二十六卷。郭麐。編刻本。

宋文鑑一百五十卷。宋吕祖謙編。明胡韶修補本，明晋藩刻本。

南宋文範七十卷。莊仲方編。道光十七年活字版本。

金文雅十卷。同上。同上。

元文類七十卷，目録三卷。元蘇天爵編。明晋藩刻本，又明修德堂本。文粹、文鑑、文類三種，明張溥皆有刪削刻本。

明文衡九十八卷。明程敏政編。原刻本。

明文授讀六十二卷。黄宗羲編。刻本。

明文在一百卷。薛熙編。倪（霄）［霱］寫刻本〔一〕。

皇清文穎一百二十四卷。乾隆十二年敕編。殿本。

國朝文録一百卷。姚椿編。朱珔編國朝詁經文鈔一百卷，未刊。

湖海文傳七十五卷。王昶編。家刻本。

〔一〕「霄」，為「霱」字之譌。據北京三聯書店一九九八年版《書目答問斠補》改。

歷代賦彙一百四十卷，外集二十卷，逸句（三）［二］卷〔一〕，補遺二十二卷。康熙四十五年敕編。揚州詩局本，重刻通行本。

賦彙録要箋略二十八卷，附補題注，外集、補遺題注。吴光昭。通行本。杭世駿有賦彙題解，通行。

御選唐宋文醇五十八卷。乾隆三年。内府大字本，廣州重刻大字本。

古文辭類纂七十五卷。姚鼐編。興縣康氏刻小字本，又大字本，蘇州局翻康本。

駢體文鈔三十一卷。李兆洛編。康刻本，合類纂合肥徐氏重刻本。

七十家賦鈔六卷。張惠言編。康刻本。以上三種選本，最古雅有法。

國朝駢體正宗十二卷。曾燠編。原刻本，廣州重刻本。

唐宋十大家文集五十一卷。儲欣編。八家外增李翱、孫樵。明茅坤八大家文鈔，鍾惺八大家文選，旨趣略同。

元明十大家文集［十九］卷〔二〕。國朝人編。

金元明八大家文選五十三卷。李祖陶編。元好問、姚燧、吴澂、虞集、宋濂、王守仁、唐順之、歸有光。

李選國朝文録八十二卷，續録六十三卷。李祖陶編。共八十八家。體例未精，評語尤陋，取其各存大略。

三家文鈔三十二卷。宋犖編刻。侯方域八卷，汪琬十二卷，魏禧十二卷。近人編輯國朝二十四家古文尤草草。

古文雅正十四卷。蔡世遠編。

續古文雅正十四卷。林有席編。

四六法海十二卷。明王志堅編。

唐駢體文鈔十七卷。陳均編。

宋四六選二十四卷。彭元瑞編。以上均通行本。

八家四六文鈔九卷。吴鼒編。較經堂刻本。袁枚、邵齊燾、劉星煒、孔廣森、吴錫麒、曾燠、孫星衍、洪亮吉。

以上總集類文之屬。元以前諸本多有詩，從其多者言之。

樂府詩集一百卷。宋郭茂倩編。乾隆刻本，武昌局本。明梅鼎祚編古樂苑五十二卷，又補郭遺。

樂府古題要解二卷。舊題唐吴兢。津逮本，學津本。

玉臺新詠十卷。明趙氏寒山堂仿宋刻小字本，康熙甲午馮氏刻大字評點本。

玉臺新詠考異十卷。紀容舒。

詩紀一百五十六卷。明馮惟訥編。原刻本。

詩紀匡謬一卷。馮舒。知不足齋本。

全唐詩九百卷。康熙四十六年敕編。揚州詩局本，江寧重刻本，廣州巾箱本。

全五代詩一百卷。李調元編。函海本。

全金詩七十四卷。康熙五十年敕編。揚州詩局本。

御選唐宋詩醇四十七卷。乾隆十五年。内府本，廣州重刻本。

四朝詩三百一十二卷。康熙四十八年敕編。揚州詩局本，宋七十八卷，金二十五卷，元八十一卷，明一百二十八卷。

唐人選唐詩八種。汲古閣本。國秀集二卷，篋中集一卷，御覽詩一卷，極元集一卷，中興間氣集二卷，河嶽英靈集三卷，搜玉小集一卷，才調

〔一〕檢上海古籍出版社一九七九年版《增訂四庫簡明目録標注》，《歷代賦彙逸句》作二卷，據改。

〔二〕楚廬精舍一九三七年版《張文襄公全集校勘記》云，刻本十九卷，據補。

集十卷。

唐人萬首絶句九十一卷。宋洪邁。明翻宋本七十五卷。

全唐詩録一百卷。徐焯編。通行本。

西崑酬唱集二卷。宋楊億編。珠塵本，浦城遺書本，粤雅堂本。

南宋羣賢小集一百五十七卷，附補遺。舊題宋陳思編。顧修補。讀畫齋本。

後村千家詩二十二卷。宋劉克莊編。楝亭十二種本。

宋詩鈔一百六卷。吴之振編。通行本。

宋百家詩存二十八卷。曹廷棟編刻本。補吴鈔之遺。陳焯編宋元詩會一百卷，搜羅殘佚尤備。

中州集十卷，附中州樂府一卷。金元好問編。國初刻本。

元詩選一百一十一卷。顧嗣立編。家刻本。一集六十八卷，二集二十六卷，三集十六卷。

元詩癸集十集。無卷數。席世臣補刻本。

明詩綜一百卷。朱彝尊編。原刻本。

感舊集十六卷。王士禛編。雅雨堂刻本。解題下多存舊聞佚事。

湖海詩傳四十六卷。王昶編。原刻本。雍正至乾隆末聞人略備。

南宋雜事詩七卷。沈嘉轍、吴焯、陳芝光、符曾、趙昱、厲鶚、趙信。原刻本，可資考史。

十家宫詞十二卷。宣和、宋文安、王建、花蕊、王珪、胡偉集句，和凝、張公庠、王仲修、周彦質[一]。朱彝尊編刻本。借月山房叢書刻宫詞小纂三卷。

采菽堂古詩選三十八卷，補遺四卷。陳祚明編。通行本。

古詩選三十二卷。王士禎編。聞人倓箋。通行本。

唐賢三昧集箋注三卷。王士禎編。吴煊、胡棠注。乾隆丁未刻本。

十種唐詩選十七卷。同上。通行本。

唐人萬首絶句選七卷。同上。通行本。

鏡煙堂十種。紀昀。通行本。沈氏四聲攷、唐人試律説、刪正二馮才調集、刪正瀛奎律髓、李義山詩、陳后山詩、張爲主客圖、審定風雅遺音、庚辰集、館課存稿。

宋四家詩鈔。無卷數。周之鱗編。通行本。蘇、黄、范、陸。

國朝六家詩鈔八卷。通行本。施、宋、王、趙、朱、查。

以上總集類詩之屬。近人詩文選本太多，舉其不俗謬者。沈選別裁，通行。不詳列。

花間集十卷。蜀趙崇祚編。汲古閣本。

草堂詩餘四卷。宋人編。汲古閣本。

花菴詞選十卷，中興以來詞選十卷。宋黄昇編。汲古閣本。

絶妙好詞箋七卷，附續鈔一卷。宋周密編。厲鶚、查爲仁箋。徐楙重刻本，會稽章氏重刻本。又附張惠言詞選二卷、董毅續詞選二卷、鄭善長九家詞選一卷。

歷代詩餘一百二十卷，附詞話十卷。康熙四十六年敕編。内府本。

詞綜三十六卷，朱彝尊編。原刻本。唐、五代、宋。補二卷。王昶編。合上刻本。

詞綜補遺二十卷。陶梁編。原刻本。

明詞綜十二卷。王昶編。原刻本。

[一] 宣和，上海古籍出版社一九七九年版《增訂四庫簡明目録標注》作宋徽宗。

國朝詞綜四十八卷，二集八卷。王昶編。原刻本。

宋六十名家詞九十卷。毛晉編。汲古閣本。

十六家詞三十九卷。孫默編。原刻本。吴偉業、龔鼎孳、梁清標、宋琬、曹爾堪、王士禄、尤侗、陳世祥、黄永、陸求可、鄒祇謨、彭孫遹、王士禛、董以寧、陳維崧、董俞。

浙西六家詞十二卷，附宋張炎山中白雲詞一卷。龔翔麟編。原刻本。朱彝尊、李良年、沈皞日、李符、沈岸登、龔翔麟。

以上總集類詞之屬。宋詞最著者，姜夔、周密、張炎。姜夔白石詞在六十名家詞内，周密蘋洲漁笛譜、草窗詞在知不足齋叢書内，張炎山中白雲詞附浙西六家詞後，餘若晏、歐、柳、蘇、黄、秦、周邦彦、李清照、張孝祥、辛棄疾、吴文英、劉過、史達祖，皆在六十家内，張先、張鎡在知不足齋叢書内，有集者亦附集。

右總集類。

詩文評第四

詩話但舉總匯者，其專家詩話太繁，不録。

文心雕龍輯注十卷。梁劉勰。黄叔琳注。盧氏廣州刻本，原刻本。

浩然齋雅談三卷。宋周密。聚珍本，杭本，福本。

全唐文紀事一百二十二卷。陳鴻墀。廣州方氏刻本。

唐詩紀事八十卷。宋計有功。通行本。

宋詩紀事一百卷。厲鶚。原刻本。錢大昕元詩紀事三卷，未見傳本。

烏臺詩案一卷。宋周紫芝。函海本。

江西詩社宗派圖録一卷。張泰來。知不足齋本。

廣陵詩事十卷。阮元。文選樓本。

詞林紀事二十二卷，附録三卷。張宗橚。嘉慶三年刻本。

史漢方駕三十五卷。明許相卿。家刻本。此書意在評文，故列此。

修詞鑑衡二卷。元王構。指海本，三續百川本。

古文緒論一卷。吕璜。指海本。

四六話二卷。宋王銍。學津本。

四六談麈一卷。宋謝伋。學津本。

四六叢話三十二卷。孫梅。嘉慶三年刻本。

宋四六話十二卷。彭元瑞。海山仙館本。

賦話十二卷。李調元。通行本，亦在函海内。

讀賦卮言一卷。王芑孫。

聲調譜一卷。趙執信。單行本，珠塵本。

聲調譜拾遺一卷。翟翬。珠塵本。

談藝録一卷。明徐禎卿。附集本，格致叢書本。

藝苑卮言一卷。明王世貞。在四部稿内。

藝圃擷餘一卷。明王世懋。以上三種，皆收沈德潛説詩晬語中。晬語并刻宋嚴羽滄浪詩話。又廣百川本，秘笈本。

鍾嶸詩品三卷。津逮本，學津本。

主客圖三卷。唐張爲。鏡煙堂本，函海本。

唐音癸籤三十六卷。明胡震亨。明崇禎刻本。

五代詩話十卷。鄭方坤。粤雅堂本，補王士禛原書。

苕溪漁隱叢話前集六十卷，後集四十卷。宋胡仔。績溪胡氏校刻本，海山仙館本。此書采北宋詩話略備。

詩人玉屑二十卷。宋魏慶之。通行本。此書采南宋詩話略備。

歷代詩話八十卷。吴景旭。何文焕所刻歷代詩話，乃彙刻前人書，共二十八種，附自著一種。

國朝詩人徵略初編六十卷，二編六十四卷。張維屏。自刻本。

詞律二十卷。萬樹。原刻本。近人有詞律拾遺六卷、補注三卷刊行。

菉斐軒詞林韻釋二卷。單行本，粵雅堂本。

詞源二卷。宋張炎。戈載校秦恩復刻本，粵雅堂本，守山閣本。

詞苑叢談十二卷。徐釚。通行本。

詞學全書十四卷。查繼超。通行本。

詞話二卷。毛奇齡。西河集本。

四書文話。無卷數。周以清、侯康、胡調德同纂。分二十四門：一原始，二功令，三格式，四法律，五體裁，六命題，七程文，八稿本，九選本，十墨卷，十一社稿，十二元鐙，十三名譽，十四考核，十五師承，十六風氣，十七興廢，十八流弊，十九起衰，二十假借，二十一咎毀，二十二談藪，二十三軼事，二十四五經文。據學海堂集阮元四書文話序，已成書，未刊版，稿本見存廣州學海堂中。此爲一代取士程式。故附著其名于此，異日當有刊行之者。梁章鉅有制義叢話二十四卷，通行本，未精核。又試律叢話十卷，未刊。

帶經堂詩話三十卷。王士禎。張宗柟輯。乾隆刻本，同治癸酉廣州重刻本。王詩雖專一派，此編論詩，詳允無弊，便于學者。

右詩文評類。

古今人著述合刻叢書目

叢書最便學者，爲其一部之中可該羣籍，搜殘存佚，爲功尤鉅，欲多讀古書，非買叢書不可。其中經、史、子、集皆有，勢難隸于四部，故別爲類。

漢魏叢書。明程榮刻三十八種，何允中刻七十六種。國朝王謨刻八十六種，又廣爲九十四種，編校不善。

津逮秘書。明毛晉。

世德堂六子。明胡氏本。百三家集見前。

古香齋袖珍十種。內府刻。

武英殿聚珍版書。通行者一百三十八種，續出者尚多。福州重刻，杭州重刻三十九種。

通志堂九經解。納蘭性德。廣州書局重刻。

皇清經解。阮元。前書目中以便文偁學海堂經解，或阮刻經解。

經苑。錢儀吉。已刻宋元明經說二十五種，唐人二種，皆通志堂未收者。有目未刻者十八種。

漢魏遺書鈔。王謨。分經、史、子、集四部，刻成通行者，止經翼一種。

二酉堂叢書。張澍。輯漢魏佚書三十六種。

玉函山房叢書。馬國翰。輯周、秦至隋、唐佚書（八）［六］百餘種，分經、史、子、集四編〔一〕。

玉玲瓏閣叢刻。龔翔麟。

澤存堂五種。張士俊。字書、韻書。

楝亭五種。曹寅。字書、韻書。

問經堂叢書。孫馮翼。彙刻書目未盡。

微波榭遺書。孔繼涵。

戴校算經十書。孔繼涵。

雅雨堂叢書。盧見曾。

經訓堂叢書。畢沅。

〔一〕玉函山房輯佚書分經、史、子三編，並無集部一編，此張氏誤記。又，據今人王重民、曹書傑諸家考證，是書書成之初約為六百五十種，後輯成又復佚者凡四十餘種，今本六百七種。所謂八百餘種者，乃張氏誤記，或手民誤植。

抱經堂叢書。盧文弨。
平津館叢書。孫星衍。
岱南閣叢書。孫星衍。
貸園叢書。周永年、李文藻。
汗筠齋叢書。秦鑒。
知不足齋叢書。鮑廷博。
小玲瓏山館叢書。馬曰璐。
讀畫齋叢書。顧脩。
士禮居叢書。黄丕烈。
文選樓叢書。阮元。
漢學堂叢書。黄奭。
惜陰軒叢書。李錫齡。
藝海珠塵。吴省蘭。刻未精。
學津討源。張海鵬。校未精。
省吾堂彙刻書。蔣光弼。
借月山房叢書。張海鵬。一名澤古叢鈔。
湖海樓叢書。陳春。
琳琅秘室叢書。胡珽。活字本。
得月簃叢書。榮譽。
台州叢書。宋世犖。
墨海金壺。張海鵬。
守山閣叢書。錢熙祚。
珠叢别録。錢熙祚。
指海。同上。止刻十二集。
連筠簃叢書。楊墨林。
半畝園叢書。止刻其半。
宜稼堂叢書。郁松年。
别下齋叢書。蔣光煦。
涉聞梓舊。蔣光煦。
拜經樓叢書。吴騫。
嶺南遺書。伍元薇。
粤雅堂叢書。伍崇曜。
觀我生室彙稿。羅士琳著。有古書。
海山仙館叢書。潘仕誠。
古經解彙函。廣州刻。
小學彙函。廣州刻。
佚存叢書。日本刻。
茆氏輯十種古書。茆魯山。

右皆多存古書，有關實學，校刊精審者。一人著述合刻者，亦皆名叢書，别列于後。餘若郎刻五雅、中都四子、周秦十一子、吴刻二十子、崇德堂二十子、宋左如圭百川學海、三續百川學海、廣百川學海、古今逸史、鍾評秘書十八種、説郛、稗海、格致叢書、秘册彙函、寶顔堂秘笈、稽古堂日鈔、古今説海、唐宋叢書。以上明刻，多古書。十子全書、武經七書、青照堂、長恩書室、三長物齋叢書、龍威秘書、心齋十種、楝亭十二種、函海、唐人説薈。以上國朝刻，閒有古書。

以上各種，或校刊不精，或删改，或瑣雜，若寒士求書不易，得之亦可備考，但不可盡据耳，此外尚多，舉其著者。歸安姚氏咫進齋叢書、永康胡氏金華叢書、吴縣潘氏滂喜齋叢書，刊印已多，尚無總數。

國朝一人自著叢書目

求書于市，但舉子目，非書賈所知，故爲舉其大題如左。

亭林遺書。顧炎武。未盡。

音學五書。顧炎武。

船山遺書。王夫之。

西河合集。毛奇齡。

萬氏經學五書。萬斯大。未盡。

高文恪公四部稿。高士奇。

拜經堂叢刻。臧琳、臧庸。未盡。

望溪全集。方苞。

范氏遺書六種。范家相。

文道十書。陳景雲。未全刻。

果堂全集。沈彤。

杭氏七種。杭世駿。止小品，此外甚多。

叢睦汪氏遺書。汪師韓。

戴氏遺書。戴震。未盡。

潛研堂全書。錢大昕。未盡。

蘇齋叢書。翁方綱。

燕禧堂五種。任大椿。未盡。

味經齋遺書。莊存與。

甌北全集。趙翼。

顨軒所著書。孔廣森。

孔叢伯遺書八種。孔廣林。

東壁遺書。崔述。

洪稚存全集。洪亮吉。此外甚多。

錢氏四種。錢坫。此外甚多。

授堂集。武億。未盡。

高郵王氏五種。王念孫、王引之。

劉氏遺書。劉台拱。

經韻樓叢書。段玉裁。

墨莊遺書。胡承珙。

清白士集。梁玉繩。

四録堂類集。嚴可均。共四十二種，止刻七種。

郝氏遺書。郝懿行。未盡。

傳經堂叢書。洪頤煊、洪震煊。未盡。

焦氏叢書。焦循。

陳氏叢書。陳逢衡。

珍蓺宧遺書。莊述祖。

茗柯全書。張惠言。

浮溪精舍叢書。宋翔鳳。

李申耆五種。李兆洛。

竹柏山房十種。林春溥。

陳氏八種。陳壽祺、陳喬樅。未盡。

戚氏遺書。戚學標。

求己堂八種。施（朝幹）[彦士]〔一〕。

修本堂遺書。林伯桐。

〔一〕檢《中國叢書綜録》，《求己堂八種》，作施彦士撰，據改。

王氏說文三種。王筠。

鄂宰四種。王筠。

苗氏說文四種。苗夔。未盡。

六蓺堂詩禮七編。丁晏。未盡。

俞氏叢書。今人。

算學家一人率撰數種，皆叢書體例，已見前天算本條下。

右舉合刻者，若黃、宗羲。朱、彝尊。江、永。厲、鶚。程、廷祚。王、鳴盛。孫、星衍。阮、元。三惠、周惕、士奇、棟。九錢、大昕、大昭、塘、坫、東垣、繹、侗、師徵、師慎，大昕合刻未盡，餘多未刻。三胡、匡衷、秉虔、培翬。二劉文淇、毓崧。未刻者多。之屬，其餘甚繁，此舉較多者。著書甚多，而非合刻。此就考訂經史者言之，其著述雖富，不關考訂者，不與；成書未刊者，不與；附集刊行一兩種者，不與。

別録

羣書讀本

此類各書，簡絜豁目，初學諷誦，可以開發性靈，其評點處頗于學爲詞章者有益，菁華削繁，雖嫌刪節，但此乃爲學文之用，非史學也。若閔本考工記、檀弓、公、穀、蘇批孟子之類，割截侮經，仍不録。

朱墨本左傳。明閔氏刻本。

朱墨本莊子、列子、楚辭。同上。

史漢評林。見前。

史漢彙評。明鍾人傑。

葛本評點史記。國朝葛氏刻。

歸方合評史記。王拯纂。廣州刻本，盱眙吳氏刻本。

朱墨本史記菁華録。廣州刻，貴陽刻墨本。

巾箱本通鑑輯覽。南昌刻本。

朱墨本紀評史通削繁。盧氏廣州刻本。

朱墨本紀評文心雕龍。同上。

朱墨本秦漢文鈔。閔刻。

朱墨本評註文選。葉樹藩海録軒刻本，廣州重刻本，成都局刻墨本。坊本多譌。

朱墨本六朝文絜。許槤寫刻本。

朱墨本韓文。閔刻。

五色本唐宋詩醇、文醇。見前。

朱墨本古文淵鑑。内府原本，廣州重刻。
五色評本杜詩。
朱墨本陶、韋、王、孟詩。閔刻，各家單行。
朱墨本昌黎詩注。見前。
三色評本義山詩注。廣州刻本。
朱墨本紀評蘇詩。廣州刻本。
朱墨本紀評瀛奎律髓。盧氏廣州刻本，鏡煙堂十種墨本。
朱墨本四六法海。蔣士銓删評。廣州刻本。
朱墨本花間集。閔刻。其各家詩文選本已見前。

考訂初學各書此類各書，約而不陋。

四庫簡明目録。見前。京師近刻四庫書目略，無注。
説文檢字。見前。
説文提要。見前。
御纂七經序録。何天衢録。道光五年刻本。
皇清經解節本。廣州刻。
易堂問目。吴鼎。
十三經策案。二十二卷。王謨。
廿二史策案。十二卷。王鍌。此兩書甚不陋。
文獻通考詳節。嚴虞惇。
三通序。以上均坊刻。
通鑑目録。
歷代帝王年表。
地理韻編，紀元編。
廿一史四譜。
廿二史劄記。
翁注困學記聞。
日知録集釋。
十駕齋養新録。均見前。
駢雅訓纂。見前。亦資詞章。

詞章初學各書雖爲典故詞藻，然所列書，必體例大雅，引書有裁擇者，有本原者，引俗僞書者爲無擇，引類書而不注出典者爲無本。

經玩。廣州刻本。
説文錦字。近人。
兩漢書蒙拾。杭世駿。杭氏七種。
南北史捃華。周嘉猷。
子史精華。康熙六十年敕撰，采擇最精。
諸子品彙。明高棅。
任氏述記。任兆麟。二書較勝于經餘必讀、百子金丹。梁庚仲容即有子鈔，其來已古。
文選課虚。杭氏七種。
唐詩金粉。沈炳震。
三體摭韻。朱昆田。
格致鏡原。陳元龍。
小知録。陸鳳藻。
月令粹編。秦嘉謨。
讀書記數略。宫夢仁。較小學紺珠爲詳，明人錦字藻林之屬，不注出典，最謬。

庾集、杜詩、韓詩、義山詩文、蘇詩、黄詩注。

吴詩集覽。

漁洋山人精華録訓纂。

曝書亭詩詞注。均見前。

袁文箋正。袁枚四六文，石韞玉箋。

有正味齋駢文注。吴錫麒。王廣業、葉聯芬兩注本。袁、吴兩家文，及尤侗西堂雜組，最便初學。

以上諸集箋注，典故詳博，引据無誤，既學文筆，又獵詞藻，看此數種，勝于俗謬類書多矣。

童蒙幼學各書

上海新刻三才略最佳。不惟童蒙，凡學人皆不可不一覽。

六藝綱目。元舒天民。嘉蔭簃本，指海本。

李氏蒙求。後唐李瀚。宋徐子光注。佚存叢書、學津討源本鄉塾難得，川省坊行楊迦懌補注亦可。

王氏十七史蒙求。宋王令。康熙五十二年程刻本。

儀禮韻言。檀萃。通行本。儀禮難讀，因之鄉塾遂不知有此經。檀氏此編，約取經義節次，編爲四言韻語，注解明白。童蒙于未讀經典之先，令熟此編，他日讀儀禮亦較易，即不讀亦知梗概矣，豈不勝于讀村書雜字、百家姓萬萬耶。

三才略。恒星圖、步天歌、地球圖、輿地略、括地略、歷代統圖、讀史論略，上海局本。

勸刻書説

凡有力好事之人，若自揣德業學問不足過人，而欲求不朽者，莫如刊布古書一法。但刻書必須不惜重費，延聘通人，甄擇秘籍，詳校精雕，刻書不擇佳惡，書佳而不讎校，猶糜費也。其書終古不廢，則刻書之人終古不泯，如歙之鮑，吴之黄，南海之伍，金山之錢，可決其五百年中必不泯滅，豈不勝于自著書、自刻集者乎。假如就此録中，隨舉一類，刻成叢書，即亦不惡。且刻書者，傳先哲之精蘊，啓後學之困蒙，亦利濟之先務，積善之雅談也。

國朝著述諸家姓名略

讀書欲知門徑，必須有師，師不易得，莫如即以國朝著述諸名家爲師。大抵徵實之學，今勝于古，經史小學，天算地輿，金石校勘之屬皆然，理學、經濟、詞章，雖不能過古人，然考辨最明確，説最詳，法最備，仍須讀今人書，方可執以爲學古之權衡耳。即前代經、史、子、集，苟其書流傳自古，確有實用者，國朝必爲表章疏釋，精校重刊。凡諸先正未言及者，百年來無校刊精本者，皆其書有可議者也。知國朝人學術之流別，便知歷代學術之流別，胸有繩尺，自不爲野言謬説所誤，其爲良師，不已多乎。

所録諸家，其自著者及所偁引者，皆可依据，詞章諸家，皆雅正可學。書有諸家序跋，其書必善。牽連鉤考，其益無方。

諸家著書，或一兩種，或數十種，間有無傳書者，皆有論説，見他人書中。

行縣時，屢有諸生求爲整飭鄉塾，選擇良師。反覆思之，無從措手，今忽思得其法，録爲此編，雖不能盡，大略在焉，凡卷中諸家，即爲諸生擇得無數之良師也，果能循途探討，篤信深思，雖僻處深居，不患冥行矣。

多舉別號，欲人易知，有謚者稱謚，生存人不録。此編所録諸家外，其餘學術不專一門，而博洽有文，其集中間及考論經史，陳説政事者，不可枚舉，然此録諸家著述中，必見其名，自可因緣而知之。

姓名略

不能悉數，舉其著者。空言臆説不録，一門數人者類敘。

由小學入經學者，其經學可信。由經學入史學者，其史學可信，由經學、史學入理學者，其理學可信。以經學、史學兼詞章者，其詞章有用。以經學、史學兼經濟者，其經濟成就遠大。

經學家

顧炎武。亭林，崑山。張爾岐。稷若，濟陽。陳啓源。長發，吴江。馬驌。宛斯，鄒平。王爾膂。止庵，掖縣。毛奇齡。大可，蕭山。朱彝尊。竹垞，秀水。胡渭。朏明，德清。閻若璩。百詩，太原。徐善。敬可，秀水。臧琳。玉林，武進。臧鏞堂。在東，琳元孫。臧禮堂。和貴，鏞堂弟。惠士奇。天牧，吴縣。惠棟。定宇，士奇子。諸錦。襄七，秀水。汪師韓。韓門，錢塘。杭世駿。大宗，仁和。齊召南。次風，天台。秦蕙田。謚文恭，金匱。莊存與。方耕，陽湖。莊述祖。葆琛，存與弟子。莊綬甲。卿珊，存與孫。褚寅亮。搢升，長洲。盧文弨。抱經，餘姚。江聲。艮庭，吴縣。余蕭客。古農，吴縣。翁方綱。覃溪，大興。王鳴盛。西莊，嘉定。朱筠。竹君，大興。紀昀。謚文達，獻縣。王昶。蘭泉，青浦。范家相。蘅洲，會稽。翟灝。晴江，仁和。錢大昕。竹汀，嘉定。錢大昭。可廬，大昕弟。錢塘。學淵，大昕兄子。錢坫。獻之，塘弟。周春。松靄，海寧。盛百二。柚堂，秀水。畢沅。秋帆，鎮洋。孫志祖。頤谷，仁和。任大椿。幼植，興化。孔繼涵。葓谷，曲阜。孔廣森。顨軒，曲阜。孔廣林。叢伯，廣森弟。邵晋涵。二雲，餘姚。金榜。輔之，歙縣。戴震。東原，休寧。段玉裁。懋堂，金壇。程瑶田。易疇，歙縣。胡匡衷。樸齋，績溪。胡培翬。竹邨，匡衷孫。胡秉虔。春喬，績溪。胡承珙。墨莊，涇縣。周炳中。燭齋，溧陽。劉台拱。端臨，寶應。王念孫。石臞，高郵。王引之。謚文簡，念孫子。洪榜。初堂，歙縣。洪梧。桐生，榜弟。金曰追。璞園，嘉定。汪中。容甫，江都。汪喜孫。孟慈，中子。宋緜初。守端，高郵。李惇。孝臣，高郵。武億。虚谷，偃師。丁杰。小雅，歸安。顧九苞。文子，興化。周廣業。耕崖，海寧。汪龍。蟄泉，歙縣。汪萊。孝嬰，歙縣。程際盛。焕若，長洲。許鴻磐。漸逵，濟寧。許珩。楚生，儀徵。孫星衍。淵如，陽湖。梁玉繩。曜北，錢塘。梁履繩。處素，玉繩弟。阮元。謚文達，儀徵。桂馥。未谷，曲阜。洪亮吉。稚存，陽湖。凌廷堪。次仲，歙縣。李賡芸。鄦齋，高郵。鍾裒。（葭崖）［薣崖］[一]，甘泉。趙曦明。敬夫，江陰。嚴可均。鐵橋，烏程。馬瑞辰。桐城。王聘珍。實齋，南城。畢以珣。九水，文登。姚文田。謚文僖，歸安。郝懿行。蘭皋，棲霞。張惠言。皋文，武進。陳壽祺。恭甫，侯官。陳喬樅。樸園，壽祺子。張澍。介侯，武威。朱珔。蘭坡，歙縣。周用錫。晋園，平湖。焦循。理堂，甘泉。李鍾泗。濱石。馬宗槤。魯陳，桐城。朱彬。寶應。江藩。鄭堂，甘泉。李貽德。次白，嘉興。崔應榴。海鹽。劉玉麐。寶應。劉寶楠。楚楨，寶應。劉文淇。孟瞻，

[一]《國朝漢學師承記》卷七云，鍾裒，一字薣崖。「葭」，爲「薣」字之譌。據改。

儀徵。劉毓崧。伯山，文淇子。劉逢禄。申受，陽（朔）〔湖〕〔一〕。宋翔鳳。于庭，長洲。沈欽韓。文起，吴縣。柳興宗。賓叔，丹徒。許桂林。月南，海州。趙坦。寬夫，仁和。洪頤煊。筠軒，臨海。洪震煊。檆堂，頤煊弟。凌曙。曉樓，江都。凌堃。厚堂，烏程。胡世琦。玉樵，涇縣。俞正燮。理初，黟縣。臧壽恭。梅溪，長興。劉履恂。寶應。金鶚。秋史，臨海。周中孚。信之，烏程。宋世犖。臨海。李鋭。尚之，元和。徐養原。德清。沈夢蘭。方觀旭。桐城。李黼平。子黼，嘉應。李富孫。香子，嘉興。馮登府。柳東，嘉興。龔自珍。定菴，仁和。陳奂。碩甫，長洲。薛傳均。子韻，甘泉。張宗泰。登封，甘泉。姚配中。仲虞，旌德。包世榮。季懷，涇縣。徐卓。犖生，休寧。張穆。石（州）〔洲〕〔二〕，平定。汪家禧。選樓，仁和。侯康。君謨，番禺。林伯桐。月亭，番禺。丁傳經。歸安。陳瑑。嘉定。馬國翰。竹吾，歷城。周學濂。烏程。魏源。默深，邵陽。鄭珍。子尹，遵義。朱右曾。亮甫，嘉定。陳立。卓人，句容。鄒漢勛。叔勣，新化。

右漢學專門經學家。諸家皆篤守漢人家法，實事求是，義据通深者。

黄宗羲。黎洲，餘姚。黄宗炎。晦木，宗羲弟。王夫之。船山，衡陽。錢澄之。飲光，桐城。朱鶴齡。長孺，吴江。萬斯大。充宗，鄞縣。萬斯同。季野，斯大弟。萬經。九沙，斯大子。徐乾學。健庵，崑山。陸元輔。翼王，嘉定。徐嘉炎。勝力，秀水。惠周惕。元龍，吴縣。黄叔琳。崑圃，大興。陳景雲。少章，吴江。張尚瑗。損持，吴江。方苞。望溪，桐城。陳厚燿。泗源，泰州。吴廷華。中林，錢塘。盛世佐。庸三，秀水。胡煦。謚文良，光山。王懋竑。白田，寶應。陸奎勳。陸堂，平湖。顧棟高。震滄，無錫。陳祖范。亦韓，常熟。蔡德晉。仁錫，無錫。任啓運。釣臺，宜興。江永。慎修，婺源。汪紱。雙池，婺源。王坦。吉途，通州。沈彤。果堂，吴江。全祖望。謝山，鄞縣。徐文靖。位山，當塗。程廷祚。緜莊，上元。金文淳。質甫，錢塘。車文。彬若，太康。程恂。慄也，休寧。吴鼐。岱巖，金匱。吴鼎。尊彝，鼐弟。趙佑。鹿泉，仁和。顧鎮。古湫，常熟。姚培謙。平山，華亭。張聰咸。姚鼐。姬傳，鼐弟子。崔述。東壁，大名。徐璈。六襄，桐城。丁履恒。道久，武進。許宗彦。周生，德清。雷學淇。介菴，通州。錢儀吉。衎石，嘉興。黄式三。薇香，定海。

右漢宋兼采經學家。諸家皆博綜衆説，確有心得者。

史學家諸家皆攷辨纂述者，其文章議論者不及。

黄宗羲。嚴衍。永思，嘉定。李清。映碧，興化。顧炎武。顧祖禹。景范，無錫。黄儀。子鴻，常熟。萬斯同。萬經。谷應泰。賡虞，豐潤。馬驌。毛奇齡。朱彝尊。吴任臣。志伊，仁和。邵遠平。吕璜，仁和。楊椿。農先，武進。陳景雲。陳黄中。和叔，景雲子。王峻。（民）〔艮〕齋〔三〕，常熟。姚之駰。魯斯，錢塘。杭世駿。齊召南。厲鶚。樊榭，錢塘。惠棟。沈炳震。東甫，歸安。王延年。介眉，錢塘。牛運震。空山，滋陽。全祖望。王文清。九溪，寧鄉。汪沆。西顥，錢塘。張庚。瓜田，秀水。王元啓。惺齋，錢塘。王鳴盛。錢大昕。錢大昭。錢塘。錢坫。錢東垣。既勤，大昕弟子。錢侗。同人，同上。趙一清。東潛，仁和。周嘉猷。兩塍，錢塘。彭元瑞。謚文勤，

〔一〕楚廬精舍一九三七年版《張文襄公全集校勘記》云，「朔」為「湖」字之譌。據改。

〔二〕中華書局點校本《清史稿·張穆傳》：張穆，字石洲。據改。

〔三〕中華書局點校本《清史稿·王峻傳》：王峻，字艮齋。據改。

南昌。畢沅。謝啓昆。蘊山，南康。陸錫熊。耳山，上海。趙翼。甌北，陽湖。嚴長明。道甫，江寧。嚴觀。子進，長明子。孫志祖。邵晋涵。吴蘭庭。胥石，歸安。張敦仁。古愚，陽城。汪中。祁韻士。鶴皋，壽陽。周廣業。梁玉繩。朱彭。青湖，錢塘。洪亮吉。洪飴孫。亮吉子。洪齮孫。同上。淩廷堪。章宗源。逢之，會稽。章學誠。實齋，會稽。劉鳳誥。金門，萍鄉。張澍。徐松。星伯，大興。李貽德。陳鶴。稽亭，長洲。趙紹祖。琴士，涇縣。李兆洛。申耆，陽湖。程恩澤。春海，歙縣。錢林。東生，錢塘。沈欽韓。包世臣。慎伯，涇縣。楊津。張宗泰。朱鴻。筠麓，秀水。周濟。保緒，荆溪。俞正燮。吴卓信。項儒，昭文。雷學淇。龔自珍。狄子奇。叔穎，溧陽。六嚴。德只，江陰。梁廷枏。順德。葉維庚。兩垞，秀水。張穆。侯康。錢儀吉。魏源。何秋濤。願船，光澤。

地理爲史學要領。國朝史家皆精于此。顧祖禹、胡渭、齊召南、戴震、洪亮吉、徐松、李兆洛、張穆尤爲專門名家。

理學家舉其有實際而論定者。所舉諸家，其書皆平實可行，不涉迂陋微眇。諸家雖非經史專門，亦皆博通今古，無淺陋者。

孫奇逢。夏峯，容城。魏象樞。謚敏果，蔚州。湯斌。謚文正，睢州。

右陸王兼程朱之學

陸世儀。桴亭，太倉。張履祥。楊園，桐鄉。應撝謙。潛齋，仁和。魏裔介。謚文毅，柏鄉。陸隴其。謚清獻，平湖。李光地。謚文貞，安溪。張伯行。謚清恪，儀封。楊名時。謚文定，江陰。朱軾。謚文端，高安。蔡世遠。謚文勤，漳浦。陳宏謀。謚文恭，臨桂。

右程朱之學。

李中孚。二曲，盩厔。李紱。穆堂，臨川。

右陸王之學

顔元、習齋，博野。李塨、剛主，蠡縣。王源，崑繩，大興。三人别爲宗派；羅有高、臺山，瑞金。汪縉、大紳，吴縣。彭紹升，尺木，長洲。三人皆理學而兼通釋典，此爲國朝理學别派。

經學、史學兼理學家

黄宗羲。顧炎武。方苞。方于史學不尚考据，而極究心經濟。全祖望。姚鼐。

小學家國朝經學家，皆通小學，舉其尤深者，説文嚴、段、鈕爲最，音韻顧、江永爲最，訓詁郝、王引之爲最。

顧炎武。張弨。力臣，山陽。吴玉搢。山夫，山陽。潘耒。次耕，吴江。臧琳。臧鏞堂。黄生。扶孟，歙縣。江永。劉淇。武仲，濟寧。謝墉。金圃，嘉善。江聲。江沅。子蘭，聲孫。朱筠。翟灝。錢大昕。錢坫。錢繹。小廬，大昕弟子。錢侗。畢沅。謝啓昆。任大椿。任兆麟。心齋，興化。邵晋涵。戴震。宋鑒。半塘，安邑。吴穎芳。西林，仁和。段玉裁。朱文藻。朗齋，仁和。胡秉虔。莊炘。虚庵，陽湖。王念孫。王引之。洪榜。洪梧。李威。畏吾，龍溪。程際盛。葉敬。去病，諸暨。孫星衍。阮元。桂馥。洪亮吉。嚴可均。鈕樹玉。匪石，吴縣。魏茂林。笛生，龍巖。顧鳳毛。超宗，興化。程敦。嘉定。姚文田。郝懿行。胡世琦。薛傳均。戚學標。鶴泉，德清。王煦。胡重。菊圃，秀水。胡祥麟。仁圃，秀水。嚴元照。朱駿聲。

旌德。錢馥。廣伯，海寧。陳瑑。沈道寬。栗仲，鄞縣。王筠。菉友，安邱。苗夔。仙麓，肅寧。鄭珍。許瀚。印林，日照。

文選學家國朝漢學、小學、駢文家皆深選學。此舉其有論著校勘者。

錢陸燦。圓沙，常熟。潘耒。何焯。義門，長洲。陳景雲。余蕭客。汪師韓。嚴長明。孫志祖。葉樹藩。長洲。彭兆蓀。甘亭，鎮洋。張雲璈。張惠言。陳壽祺。朱珔。薛傳均。

算學家疇人傳、續疇人傳未及者，補録于後。五十年來，爲此學者甚多。此舉其著述最顯著者。梅文鼎、羅、李善蘭爲最。

楊光先。長公，歙縣。潘聖樟。力田，吳江。潘耒。聖樟弟。胡亶。李長茂。徐發。圃臣，嘉興。閻若璩。張雍敬。簡齋，秀水。沈超遠。錢塘。惠士奇。陳訏。言揚，海寧。陳世仁。海寧。顧長發。君源，江蘇。屠文漪。蒓洲，松江。許伯政。惠棠，巴陵。王元啓。李惇。吳烺。檆亭，全椒。褚寅亮。龔淪。長蘅，長洲。

以上前傳。

孔廣森。范景福。介茲，錢塘。錢侗。李潢。雲門，鍾祥。程瑶田。談泰。階平，上元。吳蘭修。石華，嘉應。張敦仁。姚文田。施彥士。樸齋，崇明。戴敦元。謚簡恪，開化。陳潮。東之，泰興。

以上續傳。

萬光泰。柘坡，秀水。沈欽裴。吳縣。顧廣圻。千里，元和。戴煦。諤士，錢塘。紀大奎。慎齋，臨川。陳瑑。張豸冠。神羊，海寧。楊寶臣。驤雲，福建。

右中法。

薛鳳祚。儀甫，淄川。游藝。子六，建寧。揭暄。子宣，廣昌。杜知耕。伯瞿，柘城。李子金。隱山，柘城。李光地。李鼎徵。安卿，光地弟。李光坡。耜卿，光地弟。李鍾倫。世德，光地子。孔興泰。林宗，睢州。袁士龍。惠子，仁和。年希堯。允恭，廣寧。陳萬策。對初，晉江。江永。盛百二。厲之鍔。實卿，錢塘。

以上前傳。

淩廷堪。汪萊。徐朝俊。恕堂，華亭。張作楠。丹村，金華。

以上續傳。

董化星。長州。齊彥槐。梅麓，婺源。江臨泰。全椒。

右西法。

王錫闡。寅旭，吳江。方中通。位伯，桐城。黃宗羲。黃百家。主一，宗羲子。梅文鼎。定九，宣城。梅文鼐。和仲，文鼎弟。梅文鼏。爾素，文鼎弟。梅以燕。正謀，文鼎子。梅瑴成。謚文穆，文鼎孫。梅鈖。敬石，文鼎曾孫。梅鈁。導和，鈖弟。秦文淵。毛乾乾。心易，南康。謝廷逸。野臣，上元。劉湘煃。允恭，江夏。楊作枚。學山，無錫。陳厚燿。莊亭陽。復齋，南靖。邵昂霄。麗寰，餘姚。余熙。晉齋，桐城。顧琮。用方，滿洲。何國宗。翰如，大興。丁維烈。長洲。

以上前傳。

張永祚。景韶，錢塘。戴震。屈曾發。省園，常熟。明安圖。静菴，蒙古。明新。安圖子。陳際新。舜五，宛平。張肱。良亭，寶應。博啓。繪亭，滿洲。許如蘭。芳谷，全椒。陳懋齡。上元。錢大昕。李鋭。黎應南。見山，順德。梅冲。抱村，瑴成孫。焦循。焦廷琥。虎玉，循子。楊大壯。竹廬，江都。許桂林。周治平。臨海。董祐誠。張成孫。彥惟，陽湖。謝家禾。穀堂，錢塘。

以上續傳。

沈大成。學子，金山。阮元。許宗彦。安清翹。項名達。梅侶，錢塘。劉衡。廉舫，南豐。羅士琳。茗香，甘泉。俞正燮。徐有壬。謚莊愍，烏程。夏鸞翔。紫笙，錢塘。馮桂芬。敬亭，吴縣。鄒伯奇。特夫，南海。周澄。志甫，績溪。李錫蕃。晋初，長沙。李善蘭。壬叔，海寧。

右兼用中西法。此編生存人不録，李善蘭乃生存者，以天算為絶學，故録一人。

校勘之學家 諸家校刻書，並是善本，是正文字，皆可依据，戴、盧、丁、顧爲最。

何焯。惠棟。盧見曾。雅雨，德州。全祖望。沈炳震。沈廷芳。椒園，仁和。謝墉。姚範。薑塢，桐城。盧文弨。錢大昕。錢東垣。彭元瑞。李文藻。南澗，益都。周永年。書倉，歷城。戴震。王念孫。張敦仁。丁杰。趙懷玉。味辛，陽湖。鮑廷博。以文，歙縣。黄丕烈。蕘圃，吴縣。孫星衍。秦恩復。敦夫，江都。阮元。顧廣圻。袁廷檮。壽階，吴縣。吴騫。兔牀，海寧。陳鱣。仲魚，海寧。錢泰吉。警石，嘉興。曾釗。冕士，南海。汪遠孫。小米，仁和。

金石學家

黄宗羲。顧炎武。吴玉搢。朱彝尊。顧藹吉。南原，長洲。全祖望。金農。翁方綱。王昶。錢大昕。錢大昭。錢侗。江德量。秋史，儀徵。畢沅。嚴觀。朱文藻。武億。黄易。小松，錢塘。趙魏。晋齋，仁和。吴東發。侃叔，海鹽。王復。孫星衍。阮元。邢澍。雨民，階州。王芑孫。惕甫，太倉。嚴可均。郭麐。頻伽，吴江。朱楓。趙曾。北嵐，萊陽。程敦。瞿中溶。木夫，嘉定。朱爲弼。茮堂，平湖。何元錫。夢華，錢塘。張澍。劉寶楠。趙紹祖。洪頤煊。張廷濟。叔未，嘉興。李富孫。吴榮光。荷屋，南海。黄本驥。虎癡，寧鄉。沈濤。西雝，嘉興。劉喜海。燕庭，諸城。馮登府。張燕昌。芑堂，海鹽。莫友之。子偲，獨山。

古文家

侯方域。朝宗，商邱。魏禧。叔子，寧都。賀貽孫。子翼，永新。計東。甫草，吴江。施閏章。愚山，宣城。汪琬。鈍翁，長洲。朱彝尊。潘耒。馮景。山公，錢塘。陶元淳。紫笥，常熟。姜宸英。西溟，慈谿。藍鼎元。鹿洲，漳浦。李紱。袁枚。簡齋，錢塘。彭紹升。朱仕琇。梅崖，建寧。汪縉。羅有高。魯九皋。絜非，新城。蔣湘南。子瀟，固始。包世臣。龔自珍。魯一同。（同）〔通〕甫〔一〕，山陽。曾國藩。謚文正，湘鄉。魏源。

右不立宗派古文家。

方苞。劉大櫆。海峯，桐城。姚鼐。陳用光。石士，新城。劉開。孟塗，桐城。姚瑩。石甫，桐城。方東樹。植之，桐城。吴德旋。仲倫，宜興。吕璜。月滄，永福。梅曾亮。伯言，上元。管同。異之，上元。吴嘉賓。子序，南豐。朱琦。伯韓，臨桂。戴鈞衡。存莊，桐城。

右桐城派古文家。

惲敬。子居，陽湖。張惠言。陸繼輅。祁孫，陽湖。董士錫。晋

〔一〕中華書局點校本《清史稿·魯一同傳》：魯一同，字通甫。據改。

卿，陽湖。李兆洛。

右陽湖派古文家。

駢體文家國朝工此體者甚多，兹約舉體格高而尤著者，胡天游、邵、汪、洪爲最。

毛奇齡。胡天游。稚威，山陰。胡浚。竹巖，仁和。邵齊燾。荀慈，昭文。王太岳。芥子，定興。劉星煒。圃三，武進。朱珪。謚文正，大興。孔廣森。楊芳燦。蓉裳，金匱。汪中。曾燠。賓谷，南城。孫星衍。阮元。洪亮吉。淩廷堪。彭兆蓀。吴鼒。山尊，全椒。劉嗣綰。芙初，陽湖。董祐誠。譚瑩。玉笙，南海。

諸家流别不一，有漢魏體，有晋宋體，有齊梁至初唐體，然亦間有出入，不復分列。至中晚唐體、北宋體，各有獨至之處，特諸家無宗尚之者。彭元瑞恩餘堂經進稿用宋法，今人示樸齋駢文則用唐法。

詩家國朝以詩名者，不啻千家。兹約舉康熙以前名家數人，皆各具一格，有獨到無習氣者，其餘觸目覽涉，以知風會可矣。載不勝載，止可從約。

吴偉業。梅邨，太倉。馮班。定遠，常熟。王士禛。阮亭，新城。施閏章。毛奇齡。朱彝尊。趙執信。秋谷，益都。查慎行。初白，海寧。

詞家與詩家同例，惟下及道咸間人。

曹貞吉。升六，安邱。陳維崧。其年，宜興。朱彝尊。顧貞觀。梁汾，無錫。納蘭性德。容若，滿洲。厲鶚。郭麐。張惠言。周之琦。稚珪，祥符。姚燮。梅伯，鎮海。承齡。子久，滿洲。邊浴禮。袖石，任邱。

經濟家經濟之道，不必盡由學問。然士人致力，舍書無由，兹舉其博通切實者。士人博極羣書，而無用于世。讀書何爲，故以此一家終焉。

黄宗羲。顧炎武。顧祖禹。魏禧。唐甄。鑄萬，達縣。陳潢。天一，秀水。鄭［元］慶（餘）〔一〕。芷畦，歸安。秦蕙田。藍鼎元。方苞。儲大文。六雅，宜興。印光任。陳倫炯。資齋，同安。陸燿。朗夫，吴江。檀萃。默齋，望江。龔景瀚。海峯，閩縣。惲敬。嚴如熤。樂園，溆浦。徐松。姚瑩。包世臣。俞正燮。龔自珍。施彦士。魏源。

右經濟家，皆舉著述者，此外名臣若熊文端賜履、湯文正斌、魏文毅裔介、魏敏果象樞、李文貞光地、于清端成龍、陸清獻隴其、靳文襄輔、張清恪伯行、陳恪勤鵬年、趙恭毅申喬、孫文定嘉淦、李侍郎紱、陳文恭宏謀、朱文端軾、鄂文端爾泰、舒文襄赫德、方恪敏觀承、劉文正統勳、阿文成桂、松文清筠、傅提刑鼐、陶文毅澍、林文忠則徐、胡文忠林翼、曾文正國藩，諸家皆經濟顯著者。嚴、龔皆有政績，其奏議公牘，即是著述，或在本集，或在切問齋文鈔及經世文編中，或自有專書，尋覽考求，尤爲切實，不惟讀其書，并當師其人耳。

〔一〕中華書局點校本《清史稿·鄭元慶傳》：鄭元慶，字芷畦，歸安人。《四庫總目》同。據改。

讀經札記

讀經札記一

聶氏三禮圖

后服圖

笲　士昏禮：贄見婦于舅姑。婦執笲棗、栗。注云：笲，竹器而衣者，其形蓋如今之筥、𥫱蘆矣。音墟盧。

案：𥫱蘆，當作去盧，飯器也。說文：上古造字有佉盧。即取此義。

冠冕圖

纚　士冠禮曰：緇纚，廣終幅，長六尺。

案：纚，若今婦人所用紗帕。

皮弁　士冠禮注云：皮弁，以白鹿皮爲之。

案：南宋猶有鹿胎冠，見宋史。

簞　士冠禮：櫛實于簞。注云：簞，笥也。

案：論語：一簞食。孟子：簞食豆羹。是簞不惟盛櫛，亦盛飲食。嘗考灌尊之單彝，博古圖有之，即明堂位「殷以斝，周以黃目」之斝。酒器之觶，竹器之簞，三物形制大抵相同。說文：觶即卮，亦謂圜器。今見古銅卮如梔子形，可悟梔子命名之義。當是小者盛酒，名觶。大者盛鬱鬯之酒，名單。大而以竹爲之，名簞。單是本字，從竹從角，皆轉注。單，篆作□，形與畱近。漢志沛郡有鄲縣，無畱縣。宋祁謂即張良所封，以爲畱字之誤。然莽改曰單城。孟康讀若歹，則鄲字不誤，而今偁留侯者，相承之訛也。隸書作單，行書或作单，遂又訛作斝。大雅：洗爵奠斝。自與下句薦字爲韻。先儒見下有醆、斝等字，竟讀若假，而以畫禾稼形爲言，恐亦沿訛。然此二字自漢以來已相傳如是。說文竟有斝字，竊以諧聲會意求之，知其有誤。支、多、單三音互轉，觶，篆一作觛，別名爲卮。今讀志，留侯既書作鄲侯，疑畱子嗟、畱子國皆單氏也。

章甫冠　舊圖云：章甫，殷冠，亦名哻。紵中[一]，冒上黑屋。

案：古冠近後處隆起者曰屋，所以容髻。東坡方山子傳：帽方屋而高。哻，當作冔，從曰從吁。

進賢冠　舊圖云：古三冠梁數雖異，俱曰進賢。前高七寸，纓長八寸，後高三寸。

案：此圖誤也。進賢冠狀，大略如今世所畫明人漆紗帽，而無兩翅。今時俗演劇、神祠塑像亦有之，據隋丹元子步天歌知之。步天歌第四章說倉龍七宿曰：夏夜露坐看星象，有如一人冠進賢。謂房星及數小星聯合而成此形。試於五、六、七月戌、亥時南望，自見之。

宮室圖

井田　經云：九夫爲井，四井爲邑，四邑爲丘，四丘爲甸，四甸爲縣，四縣爲都。以任役萬民，使營地事，而貢軍賦，出車役。

案：軍賦之說，司馬法即有兩法，不能齊同。王西莊亦不能

〔一〕「紵」，字當作「紵」。避清文宗諱，缺筆。

制斷。江慎修説較通。

明堂　此秦制改周法爲九室、三十六户、七十二牖、十二階，今以月令是秦法，故存其制，圖之於後。

案：此圖甚誤，洪頤煊圖爲妥。

投壺圖

特縣鍾

案：古鍾無作正圜式者，此誤。惟鎛爲然，柄亦較長。

特縣磬　黄鍾之磬，股長一尺八寸，博九寸，厚二寸；鼓長二尺七寸，博六寸，厚二寸，兩弦之閒三尺三寸七分半。

案：古磬無兩歧適均，此誤。攷工記：倨句有半，謂之磬折。是其義也。磬博爲一，廣四寸半。股爲二，長九寸。鼓爲三，長一尺三寸半。三分其股博，去一以爲鼓博，廣二寸。三分其鼓博，以其一爲之厚，厚一寸。計股廣四寸半，長九寸。鼓廣三寸，長一尺三寸半。合之，實積八十一方寸，是爲黄鍾子律。

編鍾　編鍾十六枚，同在一簨簴，飾。

案：兩銑亦不甚圜，如特鍾。鍾、磬皆編，無特縣者，所以備十二律之數，掌於磬師，所謂擊磬、擊編鍾者是也。特縣者名鎛，與鼓爲類，不與磬爲類，亦曰鎛鍾，掌於鍾師。凡經、傳言鍾、鼓，皆指此，鄭伯更説。

篪　郭璞爾雅注云：篪，以竹爲之。

案：此誤，篪乃匏樂笙、竽之屬。月令：調竽、笙、箎。即笙簧。

敔　誤。

射侯圖

鼓足　夏后氏謂之鼓足。鄭注云：足，謂四足。

案：明堂位：夏后氏鼓，足。上四字略讀，下一字爲句，言夏鼓用足承之。

建鼓　大射建鼓。注云：「建，猶樹也，以木貫而載之，樹之跗也。」賈釋云：周人縣古。今言建鼓，用殷法也。

案：殷楹鼓。楹，讀若桯，古二字通。春秋胡子逞滅。公羊作盈，穀梁作楹。

雷鼓　大司徒鼓人職曰：雷鼓鼓神祀。後鄭云：雷鼓，八面鼓也。

案：鼓形小誤。

靈鼓　靈鼓鼓社祭。後鄭云：靈鼓，六面鼓也。

案：鼓形亦小誤。

弓矢圖

乏

案：乏，與正異，用正相反，故左傳云：反正爲乏。

鹿中　鄭注：鄉射禮，射於榭，用鹿中。有堂無室曰榭，榭即州序也。

案：榭、謝、序、豫古同字，一音之轉。榭、射同字。本謂無室，便於習射，故孟子曰：序者，射也。詩：申伯番番，既入于謝。即漢書地理志「射陽」。有射陽湖。

朱極三　大射禮云：設決，朱極三。注云：極，猶放也，所以韜指，利放弦也，以朱韋爲之。

案：注誤。如此式爲之射，夫豈得便利，文義亦不安。謂以朱韋爲極，塞決中，決大小恐不如指，故塞之滿中，令密實，今射仍用之。名皮墊。用三者，緩急增減隨意。喪大記：纊極二。蓋殉物取備禮，不求實用，又亡者肌膚堅實，異生人。本俞理初說。

旌旂圖

太常 覲禮注云：王建太常，縿首畫日月，其下及旂交畫升龍、降龍。縿皆正幅，用絳帛爲質，斿則屬焉。又用弧張縿之幅，又畫枉矢於縿之上。

案：諸旌旆圖皆誤。斿猶旒也，謂下偃者，故古人名偃，字斿。㫃，此乃象形，可知斿字之義，豈得以諸幅聯屬乎。如聶說，何不曰九幅乎。

旂

案：少鈴。

旟 輈人云：鳥旟七斿。注云：鳥隼爲旟。

案：爾雅：錯革鳥曰旟。革，棘也。棘，急也。謂鷹隼，故周禮謂鳥隼爲旟也。錯，鏤也。

玉輅 轂、輿皆以革輓，漆之。玉輅以玉飾諸末。

案：車惟軸端可飾玉象之屬，餘不可飾。

戈

戟

案：戈、戟形大謬。戴東原圖，考工記圖。較於注義合。程瑤田圖，通藝録。則真得其狀矣。

玉瑞圖

大圭 玉人職云：大圭三尺，杼上，終葵首。注云：杼，閷也。終葵，椎也。以齊人謂椎爲終葵，故云終葵，椎也。爲椎於杼上，明無所屈也。

案：杼，閷也。終葵，椎也。此即反語。反切語。猶鞠藭爲芎，之乎爲諸，不可爲叵，之焉爲旃，經典多矣。

冒 尚書大傳云：古者必有冒，言下之不敢專達之義。天子執冒以朝諸侯，是冒覆之。又孔注顧命曰：言冒所以冒諸侯。圭邪刻之，以冒諸侯之圭，以爲瑞。子、男執璧，蓋亦刻而覆驗之。

案：漢碑首多刻六玉形，皆無璧，有冒。其形作[illegible]，如書板魚尾式，正與碑首凸凹相入。璧如何冒法，僞孔謬說也。

桓圭 大宗伯云：公執桓圭。後鄭云：雙植謂之桓。賈釋云：象宮室之有桓楹也，以其宮室在上，須桓楹乃安。天子在上，須諸侯乃安也。

案：桓楹，義猶和門。戰國策。古桓、和通。書：和夷底績。鄭注：讀桓。即「因桓是來」之桓。

牙璋 典瑞云：牙璋以起軍旅，以治兵守。先鄭云：牙璋，瑑以爲牙。牙齒，兵象，故以牙璋發兵，若今銅虎節發兵也。後鄭云：牙璋，亦王使之瑞節。兵守，用兵所守也。又，玉人云：牙璋、中璋七寸，厚寸，以起軍旅，以治兵守。後鄭云：二璋皆有鉏牙之飾，蓋大軍旅皆用牙璋以起之，小軍旅則用中璋以起之也。

案：牙璋，先、後鄭皆誤解。牙乃互字譌文，形近而誤，[illegible]，兩璋相合，各執其一爲信，如漢合符矣。故玉人云云，謂此牙璋用中璋七寸也。鄭强爲分二，以大小軍旅別之，殊謬。古人名象齒曰象，不名牙。

駔琮　玉人云：駔琮五寸。後鄭讀駔爲組。

案：駔，借字，謂如齒形。

琬圭　**琰圭**

案：琬、琰二圭，圖形互誤。古謂方形上著半爲琬，故田百二十畝爲畹。琰，形聲皆取剡字。剡，鋭也。

祭玉圖

黄琮　大宗伯云：以黄琮禮地。後鄭云：琮八方，以象地。此比大琮，每角各剡出一寸六分，長八寸，厚寸。

案：此四周參差若鋸齒之狀，名捷盧。

匏爵圖

爵觶　**角散**

案：（角）［爵］觶〔一〕、角散形皆誤。

鼎俎圖

案：應補鑊。

簠　**簋**　**敦**

案：簠、簋、敦皆誤。

尊彝圖

案：所圖尊、彝皆誤，無一合者。

襲歛圖

纊極

案：極誤。

此書凡有四本。一宋本，一通志堂影宋本，一日本依通志堂覆刻本，一坊間覆刻本。通志堂刻頗精好，日本書亦不惡。余曾見宋本，乃絳雲樓物，用庫册紙背面印者。後有牧翁跋語數行，賞心悦目，良可愛玩，直貴不能得，今歸聊城楊侍講家。此近時別一覆刻本，較蚤年所見坊本，遠不如矣。

圖象踳誤甚多，漏略尤甚，大率雜采注疏及唐以前人説，依違成之。説雖有本，而不善解。隨文生義，而不求密合。專據本文，而不尋證類。又罕通小學，唐雖以説文設科，無能精通者。目未見古器，古彝器至宋宣和間，朝廷好古，於是發掘進獻，競爲考釋，始少得端倪。至國朝，好古者益多，辨析益明。唐以前，雖見古器，人不識也。故説多難通，此所謂唐人之經學也。有西漢之經學，有東漢、三國之經學，有南北朝之經學，有唐人之經學，有宋、元之經學，有國朝人之經學，各有流派，截然不同。北宋楊甲六經圖、南宋楊復儀禮圖、明大字本六經圖，皆未善。明劉績三禮圖未見。欲曉古禮器、禮制，須看江慎修、戴東原、任幼植、程瑶田、張皋文、洪筠軒諸家圖説，吕大防、薛尚功、阮伯元、劉燕庭、吳荷屋諸家款識，張嵩菴、淩次仲、二金榜，字輔之；鶚，字秋史。皆國朝禮學名家，然於服器圖式不詳，故止稱前數家。

〔一〕「角」，當為「爵」。據《廣雅堂雜著》卷一校改。

陳處士毛詩稽古編

秬、秠，黍類也。穈、芑，粱類也。郭璞釋穈爲赤粱粟，芑爲白粱粟，説必有本。沈括筆談以爲赤黍、白黍，誤也。彼徒見詩穈字與説文穈字，字畫相近，故有是説。不知穈字從黍，訓爲穄，即稷也。

案：沈説誠誤，穈白色，非赤也。陳説亦未盡合，謂爲穄，則是；目爲稷，則非。稷，今俗謂高粱。

惠吉士詩説

葛覃之詩曰：曷澣曷否，歸寧父母。言女子之適人者，有省父母之禮也。泉水、蝃蝀、竹竿之詩曰：女子有行，遠父母兄弟。言女子之適人者，不得復省其父母兄弟也。兩者抵牾如此。而春秋左氏傳曰：凡諸侯之女歸寧，曰來。趙匡曰：諸侯之女既嫁，父母存，則歸寧。不然，則否。穀梁傳曰：婦人既嫁不踰竟，踰竟，非禮也。又各自爲説如此。而毛氏傳詩，以爲后妃之父母在，故得歸。衛女之父母不在，故不得歸。其在與不在，無論荒遠，不可據。就令可據，則詩止言遠兄弟可已，何以並及父母，而一再言之不已也。且昏禮、昏義亦當載歸寧一條，著其儀節云何。如納采、問名、納吉、納徵、請期、親迎之類，不應詳於未昏之前，而略於既昏之後。如此，其疏脱也。愚嘗求之孔子之意，而知歸寧之説非也。于何知之，于春秋知之。莊二十七年：冬，杞伯姬來。左氏傳曰：歸寧也。杜氏曰：莊公女也，莊公在，而伯姬來，正與歸寧之禮合。而春秋書而譏之，以此知歸寧之説非也。然則后妃亦非禮乎。曰：此毛傳之誤，非詩意也。序曰：后妃在父母家，志在女功之事，躬儉節用，尊敬師傅，可以歸寧父母云云。蓋以其爲女，知其能爲婦，所謂無父母詒罹者也。公羊傳曰：婦人謂嫁曰歸。是也。序説自長。而毛傳因左氏誤焉，非詩之意，然也。諸家之論，惟穀梁氏爲知禮也夫。趙匡曰：譏無父母而來也。蓋謂伯姬，桓公女也。杜先于趙，必有所據矣。

案：士昏禮之文不具者多矣，昏前教成之祭，昏後反馬之文，皆未詳著之也。左氏生于春秋時，自當習聞其禮，况毛詩之語意坦然明白乎。若謂歸寧之歸即爲嫁，嫁時當禀父母之命，聽諸母之戒。禮節繁縟，女於此時豈得與聞。夫昏禮在婿家猶不稱主人，所以遠恥也。豈有女子將嫁，乃自告師氏而遂行乎，無理甚矣。聖人制禮，必本人情，未聞女一嫁，而即終身絶不與通也。趙氏説杞伯姬來，義長。近段茂堂直謂父母爲舅姑，尤謬，古無此稱。杜注以意爲之甚多，不盡有據也。女子將嫁，纚笄綃衣，不聞衣葛。季秋、仲春，絺綌安用。綃衣見士昏禮。壻車在門，姆親授綏，何待女告，此等迂説，豈惟遠於人情，顯與本經抵牾。原其依據，但本穀梁。穀梁之謬，可勝既乎。

夏屋渠渠。傳不詳注，但云：夏，大也。箋曰：屋，具也。王肅謂：屋則立於先君，食則受於今君。朱子集傳頗用王説，然以上下文理求之，王説終未安也。案：魯頌：籩豆大房。傳曰：半體之俎也。箋曰：大房，玉飾俎也，其制足間有横，下有柎，似乎堂後有房然。周語：王公立飫，則有房烝。注引頌詩，謂半解其體，升之於房，則風之所謂夏屋，即頌之所謂大房也。

案：房，旁也。形聲並近。旁，胖也。聲近。通借云爾，當依外傳。毛傳釋爲半體之俎，鄭箋就房字傅會耳。其實俎形不似房也，夏屋訓，以王肅爲長。

澤門之晳。古本澤門，作臯門，則諸侯亦有臯門也。

案：澤，古文省作睪，因謌爲皋。應庫雉路之皋門也，汪容甫已辨之。

傳于履帝武句，釋爲姜嫄從高辛帝見于天，將事齊敏。言姜嫄之齊敏，則帝嚳之敬德亦可知。此詩人善于立言，毛公之善于逆志也。鄭氏以爲祀郊禖之時，有大人之迹，姜嫄履之，如有人道感己，此乃上帝之氣張融，從而附會之，孔氏從而釋詁之，其言穢褻不經，不必言。即如其說，稷非帝嚳之生，則直祀姜嫄，祀上帝足矣。乃更禘嚳，而以祖配，不亦多事乎。

案：履帝武敏之説，斷以鄭箋爲長。武迹敏拇，説本爾雅。天命玄鳥，例見商詩。若謂荒誕不經，詩曷爲舍帝嚳而頌姜嫄，且魯頌閟宫專立嫄廟，何説也。

太王之遷岐也，先營宗廟。宗廟立，則思邱墓者有所憑，所謂大享于先王，爾祖其從與享之也。公劉之遷豳也，先相民居。民居定，則懷妻子者有所歸，所謂鞫人、謀人之保居，叙欽也。

案：此類乎七經精義，時文家之説詩，不過就事立言，豈得如此傅會。緜之詩先清疆理，次作室家，曷嘗首營宗廟哉。君立宗廟，豈令民之思邱墓者，皆有所憑哉。

風之采蘩、采蘋，雅之行葦、泂酌，儉而易行。後世燕享已廢，獨有郊廟之祀，遲至三年一行。或議罷北郊，或議望祀苑中，或議遣官攝事，豈不以費而害禮哉。惜乎元祐諸臣紛紛于分祭、合祭之是非，而未有議及此者也。

案：宋代所以不能屢行郊祀者，爲六軍犒賜不貲耳，非爲祭品繁多也。承五代之後，由于將士推戴而得天下，故以郊賞羈縻之。

抑之四章曰：修爾車馬，弓矢戎兵，用戒戎作，用逷蠻方。豈衛在河朔，密爾北翟，故舉以自警與。抑厲王之世武備不修，將有窺伺闌入之患與。

案：衛武作抑戒時，厲王已死久矣。

宣王封韓侯于方城，欲以制北翟。封申伯于南陽，欲以制荆蠻。然申侯封，而宛之東南、滎陽之東北俱非周有。畎戎入周，東南諸侯無一人來救者，以申侯據形勝，而塞其路也。畎戎不得申侯之援，則不敢深入。申侯不塞南陽之路，則不得召戎。犄角之形成，幽王之亡必矣。韓侯雖强，豈能踰一二千里以相援哉。其後鎬滅于戎，申滅于荆，韓滅于晋，而東周遂不能國。則崧高、韓奕二詩，實周室興亡之所係也。

案：幽之亡，由于溺色廢嫡，不在封申。若宜臼不廢，申伯何由叛周召戎哉。王綱解紐，諸侯自相吞併，春秋治亂之樞紐，亦不僅在申、韓之滅。詩可藉以考史，而不得即以詩爲史也。此條云云，皆書生之見。

祭法：周人禘嚳而郊稷，祖文王而宗武王。禘嚳則姜嫄合食，文王、太姒配食，故曰：既右烈考，亦右文母，禘以祖配，不及武王。皇考、烈考俱謂文王，而傳謂烈考爲武王，誤矣。武在昭位，不宜居右，且無文母反在武王之右之理。

案：烈考明見洛誥，專指武王，何得反易經文以就傳説。皆由誤解右爲左右，致生糾葛耳。右，助也。讀如：自天祐之。

桃之華後于梅，而詩以興男女之及時，梅之華先于桃，而詩以興昏姻之後時。何也，夫婦之道在生育，猶草木之美在果實也。桃後梅而華，反先梅而實，故曰：有蕡其實。言桃有實，則成樹。猶夫婦有子，則成家也。

案：二月桃始華，故婚姻及時以取興。言及實者，推言而深祝之也。三月梅將熟，故婚姻後時以取興。此皆就目見爲言，何有如惠説之鑿乎。若云實之初結，則百果皆華落而實綴，仍是梅先于桃。若云實之成熟，則梅熟四月，桃熟七月，桃後于梅多矣。姜嫄之棄后稷，蓋以不坼不副之異，非以感上帝之異也。

案：惠説强辨無理。不坼不副者，即應棄耶。然則必以老聃剖脅、唐宗握心，爲生育之常耶。文王在，母不憂，何以不棄耶。

姜編修湛園札記

八十、九十曰耄，七年曰悼。當是八十曰耄，九十曰悼。據文每十年一變稱，無緣於八十、九十同稱曰耄，而於中忽插以七年曰悼，且七年正近幼學之期，稱之以悼，何其不祥耶。

案：姜説是也。悼，綽假借字。綽，緩也，釋訓：綽綽、爰爰，緩也。有寬義。鐘鼎文字多有綰綽眉壽、克綽永福語，即此字也。

郊特牲：丹漆雕幾之美。注：幾，謂漆飾沂鄂也。案：沂鄂，恐即垠鄂之意，謂器稜角也。

案：沂，或作圻，又作畿，圻是本字。

鄉飲酒禮：間歌三終，合樂三終。注：笙與歌皆畢，則堂下與堂上更代而作。堂上先歌魚麗，則堂下笙由庚，此爲一終。次則堂上歌南有嘉魚，則堂下笙崇丘，此爲二終。又其次堂上歌南山有臺，則堂下笙由儀，爲三終也。案：由庚、崇丘、由儀，即魚麗、嘉魚、南山有臺之譜，故有聲無辭，非闕也。南陔、白華、華黍，亦猶是也。

案：由庚六篇自是笙詩，與歌詩無涉，當是别有其書，不在此三百篇之内，三百篇乃歌詩。古人歌詩，惟與琴瑟，詩同詞，故得相和。其餘若笙、管、鐘、磬、鼓、舞，各有詩詞，故金奏九夏，此九篇乃鐘詩也。象、下管象。新宮下管新宮。乃管詩也。投壺所記魯鼓、薛鼓之節，乃鼓詩也。武、宿夜、桑林之屬，乃舞詩也。磬詩未聞，然當有其詞，故論語：子擊磬于衛，荷蕢者聞，知其有心，且惜其硜硜也。墨子：歌詩三百，誦詩三百，鼓詩三百，舞詩三百。明是各有篇章。誦字蓋鏞字之誤。此字希見，故誤。鏞，古鍾字。古鍾亦作甬。緣鍾上屬於虡處，謂之甬。考工記鳧氏。尚書：搏拊琴瑟以詠。詠與琴瑟相拊，明琴瑟不别有詩。鄉飲酒禮可證。故歌者與瑟工同在堂上也。

冢人：凡死于兵者，不入兆域。蓋兵者，刃也。死于兵，是得罪被刑死者，以其有罪，辱及其先，故絶之以示罰。不然，彼以罪誅者，概令之族葬，而執干戈以衛社稷者，反棄之於昭穆之外，先王勸懲之意，當不若是，其傎也。

案：姜説是也。曲禮曰司寇，曰兵是冢人。此語確證。

臧茂才經義雜記

詩四牡：四牡騑騑，周道倭遲。毛詩作「倭遲」。韓詩作「威夷」。漢書地理志「郁夷」下，引詩「周道郁夷」。是以「郁夷」爲地名。倭、威、郁，聲近而義别。

案：郁與威不相近，當是本作洧夷。洧、威，聲近通借。

詩駉：駉駉牡馬。釋文：駉，古熒反。説文作驍，又作駫，同。説文馬部云：驍，良馬也。駫，馬盛肥也。詩曰：四牡駫駫。又：駉，牧馬苑也。詩曰：在駉之野。案：毛傳：駉駉，良馬，腹榦肥張也。與説文「駫，馬盛肥」義合。據釋文云「駉」，説文作「駣」，則説文當於「駣」下引詩「駣駣牡馬」。「駉」或爲重文。今引「四牡駣駣」及「在駉之野」皆非是，蓋唐人李陽冰等竄改。

之洞曰：今以意定之，當是在駉之野，駉字不誤。蓋字本作坰，因此詩言牧馬地，因加馬旁。經典此類因事製字之文甚多，不得悉咎説文改之也。至駉駉牡馬，則當依釋文，别本作駣駣，明是學者因下駉字牽連致誤。何以明之。詩篇目多摘首句一兩字，然無摘取虚字者，喓喓草蟲、交交黄鳥，不聞以喓、交命篇也。駣、駉古聲同，同古讀如廣。斯致譌之由也。説文駉字，明是因駉字形近，傳寫致誤。事理可信如此，説則明白簡易，豈不較勝奮然武斷，指四牡駣駣、在駉之野爲後人竄入乎。本朝説經諸家，穿穴隱奥，校訂奪落，辨析真僞，洵爲卓絶古今。然於經文、傳注，與己説不便者，動輒云後人竄改，亦是一大病。鄭君好破字，固開其端，然只聞易其音讀，不聞長言累句，目爲後人竄亂也。如此説經，抑又何難，於是王子雍實爲説詩者之藏垢，李少温反開講小學者之謬門矣。

左傳僖四年：楚屈完曰：楚國方城以爲城，漢水以爲池。釋文作：漢以爲池。水衍字。

案：不言水而漢之水名自見，特左氏加一字以足句，與上相麗耳。即加水字於義無害，如河水、汶水、淮水，詩何嘗不足以水字乎。

易屯象：雲雷，屯。君子以經綸。正義曰：劉表、鄭玄以綸爲論字。案：釋文作經論，音倫。鄭如字，謂論撰書、禮、樂，施政事。荀爽曰：屯難之代，萬事失正。經者，常也。論者，理也。君子以經論，不失常道也。

案：荀説得之，鄭説殊迂闊。天造草昧之時，豈暇論撰著書。此劉景升所以當袁、曹擾攘之秋，身爲牧伯而著五經章句也，可哂孰甚焉。

易訟上九：或錫之鞶帶，終朝三褫之。褫，鄭本作拕。説文手部：拕，曳也。非褫奪之義。宋項安世周易玩辭引鄭注云：三拕，三加之也。王肅作褫而以爲解，此與鄭（立）〔玄〕異耳〔一〕。

案：三褫當作三拕，訓加爲長，象傳：亦不足敬。自明。古褫、虒、拕、池、沱同音，皆讀如池。

鄭康成、孫叔然爾雅本：騋：牡，驪；牝，玄。郭本爾雅作：騋牝、驪牝。騋，古讀若驪。爾雅以「驪牝」釋詩「騋牝」，故郭注曰：詩云：騋牝三千。馬七尺以上爲騋，見周禮。解騋牝，不更釋驪牝矣。若如今本，則以騋馬爲牝，驪馬爲牡，郭注安得詳騋而不及驪乎。

案：今本兩字皆誤。上應作牡，而誤爲牝。下應作牝，而誤爲牡。雪牕本即郭注本誤上一字，而得一字。上牝字誤，下牝字是。孫、鄭本及周禮注兩字皆不誤。上牡下牝。郭誤解誤斷句者，多矣。騋：牡，驪；牝，玄。騋總名。其牡者，色驪。牝者，色玄。據詩：騋牝三千。馬以備戰，不合全養騲馬。

左傳隱元年：莊公寤生，驚姜氏，故名曰寤生。杜注：寐寤而莊公已生，故驚而惡之。案：史記鄭世家云：生太子寤生，生之難。及生，夫人弗愛。然則寤生者，難生之謂也。寤即牾之通借字，寤生者，謂牾逆難生。蓋交午，於産門久而不得下，往往有母子交斃者，故武姜驚也。

〔一〕「立」，當作「玄」，形近致譌。據改。

案：臧説是已，然解亦稍泥。牾生即逆生，今俗名倒産，謂足先出也。似此者多不得全活，故驚姜氏。又案：此説文𠫓字。篆文作𠫓，隸㐬。説文云：逆子也。後儒誤釋爲悖逆之子，大非。若爲悖逆之子製一字，亦將爲悖亂之臣製一字乎。凡象形字，皆實有一物一事。易「𠫓如其來如」之𠫓，正如此解。𠫓者，逆生也。來者，古來、釐通，魯詩：貽我釐牟。見劉向傳。即孿生也。方言：陳楚之間，凡嚚乳而雙産者，謂之釐孳。廣雅：釐孳，僆孿也。雙孿，孿也。玉篇：孷孖，雙生也。

詩閟宮：犧尊將將。傳：犧尊，有沙飾也。正義作：犧者，沙羽飾。王肅云：將將，盛美也。大和中，魯郡於地中得齊大夫子尾送女器。有犧尊，以犧牛爲尊。然則象尊，尊爲象形也。案：犧尊、象尊，似當從王肅説。然毛公傳詩云：犧者，沙羽飾。先鄭注禮云：犧尊，飾以翡翠。古義、獻、沙聲並相近，故沙尊作義尊。毛詩傳爲先秦古書，二鄭咸所依據，後世即出犧牛之尊，要不得以此改詩、禮之義。

案：王肅此説誠謬，縱掘地得牛背負尊之器，知是古人何等物，而乃以説義尊哉。然則象尊，當象背負物；雞彝，當雞背負物乎。古尊、彝多矣，但其刻飾、文采稍稍有别，形製則一也。王肅説誠怪妄之甚者也。

左傳僖四年：管仲曰：爾貢包茅不入，王祭不共，無以縮酒。杜注：束茅而灌之以酒，爲縮酒。正義曰：郊特牲云：縮酌用茅。鄭玄云：泲之以茅，縮去滓也。周禮甸師：祭祀，共蕭茅。鄭興云：蕭字或爲莤，莤讀爲縮。束茅立之祭前，沃酒其上，酒滲下去，若神飲之，故謂之縮。縮，滲也。故齊桓公責楚不貢包茅，王祭不共，無以縮酒。案説文酉部：莤，禮祭，束茅加於祼圭，而灌鬯酒，是爲莤，象神歆之也。春秋傳曰：爾貢包茅不入，王祭不供，無以莤酒。又詩伐木：有酒湑我。傳：湑，莤之也。箋云：王有酒，則泲莤之。釋文：莤，所六反。與左傳縮酒同義。據説文，知左傳作無以莤酒。據甸師注，知周禮作祭祀共莤茅。蓋毛詩、周禮、左傳皆古文，故與六書之旨合。今左傳作縮酒，司尊彝作數酌，皆莤之聲近假借字。

案：莤酒、縮酒，音近義别，互亂之耳。司尊彝、郊特牲、毛傳之字當作莤，謂泲去其滓也。甸師、左傳、説文之字當作縮。縮，直也。謂植立其茅，灌酒於上，以象神歆也。

儀禮士冠禮：兄弟畢袗玄。注：畢，猶盡也。袗，同也。玄者，玄衣、玄裳也。緇帶韠。古文袗爲均也。案：此經蓋古文，作：兄弟畢袗玄。今文作：畢均玄。鄭從今文作：均玄。疊古文不用，注當云：均，同也。古文，均爲袗也。今本是後人倒易之。左傳僖五年：均服振振。杜注：戎事，上下同服。釋文：均，如字，同也。字書作袀，音同。左傳均服，既本作袀服。知儀禮均玄，亦本作袀玄矣。

案：古文當本作袀，形近譌袗。鄭讀爲均，得其音，尚未盡得其義耳。

孟子梁惠王下：文王事昆夷。宋高宗御書石經作：文王事混夷。詩緜：混夷駾矣。箋云：混夷，夷狄國也。皇矣：患夷載路。箋云：患夷，即混夷。釋文：混夷，音昆。正義曰：采薇序曰：西有混夷之患，是患夷者，患中國之夷。據此知詩混夷，字無有作昆者。孟子昆夷，當從石經作混夷，方合。

案：患字從心從串，即貫本字，讀同。故或曰混夷，或曰昆夷，或曰串夷，皆一聲之轉。衛敬仲作序時，見别本有如説文作患夷者，因衍其辭曰，西有混夷之患。正義因遷就其説而强解耳。序中如此類者甚多，如雨無正，因傳本漏奪首二句，不得命篇之説，因强解雨字、正字，極可哂也。

詩衡門：可以樂飢。傳：可以樂道忘飢。箋云：飢者，不足於食也。泌水之流洋洋然，飢者見之可以樂舊作療。飢。釋文以「樂」本又作療。毛：音洛；鄭：力召反。

案：鄭意是據三家詩讀爲療，義勝於毛。

尚書孔序云：以其上古之書，謂之尚書。王肅曰：上所言，史所書，故曰尚書。鄭氏云：尚者，上也。尊而重之，若天書然，故曰尚書。

案：尚字義，却當以僞孔序爲長。

禮記投壺末記魯鼓、薛鼓節，兼載圜、方之圖。注云：此魯、薛擊鼓之節也。圜者擊鼙，方者擊鼓。釋文：○圜鼙，□方鼓。案：此節釋文不得經、注之次，當爲後人竄改，蓋○、□皆經之圖也。

案：圜鼙方鼓四字，即約舉鄭注圜者擊鼙，方者擊鼓數語，非後人竄改。

周禮司常：掌九旗之物名，各有屬。注：屬，謂徽識也。徽，説文作微。説文巾部云：微，識也。言部云：識，常也。一曰知也。琳以識字本訓爲常，即周禮司常之常。司常掌九旗而獨取名於常者，因日、月爲常，舉至尊者以名其官。説文訓微、識字爲常，亦從其大名也。一曰知者，微，識；所以使人識別，故轉訓爲知也。

案：臧説甚精。爾雅、説文如此類者多矣，此所謂轉注也。

五行志下：嚴公七年四月辛卯夜[一]，恒星不見。夜中，星隕如雨。左氏傳曰：恒星不見，夜明也。星隕如雨，與雨偕也。劉歆以爲晝象中國，夜象夷狄。夜明，故常見之星皆不見，象中國微也。星隕如雨。如，而也。星隕而且雨，故曰與雨偕也。案：左氏夜明之文，當從劉子駿，以爲象中國微。杜云：蓋時無雲，日光不以昏没。非也。

案：此經「如雨」，三傳經文皆同。左氏讀如爲而，似誤。故曰與雨偕。證以公羊引不修春秋曰「雨星不及地尺而復」，及穀梁「著於下，見於上[二]，謂之雨。著於下，不見於上，謂之隕，豈雨説哉」數語，可知此雨字，是比儗星隕之象，非真雨也。劉歆治左氏亦讀爲雨，竊疑左氏意，偕字當即作同字訓。或漢人左傳家誤解之耶。如、而古多通用，此處却不宜。

易屯六二：乘馬班如。王弼注：時方屯難，正道未通，涉遠而行難，可以進，故曰乘馬班如也。釋文：班如，如字。子夏傳云：相牽不進貌。鄭本作般。正義：「馬季長云：班班，旋不進也。」集解引虞翻曰：二乘初，故乘馬班躓也。馬不進，故班如矣。案：説文玨部：「班，分瑞玉」。舟部：「般，辟也。象舟之旋。殳，所以旋也。」然則般旋，字當作般。班，乃分布義。鄭本作般，爲正。

案：此經班字，當從子夏傳作班，而馬、王諸訓皆失之。古班、斑通用，斑如言毛色。以賁爻乘馬翰如例，知之。

孟子梁惠王下：故居者有積倉，行者有裹糧也，然後可以爰

[一]「嚴公」，即莊公。《漢書》避明帝劉莊諱改。

[二]「著於下，見於上」，《穀梁傳》作：「著於上，見於下」。當據正。

方啓行。翻刻宋版作：行者有裹囊也。案：趙注云：乃積穀于倉，乃裹盛乾食之糧于橐囊也。然則孟子以積字與裹字相對，以倉字與囊字相對，謂積穀於倉，裹糧於囊也。

案：臧說太泥，古人文字參差，不必正對。詳趙注正以囊橐中孟子裹字意，此二字乃趙所補足，非孟子元文必有囊字。蓋言裹，而囊橐自見，若疑裹糧漏却于橐句，然則即易糧爲囊，不猶然遺橐耶。

詩終風：寤言不寐，願言則嚏。傳：嚏，跲也。箋云：言，我。願，思也。嚏，讀當爲不敢嚏咳之嚏。我其憂悼，而不能寐，汝思我心如是，我則嚏也。釋文：疌，本又作唗，又作疐。鄭作：嚏，劫也。又作跲，音同。崔云：毛訓疌爲㰦，今俗人云「欠欠㰦㰦」是也，不作劫字。人體倦則伸，志倦則㰦。正義曰：毛以爲莊姜言我寤覺而不能寐，願以母道往加之，我則嚏跲而不行。王肅云：願以母道往加之，則嚏劫而不行。跲與劫，音、義同也。推毛意，寤言不寐與考槃獨寐寤言文同。謂至夜而寤覺不能寐，願說州吁之暴慢，久而疲倦則欠㰦也。傳、箋義本相通，而妄改經作疐，傳爲疐劫，與狼跋傳疐跲同者，蓋出王肅之私意。

案：毛本經文當是，作疐衍，傳釋爲㰦，鄭破字讀爲嚏咳之嚏，鄭說爲長。然嚏謂州吁若思我，則我當嚏，似稍曲。或當指州吁言謂我思汝，汝當有時而嚏也。若傳說爲欠㰦，僅言己身困倦，文義較淺，與願字不相屬也。今本作嚏跲者，六朝學者因狼跋傳形聲並近，傳寫誤之，其實六書轉注此類者多有，即書作嚏跲亦無妨。非必王肅所改。疌，又疐之形誤。

左傳成十六年：楚子登巢車，以望晉軍。說文車部：轈，兵高車加巢以望敵也。從車，巢聲。春秋傳曰：楚子登轈車。據說文，知左傳本作轈，轈爲兵車，可以望敵，如鳥巢之在上，故從車從巢。今作巢，省文也。

案：巢車，左傳故書當止作巢。其加車旁作轈者，經師所爲，取易辨識。說文所據本如此。然作巢，其義已足。

古文尚書五子之歌：予臨兆民，懍乎若朽索之馭六馬。正義曰：經、傳之文惟此言六馬。漢世此經不傳，餘書多言駕四者。春秋公羊說「天子駕六」。毛詩說「天子至大夫皆駕四」。許慎案：王度記云：天子駕六。鄭玄以周禮校人養馬乘馬，一師四圉，四馬曰乘。康王之誥云：皆布乘黃朱，以爲天子駕四。然則此言馬多懼深，故舉六以言之。又，漢書禮樂志：六龍之調，使我心若。注：「易曰：時乘六龍以御天」。又，續漢書輿服志：駕六馬。劉昭注曰：易京氏、春秋公羊說皆云天子駕六。許慎以爲天子駕六，諸侯四。鄭玄以爲天子四馬，諸侯亦四馬。顧命時，諸侯皆獻乘黃朱，乘亦四馬也。今帝者駕六，此自漢制，與古異耳。又，荀子勸學篇：伯牙鼓琴而六馬仰秣。楊倞注：六馬，天子路車之馬也。白虎通曰：天子之馬六者，示有事於天地四方也。又，文選西京賦：六駿駮。薛綜曰：天子駕六馬。東京賦：六玉虬之奕奕。薛曰：六，六馬也，天子駕六馬。上林賦六玉虬。張揖曰：六玉虬，謂駕六馬。郭璞曰：韓子曰，黃帝駕象車，六蛟龍。然則六馬之名，經史子集皆有之，故五經異義據易京氏、禮王度記、春秋公羊說，以爲天子駕六。鄭以此諸文皆起於秦、漢以來，非三代常制，不足以取證經典。而尚書顧命、毛詩、周禮，天子諸侯皆駕四馬，故不從今文家及許氏說。琳考之周書王會，成王時書也，而云其西天子車，立馬乘六。石鼓文，宣王時詩也，而云趍趍六馬。他書未可深信，而此實爲姬周遺文，則周已有六馬之制矣。

案：六馬之説，所據者除王度記、漢經師所傳，非三代元書。白虎通、公羊家説同上。逸周書、僞書。漢禮樂志、後漢輿服志、上林賦、兩京賦漢人言漢制。不論，四馬之説，除古毛詩説、與公羊説同爲漢人語。尚書顧命布乘黄朱當作黼芾黄朱，據白虎通引大傳説。不足據外，惟周易六龍，石鼓六馬，荀子、韓子所言，皆是六馬之確證。易象皆實有其事，從無虚設妄言。講虞、鄭之學者，當知之也。鄭但據周禮校人「乘馬一師四圉」一語耳，不知馬以乘計，言其常也。故校人養馬，以此分配，以便稽其職役，專其責成。若天子之六馬，自非大駕，無所用之，於圉人養馬之數何與乎。大駕、法駕、小駕有别，見蔡邕獨斷。至田獵軍旅，當止用四馬而已。然則馬用四者，其常。駕六者，其偶。圉人飼馬，分匹計功，何嫌於以乘計乎。此説當從許爲允。

詩葛覃：是刈是濩。毛傳：濩，煮之也。正義曰：煮之於濩，故曰濩煮，非訓濩爲煮。又，唐石經與宋刻單注本爾雅作：是刈是濩。鑊，煮之也。鑊煮之也，四字爲句。濩，即鑊之假借。毛傳當云：是刈是濩。鑊，煮之也。傳中無經，則嫌於濩字爲讀，煮之也三字爲句。此蓋以傳合經時所删，若更定毛傳，當補載之。

案：臧説鑿甚。毛傳意正是濩字一讀，夫濩、鑊本是一字，自其器言，則作鑊可，作濩亦可。自其用言，則作濩可，作鑊亦可。爾雅、毛傳意無區别，亦非後人删減，無勞補載。

詩十月之交：曰予不戕，禮則然矣。箋云：戕，殘也。釋文：不戕，王本作臧。臧，善也。

案：此文當從鄭，作戕，訓殘爲允。

江歲貢周禮疑義舉要

凡官府簿書謂之中，故諸官言治中、受中。小司寇：斷庶民訟獄之中。皆謂簿書，猶今之案卷也。此中字之本義，故掌文書者謂之史，其字從又從中。又者，右手以手持簿書也。吏、事字皆有中字，天有司中星，後世有治中之官，皆取此義。

案：説文：史，手持中也。中字當如此訓。

凡盗賊軍鄉邑及家人，殺之無罪。軍，猶攻殺也。

案：左傳軍字，作攻字訓者極多。如「軍其南門」、「以夜軍之」之類。

齊侍郎公羊傳注疏考證

傳：古者上卿、下卿、上士、下士。注：古者諸侯有司徒、司空，上卿各一，下卿各二。司馬事省，上、下卿各一。襄公委任强臣，乃益司馬，作中卿，官踰王制。案：古制，諸侯自有三卿。所異者，卿之命于天子，以國大小爲增減耳。何氏謂侯國止有司徒、司空，原無司馬。今作三軍，作中卿，官踰王制，豈通論乎。

案：何意謂司馬舊止有上、下卿，今益中卿。玩「各一」、「各二」自明，非謂止有司徒、司空也。次風糾之，未審。

秋七月，楚子伐吴，執齊慶封殺之，傳慶封之罪。何注：稱侯而執者，伯討也。案：楚靈王以賊殺賊，不成伯討，而經書以伯討之文，何也。其義見於繁露。繁露云：楚莊王殺陳夏徵舒，春秋貶其文不予專討。靈王殺齊慶封，直稱楚子，何也。曰莊王之行賢，而徵舒之罪重。以賢君討重罪，若不貶，孰知其非正經。

今諸侯不得專討，固已明矣。而慶封之罪未有所見也，故稱楚子以伯討之，著其罪之宜死，以爲天下大禁。

案：貶楚莊，而善楚靈，是非顛倒極矣。說雖出江都，不可從。

讀經札記二

段大令詩經小學

螽斯羽，薨薨兮。釋文：顧舍人本「薨薨」，作雄雄。案：雄，從隹。厷聲。古韻雄與薨，皆在第六部。

案：雄從厷聲，當入蒸、登類，不當入東、鍾類，後人誤混。

江之永矣。說文永字注，引詩「江之永矣」。羕字注，水長也，引詩「江之羕矣」。案：永，古音養，或假借養字爲之。如夏小正：時有養日、時有養夜。即永日永夜也。

案：養日、養夜，當作羕爲正字，永爲省，養爲借。

于沼于沚。傳：于，於。案：恐與「于以」之于相亂，故言于者，於之假借也。鄭箋：于以，猶言往以也。

案：箋說是，如傳說，仍與「于以用之」之于無別。

委蛇委蛇。顧炎武唐韻正曰：漢衛尉衡方碑：禕隋在公。酸棗令劉熊碑：卷舒委隨。成陽令唐扶頌：在朝委隨。案：君子偕老：委委佗佗。說文：委，隨也。古它聲、隋聲，字同在第十七部。

案：當作「委委蛇蛇」爲正，即君子偕老之「委委佗佗」也。

彼其之子。左傳襄公二十七年，傳引詩：彼己之子。案：左傳「夫己氏」。夫己，猶彼己也。彼己，或作彼記，或作彼其。束皙補亡詩：彼居之子。居讀如檀弓「何居」，與彼其、彼己同也。

案：段說極當。近儒有謂夫己氏之己，即戊己，字於十干爲第六，謂商人序次在六，故以此目之。此特巧合耳，其實非也。

見此粲者。廣韻㛑字注曰：詩傳云：三女爲㛑。又美好貌。詩本亦作粲，説文又作𣦼。

案：當以㛑爲正字，從女從粲省。𣦼爲或體，粲爲假借。

八月萑葦。説文：萑，從艸，萑聲。五經文字：萑，從艸下萑。今經典或相承，隸省艸作萑。

案：非省艸，乃省从耳。正字當作萑。

助我舉柴。説文：柴，積也。詩曰：助我舉柴。搣頰旁也。從手，此聲。

案：曲禮：四足曰漬。即積字之假借。

祇自疷兮。案：釋詁：疷，病也。説文：疷，病也。從（疒）[疒]氏聲[一]。毛詩三用此字爲韻。白華，與卑韻。傳：疷，病也。何人斯，祇與易、知、篪、知、斯韻。傳：祇，病也。此皆十六部本音，借祇字爲之，於六書爲假借。無將大車傳亦云：疷，病也。而與十二部之塵韻，讀若真，此古合韻之例。宋劉彝妄謂當作「痻」，音民。攷爾雅、説文、五經文字、玉篇、廣韻皆無痻字。集韻始有，非古。元戴侗謂即痻字之省，不知痻從疒昏聲。昏聲在十三部，民聲在十二部。桑柔，痻與慇、辰韻，不得與塵韻也。説文云：昏，從日，從氐省。氐者，下也。一曰民聲。案：昏，從氐省，爲會意字，非民聲。痻字，昏聲，不得省爲疷也。顧炎武以唐石經「祇自疷兮」，爲諱民，減畫作氏之字。由不知古合韻之例，而附會劉彝臆説，以求得其韻也。

案：此説殊謬。昬字本從民得聲，其從氏者，乃或體。説文兩體並收，而段氏必不許昬字有從民一法，痻字有省作疷一義，何耶。痻與塵韻，何等直截了當。段氏必欲令真、諄與之、脂爲韻，雖此兩部古偶有通協之字，豈能執爲通例。自造部分，强爲三代人撰韻書，已嫌武斷。今舍衆口簡易調協之音，而就一人勉强迂迴之例，良不可解。劉、顧之説不可易也。

如幾如式。案：薄送我畿。正義曰：畿者，期限之名。周禮「九畿」及「王畿千里」，皆期限之義。故楚茨傳曰：畿，期也。此當作：如畿如式。

案：畿非期限之謂，與雕幾之幾同義。謂將畺域内外畫爲數等，各有畔岸，以限隔之，若器物之有圻鄂云爾。今工人俗語名爲起綫。或作幾，或作圻，或作沂，或作垠，皆一字。

樂酒今夕。大招：以娱昔只。王逸注：昔，夜也。詩云：樂酒今昔。言可以終夜也。案：春秋：夜，恒星不見。穀梁夜作昔。日入至于星出，謂之昔。昔者，夕之假借字。夕，暮也。從月半見，夜與夕異時。

案：日入三商士昏鄭注：舊作商。誤。爲昏，至于星出，爲夕爲夜，此對文則異也。月半見爲夕，人定爲夜，亦同。説文：名從夕，爲夕自名。周官「昔酒」，即夕。本義皆謂夜也，此散文則通也。樂酒今夕，猶言猒猒夜飲，豈得媢指星出月見時耶。試思夜字，即從夕，何説也。但夜可通稱夕，夕必不可通稱夜，此所當知也。

匪由勿語。案：鄭箋則匪字本作勿，後人妄改「勿由」爲匪由，與上「匪言勿言」成偶句耳。箋云：「勿，猶無也」。此總釋勿從謂、勿言、勿由、勿語四勿字。又云：「俾，使。由，從也。武公見時人多説醉者之狀，或以取怨讎，故爲設禁」。「匪由」之

[一] 原作「疒」，誤。據《説文》改作「疒」。

本爲「勿由」顯然。古文奇奥，非可妄改。

案：段説非也。古匪、彼兩字多通用，如彼交、匪儌之類，多矣。此匪字，即彼也。由，古讀如繇，摇。此由字乃䚻即謡。之假借也。醉人不可與言，爲其亂性無覺，易觸怒忿争也，故戒之曰，彼言勿言，彼謡勿語。釋樂：徒歌謂之謡。醉人自歌，事所恒有。上言「屢舞僛僛」，意正一貫耳。

上帝甚蹈。箋云：蹈，讀曰悼。案：檜傳：悼，動也。此傳：蹈，動也。則是一字。箋申傳，而非易傳也。

案：此蹈字疑是謟字假借。謟，疑也。荀子、韓詩外傳、戰國策引此皆作甚神。神訓治，亂亦訓治，釋詁：乂、亂、靖、神、弗、淈，治也。則神可轉注訓亂。謟轉注可訓蠱，釋詁：蠱、謟、貳，疑也。蠱有惑亂義，故謟與神通用。

自土沮漆。文選干令升晋紀總論：帥西水滸，至于岐下。李善注：毛詩大雅文。鄭玄曰：循西水涯，漆沮側也。漆沮，今本詩箋，依經倒。

案：水是漆沮，詩特倒文，就韻耳。

削屢馮馮。案：屢，古作婁。婁，空也。削婁，謂削治墻空竅坳突處，使平。長門賦：離樓梧而相樘。魯靈光殿賦：嶔崟離樓。説文：廔，屋麗廔也。囧，牎牖，麗廔闓明也。離樓、麗廔，皆竅穴穿通之貌。

案：麗廔象牎，牎不得削，即謂墻有空穴，自應窒塞之，削何所施乎。此文當作婁，屢俗字。而讀如附婁之婁。説文：附婁，小土山也。左傳：部婁無松柏。□□作培塿。皆謂壅土成小堆阜耳。詩意謂墻築粗就，其址多培壅附著之土，故須剗削使平。

先生如達。鄭箋易字爲羍，似太媟矣。傳云：達，生也。以車攻傳「達屨」之義求之，蓋是達。達，生也。達、沓字古通用。姜原首生后稷，便如再生、三生之易，故足其義云先生。姜原之子，先生者也。

案：箋説最支離，傳亦未安。上文云，以弗無子。弗通祓。既因無子而禱高禖，何得謂已有先生者乎。段欲申傳，其實未達傳意也。竊謂先生者，謂將生之先也，猶言先期先事也。達，通也。即内則所謂，作而自問之之時也。注：作，謂感動。言感動之時，筋脉自然解緩通利，故臨蓐之頃，無産難坼副之苦也。若如傳、箋所云，既已生矣，何庸又云，不坼不副，無災無害乎。

且君且王。釋文：一本作宜君宜王。案：趙壹窮鳥賦：且公且侯，子子孫孫。正用假樂詩意。作宜，爲俗本也。

案：且是壞脱去宀頭，段説好奇耳，不必也。漢人器物款識，鐘洗瓶瓦之屬，多有宜侯王、宜高官之語，何謂作宜爲俗乎。

何以舟之。舟之言昭也。以玉瑶昭其有美德，以鞞琫昭其德之有度數，以容刀昭其有武事。

案：舟乃服之壞字，爛脱其右半耳，段説迂曲無理。

好是家嗇，力民代食。傳云：力民代食，無功者食天禄也。鄭申其意，而王肅所見之本，誤衍一代字。云代無功者食天禄，最無理。

案：代乃貸之省。代食，即孟子所謂又稱「貸而益之」。言上務聚斂，下益貧乏。

有嘒其星。説文：䜚，聲也。詩曰：有䜚其聲。案：如史所云，「赤氣亘天，砰隱有聲」之類也。今作「有嘒其星」，殆非。

案：雲漢之詩，言旱甚望雨，故見星而憂，即首章以雲漢發端之意。若天鼓鳴，落星有聲之類，自是灾異，與旱無涉。説文殆誤記耳。意蓋將「鸞聲噦噦」，及「噲噲其正」、「噦噦其冥」數語，誤併爲一，所引當即是此三語之一也。說文誤記者多有。

段大令周禮漢讀考

害者使亡。注：害，害於民。謂物行沽者。案：行，今俗所謂行貨不精者也。音遐孟反。沽，[illegible]也。釋文作苦，音古。

案：沽，亦作苦，亦作楛，亦作盬，皆謂濫惡，當以苦爲本字。

質人：壹其度量淳制。注：杜子春云，淳當爲純。玄謂淳，讀如「淳尸盥之」淳。

案：淳，當讀爲埻。說文：埻，射臬也。音義並同準。經典言布帛多用純字，要知純是埻借字耳，須先破爲埻，然後得釋爲純也。

（小師）[瞽矇][一]：世奠繫。注：故書奠或作帝。杜子春云，帝讀爲定，其字爲奠，書亦或爲奠。案：云其字爲奠者，其音、義爲定，其字形則當作奠。必正其字作奠，而後再易爲定者，周禮全書中不見有言定者也。小史注云：帝當爲奠，奠讀爲定。書帝亦或爲奠，較此注易明。

案：此帝字及小史帝繫世兩帝字，恐當如字讀，不必破字也。史記五帝本紀贊及家語皆有帝繫姓之語，明謂五帝。既見史記，即不得謂家語，此篇目概爲王肅僞造也。此云世帝繫，謂等差五帝後裔之統系。小史之帝繫姓，乃蒙上掌邦國之志爲句，言掌國志及譜系也。若讀作奠，則世奠繫如何可通乎。

微聲韽。注：杜子春韽讀爲闇不明之闇。鄭大夫韽讀爲鶉鵪之鵪。玄謂（鵪）[韽]讀爲飛鉆涅韽之韽[二]。韽，聲小不成也。

案：讀闇者，謂不宏大。讀鵪者，謂淹塞不流動。讀韽者，音義皆如瘖。

典庸器：設筍虡。注：杜子春云，筍讀爲博選之選，橫者爲筍，從者爲鐻。案：此讀爲，乃讀如之誤。鶡冠子有博選篇。筍，音如之也。

案：博選之選，音義同算。古選、算一讀。蓋博具也，其制未聞，杜以象其狀耳。鶡冠篇名乃虛字，與此無涉。

大卜：三曰咸陟。注：陟之言得也，讀如「王德翟人」之德。言夢之皆得。

案：鄭說似非。咸，感也。省字。陟，轉注訓格，釋詁騭、格皆曰升也。謂有感而來。悳字從直得聲，古音即讀如直。說文：得，升也。是與陟音義並同，故可通借。

大祝：二曰造。注：故書造作竈，杜子春讀竈爲造次之造，書亦或爲造。造，祭於祖也。案：竈，從鼀聲。造，從告聲。竈者，古文假借字也。說文示部有祰字云，告祭也。疑即造字。

案：造即告字，古文加辵者，多美文，無關本義。說文加示，爲告祭之嫥字是也。

一曰祠。注：鄭司農云，祠當爲辭，謂辭令也。玄謂一曰祠者，交接之辭。案：經文祠字，當是詞之誤。大行人：協辭命。

[一] 據今本《周禮》，「小師」，當為「瞽矇」。張氏誤記。
[二] 原文誤作「鵪」，據鄭注改。

注：故書協辭命作（汁）〔叶〕詞命〔一〕。鄭司農云，詞當爲辭。玄謂：辭命，六辭之命也。是則故書辭作詞之證。而近人詞、辭混用，可援二鄭説周禮者正之。説文辛部：辭，説也，從𤔔、辛。𤔔、辛猶理辜也。玉裁謂此文辭之字也。司部曰：䛐者，意内而言外也，從司、言。玉裁謂此發聲助語及摹繪物情之字，皆謂之䛐也。

案：辭，獄辭也，若今世供狀矣。從辛。辛，罪也，辛即古愆字。從𤔲，省聲。𤔲即司字，亦即治字，其字從𤔔，司聲。𤔔，篆文作[illegible]，謂籀文。讀如𤔔。説文𤔔，籀文[illegible]。其實此乃治亂之亂本字也，象兩手理棼絲之形，小篆誤分𤔔爲一字，[illegible]又爲一字，[illegible]即[illegible]省。於是𤔔加司爲治，亦爲司[illegible]，而𤔲字偶省或爛脱，去司中[illegible]，遂成[illegible]形，隸書遂變作亂。説文臆説之曰，乚象形。遂專爲繆亂之字。又見經典中多訓作治字，則從爲之辭曰，古人美惡同辭，治亂曰亂。不知此正是治本字，𤔔乃亂本字也。即書作𤔔亦可。所以尚從𤔔得聲者，緣古文多有羨文借字。其時書𤔔字者，或借𤔲字爲之[illegible]。後人不曉，因謂繆亂之字，必當著乚，遂致兩字相混，反客爲主。於是亂字以𤔲字之體，冒𤔔之聲。治字以同聲假借之偏旁，而專治理之訓。辭，本從辛，從𤔲省聲。以台音近，故或體遂便從台從辛，後又加水旁。𤔔字以最初爲母之字，失其本義，廢而不用，但附見於他字之偏旁而已。又假辭、𤔲爲言詞字，後遂從𤔲省，著言别行。其實辭、詞故無甚分别也。

冬堂贈。注：「故書贈爲矰。杜子春云：矰當爲贈。堂贈，謂逐疫也」。

案：此特以形近致誤，無足深求。

史以書叙昭穆之俎簋。注：「故書簋或爲九。鄭司農云：九讀爲軌，書亦或爲軌。簋，古文也。」案：簋字，古音同九，其古文作軌。軌，古音亦同九也。古文字少，假借車轍之字爲之。若周禮故書作九，則更古矣。云簋古文者，謂此軌字乃簋之古文也。漢時經典古籍皆不徑易九爲簋者，蓋秦時小篆必從周人作軌也。用軌爲簋。

案：簋非秦時小篆，乃本字。今世彝器見存者，其字皆作𥂕，無作軌者。其字下從皿，上從𣪊形，四足有尾，或云龜形。狀類艮字。經、傳因作𥂕，而加竹於上耳。若軌乃同聲假借，何得喧賓奪主乎，此由段氏未見鐘鼎彝器耳，惜哉。許君雖云其時往往於山川得鼎彝，然其時去周未遠，冢墓發掘者少，故所見尚不多耳。

巾車樊纓。注：樊讀如鞶帶之鞶，謂今馬大帶也。

案：國語：金奏肆夏、繁、遏、渠。韋昭注不得其解。肆夏即時邁，以其篇有肆於時夏語也。樊即般。毛傳：般，樂也。是其讀正作盤，與樊同音。樊，古與攀同音。國語因借用樊字。左傳「樊纓」，禮記「繁纓」，及此經「巾車樊纓」，皆讀鞶可證。遏即武，以有「勝殷遏劉」句也。肆夏爲巡守柴望，樊爲祀五嶽河海，遏爲奏大武，次序正合。

連車。釋文：連車音輦，本亦作輦。

案：易：往蹇來連。本作來輦。

疏飾。注：故書疏爲揟，杜子春讀揟爲沙。玄謂麤布。案：揟字見説文手部，云：取水沮也。杜易爲沙，未聞其説。鄭君云麤布，是鄭作疏也。大功布，八升爲疏，杜作沙，蓋字異而義同。

〔一〕據《周禮·大行人》注校改。

案：沙作疏訓，自是漢人語，故鄭君於犧尊讀莎，釋之曰有沙飾。

小服皆疏。注：服，讀爲菔。小菔，刀劍短兵之衣。菔，從艸。俗本從竹，同「矢箙」字，非也。案：刀劍短兵之衣，字正當作服。既夕記「犬服」、「攝服」，衹作服是也。不知鄭君何緣易爲從艸之菔，蓋此經皆作菔，注易爲服，亦由以注改經，復以經改注而倒置。

案：鄭意恐人誤會爲衣服字，故作箙，以別之。其從艸，乃傳寫之譌。

孔檢討大戴禮記補注

三井而句烈。

案：家語作三井而埒。此文當是三井而乎，經師注烈字於下，示其讀耳。傳寫誤乎爲句，混烈字入正文。

淩進士禮經釋例

禮記中庸：仁者，人也。鄭注：讀如「相人偶」之人。孔氏無疏。朱文公、王深寧皆不知出于何書。

案：相人偶之語，雖不得其出典，可以意詳之，猶言相配偶也。仁字本義謂相親愛，故鄭以相配偶釋之，此自漢時語耳。仁，從人，從二。説文不能言其義。揆制字之意，正爲「相人偶」之人本字耳，故從二人，後因引申爲仁義。六書本訓，皆淺近事物，無深遠玄妙者也。

汪拔貢述學

大學其文平正無疵，與坊記、表記、緇衣伯仲，爲七十子後學者所記，于孔氏爲支流餘裔。師師相傳，不言出自曾子。視曾子問、曾子立事諸篇，非其倫也。宋世禪學盛行，士君子入之既深，遂以被諸孔子。是故求之經典，惟大學之格物致知可與傅合，而未能暢其旨也，一以爲誤，一以爲缺。舉平日之所心得者，著之於書，以爲本義固然，然後欲俯則俯，欲仰則仰，而莫之違矣。習非勝是，一國皆狂，誠知其爲儒家之緒言，記禮者之通論。孔門設教，初未嘗以爲至德要道。而使人必出于其途，則無能置其口矣。

案：大、小戴記皆爲七十子後學者所記，漢書藝文志固有明文，何得於四十九篇中强分軒輊。先王設教，孔門授學，自當本末兼賅，道器並著，豈有但詳學僮儀節之文、五禮名物之制，而於身心治道絶不容一語及之者。戴記諸篇多專紀一義，大學之義正與少儀對文，曲禮、内則竝同。與祭法、明堂、喪服大、小記、冠、昏、燕、射同例。豈三代以來建國立學，皇皇辟雍，必不應有教法梗概流傳來許耶。宋儒習染禪宗，誠爲痼疾，然於大學何與。孔子傳曾，曾傳其徒，因其所受，著之竹帛。經師通義，何足爲異，至德要道，舍此安歸。支流餘裔，妄哉此語，將謂孔孟大道、許鄭儒宗，但解編纂説文，繪畫三禮圖而已乎。此二事在今日陋俗則爲甚難，在漢儒止是入門功夫耳。不惟謬議聖傳，抑亦厚誣漢儒之甚矣，使後世以漢學爲詬病者，此輩之罪也。

汪拔貢經義知新記

隱五年穀梁傳：苞人民、毆牛馬，曰侵。案：苞即俘字，古字通假。

案：春秋左氏經：盟于浮來。公羊經作：包來。

大雅緜正義引襄十七年左氏傳「皋門之晢」。案：今本作澤門。左氏音義云：本或作皋門者，誤。

案：臭，古澤字，故致誤。

詩淇澳：會弁如星。呂氏春秋上農篇：庶人不冠弁。高誘注引詩作：冠弁如星。案：文，高氏爲長。冠，會語之轉。

案：會，冠縫也。見周官弁師，汪説非。

曲禮上：男女非有行媒，不相知。本衍名字，注及釋文皆可據。

案：汪謂：名，衍字。是也。知，匹也。釋詁文。前人止得一證，樂子之無知，是也。今更得四證：此經文，一也。詩「曾不我知」，二也。左傳「死知無曠」，三也。楚辭「樂莫樂兮新相知」，四也。

墨子尚賢篇中引詩曰：告女憂卹，悔女予鬱。孰能執熱，鮮不用濯。予鬱、序爵，形近而義通。

案：予鬱、序爵爵，篆從鬯。義不得相通，毛詩誤也，當依墨子正之。逝不以濯，逝亦鮮之誤，蓋鮮古讀如析，因借析字爲之，此又誤爲逝。古文辵，多是羨文。

隱元年：天王使宰咺來歸惠公仲子之賵。疏引服虔云：賵，覆也。天王所以覆被臣子。何休公羊注亦云。案：此則賵當音冒。

案：賵從冒者，大斂有衾，有冒，所以覆面。歸賵，因加貝旁。但言冒者，舉重以晐輕。

文九年公羊傳：許夷狄者，不一而足。隱二年左氏傳注引許作禦，蓋杜以禦字，釋公羊之許字。古人引經多有此例。

案：御，從午得義得聲。公羊本書作御，傳寫誤耳。必讀作御，即禦本字。義方得通。

詩吉日：既伯既禱。爾雅釋天，文同毛，云：伯，馬祖也。説文示部引此作「既禡既禂」，於義爲長。北人讀伯如霸，因以當禡。今北人讀伯，聲近霸，又近禡。

案：今北人無此音，汪説妄也。

釋詁：哉，始也。詩駟鐵：載獫歇驕。箋：載，始也。疏：載、哉同義。夏本紀引書「載采采」，作「始事事」。莊二十九年左氏傳：水昏正而栽。釋文：栽，字林：才代反，一音再。

案：栽爲版築之始，蓋有竱訓，故從木、從哉省，不必以載易之。

遂人注、載師疏引孟子，作「五畝之宅，樹之以桑麻」。多一麻字。

案：疏引麻字是羨文。若麻，即不合樹墻下，且下文不得言衣帛矣。

管子謚敬仲，見晋語。晏子春秋作管文仲，然則敬仲是其字歟。

案：晏子春秋文仲，乃敬壞字，存其半體。隸書敬，右半已作文形，故傳寫誤。凡從攴字，隸變皆作攵，今正書直作攵。

史記殷本紀：武乙爲偶人。古偶、寓字通，寓人即象人也。

案：封禪書：木寓龍一駟。漢書郊祀志同。又，寓車、寓馬，寓乃本字，偶乃引申字，爲象人，故從人，從寓省。

哀十四年：宋桓魋請以鞌易薄。薄，即亳也，故曰宗邑。

案：春秋：亳社災。公羊作蒲，因蒲、亳通借，奪失下半。故公羊不得其地，劭公遂謬説之。

左氏傳：吴子使蹶由犒師。韓非子説林作「蹷融」。蹶、蹷，由、融，皆聲之轉。素問移精變氣篇：故可移精祝由而已。全元起曰：祝由，南方神，然則即祝融也。

案：素問：祝由。祝，讀如詛祝。句。由，讀如其繇曰：句。祝禱祠，由卜筮。即後世符籙齋醮之事，如後漢張陵、于吉矣。古人療疾，本兼巫醫，此巫屬也，全説非。

列子湯問篇：越東有輒木之國，其長子生，則鮮而食之。張湛注引「葬鮮者自西門」爲證。案：鮮，析也，聲之轉。

案：斯訓析、鮮，乃因斯聲近，假借。

喪大記：鞠荒。鄭注：荒，蒙也。案：荒，本有大義。蒙與龐通，亦得訓大。

案：蒙、荒同訓奄，釋言文。故又得轉訓蒙，此六書轉注例。

昊天曰旦。旦乃神字之誤。

案：此据鄭讀，所以交於旦、明之義也。爲神明，因破此字，是也。

昭七年：叔父陟恪，在我先王之左右。恪必降字之誤，與詩「文王陟降，在帝左右」文法正同。

案：恪非降誤，乃格誤。陟、格皆訓升，釋詁文。亦可轉訓降。如亂爲治。又案：左傳：以備三恪。恪乃客之誤，左：於周爲客。詩：有客有客。古恪作愙故耳。

錢先生云：禺、顒本同母，故顒字從禺，古字原有同聲之轉。中案：戎，汝也。常棣二章：戎與務侮，是一證。酗音䣘，從凶，是二證。釋詁：遘、逢，遇也。遘、逢、遇，遻也。皆以聲轉相釋。

案：酗即䣘字，先以形近譌䣘，後又脱去勹爲凶，如朐䏰本作朐，後譌從句爲朐，因讀蠢。遻即迕字。易雜卦傳：井通，而困相遇也。遇即訓迕，言相觸迕，是厄塞不通也。困彖傳：困，剛揜也。讀如左傳「弇中」、周官「弇聲鬱」。

後漢書光武紀下注：逗，古住字。

案：説文：立，侸也。俗本作位，段定正。侸即逗，逗即住。故古曰尗，今曰豆，實一字也。

説文竹部：薆，蔽不見也。從竹，愛聲。釋言：薆，隱也。郭璞注謂隱蔽，即此義。人部：僾，仿佛也。詩曰：僾而不見。

案：隱有兩義，愛亦有兩義，訓隱蔽之愛，乃從薆省。僾同。愛又訓憐，漢書注。故隱亦有憐義，謚法之隱用之，此轉注。隱又爲安，隱字愛本義，乃訓恵，此假借，本字乃㤅耳。

周禮職方青州：其浸沂沭。鄭司農云：沭或爲洙。中謂沭、洙音近，或是一水。

案：非也，沭水今見存，未湮。别有洙水，邾之爲國，以之得名。

詩：不可襄也。又：玁狁於襄。注並云：襄，除也。釋言文同。釋言又云：襄，駕也。注引書「懷山襄陵」、詩「兩服上襄」。毛傳云：襄，駕也。

案：詩：不可襄。釋言：襄，除。此本訓也。襄，從㪅，亂也。後世作勷。猶去污曰污。理亂曰亂。後世因加扌爲攘。詩「上襄」、釋言「襄，駕」，此乃驤省。所謂駕，言騰駕耳。書「襄陵」，亦即攘省，推也。攘又訓扔，義同。懷山之懷，疑即壞借，謂大水衝决，山阜傾圮也。襄之爲駕，的非最初之訓，無所取也。

國語：帥傅氏及祝、史。注：傅氏，貍姓（氏）〔也〕〔一〕，在周爲傅氏。案：傅氏，其姓貍也。在周爲傅氏，五字枝贅。

案：貍姓氏，姓當是牲誤。貍，古埋字。周官如此。注不贅，汪誤。

國語：器無彤鏤，儉也。彤，乃雕之誤。

案：左傳：器不彤鏤。誤同。

國語：皆白常、白旗、素甲、白羽之矰，望之如荼。常，宋作裳。

案：常，裳本字。

焦孝廉春秋左傳補疏

序：左氏爲田齊、三晋等飾，與杜預爲司馬氏飾，前後一轍。

案：以集解爲黨奸，自文而作深文，甚矣。杜注縱有可掊擊，然何得并没其長，至詆左乃爾。且疏之、補之，何爲也。

傳：吾且柔之矣。循案：素問：腦者，陰也。陰，柔。故子犯言吾且柔之。彼來盬我用齒。齒，剛也。我以腦承之，有以柔其剛。杜云腦所以柔物，未知何謂。

之洞曰：嘗聞蓟遼人説，獵者得獸，剥取皮，即擊碎其腦。於皮上挼抄之，置大木空竅中。移日往取，韇好可用。此腦能柔物，得諸目驗，杜説不誤。

臧明經拜經日記

楚辭：娭酒不廢，沈日夜些。注：或曰娭酒不發。發，旦也。詩云：明發不寐。

案：發，酒醒也。見賈太傅書先醒篇。

楚辭：偃王行其仁義兮，荆文寤而徐亡。注：徐，偃王國名也，周宣王之舅申伯所封也。詩曰：申伯番番，既入于徐。崧高作既入于謝。于邑于謝。傳：謝，周之南國也。

案：徐、謝古同音。如豫、序與謝、榭之比。或又作射，漢書有射陽，即申伯之封。

夬卦大象曰：澤上于天，夬，君子以施禄及下，居德則忌。王輔嗣本作「明忌」。考唐石經，是則字甚明晰，蓋二字形相近，故易混。禮記禮運：故百姓則君以自治也。注云：則當爲明。可證。

案：禮運鄭注破則爲明，殊有未安，不足引以爲證。

史記仲尼弟子列傳有原亢籍，無陳亢，蓋原亢，即陳亢也。鄭注論語、檀弓俱以陳亢爲孔子弟子，當是名亢，字籍，一字子禽。

案：亢，吭本字，鳥嚨也。釋鳥。故字子禽。

孟子萬章上：孔子當阨，主司城貞子，爲陳侯周臣。趙注：司城曾子，宋卿也。

案：司城乃氏，以官爲氏耳，如司馬、司寇矣，非宋卿。

尚書堯典：湯湯洪水方割。孔傳：割，害也。禮記緇衣：君奭曰，在昔上帝〔二〕，周田觀文王之德。注：古文「周田觀文王之德」，爲「割申勸寧王之德」。割之言蓋也。據古文尚書，知禮記

〔一〕「氏」，當作也。據《國語》校改。

〔二〕在昔，一本作「昔在」。

周爲害字之誤。大誥：天降割于我家。孔傳訓割爲害。釋文謂馬融本割作害。據緇衣知古文尚書本作害。以割與害義同，且割亦從害，故或作割。其義則當從禮記注，訓割爲蓋。

案：臧説大誥割訓爲蓋。非也。降割，即降害。降害，即降禍。下文明言降戾。「不少延洪」絶句。洪，代也。釋詁文、康誥鄭注。言武王享祚未久。

左氏昭二十六年傳：則有晋（趙）〔鄭〕〔一〕，咸黜不端。注：黜，去也。晋文殺叔帶，鄭殺王子頽，爲王室去不端直之人。正義曰：諸本咸或作減。王肅云：咸，皆也。案：杜意以咸爲皆，故舉晋文、鄭厲言之，作減者誤。

案：作減是也。左傳又有「克減侯宣多」語，減爲算法之名，與除同義。杜於雅（誥）〔詁〕〔二〕不甚措意，每隨文解之。

春秋莊二十七年：杞柏姬來。八年〔三〕傳：其言來何，直來曰來。注：直來，無事而來也。諸侯夫人尊重，既嫁，非有大故不得反。唯自大夫妻，雖無事，歲一歸寧。解云，言從大夫妻以下，即詩歸寧父母是也。案：詩是后妃之事，而云大夫妻者，何氏不信毛序故也。

案：毛序迂曲無當，顯戾經文。要知葛覃何必令后妃自作乎禮，后夫人有親桑，抑有親葛乎。從何劭公注義爲妥。偁舅、姑爲父、母，今世俗皆同，古無之也。

尚書正義泰誓上云：公羊傳曰：王者孰謂，謂文王。其意以正爲文王所改。公羊傳，漢初俗儒之言，不足以取正也。晋世有王愆期者，知其不可。注公羊，以爲春秋制文王，指孔子耳，非周昌也。

案：專指文王，猶知不可。妄目孔子，獨可乎。愆期之説殊謬，然此是公羊家相沿謬説。疏何爲取之。

呂刑：哀敬折獄。傳：當憐下人之犯法，敬斷獄之害人。

案：爾雅釋訓、毛詩鴻雁傳及釋慧苑引説文、字統皆曰：矜，憐也。令、矜同聲爲訓也。孔傳曰憐，正釋經之矜字，可證經作哀矜，而不作哀敬矣。傳中敬字，亦係淺人竄入。孔傳蓋言當哀矜下人之犯法，斷獄之害人。若謂敬斷獄之害人，乃不辭。斷獄害人，何敬之有。

案：此處敬當作矜，矜即矜，以形近致誤，非假借。皆皎然無疑。至爲傳申辨，則不必。傳意明以憐釋哀，以敬述敬耳。僞孔紕繆敷衍，不辭者不可枚舉，不足營護也，況引以爲證哉。

士喪禮：爲垼于西墻下。注：垼，塊竈。説文土部：坄，陶竈窻也。從土，役省聲。案：玉篇土部曰：坄，陶竈窻也。儀禮：甸人爲坄於西墻下。鄭玄曰：塊竈。本亦作垼，又作炈。垼同上。然則顧野王所據儀禮本作坄。今本作垼，俗字。

案：垼緐，坄簡。從全形者在先，省半體者後起。凡形聲字皆如此。説文往往云，籀文從厶不省，可證也。説文漏收者多矣，何得反謂不省者爲俗乎。

士虞禮：酌酒酳尸。説文酉部：酌，少少㱃也。從酉，勺聲。

案：㱃，即飲字。士虞禮注：酳，安食也。主人北面以酳酢，變吉也。特牲饋食禮注：酳，猶衍也，是獻尸也。云酳者，尸既卒食，又却頤衍養樂之。少牢饋食禮注：酳，猶羨也。既食之，而

〔一〕趙當作鄭，據《左傳》校改。

〔二〕「雅誥」不辭，當為雅詁，即正詁也。手民誤植。

〔三〕此傳文見于《公羊傳·二十七年》，非八年。作者誤記。

又飲之，所以樂之。案：士虞禮注與特牲、少牢異義，鄭望文爲説。羨、衍聲義皆相近，與酳爲一音之轉，皆取尸既卒食，又羨飲安樂之也。許云少少飲也，與鄭義相反而相成。特牲注云，今文酳皆爲酌。酌即酌字，形近之訛。

案：胤，繼也。釋詁文。酳者，既食之後，以少酒滌蕩其口，以除食氣，故有繼續義。鄭君三注不同，義則相發。羨、衍古同讀，音義並同。食過復飲，有若羨餘。曰衍曰羨，指其事也。曰安食，著其用也。許曰少少飲，象其狀也。

泰伯篇：可以託六尺之孤，可以寄百里之命，臨大節而不可奪也。君子人與，君子人也。皇侃義疏曰：言爲臣能受託幼寄命，又臨大節不回。此是君子人與也。再言君子，美之深也。此釋經上句作君子人與，下句作君子也，無人字。又引繆協注曰，夫能託六尺於其臣，寄顧命於其下，而我無二心，彼無二節，非君子之人與。君子者，孰能要其終，而均其致乎。蓋讀「君子人與，君子也」，七字爲句。釋文「君子也」三字注云：「一本作君子人也」。然則陸德明本，下無人字。

案：皇疏本與釋文所据正本雖無下人字，義則與今集注無殊，不必求新説也。繆協注殊費辭，試思臨大節句，能兼爲君者説乎。

國語：王田不取羣，公行下衆，王御不參一族。當作：王田不取羣，公行不下衆，王御不參族。今本文有脱衍。

案：下衆於義爲長，不參一族於文爲顯，古人文字不必句法齊同也，非衍亦非脱。

論語鄉黨：入公門，鞠躬如也。孔安國曰：斂身。邢昺正義曰：鞠，曲斂也。躬，身也。此不知鞠躬爲鞠窮，故以躬爲身。又：執圭，鞠躬如也。包咸曰：鞠躬者，敬慎之至。此知鞠躬爲鞠窮之假借，故云敬慎之至。

案：此鞠躬即史記周公世家「匔匔如畏」之匔匔。鞠躬二字合聲則爲匔，形又相近，故分爲兩文，各得其半。若云曲身，即不得著如也。

焦孝廉循孫柳庭傳，説孟子「圭田」云：或以圭訓潔，非也。九章方田有圭田法，凡零星不成井之田，（以一）〔一以〕圭法量之[一]。圭者，合二勾股之形。井田之外有圭田，明繫零星不井者也。此解隸事極協。

案：焦説非也，圭田即畦田，前人已疏證之，古人正以二十五畝爲畦也。

鹽鐵論本議篇：「文學曰：盤庚萃居，舜藏黄金」。案：此萃居字，即當盤庚下篇「鞠人謀人」之保居。保，或作葆，與萃形相近，故文異。然則古文尚書作保居，今文尚書作萃居。

案：保居，猶今益稷篇「化居」、化即貨字。史記貨殖傳「廢居」。

爾雅釋畜：騋牝，驪牝[二]。來、麗聲相近，故以驪牝釋騋牝。

案：當從騋：牡，驪；牝，玄。絶句爲允，與他篇句法同例。騋是總名，騋牝三千，豈得遂無牡馬。況戎事乘驪騵，驪是驂之類，屢見矣，古人行軍不用牝馬也。

〔一〕據焦循《孟子正義》，「以一」，作「一以」，當乙正。

〔二〕此句斷句和解釋，歷來多有不同。臧氏系采用郝懿行《義疏》説法，而張氏説同鄭玄。

趙徵君寶甓齋文集

古以豆爲量名，容斗四升。

案：左氏傳：豆、區、釜、鍾。豆乃㪷之壞字。

洪拔貢夏小正疏義

菽糜，時也。菽糜者，謂用菽葉作羹，而以米和之也。時也者，謂記此菽葉可爲糜之時也。詩：采菽采菽。箋云：菽，大豆也。五月豆葉，可采爲糜。

案：糜，穈本字。因其宜爲糜粥，故名。糜似黍而白，黍黏而糜疏，直隸、山東多有之。熟最早，五月可食。菽，即叔苴之叔，拾也。五月菽無熟理，故洪以菽葉釋之，五月豆葉纖細，若食之，是無豆也。京師場圃有㛋菽豆，取葉供菜蔬者，非農家恒例，與此别，四時皆有之。若閔食短，則無濟也。

明堂圖考批廣雅書院陳生慶龢卷

明堂説，諸家參差，惟阮圖最爲密合，東塾説益爲詳明，作者心口了然，是能傳其家學者。

屋作亞字形可也，謂堂基亦作亞形，竟不正方，尚待詳考。複廟亦不必是圜屋，當止中央太室重屋。如此全堂四阿，則四方也。明堂之地，迄無確解。謂在路寢東，則應門乃偏東，南向之門，非正門矣。若在宫廷，則不當并立兩應門。若在郊外，則天子安得四時居之。即謂在路寢東，天子亦無終年居於畢門外之理。若即路寢，名義固乖，且三時朝見，諸侯、羣臣或由旁至，或由内出，尤非事理，夫豈嚮明而治之大經哉。大抵常居常朝，皆取南面。巡方之明堂亦取南向。五室九階之堂，乃周公作雒，創建於東都。以朝諸侯、祀文武者，與尋常朝廟之制無涉。月令四時迭居，後儒傅會。

議事以制説批廣雅書院陳生慶龢卷

制，裁也，斷也。此制字本訓。先有裁義，後生斷義。裁，乃裁割之裁。凡物既加裁割，則斷而爲二矣。老子：大制不割。即訓斷。若法制、禮制等語，是後來引申義矣。叔向此語謂先王用刑臨事酌斷，不豫設詳細條目。此議即周易議獄、周禮八議之議。杜注是而辭未達，孔疏得之。後儒因周官有懸刑象及司刑掌五刑之法云云，故不肯信傳語訓斷，别生他義。要知象魏所懸刑象，只是大綱，極爲簡略，如漢高入關三章之法耳。如不孝之刑，但言不孝有刑，其中不孝差等多矣，豈能悉舉。亂民之刑，亦不能盡舉亂民條目也。司刑雖有墨罪五百云云，然仍俟臨時酌用，即周禮：輕典、中典，吕刑：輕重諸罰有權之説也。若纖悉畢載刑書，布之民間，則奸民必有挺身扞法、避就、告訐諸弊，蠹吏亦有舞文鬻獄之弊。扞法：如凶惡棍徒，今例罪止擬軍，棍、徒情節。往往有國人皆曰可殺，而有司不能置之重典者。彼準備一軍罪，遂可無惡不作，此傳文所謂民知有辟，則不忌於上也。不忌上，謂不畏官。避就：如訟棍、積匪、衙蠹，犯案素曉律例。其所供認，皆避重就輕，傳所謂以徵於書，而徼幸以成之也。徵，證也。告訐：如刁徒、地痞，挾持富户、鄉愚長短，搜求其一二小小違制事體，或禮節錯誤，或文字不檢，皆可恐喝詐財，傳所謂民知争端，將棄禮而徵於書，錐刀之末將盡争之也。官吏之弊，所謂亂獄滋豐，賄賂并行是矣。必如杜注、孔疏所釋方合事理，方得爲政之要。於後世刑獄利弊，無不逆睹灼見。昭二十九年，晋鑄刑鼎，仲尼非之，與此略同。而趙鞅、荀寅棄被廬之法，鑄范宣之刑書，則失中又失矣。當是更加苛急，或輕重失倫，故云亂制。此後鄭國遂有鄧析專講刑名，造竹刑之書，爲後世訟師之祖。所謂鄧思賢者也，是叔向之言不久而驗。通經所以致用，故説此傳義，告諸賢以爲政之道。

訓制爲禮制者，取義似甚高。與本傳「棄禮徵書」、昭二十九年鑄刑鼎傳「失其度」、「棄是度而爲刑鼎」云云，亦似有合。特按之實事，殊有難行，既已犯法，如何又議之以禮。禮經之中，豈有何罪當用何等刑之條乎。若云違禮者即蔽其罪，并無定法，然則仍是作臨時酌斷解矣，故此解不宜用。引經斷獄，尤不得爲以禮之證。蓋漢人於律之所無者，則引經以斷之。非舍漢律而用經義也。引經斷獄與臨時酌斷，義尚略近。

以制爲律，以辟爲例，亦不確。律與例止分繁簡，非律有定，而例無定也。事變繁多，律文所不能該載者，例以輔之。例又不能該，則又有援引成案之法以通之。未通行者不得引用，已通行者可引。歷年已多，值續修律例刊入，則亦爲例矣。已經刊布，即名爲定例矣。今律較唐律已繁，在古人視之，則以爲甚繁矣。古人之刑書、刑鼎，尚不致如後世律文之繁也。鄭子産所鑄，斷無如此之多。若以例爲刑辟，以律爲非刑辟，思之不得其解。本傳：昔先王議事以制，不爲刑辟。且律文即有錐刀之事，如解以制爲律，與傳語「錐刀之末，將盡争之」不合。例之設，因事變蕃多，有情浮於法者，有情歉於法者，有事情奇創，法所未載者。故例條隨時增多，或視其時，或視其地，或視其人，或視其所由，或視其究竟，往往因事立法，斟酌損益，有此一事以後，遂增一例。故律常而例變，律疏而例密，律簡而例繁。繁者，事情繁，故文繁耳。非律寬而例嚴，正恐過嚴，故有例。亦非律中之情罪重大、例内之情罪瑣細也。傳以錐刀盡争爲戒，不切用例之病。

名例律爲綱，諸律爲目。律題爲綱，律文爲目。不得云律爲綱，例爲目。綱目者，子母之義。例之視律，乃旁支，非子母也。

隨時酌斷，豈得無弊。但任人之弊，弊在官。任法之弊，弊在吏。任人之弊，在國家。任法之弊，在奸民。兩害相形，取其輕，不如任人也。

駁公羊大義悖謬者十四事皆與左氏違異者

一、隱元年春王正月。左於傳文加周，文義自明。猶言王制之正月，周正之正月。而尊王之義大著。公羊以王爲文王，乃用緯書文王改元受命之説，遂爲後世僭逆悖亂之禍首。

一、公羊以賣君之祭仲，爲知權合道。左記祭仲事，皆有譏鄙之辭，但記時人之語，以智免而已。

一、齊國夏、衛石曼姑帥師圍戚。公羊謂輒可拒父。左不取衛輒及孔悝。

一、公羊賢鳥獸行之齊襄，附會以爲復九世之讎。左不取齊襄。

一、邾黑肱以濫來奔。左斥爲叛，斥爲賤。公羊獎妻嫂之叔術，以爲賢者。獎叛國之黑肱，公羊作弓。以爲宜有地。

一、昭五年：舍中軍。魯遂亡矣。左以爲卑公室。又極言叔孫婼不欲毁，乃深惡之也。公羊以爲復古。

一、昭公攻季氏被逐。公羊記其事曰：昭公將弒季氏。又曰：吾欲弒之，終弒之。怪悖可駭。齊侯唁公於野井。公羊述其應對之辭，末綴孔子曰：其禮與其辭足以觀矣。國君奔亡，孔子痛憤之不暇，而賞其儀節辭令乎。不惟無君，抑且誣聖。左深惡意如閔昭公之失國，而譏昭公之習儀。

一、公羊例：君弑，賊不討，不書葬。襄三十年：葬蔡景公。公羊説之曰：君子辭也。何休解曰：恕蔡般。公羊慘激至矣，何獨曲恕一弑君、弑父之蔡般乎。左無傳。

一、逢丑父免君於難。左褒之，公羊非之。董仲舒又力衍其説。

一、宋襄公泓之戰，愚妄沽名，喪師傷身。左極譏之，公羊以爲文王之戰不是過。

一、晋人圍郊，昭二十三年。乃會王師討王子朝。左傳云：二師圍郊。記其事甚詳。公羊乃以晋爲伐天子。子朝居王城在西，王居成周在東。郊鄩在西，爲子朝所得，故晋攻之。公羊不考事實不明地理。

一、成周宣榭火。左曰：人火之也。公羊所見經文作灾，説之曰：新周也。邪逆之徒遂傅會爲春秋當新王之説。孔巽軒、陳東塾雖力爲公羊解免，然周公時已有成周之名，何得爲新，實公羊好怪妄説作俑也。

一、吴、頓、胡、沈、蔡、陳、許雞父之戰。昭二十三年。公羊謂不使吴主中國，亦不使中國主之，中國亦新夷狄也。狂怪駭人，是爲今日逆亂之徒所祖。

一、澶淵之會，襄三十年。爲宋灾故。公羊謂：卿而書人，貶，卿不得憂諸侯。不思春秋卿大夫交會，憂諸侯之事甚多，未嘗皆貶，胡乃於救灾貶之。左謂：謀歸宋財。既而無歸，卿不書，信也。公羊謂「財復矣」。

駁公羊文義最乖舛者十三事

一、誤以隱公之母君氏卒，爲周尹氏。遂誤以桓公之母夫人子氏薨，爲隱母聲子。以致仲子之薨不見於經，一。突有考仲子之宫之事，二。隱母稱夫人，自與桓以母貴之説矛盾。

一、高偃納北燕伯于陽。公羊臆改爲公子陽生。公羊本經昭三年有「北燕伯款奔齊」一條不考。

一、桓二年：會于稷，以成宋亂。成，平也。三傳此字義多有。公羊見下有取郜鼎之文，因讀爲助成之成，不以下取鼎爲大惡，而以會稷爲大惡，此誤解字義所致。先爲討亂，後得賂而罷。惡在後，不在前。四國興師，而後宋致賂，故止賂此四國也。

一、甲戌、己丑，陳侯鮑卒。公羊謂「甲戌亡，己丑死」，難通。左謂再赴。爲通。

一、鄧侯吾離來朝。誤以爲鄧滅，故名。不知其時，鄧未爲楚滅。

一、齊仲孫湫來。謂爲慶父，魯人何爲冠以齊。

一、左氏：葬我小君敬嬴。公羊經文以音近謂爲頃熊，遂造爲娶楚女之事。

一、齊人執單伯，又執子叔姬。公羊不知其事實，見男女並被執，造爲單伯與子叔姬道淫。可謂出辭鄙倍。

一、歸于，爲罪未定。歸之于，爲罪已定。不知其義。

一、赤歸于曹。郭公。公羊誤讀爲一句，謂郭公歸於曹。不辭，且寓公又何得言歸。

一、衛石惡與會。釋之曰：惡人在此矣。如此説經意，真可解頤也。

一、公羊自云名從主人，乃於仲孫何忌，作仲孫忌。魏曼多，作魏多。不以爲脱文，而以爲譏二名。

一、全經王正月。公羊皆以王字絶句。公、穀兩家後師，説春、王兩字怪謬百出，皆由此起。

至黜周王魯，文成致麟等類，乃公羊後師之謬説，其何劭公所創造附益者尤多，姑不具論。此外迂曲刻深，不合於理者，不可勝計。已爲鄭君所駁，杜征南所糾，及後儒所不取者，亦不具論。

論金石札

論金石札一

邵鐘

異公　案：此文皎然是異字，異非謚也。此非翼省，則是戴省耳。翼、戴皆謚見史記，正義及六家謚法皆有之。考蘇洵嘉祐謚法，戴下曰：愛民好治曰戴。典禮不倦曰戴。翼下曰：思慮深遠曰翼。愛民好治曰翼。考一百六十八謚中，其斷語無一緟複者，獨翼、戴兩字皆曰：愛民好治。顯非事理所宜。竊意此兩謚，古止一字。史記、春秋、西漢有戴無翼。降及後魏，戴謚漸希，唐初止有一人，顏師古。而後漢迄元謚翼者日多。歷代所据春秋謚法，乃杜元凱春秋釋例之書謚例，今釋例雖從永樂大典中録出，而書謚例一篇已亡，不可得見。今見於左傳杜注者，既無何行曰翼之文，然則春秋謚法恐未必翼、戴兩字俱有也。當由本是翼字省作異，而古文每多以戈字爲羨文，遂誤仞作戴。其實翼有義，戴無義也。釋詁文：翼，敬也。玩典禮不倦之語，顯然與翼字訓合，不與戴字義相比附也。必是六家謚法承沿古書或書作翼，或書作戴，而皆以愛民好治爲詞。蘇明允不察其故，因竝采録耳。或云莒子庚輿以前無謚，此特杜氏想當然之説耳。以前莒謚不見于經傳，故杜注云爾。如魯謚在春秋前者，左傳止述及孝、惠、武、煬，得謂此四君以外無謚耶。　邵字見集韻，有邵亭，地在邊徼，與此無與。此吕假借字，或讀莒亦非。莒夷且陋，未必能具雅樂。據鐘文，有其縣四堵語。案周官小胥注：諸侯之卿大夫，半天子之卿大夫，西縣鐘，東縣磬。是正合有二堵，莒之諸公孫何得四堵。吕刑疏引鄭注：吕侯受王命入爲三公，吕之公孫作樂器以祀其祖，於禮爲協。　邵下字上從啓下從黑，點畫了了，字不見説文。案，爾雅：馬前足皆白，啓。左傳：衛侯來獻，其乘馬曰啓。疑⿱啓黑是本字，啓是省文。古文字多以相反爲訓，故此字兼白、黑兩義耶。與名黶、名黬同意。或即是黶之或體。案，左傳：軍在前曰啓，在後曰殿，在旁曰胠。殿即臀本字，是啓亦爲形體字。釋名釋姿容部：啓，開也。啓義專屬開口，可證黶輔黑則名黶，口黑則名⿱啓黑，因事製字，許書偶不具耳。彝器人名，例不可識，貴以義推之，如此類多矣。

余字下的然是異字。

頡、劼通，釋詁：固也。説文：慎也。岡，剛省。廣雅：强也。劼剛，猶劼毖。劼岡事君，若左傳所云師武臣之力，宋人官文書言清强官也。　嘼似是畜嘼字，然無義。此當是嘽字，移其口於下。蓋借嘽爲單。詩：俾爾單厚。傳：信也。爰、粤、于同義，古粤、越，猶及也，與也。單爰武，若云洵直且侯，孔武有力也。周禮部悦讓，讀嘼爲戰亦通。　此鎛是鎛鱗，非大鐘之鎛。

八非七、八，字當訓別。八，古音正讀如別，義取分背，乃別本字，重之則爲北，從刀則爲分耳。此文云八肆。案，周官：半爲堵，全爲肆。下云四堵。本文自明。肆字本作𨽸，見古文尚書。説文引此省其半。　寰即縣本字。説文：寰，天子封畿内縣也。經典多以縣字爲之，此用爲樂縣字。　堵從𩫏者，版築之屬，多從城郭得義，故籀文堵、垣、城闕皆從𩫏，竝見説文。　喬喬，乃蹻蹻借字。龍，寵省，與詩「我龍受之，蹻蹻王之」造語正同。

泮水傳：蹻蹻，彊盛也。爵，古音讀如足，故與武、呂、堵、祖韻。詩：赫如渥赭，公言錫爵。赭、爵爲韻，是其證也。考毛詩多有以入聲與平、上、去爲協句者，故亭林有入聲轉入三聲之説。江慎修訾之，非也。龢，從亂，從和省，字書無之，當仍讀亂。閒歌三終乃合樂，是金奏既畢，即將合奏，故亂兼有和義，製字因之。王乃工之譌，當由鑄器者誤益一畫耳。呂人張樂，無緣令周王爲之擊鼓也。鐘鼎多有羙文，此三畫適均與前王正月王字中畫近上者迥異，益知其謬。[illegible]，當即戞之或體，尚書：戞擊鳴球。馬、鄭注皆云：戞，櫟也。與轢釜字同。爲喬。喬字，驕省。寶字本作𠈇，從保。保字聲義從孚得，古音蕭、肴、豪、幽與魚、虞、模通，故寶得與鼓、祖爲韻。

史頌鼎

釋文

惟三年五月丁子，王在宗周，令命史頌德説文：德，升也。字從直，故古讀如陟，訓亦同陟也。謂升成拜。魯旅通，鐘鼎多有。如魯休揚，即旅休揚也。瀀文右畔似憲，而左從水，他器款識屢見之，義皆當作瀀解。竊謂此即瀀字，亦即憲字。後人誤認包繞之長畫下半爲心，去水旁，則讀爲憲，易包繞之畫作廣，則讀如瀀。款識文字少，變，遂分爲二字耳。釋詁：憲，法也。大率篆書因鐘鼎，篆、隸展轉譌變，似此者多矣。後人望文生義釋之，無從得其制字本意矣。守案：文似是友字，然施之此處不合，他銘詞多有此字，皆合是守義，如豐姞敦之類。當讀官守爲長。里釐君尹百生姓帥率𩏂即陴字，陴是城郭間物，故從𦎫，借作俾字。案：文右畔似是禺字，卑上從甲，篆體當爲[illegible]，然款識往往意爲增損通借，不得以許書繩之也。𢾊即盭之省。盭，戾。古今字，漢書凡戾多作盭。于成周休有文明作[illegible]，然非右也，乃有省文或脱失。成事魯旅賓擯龍即龐省，又借作尨。尨，雜色也。春秋傳：衣之尨服。尨馬，雜色馬也。周官犬人：沈、辜，用駹可也。馬三匹，吉金用作𩰫彝，頌其萬年無疆，日匡辶，羙文。天子顯命。子子孫孫永寶用。

宗周，西都也。成周，東都洛邑也。春秋傳屢見。王將往洛邑，命史頌贊治其事，事成賞勞，故作是器。丁子，即丙子，以頌敦三月甲戌推知之。旅，陳也。釋詁文。旅法守，謂陳舉其典章禮儀，猶言陳教、陳賓也。釐，治也。亦可讀理，理亦治也。君讀爲尹，下口羙文也。尹，正也。百姓，猶百官也。尚書堯典鄭注：百姓，羣臣之父子兄弟也。韋昭國語注：百姓，百官族姓也。此猶存古義矣。言董正百官之事，使之從王也。釐尹百姓，猶言允釐百工也。率俾，經典數見，俾，使也，從也。釋詁文。戾，至也。率俾，戾於成周，猶洛誥言：予齊百工，伻從王于周也。伻，亦使也。釋詁文。休，嘉也，美也。嘉其事有成而褒美之也。休有成事，如周頌休有烈光也。駹馬，字見周官。案：周官牧人凡外祭毁事，用尨可也。注：故書尨爲龍。依宋本、岳本。杜子春云：龍當爲尨，謂雜色不純。巾車龍勒。注：龍，駹也。駹車。注：故書駹作龍。玉人：上公用龍。注：龍當爲駹。此皆其證也。旅擯尨馬三匹，旅讀如庭，實旅百之旅。賓，導也。擯，亦導也。臚賜多物而以馬先之，左傳多有其事也。尨馬，雜毛馬也。顯命，猶言丕顯休命，省辭也。又案：徐籀莊舊釋殊誤，其以丁、子爲兩日，以魯爲蘇，以澤友里爲一地名，以百姓爲人名，以顯命爲定命，皆非。徐氏徵引者，乃逸周書、紀年、穆傳種種，皆僞書耳，取以爲證何耶。其釋君百生一節尤無謂，不知與頌何涉也。昨繙檢得徐氏釋文，讀之誠如尊論所云支離，以鄙見釋之如右。

此鼎無甚奇字，惟一䳑字，殊費疏證也，望與諸通人更商度之，徐釋文一卷附繳。

又案：瀀下字仍當讀友，旅瀀友里絶句，友，助也。里、理通，古刑官也。漢藝文志有黄帝李法，李，亦即理也。雜記雖有里尹，管子雖有里君，義不相涉，不可傅會。

匽侯鼎

匽，郾省。春秋傳有其地，當由破滅國除矣，既稱匽侯，則是臣下之詞。不得斥其名。下一字非名也，乃敢之省。

匽侯，潘司農説當是燕侯假借字。據左傳高鄾，世本作偃，董遇注亦作偃，正義謂一人，聲相近而爲二字耳。案：潘説是也。春秋有郾地，屬鄭不爲國，匽侯之名，經傳無聞焉。路史雖有匽國，其書多不根，難可據依也。何范書郡國志郾及匽師下，不言昔爲何國乎。晏、燕，古相通借者多矣，如享宴作饗燕，暥温作曣晛之類。又據史記召公以下九世至惠侯，知燕得稱侯也。又案：侯下乃古文敢字省，非名也，諸侯不生名。

⿰夫舍鼎

⿰夫舍左夫右舍，當是舒字。右畔上從余，鐘鼎余皆如此。舍、余古同聲。古音余讀如書，如荼讀爲舒之比。舍有除義，聲、義皆從余無疑。此右下從口，小篆從口。上從余者，籀、篆省變耳。説文於此字不詳其得聲之由，恐許君説或未盡也。左畔從夫者，舒從予聲，予、夫同部聲近，或亦可從夫聲。春秋名舒者六人。鄭舒，叔孫舒，魏舒，鄭公子舒，楚公子追舒，夏徵舒。此不能的指爲誰某也。鄭子展名舍之，之是語助，不論。夫展、舍不相應，非古人名字之義，觀此文乃豁然。殆左傳故書政作如此形，或字壞脱失其半，或後人疑夫是羡文去之耳。名舒，字展，方得比傅。説文：舒，伸也。爾雅：展，適也。郭注：申，展，其意以自適也。廣雅：舒，展也。方言：舒，勃展也。儀禮聘禮「展幣」，亦謂伸其幣耳。此鼎未必恰是子展鑄器，要之子展名舒，不名舍，憭無疑義，可爲内傳訂正一字之誤。

魯内小臣⿱將鼎

釋文

魯内小臣庲生作⿱將鼎。

庲，疑即𠩺，蓋釐之省。古釐、來、賚同聲通借，此當讀來生。來生，猶歸生也。詩：貽我來牟。魯詩作：釐牟。左傳晏氂。國語作：晏萊。詩：釐爾圭瓚，釐爾女士。皆賚之借字。未嫁曰女，未娶曰士。故《易》以女妻、士夫對文，賚爾士女，猶言賜汝子女。女士，到文就韻，亦如羊牛、稷黍、瑟琴之比。鄭偶不炤，故解稍曲。又案庲生之庲，與釐、孷皆一字通借。方言：陳楚之間，凡人嘼乳而雙產，謂之釐孶。廣雅：釐孶，健孿也。玉篇：孷孖，雙生也。然則此庲生，殆以孿生得名，若寤生之類耶。

至鼎

此鼎可疑。

季伃彝

乃仔字，非保字。其横畫右端上繚，下無他畫可見。

伯睘卣

胡釋甚辯，詳思之仍當是睘字，即還、環。積古遽伯睘敦，正如此。「作乃室寶尊彝」者，室即廟。尚書：王入太室祼。馬注：廟中夾室。春秋：世室屋壞。公羊傳：世室，猶世室也，世世不毁也。周公稱太廟，魯公稱世室。蓋古者祧廟之主，則藏夾室，祫祭始奉出合食，此云「乃室」者，爲其祧廟祫祭器也。

申卣

此是申字作器者名，字作兩手顛到對引一物狀。申之籀文，中畫屈曲，象方引之意，此象既申，較小篆兩手平列者，義尤顯。

束矢鉞形卣

上象戣瞿形，尚書鄭注：戣瞿，若今之三鋒矛。下三歧，鐓也。或是束矢形，下象鉞形，兩形皆到。

鄤子卣

其文左行。同莘案：潘氏藏公尺牘，此器考釋與攀古樓款識互有詳略，茲兩存之。他器考釋，文有重出者，仿此。

釋文

鄤子作，永保子孫，獲褫，訊敵寇，以享丕叔，賚乃邦。

曼鄤省，見春秋左傳成三年。寶保通。子此字即兼孫字，古文簡略，此類多有。如積古齋款識所列太保彝上，已有某作尊彝四字，其下文作□、□形，遂讀爲太、保兩字，誤甚矣。因即名曰太保彝，尤誤也。□，乃嬰兒形，即子矣。□即保字，亦即寶字，故加玉耳。子寶乃子孫永保之省文，此兼可爲保、寶相通之證。蒦獲省。虎褫，省作虒，又省虒作虎。褫，福也。釋詁文。鐘鼎多有此形，舊釋作虔，誤。康虔眉壽之類，其實皆褫字耳。誶訊通。此字形的是誶，義的是訊。案經典誶、訊二字，每相亂。詩陳風：歌以訊止。釋文云：本亦作誶。徐，息悴反，告也。又案爾雅：訊，告也。亦即誶之譌，若訊，則當訓問矣。別有訊問也。在釋言。帝敵省，作啻，又省啻，作帝。宀寇省。亯此分明是享字，非郭。𩫏，方是郭耳。賚上半作下垂形，是來也。

鄤子，鄤君也。子其爵，姓未詳。在春秋爲鄭縣鄤地，當是滅於鄭矣。說文有鄤字，地在蜀漢，與此無涉。永寶子孫，猶尚書言保我子孫黎民也。訊敵寇，猶王制言「以訊馘告」、詩「執訊獲醜」也。丕叔，猶言太叔，鄤子之祖若父也。賚乃邦者，祈神祐之詞，猶左傳言「神賜之土田」，史記言「帝賜之鶉首」也。

曼鄤子作，永保子孫子字即賅孫字，彝器文數有之。獲虒，褫。誶訊。啻敵。宀，寇。以享丕叔，賚乃邦。

鄤，國名。後漢書郡國志：河南尹新城有鄤聚，古鄤氏。注引左傳昭公十六年楚殺鄤子。今本左傳作蠻子，杜注亦引新城蠻城釋之，知杜所見本與劉昭同也。寶、保古通，永保子孫，猶言保我子孫黎民也。虒，褫省，福也。釋詁文。晉有虒祈，猶言祈福，與秦蘄年宮同意。誶當讀訊。經典二字多相亂。詩：歌以誶止。釋文引徐音作訊止。釋詁：訊，告也。即誶字別有訊問也。訊敵寇，猶詩「執訊」、王制「訊馘」也。丕叔，其祖父字。賚乃邦，若左傳言「神賜之土田」，史記言「帝賜之鶉首」也。

𣍘侯敦

曹敦拓本佳甚，真器也。首一字想因剜剔銅鏽土蝕而然耶。妙在詞語不習見，亦如看時文，厭常套也。第三字當是豺字。豺應從豸，此從虎者，或體耳。第四字即作字，借柞櫝之柞爲之，非作上更有一字也。豺非曹君，若使曹君自作器，不合書名。況又非祭器，更無稱名之理，知者不言爲祖父。且曹又非侯。若從尊稱，則於國内稱公，亦不合稱侯。侯豺是人名，據左傳僖二十八年曹伯之竪侯獳知之，或是獳之兄弟，或即獳之二名。若南宫縚，又名适，荀爽又名諝之類。姑兩存其説，惟教之爲幸。

尊意欲將此人求之於史記，甚善，然似不易引合也。緣器文第三字左半偏旁，明是虎字，左虎右才，字書無此字，故疑爲豺字之或體。豺能食人，詩以豺虎竝稱，則或容有偏旁從虎之理，右半之才則確然矣。上雖有侯字，不惟曹非侯爵也。禮曰：諸侯不生名。蓋諸侯偁名，惟祭告廟社及同盟載書偁之耳，以載書乃誓神之詞也。此外惟春秋書其卒偁之，非生偁也。或有貶絶，則特筆名之，所謂諸侯失地，名。滅同姓，名也。若自作器物，斷無書名之理也。鄙意因曹恰有侯獳，説文：獳，怒犬。又豺，狼屬，狗聲。獳、豺義本有相連合處，故肊説疑侯豺即獳之兄弟行，或獳之字耳。若欲讀爲豸，則此文明是虎旁，非豸旁也。認虒爲豺，猶存其半，若竟指爲豸，則左右兩形俱失，似變易太多，況又無名豸其人者，又須解爲兕之假借，理極通，説極辯，然稍難矣。竊謂尊説與鄙釋兩説俱存疑，待後人論定何如。寶下當是饗字。

乍讀手教，誤會尊意，以爲三傳中有曹侯豺亡，晉侯在虎牢兩句也。再三思索，茫然不記，故仍還問請示其卷數。今乃恍然矣。晉字似不安，牢字亦難相像，不如姑依初説之爲愈也。想執事厭曹、滕之小國，故欲附晉、楚之大邦。又厭侯豺爲小竪家人，欲屬之人君而後快耳。然莒鼎、紀甗經典珍之，皆小國無名氏物也。侯獳，曹之忠臣，假使此敦信爲獳物，真可寶貴，何更推而遠之耶。一笑。曹字的確不易，此字妙極，真得六書真意，容詳説之。

第一字從𣍘省，此文從日在東上，甚有意。

季良父簠

季下當是郭，或是豐象形，舊釋作良，非也。

𢇍王盉

尊釋第一字作肆，精碻不移。鄙意謂若作見王作器，似尚未盡。案：古文尚書「肆類於上帝」與「肆覲東后」，兩肆字義别，上肆，陳也。本字。下肆，故也。假借字。其字從兩希，非希也。隸書不能變，借此字明之。希，豕也。從兩豕者，蓋割牲折俎，分剔其肩骼、臂臑之屬，以薦也。因其陳列以薦，故引申爲陳，猶引本訓割裂，引申爲骰列。字亦作髴，詳惠半農禮説。隸書從髴之上半，加絲之半，小變其形，遂爲今肆字矣。周官「肆獻祼享先王」之肆，正其本訓。此下從火者，燔膋也。右從攴者，有折割之事也。此祭禮中最重之禮，非祭天、祖不用之，此字意義顯然，故知此爲「肆類」、「肆獻祼」之肆無疑也。肆，王者祭先王也。或天子祭先王，或魯祭出王，則未可知矣。然周王自祭，當别其爲何王，此爲徒王，斷爲魯祭文王廟無疑。禮别子得立出王廟，不獨魯也，晉亦禘矣。盉非祭器，乃養器。祭器無此物名。然則此因大祭而作器，不得以爲祭器矣。若是祭品，則魯、晉諸國廟中何得有姬姓婦人耶。杞、宋則不得㬎括稱王也。姬下一字，是婦人字，若姜嫄之稱也。疑是媄，見説文。或是婑，字見列子。却非姝，邾姝敦之姝，與此别，彼顯然可識。

肆王盉。思得其義，前説非也。肆，今也。釋詁文。肆類是本字，訓陳。訓遂、訓故、訓今，皆借字。蓋即言今王耳。姬口者，王女或姑姊妹。盉者，養器。非媵器，若媵則仍言媵盉矣。如此説之，豈不簡潔了當乎。姬下一字是㛗字，非漢書藝文志作兵法之㛗。亦即㜪也。穆天子傳：盛姬之喪，王女叔㜪爲主。郭璞注：穆王之女。疑字本作㛗，後人誤仞爲㜪耳。説文坙，古文作坐，是坐字從兩人爲正。至㛗下從人，殆鐘鼎或體，若羑文耳。晚所以前釋不拘此説者，爲穆傳是僞書。與逸周書、竹書紀年同出汲冢。故不用其説，但此等要是漢魏間人博識古籍者所爲、所見之書，後世多亡失，必亦略有依据，不得謂一概鑿空也。如逸周書多與三統麻、真古文尚書、吕覽合。故郭景純最號博古，獨注此書，或亦可姑備一説乎。承詢故及之。

潘侍郎讀弟一字爲肆，是也。説文：肆類于上帝。古文尚書作𤎅。隸變書作𤎅，亦可。此從火，燔燎也。從攴，割牲薦俎之事也。此肆類之肆，本字或作髟，後變爲肆，引申陳尸也，陳也，遂也，故也，故，今也。肆王，猶言今王也。積古齋款識有肆王彝文，與此同義，可知當訓爲今王也。阮釋作晉，非。此周王爲其女作器，殆媵器耳。姬下一字乃㜪字。穆天子傳：盛姬之喪，叔㜪爲主。郭景純注：王女也。籀文坐，上從兩人，不似小篆從丣，見説文。其右畔坐下加夂者，曲禮：爲其拜而蓌拜。釋文即讀爲坐音，以挫義釋之。是古文坐有從夂者矣。古文多羨文，此類是也。穆傳晚出書，難可依據，特援以證㜪字之見于傳記耳，知非因祭而作者。盉，養器，非祭器，且周王廟中不得有姬姓婦人。

召中鬲

作生妣尊鬲。是妣非姒，從女從比省，作匕，匕、比同讀。生妣，猶後代言所生母。經謂之妾母聲子、成風之屬皆是。此作鬲者，即禮所謂「妾祔於妾祖姑，無則中一以上而祔」者，蓋其祔廟之祭時作。

仲弛盤

釋文

[illegible]仲[illegible]弛讀如佗，古文池、沱、阤、陀諸字，讀皆同。[illegible]臣，女子小臣卣臣字正如此書。[illegible]左。[illegible]師，移目於右，又移帀之首畫於下。[illegible]追，移彳於右，古文[illegible]多作彳。[illegible]以。[illegible]金。[illegible]用。[illegible]作。[illegible]仲。[illegible]寶。[illegible]器。仲陀，宋卿。見春秋定公十年、十一年。臣，家臣也。卿得有家臣也。左師，追家臣名也。左師，宋官，此以官爲氏，如司城中行比也。魚石、向戌，皆嘗爲左師。追之系則未知爲石之族，爲向之族，抑它左師之族也。追字見毛詩，説文無，許失之也。此陀家臣，爲陀作器。

弟二字左弓，右也。秦刻石也皆書作[illegible]，此省横畫耳，當是弛字。弛讀如佗，古从也、从它之字同讀。仲弛，宋卿，見春秋定公十年、十一年，知佗即弛之借者，春秋傳晉賈佗，字射姑。據國語韋昭注：姑，楛也。言射鏃也。不當讀夜。是佗爲弛借之一證也。魯仲孫佗，字子服。服，矢服也。是此佗爲弛借之又一證也。春秋人多名張，故知當有名弛者矣。臣，家臣也。女子小臣卣、堇臣罽敦，臣字形與此同，卿得有家臣也。左師，追家臣名。宋魚氏世爲左師，此蓋魚氏之族，以官爲氏者，如司城中行比，向戌亦爲左師，然未世官，不必氏之也。追字毛詩有，説文無。此佗家臣，爲陀作器。積古齋款識有魚追任女姓。鼎。魚追，即左師追耳。

郘太叔斧

釋文文左行，一行下四字，二行下一字，剥蝕不可識。

作貳車斧弋。貳車之斧□吕太叔□□□□

吕，姜姓國。太叔，吕侯之弟。以國氏而綴以字者，皆國君兄弟，若京城太叔、共仲、紀季、蔡季之例。貳車，副車也。周官道僕：掌貳車之政令。大行人：上公貳車九乘，諸侯、諸伯七乘，諸子、諸男五乘。注：貳，副也。少儀：乘貳車，則式，佐車，則否。貳車者，諸侯七乘，上大夫五乘，下大夫三乘。注：朝祀之副曰貳，戎獵之副曰佐。案周官戎僕掌倅車。倅車，亦副車也。吕太叔秩當視卿，故得有副車。斧者，車上所載備用之物。周官鄉師：與其輂輦。注引司馬法曰：夏后氏謂輦曰余車，殷曰胡奴車，周曰輜輦。輦，一斧、一斤、一鑿、一梩、一鋤。周輦加二版二築。此据鄭注引，今孫氏影宋本司馬法無此數語。是車行載斧之證，所以待修治椎擊之用也。大興孫氏藏一器與此同，斧字下有弋字。弋者，説文：橜也。斧以入物，以銅爲弋，所以藉斧也。

齊子仲姜鎛

油素摹文，大略一讀，其文佳，其字體亦佳，字體狹長，上密下舒，皆騫舉飄拂，作衣帶當風勢，見此類拓本多矣，皆然也。然則此可推而知也。此春秋以後書勢也。當不僞也，容詳讀之。即其中聖叔、聖姜四字，便知非俗人所能造。春秋左傳聲姜，公羊傳正作聖姜，蓋聲非謚也，音轉耳。晉人僞造逸周書不知此義，便於謚法解中，撰出聲字一謚，可笑之甚。平日常以此譏束皙、孔晁輩，束、孔所不解者，射利人更不解矣。其器爲鍾，誠如尊恉。

齊聖姜鎛，竟恐是國子，同姓爲昏之禁，當時不甚遵守，如崔子系出丁公，而崔子妻棠姜矣。宋多娶於公族，故公羊曰：宋三世無大夫，三世内娶也。洙泗之間，齗齗如也，甚矣其蔽也。一笑。楚良臣鍾曰：余夫斯于之子，是亦制器書其父之名字之證也。

尊著釋鎛一首，曾經捧讀，極爲辨博，但鄙意竊謂鍾、鏄二物異形而同類。鏄、鎛二字异文而同義。許書之鏄，即周禮之鎛，許專以鍾上横木金華釋鎛，此鎛之一義耳，似非本訓，何也？鎛字當是從金，博省聲。博，廣也，故大鐘曰鎛。鐘也，鏞也，鎛也，鏄也，一物也。所謂對文則别，散文則通也。國語明云：細鈞有鐘無鎛，大鈞有鎛無鐘。然則孰大孰小，本文自明。韋注謂：鎛小鐘大，未詳所據，似不得據韋以難鄭也。管見如此，祈教之。周禮樂官職掌互有掌涉，今人不解樂律，無從得其意義所在，鎛師或掌鼓，磬師或擊鐘，此其所以然，固亦無從臆説矣。若據周禮經文、注文，則鎛師並不擊鎛而掌鼓，鐘師却兼擊鎛，似不必即謂鐘、鎛爲二物也。

忽然猛省此器大妙，不惟其人有徵，大是一極有風趣之物也。作鎛之姓的係辟字，此方是辟，末數行之辭，乃嗣字耳，甚明晰。所云皇祖父惠叔，即左傳成二年鞌之戰所云辟司徒也。所云惠姜，即所云辟司徒之妻，齊侯與之石窌者也。邑二百有九，即石窌，石窌其地之總名，二百有九其聚落之散數，各不相妨也。孔疏謂：一邑爲方十里。不可從，若然則百邑當方百里矣。齊、晉、楚大國，亦不能容許多采地也。此邑乃四井之邑，從周禮。何以知其然，齊臣以辟氏者，經傳止此一人，一也。又有與邑云云，適符石窌之賜，二也。且左傳明載此女有君免乎諸語，而此鎛亦有祈侯氏永命之語，動不忘君，語意適合，三也。銘末云：爲大功及大事、大徒、大□，數語一氣，必非太宰。是司辝、辭、司皆一字。云云，其爲司徒之職無疑，四也。第一行□叔之孫，是紹叔，謚法：疏遠繼位曰紹。𨗨仲之子即齊字，謚法：執心克莊，資輔就共，皆曰齊。此鎛既是勛臣，又有賢母，勝於衛嫗爲渾良夫作壺萬倍矣。茲先就銘中文義有關繫事實者，疏釋以聞。

釋辟字，竟與尊意相同，巧極，巧極。三占從二，大約不誤矣。此乃孫以王父字爲氏，辟司徒即惠叔，作鎛者司徒之孫，故氏辟。辟司徒者，司徒其官，辟其字或氏。銘中實義，前函已說之。

齊鎛詳加審玩，謹就鄙見疏釋具於別紙。□、成兩字，竊意當讀爲有成，說之較爲省力。邁，的是萬借字。□字，竊疑必經人剔剜失誤，必仍是年字。如此說，上下方聯貫。試就原器上一諦視之，何如。且當時製器、刻銘工匠容有小誤，他彝器如此例者頗有，不必曲爲遷就也。邱字說及陵子兩字說，竟無以易尊說矣。□尋數日，智盡能索，未知有合否，幸教之。此鎛明云：五月初一丁亥，既初一日爲丁亥，何得五月內復有戊寅，然則博古圖之齊侯鎛，必有滲漏矣。若云此器仿彼而作，則彼明云戊寅，而此卻云初一丁亥，天下無此拙人也。

釋文

此器爲尋氏初得時，惡其字畫纖細加以磨剔，轉致漫漶失去數字，餘亦往往有闕畫，愈難辨釋矣。今就己意讀之如左：

惟王五月初吉丁亥，齊辟目叔之孫，𨗨仲之子，此系字即下□字作器人名。作子仲姜寶鎛，用蘄侯氏永命萬年，綸保其身。用亯用孝于皇祖聖叔、皇祖聖姜，于皇祖有成惠叔、皇祖有成惠姜、皇考𨗨仲。皇母用祈壽老毋死，保盧兄弟用介考命。彌生簡簡義政，保盧子姓目叔有成，袋於齊邦。侯氏錫之邑二百有九十有九，邑與邱之民人都鄙，侯氏從造，即告字，辵羨文。之曰：枼萬□，死戶。辝司。孫子勿或俞改。目子□曰：余彌心畏誋，余四事是辝，司。余爲大政及大事、大徒、大僕是辝，可吏使。子孫永保用亯。

辟其姓，成二年有辟司徒，此殆其裔，或其宗族矣。目字，僅存偏旁，作阜形，右半不可見。辟目叔者，辟，氏。目叔，字。𨗨、齊通讀，若齊莊中正。謚法：執法克中曰齊，資輔就共曰齊。子仲姜者，𨗨仲之配、作器者之母。子仲，即𨗨仲字。詩：從孫子仲。傳：孫子仲，謂公孫文仲也。箋云：子仲，字也。此春秋人有字子仲之證。此姜氏既卒，則當冠以夫之謚，稱𨗨姜或𨗨仲姜，若惠公仲子之例。妾則冠以子之謚，若僖公成風之例。今姜氏見存，則惟有冠以夫之字，故如此偁也。或謂子是女子之稱，此鎛是爲其女作媵器，然媵器既不得作大鎛，且其兩代祖母皆姜姓，何緣其女又姜姓乎。案春秋子叔姬，公、穀皆釋爲公之同母姊妹，是子固不定是女子之稱。穀梁并說爲杞夫人被出者，是子并不必女子未嫁者而後可偁。春秋更不止一義，更無庸執以疑此文矣。

寶鎛，是凡鎛通偁。晉語：鄭納「歌鐘二肆及寶鎛」。寶字非羨文也。用祈侯氏永命萬年者，世臣作器先祝其君，次及其身，若詩「作召公考，天子萬壽」、漢嗇夫祝詞「君得億萬年，臣得二千石」矣。□，左畔仍即糸字，右畔乃令之假借。命、令義同。聲近，故得假借。左糸右令，其本字當爲紷，字書雖無此字，以義求之當仍讀爲令。尚書吕刑：苗民弗用靈。其字本即令字，古靈、令多通用。鄭注以政令釋之。據禮記注。緇衣引此作：匪用命。墨子尚同中篇引此作：苗民否用練。是命、令、靈、練四字，古相通借，固是聲轉，亦必命、令字古有加糸旁者，如此器文耳。此作器者名。紷保其身，四字絶句。聖叔、聖姜，即聲叔、聲姜，聖本字，聲假借字，聖字本從耳得義。説文：聖，通也，從耳呈聲。風俗通：聖者，聲也，通也。言其聞聲知情，通於天地。白虎通：聖者，通也，道也，聲也。聞聲知情，故聽字當從聖省聲。何以知之，據尚書「此厥不聽」，漢石經聽作聖，知之也。春秋文十七年「小君聲姜」，左、穀作聲，獨公羊作聖姜，此古文、古義未盡淪没者。束晳、孔晁輩不達其恉，遂于謚法解既標聖字，又增聲字一謚，從爲之辭，大謬矣。近儒趙坦作春秋异文箋謂：公羊聖是假借字。亦傎到。公羊孤義得此鎛乃益明。惠叔，辟目叔謚。有成者，其采邑名，因以爲氏、爲號。如公孫有山氏、公孫有陘氏之比。此云：有成惠叔。下云：隆叔有成者，倒文耳。虡，虞借字，樂也。保虞，猶言保右安樂。銘文作□甚明，當是介字，介，匄借字，祈也。詩「介景福」、「介眉壽」，皆匄之借。傳、箋訓作大，偶未寀也。古彝器銘辭多有匄眉壽之語。簡簡，大也。釋訓文。詩：降福簡簡。義、儀通，善也。釋詁文。政，正也。褮字，見説文，此借作榮。㬥字文甚晰，聲義未詳。邱者，四邑爲邱，此將邱左畔橫書作□形，從，申也，轉注訓也。釋詁文。枼，即葉字，亦即世字。詩：昔在中葉。葉，傳：世也。枼枼萬年，即世世萬年也。枼下重文，浸就磨滅，隱約可見耳。萬下文義的是年字，此作□形者，疑是年字或體，加爲人剔壞，小致譌舛耳。死，即尸字。尸，主也。辝、嗣通，即司字，下同。彝器屢有尸嗣語。積古齋款識艾伯敦，即有之。俞，改讀如春秋「鄭人來渝平」之渝。誋，説文：戒也。畏誋，猶尚書言敬忌。大政，軍旅也。周官司馬掌邦政。大事，祭祀也。春秋大事於太廟。大徒，工役也。小篆徒從辵從土，此從辵從者省，當是古文。大僕，田獵也。此文作寷，省人著宀。此所謂四事也。爲字、及字，器上文甚明憭。兩偁皇祖者，蓋祖與曾祖俱偁祖，古人於禰廟通偁祖，不必定是王父也。𥘵，即妣。説文：𥘵，司命也。此特漢人祭名，許君習見漢禮，故以漢事説之。案六書之例，合以𥘵爲祖。妣，本字也。目字紷，即作器者，孫以王父氏爲字，故名上冠氏，稱目子紷。

與諸家多異同，故須録正文於上方，較他器稍變其式，似亦不平板耳，尊意以爲何如。

斿形婦𪔂

昨聞德寶婦𪔂彝，已歸於清閟。此器去年曾經寓目，文雖不多，喜其意義章明，與經典相應。又其字畫精工光潔，當時深加贊歎，與王、胡二君説其文義所在。今爲執事得之，甚妙，甚於前日命釋之没字尊遠矣。搨本六紙者。此物乃大夫妻廟見時所作祭器，上作旗形著其夫之爵。禮所謂「婦人無爵，從夫之爵」也。熊旗六斿，上大夫所建。周官疏所謂「（卿）［鄉］大夫六命〔一〕，

〔一〕《周禮·輈人》疏作：鄉大夫六命。「卿」為「鄉」字之譌，據改。

得建六斿也」。此器六斿，故知爲上大夫。妻稱婦者，禮所謂三月而廟見，成來婦也。擇日而祭於禰，成婦之義也。鬺即鬺，鬺即亨，亨即湘。詩所謂「于以湘之，惟錡及釜」，「誰其尸之，有齊季女」也。韓詩作「于以鬺之」，見漢書郊祀志注。毛傳：湘，亨也。釋文：亨，本又作亯，煮也。故知鬺即湘，此器之義，即在采蘋之詩。案序云：采蘋，大夫妻能循法度也。能循法度，則可以承先祖共祭祀矣。箋云：今既嫁爲大夫妻，能循其爲女時所學之事，以爲法度。是詩爲既嫁爲婦而作，甚明。傳、箋於蘋藻云云，雖主教成之祭言，然語意自謂既嫁爲婦人，美其家教有法，追叙其將嫁時事，與序文及序下箋語原無抵牾。序中共祭祀，自是指夫家之祭祀。王肅駁之，正義從而優劣之，俱無謂也。此器一形兩字，通祇三文，而一一皆確有實義，脗合詩、禮，故是可寶，所以曩不敢爲左右言者，爲其值過昂，言之則似爲賈人説項矣，今既得之，故言之無害耳。

舉蝠形卣

拓本鳥形不得其義，或竟恐是蝠字，以鹿爲禄，以蟢爲喜，由來已久。以蝠爲福，雖無所徵，若援此例亦容有之，姑先存此舊説，以備一解如何。蝙蝠之爲物，春秋緯、孝經緯即有之，當是古人即以爲此甚神奇之物也。

鄭楙叔賓父壺

此壺不僞，他字俱明白。鄭楙叔賓父作醴壺云云。待考者，惟弟二字耳。灼然是楙字無疑。其字兩旁從兩木，中作矛𠆢。案：矛字，本作𥎦形，此上象其鋒。鄭注：尚書所謂三鋒矛。下象其英。楙，地名，楙叔，以地爲氏者也。楙者何地也，即左傳之樊，漢書之壄王，後漢以後之野王也。何以知之，左隱十一年，王與鄭人温、原、絺、樊、隰郕、欑茅云云。杜注：樊，一名陽樊，野王縣西南有陽城。是樊爲鄭地，又在野王境内之證也。漢書地理志河内郡楙王注：莽曰平壄。補後漢郡國志即書作野王，後承用不改，是野王，本作壄王之證也。漢書壄王，其字從林從矛，莽改曰平壄亦同，竝不從予，是壄王當讀楙，不當讀野之證也。蓋此地名本是楙字，或著土作壄，經師輾轉傳寫，或誤離爲兩字，書作楙土，後又訛爲野王。隸書野或作埜，因壄、埜相近遂混爲一。又別造從予之壄，而從矛之壄廢，而名楙之地之本名没矣。淺人必疑班書之壄，謂矛是予之誤也。許氏説文謂：壄，古文野，從里省，從林。此説殊顛倒，蓋小篆有從古文省變之理，無古人預知後世書作野，而就其里字省去其田之説，此明是唐人妄增臆説，知非許君言也。楙即左傳之樊，楙乃木瓜之正名，爾雅。古人名地多以物産草木，如荆、揚名州，薊、杞名國之比。其地恰在野王，本字必當作楙，方得致誤之由，當是經師別本小有省變。如鬱字，漢碑省作欝也。世人習見楙字，因以樊讀之，亦如禮記、史記之鄂，紂時鄂侯。即左傳、漢書注之邘也。本作楙，或作壄，其書爲樊得其旁而誤其中，書爲埜王者，似其下而失其上。然左傳固自有野王，宣十七年晉人執晏弱於野王。杜註謂：即河南之野王。案其地既與温、原相近，下文執蔡朝於原，執南郭偃於温。則杜註不誤。左傳本文當仍作壄，經生習聞當時郡縣名偁，因以野王讀之耳。春秋時既名野王，何以又名樊，顯是一地誤兩。若左氏元作野王，何緣莽改名，班撰志時尚存壄字乎，此又可以史證經者也。至楙叔賓父其人生出本末，則不能知矣。若疑釋楙爲樊近於武斷，則即讀爲茅亦可。隱十一年周王賜鄭之田固兼有茅在，或從草則爲茅，或從林則爲楙，理亦可通，姑備一説，何如。總之，雖不必即是左傳之樊，然楙即壄，壄即壄王，壄王即野王，篆書必不當有讀野之壄字，確然無疑。

而姬壺

非天姬，乃而姬，字畫下半顯然若大天等類之字，中畫不作磬折形，下兩畫不作并夾形。而、如古通，而姬即如姬也。而、如通用，若春秋星隕如雨。三傳經文皆作如，漢書劉向引作而，此以如代而之證。其餘經典兩字互用者，不可毛舉矣。如姬，見史記信陵君列傳。魏將又有如耳，然則孰爲本字。曰：而，本字。如，叚借也。左傳文十一年：宋公以門賞耏班，使食其征，謂之耏門。耏即而。易其人而且劓。而即耏，即指除去面毛之刑，與髡同類，此爲古有而姓之證。假使此器，果是竊符救趙之人所爲，雖重金不多，語云一壺千金，可見三代壺價甚貴，今日總不至此也。一笑。

如姬壺真是無上瓌寶，可推爲清閟藏器第一品，壓倒邵鐘、齊鎛矣。此壺精妙無雙，此釋亦顛撲不破者也。可爲一快。較之羽琌私造趙飛燕印何如哉。賀賀。

昨晤廉生，云：而姬壺，尊意謂仍讀本字。竊謂此壺所以有趣可貴，晚所以極爲讚歎，寥寥五字，偁爲精妙無雙者，謂是如姬耳。若讀作而姬，索然無味矣。且此文明明是而字，若無如字一轉，則人人能識，即釋文亦贅疣矣。如姬壺，則千金不易，而姬則恐不值重價也。

龍爵

弟一字是龖字，説文：飛龍也。此字後變作讋，戰國策趙有左師觸讋。

虎爵

同芊案：攈古樓款識作父乙爵，無釋文，今從稿本。

[glyph]，即虎字，兼象虎形。所謂虎彝也，禘祫用之。小篆虎下即從人，上爲虎頭，此義同。

祠敦

據拓本尚不惡，其文當是祠字，左示右司也。無論如何，寥寥一字，總不值重價也。其示字作[glyph]，乃古文。見説文。[glyph]字之右肩，作乚，疑右畔竟是禮字，古文禮作礼。見説文。殆古文祠，本從禮，小篆省從示耳，此春祭之名。據毛傳。又春秋公羊傳甲午祠兵，或師祭，亦同。此號此器爲此祭作，故著此一字，或以爲公家器，故不勒主名耶。

師遽敦

[glyph]，舊釋作延正，非是。案：此乃延登也。漢書王莽傳引周書延登策王，即此義。禮經所謂：君辭之，則升成拜者也。登降之登，豆登之登，古止一字，通用。祭統：君執鐙。下象其蹟，上象其盛也。[glyph]，舊釋作旅，亦非。此㫃字甚明。春秋人或字㫃，或字旗、字旃，故知當有字㫃者矣。且南宮毛名毛，或即字㫃乎。

於彝

筠清金石奉繳一鼎一彝，舊説爲於，未見諦當，然鄙意亦不能定也。此等似字非字之款識，殊無足愛，其去没字碑有幾耶。欲購之者，只有辨其銅質、刻鏤花紋，別是一家學問矣。

論金石札二

董武鍾

所謂發一小難者，何也。積古齋款識第一器曰董武鍾，即僞物也。何以言之？乍讀其文，若繁重詰屈不可猝識，細審之，則除繚繞複筆外，仍是小篆也。自有篆書以來，古文、籀文、小篆從未有此一體也。漢官印始有疊篆，然亦未有似此滿身鉤纍者。官印有疊篆，爲補其空也。此鍾甚大矣，能補滿之乎。莊子云：丁子有尾。此寓言謾語耳。如此文則幾乎麗狐九尾矣。此乃北宋妄人之所爲，與三十六體書之怪妄等，何阮氏之博通，乃神之曰商器乎。大抵六書之始，惟有依類象形一門，許君曾言之矣。象事，亦象形之推也。説文、周官注作指事，漢書作象事，義尤明顯。形聲、會意，即上兩種而合併之耳，其實皆不能離形與事也。會者，合也。或兩形、或兩事，或一形一事，合成一字，非如後世俗語所謂會悟、會心可以意會不可言傳之會也。若以意會而得者，乃指事也。轉注、假借，仍即上四種而引申通用之耳。故篆文近萬，未有不可説其義者，雖以鐘鼎款識之生僻罕見、變動不居，皆有意義可以尋求，從無任意盤屈、向背繆亂、繳繞如是者，此惟張旭、懷素草書則有之矣，三代篆文安有是哉。晋人草書，尚有義理，與八分相通，至唐人則不解此，以爲可率我意爲之耳。故論其常，則古籀簡而小篆繁，古文最簡，籀加繁，小篆又加繁。其曰小篆簡者何。偏旁增而本形實省耳。論其變，則籀文繁而小篆簡。何則，小篆者，籀文不省也。蓋籀文雖殺其畫，必備其形，故常有纍數體而成一字者，小篆略存其意而已，雖殺其形，務別其類，故常有割一字之半、或兩字三字之半，合而爲一字者。既加偏旁，意在各適其用，勢不能不省矣。乍看其畫雖多，乃偏旁爲之耳。然則小篆全數較籀文爲繁，一體則較籀文爲簡，一定之理也。此鍾文繁其畫而不繁其體，既不合於篆與籀矣，何問周以前哉。若如所爲，則六書不必聖人作之，直可使小兒作之耳。曩聞執事曾談及此鍾，晚亦不知尊意云何也。未見尊意必欲購此鍾也，特偶談此鍾，則辨此鍾耳。特恐萬一談而熹之，熹而購之，費必不貲，既已購得，一見之後，必且悔之。晚素荷摯愛，故斤斤過慮，一妄言之耳。執事來示所云酷信鄙論，此自賢者嗜痂之過耳，豈真可信耶，抑或者局外靜觀，偶有幸中耳，其實不足當金石家一噱也。

毛公鼎

所謂發大難者，何也。故甚其詞耳，此原不足爲大難，爲其重價駭人耳。昨見陳氏收毛公鼎拓本，乃僞物也。何以言之，文字譌舛，一。詞意凡雜，二。通篇空泛，三。如玄衣之玄，譌作[illegible]，徑是心。用伐，上文錫汝玄戉。用征伐譌作歲。秬鬯一卣，積古款識有△△鼎偶忘其名。文云：秬鬯卣一。乃倒文，此卣下亦多一横畫，正與之同，而卣上復添一字，是譌舛也。雜萃詩、書語言，如耿光先正、厥乃德辟、乃辟集大命、無射臨保此四字最無理。等語。又如雍我小大猷、此類尚多。自今出入、專命於外之類，皆不辭，是凡雜也。洋洋五百言，無一事、一地、一人，皆套語耳。古無此文體，此梅、閻諸君所以斥僞古文尚書者也，是空泛也。陳氏以千金買贋鼎，不亦傎乎。其重寶如此，其他所藏雖數百件，恐大率此等物耳。尊齋雖止二十餘器，然無僞物，正可以少勝多矣。然則簠齋不足畏也，附陳發一大噱。

盂鼎

字體方板，此語破的矣。亦復涣散徑直。晚讀此拓本，即深訝其不類他器，特平日所見吉金原器不多，未敢遽言耳。試看首行宗周命盂，末行用作祖南公寶等字，彝器中有此狀者乎。受天有大命，此五字不辭甚矣。嗣又作邦，成底語耶。此文王於虞芮質成之年，爲受命，此漢儒最紕繆之説也。倡者劉歆，和者王肅、皇甫謐皆慣作僞者也。而此襲之，無識甚矣。康叔封衛，是殷故都，故作酒誥誡之。此盂者何許人，而剌剌不休，爲之戒酒耶？其中有汝妹辰三字，更可噴飯。酒誥言妹邦、妹土者，妹即沬，衛地也。與盂何與耶，襲酒誥而并襲其萬不可襲之字，拙極、拙極。後數行有曰：俾天俾王曰永命。又有曰：吁，我其邁相先王受民受疆土。此不惟猥雜可笑，即使僞孔安國爲之作傳，僞孫奭爲之作疏，發端王在宗周命盂，是底語。能使其文理通順耶。富人好古，正可藏蓄此等物事耳。其發端所以但有惟九月而無日辰者，恐識者以長麻推之而發其僞也。末有惟王廿三祀，據文但稱引文武，則隱然謂是成王作矣。至吴氏别本盂鼎文，可以想見，其糢糊者，其作僞也。安有西周初器物，而文字如此清朗易識、即指此盂鼎。詞語如此敷衍者，必不然矣。精鑒以爲何如？屢發大難，得無哂其妄乎。拓本附繳。

一盂公能鑄兩大鼎，又爲成王所倚賴如此，乃絶不制一小器，經傳從不見其名，有是理乎，出土時，只一鼎，不近事理，誠如尊論也。不惟此也，彼見齊丁公，史記作玎，因於文、武概加王旁，尤可大噱。不知丁乃玉旁，非王也。王、玉不辨，乃作僞也。若云應是王非玉，然則丁公可稱王耶，但晚屢倡瞽說，幾如田巴毁五帝非三王，一朝而折七十人，可謂不自量矣。鄉使天地間無此等物，則陶朱、計然日揮萬金，便可號金石家矣，恐不若是便宜也。發端王若曰，乃史臣書事之體，亦非款識文法也。

懷鼎

懷鼎拓本奉到。此物是鼎而名曰鼒者，古人因事立名之妙。來教以王子吴飤鼎爲譬況，當極。彼以盛飦粥，故名之曰飤鼒。此以盛粉酏，故名之曰飤⿰石鼎鼒。其上皆冠以飤者，飤同飼，即食。此嫥以爲盛飯粥之具，故其器較小，以別於盛烹煮殺胾之鼎也。内則糗、餌、粉、酏，正是薦之此器中者。若使鄭司農見此器，則酏字不須破作餈矣。蓋酏字本有二義：其訓黍酒者，一義也。訓粥者，引申之義也。故說文酏下云：賈侍中說，酏爲鬻清也。金石有益經義如此。又案爾雅：鬵，鉹也。讀如移，與酏同音。說文：鼎，大上小下曰鬵。又鉹下云：曲鉹也。一曰鬵鼎。是鼎屬本有酏。音鉹，鼒一聲也。鉹即鼒也，此字從酏得義，即從酏得聲。非盤匜之匜也。上字不可識，疑是碩字，爲其指陳鼎狀，因加偏旁耳。祈教之。

居鼎

讀居作胡，甚有理。若再思不得，即從此讀可也。弟三字，晚疑是濬字。弟二字，竊謂當是侃字。書作迡。古人彳、辵兩偏旁多通用，故此并彳旁亦作辵耶，未敢遽信也。侃字釋不確。

喪其資斧，漢書引資作齊。案：斧乃釜之借字，齊釜，詩所謂維錡及釜，有齊季女也。

偶繙吴氏金文，前兩幅有居後彝，龔說殊繆。依鄙意釋之，則曰：貸予一斧純錫者，乃純錫也。謂墨白濁氣盡也，龔釋女絶句。又曰：貸予一斧賨者，乃鐐也。白金美者，謂之鐐。釋器、說文竝有之。此省作賨，龔釋作素。又曰：貸予一斧赶者，乃釬也。說文釬，只訓臂鎧，然廣韻釬字云：以金銀合鑄器。說文每器只載一義，不得以許書盡字訓也。此借赶爲釬，龔釋讀如字。斧者，釜之借字，即豆、區、釜、鍾之釜也。釜是量名，非權名。然古人金錢，多以權衡之數舉之。左傳遂賦晋國一鼓鐵，可例也。弓之稱幾石同。此古義鑿鑿者，因是前人器，無須詳說，若是見得此器，當爲詳說之。

釋文

胡⿺走兄祝⿰糸虘且亦即鉏曰：君此字剔壞，細審仍是君字。舍余三鍰戟，貸余一斧釜。屯純。錫，錫。貸予一斧賨，鐐。貸予一斧赶，釬。貸予一斧金，此字末一畫壞失，上半的是金，非余。以鑄此銮餕。此字下半明是女字。兒。彝。下無邑字。

胡，蠻夷國。春秋昭二十三年，胡子髡滅。是也。著月字于古上，故似居而實非也。⿺走兄仍當讀祝，走，羡文也。⿰糸虘即且，讀爲鉏，左畔系羡文。祝鉏，作器人名。春秋人多名鉏，無慮一二十人，名朱鉏者三。魯、衛皆有折朱鉏，宋有樂朱鉏。祝鉏即朱鉏，皆疊韻字，此是當時語，或物名，或人事，形狀不可考矣。朱、祝雙聲，故可通轉。鍰即鋝，攷工記戈戟重三鋝。斧，釜借字，讀如豆、區、釜、鍾。此金也，曷爲以量名名之，左傳遂賦晋國一鼓鐵，以鑄刑鼎。是金固有以量記者矣。純錫，錫即銀，古人通稱賨。

説文鐇、𩞁字，此乃鐐省，美銀也。爾雅：白金，謂之銀，其美者，謂之鐐。釋器。赶，釪借字。方言：鏄謂之釪。此當是以無用矛戟之鏄，即鏉字，見曲禮。添入鑄器，若上所云毁戟爲之也。或釪亦五金之别名，所未詳耳。舍余一斧金，此金謂銅，古人于銅，即正名曰金。禹貢：惟金三品。左傳：楚子與之金，曰無以鑄兵。故以鑄三鐘。皆專謂銅也。𡛥字從委、從食省，明是餧字。廣雅餧，飤也。即食字，亦即飫字。飤彝者，食品以别於祭品也。兒、彝同聲，假借字。此器文多剔壞，須參筠清樵本勘之，始得。弟三、弟四兩行之余一斧，皆誤作金斧，𡛥字下半亦糢粘，吴本頗清朗。即如吴本加糸，則當書作緌，亦餧字也。

平安君鼎

昨示漢王國無司寇，極當。但戰國亦不聞此稱，恐是人姓也。若据筠清，一器有大梁字，則當是七國無疑。七國之梁，惟安釐王共得三十四年。吴鼎三十三年。惠王則二十年始遷梁也。平安君，梁無其人，梁有信安君，有平都君。或史偶未載耳。

癸尊

下鳥形，所謂雞彝、鳥彝者也。其無文者，爲未除喪時虞練之器，故無文辭。古人葬期多用癸日可證。易巽爻後庚三日，是癸日也。案：巽卦多云喪祭，所云在牀下者，喪大（祭）［記］所云遷尸於牀以下諸事也。用史巫者，以巫祝桃茢先也。祝，亦史也。

謁爵

此器可疑之甚，審其字畫即可知也。且其文曰：作父戊彝。凡彝器言父戊者皆僞也。其説甚長，别詳之。積古有獸作父戊爵，其僞顯然。又有招瓠，其文曰：招作乃文考父戊寶尊彝。考而又父，不詞甚矣。

齊女鉼

今日向王、胡兩君又發大難，并毛鼎、藏者最秘。盂鼎、價最重。董武鍾名最高。而四矣。以此一難爲最大，緣聲名最烜赫，阮、陳、吴、何、龔諸老，最爲之顛倒者也。然一略繹其文詞，并覽諸家解説，真不可解，無論僞踳緟複，自留罅漏。試展其拓本觀之，從來彝器真品，有如此之字畫形狀乎。恰與諸僞器一鼻孔出氣。其説有數條，容臚疏請教。有女曡字者真，然舊説殊謬，亦容詳説。以閻百詩敢挺身攻古文尚書，況此區區者哉，天下事果有真見，何畏避之有。

齊侯罍辨

他不必論，阮、陳之博通，何於此器釋文不愜人意如此，令人莫解其故。若謂一時興到，隨意傅會，不應傾倒鬨動至此也。悶悶。

弟一，稱名不當。但見弟三字是𤳳字，因名曰罍。試問從來彝器款識中，有先標題三字曰某公罍、某公敦者乎？大毛詩説許君異義引。謂罍容一碩。此能容一碩乎。

弟二，删去女字無理。女字，舊説作中，篆體顯然非是，固矣。作僞者嫌此字作梗，遂輒减去之，以爲如此則文義通暢矣，豈知其難通乎，或又疑爲齊侯名皛，姑無論禮無諸侯生名之法，何且齊君自丁公伋以下終于康公貸，世本及史記·世家紀叙分明，何嘗有名皛者乎。拙於作僞，欲蓋彌章矣。

弟三，譌舛難通。如太子譌成，非體。𪗋字譌作齊，下[illegible]嘉字譌不成字，都邑二字譌作子，此最顯然謬誤。鉼字譌成釿，釿釋文釋爲劑，莊子借爲斧斤之斤，此物謂爲斤可乎？拜字譌成無數爛銅狀，備字上右畔譌成子字，其餘謬誤不可枚舉。

弟四，重出廿五字。自沖字孟姜至鑄爾羞鉼，萬萬難解，一何繆亂至此。

弟五，舊釋文全不可解。嗣爲籀文司字，鍾鼎文多矣。其偏旁現在説文，如辭、亂諸字從之，且此器右畔司字亦皎然可辨，何以釋爲紹，因傅會爲韶乎，因此遂欲竄改内傳，極口贊頌陳宗，此何理也。其釋子、堇兩字，尤可歎飯。桓子、孟姜，與齊侯何涉，將儀禮肵俎肵字，改爲一物，謂即此器，真可令人駭然。且從古至今，未聞銅器深如膽瓶而可以盛肉者也。謂此器與後器即後文所言兩壺，亦非。兩壺，是紀其事，祭時所用，非臨時見鑄者也。兩壺先已用之矣，何爲至此又方鑄乎，何時鑄此文乎，釋文雖多，絶無一人將通篇貫串訓釋之者，尤奇。此外不可枚舉矣。

齊女鉼説 即鉼

齊侯女𤈿，即纍字假借，西陵氏之女名嫘祖，即此字。歸喪讀如字。其邦，左邑，右半反文。齊侯命太子無忌借起字爲之。造宗伯聽命于天子。曰：朞則爾朞余，除省。不其□□受筴。策借。歸先付祔御，爾其遵隮通。受祉。齊侯拜嘉命于天子，用璧、玉備一司祠借于大烝，司祠。誓于大司命，用璧、兩壺、八鼎于南宫享，用璧二、備玉二、司祠。鼓鍾一肆。齊侯既隮沖陳或體。子孟姜喪，其人民、都邑堇觀。宴無用從爾大樂，用鑄爾羞鉼，鉼、𨥨借。用御天子之事，陳子孟姜用乞嘉命，用匄眉壽，萬年無疆，用御爾事。

此齊獻公之女、武公之姑姊妹嫁於陳國者，未成婦而死，歸葬於齊，武公爲之制服、祔廟、作祭器之銘辭也。娸，借雷爲之。女名也。禮，婦人三月然後廟見，未廟見而死，則歸葬於女氏之黨。此文云歸喪讀如字。其邦，是其事也。無忌，武公太子、厲公名也。見世本。禮喪服經爲姑姊妹女子之無主者朞，凡被出與未成婦者皆是。注：專指命婦。然爲大夫家言也，諸侯絶旁期，此蓋武公篤于姊妹，欲爲之服，不敢專而請命於王也。王告之曰：於禮當服朞，爾即可爲服期年而除也。祔，祔於祖母之廟也。雜記：女子祔於王母，則不配。鄭注：女子，謂未嫁者，與嫁未三月而死歸葬者。御，迓也。祔祭而迎其神也。隮，升也。謂升祔。士虞禮曰：隮祔爾於王祖某甫，女子曰皇祖妣某氏，又隮祔爾孫某甫，此隮字所本，即姑姊妹入廟之禮也。司，祠也。大烝，大祫也。周官祭於大烝，蓋既祔後。惟祫祭時，女子之主，得以合食也。大祫，至妣也。大司命，諸侯五祀之一也。宗伯有槱燎祀司命之文矣。此何爲祠之，喪自外至，求諸幽之義也，亦周官招弭、楚詞招魂、漢魏人謂岱嶽主人鬼録籍之意也。誓，告也。轉注，見釋文。兩壺，少牢饋食之禮也。饋孰不薦腥，禮殺也。八鼎者，正鼎五，陪鼎三，陳御史説。此亦用大夫禮者，亦殺也。南宫，别宫也。禮喪服傳有東宫、有西宫、有南宫、有北宫，此諸子所居之宫也。祭於南宫者，禮凡既葬卒哭而祔者，皆遷所宜祔之祖若妣之主，就新喪者之几筵而祭之。女已適人，既無殯宮，又不宜祭于正寢，故就别宫祭而祔焉，不與考仲子之宫，特立一宫者同也。鼓鍾，鼓擊之鍾，猶言歌鍾也。一肆十六枚，亦用大夫禮也。祠神所用鍾，故曰祠鼓鍾。陳子孟姜者，子孟姜著其姓與字，上系以所適之國。子孟姜者，猶言子叔姬。陳子孟姜者，猶言杞伯姬、鄫季姬也。沖，左從水、右從東省，是陳也。陳字右本從申、從木，非東字。古文地名或加水、或加邑、或加阜，惟變所適，金石文通例也。如梁加水，奄中作淹中之類，奄即商奄國。汪中説。不云是申國者，申，齊同姓，故不取之也。既隮陳子孟姜喪者，謂已升祔其喪主。公羊傳注虞主用桑、練主用栗，此斥喪主，以别於吉主也。其人民都邑覲宴無用從爾大樂者，武公篤於親親，爲有期喪，不使其臣庶及公庭設朝宴饗用樂也。𨢊即鉼字，左畔□羨文。讀若鉼。鑄羞鉼：鉼，此器也。羞，進也，獻也。與羞豆、羞籩、羞俎同義。御天子之事者，御，迓也，引申爲對義。禮凡兩人對面授受物爲訝授。訝受，猶言對揚天子所命之事也。颺，續也。釋詁文。對揚，猶迓續，尚書余迓續乃命於天。其曰朞則爾朞除者，三代人語詞，猶言易則易，迂則迂，筆則筆、削則削，時止則止，時行則行，賓爲賓焉，主爲主焉，不嫁則不嫁列子。之類也。據五經異義引大毛詩説罍者，畫龜同雲雷，其容一碩。此器畫文不類，腹中不過受一斗，大小殊絶，知非罍也。弟一行罍字，既是女名。且彝器款識之例，亦無發耑自標其物若題目者也。鉼，亦古酒器名。毛傳鉼小，罍大。大凡金文多於最後云用鑄△器，即目其物。此文末云鑄爾羞鉼，故知此器當名曰齊女鉼也。大祫，即吉祥。公羊傳大禘者何，大祫也。禮凡新主將入廟，必合祭各廟之主，因以審諦其昭穆而致新主焉。左傳禘于太廟，用致夫人。是其事也。此云祠于大烝者，合祭告廟也。下云用壺鼎享于南宫者，特祭孟姜與所祔之祖妣也。

周鐎

昨一器是鐎無疑。廣韻是碻據，言柄不言流。據周禮鄭注：鐎是煮鬱鬯之器。案：鬱鬯，先以鐎著，然後和酒，實於圭瓚以祼地，是煮須有流，鐎可無流。考古圖但見漢鐎，未見周鐎，其説不足據依也。與行軍之鐎斗異。其字仍當是皀字，即饗之省，以其爲明堂大饗祼鬯所用，故識之。大饗即祭天。若言媵鬲，食簠也。人名不當以一字了之。三代器，書製器本人名，不書工名也，大饗乃天子之禮，更不能書工名也。

姑馮昏用句鑃

鉤鑃拓本，在尊册見過，其文極佳，此當是羽舞干，上器爲管，冒於竿首，其一端下句，以綴翟羽。今樂部有之，大駕鹵簿麾幢上皆有此製。舞具呼翟，故此以鉤鑃名之。質爲金，因加金旁。古人因事立名，因事制字，多如此，然未見其物，乃臆説耳。

句鑃，果如執事所説，形狀則是鐃無疑，晚前書所以疑爲翟上器者，緣曾聞廉生説其器形狀，略如晚所言，故前帋云云耳。請將前書此語削之爲要，不見其物而欲明其義，真苦事也。若博古圖所謂鐃，乃車前之和，此説非創於阮氏，金修撰榜禮箋已辨之，極明碻矣。如見有拓本全形，望付一看，竝尊册拓本一行，亦付一讀。總之，物已爲人有而猶斤斤説之，兩人皆癡絶也。

商句鑃，今見拓本全形，其爲鐃無疑，詳審其文，則尊説越器是也。但鄙見所以定爲越器者不同。茲將難字具疏釋如左。

姑灢　弟二字上馮下衮，案此仍即馮字也。讀若憑，古無逢音。古馮乘二字音同部、義同訓，周官馮相氏，注：馮，乘也。大司馬馮弱犯寡，注：馮，乘陵也。毛傳馮，陵也。陵即乘義，此蓋從仌從騄。説文騄，瞎馬也。此實是馮陵之馮本字，騄其義也，兼聲，仌其聲也。小篆省去乘作馮，此古文不省耳。試思省去乘字，何從見此字本義，而但從馬乎，姑馮，疑即姑熊夷。吴語：敗王子友于姑熊夷。馮、熊古音同部，當屬蒸登部中，熊從能，能固在蒸部矣。即如苗夔説從弅省聲，試思凡從弅得聲者，如滕、勝、騰、滕之類，孰不在蒸部乎。後世乃入之東部。廣韻已失本音矣。馮尚東、蒸竝收，熊字則專入東部，不能言其得聲之由，宜苗説深爲王石臞父子所取也。春秋地名有姑字者，除越地姑蔑外，齊有姑棼、姑尤，要皆是海濱。方言因與灢字不合，故不取爲證。

昏同　案此即舌庸之本字也。左傳：叔孫舒會越皋如、后庸納衛侯。唐石經作舌庸。越語后庸，宋庠補音作舌庸。惠定宇曰：吴越春秋作洩庸，他書或作洩、曳、渫、泄，皆與舌音近。左傳補注斷后字爲誤，蓋本作昏，隸變作舌，隸變多以昏爲舌，如括、話、活之類。又譌作后耳，但知后誤，不知舌亦誤耳。庸與甬形聲皆近，古讀甬如統，今通字尚從其聲，殆舌同或書作舌甬，因轉爲庸耳。釋言恫，痛也。毛傳同。此爲甬、同音義通轉之證。

昏同之子　案此猶言仍叔之子，武氏子也。公羊傳仍叔之子，譏父老，子代從政也。此蓋舌庸子已仕宦，而其父亦在朝，故繫父於上。

鑼　古翟、堯音同部，通借。方言以櫂爲橈。楫謂之橈，或謂之櫂。法言以橈爲櫂，重黎分宅，無妄之橈。莊子以橈爲趟，翹足而陸。説文以嬥爲嬈，嬥字下一曰嬈也。故知此爲鐃字。又詳其器形得之。

句鑼　句讀如考工記倨句之句。古人製器，凡内曲者謂之句。周官磬氏，倨句一矩有半。謂磬之中凹處。車人，爲耒上句者，二尺有二寸。謂耒端之庛上翹，對耒背處。冶氏戈廣二寸，已倨則不入，已句則不決。注：句謂胡曲多也。謂戈首直刃之旁有曲刃，如偃月横安於直刃之旁，名曰胡，其曲處正如此鑼之脣。古鍾有數形，錞千正圜與今鍾同，鏄鍾、編鍾之屬，兩角下垂如玲，但其脣尚不甚曲，今觀此鐃兩角甚鋭，編鍾兩角較鈍。句曲政如戈上胡，故知此句字是指其形也。

商句鑼　商，宋也。左傳娶于商，不利子商。樂記商人識之。吴語夫差爲深溝通於商、魯之間。后庸嘗率師沿海泝淮，以絶吴路。吴語。又嘗會叔孫舒納衛侯，屢入中國，當是曾得宋人樂器、伶工，故歸國後，仿其製而爲之，因名曰商鑼耳，亦如魯鼓薛鼓，鄭聲公作楚宫、樽以魯壺，魯有昧任夷蠻之樂，詩以雅以南，即任也。之比，蓋取其異邦之物，以紀功耳。

⿰⿱先生見　釋親先生爲兄。其左畔既從先生二字，以著其義，古文之詳質也。先生既爲兄之别稱，臧拜經説鈴語先生饌，言之甚詳。

姑馮，舌庸之子者，舌庸其名，以地爲氏，或本食邑姑馮，或越王嘉其功，封以姑馮，未可知也。韋注國語：姑熊夷，謂爲吴郊，不能指實。此特想當然耳，安知其非越地乎。先言此樂賓客，後言父兄者，此燕樂之器，其父兄謂諸父、諸兄也。詩伐木序：燕朋友也。故首章言友生，次章方言諸父、諸舅耳。古人燕食之禮，惟賓爲尊，不似今日宴會，人人皆賓也。

説庸字即同字。爲君字形譌，極爲無弊。鄙意以昏已破字，故庸字不能再破耳。子不名父，自是正理，但舌庸或是其字，如子思可稱仲尼也。即使是名，蠻夷風俗質直，如左傳夔子嘗名其祖曰：我先王熊摯有疾，自竄於夔矣。曾不以爲嫌也。檀弓子蒲卒，哭者呼滅。子皋曰：若是野哉。注：滅，子蒲名。是當時容有不知諱者也。吴子遏名諸樊，其弟之孫又名太子諸樊，王僚子。宋公子鱗之子即名鱗矔，皆見左傳。夫差子名慶忌，王僚子亦名慶忌，亦見左傳。然則吴、越舊俗，或不拘忌也。商子，晚本擬如曾侯鍾舊説訓作宫商，繼思一鍾五音皆備，但聞一器應一律，不聞一器專一聲也，故廢其説不用。

弜伯器

此物必僞，然其文必有所本。舊釋作弡，謂即張字，殊誤。此是弦字耳。弦國，見春秋。

齊塤

塤首一字是豹字[illegible]。據士昏禮畢袗玄，即袀玄。袀即左傳均服振振之均。賈疏甚確，列代從之。蓋夕、月形近致譌。豹右之勺，羑文成彡，與勺譌作彡同也。瓮文欒季二字甚明白，末一字[illegible]，當是角字。案：角字古或作觻，角音，古讀如禄，此字上形下聲，必爲角矣。四升曰角，飲器名，見詩疏。周禮、禮記皆有角。據拓本紙尾所寫器形，恐與四升之數不遠，顯非瓮。弟三字[illegible]不可識，似不類嘉字也，疑是灌字省作雚，然未能定，姑從蓋闕，惟通人詳之。

齊塤拓本題就奉繳，前數日因無以應命，不敢答也。

秦戈

釋文

惟廿一年□月　月上或是政字，即正月。爲避始皇諱，省政字首畫耶。

命翦軍陳官　末一字或是富，若陳富，則作器工名耳。

作小戈，克戎綏　此字上半是戈，故疑爲戎。

安四方□□□　行末三字須將繡蝕剔盡，方可詳釋。

此器決真，字體類先秦以上體勢，當是秦始皇廿一年命王翦伐燕時作也。史記秦本記始皇廿一年，王（翦）〔賁〕攻（薊）〔荆〕[一]，乃益發卒詣王翦軍，遂破燕太子軍。前即翦本字，古前後字止作[illegible]，其添著刀者乃翦字，隸書亂之。陳讀如陣，陳官猶候官也。漢書閩越王傳、後漢書郡國志皆有之。惜弟一行弟六字不可辨，似是月字。弟五字甚似武字，若是武，則末字當爲庫。武庫令，主兵器者也。漢書百官公卿表中尉，秦官。其屬有中壘、寺互、武庫、都船四令丞，但匡郭不似庫，又與前軍牴牾。

金文雜説

鹿鍾非字，是也。邾公望鍾乃襲他器文而脱誤，誠如尊論。虢叔大林鍾，極有可疑。周景時，虢已久滅。阮、武兩家据新唐書世系表謂虢曾續封，殊爲無謂。新唐書世系表乃憑時人譜牒所載，荒誕不可究詰，先儒久已斥之，阮、武豈不知之，特强欲援

〔一〕據中華書局一九五九年九月第一版《史記》，此段文字當作《史記·秦始皇本紀》二十一年王賁攻（薊）〔荆〕。據改。

以實其器耳。若謂虢叔在景王前，夫王鑄此鍾，當時單伶皆諫爲其過大也，爲其創始也。若使前人已有爲之，且臣下爲之，何獨責於王乎？禄康鍾但憑刻版摹文尚難決定其僞，其文詞尚無不安，阮釋誤斷其句耳，受作，余之□康，□□純佑，賓，導也。啓朕身，龢于永命，用□光我家。受。凡方圍處，舊釋皆不確。然須看拓本方能斷也。良臣余義鍾似不僞，其曰正九月，謂正歲之九月。周制：紀年紀事用周正，農工之事用夏正，周正曰正月，夏正曰正歲，周官載之矣。兮仲鍾、虢叔編鍾，晚無吴氏書，須檢閲再復，頃不記其文矣。

虢叔鍾非無可疑，以未見拓本，姑不下斷語耳。禄康鍾若据刻版摹文斷之，即謂爲僞亦可，爲其雍瘇曲跼，真器文不如此也。文義却無病。第不知本字果如版本否耳。

楚良臣鍾决非贋器，据其文字可知也。作僞者縱襲舊文，鑄刻字畫豈能辦此哉。與王子申盞、懷鼎一律可愛。尊處當有筠清金石録，幸檢付一緡，緡畢即繳。若此時已高卧，則不必汲汲也。清卿持論若何，亦必當持之有故，言之成理，能示其説乎。

筠清金文奉繳。璋鍾，依鄙見似是真物。其云正十月者，即正歲十月，此是極典雅之字。其篆體與十月彝、許子簠、尊藏懷鼎同，字體狹長，輪廓漸方，體勢極斌媚，當是春秋之末，已開小篆矣。此類尚有，不及悉舉，即齊聖姜鍾亦此類。極可愛，後人不能爲也。夢英之輩不能書，蔡絛之輩不能刻，魏漢津之輩不能鑄也，非如賞玩法帖，喜其書法，乃如考校碑版，以字體定其時代耳。兮仲鍾、虢叔編鍾、禄康鍾三器，須見拓本方能定，此時晚不敢斷也。兮仲鍾之己伯，不必是杞伯、紀伯也，自是其祖若父之字與謚耳，其曰追孝於前文父，此語極典雅，龔釋斥之，非也。前文父即前文人，毛詩：告于文人。鄭箋謂即指其祖。可證。曩爲石查釋九字，齊刀中有三字讀爲準二百。昨聞有人言當十、當百乃後世秕政，三代無之，謂爲晚肊説。聞之殊爲愕眙。國語周景王鑄大錢，明有輕幣、重幣、母權子、子權母之文，且單穆公語謂古者云云，是周景固有大錢，而大錢尚不始於周。韋注辨析甚明。漢書食貨志王莽居攝，以周錢有子母相權云云，周景之大錢當幾，雖無確數，今世現傳有寶四、寶六貨之屬，總是以一錢當數錢可知。周且得有，齊國何以不得有哉，謂齊刀未必是此數字則可，謂齊不應有準十、準百之錢，則不可。國語非僻書，想明遠或有別解耶？附陳請教。

説曹一篇呈教，此爲談小學，非爲説鍾鼎也。昔苗仙麓説一熊字於高郵王文簡公之前，文簡不以爲駭而極許之，今日將以執事爲王文簡也。晚平日於論人、論事、論學皆如此，但求其是，絶無門户之見，絶不隨聲附和，豈惟此一字，説文中如此類正多耳，豈惟洨長，鄭君箋注如此類者亦不少耳。但無根之論，則不敢妄發也。今日號稱爲許、鄭之學者，謂爲頌揚許、鄭之學則可，何嘗有講求許、鄭之學者哉。講經學而名曰爲漢學，已偏矣，講漢學而名曰爲許、鄭之學，尤隘也，此皆省事自便之道，非實事求是之道也。盂鼎、毛鼎用天干説諸説，如必欲刊布時，望將清稿賜一讀，有字句須斟酌也。所謂懷鼎，照鄙説未解其恉，望示及，曹敦究已得之否。

説曹 闕

彝器用天（幹）〔干〕説

鼎、彝、尊、壺、槃、敦之屬，其文多曰作父乙、父癸某器，作祖乙、祖癸某器，此何説也？或曰此作器者名也，或曰此制器次第之識别也。余謂皆非也。以爲名歟，則作器者，皆自書名，其文多繁縟詭異，不合於説文，可識者百之一，不識者百之九十有九也，何爲其子孫之名皆奇詭，而其祖父之名皆陳熟、公共如是哉。阮氏至据此目爲商器尤誤，商人文字應質略奇古，吾見有乙、癸諸（榦）[干]之器，其文詞平易詳備者比比也。以爲次第歟，何爲其文往往曰日乙、日辛者也。其器，祭器也，其用干者，記祭日也。古者有田禄者，始爲祭器，祭必卜日，故爲器而著其日，以待卜得吉而用焉。制五器以待用，擇其日干合于卜者用之。曲禮：外事用剛日，内事用柔日。鄭注：外事，謂在郊之事。内事無説者，冠、昏、喪、祭之事，不言可知也。在郊之事，亦未析言之，其爲用兵、田獵工作之事，亦不言可知也。剛日：甲、丙、戊、庚、壬也。柔日：乙、丁、己、辛、癸也。春秋于行禮書日者四十四事，除壬午大閲、甲午治兵以外，柔日也，皆昏、喪、祭之事也。壬午，猶繹者乃祭之明日，例行繹祭，所諏者辛巳也。宣八年己丑葬敬嬴。雨，不克葬。庚寅日中而克葬。定元年丁巳，葬定公。雨，不克葬。戊午日下昃乃克葬。所諏者己丑、丁巳也。尚書：娶於塗山，辛、壬、癸、甲。鄭注：三宿而爲帝所命治水。是辛爲娶日也。武成：丁未祀於周廟。召誥：丁巳用牲於郊，牛二。越翌日戊午，乃社於新邑。所諏者丁巳也，丁日祭天，不得不次日祭地，統於天也。儀禮少牢饋食禮日用丁巳是也。（逸周書）[武成]〔一〕辛亥祀於天位。己卯乃以庶國祀馘于周廟。案：己卯，逸周書作越五日乙卯。見漢書律厤志引，非汲冢僞書也。詩：吉日維戊，既伯既禱。伯，師節也。吉日庚午，既差我馬。田獵古屬軍禮，故大司馬掌之，猶春秋壬午大閲、甲午治兵之意。左傳：庚辰，傅于許。丙之辰，龍尾伏辰。書召誥庚戌攻位於洛汭。蓋爲攻位，此營國攻作，乃外事也。費誓甲戌，征徐戎。甲戌，我惟築。凡此之屬用剛日者，皆軍旅、田獵、工作之事，班班可證也。

然則奚爲用柔日多、用剛日少。曰：易言之矣，蠱：先甲三日，後甲三日。巽先庚三日，後庚三日。言避甲與庚也。蠱，祭事也。蠱，故也。其辭曰：幹父之蠱，幹母之蠱，可知也。幹維上旋蟲也。巽，喪事也。其辭曰：在牀下，用史巫。喪其齊斧，可知也。在牀下者，喪大記歛一牀，襲一牀，小歛于堂，又一牀也。用史巫者，檀弓以巫祝桃茢先，左傳以巫祝茢先，祓殯也。齊斧者，釜借字。詩：維錡及釜，有齊季女也。詩言祭，易巽之齊釜，謂虞練之祭也。革，巳日乃革之。亦謂祀事，即禮所云日用丁巳也。巳，改也。古同聲。乾鑿度有太乙下九宫法，其術去甲不用，以乙爲首，以九干順行於明堂，戴九履一之九宫，九宫，見大戴禮盧辯注。後世遂因之，立太乙之術。漢書藝文志有式法二十卷。王莽傳：案栻於前。式者，占候之圖。或後世謂太乙、奇門、六壬爲三式者也。隋書經籍志所載遁甲之書，凡五十五種。宋藝文志亦有之。宋人董□作符應經亦言此術。遁甲者何，藏甲。遁，藏也。藏甲不用，避所尊也。避庚何爲，畏其剛也。遁甲家言，以甲日逢庚爲五不遇時。漢人鑄鉤皆以丙午，取其純陽也。左傳曰：天爲剛德，猶不干時。言天道之剛，不可用也，故祭器有之，養器無之，

〔一〕《漢書·律曆志》引文為故《武成》篇曰「……翌日辛亥，祀于天位。粵五日乙卯，乃以庶國祀馘于周廟」。而《逸周書》作「翼日辛亥，祀于位，用籥于天位。越五日乙卯，武王乃以庶祀馘于國周廟」。據此，正文中「逸周書」當作「武成」。據改。

若飤鼾、滕鬲之屬。兵器無之，若戈戟之屬。祭祀、薦享之器有之，樂器無之。若鐘、鎛之屬。樂器何以無，審律度、定宮懸，費鉅人勞，不能數數爲也。原稿已佚，此篇從古學彙刊録出，同莘謹記。

拙釋各器，未必果是，即或有當，亦宜諸説俱存，以待後人論定，且如此則成書後，陸離可觀，不然枯寂無味矣。曩晚嘗作札向左右言之，不特陀盤、曹敦也。李斯畫一天下文字，定爲小篆，而小學亡於秦。孔沖遠總漢魏六朝諸儒傳注，定爲五經正義，而經學亡於唐。胡廣删除異文舊説，定爲五經大全，而聖經元文、元本亡於明。此皆截斷衆流之爲害也。

鄦説各條都未見精審，僅能自圓其説耳。私謂説曹及鄦子卣釋文最妥帖。晋、錫兩字，説亦尚可自信。餘皆平平，仲弛盤殊無把握，塞責而已。如樂毅既下齊七十二城，留此莒、即墨何爲哉，姑極兵威云爾。至曹敦説文，無妨兩説俱存，尊説用曹侯在虎牢爲勝，牢省宀作牛，可通。釋文中須有數説，互有違異，方有意趣，屬王、吴兩君各綴别解數條，方妙。聞諸拓本，尊意欲請周夢翁釋之，果爾亦佳。

戩曆説 當讀作晋錫

戩或作[illegible]。變爲隸書，應作戩，即薦字，亦即戩字，亦即晋字。釋詁：薦、晋，進也。薦、戩、晋，皆一聲之轉。薦、晋同訓進，故薦可轉注，訓晋若戩，乃晋字之假借，加戈者，羡文耳。其訓戩爲福者，因詩戩穀而生義，乃引申字，訓戩爲盡者、爲滅者，因詩翦商生義，乃假借字。

曆變爲隸書，則應作曆，上半從麻，若麻算之麻，則當從禾矣。此曆之省，即錫字也。説文：緆，細布也。或作[illegible]，儀禮、周禮二記皆有錫衰字。又燕禮：冪用綌若錫。注：細布也。今文錫爲緆，蓋錫本錫予之名，經典每借爲緆，而曆本儀禮喪服錫衰。傳曰：錫者，何也，麻之有錫者也。錫者十五升抽其半，（無）［有］事其縷[一]，有事其布，曰錫。是此字本當從麻，若無古彝器，何從見此字乎。

晋者何，進也。錫者何，賞也。晋錫，猶言加爵進禄也。易：晋：康侯用錫。此處絶句，古讀。此晋、錫之見於經者也。詩：俾爾戩穀。戩，即晋也。戩穀，猶晋禄也。晋卦詞：晝日三接。即出入三覲。受茲介福。晋其角。角即禄。宮、商、角、徵、羽，古文作緐、徵、羽，此借緐爲禄，又字壞失去录，因訛爲角耳，其實角、禄二字古同一讀也。皆晋錫之謂也。款識或有作晋△人名。錫者，猶言加某人賞也。畢仲敦作晋假錫。假，大也。釋詁文。猶戴記言行大賞，論語有大賚也。然則易非錫字乎，乃賜也。賜省貝故爲易也。

忽又悟得一字。左傳以蔵陳事。注：蔵，敕也。案義宜云勤也。釋詁蔵，勤也。説文作戩商。其讀音如翦，初不解其得聲之由，今始省悟，即此戩字也。款識或竟書作[illegible]極卣。故譌爲蔵，而音義尚存耳。又左傳：克減侯宣多。則又蔵、減同音而誤，其義即翦滅也。

昨日坐上，尊論謂古人用貝非龜貝，貝即幣也。此説極精，可謂發兩千年未發之秘矣。齊鎛及邵鍾厚薄，望飭侍史比量見示爲幸。齊鎛釋文，排比了當，呈覽。貳車斧釋文并呈教，文字恐有遺漏耳。中有增潤數處，恐繕録遲緩，即以藁草奉上，廉生能識拙

[一] 據《儀禮》，「無」為「有」之誤。據改。

書，當可辯識也。惟陵字、介字，此字拓本作□字甚明白矣，故讀爲介，昨見清卿釋文書此字，中不作人字，則鄙説大謬矣。爲字、政字、及字之類，須屬清卿：摹銘時，隱約斷缺，如其本形，則諸家异説皆可通，儻但就己説清楚明白寫一字，於己説則甚確矣，於他人説則太乖迕也。即如侯獲後碑末行首兩字，本是糢黏微眇，故晚初釋作他字，及得清卿説，讀如井陘二字，諦視果然不謬，鼓掌稱快。今鈎摹刻本竟作明明在上之井陘二真書。若然，則晚初説太怪誕不通矣。晚雖不識陘字，何至并井字亦不識乎。曾與清卿、廉生言之而大笑也。請執事試思之，以爲何如。□彝第二字不似後字，故只稱居彝。請將筠清此卷檢示，試一思索對勘之。王説爲僞，當是論其銅色耳。他日到尊齋，姑一觀之，何如。器之真僞，尚在未定，銘似無妨先橅刻也。鄭壺、斿鬻又曾見有太姬壺。數圖尚不甚多，莫若趁清卿在京，畫成爲妙，使明日渠有好音，值其得意時，無難破一日工夫了之耳。若不多有數器，何以間執僉父之口乎。此件遲延太久，自知疲玩太甚，皇悚、皇悚。然苦於俗事攪繞，一人悶坐，毫無清興，故嬾於動手耳。假使執事屬廉生來敝齋坐索，不過半日即持去矣。以後如有委件，恐須如此，方能迅速，不然自知之而無如何也。

仲佗盤，標目上宜作仲弛盤，釋文中方云讀如佗。如此方合漢人注經之例，如周官帝繫姓，鄭必先破帝爲奠，然後以定釋奠，其經文帝字，則不敢改也。似宜挖改之。

石鼓

石鼓辨草藁呈閲，共七紙。祈訂其謬譌爲幸。倉卒未暇詳定，從容再當細檢也。文過繁冗，恐難細看，或先取後幅，所謂弟三論。此鼓爲春秋時秦穆公器，以下各條觀之，可得大略也，此義想前人必有道過者，示及爲望。此外文字可考證經義尚多，姑舉其端耳。

石鼓辨 闕

今日從廉生借得武虛谷石鼓考讀之，意殊草草，除六馬之外，别無攷辨，而其所据周無六馬之説，但憑鄭司農兩語，昨晚所作石鼓辨已駁其説，似尚非臆對口給之比。可怪者，武虛谷先則竝列許、鄭之説，許云周有六馬，鄭云周無六馬。其後虛谷自引出無數周用六馬之證，荀、列、晏、吕，皆秦以前書。而篇末則仍斷之曰周無六馬。三占不從二，已不可解，且他無一語證明鄭説之所以可信處，殊爲率爾。晚所据者，周初周公之易彖傳、西漢初伏生之尚書大傳、東漢初班固諸人之白虎通，以此駁東漢末之鄭康成，可乎，否乎，至荀、列諸子，已見武所引，尚不在此内也。

沙南侯獲刻石

沙南碑跋，本擬薈萃爲一段，細思究屬不妥，金石跋尾之體，本以重疊題記爲有致，古人多有之，若欲合併，必致强勉聯絡，蒙茸一片，反致眉目不清，因即改定字句數處，段落仍舊，前碑三跋，後碑留兩跋。惟將末一段空話删去耳，已送廉生處矣。至前碑額上有消寒會題名一段，似可删。是否應録入，請裁酌之。都計尊跋、吴、王兩君及晚跋五段，共八段。末段有碑大如屋，竝海内第一本云云，鄙意謂是空話，若尊意欲自張其碑，則存之，否則去之，惟酌定可耳。

前讀侯獲碑鈎本，猥將鄙説采入，而前路晚逐字説文删去，深爲驚愕，如此則鄙説一片竄語，無論何人讀之，斷不能辨晚所說爲何言語矣。夫先有釋文，後有解說，如先有白文，而後有注釋也。使無經文，人知注爲何物耶。如尊意欲特創一體，不用釋文，儘可將晚釋文上冠以某人曰，裒入後數段解說之首，連成一片，亦無不可。其實先將晚釋文照軸上原式録之，但於前加張孝達釋文五字爲題，則於鄙說既可自圓其說，而於尊書之體仍無所妨，蓋尊意所以不用釋文者，爲其不欲遽斷存疑虛中之義也。然晚之釋文，加以某人釋字樣，既已標明，則仍是晚一家之說，非執事定論可知也。若晚一家之說，亦復去半留半，使之有文無題，則晚苦矣。他金石家之釋文，乃著書者論定之詞，此釋文乃諸人考訂，各抒所見之語，絶不相同。伏望照軸上原式將前路單字釋文更刻一紙，請廉生書之，頃刻即得矣。第一行作張孝達釋文五字爲題，字數不多，書亦不難。刻成亦易，似尚不甚費事，刻成後，增訂於鄙說之前一葉，如此則感幸多矣。千萬拜禱，至懇、至懇。再，聞尊齋他器釋文已刻出，務望賜付一校，再令刷印，切懇、切懇。此碑原石，世人既不得見，鈎本又只鈎前數字，晚所釋烏、埒以下點畫俱無，晚逐字說文又不載入，人見鄙說，未有不斥爲虛妄者，執事特未之思耳。

三改侯獲碑釋文收到，此一事而重煩清神如此，兼以鄙釋之故，殊爲不安耳。

釋文

前三行

惟漢永和五年六月十五日伊吾司

馬，雲中沙南侯獲，字祖奮，

孝廉，菑丘、烏埒、張掖長，

後三行　德井陘三字依吴釋。

君父字仲緒借褚爲之　羽林監，

次兄字仲德，　議郎

井陘安國此字續得。

碑在鎮西廳，舊爲府治宜禾縣，今改鎮西直隸廳。今鎮西，古伊吾，故知爲伊吾司馬也。蒦、奮皆狀鳥，說文萑部即蒙奮字下，蒦即萑部首一字。古人名字相應，故知當字奮也。孝廉，獲出身也。菑丘，彭城縣。烏、鄔同，太原縣。埒，雁門縣。張掖，武威縣。此張掖是縣名，非張掖郡也。四縣長，獲所歷官也。何以知其爲長不爲令，此數縣皆不能滿萬户，故不得爲令也。吴氏精搨本，長字微有横畫長波可辨。除菑丘外，皆邊地。獲、沙南人，産於北邊，習於邊塞戎虜之事，故數爲塞下官吏也。獲名不見范書、袁（記）[紀]〔一〕、東觀記之屬，此當是吏民爲之刻石頌德，其下文不具，或碑漫漶失之，或文即止此，但著歷官，不詳治行，古人文字所略，不能明也。第二行奮字上似伯字，特通後碑繹之，其兄字仲△，弟不得偁伯矣，故定從祖字。末行最模黏難見，非向明凝視，幾不得其一二也。海豐吴氏所藏一背本，椎搨稍精，始略有形模可想，他本埒字、掖字皆不可尋矣。讀者不見吴氏本，將毋謂之洞爲躛言乎。

後碑文亦三行，可辨者止十四字，可推而知者二字。褚字無義，當由與緒形近通假。後書三國志有孔伷，字公緒，例此可知也。後書百官志有羽林左右監，屬光禄勳，此碑林字僅存右半，羽字以推測爲之，郎字上字偏旁似言形，或是議郎耶，未能灼知，姑從蓋闕。井陘，縣名，屬常山國。安國，屬中山國，其兄蓋先

〔一〕「袁記」，指袁宏《后漢紀》，故「記」為「紀」之誤。據改。

爲郎而出爲兩縣長者，侯氏家世邊徼，殆以材武著稱，故父爲環衛而兄亦爲邊官耶，爲獲立碑，述及父兄者，若夏承侯成碑例也。字而不名，蓋爲子弟作碑，不欲名其所尊也。與前碑事一而文不屬者，亦如李翕西狹頌，前別畫五瑞圖提行，更書君昔在澠池云云。弟一行末字髣髴是熙字，或其伯兄之字耶。

同治十一年十月十七日，南皮張之洞記。

讀此碑後十日，見吴君釋文，所釋弟二行德字，弟三行井陘字，是也。當定從之。王君謂中間本没字，非漫漶，可信。至釋次兄作次元，目爲分行題名誤。請設四證以明之：次非姓氏，一也。若云兩字竝是其名，則東漢禁二名，二也。既字仲德，可爲次兄之證，三也。使爲門生故吏題名，弟一行君父字作何詮釋耶，四也。至安下一字，細審當是國字，右畔匡郭尚存，戈形、口形，隱隱可見。安國縣名，屬中山國，亦近邊，且與常山毗連，故知其次兄爲此兩縣令長也。之洞再記。

劉平國刻石

釋文

上方

龜茲左將軍劉平國，以七月施釋作昔，非。廿九日發家，

從秦人孟伯山、狄虎賁、趙當卑夂

石當卑、程阿羌等六人，共來作利亭從

寸谷關，八月一日始斵施釋作斷，非。山石作此，施作孔，非。

至八日

以堅固萬歲。人民喜長壽億年，宜

子孫，永壽四年八月，甲戌朔，十二日

乙施作已，非。酉直連紀此東烏累關城。卬

將軍所作也。仁拔。

下方

京兆長安

淯于伯施作捉，非。隗

作此誦。

此碑在今阿克蘇所屬賽里木東北二百里山上，五年夏，有軍人過其地，見石壁露殘字，漫漶不可識，或以告余，疑爲漢刻。秋八月，余請於節帥張公，謂廣東提督、今署幫辦張君曜也。命總戎王得魁、大令張廷楫具氈椎裹糧往拓之，得其點畫完具者九十餘字。案：文稱永壽四年八月，永壽爲後漢桓帝年號。後漢書桓紀凡改年號六：建和、和平、永興、永壽、延熹、永康，其稱永壽，凡三年，四年六月戊寅大赦天下，改元延熹。漢書龜茲國去長安七千四百八十里，後漢都雒陽，視長安較遠，其時未奉改元之詔，故稱永壽四年耳。云龜茲左將軍劉平國，漢書龜茲國有左右將軍、左右都尉、左右騎君、左右力輔，左將軍，即左將，其下尊稱之，非官號也。云東烏累關城，漢書烏壘城，都護治所，在龜茲東三百五十里。案：温宿，今阿克蘇；姑墨，今賽里木拜城；龜茲，今庫車。賽里木至庫車百餘里，今至刻石處二百里，已越龜茲而東距烏壘城不遠矣。云京兆長安淯于某作此誦，後漢雖都洛陽，長安乃其舊都，故仍稱京兆，關外漢碑如燉煌太守裴岑碑、沙南侯獲碑，先後見於海内金石之録。玆碑至今始出，豈非文字顯晦，固有其時歟。裴岑、侯獲、劉平國，均於史傳無攷，而三碑略見事蹟。吾意西域三十六國，兩漢都護校尉之所到，必有紀功述事

之作，刻之荒崖邃谷，雨淋日炙，不可磨滅，庶幾有續見之者，盡拓以歸，以補班、范兩史之缺乎。烏程施補華白。

鄭盦前輩以劉平國刻石屬爲攷釋，適施均甫自關外貽余一本，坿釋文跋語，釋既明白，輒爲改定六字，闕疑三字，具録如左，擇善而從，不必自我出也。

光緒七年二月，南皮張之洞記。

紅崖刻石

貴州紅崖刻石，非碑非碣，石壁高廣，赫然天半，去人甚遠，樵牧萬無毀理，吕本即先君子所拓，以遺之者也。

紅崖刻石，寒家有的真元石拓本，淩雜無序，無從解釋，其爲釋文者，皆强文就釋也。大如三間屋。

鄒釋紅崖刻石，止有東南王還四字碻，朝鮮摩崖，絶不可識，洪範云云，未敢信也。

蜀中諸刻石

司馬孟臺神道巖季男碑，各四分，高頤闕畫象一分，共十紙。呈鑒。高闕人物尚多，可拓者止此，其上下左右紙角有記，然仍不相屬，如原式裝之，稍存其本真耳，表作横幅亦無妨，其餘唐刻，容再檢點。佗唐碑，有永徽元年修學宫碑，并陰。自王象之碑目後，迷失久矣。晚到後訪出，容檢呈。餘尚有小品數種，南康王碑，尚有一分，先已許廉生，不便食言，别有一唐碑，西藏吐蕃會盟碑。可貴，遠勝南康，前輩欲得之乎。

仙集留題韋南康碑，皆有拓本，容檢呈。柳敏碑、尹公石闕，久已無存矣。蘇黄石刻甚稀，亦未携來，南河泊荷花可觀，小軒三楹，亦可坐卧，所謂舊跡，未詳所指，謂古蹟耶，乾隆時纔開鑿。臨幸苑籞故址耶，皆無有也。

蔡書趙懿簡碑，遣人拓得數本。并得有王冀公題名，此在廣元，别是一事，與趙碑無涉。均俟開箱後檢呈。

蔡京書碑一本，王欽若題名一紙，呈鑒。王題下并有吕微仲題名，此公書亦未嘗見也，不解吕何以附名王下，想當時亦不甚惡其爲人耶。

張文襄公論金石札，吴縣潘氏所藏，吴江費君仲深樹蔚借鈔見示。其閒論金文者十之九，初無目録，亦不詳月日先後。華陽王雪岑廉訪秉恩屬其令子璹甫文燾分析編次，并允手書付刊，而體例待商，久未寫定。此稾藏之篋笥者十年，兹以見於潘氏攀古樓款識者為二卷，潘書不載，及辯證積古、筠清諸書者為一卷，兼説數事，不專一器者，又為一卷，而論石刻一卷殿焉。編次既竟，吴縣章太史式之鈺、仁和邵太史伯絅章見之，復為釐訂全書刊行。此為最後。時癸酉十一月也。同莘謹記。

古文

半山亭記〔一〕

萬山輻湊，一水環瀠，雉堞雲羅，鱗原星布者，興郡也。城東北隅，雲峯聳碧，烟柳迷青，秋水澄空，紅橋倒影者，招隄也。緣是數里，蒹葭蒼蒼，有閣巍然，峙於巖畔者，魁閣也。穿緑陰，梯白石，禪房乍轉，畫檻微通，石壁一方，茅亭三面者，半山亭也。作亭者誰，吾家大人也。翠蘿紅蓼，羅列於軒前。竹榭茅簷，欹斜於磯畔。太守之意，得之半山，而志以亭也。歲在壬寅，家大人先守是郡，文風雅俗，焕然一新，固常與民同樂者也。夫其德及則信孚，信孚則人和，人和則政多暇。由是常徘徊於此閣，以寄勝概。而亭未有焉。然其烟雲萬狀，錦繡千重，早已畢具於目前。蓋天鍾靈於是，必待太守以啓之也。爰乃建亭於閣之東偏。古徑半彎，危廊數轉，不崇朝而功成，易如也。每當風清雨過，巖壑澄鮮，憑欄遠眺，則有古樹千紅，澄潭一碧，落霞飛綺，凉月跳珠，此則半山亭之大觀也。且夫畫欄曲折，碧瓦參差，昭其潔也。烟光挹翠，竹影分青，昭其秀也。松牀坐奕，筠簟眠琴，昭其趣也。分瓜請戰，煮茗資談，昭其事也。若夫柳岸曉風，蘆花殘月，雲騰碧嶂，日落深林者，亭之朝暮也。水緑波澄，蓮紅香遠，月白風清，水落石出者，亭之四時也。沙明荷浄，舞翠摇紅，競秀於汀沚者，亭之晴也。柳眉烟鎖，荷蓋聲喧，迷離於遠岸者，亭之雨也。晴而明，雨而晦，朝而蒼翠千重，暮而烟霞萬頃，四時之境無窮。而亭之可樂，亦與爲無窮也。至若把釣人來，一簑荷碧，采蓮舟去，雙槳摇紅，漁唱緑楊，樵歌黄葉，往來不絶者，人之樂也。鷺眠荻嶼，魚戲蓮房，或翔或集者，物之樂也。衣帶輕緩，笑語喧嘩者，太守遊也。觥籌交錯，肴核雜陳者，太守宴也。觴飛金谷，酒吸碧筒，賓客紛酬，杯盤狼藉者，太守歡也。題詩勵士，把酒勸農，四境安恬，五穀垂穎者，則太守之真樂也。俄而夕陽在山，人影散亂者，太守歸而衆賓從也。是則知其樂，而不知太守之樂者，禽鳥也。知太守之樂，而不知太守之樂民之樂者，衆人也。樂民之樂，而能與人物同之者，太守也。夫美不自美，因人而彰，蘭亭也。不遭右軍，則清湍修竹，蕪没於空山矣。岳陽之樓，晴川之閣，不有崔范之品題，則巍觀傑構，沈淪於湖濱江渚矣。是地也，不逢太守，則錦谷瓊花，不現其佳境矣。爲此亭也，則勝蹟不令就荒，名花俱能見賞，凡夫出塵拔萃，必無沈滯而不彰矣。所以謂之與民同樂也。不志其佳，使花香山翠，湮於野塘，不傳於奕世，是貽林泉之愧也。故揮毫而記之。猶恐未能盡其致也。

道光廿有八年七月既望，南皮十一齡童子張之洞香濤撰。

十八先生祠堂記〔二〕

十八先生者，明永明王之殉節臣：大學士吴公貞毓，武安侯都督鄭君允元，太僕卿趙君賡禹，給事中徐君極，御史周君允吉、朱君議杲、林君鍾，員外郎任君斗墟，蔣君乾昌、蔡君縯，主事易君士佳、朱君東旦、張君鐫、胡君士瑞，檢討李君元開、李君

〔一〕録自《廣雅堂四種》。

〔二〕録自《興義府志》。本文係張之洞代父而作。

欣，中官張福禄、全爲國，十八人也。吴公，國朝賜謚忠節，餘通謚烈愍。事詳明史吴貞毓傳，及三藩紀事本末諸書。道光廿有一年，鉠守興義，見其巍冢徒存，明禋久廢。敬即試院東偏，新其祠宇，祀以春秋。並以先後殉節之郎中古君其品，員外郎林君青陽附祀。表精忠，以風衆士也。或謂天心已去，天命難留，先生以有用身，爲無益舉，卒至孤忠莫遂，衆正同殲，雖其志深可悲，而其行似可議。余謂此正先生之英風浩氣，足以勵千秋之臣節，歆百世之馨香，而不愧者也。當其玉弩驚天，金甌墜地，亳社既屋，唐籙方膺，永明王竄駐安龍，孫可望飛揚跋扈，緊惟十八先生，忠貞同矢，慷慨從亡。以蹇蹇之王臣，佐區區之弱主。鏡屢磨而更皎，金百鍊而逾精。勢已難爲，猶欲挽傾危之殘局。愚不可及，尚思扶顛沛之弱枝。明知無可奈何，隱痛實逼處此矣。迨員外草勤王之檄，中官徵衛主之師。抱微子彼黍之悲，動包胥無衣之哭。事之莫濟，身隨以亡。守九死無二之心，雖比頑民於周室。勵百折不回之節，實稱義士於商家。仁不求生，死則同穴，所謂雖死不死，求仁得仁者，先生之謂也。雖然先生之貞操勁節，人盡知之，先生之苦志深心，伊誰諒之。世每深刻以繩賢者，成敗而論英雄，以爲議新漏言，青陽弗返，幾事不密，韜略原疎，以致孤掌難鳴，秘謀先破。不知先生氣凌嵩華，道繫綱常，號召雄師，保全孱主，君危臣辱，是知其不可而爲，身殺仁成，不濟則繼之以死。耿丹誠其自矢，甘碧血以同殷。此先生所以旃檀逾千歲而彌馨，青簡照兩朝而勿替也夫。鉠守土有年，思上彦昇之表，下車肅拜，未傾何點之觴。忍使古道斜陽，草迷荒冢，凄風冷月，蘚滿空祠，其何以風示後人，光照大節。爰乃重新棟宇，用妥神靈。謹於己酉仲秋鳩工，庚戌季冬蕆事。規模式廓，丹雘其塗。虔設饗堂，臚書栗主。表人之傑，因地之靈。讀王鴻緒列傳大書，唐學士尠斯毅節。仿范仲淹祠堂小記，嚴先生無此忠忱。蓋所以旌勝國之藎臣，亦所以作是邦之士氣云爾。嗚呼，貞魂毅魄，十八人高節如生。古墓新祠，億萬載芳型不朽。當日成仁取義，常思烈士之風。異時立揣廉頑，猶是先生之教。

咸豐二年仲春，南皮張鉠謹撰。

弔十八先生文[一]

嗚呼，徹曉含芒，天星所以高節士。見危授命，人世所以重尸臣。乃有枉矢西流，赤烏夾日，當十八公忠節既盡，而三百年明祚遂終。寰宇爲之撫膺，奕世聞而下淚。豈非犀軒直蓋，先争鐘鼎之先，馬革殘屍，位埒雲臺之上哉。

夫先生身居亟國，志奉孱王。火德方衰，黄龍已死。扈播遷于兩粤，隨駐蹕于安龍。馬吉翔請禪受之圖，孫可望毁閣卿之印。豺狼並起于轂下，烽煙更莽若雲來。用切主憂，實維臣辱。抱九天九地之智，莫可施爲。聽一甄兩甄之鳴，處此實逼。讒焰掣擎天之手，妖雲遮捧日之心。晝策空良，行人不返。沈機旁瀉，惡竪搆氛。奄弁則狼狽爲奸，械大臣而侮王后。部郎皆狐媚自保，助逆賊以逞梟鋒。八字鋤忠，一人莫赦。嗚呼痛哉。白草青燐，誰能辨蔣侯之骨。歛旌冷翣，不聞歸穆伯之喪。共矢忠心，同爲怨魄。白虹日冷，碧葬風殘。可勝言哉。假使外援來自高州，內患消于富水。斷阿犖山之臂，埽洩落河之鋒。則露布歡呼，送頭

[一] 録自《興義府志》。

顱于千里。風聲蕩駭，化蟲沙之一軍。豈能恢復兩京，仍歸故鼎。不過策勳覆闕，磨崖一碑已耳。又安得氣肅三靈，而哀騰七萃也哉。嗟呼。銅駝星散，誰談明帝之諸陵。宰樹霜清，共識忠臣之古墓。

我朝思棟梁于前代，買馬骨于灰塵，用瘞殘骸，以旌大節。灑九天之雨露，直達窮泉。感兩晉之衣冠，能無流涕。然而冢中碧血，死有後馨。日後丹心，至今不朽。白鐫七字，勵古今臣子之忠。黃土一抔，增郡内山川之色。

洞也，趨庭鯉對，稽古馬場，幼讀史書，丹忱致慕，來瞻墓冢，雪涕沾襟。縱難從隔代以執鞭，每欲弔英雄以片紙。松風凛凛，先生之氣概巋然。秋草茫茫，舊日之夆儀如在。興亡莫恨，歲月已非。義著前朝，名垂萬世。

知足齋記[一]

齋以知足名，志箴也。古者箴以志物，示不忘也。朱子箴敬以志齋，紐因箴德以志里，江統箴忠以志座右，雖其箴不同，其示不忘，一也。陶君石宗，權新邑之次年，始治官舍，爲齋於署之東偏。蒔盆菊數種，琴書自娱，顔曰知足，以爲休息之所，恬如也。是歲之冬，石宗因公至郡，述其事，謂余曰：子亦知吾之所謂足乎。世之所謂足者，或安富尊榮，高車駟馬，以焜燿當時；或衣租食税，囊帛匱金，寸縷銘恩，壺餐市德，以顧盼自雄。而吾之所謂足者則不然。一官匏繫，五斗折腰，小試其鋒，久於其地。公餘之暇，邑中高人韻士，樂數晨夕，琴鶴寄興，詩酒談心，借重烟霞，潤色軒冕，黃花香淡，明月一尊，緑墅客稀，清風兩袖，此固吾之所謂自足者也。子盍爲我序之乎。余喟然曰：世固有以政簡刑清，訟獄衰息，爲足者矣。又有以時豐歲稔，政通人和，以爲足者矣。今以石宗之大器，而淹久於新邑，其所以爲足者，其誠乎，其否乎，其别有所託而爲是説乎。噫，吾知之矣。君子素位而行，不願乎外。新城分理，幅員雖狹，能使政簡刑清，足矣。能使訟獄衰息，足矣。能使時豐歲稔，政通人和，足矣。此石宗之觀天下于一隅，而淹久于新邑之所以爲足者也。石宗之知足大矣哉。語云歸真返璞，知足不辱者，其石宗之謂歟。

眉州增治蘇祠記[二]

眉州紗縠行之西，三蘇故宅，因宅爲祠。康熙中，知府趙蕙芽大治之。地方廣百畝，有亭、榭、橋、閣之屬。引隅入繚垣，爲兩池，東西通會祠東墻與試院。公之前輩何道州蒞此，鑿垣通往來，數游甜焉。久而不治，池濁屋壞。同治十三年五月，之洞行部來，至大熱敲蒸，幕客無所容，乃屬有司鐍祠門，使内屬以居。賓客、道士居室上、池上。徹其屋壁，更爲闌扇，可以臨水，特無高阜，眺望不遠。之洞想先賢人之文藻，慨前工之不易，思有裨補，以抒仰止。將發出私錢付掾，使樓於東池北，亭於水際竹間。樓以中材，亭以茅茨，苟完而已。何君來知此州，謂簡略不稱邦人意，以公使錢增益之，濬池通深，立闌楯墻，道植蒲荷。光緒二年三月，重來科試而樓成，麗廔開明，望見城東西諸山，

[一] 録自《興義府志》。
[二] 録自《廣雅堂四種》。

池清木榮，暇一登覽，雖檢詳文字，旰宵趨數，不知其勞也。昔魯共王好治宮室，壞孔子宅，以廣其居，君子病之。今之所爲，旅居於此者有限，而蘇祠之據之者無窮。其與魯共王之所爲，公私固有間焉。是役也，集費助成者，知州滿洲河清。鳩工營造者，州學正朱嘉暢、吏目沈宗淦。奔走料量者，州學生石璧、彭瑛，歲貢生楊春暉、李重光，待闕訓導劉崇德，皆有思賢述古之美者也。之洞有舊槧三蘇文粹，他日當郵寄來蜀，施於此祠，備掌故焉。

後記：今所經畫皆自木假山堂以東，堂以西地廣池深，與東半等，舊多廊樹，皆西向，不可起居。水亭有壁，遮絶不便。闌版迮狹，不可依隱。獨池北一堂，南鄉已頹敗，若爲正其謬，理其廢，池南更爲北鄉小軒，益濬池，使周于西。北埂因羨工爲山，循西墻新渠，造長廊數十間，南屬舊亭，北屬土山。沿兩池，徧樹竹柳易生之物，不使有郤，則游行者早暮可以避日，無大費而美善盡。凡舉事必有條理，然後利用。恐後人更有治之者，并書此餉遺之。

創建尊經書院記

同治十三年四月，興文薛侍郎偕通省薦紳先生十五人，投牒於總督、學政，請建書院，以通經學古，課蜀士。光緒元年春，書院成。擇諸生百人，肄業其中。督部盱眙吴公與薛侍郎，使之洞議其章程。事屬草創，未能畫一。有所商略，或未施行。比之洞將受代，始草具其槀，商搉定議。諸生屢以記爲請，曰：礱石三年矣。乃進諸生而語之曰，奚以記爲哉，諸薦紳之公牒、吴公之奏牘，緣起備具，是即記矣，不勞複出也。若夫建置書院之本義，與學術教條之大端，願得與諸生說之。

諸生問曰：先生之與臺司諸公，及諸鄉先生，刱爲此舉，何意也。曰：若意謂何。或對曰：振恤寒士。曰：噫，何見之左也。使者教士之官，非振貧之官也。全蜀學生三萬人，院額百人，振百人遺三萬，何益。月費歲止數十金，即益以膏火，未見能起其貧也。如爲振貧，則籌鉅款。增廣錦江書院膏火數百名，足矣。然則何爲。曰：爲讀書。讀書何用。曰：成人材。蜀才之盛，舊矣。漢之郭、即犍爲文學。張、馬、揚，經之宗也。宋之二王、當、偁。二李、燾、心傳。史、范，史之良也。其餘唐之陳、李，宋之五蘇、范、虞，元之虞，明之楊，氣節、經濟、文章之淵藪也。方今聖上敦崇經學，祀漢太尉南閣祭酒許君於學宮。試卷經策空疏者，磨勘有罰。使者奉宣德意，誠欲諸生紹先哲，起蜀學。然歲科兩試，能進退去取其所已然，不能補益其所未至。批抹不能詳，發落不能盡，僅校之非教之也。於是乎，議立書院，分府拔尤，各郡皆與。視其學大小、人多少，以爲等。延師購書，分業程課。學成而歸，各以倡導其鄉里後進，展轉流衍再傳，而後全蜀皆通博之士、致用之材也。語云：一人學戰，教成十人。萬人學戰，教成三軍。操約而施博，此使者及諸公之本意也。說本義弟一。

諸生問曰：先生之本意既得聞矣，學者之要如何。曰：在定志。適越而面太行，馬愈良者去逾遠，裵回於歧路者，日行不能十里。入院者爲學問也，非爲膏火也。掩卷而自考，果能解乎。逾月而自省，學有進乎。出接同舍，歸而發憤，我有以勝於人乎。學海堂之三集，詁經精舍文鈔之三編，皆書院諸生所爲也，何渠不若彼乎。勿以一課之高下爲喜怒，勿蒙昧鈔撮、假借僥倖以自欺。時不再至，師不常得。何所聞而來，何所見而去，是可愧也，抑可悔也〔一〕。慎無徒以調院高材生之目，招人彈射也。說定志弟二。

諸生問曰：志在讀書矣，宜讀何書。曰：在擇術。宜擇何術。曰：無定。經、史、小學、輿地、推步、算術、經濟、詩、古文辭皆學也。無所不通者，代不數人，高材或兼二三。專門精求其一，性有所近，志有所存，擇而爲之，期於必成。非博不通，非專不精。說擇術弟三。或謂宜分經學、小學屬焉。史學、輿地屬焉。經濟、國朝掌故屬焉。算學、天算屬焉。詞章爲五門。各延一師，弟子各執一業。其法良善，顧經費太鉅，不能辦也，姑俟異日。算學難得師，省城有韓君紫汀精此，可以問業。

諸生問曰：術聽人擇，何爲必通經乎。曰：有本。大學曰：物有本末。論語曰：本立而道生。聖賢通天下事理，言之謂之本。學人因謂之根柢。凡學之根柢，必在經史。讀羣書之根柢，在通經。讀史之根柢，亦在通經。或曰，史與經何與，不知。史學要領在三史，不通經學、小學，未有能通三史者也。通經之根柢，在通小學，此萬古不廢之理也。不通小學，其解經皆燕說也。不通經學，其讀史，不能讀表、志也。不通經史，其詞章之訓詁多不安，事實多不審。雖富於詞，必儉於理。不通小學亦未有能盡通文選者也。故凡爲士，必知經學、小學。綜此兩端，其在篤嗜、神悟。欲以此名家箸述者，終身由之而不盡。若夫約而求之，治說文者，知六書義例之區分，篆、隸遞變之次弟，經傳文字通借之常例，古今音韻之異同，足以治經矣。治經學者，知訓詁之本義，羣經之要指，經師授受之源流，儒先傳注異同、長短之大端，足以折中羣籍矣。即此數要，先正老師其說已備，其書具存。輶軒語、書目答問舉之已詳。稍求之深者，治說文三年，治經學七年，通計十年，不爲多也。求之淺者，治說文一年，治經三年，通計四年，益不難也。苟有其本，以爲一切學術，沛然誰能禦之。要其終也，歸於有用。天下人材出於學，學不得不先求諸經。治經之方，不得不先求諸漢學。其勢然，其序然也。人各有能有不能，性各有近有不近。如謂强人人爲經生博士，而盡廢此外之學術，何爲更以史論、詩文課之哉。說務本弟四。

諸生問曰：經學、小學之書，繁而難紀，異同蠭起，爲之奈何。曰：有要，使者所撰輶軒語、書目答問言之矣。猶恐其繁，更約言之。經學必先求諸學海堂經解，小學必先求諸段注說文，史學必先求諸三史，總計一切學術，必先求諸四庫提要。以此爲主，以餘爲輔。不由此入，必無所得。說知要弟五。督部吴公初議，入院者人給五經一、釋文一、史記一、文選一、史記合評一。如經費能辦，可著爲法。更有國語、國策、兩漢、三國、說文、必須兼檢字。歷代帝王年表、簡明目録皆成都有版，價直亦廉。諸生節衣縮食，亦須置之。

諸生問曰：既知要矣，如何而後有效。曰：在定課。人立日記一册，記每日看書之數。某書弟幾卷起，弟幾卷止。記其所疑，記其所得，無疑無得不可强。書不貴多，貴真過目。不貴猛，貴有恒。不貴涉獵，貴深思。不貴議論，貴校勘考訂。不貴强記，貴能解。能解方能記，不解自不記。不貴剏新解，貴通舊說。不貴更端，貴終卷。大略書三種說文一、提要一，其餘或經或史一，各看若干葉，使者置有提要三部，猶恐不能周。各擇一類，分看可也。監院督之，山長句而閱之，叩詰而考驗之。一課不中程者，罰月費。二課戒飭。三課屏之院外。說定課弟六。

〔一〕「抑」，沔陽盧氏慎始齋刊本作「亦」。

諸生問曰：有依課計功，而無所得者，何也。曰：不用心之咎也。平日嬉娱，臨課而搜索枵腹。日日課試，無益也。繙書鈔撮，姑以塞責。檢之不能得，讀之不能句，摘之不得其起止。鈔考据之書，不能辨其孰爲引證語，孰爲自下語也。鈔記事之書，不瞭然此事之原委也。如此，則鈔之而仍忘，引之而不解。雖日日鈔書，無益也。作爲文章，以勦襲爲逸，以儲材爲勞。讀近人淺俗之文，則喜；古集費神思，則厭。甘仰屋以課虚，不肯學古而乞靈。雖日日爲詞章，無益也。用心之狀古書，雖奥必求其通。不能通者，考之羣書，勿病其繁。問之同學，不以爲恥。文章縱苦澀，勿因人縱蹈摹古之譏，勿染時俗之習。如此而不效，未之有也。説用心弟七。

諸生問曰：用心而以爲苦，何也。曰：信之不堅，中作而輟。古書多簡，古訓多迂，古事多隱，陋則多怪，厭則生疑，畏難則思遁，已不信矣。凡民難與慮始，而可與樂成。爲古學，爲高文，忌者謗之，俗淺者譏之。專利禄求捷獲者笑之，挾私見者攻之，不爲摇奪者尠矣。夫使者亦何爲焦心勞力，而設爲難行難效，有害無益之事，以困蜀人哉。野人食芹而甘，遂欲公之衆人。同嗜者試之，異趣者聽之，必能行古書，信師説，信使者之不欺。雖或猶豫，姑降心抑志，勉而行之。行之三年，果無可好，棄去未爲晚也。使者誠譾陋，顧所撰輶軒語、書目答問兩編，開發初學，論卑易行。如能篤信而擇用之，雖暫無師，必有所得矣。如并此淺易者，百言而百不信，雖許、鄭在左，程、朱在右，將益駭而苦之矣，亦何益哉。説篤信弟八。

諸生問曰：此可以祛不學之病矣〔一〕，近世學者多生門户之弊，奈何。曰：學術有門徑，學人無黨援。漢學，學也。宋學，亦學也。經濟詞章以下，皆學也。不必嗜甘而忌辛也。輶軒語言之已詳。大要，讀書宗漢學，制行宗宋學。漢學豈無所失，然宗之，則空疏蔑古之弊除矣。宋學非無所病，然宗之則可以寡過矣。至其所短，前人攻之，我心知之。學人貴通其論事理也，貴心安争之而於己無益，排之而究不能勝，不如其已也。諸生問曰：然則何以不課性理。曰：宋學貴躬行，不貴虚談。在山長表率之，範圍之，非所能課也。後所説慎習、尊師云云。即宋學也。使者於兩家，有所慕而無所黨。不惟漢、宋兩家不偏廢，其餘一切學術亦不可廢。若入院者，抱一而自足，是此而非彼，誤矣。不入院者，執一以相攻，更大誤矣。説息争弟九。用漢學之師法，雖兼采諸儒之説，亦漢學也。守宋學之準繩，雖不談性理，亦宋學也。漢學師法，止於實事求是。宋學準繩，止於嚴辨義利，無深談也。

諸生問曰：争端息矣，猶有慮乎。曰：慮在不尊師，無師功半，有師功倍。既來主講，必有所長。虚心請業，聽言則記，勿窘其疏，勿抵其隙，勿妄生辨難，勿以教督下考而不悦。同舍諸生復加切磋，學優勿吝，考下勿妬，勿嬉談廢日，勿狎侮。經史繁重者，一人繙之，則畏難而自廢。同力檢之，則易得。疑義難解者，獨坐冥思，則窒。詰難推求，談諧趣妙，則通。此友之益，亦師之亞。説尊師弟十。

諸生問曰：學如是足矣。曰：不然。不求進功，先求寡過。今天下之書院，不溺於積習者，罕矣。人多則哤，課無定程則逸，師不能用官法則玩。嬉遊博簺，結黨造言，干與訟事，訕謗主講，品既敗矣，學庸有成乎。有蹈此者，監院以聞，屏黜不宥，齋長與有責焉。昔者，湖學弟子，行路皆識，令人敬愛，不亦美乎。

〔一〕「病」，拓本《四川尊經書院記》作「弊」。

説慎習弟十一。

諸生問曰：爲弟子之道，敬聞命矣。然山長之教法，不可知也，奈何。曰：有良師來，其道可擬議而豫知也。書院非試場，月課非考試。此教未成者，非考已成者，非善誘不可。初學窮經，未知所從。憑臆妄説無益，不辨純駁，任意鈔撮亦無益。每課發題，經解題必出先儒，已有確解定論者，使之疏證，以覘其悟。疏證者，比類引書以徵實。或舊解兩歧者，使之自決，以覘其斷。先檢元書，宣示諸生，使其領解，然後下筆。總須其書爲院内所有者。主講既評其卷，指其乖合通塞，必爲書一確解，張於講堂。史論發題，論史事勿論一人，重考辨，不重空論。發題取諸正史各志及通鑑紀事本末、通典、通考之屬。詩賦雜文多令擬古，示以元作，使之考其義法，摹其氣格。如是則課一解，即通一經義也。課一論，即知一史案也。課一詩文，即熟古人一詩文也。此非如科目，有去取不可，令其射覆，以窘之也。説善誘弟十二。今年使者限諸生將説文依六書分類，欲其將説文通閲一過也。令其將歸、方合評史記以五色筆照臨，欲其將史記通閲五過也。令其先閲四庫提要經部，爲其中或考核箸書人之本末，或校勘版本，或議論他事，不專詁經，可以開發性靈也。此亦誘之而已，其法未必盡於此，其意或可采而用之。

山長與諸生，五日一會於講堂。監院呈日記，山長摘其所習之書而問之，以驗其有得與否。閲日記畢，與之講説，問難不禁。所記不實者罰之。前所講授，不能覆答者，罰之。甚者，夏楚之假歸，視遠近爲限，逾限不至者除其名，到日候闕再補。説程功弟十三。每月官課後始到者，不得領月費。

既懲其惰，又惜其力，月止二課，官課一、齋課一。課止四題，經解一、史論一、雜文與賦爲一、詩一，賦與雜文不竝出，雜文或駢或散惟宜。可減不可增，四日繳卷，必有餘力，乃可讀書。若思而不學，精力勞憊，無益而有害，非教士之本意也。説惜力弟十四。

調院之外，投考者不禁，核其籍貫、學册，其人之有無，及真僞。羼入外省人者，責監院。投考多空名，積習如此。收録須少嚴，宜由山長面試一次，以備參檢其文理、字蹟也。三課不入二百名内者，除其名。每課膏火百名，住院者常居十之七，投考者無過十之三。若投考過衆，佳卷過多，亦無過十之五。不使奪其膏火，以給其用。説恤私弟十五。凡給月費膏火，監院册其名，加山長圖記，乃以請於鹽道。鹽道亦書其名，舉其數，揭示於院門外。

凡爲山長，不可懦也。牖導必寬，約束必嚴。山長主之，監院佐之，齋長承之，各衙門督之。敗習者、邪説謬論者、名雖著録而不奉課程者，有罰。輕者罰月費，重者夏楚，再重者屏逐，再重者既逐出監院，仍稟提學注劣，甚至褫黜院門。至戌則鍵閉，無名籍者，不得容一人入居於院。院設齋長四人，以助鈐束、稽程課，增其月費。以學優年長者充之。由學院選用，無過不更易，闕則請命而更補之。監院不得私派，不得以錢物瑣俗事委齋長。有犯教條者，監院齋長不以聞，輕則記過，甚則更易。説約束弟十六。

書院所儲之書，監院有籍，除官發外，使者捐置二百餘部。二人掌之，增其月費。凡書必責掌書者題其前額，違者罰。不如此，不能檢，不能讀也。歲一更，不得留。不得用本城人，爲其居於外也。不得借出院，掌書須擇曉事者，不可濫，尤不可吝也。若遺失，勒限領書者借覓鈔補，不能補者罰，掌書者無罪。其罰卷多者，每函一月月費。卷少者，每部皆以一函論。尤精祕者，酌增。若罪掌書，則固閉不出。罰過重，則人不敢領。失書猶可，束書不得讀不可也。説書籍弟十七。局刻書版藏於院者，印售時視紙料定價三等，刊播宣示。若經費充足，凡切要同看之書，院中須各置十許部。若注疏、經解、正史、通鑑、提要、説文、玉篇、廣韻及考据家最著之書，周秦諸子、大家文集之屬，雖費數千金，其效甚鉅，不足靳也。姑俟異日。正史即坊本亦可。

諸生問曰：不課時文何也。曰：無庸也。世人應試而不好學，根柢日薄，而四書文日益不振。明詔使鄉會場加意經策，而下無以應，故爲此以養其原，以補其不足。若四書文，大小場用之，各郡縣書院課之，諸生無不習者。今復課之，贅也。且月增四書文一課，時日精力不能勝也。諸生曰：如此，得不與科名相妨乎。曰：不然。根柢深而不工詞章者，尟矣。工一切詩古文辭，而不能爲舉業者，抑又希矣。其於時文有相資也，無相害也，或自爲之可也，或應他書院課爲之可也，豈禁之哉。況乎策論、詩賦，便考古也。課卷用白摺，習書法也。由選拔以至廷試，未有不視古學、楷法爲進退者也。時文固所習，又益之以諸條，其爲科名計，抑亦周矣。説釋疑弟十八。

凡十八條，使者所以爲蜀士計者。如此後有山長與夫大吏、學使主持此事者，視可用者采之，未備者補之，若遽不能得師，師或怠於教，諸生自爲之，莫余禁也。法不善，雖立不行。法雖善，久而亦變。先王不能得之於後賢，況官師乎。其行之而堅與不堅，效與不效，非所敢知之。夫蜀之當務，不獨學也。學之宜修，不獨蜀也。在府言府，在庫言庫，使者之職也。揖諸生而退，遂書問答之語以爲記。

光緒二年十一月，提督四川學政、侍讀銜翰林院編修張之洞撰。

新城孟子廟碑記

聖清以文治天下，敦劭儒學。維孟子理大化博，有匡道持世之烈，用漢儒趙岐之言，尊曰亞聖。既以配食於孔子廟庭，更於所居鄒縣立廟，歲時禋饗，官董其事。當是時，直隸之新城、高陽皆有孟氏，昉於五十五世孫德寬、德玉，遷自故明。寬居新城，玉居高陽，宗支熾大。乾隆中，六十八世孫傳德，還至鄒嶧。告於宗子，篹述世譜，符驗胳契。嘉慶三年，天子臨雍，實與陪祀。俞詔選入大學，令其後丁口無算、力役無徵。道光三年，六十九世孫繼魯，謀於諸孟，協規率錢，於新城縣西十五里史家鎮爲廟，以祀孟子。越四十二年，爲今上同治五年，重復修治。六十八世孫前掌江南道監察御史禮部郎中孟傳金、七十世孫大挑知縣廣嶧、鴻臚寺序班廣齡，使之洞爲辭，以著其本末。或曰，先王之立宗法，所以奠繫姓、正昭穆、别疏屬也。戴記大傳曰：别子爲祖，繼别爲宗，有百世不遷之宗，有五世則遷之宗。百世不遷者，别子之後也。宗其繼高祖者，五世則遷者也。鄭君注曰：别子，謂始來在此國者，後世以爲祖。繼别子，别子之世適也。小記曰：庶子不祭祖，明其宗也。鄭君注曰：明其尊宗以爲本也。儀禮曰：公子不得禰先君，公孫不得祖諸侯，此自卑别於尊者也。魯作武宫，春秋公羊傳譏其積世不毁。今孟子之時祀，有秩於太常。奉祠之五經博士，有籍於禮部。孟子當爲百世不遷之祖，職博士者尸之。德寬、德玉自爲别子，其世適祖之宜矣，乃屬絶戚單而間大宗之祀，非禮意也。又考之家語，曰：衛將軍文子，將立先君之廟於家，使子羔訪於孔子。孔子曰：公廟設私家，非古禮之所及。夫孟子之祀，國之典祀也，牢俎鉶羹之物有數，灌燎贊拜之儀有等。若私祀之，則未知主祀者之爵，尊卑何如也。祭用何禮，羞用何牲，饋而不腥則已媟，備則已僭，又非禮意也。由前之説則拂宗法，由後之説則非祀典。然則孟廟之立，於禮亦有説乎。曰：有。春秋穀梁傳曰：德厚者流光，德薄者流卑，是以貴始。此言有功德者之宜爲始祖也。禮：去墠曰鬼。高圉親盡矣，而周人祀焉。禮諸公有勳勞也。蓋法施於民者，有祀法。而功德太盛者，無絶義。是故社祭鄉先生，西學祀先賢，瞽宗祭樂祖，入學祭先聖先師，此其事皆非二祧、五祀之常，而有得乎義協禮起之意。且夫刌肺瓜環必有所薦，老婦燔柴必有所報，若孟子者，其宜乎，其不宜乎。嗚呼。無孔子，則堯、舜、禹、湯、文、武、周公之道不明。無孟子，則孔子之道不尊。至於今日，朱、翟之放蕩，莊、列之曼衍，縱横、飛箝、堅白、名實之歧出。其書雖存，而誦習六經，思與於先王之道者，皆得别白而放黜之。紅紫不亂朱，鼃聲不奪雅，韓氏所謂功不在禹下者，此也。然則天下之人，家尸而户祝之，可也。況乎繼繼承承蟬嫣而嗣續者，其又何説。昔漢諸葛武侯之没，所在求爲立廟，朝議以禮秩，不聽。習隆、向充表言亮德範遐邇，勳蓋季世，宜因近其墓，立之於沔陽，使所親屬以時致祭，從之。今諸孟之爲此，不其無戾於經訓而有徵於史事乎。然則其禮宜奈何。曰：諸孟合族以祭，大宗爲之主，用薦其常事之義。有爲大夫者，用上牲。有爲士者，用下牲。禮殺於兩丁而備於薦寢，庶乎其得之矣。廟南鄉，爲堂三筵，前有榮，東西有序，左右掖門各一，繚垣高廣如制，庖、湢備。嗚呼，諸孟可謂好學尊祖者矣，故爲説諸孟所以得祀孟子之義，并詳規制、歲月，而寫諸麗牲之石。

殿試對策

臣對：臣聞制科之設，昉於西漢。本以求能直言極諫之人，而天子臨軒稱制，問之使盡其所欲言，故漢董仲舒、唐劉蕡、後周王朴、宋蘇軾、陳亮類能指陳當代利害，侃諤不撓。誠以此科非以校多士之詞章，將以聞朝廷之闕失。欽惟皇帝陛下以聖哲之資，荷艱大之業，揆文奮武，四海望治，猥以典學求賢，崇儉察吏之要，下采芻蕘。伏讀詔書，罷去對策格式、忌諱，俾得剴切敷陳。是則二百餘年相沿之舊章，在今日爲破格求言之盛舉。聞之孟子，不以堯舜之道事君，爲不敬。若逆億言之無益，而遂塗飾敷衍，苟以竊一命之榮，不敬孰大於是，用敢披肝膽，冒斧質爲陛下一言。伏讀制策，有曰：二帝三王之心法，不外一中。因旁搜經典，以相發明。臣謹案：春秋繁露曰：合天者帝，通德者王。書之欽，易乾坤之誠敬，春秋傳之大居正，皆與執中通。大學始終一敬，中庸樞紐一誠，朱熹語也。真德秀大學衍義四十三卷，斷自齊家而止，意謂治平之基已具。邱濬補之爲百六十卷，而後經世大法犁然可觀。夫明體而達用，化民而成俗，此帝王之學所以與小儒異，而不僅訓故詞章之爲也。然謂語精微而遺實事，聖賢之道當不其然。臣愚以爲陛下沖齡毓德，固不必原心於杪忽，校理於分寸，所亟者莫如察敬肆、辨邪正。敬肆察，則理欲自判。邪正辨，則君子小人自分。勿以順逆爲喜怒，勿以喜怒爲從違，即異日親裁大政，擴而充之，豈能外此。其審端致力之方，則備具於董仲舒之對，匡衡之疏，程頤、胡安國之進講，朱熹之封事，而深切居要，則程頤多親賢士大夫一語盡之矣。制策又以得賢才所以治天下，而綜論資格、科目之得失。臣謂今日人材之乏，資格太拘，科目太隘致之也。案：選部之名始於漢季，吏部之名始於魏，量能授職，古意未湮。循資格出而差次，注銓權歸胥吏。計闕例但免羈候，無與本圖。此正前代之失，可爲殷鑒。昔漢有德行高妙等四科，宋有賢良方正等六科。司馬光請立行誼純固等十科，果能盡如所言，尚慮何才不備。若恐矯僞者之糅雜其間，此陛下慎重名器之深心，而臣竊以爲過計。何則。任人者治，任法者亂。昔康熙乾隆間，嘗舉鴻博矣，推其舉主，大半知交，然未聞有空疏不學亦與其選者。蓋公然薦舉，尚畏人言，暗中摸索，轉得藉口。龐統曰：拔十得五，猶獲其半。夫得半，已不少矣。奈何爲此十不獲一之術哉。今即未能盡易前轍，意者蘇轍兼用科目選舉之法，或亦可采取歟。如此，而猶慮取之或遺，則所司奉行不力之過。比年，陛下亦嘗詔中外舉將才矣，然而應者寥寥，山林隱逸則絶無聞焉，豈九州之内遂無才已乎。古者蔽賢有戮，不舉孝廉者有罪。誠使多其途，優其用，嚴其限，重其不舉之罰，期年之内，而人才不奮迅鱗集於京師，臣不信也。且夫賢才之所求於上者，誠欲行其言也，非但欲得仕宦而已也。陛下欲綜覈名實，則何不試其言之效不效，以爲用不用之權衡哉。今世士大夫習爲柔懦謹畏，但有拘守繩尺之過，斷無軼乎範圍之憂。臣以爲，當救其所偏，不當導其所勝。世宗憲皇帝時，所用李衛、田文鏡輩，雖不免駁雜，而皆立功名。誠以文法之中，必不足以得非常之士。如必棄狂狷，而取鄉愿，治平且不可，況多事乎。臣見其害，未覩其利。制策又以今日習尚侈靡，思以儉德救敝俗，臣於是歎陛下之知，本爲不可及也。今天下大患在於貧，吏貧則黷，民貧則爲盜，軍貧則無以戰，而其原自不儉始。共德之訓，垂範往古。今民間輿服之飾，冠昏喪祭之儀，但視物力之豐嗇，不問制度之等差。尊卑不章，良賤無别，匪直害財，抑且傷禮。官吏汰侈，爲禍更烈。大吏之厨傳、供張、車乘、傔從取給州縣，州縣之自奉、奉人，又將於誰取之。嘗考聖祖仁皇帝時，削平三藩諸寇，數道出師，攻戰累年，租入曾不及半，問其度支所出，惟以撙節爲先務，然則其效略可覩矣。陛下何不躬爲倡導，申明舊章，以湔此積習耶。且俗尚節儉，其利有三：申古者剷金之禁，服飾不耗，日用自饒，利一也。隆殺有等，昏喪易舉，利二也。夫培本根，簒組微，則布帛盛，他物稱是，農人獲利，利三也。夫培本根，厚風俗之道，不可不察也。制策又以蠹吏厲民，思所以整齊磨厲之道。臣惟州縣表率在於府道，故漢傳循吏，不及令長。今天下州縣以二千計，然縣之隸於府者，一二至十餘而止。府之隸於道者，一二至五六而止。勢繁而理約，節節相制，不難理也。近來知府貧乏，仰食州縣，陋規固已關其口，而奪之氣矣。道與府同，而其勢又不能與兩司争，所以督察之任，有名無實。謂由儒術者迂而弛事是已，然未可爲儒術咎也。夫所謂儒者，宗法聖賢，博通今古。以之爲吏，誰曰不宜。今世士人，殫精畢世，但攻時文，一旦釋褐從政，律令且不曉，何論致治戡亂之略哉。至於捐納雜流，究其貽患，甚於加賦，其害人人能言，而其弊未可以卒革者，不過曰軍饟所出耳。臣竊以爲民窮財盡，來者益稀，徒受鬻爵之名，並無富國之實。今北方諸省之饟，出於地丁。江皖等省之饟，出於釐金、洋税、協濟、畝捐。湖廣等省之饟，出於地丁、鹽釐。曷嘗恃此以爲生計。假使今日督撫將帥，果能於江之南北，淮之東西，關中榛莽之墟，蘇松汙萊之場，大河涸出之道，興屯足食，耕戰兼資，加以清正供之中飽，興可開之釐税，裁無用之額兵，行之三年，富彊可致，亦何至沾沾於苟且補苴之術耶。今欲懲貪墨，養循良，唯當責之大吏。大吏知大體，則必不以簿書期會爲才。大吏厲風操，則武健掊克者，必竄逐而無所容。雖然欲禁其貪，而不先有以養其廉，恐亦終類於救火揚沸之爲耳。夫殺一賊，不如使民少增一賊之爲功多也。求一良將，不如選一良吏之爲力易也。二者固宜深思而蚤計也。伏望陛下本至誠之德，奮獨斷之明，破除常格，集思廣聽，以成中興之業。慺慺愚忠，不勝大願。臣非不知一介愚賤，妄陳天下大計，足以自干罪戾。特自維束髮讀書，稍知大義，敢承清問，效其狂瞽之説。其未及者，不敢著於篇。儻陛下曲赦之，而財擇焉，天下幸甚。臣末學新進，罔識忌諱，干冒宸嚴，不勝戰慄隕越之至。臣謹對。

三不殆論

器無安危，視乎人之所措。國無安危，視乎人之所爲。昔晉平公嘗自詡其國有三不殆矣，一險、二多馬、三鄰國多難之。三者皆覘國之奥，用兵之機，而英雄所藉以爲霸王之資者也。故唐虞距河爲都，漢據關中制天下，秦非子、魯僖、衛文輩皆以畜牧致彊大。而古文尚書特著兼弱攻昧之訓，然謂此爲國之形勢利便可也，謂此爲立國之本，可以恃而無恐則非也。善哉。女叔齊之言乎，折其氣，匡其失，導之以歆神，人修政德，其説備矣。則且推而論之，厹由之道、陰平之嶺、易京之雄、天塹之限，白檀平岡，塹山堙谷數百里之遠，非無險也。元狩出塞，官私馬之多，開元、天寶監坊之盛，大宛、渥洼之產，祁連、蕃息之歌，淝水投鞭，斷流之衆，馬非不多也。越爲吴迫，稻蟹不遺種。趙困長平，齊不救。漢魏相持，而吴議其後，非無鄰國之難也。然皆不旋踵，而憂患隨之。何哉，禍伏於所恃，而立國貴圖其本也。老子曰：知止不殆。孫子曰：知己知彼，百戰不殆。若平公所謂不殆，其亦有合於此否乎。雖然，女叔齊之言善矣，而未盡也。晉世長中原，至平公稍弱。今因楚求諸侯，而爲此語，是猶有自彊之志。奈何不勸以任賢講武，尊王攘夷，以張表裏河山之勢，而終聽命於楚耶。君子於是，爲晉平公惜。

惠陵升祔第一議代

謹案：古今通義，天子七廟，三昭三穆，祖功而宗德。蓋昭穆之廟，以親祭者也，以六爲限。自太祖以下，復有百世不毁之廟，此以功德祭者也，不在七廟之數。有常數者，親盡則遷，所以示親親之殺無定數者。別自立廟，不與親廟相紊，所以彰崇德報功之典。此蓋仁人孝子之用心，一制其常，一通其變。既有以遂報本追遠之精誠，即爲國家卜世緜長之豫計。聖人制禮，兩義炳然，經傳可據，史册可徵者也。今穆宗毅皇帝禮當升祔，而太廟九室爲數已盈，自宜籌議周詳，以期盡善。竊謂禮不本諸經，則不典。事勢不宜於今，則不行。制度不爲萬世久遠計，則苟簡而非詳。慎考百世不祧之廟，名曰世室。周以后稷爲始祖，益以昭穆，已足七廟。而文、武有大功德，故特建文武兩世室而不祧。魯以周公爲始祖，而伯禽受封開國，故亦建魯公世室而不祧。春秋公羊傳曰：世室者，世世不毁也。古今數千年來，禮制明備，損益盡善，無過姬周。商之三宗已開其始，漢、唐、宋、明咸師其意。特以一代應居不祧者，或止一二帝，或不祧者雖多，而廟室寬廣儘數可容，故仍合祭於同堂異室中，而不更立世室名目，究屬簡略，未極精詳。恭讀文宗顯皇帝聖訓，有云：禮經三昭、三穆，與太祖之廟而七。宋儒朱子謂百世不祧之廟，如周之文、武世室，商之成湯三宗，不在數中，則天子七廟特禮之常制，非合不祧之室而言。仰見聖人議禮，契合古經。今日以親廟而論，則由穆宗上溯，世宗已滿三昭三穆之數。伏思太祖、世祖、聖祖既稱祖廟，無待更議。太宗纘緒開疆，比隆周之文、武，允宜肇稱殷禮，特建世室，以示尊崇。將來列宗諸廟，其昭穆親盡，而功德不祧者，以次祔於世室。漢儒所謂宗無定數，有功德則宗之，正與此義相脗合。中殿列聖神位，以次遞遷而上，穆宗依禮祔於第九室。如此則見在廟室之數，與升祔之典，兩無妨礙。至營建之地，先儒謂文、武世室在太祖廟之旁，昭穆廟之上。擬於中殿左側，徹去墻垣，展拓地基，更建九楹。規制陳設，一如中殿。如内垣外隙地較狹，即更道以外之，繚垣無妨外拓。蓋廟制地形，不以此爲嫌。如必謂徹墻拓地較爲勞費，則擬於後殿之後，别建後殿，以奉肇、興、景、顯四祖。將後殿一切規制改同中殿，以作世室。或謂世室别廟似近於祧，不知祧廟與世室其名固殊，實亦迥異。其廟制則龕位陳設與正廟詳略攸殊，其禮節則祧廟有祫祭而不與時享。今時享仍舊，且一切規制與昭穆廟皆同，豈致相混。或謂列聖妥侑已久，未便遷移，是大不然。周易萃、升皆爲祭祀之卦，萃卦之後，受之以升。萃以象合，祭於一廟。升以象遞遷而益上。自古聖制禮建立廟制以來，三代迄明無不隨時遞遷，常經通義，曷嘗以移動爲嫌。或謂太宗既祀於世室，則世祖、聖祖以下皆須遞遷而上，疑與左昭右穆之制不符，是又不然。考昭穆有一定左右之説，經典本無明文，後儒注家其説不一。惟宋陸佃之説最爲明晰，詳具宋書禮志。蓋昭穆以廟制南向北向得名，因而爲世次奇偶之别稱。以次迭進，本無定居。如云昭穆之位一成不易，則當易世祔廟之際，昭祔於昭，昭祧而穆不動。穆祔於穆，穆祧而昭不動。豈不有子居父上，祖在曾先。如祧自依世次遠近，而廟自依昭穆爲左右，則古來承統者，倫序無定。或屢代俱昭，屢代俱穆，必致有一昭五穆，四昭二穆之時。多少參差，成何禮制。禮記祭法去祧爲壇，去壇爲墠。其制壇右墠左，若拘定昭穆左右不可移易，則六世之外其屬於昭者，將越壇而居墠乎。故其説勢有難拘，即使拘守，其亦僅可爲古制都宫異廟者言之，與後世同堂異室之制，全無干涉。考唐之十一室，實祀十一帝。宋之十二室，實祀十二帝。既無虚位，亦無躋逆。唐宋之君，其非父子繼統者頗多，若非左右遞遷，必致間斷空闕，上下參差，則十一帝之主，豈十一室所能容哉。推之他代，無不皆然。千餘年來視爲常禮，何獨於今日而致疑乎。恭考郊壇配位，太祖居左，太宗居右，以下一左一右，以次序列。而太廟龕位，則太祖居中，太宗居左，世祖居右，以下一左一右，亦以次序列。是郊廟所居，各殊左右，並非一轍。可見昭穆之世次有定，左右之迭居無常。然則昭穆以次遞遷而上，前史可證，國典可遵，更無疑義。或謂世室在後，何以太祖廟在前，此又不必過泥者也。三祖所以常爲昭穆羣廟之統，世室列宗所以别彰功德常宗之義，各自爲殿，各全其尊，尚爲變而不失其正。昔周公郊祀后稷以配天，宗祀文王於明堂，以配上帝，正爲各伸尊崇，兩不相厭。權宜之道，尚有所昉，自兹以後其不祧者固祔於世室。如有親盡當遷者，祀於世室之夾室，以仿古文、武夾室之義。庶幾億萬斯年廟寢裕如，祀典有常，無煩更議。此固創制之盛典，而實永祚之休徵也。至於此外羣議紛如，如欲別建一殿，以祀穆宗，則新作之主而不祔祖廟，與升祔名義顯有乖違。如欲祀於後殿，則以最近之親廟推而最遠。既有所不安，且與四祖同殿尤有所不宜。如欲於中殿兩端各增一室，則僅徇目前，未計久遠。國家洪祚悠長，以後又須更葺，動煩顧慮。考之前代，唐宣宗之時，武宗祔廟。宋理宗之時，哲宗祔廟。曾有增置兩室、一室之事。此皆衰世陋風，恐非熙朝之盛舉。莫若遠據經義，近稟聖謨，特建世室，俾升祔得以成禮，則報功崇德之典，親親之義竝伸，而無所屈。庶幾一時臣子之心安，而億萬年之廟制永無窒礙，昭代典禮媲美，周京洪基永延，福祿無窮矣。謹議。

惠陵升祔第二議 代

謹案：禮必法古，而事貴因時。穆宗毅皇帝禮當升祔，而太廟九室爲數已盈。自宜悉心籌議，以期盡善。列祖、列宗功德隆盛，歷經奉有明旨，百世不祧。今日惟有無改前規，別思妥侑。考古者廟制，外爲都宮，中分九廟，自漢唐至今皆爲同堂異室之制。然古制前廟後寢，本朝廟制，中殿以奉神牌，前殿以爲時享、祫祭、行禮之地。是前殿即古之廟，中殿即古之寢。蓋祔之爲義，以祔食爲主，既是前殿同享，即異廟不可行。竊擬於中殿之東，別建一殿，制亦九楹，與中殿無異，恭奉穆宗將來億萬斯年以次升祔。此殿至於時享、祫祭仍依舊制祀於殿前。是則寢雖別建，可援儀禮父子異宮之文，祭則一堂，不失春秋侑食太祖之意。於古有據，於今易行，庶幾舊日之鐘虡依然，而四時之馨香不隔。於制雖變而非創，工雖興而不擾，尊祖敬宗之意，竝申而無歉矣。抑臣更有請者，我朝洪祚延長，萬年勿替，今須別建九楹，將來終須另爲籌義。竊考之春秋、禮記，周以后稷爲始祖，而文、武開基，誼不當祧，別建世室。公羊傳曰：世室者，世世不毀也。商之成湯三宗亦別建不毀之廟，先儒謂與世室同意。古今來享國最久，無過商、周，盛舉深心，實可取法。蓋昭穆六廟必須足數，而功德至盛又不當祧，故制爲此禮，所以爲卜世綿長之計。朱子於祔廟議，亦請以宋太祖、太宗、仁宗建爲世室。本朝太宗、世祖、聖祖與周之文、武無異，如能一準古禮，特建世室，以次祔祭，以後凡有定論不祧者，恭奉其中，則億萬年之廟制永無窒閡。是否有當，恭候聖裁。

江漢炳靈集序

左太沖蜀都賦曰：江漢炳靈，世載其英。所謂漢者，謂發源今鞏昌府秦州，會白水過葭萌，至巴縣入江之嘉陵水，世所稱西漢水者也。案：禹貢惟有一漢，以大別入江之水當之。自漢書地理志始有東漢水、西漢水之目。然於隴西西縣下云：禹貢，嶓冢山，西漢水所出。於氐道下云：禹貢，養水所出，至武都爲漢。以見荆州之漢，定名於經。梁州之漢，後世所號。故一冠西字，一直用漢名。賓主秩然，班意可見。說文漾字、漢字下，皆指荆州之川。爲說不及嘉陵之水，惟氐道誤作猳道，字形小舛，不掩本義。自時厥後，東西糾紛。闞駰、常璩誤混爲一，桑欽、酈元移甲就乙，竟指漾爲西漢之源，其失愈甚。至魏書地形志、隋志、通典謂嶓冢有二，其棼乃解。山海經所謂鮒嵎山，水經注所謂東狼谷，華陽國志所謂漾山，即禹貢之漢所出之嶓冢無疑。班志以嶓冢專屬西漢之源，是其一疏耳。嘉陵水所以得西漢名者，實緣漾水枝流，西南潛出至梓潼、漢壽而與之合，故亦冒漢名。郭璞爾雅音義及鄭君之説可据也。若毛詩、周禮、春秋左氏傳所稱漢水，皆在荆域，無關梁境。然則太沖此語，宜施之楚，不宜施之蜀也。今湖北境爲兩大川所注，故其氣勢雄博，土田膏衍，人物稱盛。同治六年，之洞承命視學此邦，當是時，東南大定，上游休息。於是曩日兵衝四戰之區，咸得樂其生而修其文。絃誦彬雅，幾復舊觀。顧惟譾陋，兢兢奉法，思與學校之士，講明本原篤實之學。其才氣恢張者，則因而獎掖之，不敢以斷斷繩尺，隳沮其志氣。歲科兩試既畢，乃擇其文藝尤雅馴者，雕本以示士人，命曰江漢炳靈集。四書義取士，功令所先爲第一集。乾隆以來，試場定制，皆有試律爲第二集。每按一府，先試古學爲第三集。拔其尤異，召來省會，課以通經學古爲第四集。下車之始，例有觀風，卷軸競投，甄其翹傑爲第五集。時文必以闡發義理，華實具備者爲尚，詩、古文辭必以有法度不徇俗爲工。無陳無剽，殆斐然焉。明艾南英文集自叙自謂爲諸生最久，極道其時科條之瑣，祖索之酷，晷刻之促，寒暑之困踣，坐次之狹阸，風雨之侵擾，恒苦於不得盡其長。故應試之文，嘗有可以邀賞拔，而不可以適静觀者矣。然則應試之求工其文，其難可知。知其難，而其可貴，抑又可知也。

同治九年十月既望，翰林院編修、提督湖北學政張之洞敘。

桂氏説文義證敘

治經貴通大義，然求通義理，必自音訓始。欲通音訓，必自説文始。國朝經師類皆覃精小學，其校釋辨證説文之書最顯者十餘家，而以段注本爲甲。習聞諸老師言，段書外，惟曲阜桂氏義證，爲可與抗顔行者。其書嘗爲靈石陽氏連雲簃校刻，刻後未大印行，其家書版皆入質庫，以故世尠傳本。之洞奉使來湖北，始從布政使前輩香山何君許得見之。會江湖南北各行省奉詔開局，雕印經典。時武昌書局已刻經史數種，議刻段氏説文解字注。之洞語何君曰，段本固善，然聞元版未燬，又其完書收入學海堂經解中，是不必緟複也。宜刻莫如桂氏書。何君謂然，乃以此本付書局翻刻，而使之洞爲之叙。竊謂段氏之書，聲義兼明，而尤邃于聲。桂氏之書，聲亦竝及，而尤博于義。段氏鉤索比傳，自以爲能冥合許君之恉，勇于自信，欲以自成一家之言，故破字剏義爲多。桂氏敷佐許説，發揮旁通，令學者引申貫注，自得其義之所歸。故段書約而猝難通闢，桂書緐而尋省易了。夫語其得于心，則段勝矣。語其便于人，則段或未之先也。其專臚古籍，不下己意，則以意在博證求通。展轉孳乳，觸長無方，非若談理辨物，可以折衷一義。亦如王氏廣雅疏證、阮氏經籍纂詁之類，非可以己意爲獨斷者也。桂氏之言曰，近日學者風尚六書，動成習氣。偶涉名物，自負倉、雅。略講點畫，妄議斯、冰。叩以經典大義，茫乎未之聞也。此尤爲近今小學家所不能言，洵足以箴肓起廢者矣。獨其篇尾，除去新坿，蒐補遺文百二十二字，或頗未盡審諦。如祿、互，見具本書，此更于示部、二部增入。叡字既收又部，又收𣦼部，乃玉篇之疏，此遂因之各出。其佗籀、古、或體，止宜坿綴，篇、韵、汗簡所引點畫偶差，槩謂逸脱。病在求益，而近人苗夔、鄭珍所搜獲轉多，溢出于此。然其别劉于鎦，析諒爲亮，不至使纂堯闕姓，葛侯更名，以袪煩惑，斯其大爾。此書元刻闕第四十卷第四十三紙，領書局永康胡君求得日照丁秀才昰善所藏寫本，有此一葉，乃補入之爲完書。丁秀才後記有云，此就未校槀本言之，故不爲無弊云云。似此書校刻時，爲許、薛、汪、田諸君應時改定者多矣。顧其附説末兩條，自述作書本末、命名之恉。是首尾固已完具，即中間徵引偶有踳譌，或待補正，固非未成之書也。噫嘻。段、桂兩書奥矣，萃矣，許學備矣。特其卷幅竝皆緐重，初學者恒苦其難，而貧士每病其費，莫若取大興朱氏仿汲古閣大字本重雕。其文簡，其工省，俾求進于此者，得之以爲津梁，而更從事于段、桂兩家之書，以窮其堂奥。小學之興，庶有冀乎。或謂毛斧季取宋本，拓大其字，不守古式，不可用。予謂讀書貴得古人意而已，毛之專輒改易，校還其舊可也。若夫版本尺寸云爾，而亦必斤斤然，一矉一步之不失哉。

同治九年七月既望，提督湖北學政、翰院編修張之洞敘。

廣濟耆舊詩鈔序

莊舄，越人也。仕於楚，爵至執珪。聽其吟，則越吟也。夫一吟猶不忘故鄉，况於其鄉之人物、文章哉。漢人陳留耆舊傳、汝南先賢傳之屬但紀事實，自宋以來乃有哀輯鄉先生詩文者，要其網羅篇籍，章曜幽潛，不惟考文獻者有所藉，抑亦盛德事也。會稽章實齋作文史通義謂宜各州縣專設一曹，蒐訪其地掌故文章，以備撰方志之用。然今日簿書繁冗，俗吏視此爲不急，不如當處人士尋求而編録之之爲便矣。夏午庭徵士蒐輯廣濟耆舊詩十二卷，起明嘉靖，迄於咸豐之季。人各繫小傳，用中州集例也。諸家未必皆知名，而皆斐然可觀。乾隆以後稍弱，然以見一時風氣，不得廢也。余深疾近今人稍識聲律對偶，便自刻集以之饋人。人亦棄置庋閣，埋没塵坌，無復覽者。及問以鄉賢故事，輒茫然不知所對。夏君好學，工文辭。不自刻其詩，而汲汲以鄉邑文獻爲意，可謂賢矣。詩曰：維桑與梓，必恭敬止。夏君真深於詩者哉。

光緒三年十月，南皮張之洞書。

傳魯堂詩集序

羅田周翰林伯晉，當余提學湖北時，始爲縣學生。其時年甚少，而文甚高。閱二十年，余來鎮湖廣，則伯晉已通籍奉使命，學業已成，名聞天下。今年得見其刊本駢體文一卷、寫本詩一卷。其詩宏雅雄駿，岸然升乾嘉諸作者之堂。其述事覽古之篇，詞采奇偉，而事理秩然可尋。刻畫山水草木之作，百態畢盡，而俊氣不爲之遏。抑若夫才調鋒發，而天性篤厚，哀樂純至，足以感人。是則以前作者所難兼，尤其可貴者也。近今二十年，江漢人才爲盛，博學雅材，余識其大半，殆罕有能先於伯晉者矣。卷中陶然亭見懷詩有句云，儒家術本異申韓。諒哉言乎，伯晉可謂知我者也。嘗謂聖人之道，囊括萬理，神化無方，大賢時一幾及之，儒家得其繩墨而已。故漢藝文志儒止居九流之一，不能該道之名而盡有之。猶之釋氏之學，有佛傳，有菩薩傳，有祖師傳，祖師定非佛也。余性魯鈍，不足以窺聖人之大道，學術惟與儒近。儒之爲道也，平實而絀於勢，懇至而後於機，用中而無獨至。條理明而不省事，志遠而不爲身謀。博愛而不傷，守正而無權。必其竝世得位，有數千百儒者，與之共修一道，其道乃明。共舉一事，其功乃成。否則可以爲博士，而不可使長一城。余當官爲政，一以儒術施之。以故困其躬，亡其精，而功效蓋寡。其學卒如上壁之難行。余自知其短，不能改變求益。乃伯晉以一語得之，不自覺其獨笑而莫逆也。余又亟賞其老牛歎一篇，蓋余平生於禽畜中獨甚愛牛，無異支遁之於馬也。牛德有五：負重致遠一，天性仁厚二，馴擾不驁戾，安靜不縱逸、無防檢之勞三，食宿不擇、銜轡不飾四，日在草萊泥淖，羣兒鞭箠之中，而夷然不厭，無所退避五。此五德大有類乎君子之行者。余愛之，伯晉憫之，何其好惡之與余同乎。二詩適與余意會，故爲標舉而演説之。至其駢文，沈博絶麗而事理之清明，性情之過人，一與詩同。余讀古今人文章，大率辭不没理者，必有幹事之才。文不掩性者，與爲友緩急可恃。余之得爲知言與否，當俟十年後驗之矣。

光緒十八年五月，南皮張之洞。

戒纏足會章程叙[一]

今世士君子爲中國謀富彊、計安危者，會中國民數，率皆曰四萬萬人。嗚呼，中國果有四萬萬人哉。山澤民數，陰陽不齊，以男女各半爲通率，禹迹九州之内，自荒服狹鄉極貧下户外，婦女無不纏足者，農工商賈畋漁轉移職事之業，不得執一焉。或坐而衣食，或爲刺綉玩好無益之事，即有職業者，尫弱傾側，跰躃却曲，不能植立，不任負載，不利走趨，所作之工，五不當一（機器紡織布局，司機者一人常管數機，須終日植立奔走，纏足者不能爲也；機器繅絲局其司盆者，亦須久立，纏足者亦不便），與刑而廢之、幽而禁之等。是此四萬萬人者，已二分去一，僅爲二萬萬人。男子二萬萬，其吸洋藥者，南北多寡相輔，大率居半，又十分去五，僅爲一萬萬人。此一萬萬人中，其識字讀書有德慧術智者，十人中止二人，又十分去八，僅爲二千萬人。以中國幅員之廣，而所資以出地産，盡人巧，上明道術，下效職事，旁御外侮，其可用之民僅如此，裁足當日本之半，甚矣其危也。

古之欲彊國者，先視其民，一曰衆其民，二曰彊其民，三曰智其民。今日智民在興學，彊民在戒烟，衆民在使男女皆可資國家之用。興學之舉，朝庭有明詔矣。戒烟之舉，余于撫山西時，設兩局力行于省會，官弁吏士，戒者日多，余去晉後，旋即廢罷。今江湖諸省，政令不如山西之易行，惟先于書院之士、挑練之兵、新募之勇行矣，其餘俟以漸變化之耳。若禁纏足之議，則同治初年，南海桂君文耀嘗上書言之而未行也。

梁君卓如合南北之賢者數十輩，倡爲此會，并爲之説，其意美矣。其言創此事者之不仁，亦已痛切矣。然特言其拂乎天理也。請更言其害于家、痛于國者：不任職事，家食自窘，一也。貧者困于汲爨抱子，富者修飾愈甚，疾病愈多，終身若負械而行，不能自脱，家政廢，醫藥繁，二也。水火兵亂，不良于行，不能逃免，三也。尤酷者人子之生，得父母氣各半，其母既殘其筋骸，瘁其血脈，行立操作，無不勉彊，日損無已，所生之子女自必脆弱多病。噫。吾華民之稟賦日薄，軀幹不偉，志氣頹靡，壽命多

[一] 録自《時務報》第三十八册，清光緒二十三年八月十一日。

夭，遠逐歐美各洲之人，病實坐此。試觀八旗滿蒙不纏足，廣東沿海不纏足，其人氣體之彊，即勝各省，信而有徵，四也。洪範六極，以弱終之。今以洋藥弱之于既生之後，而又以母氣不足弱之於未生之前，數十百年以後，吾華之民幾何，不馴致人人爲病夫，家家爲侏儒，盡受殊方异域之蹂躪魚肉，而不能與校也。夫遠不合古聖人禮經服舃之制，近不奉今聖人會典衣飾之法，而甘自同于雕題鏤耳之蠻俗，以自蹙其類，周禮所謂怪民，王制所謂异服，孟子所謂戕賊，漢法所謂不道，兼而有之，此其可怪，殆有甚於吸洋藥者矣。

且夫父母非不慈其子也，爲其戾俗而難嫁也。是故俗之所染，可以勝禮；俗之所錮，可以抗令。今儻請諸朝而禁革之，則必有以不知務沮之者。然非齊之以法，則私禁亦終不行。然則爲之奈何。曰：記不云乎，化民成俗必由學。是惟志士仁人，日以彊華族、化游惰、足民食之義，提倡海内，朝廷之外，十九省之廣，感發必多。父兄儆其家，耆紳曉其鄉，其俗已動于學，然後以法從之。於是各約同鄉京官合詞上請於朝，重申順治十七年聖諭懲罰之條，罪其父母夫男，并著爲令：自光緒二十年以後，所生之女，凡纏足者，不准給封爲命婦；不纏足之婦女，爲人所欺者，以良賤相毆論。如是則此俗革矣。吾不爲傷此中華二萬萬婦女廢爲閒民僇民也，吾甚懼中華四萬萬之種族從此嵬瑣疲苶以至於澌滅也。

今年七月初五日，湖北、湖南兩省人服官廣東者，潮州府知府李士彬、韶州府知府陳武純等二十二名，聯名公禀，乞余下禁婦女纏足之令於兩湖。事雖未能猝行，人心之憬悟振奮，已大可見，是此會之效也。諸君子既爲此會以救二萬萬之婦女，何不更立戒煙會以救一萬萬之男子。除此兩害，雖不能比於抑洪水，驅猛獸，其功當不在韓昌黎之下。願梁君更播吾說於十九省，以吾之所懼者動下。

光緒二十三年七月，南皮張之洞書。

正學報序例

江漢之間，南北綰轂。二千年來，常爲志士才人遊集之所。後漢劉表牧荆州，集宋忠、綦毋闓等撰定五經章句。晉咸和中，陶侃始開武昌爲軍府。侃本傳云，武昌號爲多士，可考者則殷浩、庾翼、王愆期、梅陶、劉安諸人也。唐咸通中，段成式、余知古、温庭筠諸人會於漢上。諸人皆閒放不偶，以文章爲樂，撰爲漢上題襟集。本朝咸豐中葉，胡文忠公撫湖北。幕中多士，上者與文忠切磋道義，其次者纂述有用之書，如：一統輿圖、通鑑讀史兵略之屬是也。綜觀諸君子所值，皆天下多事之秋，顧其所講明，成就各有不同。固其志操所存之異，亦由其時事雖有兵亂，而其世運之阽危，人心之陷溺，或尚未至如今日之岌岌者也。蒙等被服儒術，薄遊江漢，同氣相求，不期而遇。寓公什七，邦彦什三，相與攬江山之信美，感王室之多艱。外患日蹙，内憂未弭。人倫漸斁，人類將絶。輒爲之掐膺擘涕，腐心切齒。思惟昌明正學，庶有以救之。痛迂謬者之誤我國家，惡狂恣者之畔我聖道，爰取海外諸國之報章，我中土賢士大夫之述作，凡可資法戒者，蒐譯甄録而傳布之，野言碎事概從芟棄。取轅固生告公孫弘之語，題曰正學報。吾聞古之爲國者，必定國是。六書之義，是者，正也。無新無舊，惟其是而已矣，惟其正而已矣。所望覽此報者，見誤我國家者，則與我有同痛。見畔我聖道者，則與我有同惡。若謂上擬東晉，我朝江漢諸賢之忠義經濟，其功效則未之敢知。以視季漢章句之儒、晚唐浮華之士，或少有殊異乎。其義例條列如左：

皇言如綸，作新斯民，懸膽式蛙，其國勃興。賈生政事疏，宣公翰苑集，亦問政之準繩也。紀時政例第一。邸鈔已見南北各報。故此報不必全録。近奉諭旨，各報俱准進呈。乃爲欲周知中外情事、政治利弊。若重録邸鈔進呈，於義無取，與諭旨不合。

四國之爲，子羽能知，三人同行，必有我師。士、農、工、商、兵，各有攸宜。紀外國報例第二。

海水皆立，世變日新，瞻言百里，亦有先民。蘇子瞻所謂藥雖進於醫手，方實成於古人也。紀前賢論説例第三。

魯女憂葵，周嫠恤緯，野人獻芹，不匿其美，工諫輿誦，王者不鄙。紀時人論説例第四。

出其言善，則千里之外應之。其言不善，則千里之外違之。同方同術，如針赴磁，以爵里姓名相示者，仿宋元學案同調之例，題之簡端，此曾子以文會友之遺也。紀題名例第五。

烏乎，正之時義大矣哉。周易之義，中正者吉，不中不正者凶。至於正，未有不中者。或蔽於守舊，或眩於喜新，皆不得爲中，即皆不得爲正。守舊而不知變，則爲迷復之凶。喜新而不知本，則爲大過滅頂之凶。春秋之義，首在正名，左氏傳開宗明義第一語，大書曰：王周正月。明乎以周時冠周月，從周者，正。不從周者，非正也。穀梁傳曰：桓無王，文無天，定無正。明乎不奉正朔，與畔王逆天之罪同也。孔子以易、春秋治天下萬世，孟子述之，遂以正人心，息邪説，距詖行爲己任。然則今日奚正乎，曰世有以陋爲古，以迂爲賢，低聲緩步，坐視小雅廢，中國微，而一不動心，身爲機上之肉，口道死公之云者，吾將以此義正之。鼓之而仍聾，痛之而不畏，蠹食其木，魚游於鼎，南山可移，貪私、巧黠、偷惰之習不可變者，吾將以此義正之。嗜利詭合、偷薄無行，祝髮短後，甘爲人役者，吾將以此義正之。逐末忘本、舍大問細，不知法外國教養富强之實政，不能效外國士民尊主愛國之忠悃，但以日誦哀、皮、西、黎爲自强之學，此所謂學鮮卑語，服事貴人者耳。捧心失步，衹益其醜，吾將以此義正之。廢棄五經，主張民權，謂君臣父子爲平等，謂人人有自主之權，謂孔子爲教王，不用國家建元之號紀年，創爲化貧富界之説，以誨盜；創爲化男女界之説，以誨淫；創爲化中外界之説，以誨叛亂；創爲弭兵之説，以誨分裂；逞韓非、李斯焚書坑儒之凶，襲張角、孫恩、王則、徐鴻儒諸妖賊之實，而妄冀謨罕默忒、羅馬教王之非分，三光不臨，四海不受，吾將以此義正之。江漢湯湯，大義觥觥，乾坤不毁，正學不亡。慨滄海之横流，吾將以中流一壺，救狂夫被髮溺死之狂矣。

此乃士民各抒所見，各據所聞，編爲此報，不過如甕牖閒評、儒林通議之比。既與官吏無涉，自與公牘不同，閲者鑒之。附記。

題名：

番禺梁鼎芬節庵

麻城吴兆泰星陔

嘉興沈曾植子培

天門周樹模少樸

麻城姚晉圻彦長

元和曹元弼叔彦

長洲王仁俊幹臣
長沙胡元儀子威
侯官陳　衍叔伊
丹徒陳慶年善餘
獻縣紀鉅維悔軒
嘉興朱克柔强甫

八旗文經序

文莫文於姬周，考尚書、毛詩、逸周書、春秋内、外傳所載，其文章之閎偉純雅者，大率皆王室同姓及豐鎬舊族、兩京世官。何其盛也兩漢之世，其宗親自河間、東平以及向、楨輩文學稱盛，而豐、沛子弟無聞焉。唐之宗室能文者極多，而其餘詞人之繫隴西、成紀籍者，皆取郡望，不盡從龍之彦也。北宋文鑑，趙氏屬籍無一人。南宋文範，所録僅七人。金文最，所載的係猛安人所作者，不過二十餘篇。元文類，所録蒙古人之作，止三人十餘篇。錢竹汀補元史藝文志，蒙古并色目人有文集者，共止十人而已。明之宗人，通才頗多，而動舊能文者蓋寡。聖清龍興東土，未入關以前，已爲四海人民之所歸往。北極羅刹，西至四衛拉特，東抵使鹿、使犬，南達幽、青、吴、越，鱗集雲從，若百谷之趨海。本周禮鄉、遂爲六軍，六卿爲六軍將之遺法。凡臣民之可任使者，皆編之爲旗。統一區夏，以後其歸命嚮化者，功績優異者，又時有賜旗之舉。所謂八旗者，實已統四方之人才而有之，非如金、元兩代，其所倚爲腹心干城者，止女真一部、蒙古一國已也。遼瀋肇基，即已制國書，開科目。列聖相承，文德大洽，於是内廷設蒙養齋、尚書房，又於國子監以外立宗學、覺羅學、八旗官學、景山學、咸安宫學，虎闈成均，粲然大備。然而皇子入學，課程於經史文字之外，兼肄騎射、火器。凡八旗應科目者，必考其騎射。每值宴接外藩，校獵塞上，則天潢親貴、八旗公卿詞臣皆屬櫜鞬以從。此成周學制射、御列爲六藝之古義，惟本朝八旗之學校爲能得之。蓋當締造草昧之世，誼當用武而綏之以文。當累洽重熙之世，法當修文而振之以武。實兼文王文治，武王武功，以化成天下。文質相宣，可謂彬彬矣。雍正間，奉敕纂八旗志，詳於事實，不及文辭。嘉慶間，棟鄂尚書鐵保選録熙朝雅頌集，八旗之詩爛然矣，而文尚闕如。宗室祭酒盛昱，亮節多聞，習於掌故，今日之劉中壘、朱鬱儀也。乃發其藏書，旁加蒐訪，得文六百餘篇，作者一百九十七家，爲書五十六卷，名曰八旗文經。漢軍知府楊鍾羲，亦淹雅能文，實贊助之，竝爲作者考三卷、序録一卷。兹集以文爲主，凡當官論事之作，近於吏牘者，具於史館所纂之皇清奏議，概置不録。詩有專集，亦不復采。與昭明文選、唐文粹、宋文鑑、元文類義例有別。寫本郵寄武昌，屬張之洞審定。乃付書局刊印，以廣其傳。讀此編，其間本以文學，著者不論。有若蔡尚書毓榮、西林文端公鄂爾泰、舒穆魯文襄公舒赫德、章佳文成公阿桂、張文敏公百齡、章佳文毅公那彦成皆建立武功，有大勳勞於國者，或祭於大烝，或列爵畫象。然其文章典則爾雅，可與文苑專家方軌齊驅而無愧。又如此編所録之大將軍年羹堯、都統勝保，雖不以功名終，然兩人亦戰功、文筆兼長，不可没也。此編所未及者，以之洞所知，近數十年來如塔爾巴哈台參贊大臣署伊犁將軍錫綸，字子猷，守孤城，抗强敵，爲數千里内蒙古喇嘛札薩克所歸附，威行西域。署貴州貴西道□□□巴圖魯于鍾岳，字伯英，于襄勤之裔孫，鰲圖字滄來之曾孫，殉難普安知縣崇璟字野漁之子。轉戰黔西，屢破苗教各匪，蓋自韓果靖公後，貴州文員善戰第一，賊幾平而戰没。此兩人皆勇略絶人，又能文章，有奇氣。此則祖宗家法，兼資文武，育才毗治之明表也。方今天子屢下明詔，興學練兵，以求自强。仿三代德行、道藝合一之恉，命各省普設文學堂，又命各省均設武備學堂，以講兵學，非讀書識字通文義者，不得與。固將以經緯天地，掍合車書，牖啓環瀛，同我聲教。薄海士民皆將涵濡鼓舞，以固陋闒弱爲恥，以華而不實爲戒。舉漢、唐、宋、元、明以來詞章雕篆之習，湔洗而恢張之。人人皆有尊主庇民之志，文附衆、武威敵之才，以稱國家教育之至意。嘗讀易，乾之大象曰：自强不息。其贊曰：天下文明。是知自强之本，惟在文明。然則祭酒此編豈特傳八旗之文，固可以爲四海九州之文式矣。

光緒二十八年七月，南皮張之洞敘。

范母余太宜人七十壽序

皇帝御極之元年，壬戌舉會試。吾師鶴生先生，以中書舍人爲同考官，得士鴻遠、朝棟、炳耀、樹誠、起鳳、江、士琨、爾琨、儒林、文鼎、湘南等十一人。明年癸亥，舉恩榜會試，吾師以宗人府主事，復受命爲同考官，得士子錫、鐵祺、太立、耀光、德昌、鴻飛、兆鵬、鳳年、仲篪、薪傳、之洞等十一人。明年甲子，吾師之母余太宜人年七十矣。十月之吉，吾師張宴合樂於京師私第，爲太宜人壽。鴻遠等亦得從賓客之後，帣鞲鞠䠞，奉觴而前壽太宜人。或曰三代以來，其尊尚高年至矣。考小戴記王制諸篇，其於養老之膳羞冠服，若豆登之數，縞元之别具列焉。然優其禮，安其躬而已，不聞有文辭。近今數百年，始有壽辰作爲文字，以致頌禱之事。歸熙甫嘗以爲非古不足法，而訾之矣。子能徵之於禮乎。之洞進曰：他壽則無矣，爲母壽有之。案：毛詩閟宫第七章曰：魯侯燕喜，令妻壽母。鄭君箋曰：壽其母，謂爲之祝慶也。夫爲之祝云者，從乎人之辭也。既已播之聲詩，見采於宣聖，是固爲壽而作文字之所自昉，歸氏之言無乃未達已乎。竊惟宋歐陽文忠公、蘇文忠公竝以道德文章，萬流宗仰，著稱於後世。而皆有賢母之教，勖之殖學厲志而後能。然母教之不可以已也。如是，師少禀太宜人教，蚤有聞譽通學令範，論者咸謂宜居館閣，顧以庶吉士改官，士論惜之。兩爲同考官，每得一卷，握玩鉤擿，常至再三，若唯恐不得一當者。壬戌會試得之洞卷，閲薦，被落。師憤惋累日。與人言，輒稱道之洞，常過其實。及之洞於翁曾源榜成進士，仍出師門下，師乃大憙，賦詩以紀其事。如之洞誠録録不足言，然而朝野士大夫，不能不以此多師之能好士也。師之改官也，以書白太宜人，請進止。復書曰：若爲貧仕耶，以官爲利，無論不可必得，吾不願汝有此行也。若欲有所建樹，顧此時汝之力恐不能勝，一不稱職，祇取辱耳。京官固窮約，可幸無過，度能居，居之。不然，計歸可矣。師遂受教。嗟夫，當今士君子，平日敦尚名節，以出處廉恥自厲。一旦仕宦，或務膏腴，或汲汲於進取，於量入之義貿貿焉，以此敗其所守者多矣。若太宜人之言，其視歐、蘇之母相去果何如耶。聞之老子知足不辱，知止不殆，可以長久。太宜人之自處如是，其弇約也。所以教子如是，其廉貞也。吾知垂裕之遠，而福禄之未有艾也。昔唐楊於陵自鎮入覲，其子嗣復率門生迎之，置酒新昌里第，時人爲歌詩以美之，然則愛敬其師，而因以愛敬其師之親，古誼固然。吾屬於師各有知己之義，固宜體師孝養之誠，以爲太宜人祈眉壽於無窮。而況不才而被非常之遇如之洞者，又烏容已於言也。謹述太宜人所以教子致福之大端，吾師娛親之道，與夫吾屬祝釐之悃，使得有辭於當世通經知禮之君子焉。

貴陽府知府劉君墓碑

咸豐十一年，太歲在辛酉，冬十月七日，中憲大夫獻縣劉君卒於家，年五十一。前十三日，子肇埈殤。還年癸亥，八月十八日，子肇均卒，君遂無後。十一月二十一日，君妻汪淑人，告哀於諸故人、門生，得金數十鎰，乃奉其喪，挈肇均、肇埈、子婦李氏、張氏、康氏之喪，葬諸獻縣東北六十里護持村某原。越二年，乙丑十月，淑人痛君之無嗣，而德操行治晻昧無傳也。使肇均之妻之弟南皮張之洞爲辭，以表其墓。烏乎哀哉。君諱書年，字僊石，直隸獻縣人也。曾祖諱開泰，舉人，贈武功將軍。祖諱文燦，武進士，官兗州鎮總兵官。考諱廷楠，進士，官廣東嘉應直隸州知州，署廉州府知府，有名。嘗降大盜張保、陳四衆數萬。君年十五歲，補縣學生。二十七歲，充拔貢生。三十歲，舉順天鄉試。三十五歲，以進士出身，改翰林院庶吉士，授編修。嘗一充會試同考官，浙江鄉試副考官。道光三十年，京察一等。詔以君爲貴州貴陽府遺缺知府。尋補安順，移知貴陽，以防遏桐梓賊楊鳳功，加道員銜。以平鎮甯賊曾三浪功，賞花翎。丁憂歸敘在貴州省，會團練城守功，以道員記名簡用，未除官，卒。君十歲喪父，與諸兄別居。時惟有老屋兩間、籧篨一、鑊一、紡具一、柈杅數事而已。所生母黄太淑人鞠君及母弟逢年、其年，一日或不再食。君自十九歲以至成進士，率教授州郡以養。一錢無所私，斥賣妻服飾盡無怍容。太淑人峻猛善怒，怒必長跪，涕泣求解乃已。或不得請，終無少望。自教兩弟，弟有過，笞撻且怒且憐之。已，必謂妻曰，今日大困弟。弟歸，若爲我善餌視之。其年以進士，官翰林御史，始終未嘗有他師師君[一]。君狀貌皙瘠，温温下人，然内陗直，胸有尺寸，一不爲不義所撓。交游簡貴，其論人物及辨事是非，厓岸斬絕。其爲貴陽府，有錢治冶工，交通官吏，乾没無算。君囚冶工，令具疏姦竇狀，曰：後勿復爾，貸汝。不則，斬汝。或諷君，若爾，官益貧乏，不可爲。君曰：劉某男子，貧死終不自盜。自後，歲益官錢六百萬。故事，省會知府、知縣不治獄訟。輿馬稱娖，候伺諸大吏，接賓客，爲僚屬闘説而已。君晝了人事，嚮夕篝鐙露坐。訟牒高數尺，右操筆，左繙牒，讀之爲之句讀，標誤或□或刷，夜盡數十百紙。貴定舊縣民訟田，游言陷人。君命吏執栖止某逆旅中客來。曰：何故教人妄訟，客不平。命索其行李，無左驗。已，竟得其訟牒稿草於承塵上，乃搏顙服罪。人吏駭歎以爲鬼神。君曰：吾鄉刺知某逆旅宿客健訟，又舊縣人，故妄意得之，不足稱説也。當是時，貴州大亂，賊且迫省會。或告曰，於四達之衢，得賊密書，約内應矣。取視其書，署檢封曰，與曹大王某名。君曰：密書不稱王，稱王詐也。即遣失，不必於通衢。拘曹至，乃賣絲人，椎懦粥粥。既，果廉得其讐所爲。亡幾何，巡徼知縣某白：優人王大與其黨二十八人，轂

〔一〕「君」，疑為衍字。

匿道士觀内窟室謀變。按驗無實，欲不坐。巡撫謂必盡殲之，執辯數十反。巡撫大恚，廷語衆曰：吾亦嘗爲首府矣，未聞如劉某倔强者。争八十日，無可奈何，斬王一人，卒活二十七人。前知安順，洞夷煽亂，以恩信招降之。洎代者至，稍稍侵奪，諸土司復反，討之不克。揚言曰：若劉君爲我知府，乃不反耳。大吏令君往諭之，召其酋，立至，旬日而定。其遭母喪，巡撫欲奪情，使人諭，指以監司餌君。君大怒，叱其人去。又數强之，以死争，乃聽罷貴陽。仍留不遣，命督團練城守事，會亳賊北犯，迫近畿輔，詔以大臣督團練，命君爲佐，召還直隸，乃得歸。嘗曰：兵未易言，若典一郡，領一道，使所部綱條悉整，吏無貪墨，安甽興學，雖陋劣當爲國家勉之。然君去黔後，黔益亂不可爲。惟提督趙德昌樸勇善戰，一省賴以喘息。德昌者，君知安順日，所拔之市人，使領其牙兵者也。君自官黔中，適會多事，彌縫決裂，以勞得疾。稍卞急，往往歐血。嘗憤同官卑諂忍酷無人理，一道及輒發怒，仰首視屋梁，作色歎咤。當食，擊匕箸有聲，遂廢食，復怒不已。居喪哀毁過差，葬母不百日，遂不起。君自少好學知名，散館，試擬揚子雲長楊賦，宣宗皇帝擢寘第一。後益肆力於經史、小學，於書無所不讀，手寫口誦，至能諷乃已。成進士，出同考官今毅勇侯湘鄉曾公門下，最爲曾公愛重。以學行相切劘，所友善如河間苗夔、善化孫鼎臣、貴筑黄彭年、遵義鄭珍、獨山莫友芝輩，討論學業，長大不衰。其在館閣、典郡、軍旅行役、憂患疾苦中，未嘗一日去書。晚尤好三禮之學。其説經篤守本朝諸大師，益務爲詳密，欲有所著述，未就。喜爲詩，尤工長短句，類南宋能者。所爲文章、賦、詩、雜著各數十百首，經説數十條爲一卷，藏於家。妻歷城汪氏女，子肇均拔貢生，有雋才知名，志節魁磊。年二十八歲，卒。女一，適太谷温宗瀚。女孫一，幼。以其年子肇坦爲主後。余獲交游於君，父子間皆甚善余。然三年而三哭之，一家三男子遂無一存者。六喪傫然無以葬，惸嫠弱息無以生。烏乎。數十年以來，余所見鄉先生，其立身有本末，而學行完粹如君者，蓋無幾人。然而家禍如君之酷，則又舉世所希有也。可哀也夫。可哀也夫。昔歐陽公有言，惟善人必有後，而託於文字者可以無窮。今善人有後之説固已不然，而又不得如歐陽者而託之。而使鄙陋承乏其間，吾懼無窮者之亦未可必也。君未有志狀之屬，今敘次其官閥繫姓及行實可知者，須後之傳鄉賢者，有所取資，故其辭繁而不殺。銘曰：

西京獻王，購遺唱學。此邦賢哲，代有述作。君騫而跂，瀆受窔豁。經行修明，勯於朝端。韜襲珠璧，以化南蠻。南蠻赴化，逃死翱翔。君之去黔，如室失宗。刓者多福，君廉而劌。流者無迍，君堅以緻。煢煢寡妻，翦其後昆。靈龜款天，三稱天言。名德不滅，獨匪子孫。維爵有等，謚弗敢私。孝友文貞，君其尸之。

滄州王君侶樵墓誌銘

畿輔自道光咸豐以來，篤耆金石文字稱者三家。一天津樊彬文卿，貧老澹泊，精力絶人。蒐羅海内碑刻最富，多乾嘉諸老不及見者。會稽趙之謙刊行寰宇訪碑續録，什九皆樊所輯也。一滄州葉圭綬子佩，博精輿地之學，有所著述。喜收藏金石拓本，皆有考定。晚自書名爲龜壽，其癖如此。一大興劉銓福子重，家世好古，多交通人。園池幽勝，藏弆之富，都下無比。即世所傳，爲河間校官訪得河間獻王君子館甎者也。繼三家之後者，爲滄州王君侶樵。君與葉子佩爲中表，又與樊、劉游，故亦癖石墨，見古刻必操氊蠟。我縣南皮有後魏刁遵墓誌，在北碑中爲第一，然從來著録無言。其陰有文者，君洗剔得之。其書體芒鍛如新，神采遒麗，又勝其銘，乃買其石以歸於滄。南皮文人不平，至貽書爭之。又於州之王寺，得魏滄州刺史王僧墓誌。此外，所訪得歷代造象、題名、金銘、石碣之屬甚夥。遂集録滄州金石，爲書三卷，以坿州志。家世仕宦，諸兄多以科目起家，獨君性夷曠，不樂仕進，好尚絶俗。然天性篤厚，家不中貲，而見義勇爲。爲孤姪置産，爲宗人置墓田，撰族譜，設義塾，凡宗族戚黨之貧困者、癃老者、廢疾者，必周之。嫠婦不能請旌者，必資之。好友愛客，尤厚於喪紀。有山東東昌劉秀才客死於滄，君營護歸其喪。景州戈其迪，博學以書名。大興朱英，以畫名。兩人皆官山東知府，相繼物故。君時客濟南，以皆同鄉，又皆文人，多方經紀之。滄州於咸豐三年被粵寇禍，以城守尉拒戰，知州罵賊，故賊忿，甚多屠戮。君輯滄城殉難録四卷，上之於朝。又蒐訪國朝以來滄州詩人，得一百一十八家，爲滄州詩鈔十二卷，續詩鈔四卷，刊行之。喜爲詩，刊行者四卷，詩不甚琱琢，然沖和清真，稱其爲人。卷中惟傷逝感舊之作爲多，信所謂哀樂過人者矣。君諱國均，字侶樵。曾祖諱潔，以州同注選。祖諱樞，陝西布政司經歷，署靖邊縣知縣，漢中府同知。考諱雲翔，以布政司經歷注選。君娶南皮辛氏，生四子：鍾毓、鍾純、鍾岱、鍾正。女子三人，竝適士族。孫男、女十六人。君卒於同治丁卯十月十七日，年六十有八。適有捻寇，攢殯其柩。越二十六年，爲光緒壬辰，將葬於州之張旂屯西南二里。予往識君京師，鍾正浮海溯江來，乞銘。殆亦濡染家學，深信金石文字之可以傳後與。銘曰：

其衷義士，其襮墨客。金薤琳琅，富敵阡陌。匪愛匪滯，自適其適。徇君所好，敬礱密石。山靈土公，護此地莂。

李室鹿宜人墓誌銘

有女兄適定興鹿氏。女兄之女，適吾姑母之孫，景州李君汝釗。汝釗又爲吾三兄之内姪，其結婚也，蓋吾兄爲之作合云。汝釗以光緒五年，與女甥成婚於廣東廉州府，吾姊夫滋軒官舍。俄得吾兄書，及汝釗所撰女甥行略，乞銘墓。噫，女甥亡矣。女甥八歲失母，鞠於吾家。及長，從其父官所。通書算，知禮義，授其兩弟書。滋軒以知縣累遷至今官四川布政使，所涖皆有聲。勤於其職，不問家事會計，令女甥司之家理。以父病目，持齋籲天，目瘳。又以父患痺下兼中嶺瘴，得疾甚困。刲肱肉，和藥以進，病已。既適人，以未拜姑嫜爲疚，數製衣履，不遠數千里問遺焉。勖夫必以大義，夫姪流寓錢塘，不能昏，斥篋具，助成之。汝釗議敘湖北知縣，欲變産爲資。女甥諫曰：人言仕宦樂，吾見吾父殊苦。廉吏不可爲，持此爲還鄉偕隱計，不亦多乎，乃止。汝釗爲市碧玉約臂，覩之不懌，屏弗御也。汝釗嘗病，女甥方娠，侍疾勞苦過差。及産，舉一子，免身而亡，時光緒六年九月二十五日也。汝釗甚慟，名子曰念慈，以志悲焉。女甥以咸豐五年正月十七日，生於貴州興義府先大夫官舍。時女兄偕滋軒歸甯，會羣苗叛亂，攻府城急。滋軒偕吾兄弟授兵登陴，從先大夫治城守，城垂陷而全。圍甫解，而女甥生，歷歷如昨日事也。吾親見其生，今又聞其亡，吾女兄弟衆多，率夭亡無嗣。獨適鹿氏者，生女三。其長新殁，仲又繼之，豈惟親黨之是悼。吾俯仰二十餘年間，其於身世骨肉之感，不能不盡然以傷心也。銘曰：

陽教陰教竝孝首，閨門相莊若賓友，廉於進取知所守，孅行芬馨胡不壽，喤喤朱芾庶昌後，聿修厥德念爾母。

通奉大夫、刑部山西司郎中、加二級候選知府戈君墓志銘代[一]

我北平景州戈氏，世所稱閥閱、文獻之家。名德儒學，遞有襮箸。而比二十年，海内多故，膏粱鼎門大半鈲離驛騷，隕其望實。獨戈氏經歷離亂，光復先業。收族昚居，喬木鬱然，則以刑部立軒君持危輯殘，安固宗祏，實廑恃之。案狀。君諱榮慶，字福堂，立軒其別號也。先世爲浙江嘉興人。明永樂中，名惟善者，始遷景州。四傳至太子少保、南京刑部尚書瑄，而其族始大。曾祖煜，候選州判。祖云聰，候選州同。兩世皆贈朝議大夫。父琦，由附貢生歷官廣西思恩府知府、候補道，封通奉大夫。君思恩公第二子也，幼沈毅有成人度，讀書鋭敏，六歲遭母孫太夫人喪，哀泣慘至，戚里嗟歎。十四歲復遭繼母盧太夫人憂，毀瘠益甚。思恩公憐之，挈之官。君偕其伯兄通奉君，同師共業，友愛甚摯。未幾，伯兄卒。君茹哀慰親，遂以一身，朝夕侍郄下，兼習吏事。及思恩公解組歸，君獨庀家政，遂輟故業，援例爲郎。道光二年，選授刑部陝西司郎中。恭遇孝穆成皇后山陵禮成，加一級。君以秋官民命所係，推本庭誥，讞獄察辭，小大必詳。覃精削牘，不爲鉤距。平反綜核，每至夜分，僚采推服，疑事悉委。司寇倚之若左右手。六年俸滿，截取以知府用。乞假省覲。二十一年再入都，補山西司郎中。丁思恩公憂，毀幾滅性終身孺慕。自軍興以來，君屢輸金穀佐軍，義不受賞。咸豐四年，粤賊北犯，擾君里閭，君負祖考栗主及畫象出避。明年，賊平。君歸視先墓，松薪碑礫，泫然隕涕。退省里宅，黟焉焦土。君忼慨謂其子姓曰：吾家代荷國恩，恨衰老不能執戈以從王事。今家雖毁，而滔天狂寇亦殲於此，復何恨。然先人之堂構不可以緩，宗族逋播不可不匃之聚也。於是拮据興築，人還其居。北舍、南眷過從如舊，扶杖消摇，終始十年。鄉邑便民，百墜具舉。烏虖，此足以知君之忠孝精白，本末賅備。而惜其位不副德，不得大有所設施，以自見於世也。尋以同治六年十月五日考終於里第。君生於乾隆五十八年十二月三日，春秋七十有五。配葉夫人，内閣侍讀學士、滄州葉公汝芝之女，婦德甚備。始至時，與姒王夫人極相善。及王夫人卒，遺一女，撫之逾所生。比嫁，一切衣補皆手製。曰：非此無以慰姒也。嘗以不逮事姑，遇姑忌，輒涕泗竟日。以同治九年十二月二十五日卒，享年與君同。子一，英芳。候選知府，兼爲君伯兄後。女三，孫女四。君先以階授中憲大夫，後以英芳加級，累封通奉大夫。葉夫人先封恭人，累封夫人。今英芳將以同治十年十月甲申合葬於某原，以所爲狀來請銘。余家與君累世姻媾，雅稔君居官治家，行己有法，而余子嘉蔭又娶君女孫。戊辰之年，捻賊擾吾鄉，余家盡室皆免，獨君女孫行在後，遇賊遂罵，死。死狀甚烈。余恫傷之，而益徵君之教行於家，垂馨烈於無窮也。然則銘君之幽，其何忍辭。銘曰：

於戲戈君，既敦且仁。玉質其潔，蘭生有薰。粲粲門子，承

[一] 録自《廣雅堂四種》。

顔習勤。出佐爽鳩，祥行有聞。退而養志，以裕後昆。夷險一節，天懷若春。國之司直，鄉曰善人。高朗龐壽，還歸其真。儷兹嬪則，偕臧孔堅。綿綿翼翼，仍世育賢。千秋下馬，式此高阡。

右墓志無存稾，拓本題銜爲張文達撰，李文正篆蓋，而公書丹。其文字與公所爲劉王諸碑志相類。或謂書撰皆出公手，殆非無据。刻集之初，未見此篇，近歲始得之遺簏，故附於後。甲戌三月，許同莘謹記。

纂修順天府志略例

第一　宜典核。或摘要，或總録，或類記，或分正坿。一列正文，一爲夾注。其必應依年編次者，亦宜簡要，不得徒事排比録鈔，類長編也。

第二　宜徵實。多考典，少空文。

第三　以地爲主。與土地稍遠者，即從略。京師門尤甚。

第四　以官文書爲据。

第五　古事宜備。今事有關土地、人民者詳。餘略。

第六　各門統名曰志，不立雜名。用華陽國志、臨安志例。書成用元和郡縣志、元豐九域志、乾道淳祐咸淳志例，標名曰：光緒順天志。

第七　圖表散歸各卷，圖先表後。

第八　引書憑古雅者。若廣輿記之屬及明人陋書，不以爲据。

第九　引書用最初者。不得但憑類書，其無元書者不在此例。

第十　羣書互異者，宜考訂。詳説夾注。

第十一　一人、一事兩地俱收者，宜考證，不得沿誤濫收。

第十二　采用舊志及各書，須覆檢所引元書。

第十三　引書注明第幾卷。

第十四　關涉兩門者，互見，分詳略。用鄭夾漈通志例。

第十五　徵引繁多者，辨證者，牽連旁及者，多用夾注。用史通説，公牘繁而必録者同。

第十六　紀事須具首尾，具年月。

第十七　各子目須紀實，不得但存一名。如寺觀略仿洛陽伽藍記，物産略仿南方草木狀之類，舊志止列一名而已。

第十八　典禮則例，非專爲順天設者，不録。如文廟祭器、樂章之類。

第十九　生存人姓名、事實、著述不録，奏疏、公牘不在此例。

第二十　文辭必宜古雅，亦不可過於僻澀險怪。

第二十一　文字有褒貶抑揚處，須從衆議，不得偏執獨見。

第二十二　國朝經制事例，有空闕無從鉤考者，本卷子目下注明止某年。

第二十三　采訪日久不齊，中多空闕者，先纂成書，續到日别爲補編，坿當卷後。

第二十四　大例不改，子目細例應改併增補者，隨時酌議。

第二十五　凡一目而事實繁重，篇葉過多者，分上下卷。

第二十六　每卷標纂書人名於大題後，書成照刊。某縣某人纂。

第二十七　全書俱頂格寫。擡頭處一例平擡。

右通例

第一　諭旨關修志者，冠卷首。此外詔旨、宸章分隷各門。書成奏聞時，所奉之旨，恭載卷首。以勑撰書、御集冠首。奉旨分隷各類。

日下舊聞考，宸章亦分見各門。

第二　諭旨必碻係專爲順天者，方敢恭載。

第三　諭旨宜擇要恭録，不必全録。史館例，諭旨不許改，而許節。纂書與則例義例有别，不必徑類案牘。

第四　京師門。不宜過繁。與宋咸淳臨安志不同，彼因都城無專書，今已有日下舊聞考，嫌重鈔。

第五　八旗事，專載歸順天府管理者。餘略。已有八旗通志。列女訪册，間有駐防一例，録入窮嫠苦節。易於漏略，以待續修八旗通志采取，並非自亂其例。

第六　圓明、清漪、南苑之類歸苑囿。行宫坿。

第七　陵園在遵化、易州境，其名目、處所亦宜坿見京師門。附見太廟下。

第八　外國公署，坿載京師衙署之後。以著事變。

第九　京師寺觀止載勅建者，名勝酌載。

第十　宣武門内敕賜額天主堂，載坿寺觀後。餘教堂不録。

第十一　增方言一目。用靈壽志、雲南通志例。

第十二　地圖。府屬一總圖，一縣一分圖。

第十三　圖地理須用目驗實測，聘通算學者爲之。不得憑成書及約略揣度。

第十四　地理門。止載碻關土地者，餘别出。

第十五　河渠立專門，其地理門内山川止具大略。出何山，入何水，過地幾何，如漢志式。

第十六　賦出於地，役出於民，故户口、物産先於賦税，前代舊制、近日積弊均爲詳采。不得僅紀建置年月、處所。

第十七　故事非他門可隸，今立專門。用咸淳臨安志紀事一門例。瑣事，立雜事一目隸之，用禮記雜記例。

第十八　官師門。多歸表，少立專傳。立表以省傳。

第十九　人物以朝代爲次，不分州縣。

第二十　人物不分賢否，理宜竝載，但以子目區别之。史例與經制不同。

第二十一　人物門。昭忠、鄉賢入祠者，爲一表。

第二十二　人物門。賢者隸先賢一目。不分孝義、忠烈、隱逸、儒林、文苑等目。不賢而著聞已久者，隸鑒誡一目。無咎無譽者，隸雜人一目。用漢藝文志雜家例。

第二十三　人物門。君長此地，如燕昭王之屬，無可隸，立封國一表。虚封不載。

第二十四　人物門。流寓，元以前通載，明永樂以後止載寓京城外及各州縣者。

第二十五　人物門。語語皆須据書采輯，不增一字。當句下注出典。以免褒貶口實。

第二十六　遼、金、元三史人名、地名從乾隆敕改本，仍注元本作某字。

第二十七　藝文門。每書撰一提要，注明存、佚、未見、未刊四等，以時代爲次，不分經史子集。

第二十八　古今詩文有關考證者，擇要分坿各門。

第二十九　金石門。金文止録專爲本地鑄造，及碻係此地出土者。石刻元以前全録，國朝止録御碑。

第三十　金石門。以時代爲次，注見存、拓本、存目三類，各綴考釋。如潛研堂金石跋尾式。

第三十一　各門前爲小序一則。

記克復諒山事畧

光緒十年十二月，法糾西貢夷、客匪、教匪萬餘，大舉攻桂軍。賊老營在船頭。我軍防所，谷松爲中路，距諒百二十里，蘇元春、陳嘉十八營守之。桂軍多，湘軍少。觀音橋爲西路，距諒百三十五里，楊玉科、方友升諸軍九營守之。桂多，湘少。車里內接那陽爲東路，距諒百八十里，王德榜十營守之。湘軍。餘淮軍鼎字五營、桂軍龍字五營皆在諒，魏綱鄂軍八營在關內，馬盛治桂軍三營防新街，在西路之西。賊聲言分兩路，一攻谷松，一攻車里。二十日，全軍改向谷松，併攻桂軍壘。戰守三日，賊礮猛，傷亡多。二十二日，先鋒營陳嘉敗退，蘇元春所部亦退，總兵董履高率龍字五營援之，亦敗。諸軍皆退至諒山，復議進扼諒山前三十五里之威坡。廿八日，法來攻。復戰，法稍卻。總兵葉家祥此人最劣，衆論最不服。所統淮軍鼎字五營先奔。法專攻董軍，董履高中礮折足，軍遂潰還諒。是夜，潘棄諒，入鎮南關。二十九日，諸軍皆潰入關，糧餉、器械喪失殆盡。東西兩軍相去遠，聞調赴援，一日之間，號令屢改。比至，諒已失，無可援。十一年正月初九日，法攻南關時，楊玉科軍自西路觀音橋撤回。玉科率所部拒戰，猝中礮殞，各軍星散。蘇元春出隴窯，襲敵不克。法擾至幕府而還。幕府在關內二十里。十一日，法焚關自退。潘入關，即退幕府，旋退憑祥，在關內五十里。又退海村，在關內百里，距龍州四十里。又退龍州，民大譁。始乘船由水路返海村，日駐岸，夜駐船。法既入關，各軍多潰逃，無復隊伍。淮軍大掠，龍州商民遷徙一空，管官乘亂攫餉還省，電報局移至舟中。轉運糧餉軍裝者，皆中途奔回。游勇水陸肆掠難民，逃軍蔽江而下，關內大震。沿江自南甯、梧州、潯州達於桂林省，無不驚擾紛紛，告急請兵，南甯戒嚴。先是，西臯李秉衡於去臘廿一日抵龍州，辦後路。提督馮子材、總兵王孝祺皆廣東規越之軍也，先後亦至。子材所部十營，廣軍。由欽出師時，留八營剳東路思陵。待由那陽入越，僅率中軍兩營，赴龍待械辦糧，並募新軍。孝祺軍八營，淮軍廣軍各半。因中途滋事，遣兩營到龍募補。兩軍裝械，由水運上溯。未到齊，諒急，孝祺赴援出關，而軍已潰。當龍州危殆之際，桂軍並無一營，幸李秉衡、馮子材二人在龍。秉衡素有清望，靜鎮不摇，維持補苴，撫慰將士，力阻前敵潰軍。子材曩久任廣西提督，三次出關，威惠素著，得桂、越人心，衆情粗安。馮因留一營鎮龍，自帶一營赴關扼守，收集潰勇。時賊已萃中路，乃調東路八營至南關。王德榜軍亦自車里還紮關外由隘。由隘在關外東路三十里，爲入關歧路。至正月底，諸軍漸集。時馮子材十八營陸續成，創議於關內十里之關前隘，築長墻、掘濠拒守，獨當中路，前敵王孝祺營於馮軍之側。法距諒後，於文淵州前築礮臺據守。文淵在關外中路三十里。分兵出扣波，關外西路三十里。攻九葑，扣波之西北百五里。欲攻奪高平省，斷滇、桂兩軍來往之路，高平省一名牧馬，距龍二百六十里，在鎮南關西北。繞出南關之背。越人報馮。廿七日，馮遣營趨扣波，蘇軍趨九葑。法至關，軍已先在，驚走。遂逐法回文淵，獲象一。法怒長定知府曾某，以爲誘己，立殺其子。馮言於潘撫，召蘇元春回中路。二月，越官、越民報馮，法將以初八入關。馮倡議先發出關擊賊。初五日，馮與孝祺軍夜襲文淵州。賊憑山築壘，三面施礮，攻擊竟夜。戰至初六日未刻，破壘二，我軍傷亡亦多，軍疲乃還。初七日，法大股分三路，攻關前隘馮營。法謂客、教、越民皆與馮通，以真法兵居前，西貢鬼次之，教匪、客匪在後。馮、王兩軍皆殊死戰。至申，東嶺先鋒三壘爲法踞。蘇軍援至，復合力拒戰，槍彈積地盈寸，彼此死傷相當。至夜，未收隊。初八晨，復戰。賊以兩枝循東西嶺，施開花大礮，大隊犯中路，益凶猛。王孝祺當其右，桂軍陳嘉、蔣宗漢當其左，馮、蘇當其中，約王德榜率軍自由隘在關外截其後，懸重賞勵士。賊礮聲震天，山谷皆鳴，四山大霧。賊竟薄長墻，或已越墻而入。馮與蘇誓死決戰，告於諸統領曰：凡敗逃者，不論何軍，皆誅之。於各隘設卡，截殺逃者。馮年已七十餘，以帕裹首，赤足草鞵，持矛大呼躍出。諸軍將領見馮如此，俱感奮力戰。孝祺以淮軍爲龍州官民所詬病，各軍皆輕侮之，忿甚，亦誓死。孝祺馬中礮，易騎復戰，手刃退者數十人。各軍肉薄衝擊，復奪東嶺三壘，西嶺賊亦敗退。關外游勇、越民千餘人，聞馮親出戰，皆自來助戰，伺隙邀擊。賊後隊爲王德榜截擊，斃法、教百人，奪其軍火、餉銀、馱馬無數。賊被截，槍礮彈盡，遂大潰。陣斬三畫、二畫、一畫數十級。殲真法兵千餘，教匪、客匪數百。諸軍追至關外二十餘里而還。初九日，馮出關攻文淵州，諸軍從之。賊走，以僞文淵知州通馮，剖其腹而去。遂攻諒。十二日，賊禦我軍於巴坪，合擊敗之。賊還諒，分守諒城，及對河之驅驢墟。墟有王德榜所築壘，甚固，爲潘撫昔日駐軍之所。諸軍攻之，王德榜、王孝祺兩軍攻尤力，士卒多傷。孝祺部將潘瀛先登，遂奪其壘。十三日晨刻，馮軍克復諒山。午刻，諸軍俱入。賊悉衆遁。分軍追之，山谷中搜獲法兵甚多，皆斬之。十五日，陳嘉、王德榜追賊至谷松，復有斬獲，擒三畫一。是日，馮前軍麥鳳標追賊至觀音橋，并復長慶府，生擒五畫一，斬一畫一。馮前軍進拉木，以攻郎甲。王孝祺軍進紮貴門關。馮定議，偕孝祺軍進規北甯越地，義民聞風響應。越官黄廷經糾北甯等處義民，立忠義五大團，建馮軍旗號，自願挑漿飯，作嚮導，隨軍助剿，或分道進攻。李揚材之弟在北甯城内與馮約，俟郎甲破，即内應。馮遣人招河内客匪、教民，許以官賞，皆受命。馮已定廿五日親率全軍攻郎甲，分兵襲北甯，而法人請和。停戰撤兵之旨到，乃止。廿九日，馮前軍尚攻郎甲，壘堅未下，擬次日再攻。是夜，前敵聞旨。三月初一日，馮軍停戰，馮憤甚，獨不願撤兵。時岑軍亦同於初八日大捷於臨洮府，廿三日復屢捷，逼興化，驅舟中賊，入城。西路沿江越官、越民皆應岑。唐景崧由牧馬進規太原，越高太剿撫使梁俊秀率衆助剿，游勇頭目梁正理等皆受撫。太原民請官軍往，願辦糧以待，而和議已定。三月二十日，諸軍先後俱入關，分屯關内。洋人自入中國以來，未有如此次之大敗者，西電言法提督尼格里傷斃。馮還龍州，軍民香燈、爆竹拜迎者三十里。潘撫三月初三日去官回籍，軍民沿河追駡，以甎石遥擊舟中三十里。

駢體文

雞㙡菌賦〔一〕

淡烟漠漠雨初晴，郊外雞㙡菌乍生。采滿筠籃歸去也，有人厨下倩調羹。時維七月，序近三秋。菌芽乍吐，菌茁將抽。名以雞而黔書曾解，名以㙡而字典都收。梅誕生詳言其狀，李瀕湖省悟其由。性清神而益胃，形高脚而纖頭。觀其冒雨忽生，驚風亂颭。前山後山，三點五點。白質兮宜分，赤莖兮宜檢。如雞羽之初垂，似雞足之欲斂。草雜萋萋，人來冉冉。望原隰兮山色蒼，鎖羣峯兮對夕陽。花犵兮狆女，荷笠兮携筐。陟崎嶇之鳥道，登崱屴之羊腸。非佳節而挑菜，豈春盡而尋芳。采將奇菌，佐我羹湯。若夫莧名馬齒，菜號龍鬚。荇則鳧葵是喚，莎則鴨脚相呼。雖佳名之並妙，比異品兮懸殊。重以初似笠張，繼如蓋起。客離冀北之鄉，名重滇南之美。問價則數解青蚨，依根而叢生白螘。羨得地兮黔中，知滋榮於雨裏。水之湄兮山之波，伊人采兮踏緑莎。既珍羞之可薦，復病痔之能瘥。香飄清洌，影弄婆娑。嘗嘉蔬之風味，爰誌異而興歌。歌曰：香菌號雞㙡，托根依芳草。有客異味嘗，雅欲黔南老。又歌曰：雨後空山有足音，雞㙡香菌饜儂心。亂峯迢遞烟嵐鎖，知在深山何處尋。

水仙花説〔二〕

世人率愛水仙花，嘗聞其蓄養之法矣。及其磊落如拳時，朝旦且輒盥以[illegible]水，曝于南榮。葉既出矣，歧既分矣，視其不能爲華者削去之。葉欲齊，欲不過二寸。華欲一向，欲出于葉表。末欲平出，欲疏密均如節齒，如列戟，如掌，非是者弗善也。

偶從市中得一本，浸以湖泉。陶器拙質，又無文石，雍沙坩根。無鄉背暄涼之節，恣其茁長，不爲節度。既華，或陰或陽，或倨或俛，或相駢儷，或相參伍。苞抑于葉，鄂象于趾。蓋爲歧有六，而不榮者二焉。葉長鄉然，助其披拂，傾歌側媚，不可名狀。余對之而喜，自以爲周人之璞也。過者靡不忻然，余喻之曰，物以自然者爲極，戕賊者爲辱。且夫先施夷光之美，而必傅珍髢，畫眉嫵，整襟而危坐焉，其足以移人者鮮矣。以諗于人，未有是其説者。

京師人蓄盆梅者，常蟠屈其枝幹，使之斡旋固抱，團團如車蓋。而截去其桀出者，尤可憎惡，蓋所謂疏影横斜之趣亡失盡矣。

恭撰諭祭刑部左侍郎袁保恒文

朕惟周禮重行人之選，賙彼凶荒；雅詩稱從事之賢，傷其盡瘁。况際此需材之會，忽奪茲任事之臣。爾原任刑部左侍郎袁保恒，贍智，肫仁，瓌材，閎器。羽儀華國，綺齡登瀛海之班；弓冶承家，雅志殄淮瀆之醜。惟有文必有武，何敵不摧；資事父以事君，有功不伐。錫霸都之勇爵，超坊局之華資。一持分校之衡，屢負從軍之羽。調和諸將，掃河朔之風塵；饋饟三秦，龕西陲之組練。度支入佐，薄算緡言利之爲；刑憲分司，無鉗網深文之習。

〔一〕録自張鍈主纂《興義府志》卷四三《蔬屬》，署名「生員張之洞南皮人」。

〔二〕録自山東圖書館藏《張之洞詩稿》。

比以中原告祲，宮寢殷憂，持武康之節而還鄉，發洛口之倉以安衆。肩勞不避，府怨不辭。北斗、南箕，久告軸空之病；庚糧、癸水，幾窮佩蘂之呼。王尊沉馬以誓神，願將身代；蘇軾起龍而致雨，卒與天通。幸哉！兩河之更生；已矣，九京之不作。以爾官亞九列，而立朝未滿五年；以爾氣雄萬夫，而賦命不登中壽。未殫厥用，深惻於懷。於戲！罄方社之犧牲，竟丁耗斁；聽澤中之鴻雁，永念劬勞。茂此飾終，庶歆昭奠。

恭撰諭賜刑部左侍郎袁保恒碑文

朕惟馳驅奔走，藎臣表許國之心；壹惠尊名，惇史垂旌賢之典。哀榮允備，芳烈難渝。爾原任刑部左侍郎袁保恒，世篤忠貞，兼資文武，自起家於詞翰，早抗志於澄清。吴澄不習駢文，恥爲俗學；曹瑋深明將略，綽有門風。凡承歡子舍之年，皆戮力戎旃之日。迴翔芸館，洊貳棘卿。三參軍謀，兩筦綱運。戰河南、戰河北，盡消萑寇之狂波；自陝東、自陝西，廣闢蕭侯之甬道。元和簿上，贊儉德而圖豐；城旦書中，輔祥刑以弼教。職方曹局，而有通籌國計之心；身處朝廊，而有經略四方之志。會鄭圖之上奏，命汲節以巡行。艱難告辰羅之哀，慷慨作酉漿之乞。行縻哺粥，信既竭於心思；索鬼責神，甘自捐其頂踵。乃三農慰望，靈雨方零；而六沴爲災，使星遽隕。綜計一生，征役功名多在於兵間；洵乎晚節，勤勞老死不終於牖下。儒臣罕覯，士庶盡傷。惟文者足以經時，惟誠者勇於報國。錫茲美謚，數本朝止有三人；溯彼舊勳，俾兩世同光列傳。於戲！風凄大樹，留江淮草木之威名；月照豐碑，還河嶽英靈之閒氣。誕敷成績，永揭鴻辭。

恭撰諭賜署烏魯木齊都統哈密辦事大臣保恒碑文

朕惟定遠耀兵於絶域，威行三十六居國之閒；壺頭盡瘁於暮年，名在二十八功臣之右。重以一門之就義，可無重巽以旌忠。爾前署烏魯木齊都統、哈密辦事大臣保恒，簪裏勳門，珠鈐將種。衍四衛拉特之貴族，氣奮風雲；讀七大黄册之祕書，胸羅象緯。出爲牙將，領銀槍效節之都；繼帥偏師，居黄河遠上之地。屬重臣經營西事，爲國家薦舉邊才。一歲超遷，三邊提控。甘泉烽火，惟資當道之王羆；滹水堅冰，不渡臨流之銅馬。刀筆偶嬰乎吏議，鼓鼙旋動於宸思。揚旍結骨之窮邊，杖節尉頭之蕃部。酒泉天遠，方謝病以還鄉；橫海軍多，頓奮髯而投袂。時則黑白大食，猪毒秦關；前後車師，要遮漢使。以伊吾盧爲西陲近塞，用作保障之臣；以郁立師爲北道兵衝，使處搤吭之地。河魁神將，僅存戊己之屯兵，派罕妖氛，遂傅庚辰之郊壘。半冰已盡，嚙革餐筋；三版將頹，嚼齦裂眥。忘良夫之跛，每捫足以勞軍；聞宗澤之呼，已伏弢而飲血。輣撞炬擲，臺城之守將先亡；刀缺泉枯，疏勒之援不至。黑雲壞壓，梯衝競舞於易京；赤熛怒生，巾篋逢災於亳社。并不爲保妻子之計，曾何異死封疆之臣。戰狀上聞，卹章備舉。今者龍堆鐃唱，柳谷烽銷。閔茲九攻九拒之孤臣，不見三絶三通之盛事。犖山已翦，思睢陽遮遏之功；軍就伏誅，訪長史捐軀之地。幸趙評之有子，求骨迎喪；哀卞壺之闔門，招魂併命。贈之巍秩，饗以明禋。嘉其有服遠之威，以殘卒破摧羣醜；謂其有安衆之略，以彈丸維繫邊庭。考行易名，曰桓與靖。金風鐵雨，英靈永作長城；蕙燼蘭銷，馨烈發諸劫火。於戲！兼張車騎、龐中郎之美謚，汗簡有光；配姜行本、裴行儉之穹碑，沙場生色。載鋪偉節，峻此恩章。

恭進勦平粵匪方略表代

臣奕訢等誠歡誠忭，稽首、頓首，上言：欽惟我皇上，虹璧當陽，龍圖啟運。靈臺測景，值漢日之再中；柳谷占星，識堯天之無外。兩宮垂訓，孝治洽而鈞鈐明；六幕同文，威稜張而玉衡正。以聖繼聖，秉大武於三曾；鞠人謀人，揚天聲於七德。商威有截，軫馳桂海之文；姬籙無疆，策探岱宗之字。善繼觀成之志，有此武功；實惟懿德之光，受茲介福。覩瑶光七宿，爲河海清宴之休徵；考金版六韜，見旋轉乾坤之經緯。國家宗基磐固，疆索盂安。六七作配上帝之郊禋，三萬里入司空之版籍。慶霄輝宙，瑞露膏年。間有扞網之愚，不煩折箠而定。蜎蠉翔泳，涵亭育之慈；象寄譯鞮，化陸梁之氣。屬以神州康阜，潛伏蘖芽。邊吏恬嬉，偶寬銜轡。乃有粵匪洪秀全者，天資凶譎，左道侜張。恃嶺嶠之阻深，謂潢池之可試。焚香絳帕，入祆社而稱靈；義米朱符，託神叢而號衆。乘火旱木饑之厄，五龍講經；聚跳刀走戟之徒，斗米作賊。裾緣采綫，始過市而無譏；囊探赤丸，遂犯門而罔忌。紅巾六等，白棓千羣。自知僇民，甘效奴賊。猘咋人而漸大，螳拒轍而能驕。智高有邕廣自王之心，王則造彌勒持世之語。妖星害氣，宵躔藤峽之山；虺毒豺牙，晝飲桂林之水。牙璋初發，鐵額方張。蟲沙之劘化已多，蟁蝻之撲搔難盡。四面招討，圍鎮無功；諸道行營，扼巢不效。奔兕開樊於百粵，駭鱗觸網於三湘。盧循下桑落之洲，楊太奪洞庭之口。雖嬰城搏戰，不少九攻九拒之方；而散地投戈，難用四正四奇之陣。名城大郡，唳鶴驚風；長江洪湖，飛鯨跋浪。梁山橫鏁，難爲扼截之謀；采石量繩，坐失喉衿之險。穿刀容足，衝朱雀之大航；鳴鼓吹脣，躍青絲之白馬。奪艨艟而載火，伏艕艦以藏兵。盜鍾山龍虎之都，爲朱圉騊駼之穴。蝟繁鋒厲，傳烽達於淮壖；兔狡窟多，蘊毒延乎江表。方且扇其魍魎，綴我貔軍。吴濞既困於攻梁，晏麾復創於襄晉。眩迷歸路，鋌走郊畿。横行者，宋江三十六人；城守者，河北二十四郡。狼星睒䀹，敢向威弧；鼇足撼摇，自投天網。文宗顯皇帝拯萬方之厄，申九伐之經。歐刀行失律之誅，齋斧選折衝之將。懿親藩衛，河間孝恭之賢；異姓名王，沙陀赤心之勇。廉頗、李牧，出自禁中；閎夭、泰顛，拔於材武。得狄青於西班，而任以專閫；收徐勣於歸義，而用作干城。虞允文起自書生，岳家軍出於義勇。知之而善任，用之而不疑。乃斡璇機，闡金筴，以爲：欲傾孽窟，先據上游；欲折兇鋒，先清三輔。河魁應將，井鉞森芒；太乙陳軍，雷硠鬱怒。羊頭鶴膝，尚方蘭錡之兵；朔幹燕弧，六郡良家之子。鼓洪爐而爍毳，斠濛汜以澆螢。楓鼓殷天，鏠旗捲霧。老羆當道，先扼勝於天津；狂象走林，遂合圍於連鎮。赤龍吐電，挾礮石以飛鳴；鐵騎淩霜，踏河冰而平渡。中黄士勁，筈矢三鎌；太白旗高，衝棚百丈。長纓繫賊，吉林詐馬之健兒；飛火注槍，蒙古打生之蕃部。布周阹而剗地，暈月成規；拔渠荅而踰濠，陣雲如墨。剖巢入穴，桎貳負以歸朝；飲刃伏椹，血温禺而釁社。高唐州一鼓而下，梟鳴牙中；馮官屯三版難支，鼉沈黿底。臨戎鼓蓋，人識高敖曹之容；破陣笳鐃，軍奏蘭陵王之曲。投弓窮羿，果知射日之難；被髮狂夫，始悔渡河之誤。然而北風雖勁，南紀未康。方棄甕之將窮，適前禽之不戒。相州師潰，蜀郡彭亡。致財賦之大藩，成荆榛之戰地。神謀早定，天策無遺。用陶侃鎮武昌之西門，使諸葛督長沙之軍賦。長沙完而糧通甬道，武昌奠而水建高瓴。築塢守濡須之城，輕兵塞淮泗之口。衣冠忼慨，范蠡立君子之營；艑舸巍峨，楊僕創樓船之號。楚歌四面，八千子弟之軍；湘水九廻，十萬水犀之弩。三呼蒼兕，黑矟公陷陣如飛；十丈青龍，黄頭郎習流而舞。先清岳、鄂，則夏口燒船；繼埽蘄、黄，則九江歸漢。揚旍於皖公山下，而殺師之角先摧；刷馬於彭郎湖中，而攣鞮之臂已斷。蔽江流柿，頓成破竹之形；曳地明光，已有撥爨之勢。當是時，文宗顯皇帝方以十科選士，五聽求言。周宣側身，漢文拊髀。神經金匱，授自九天；澄鑒銀華，燭乎萬里。發蹤導窾，晨披白皁之圖；昃食求衣，夜聽赤囊之報。輟裘攽賜，千營銜挾纊之温；畫箸伐謀，諸將決埋根之計。爲民請命之語，惻愴於丹綸；脅從罔治之條，諄詳於申命。七旬弗格，知頑惡之將殲；百六已過，卜貞元之必復。覘燕巢於齊幕，待橐坶野之弓；聞鶴語於堯年，遽鑄荆湖之鼎。應門顧命，不忘未濟之艱難；畢郢升祠，即兆大勳之底定。皇上上元膺運，下武作求。當秉璋奉瑁之辰，有合璧聯珠之慶。禀承聖善，奉若詒謀。凡問安視膳之年，皆訪道陳謨之日。山川聚米，挈地絡於目中；撻伐哀荆，運乾符於掌上。首清朝列，爰整戎機。知李靖有武略而兼文謀，命曹彬以大將而爲使相。趙、陽、閻、馬，皆先帝簡拔之遺；彭、濮、微、盧，極公侯腹心之選。時則石達開就俘於蜀徼，而蛩駏之形孤；陳玉成授首於壽陽，而猰貐之齒拔。南恢甌越，洗兵胥母之潮；東取蘇松，奪戟神亭之壘。皆所以翦朝吴之翼，搘僑如之喉，斷膂攻心，扼吭拊背。城開鐵甕，重收北府勁兵；關叩秣陵，增築藥園舊壘。常山列陣，率然無自救之方；坳水尺波，鼉黽失跳梁之勢。九洑州斷其饟道，乳哺立枯；雨花臺瞰其城闉，走飛俱絶。窮山睨酒，徒聞呼癸之聲；袀服搴旗，已播伏辰之讖。崇墉將圮，不因壘而乞降；齊燼難收，尚背城而借戰。負嵎隄斸，奪刃乘危。埽其遊魂，攻我夾寨。下潦上霧，鼓無死聲；升糒判冰，士有朝氣。十盪十決，五兵五當。驅枝墜而技窮，鳶綆沈而書絶。於是將騎將步，爲鸛爲鵝。埽外援而足盡蚿僵，塞走路而河枯魚泣。地中鼓角，道古攻其東南；樓上梯衝，亞夫備其西北。艅艎失水，遁甲開山。劉窟頭將掘地之兵，甘興霸作升城之督。指招摇之星怒，雲旝飛揚；候箕壁之風高，火輜具舉。星丸撒火，地軸都摇；素練騰風，天梯直上。雷公擊鼓，應龍之翼齊張；庭氏彎弓，妖鳥之巢立覆。防風已戮，辨巨骨於專車；侯景未寒，藏漆頭於武庫。滅塵鏟迹，盪穢湔腥。舉旛炳乎騶牙，積甲高於熊耳。洛陽父老，重見漢官威儀；常侍橐鞬，來迎大將旗鼓。思明既殛，朝義知窮。懸瓠既夷，洄曲自潰。洪仁玕孽童既殄，遠行袁尚之顱；李秀成副賊成禽，生對樓蘭之簿。西江餘氣，嶺外殘魂，或逋誅於黔蜀之交，或遺種於雍秦之境，靡不枯摧朽落，冰泮爈灰。高張露布之長縑，競唱勤歸之雅樂。甘泉飛報，聞吉語於五日之中；明堂大開，舞文干於兩階之上。鐘鳴長樂，喜動慈顔。弓挂橋陵，慶邀靈貺。昔菑今穫，成文王丕冒之功；後舞前歌，誦太姒徽音之化。惟天惟祖，燔柴鏤璧之上儀；視公視侯，喬嶽翕河之茂典。珠邱昭告，三矢前驅；璇極光輝，壹戎大定。瓚圭鬯卣，鼇召虎而剖符；肇勒鑾旂，寵尸臣而銘鼎。綜稽功簿，皆容資轉三階；永詔勳常，不僅侯封萬户。拔都標號，如銀槍效節之榮；鶡尾彯冠，逾金璫附蟬之貴。帷中閫外，露湛雲需；尺功寸長，天施海潤。蓋帷紆惠，酹勒事之藎臣；粟帛流恩，慰國殤之猛士。授羽林孤兒之職，俾紹家聲；廣博士弟子之員，用旌敵愾。農租蠲錘，商算裁緡。猶復慎埡思艱，涉淵知懼。知周善後，不忘懲毖之詩；本務勸農，特可懇屯之奏。遣遊勇而脱巾不譟，散鄉團而賣劍無虞。火猛水寬，舉循吏以安清畖；吴輕楚剽，設水師以控長江。簫勺羣頑，盧牟六寓。鏑銷燧灌，劍脱戈包。在昔殷伐鬼方，僅威夷落。周平淮浦，未滅徐戎。唐中葉不能清河朔戎馬之塵，宋盛時不能取夏州彈丸之地，然猶掞張鴻號，鋪侈駿聲。以凖清時，洵躋前古。茲者肇修軍志，臚紀宸謨。揆諸經文，則雅頌以告成功之義；稽諸史例，則通鑑紀事本末之編。溯禂牙徵發之初，厎偃伯武成之日，蓋伮擾者十有六省，披猖者十有五年。其黠鷙則甚於赤眉、青犢之徒，其孳萌則夥於方臘、曹成之衆。跨州連郡，儼羽翼之將成；襟江帶湖，幾牢膠而不拔。鴟鳴狸嘯，已徧虒通報德之維；蟻國猴冠，敢竊宇宙柱天之號。此蓋仰賴天戈仗順，廟算籌全。張網羅賢，不限以循資之格；鑿門遣將，不撓以中制之權。不臨陣易將而奪符，不恡賞惜官而刓印。南人使船，北人使馬，不違地以遷良；衢地則合，圍地則謀，不隨方而浪戰。盜兵軫念，不舉獻俘、受馘之儀；倒戟歸仁，不用伍畀、曹誅之法。軍書駱驛，而春干秋籥不廢修文；度支浩穰，而丁算口錢不聞加賦。前光垂憲，繼序紹聞。用能蒼緈孚精，珠鈐制勝，下湔墋黷，上荅光靈。文母冠十亂之勳，湯孫建四方之極。鈞臺誓衆，瞻禹迹之重光；鄗邑升壇，告炎符之上瑞。北征六月、南征采芑，煥景命以重熙；內治天保、外治采薇，播休聲爲大愷。臣等依光丹地，載筆蘭臺。實均慶於普天，敢竭誠於測海。繫年繫月，知整軍經武之有方；丕顯丕承，著保大定功之有本。守難於創，繹魏徵敷對之言；安不忘危，鑒宣聖繫辭之訓。訂長編四百廿卷，寶笈常輝；祝鴻祚億萬斯年，金甌永鞏。東南尉而西北候，定皇輿一統之經；天地闢而日月光，上帝世六符之頌。臣等無任瞻天仰聖、踴躍懽忭之至，謹拜表恭進以聞。

恭進勦平捻匪方略表代

臣奕訢等，誠懽誠忭，稽首頓首，上言：欽惟我皇上，抱表體天，握機括地。八紘瑞玉，車書鍾明備之期；七緯文鉤，律度邃緝熙之學。濬哲纂放勳之業，窮奇偕檮杌而誅；紹庭率昭考之規，郇里繼淮夷而靖。受駿厖而九圍式，湯鉞除殘；斷鼇足而四極安，媧簧斡化。崑崙薦版，況中邦堂奧之區；招矩收鋒，還率土壤衢之樂。昔平江左，陋七策於隋書；今定淮濆，誦二篇之柳雅。譬如錫圭導水，而岷山積石有南條、北條之殊；迎筴占星，而竹彗天猿有青方、白方之異。紫極明潤，則祲氛循次而銷鋩；黄輿乂安，則洪洚分趨而伏軌。奠三靈而拯水火，是曰寶慈；光四海而通神明，斯爲遹孝。衍乾坤之策，擬周易之有下經；颺神聖之功，分虞書以爲二典。原夫房心之分，徐豫之交，淮潁下游，海岱西境，南連南豫，東走東蒙，畫河山兩戒而適界中央，歷南北六朝而常爲戰地。山川盤互，風氣雄鷙。人習椎埋，户高搏撠。矯虔亂紀，往昔同符。陽夏鳴狐，彭城戲馬。龐萌、李憲，偕銅馬以稱戈；尹禮、闕宣，乘黄巾而樹幟。唐憲圖治，而淮西拒命者四十年；廣明不綱，而冤句弄兵者六十萬。世爲叢邑，俗等互鄉。已久漸翔洽之皇風，猶隱伏崖柴之故態。越人揭篋，借客彎弧；突鬢縵纓，危冠利劍。故嘗授健吏以潛柔其爪距，宿牙兵以默寓其維妻。自瓠子決流，宣房未塞，尉佗崛强，魋結稱兵。際元二之災年，階萑苻之厲梗。察眉雖識，傳桴鼓而先逃；亜面成禽，響帶鈴而奪去。數百人爲一捻，捻各有旗；數千家爲一圩，圩各有寨。旗雜糅而如蜩螗之沸，寨錯峙而如蠭蟻之屯。瀹牡者號將軍，摸金者呼校尉。九千徒衆，分領莫邪之都；十五健兒，便作難當之賊。毛面絳頭之狀，浮雲白雀之名，來則呼嘯沸天，去則燔燋赤地。豺頑當道，燕餒巢林。據渦口爲安窩，視梁郊爲熟路。向平原而馳驟，空設蘭防；介四省之邊陲，幾同甌脱。釋兵執耒，伏戎則李密騎牛；蹈釁擊虚，出穴則王良策馬。雖復羊分九牧，士募三科，稍鎩羽毛，未探要領。文宗顯皇帝，憤其敷虐，閔此仳離，琅鐸專征，荆幡聲討。練民兵爲犄角，發彍騎爲游軍。畫圻固封，堅壁清野。鴛央製陣。指枉矢以鋒摧；鸁子名軍，望靈旗而膽落。準備焦原撲燎，射梁楚之黄星；正逢天塹揚波，晦東南之紫氣。輸情通款，甘爐火以乞憐；助虐增驕，怙輔車而自固。其意則市中假虎，其形則架上連雞。彼儼爲呴沫之涸鱗，此實作兩端之首鼠。雲麾壓壘，彈羽張羅。乃指斗而誓天，願捧韠而伏地。劉鋹執梃，慣作甘言；孟獲還營，仍藏辛螫。搰埋多變，反噬孤恩。入金鑑而難欺，振靈夔而決戰。知我軍如羅掩雉，急則抱馬而歸誠；知賊勢如鞲縶鷹，緩則增陴而善背。焚巢可待，不容鼓子之降；解網已寬，終正三危之罪。起雲中之故守，將韓厥之新軍。騰組練而接陰，殷柝鞞而聯響。鳳陽城雌軍奪氣，一丸難封；臨淮關大將懸權，八面受敵。千羣代馬，振批亢之勢於曹南；二廣楚師，成折首之勳於境外。布成勝局，砥就神鋒。徒以吴越一星，未清餘沴，文昌上將，尤急攻堅。如劉裕北伐而海寇内訌，如李晟收京而懷光義後。奔南備北，議守謀攻。致僵蹷之稊荄，延營魂於漏刻。丹浦之神旌方展，待戮九嬰；蒼梧之僊馭難攀，空還八駿。皇上迪光纂葉，襲慶提釐。誓師而日月照臨，卜將而星辰感會。密須車鼓，震豐水之聲威；吕伋干戈，奉南門之號令。有娀綏祜，爰基桓撥之規；開母鐫華，曾贊平成之略。元戎申命，天届龔行。西平則繡帽臨軍，任城則黄鬚表勇。黄閒青角，開二十石之神弓；紫燕紅陽，分八千人爲驃騎。碚礲礮，發崑岡烈石之聲；子母銃，然湯谷流金之燄。馬中赤兔，天上將軍。曳落河絶地而飛，髑髏臺切雲而起。高熲統九十總管，嚴若負霜；樊噲禽十三將軍，迅於沃雪。碬投卵碎，一戰降七萬人；弩疾縞穿，終宵馳三百里。雖落星芒赤，竟完馬革之忠；而沸海波紅，盡拔鯨牙之刺。星流波迸，幕捲巢熏。蓋賊之精鋭皆亡，而賊之腹心已潰。函車獸獱，既無可負之嵎；失水魚窮，姑躍已焦之鼎。遂乃跳踉河洓，奔突燕齊，西過漢中，東窮海表，前行副騎，後乘鹽尸。灰不灌而重然，沙以流而善走。于時樓船下瀨，已報平吴；旗鼓出陘，并兵擊楚。慶緒以稽誅之孽種，惡木生槎；蜚廉以逋竄之餘生，隙光因熱。蛇身帆首，判東部、西部以分流；龍翼雙飛，射左甄、右甄而進討。豿子貆、貒子貗，世濟其凶；句兵捭、刺兵搏，人自爲戰。畫鴻溝之長塹，難制觸藩；移赤堇之純鉤，竟窮補履。將來萬福，風聲播草木之名；軍有臨淮，營壘改旌旗之色。上金城之戰略，扼玉壁之要衝。開偃月之營，置撤星之陣。霜鋋透甲，有二丈五尺之纏矛；火器連珠，如一發十枝之神弩。歕山欲野，搜鐵貘於圜中；陰雪陽開，覆醯雞於甕底。迸竄過穆陵關下，鼠入角端；追奔到陽主祠邊，豆銜牛口。囊沙秘計，渡濰飛韓信之軍；間道奇兵，入海失田横之路。醜類殲旃於劇縣，若網絶流；元凶遇伏於高郵，如杵投臼。凡此奏膚之效，悉由廣運之神。然而淮陽雖就敉安，關内尚煩獮薙。方擬馬隆之西討，適逢項羽之東歸。卜寶充翦滅之相仍，聞騰遂益兵而輒喜。驛騷三輔，汎濫九河。皇上知殘賊之貫盈，戒遷延之師老。虎符趣戰，龍武發兵。五諸侯伐楚出關，十餘壁臨河救趙。建蕭鈇以登艾，秉羲燧以銷冰。畫地爲牢，因河爲洫。一斥一堠，高闌羊馬之墻；四正四隅，寬布鳥蛇之陣。蟻旋磨上，兵十則圍；鼠鬭穴中，人百其勇。戈船截浦，望楊素若江神；刀雨飛空，呼高昂爲地虎。觸機落羽，蹈穽摧牙。驗鼻死俘，捽頭生致。潰逃放仗，掌拒膏鋒。惟勝殘久惻於皇情，故祐順兼滋乎天贊。驅灌壇之風雨，三日爲霖；決淮堰之蛟螭，百川到海。冰蠵擊鼓，龍伯揚麾。左陷澤中，右縛鼓下。木甖難渡，真看鼈令浮尸；血杵同漂，終使楚囚流漢。參㫃河鼓，高臨洗甲之銀潢；黄道天街，滅盡如旗之蚩霧。竊惟此賊，本同草竊，素鮮籌謀，宜冠以無賴之名，絶不作白頭之計。以視弄兵桂管，則狼䑏并廢冠裳；較之攘據石頭，則天險尚無衣帶。然其衆如馬牛之量谷，其凶如蝨蟥之殘苗。堅城不攻，梟鋒莫挫。得地不守，鹿角難圍。鵂有九頭，殲其魁而黨不滅；蝨生百足，擊其尾而首不知。剽疾則卷旗滅竈而難追，冥行則燒棧斷橋而莫遏。故擊之視粵匪爲稍易，滅之比粵匪爲尤難。其始禍，不過什伯爲羣；及盪平，豈止五十二戰。自非璿圖祕運，威柄高持，縱勞奔命以曠時，詎克掩羣而獲醜。櫛髮鋤苗之候，撤屯銷戟之辰。鄒魯誦絃，梁臺歌吹。宋不塞夷庚之道，陳不興堙井之波。潁水濁而復清，芍陂荒而還熟。蔡州歸化，方飽粥饘。汴泗交流，不聞鼓角。宛市絶緑林之警，壽陽無白馬之謡。曲阜之東郊開，申息之北門啟。妖殲曹社，弋雁無栽。浪静濠梁，觀魚知樂。築譙東之精舍，士盡讀書；過苦縣之故墟，人思問禮。濯舊汙而變獷，起凋瘵以趣耕。磢垢滌郵，餐和飲化。刑牲告祭，如瞻原廟之衣冠；瑑册承歡，加進璇宫之馨膳。文克開而武應受，知聖人繼述之心；韋既伐而顧亦平，皆帝命不違之眷。銘燕然而闡烈，用攄宿憤於山陵；縛劉闢而獻功，益愴孝思於籩俎。祁連造冢，惓懷昔日之鼓鼙；傅穴搜巖，光輔清時之鼎鉉。朱鷺鐃吹，金雞赦書。穀蒲班爵之禮成，杕杜勞還之詩作。水衡之錢、織室之錦，駢賚於賞軍；銀青之綬、金紫之魚，汪濊於錫命。鴞音革戾，綸書安反側之心；烏尾憐逋，玉燭照逃亡之屋。歸德鎮建牙設戍，虎在山而藜藿安；雉河集置縣築城，鴻有宅而桑麻殖。人祇竝豫，諧燮交臻。洵景焕於圖書，將葳蕤於史牒。恭承天語，編述兵機。踵累朝金鐀之成書，代律署黄神之凱樂。寫綈紿札，領局然藜，油素積盈，汗青斯蕆。分卷三百二十，如畫地而圖成；閲時十有八年，如編珠而繩貫。軒經龍首，吕策豹韜。戊巳屯戍之章，甲戌芻茭之誓，丙子火車之算，庚辰水鬭之符。先朝之所既戡，嗣服之所耆定。南軍、北軍之徵調，東決、西決之横流。羽林搏擊之場，虎幟招降之地。蚩駈所以分合，狼貙所以化生。白波、黑山之殊名，罔象、夔羊之異種。羅蒐羣牒，燭照一編。考之而得中原肩髀之提綱，循之而籌繡壤錯牙之控馭。鑒之而足懔螢熠焚林之戒，究之而可知蟻隄防潰之方。覽之而念衝攖鋒鏑之艱難，撫之而思煦養瘡痍之有道。固將折箠笞以威八表，信可敷衽席而奠兩儀。宴清東海之鯨鯢，震駴西傾之鳥鼠。此皇上所以運斗車而康神鼎，禋社首而會爻閭者也。臣等叨預樞機，忝司寫定。銅籤報夜，親聞咨儆於宵衣；華蓋承霄，更仰持盈於秋駕。紀貞觀之政要，才謝吴兢；勒浯溪之頌聲，懽侔元結。春賞秋罰，循元化以闡天；河苞洛符，罄愚忱而繪日。從此葉榆畫斧，譯成四字提官；行看葱嶺挂弓，更簒三篇泰誓。荅揚光訓，億年韜顓頊之文戈；受此丕基，萬國戴重華之玉斗。臣等無任瞻天仰聖，踴躍歡忭之至，謹拜表恭進以聞。

爲同年劉榕樓太史畫乞假歸娶圖徵詩啓

曲江春宴，絲鞭開選壻之場；玉京妝樓，寶扇寫會仙之句。錦雲奠雁，宋金華首振妍辭；蓮炬成昏，吴祭酒繼標佳話。近日隨園主人，竊擬通天之表，引喤卻扇之詩。覈其題名，蚤逾弱冠。當時耆舊，猶播篇章。方今丹扆聖皇，弱齡膺運；緑衣進士，英髦多賢。同年景卿光君炘、芭庭陳君翼、榕樓劉君曾，竝以緑鬢之華才，參玉堂之妙選。上清許讀，中饋猶虚。摇華采於雙魚，增威儀於百兩。不圖同歲，遂遇三人。而榕樓則荀郎疑年，獨居最少，阮修未娶，已有盛名。尤爲榜上之花，無愧人中之璧。原夫驂鸞山水，素號仙鄉；雕龍門風，代生才雋。遂揚翹穎，蚤飲香名。抽詞而春藻横飛，振捥而金花細落。一發中的，千里不留。陸士衡作賦之才，李十郎登科之歲。紅牋選勝，争唤狀頭；畫省爲郎，猶稱童子。羊車過市，羣果皆香。麈尾當筵，與手同色。潘楊里閈，夙譜玉杵之盟；秦晉舟航，待展青廬之禮。天台洞口，未飯胡麻；女牀山中，自棲鸞鳥。聽宵鈴之采索，誰侍添香；擁官被之青縑，輒吟獨旦。兒家黄竹，已成待嫁之箱；郎號紫薇，早辦通中之枕。於是驅車南邁，衣錦晝行。特寬休沐之期，將舉共牢之典。長卿還蜀，橋頭之車馬趍趯；簫史入秦，樓上之鳳鸞歌舞。雲英未嫁，已見成名；洛女妙年，急須作髻。玉煖九華之帳，車浮五色之雲。斟法酒以代瓊漿，擷寶花而承華鎗。裁尚衣之錦段，新製宵衣；分天禄之藜光，更然樺燭。水衡十萬，償黄姑之聘錢；史牘三千，助玉臺之新詠。而況白華孝子，二老俱存；黑頭公卿，初桃已上。瀹牖親奉，視膳偕行。君舅君姑，齊歌婦豔；鞶絲鞶革，猶是兒嬉。洵文苑之美談，極人倫之佳境。兹者寫之縑素，廣乞琳瑯；所望十色蜀牋，三品湘管。六朝儷體，五字雙聲。藉青門祖道之篇，爲金屋催妝之句。金樓製曲，宜賀新郎；黄絹摛詞，都題幼婦。今日花開及第，緩緩言歸；明年春滿皇州，雙雙俱至。晨修眉史，探銀管於皁囊；夕校祕文，暈脂香於粉盝。劉公幹平視無罪，還須曲恕衆賓；繁休伯定情有詩，定許傳觀我輩。

馮萃亭宫保七十壽序

蓋聞至壽者，參旗鳥翼，武功列於星辰；延年者，火棗丹沙，靈藥産於嶺海。是以赤松、黄石，以兵法而得仙；祝融、鬻熊，惟南方爲多壽。則有勛書玉筴，福建金提。締造應乎風雷，精氣鍾於河岳。公孫儒將，南宫圖大樹之容；奉世邊材，西域定莎車之亂。九天圭瓚，頒爲筵上觥觶；八陣風雲，即是鼎中龍虎。如我萃亭宫保其人也。公杜陵世德，甯越名宗。當販繒扣角之時，具食肉封侯之相。陰陽占候，不學而能；兵法璣鈐，動與古會。潢池俶擾，炎海沸騰。漁蜑揭竿，嵎墟篝火。於是蒼頭特起，壁面誅豪。君子六千，親酌義臣之酒；奇材五百，横吹延伯之笳。驍騰則鵠入鵶羣，紀律則師過枕上。枌榆弭患，桂管知名。提一旅而過江，出六奇而爲將。時則金陵寇老，刼等蟲沙；鐵甕城墟，危如燕幕。鎮江者，南徐形勝，北府勁兵，介江海之要衝，關南北之全局。公登陴斷布，析米量沙。禁佛貍之飲江，爲老羆之當道。負眊健鬭，分兵襲朱雀之航；飛櫂横行，截賊過大儀之口。九攻九拒，空舞梯衝；三絶三通，遂膺節鉞。蓋粤將自張忠武以後，惟公神鋒飈發，師律山嚴，克紹前光，上邀特達。如韋孝寬之守玉壁，不藉鄰援；比張中丞之扼睢陽，終成保障。論者謂湘淮英彦，江皖肅清。掎角之勞，公無讓焉。洎乎汗馬酬勳，驂鸞作鎮。山連象郡，伏莽猶多；水下牂牁，頹波未息。初平越寇，繼殄黔苗。赤白探丸，務窮鼠穴；青藍有號，盡爇鴞林。蓋自公提督粤西以來，外寇内訌，以次平定。廿年開閫，三度出關。簫勺羣凶，静山城之桴鼓；隄官隗搆，播蠻語之謳歌。猛虎在而藜藿安，佩犢稀而田禾熟。於時河海清宴，朝野歡娛。寫止足之沖懷，援還兵之古典。玉關常閉，何勞馬武之書；北平歸來，且作灞陵之醉。雖復部勒江東之子弟，保完通德之鄉閭。方且謂賜金以娱老臣，兵事付之兒輩矣。豈意旄頭忽動，蝸角終迷。白雉徯朝貢之期，蒼鵝兆兵戎之衅。吞噬我屬國，蕩摇我邊疆。餤熾蚩旌，怒揮湯斧。之洞來持旄節，遽聽鼓鼙。碧海羣飛，赤囊旁午。艨艟走舸，往來交廣之門庭；魑魅游光，呼嘯閩江之堂奥。鯤身鹿耳，有累卵之危；黄浦朱方，無重扃之固。恭承廟算，命出奇兵。審水攻陸戰之短長，用圍魏救趙之計畫。數先朝之宿將，惟充國可以平羌；勒舊部之鄉兵，知廉頗正思用趙。一封朝奏，五道出師。公植髮衝冠，臨餐投袂。一呼而壯士集，十日而大軍行。時則亭障一空，關門不失。國人望歲，免胄而前。漢將從天，鳴鐘而下。申嚴軍律，重騰蒼兕之呼；收合散亡，頓集白狼之部。中流一柱，識亞夫爲真將軍；萬里長城，拜子儀爲副元帥。出輕兵以嘗敵，築堅壘以當衝。遂領曳落河之鋒，大合關前隘之戰。算房虚星昴之日，慘澹妖書；以禮拜前一日約戰。占箕畢翼軫之風，縱横火隊。公韡刀自誓，芒履先登。冒如星如雹之彈丸，鳴疑鬼疑神之鼓角。始則摧其堅陣，巨礮開花；繼乃撓以短兵，殺人如草。十伏竝起，兩甀齊鳴。殪彼大酋，殲其醜類。鉅鹿之戰，冠十餘壁諸侯之兵；背嵬一軍，殲二十軍拐子之馬。再戰而文淵克，三戰而諒山平。象馬列於俘纍，簞壺出於魋髻。仁貴入扶餘國，送款者四十城；思力破薛延陀，追奔者六百里。由觀音橋而收長慶，烏下虚弦；數北甯省以至山西，烏留空幕。閫外乘迅雷之勢，誓復藩封；海西來飛電之音，遽成款議。雖黄龍痛飲，尚鬱忠肝；而赤馬名都，永褫虜魄。蓋自道光庚子訂約以後，光緒甲申用兵以來，祆神肆其跳踉，老將習爲持重。從未聞張我撻伐，蹙彼游魂。今則如火焫蓬，若風捲籜。天戈有赫，朝廷以惟斷而成功；露布傳觀，天下悟和戎爲非計。圖其戰狀，鄂公之貌若神；上海畫公戰圖。活我邊氓，宗澤之親如父。越人呼公爲翁馮。疆天王之戎索，銅柱標題；旌元老之壯猷，青宫寅亮。此所由文通武達，爲憲於萬邦；殊禮世恩，冠絶於羣帥者矣。重以金湯保泰，玉暘防邊。乃命公擁駟馬以還鄉，建六牙以鎮海。固宜軍書整暇，晚節優游。撰杖相從，踞牀坐嘯。迺瓊管一役，復起視師。瘴海如湯，軍容如火。皐雲輩出，帳下健兒；愬愿齊驅，膝前將種。蓋生黎、歧黎諸峝地，三光不照，樹有鄧林；五丁未開，梯盡秦棧。怪蟲雄虺，淫雨盲風。公十決無前，四隅竝進。裹氈魚貫，軍不失期；曳足鳶飛，士無退志。搜蠶蟲蛇祥之孽，共血軒戈；赦雕題鏤耳之頑，仍恢湯網。麏駭鳥散，陰霾陽開。既奏擒渠埽穴之勛，更爲拔木通道之計。開十字路，通五指山。成海忠介未成之功，平俞大猷未平之寇。五氣六沴，莫攖太白之鋒旌；八達九逵，咸襲漢家之冠帶。辰居十二，禁妖鳥而無神；清酒一鍾，盟雙龍而不犯。丞相有攻心之道，將軍傳去病之名。舉凡福應之麗鴻，莫非精誠所通感。從此鳥言蛇種，盡識官儀；龍館熊居，都供田賦。伐百圍之古木，文梓青牛；貢三品之精金，黄鏐白鍚。內無棄壤，訖北户之聲靈；外有强鄰，聳南溟之藩衛。以視昔人之斷籐下峽，定筰開邊，絜效論功，倜乎遠矣。維公獨秉赤忠，素標青節。攻城克敵，并無滿篋之圖書；開府臨邊，不蓄入家之金馬。中興諸將，似此希聞。若夫內行純和，淵懷惇大。早廢蓼莪之詠，晚聯棠棣之歡。指囷則瑜，肅之風期；投漆則雷，陳之氣誼。雅量高致，從之游者若飲醇醪；直道正言，與之交者如獲藥石。是又古賢之軌範，非徒名將之神威已。兹者神降崧高，日躔鶉火。老人星見，聿占益壽之祥；黎母山深，新采長生之藥。河圖度紀，爲世啟符。天府上珍，錫公純嘏。蘭玉舞綵，都佩金魚；閩門知兵，齊張錦繖。拜滇南之恩命，六詔歡呼；播海外之威名，四夷問訊。之洞敬公有堅剛之德，契若針磁；爲公賦偕作之詩，誼同袍澤。論功嶺外，遠齊伏波、横海之名；建節鄉邦，兼有晝錦、鳴珂之美。功德比曹武惠，僅殊七日之生辰；封爵如齊太公，翹祝九旬之榮顯。

陳子良封公六十壽序

懿夫喬木百年，堂構綿其貞筭；朱草三秀，庭階蔚爲國華。際昌洽之盛期，爲鍾毓所希有。史紀德星，輝映千里；緯徵神霧，棣通八垓。適逢攬揆之辰，合取導揚之美。彼黄綺高矣，而邁軸則野；蒼商顯矣，而鈞輔則勞。是則地行倏到，何與人倫；天壽相期，徒誇朝貴。必也鼎鐘閥閲，冠冕文章。可仕可止，訓稟乎聖中；得壽得名，詣幾於純孝。而曾、閔行備，不居達官；荀、陳道尊，家有令器。如我子良陳封公者，可得而稱焉。公席貂珥之清芬，挺珠庭之秀氣。弧在門而君恩到，賜鯉同榮；經起草而孺子知，童烏遜器。維時令祖司（冠）［寇］公，總治秋官；尊人方伯公，馳驅夏甸。公則弱齡傳硯，綺歲學詩。小同治經，直接高密；孟堅脩史，繼起叔皮。蜚鳳穴之英聲，馳駿衢之逸足。其侍母夫人疾也，鍼灸親試，庾沙彌分痛自甘；臂肉重刲，王友貞裹創而侍。比之圭璧請代，用至誠以感神；揆諸髮膚不傷，實反經而合道。春暉既逝，問四牡其誰將；孝水頓枯，撫重茵而不坐。捧輿願渺，誓墓文成。蓋自內艱以來，公已無仕宦之志矣。雖復攀桂秋風，看花春苑。棘司觀政，祖武能繩；蕭律研精，朝章願學。西曹佳吏，負藉甚之時名；東閣郎君，抗歸與之遠志。雲端黄鵠，天際朱霞。蓋以嘗考叔之羹，歸無可遺；奉曾元之酒，家有餘歡。從此抽朝簪，舞采服。書捐城旦，賦撰靈光。隨篠簜之廻翔，取襄褕而浣濯。方伯公顧而樂之，每當放衙小愒，輒置文度於懷中；洎乎引疾歸田，益賞斜川於世外。浮雲縹緲，愛日舒長。孺子情肫，要官思熟。其少而辭榮盡孝，有如此者。陸天隨自署散人，陶宏景不交外物。而五際之譽，羣彦趨之而如流；六闕之門，長官過之而必式。觀其擔當義舉，專邕仁心。踰海泛舟，鴻嗸安堵；連鄉禦寇，豕突摧牙。卒能遂志澄清，益復殫心利濟。李士謙竭資燔券，騰歌頌於千家；許文休後己先人，贍饑寒於九族。孝乎爲政，仁者愛人。匡時之略，已奬於綸綍；嘉遯之懷，仍安於林壑。不營服玩，獨好登臨。謝康樂多紀游之詩，許元度有濟勝之具。仁智根乎本性，高深遂其德機。遠結古歡，博蒐寶刻。釋薛、洪之祕本，三體精研；藏顧、陸之遺珍，百厨手署。同時如何子貞太史、吴子苾閣學，相與辨析古今，評量紙墨。小山之高，頡頏無媿；延陵之雅，贈答交相。往往雨中折巾，時流競效；雪夜放櫂，高寄無儔。聞名者驚爲神仙，待澤者羣相尸祝。其壯而樂善好古，有如此者。今夫決達人於明德之後者，貞符也；求忠臣於孝子之門者，義教也。公抱珪璋之德器，擅黼黻之文章，而乃蟬蜕世榮，鴻冥物外。炳燭勤脩於晚歲，納楹屬望於後人。伯潛閣學，早步木天，久陪香案。政事治安之策，殿陛動容；論思獻納之篇，都人傳寫。瑞如鳴鳳，威等神羊。呼古弼爲筆頭公，稱陸贄爲真學士。會昌直節，本受教於忠公；純佑藎謨，實濟美於文正。于時入參日講，出駕星軺。芷蘭同升，桃李竝茂。上下門生之句，特美於陵；大小夏侯之稱，羣推桓郁。帝心久眷，海警俄聞。夙知經緯之才，特畀折衝之任。移西江之駣節，治南服之犀軍。允文勞師，激昂諸將。士雅擊檝，忼慨中流。方將吐儒者干、櫓之奇，奏禁中頗、牧之效。而乃柳營乍啟，萱蔭遽彫。同甫之論方陳，曲逆之奇未著。是則大任將降，動忍先經；羣望所歸，廻翔未至也。若其忠於謀國，勇於求才。諸將失期，李陵致敗；危時薦士，房琯無功。繩墨森嚴，何嘗於吏議；江湖浩蕩，終賴於明時。而伯潛有斐詠詩，無悶占易。幽蘭芳蕙，斯爲君子之貞；白華絳趺，爰得詩人之樂。吾知雞鳴不已，虎氣終騰。以六月假息之期，治千秋不朽之業。他日者秉黄髮之詒謀，爲黑頭之公輔。八公克敵，東山激賞於兒曹；新建策勳，海日婆娑於林下。惟此國楨之寄，莫非庭誥之傳。而況羣子能文，諸孫接武。得義得筆，顔氏多才；習禮習書，仲華善教。其老而教忠垂範，有如此者。之洞與伯潛，曩在京朝，同官侍從，相勖古義，何啻同聲。自痛鮮民，遜其一樂。大澂與伯潛，誼屬年家，情均昆弟。聞詩庭之緒論，仰台斗之儀型。玆者花甲初贏，鞠泉正灩。入高陽之里，列笏盈牀；啟平泉之莊，添籌滿屋。用是驅除世論，汰削諛辭。舍南榮福海之浮夸，述東觀儒林之雅操。鶴尊香溢，鴻朗函開。招九曲之仙儔，賞三山之秋色。紀晁氏昭德編之盛，貽厥子孫；披歐公集古録之文，壽同金石。

子青中堂五兄八十壽序

光緒十有六年，恭遇聖上二旬萬壽。祝雍陳冊，周成王加冠之辭；長樂聞鐘，漢文帝晨朝之蹕。一時文昌上佐，太極龎齡，龍馬焕其精神，鴛鴦綏其福禄。而吾族相國子青五兄，適於其年七月秩開八旬。輳日耄之蕃籌，襲大酺之羡祉。位尊元老，繫時望者四朝；祚錫天孫，後秋朝者一日。慈聖以垂簾舊輔，授璽成勞。福海壽山，五鳳翼鏤金之牓；慈雲佛日，雙鸞翔雕玉之聯。朝廷仰秉姒徽，眷言説命。值魯侯之燕喜，答天保以鹿鳴。楊賜承貺於金錯之鉤，孔光拜嘉於靈壽之杖。則有烏衣羣從，朱輪一門。象笏積而牀高，兕觥稱而堂遠。合詞海屋，寄祝京師。將以副天庥，聲家慶，禮也。夫其許國老成，沂公早貴。内長六曹之官，外爲八州之督。范希文知樞密之院，西夏憚其甲兵；寇平仲坐中書之堂，北門倚爲鎖鑰。進衍義之講，聖德賴以開張；食稽古之榮，諸王奉爲教授。以及敬輿之官學士，稚圭之謝官僚。金蓮撤而御座光分，銅劍明而春坊字泐。鳳池掌制，綵綸待其論思；螭陛簪毫，言對由其記注。而且皇華歷賦，玉尺前持。星辰詞苑之軺，風月都堂之壁。書牙牌而靡盡，記畫錦而非榮。則且進推得此之由，以致無窮之望，可乎。公方登拔萃，旋入秋曹，其時贈光禄，公久列朝紳，夙敦家誠。老矣馮唐之郎署，懔如鄧禹之閨門。坐鮮空尊，（豪）〔家〕〔一〕同置驛。衣冠高會，對父執而怡然；金紫趨前，爲兒曹而盍起。厥後吴門被詔，閩海旋移。適因伯母太夫人既耄憚行，願言偕隱。讓開府之表，補循陔之詩。遲著録而歸田，爲奉親而賃廡。蘇臺春早，披綵服於風前；鄧尉梅多，侍安輿於雪後。若夫敦同産之愛，感終鮮之心。語勉家肥，歌酬季舞。岑文昭之出入，無問於貲財；韋元直之往還，多同於卧起。性情所印，欄檻皆春。往往遥致寸根，互評異種。會花前之客，敘夜宴之詩。幕府海棠，活色入邊鸞之畫；小山叢桂，幽栖娱庾信之情。萱草爲之忘憂，常棣從而既翕。此其孝友之不可及者，一也。方公之爲講官也，筆正微規，蒿邪頓斥。以動華爲可致，非仁義其何陳。顧以帝統傳心，學人入德。蓋同原於性道，宜端本於權輿。先是，康熙年間功令，童試命題，四書文外，并課孝經、性理等論，將使因文見道，就委溯源。法至良，義至備也。至是復從論列，重有修明。遂詔學官，再編令甲。在昔蔡邕正石經之字，始立鴻都；劉歆移太常之書，卒興左氏。以公方之，倜乎遠矣。其在河南學政任内，亦以身居侍從，職在輶軒。憎赤常之鶵濡，昌言吏治；發銀臺之馬遞，直訴民艱。旋申敕於畺臣，實上聞於封事。至於冠時循吏，尚世大儒，有慶彈冠，多從推轂。吕夷簡之揚包老，韓魏公之薦歐陽，天下稱爲知人，朝士翕其相賀。此其建言之不可及者，二也。有孚特簡，即撫是邦。其時河南漕政之敝，歷有年所。名則以銍秸輸天庾之供，實則以脂膏填縣門之壑。察量益厲，怨讟及於公家；入廪無時，朽蠹重其後罪。父老有剜肉醫瘡之痛，官吏以敲筋吸髓相嬉。蓋以兵燹之餘，（汗）〔汙〕〔二〕萊甫闢，百畮田無從贏社閭嘗薪之費，二千石亦且任嘆息愁恨之聲。則以爲欲恤農艱，先輕租契；若從民便，任準緡錢。爰奏仿胡文忠公治鄂章程，易本色之徵，定折漕之法。春秋市價，既平糶賣之情；道路輕齎，并省挽輸之累。且地當孔道，人苦繁徭。其有使者張旜，重臣按部。代北相之從客，館舍喧闐；義成侯之過軍，酒漿絡繹。官府方下，人畜皆驚。津梁多除道之夫，昏夜有捉人之吏。鼓難記里，逾堠譏而星馳；蠋則在桑，枕轅端而露宿。甚者行役之久，至鬻車騎而歸。乃復均其程期，定其顧直。三品區踐更之令，四郊罷母馬之亭。民困一蘇，頌聲遂浹。此其吏治之不可及者，三也。甫甦溝瘠，復迫寇警。時則夕烽明於官渡，插羽入於南宫。受事後，統所部出駐汝甯府。陳許節度郃陽，隸其指揮；孟津將軍河内，連其掎角。汝陽捻首陳大喜者，柔龍多馬之賊，黑山飛燕之名。方堅守尚店，分踞平輿，各砦嚴逾夾寨，固甚易京。公指畫輿圖，部分幡校。皆至如植，番休而前。鏟其羊馬之墻，填其蚰蜒之塹。韓世忠割氈夜獻，史萬頃拔栅先登。妖鳥傾巢，奇鶬授首。次年移師南陽，剿捻南召之馬山口，七戰皆捷。挈功則武鄉七擒之效非多，識期則小雅三捷之數爲少。當時僧忠武王代秉鉞之行，處絕席之位，而其過豫也，獨以斯人長德，此邦善政。約毗賀突鐵騎之隊，有戒宿留；霽蘭陵王銅具之顔，與論破陣。督漕之日，奏擒捻首賴文光一役，

〔一〕「豪」，疑作「家」。
〔二〕「汗」，當爲「汙」之誤。

功由選將，事始發蹤。首馳捷奏於紅旗，特飭影纓以翠羽。於時，前浙江提督歐陽健飛軍門，以草木威名之舊，隸櫜鞬上謁之班。力言於朝，洊陟此位。甲申之秋，法夷犯溯。統樓船濯卒之隊，扼舟山舊戍之衝。霆擊飈輪，星馳驛報。莎車振旅，賀龍頷之得人；佛狸銷鋒，應卯年之佳讖。折衝千里之外，樹木十年以前。此其勳績之不可及者，四也。吳中移節之時，適承密網之後，則有前撫某公者，政繁衡石，術寄鉆筩。掾史三寸之衣，令其去地；議曹十五之白，徧於屬城。有徵虎苛，相率狼顧。公乃申獄市不擾之戒，本斵琱爲樸之心。未能按人，無聞榜吏。州平幼宰，下教而使言；粟邑頻陽，移官而遂治。不必恣隔墻之歌呼，徇卧閤之優游，而咸能共矢不欺，有聞報最。治具既舉，民氣大和。池臺修而鐘鼓歡娛，亭堠静而雞豚孳育。列廛燈火，宵分多夜作之聲；逆旅衣裝，道上鮮官攤之阻。亦或偶辭簿領，小集賓僚。修禊滄浪之亭，望春闔閭之市。葛疆愛將，從山簡於習池；鄒湛諸賢，陪羊侯於峴首。益知龍門賞寫之札，南樓坐月之牀。爲政風流，無疑曩昔。此其政體之不可及者，五也。今東撫張朗齋宫保，昔在豫軍，久著戰績。尹翁歸兼備文武，無懾問辭；晉郤縠夙敦詩書，足爲謀帥。虎頭燕頷，生涯早謝於班傭；鐵肋銅筋，意氣益雄於秦士。徒以起家軍旅，頻歲兵間，遂被劉秩以曳落河之名，加崔協以没字碑之謗。未免當歌慷慨，對酒沈吟。密有分疏，優加倚任。夸其露布，授以陣圖。至今還鄧羌司隸之官，傳杜預左傳之癖。有彰公道，首賴一言。宋軍門慶本在他軍，方從結髮，適告垂翅。將對北平之簿，遽拭獨孤之鑑。朝聞申救，夕許馳驅。將涅背以效忠，更指心而矢報。李臨淮之入陣，自備鞾刀；高季式之還營，滿盛袖血。卒能埽除青犢，迴斡紅羊。談笑復雁門之跡，颯爽入淩煙之畫。黑矟將軍之壁壘，河上馳聲；梨花槍手之强梁，淮西滅跡。論者謂秦繆之原一眚，鮑叔之知三北，不是過矣。此其知人之不可及者，六也。既畢養事，本矢終隱。屢以非熊在夢，鳴鳥將聞。爰仍命於歸周，庸再傳於入雒。於是甫侯司寇，驃騎典兵。清要則吏部之掌銓，繁劇則度支之主計。唐階參政，實分庶務之猷；漢策延登，遂正三公之位。自是進居宥府，入綜機庭。定謀捷於推枰，畫策許其借箸。無日不瞻顔晝接，抒藻賡歌。宣室從而受釐，延英開而賜對。聽鈞天之廣樂，頌德韶韺；張欒水之行朝，次班周召。龍光拜後，郎官承父任之恩；鑾輅扈行，騎服染御袍之色。高禖方祝，吕公著已躋豫擇之階；玉署傳觀，蘇易簡疊賚親揮之翰。而沙堤歸仗，温樹含春。補牘者方有續陳，執經者從而問字。用能扇馨桂岫，茂葉桐階。當少男補博士之員，正老子入泮宫之歲。霓裳小序，花甲初周。蕭延紹封，位次尚仍第一；和凝授鉢，登庸早兆十三。德門本其家傳，藝苑詑爲前定。此其恩遇之不可及者，七也。公兩乘秋槎，一督學校，再校貢士，一總南宫。至於評明堂火珠之詩，讀江都制策之對。丹毫疊及，紅勒無苛。鑒別之精如懸衡，搜采之富如觀劍。以故筍班林立，藥籠春多。家翻織錦之機，雲霞散采；手種成陰之樹，槐棘分班。當年沆瀣之門生，大半貞元之朝士。若乃會昌制誥之集，慶曆聖德之詩，興元大赦之書，浯溪中興之頌，莫不交推燕筆，共仰韓碑。游藝多通，書畫復幟。郇公五雲之體，潤色於揮毫；謝傳一邱之心，寄懷於著墨。別饒世外之致，時荷禁中之褒。以視論光獻飛白之派，溯源昭陵；進楚江清曉之圖，見賞德壽者，諒同精妙，未竝遭逢。所居私第，縹緗羅列，金薤紛陳。入者如游寶晉之齋，登清閟之閣也。嘗因夢徵，鐫有吳質前身小印。招明月而入懷，記後園之同乘。圓澤三生之石，有此前因；鄴侯一品之衣，方兹仙骨。此其文望之不可及者，八也。眷言平生最篤師友，恒謂逮升堂室，始增采而益觀；得列門墻，兼感恩於知己。嘗迎金可亭學士、陳琴生觀察於河南軍幕，藍轝道左，絳帳行間。戎機間以投壺，禮敬同於結韈。博陵在職，無荒陸氏之莊；元獻相逢，遂啟宛邱之宴。亦有故家葛帔，同學綈袍。庋材假莞庫之司，握手設舊交之位。埽門魏勃，邂逅而承顏；給札曹邱，間關而道地。益見愛才之篤，説士之甘焉。宜夫冥符契其德心，積戀生其遥感。華陰童子，贈白玉之三環；幽部吏人，致青泥之一襆。此其風義之不可及者，九也。公波深千尺，氣備四時。不講學，而有宋儒去矜釋忿之功；不清談，而得晉人情恕理遣之旨。陳仲弓置身萬仞，莫測高深；穆大尉歷職累朝，難尋愠喜。有容本諸秦誓，協恭準於皋謨。是以九重屢聞長者之言，同列謂得大臣之體。被光風於門下，入坐皆春；挹雅量於軍中，飲醪自醉。中間選平泉之石，營午橋之莊。偶賦遂初，直同未貴。其治家也，師柳公綽之法；其居鄉也，得夏原吉之風。其入里，有若石建之恭；其待下，有若王旦之恕。杜陵社日，相從泥飲之人；徐勉座中，時有夜談之客。而賜金贍族，租麥周人，鮒訴無聞，鶴糈已割。言觀自奉之菲，蓋出於性之安。祭太僕之筍衣，曾無兼副；高令公之厨饌，不廢鹽虀。帽箱或怯於當風，畠飯無辭於治具。以言功名如彼，而和易顧如此；禄位如彼，而儉約又如此。信乎！厚德因之載福，美意足以延年。此其德量之不可及者，十也。考本朝由大魁秉政者，年閲二百有餘，公盈十人之數。最著者，風節則韓城，福祉則吴縣。十者兼之，無弗及也。是以走卒知其名氏，外夷問其起居。每當禁樹星稀，火城春曉。上龍尾青花之道，報雞人絳幘之籌。晴雪照其鬚眉，天風健其步履。早朝待漏，見旦復旦之祥；元會臨軒，聞煙非煙之對。盛時人瑞，平世地行。宜統封胡、羯末之倫，同申園綺、松喬之祝。之洞譽分珠樹，學共青箱。傳家玲麈尾之談，出手賞雞碑之慧。綺歲春明之夢，聽雨相從；頻年夏縵之移，看雲有憶。兹者酈泉菊熟，度索桃開。遥飛金谷之觴，重檢玉堂之譜。雲龍先後，差謂隨肩；候雁寒暄，久疎撫背。集中華萼淵源，各本趨庭；車後韋輪禮數，獨推過闕。信小宋之從公序，相讓於狀頭；記東阿之寄任城，相期於黄髮。方今嵩呼萬歲，星朗六符。黄鵠下於太液之池，金芝産於函德之殿。際有道之佩黻，爲同聲之塤篪。治内治外，各有其職思；俾熾俾昌，鈞承於波及。所願茱萸永健，芍藥長春。協魯頌之作朋，師衛武之耄學。祝釐聖節，誦嘉謨於金鑑之篇；延慶後昆，衍清德於鳴珂之里。

李少荃傅相七十壽序

皇帝御極之十有八年，八紘翔洽，百度貞明。維時居首揆者，實惟傅相合肥。公文長綸閣，武鎮畿疆。内掌海官，外綜商政。有一德之美，兼四事之勤。贊成盛化，有自來矣。是年正月五日，爲公七旬嶽降之辰。聖上以公之純嘏，爲國之禎祥，尚齒尊賢，頒恩錫羡。天章巍焕，珍物便蕃，禮也。孔光俊乂之臣，錫之靈壽；楊彪賓客之禮，冠以進賢。矧迺任遇四朝，功在兩社，受兹介福，僉曰惟宜。於時海内人士，擇言祝釐。凡中興征討之勳，歷鎮循良之治，家門列戟之盛，夙夜補衮之勞，赫赫明明，歌詠未艾。聞者耳熟，書者腕脱。備哉！粲爛無待重陳。之洞獨惟聖朝，龍燭天表，鼇扶地維，超邁九皇，亭毒萬彙。羊胛夜熟，聲教及於寒門；烏羽山齊，威稜逾於弱水。熱八達法，采自靈臺；耆闍崛山，編爲亭堠。咸鏡道築王人之館，而龍伯東通；南懷仁列朝請之官，而青鳥西至。圖理琛奉使，而北登悉畢爾之山；廓爾喀來庭，而南窮五天竺之海。以及馬國、象國之君長，使鹿、使犬之種人，靡不各效梯航，願祠冠帶。蓋疆索極廣，故抵四裔以爲鄰；怙冒至宏，故總九垓而爲界。在昔金壺來秦，紕罽通漢，唐行景教，元記西遊，不過坿列外篇，偶通單使。要荒之義，略取維妻，流求之名，存乎疑似。至我朝而乾坤既定，遂生六爻之旁通；陰陽既調，大啟四方之和會。屬以中原有事，重譯滋多。飛蓬賓來，度索神渺。烏香異藥，標勝朝職貢之名；螺旋飛輪，竊上古蠡舟之製。梵釋佉盧之變體，別爲蠟頂一書；婆羅天方之支流，遂傳摩醯十戒。鳥章采幟，飛揚於重瀛；王面銀錢，充物於互市。知唐桑艾，隄官之所不能名；撐犁孤塗，舌人之所不能盡。國家義以征不譓，仁以篤元同。盟聘交通，經權互用。當時老成謀國，如胡文忠、曾文正、左文襄諸公，每謂內憂未弭，外懼尤深，宜奮御天自强之神功，亟講設險守國之治術。特以潢池騰沸，先務戡劉；牖户經營，宜圖閒暇。或知及之而未得爲，或甫爲之而未能竟。蘊此遠猷，以待能者。公既以一身兼南征北伐之功，遂爲九州建內修外攘之策。高掌遠蹠，眇慮澄心。以爲天子守在四夷，經傳之偉略；聖人學於萬物，儒家之精言。管仲匡主，懷遠是先；子産養民，救時爲務。遂乃擴騶衍之說，訂伯益之圖。來遠交鄰，義衷乎孔、孟；詰戎表海，訓本乎成、康。文附武威，智創巧述，牢籠八極，經緯萬端。詩曰：惠此中國。又曰：揉此萬邦。易曰：通其變，使民不倦，神而化之，使民宜之。此之謂也。爰就公削平髮、捻以後，兼綜南、北洋大臣以來二十年間，凡所措置洋務、海防諸大端，足以弼成我國家太平無疆之休者，詮次其說，以告惇史。夫從古天驕之性，不懷德而畏威；廟算之功，惟有備而無患。往者西獒梗道，東鰈跳波。道光、咸豐兩朝，天威赫怒於上，羣帥戮力於下，徒以王師之義，殺而不殘，短兵之形，五不當一。有武不究，未窮京觀之封；養時是遵，率用羈縻之義。要知蚩尤造戈戟之利，軒帝未銷；肅慎貢楛砮之珍，周廷不棄。東海湛盧之劍，秦王聞而願求；西戎切玉之刀，穆滿得而實用。歷觀連弩既古，改神臂而名弓；擿石難飛，變霹靂而用火。佛郎巧製，元初用之於西傾；紅衣神物，明季得之於南海。讀盤庚之誥，器非舊而求新；繹穰苴之書，兵以長而衛短。公於是教南北各軍用外國連珠槍、後門礮。然而楚材晉用，越甲吴求。喜則易事通功，怒則閉關絕市。國有利器，物有殊能，豈宜仰人鼻息以爲常，能竭心思而不用。天産、地産，莫富於中華首出之區；機事、機心，未足議聖人考工之事。演徑一圍三、股四弦五之術，器以道成；萃七陶八冶、九柯十匠之能，巧由習出。張衡能創新法，地動成儀；李冶別有精思，海圜測鏡。觀其分曹授藝，計晷程功。椹質負重，則大如函牛之鼎；椎鑿入微，則小於刻猴之削。黑氣、青氣、白氣之既盡，如燒九轉之丹；大輪、小輪、均輪之相銜，如測五星之度。輕以重御，故斤削鼻而不傷；平與弧殊，故衡鄉眉而恰盡。分之燦如繁星，合之不差累黍。按圖效技，則盧弓函鎛，夫人而能爲；物備器成，則戰守攻圍，無施而不可。公於是設上海、天津諸機器製造局。軍實既充，守具宜固。冰關西之壘，魏武囊沙；錐統萬之城，赫連烝土。欲扼要害，先審堅瑕。土取塞門德而來，天賜晉塊；礮有克虜伯之號，江斷貍年。則有露處爲奇，掎角取勢。山斗入海，臺上通天。設伏兵於羊馬之墻，藏軍資於螯蟲之户。八面受敵，則如斗運中央；左右旋抽，則如月闕半暈。旁隤四下，故受攻擊而不傷；直角相交，故合首尾而相應。順八風而列八陣，循環無端；藏九地而攻九天，高下皆準。易京十丈，受降三城，方斯蔑矣。公於是築北洋各海口新式礮臺。若乃蒼兕九頭，黄龍五采，自通島國，已設船官。鳩楫師於閩禺，招槎客於星漢。飛雲蓋海，轉下界之金輪；馭氣排空，徹相風之綄羽。特是用木用革，止宜吴頭楚尾之地；爲雷爲火，將有焚旂脱輻之占。苟不介而先馳，如以碬而投卵。是知犀甲七屬，不如百鍊之鋼；陽火十烏，難鑠六州之鐵。行則爲陣，止則爲營。礮火如雷如霆，電燈如日如月。鯤浪擊三千里，難柅其行；鷁船容二千人，猶嫌其隘。破成樓之蜃霧，遠避旌旗；禦焚輪之猋風，無傷毛髮。蓋李冰能變化，方能戰離堆之江神；禹鼎象物形，乃可辟山林之魑魅。將以南援儋耳，東渡鯤身，來往天池，有如堂闥。公於是購造鐵甲兵輪船。自古將材，必由學校，屠龍可習，暴虎無庸。司馬法乃禮家之精，飛將軍非常勝之策。彼夫荆尸授孑，有象物之百官；句踐習流，有臨陣之君子。牧野用巴渝之舞，鄢陵稱楚廣之車。苟戎事所取資，亦智者所必察。蓋泰西諸國，習於戰争，視爲耕鑿。百金養士，七年教民。車以行陸，舟以行水，習所用而不遷；退無遽走，進無速奔，因好整而生暇。畫圖爲初學入門之始，技巧爲兵家四種之終。揆其事器之相資，實於書傳而有合。亦猶程子觀僧飯，而歎爲三代之威儀；宣聖問官名，而得諸四夷之君長。日磾佐漢，由余來戎。宋人售澼絖之方，巫臣教乘車之戰。齊力齊足，合乎雅訓之言；火器火輜，參以格物之學。力能穿札，吹筩飛跋浪之魚；氣可淩虚，擊球鼓騰霄之羽。靈奇怳惚，雄富精研。公於是設天津武備學堂。若夫子午相乘，則怒而生雷；陰陽夾持，則激而爲電。誕謾竹書之語，繞斗帝生；滑稽神異之經，投壺天笑。孰若陽泉持論，定爲熱氣之言；沖遠疏經，申以陽光之説。則有蕤賓應鐵，黄帝司繩。神於銅山之應洛鐘，捷於鄧林之追日馭。森森表道，建木非測景之竿；颯颯飛書，畫革效旁行之字。子卿裂帛，匪藉歸鴻；曲端黠軍，無勞縱鴿。老聃所謂不出户而知天下，佛氏所謂一刹那而周大千。每當王命急宣，朝發白帝；捷書坐待，夜到甘泉。是之謂戰勝於廟堂，洵可以明見乎萬里。公於是設十九省電綫之報。禹粒烝民，先修懋遷之政；蠡霸越國，乃著陶朱之書。官山海而齊業强，運江淮而唐用足。富鄰有戒，利孔防多。自大秦通西海之舟，波斯列唐京之肆。狧糠及米，遂浮海以入江；附尾而行，竟反客而爲主。欲塞巵漏，自索衣珠。吴粳轉而南來，蜀麻通而西下。蜑人、泉客，收失職之閒民；天塹、谷王，保自然之地險。推而行之，將使鄭商載乘韋以市周郊，蜀賈販邛杖而適大夏。羽毛齒革，波及於鄰疆；幏布賧錢，山集於外府。滂沛四達，轉輸無窮。不惟籠神州自有之利權，并可挽百川到海之逝水。公於是設中外輪船招商局。聞之天地爲爐，陰陽爲炭。笵金合土，非火不成。釜鬵鐵耕，非熟不食。賤之則如泥沙，貴之則如菽粟。東方握地，誤疑昆明劫後之灰；蘇軾上書，擬煉徐州山中之鐵。然而少君作炭，力士開山。九仞之功，及泉而止。一夫之力，遇石而窮。粤乃測度鉤深，發機引重，達淵泉之臭，來空穴之風。青澗百五十尺而無停工，元君七十二鑽而無遺策。巽木上水，飲以虹蜺之梁；鑿井見泥，轉以鹿盧之蹻。車不及載，谷不勝量。天帝代裝，風伯持槖。作金五十斤，不敵其利；鼓鑄三十鑪，不患其多。良以冀土早寒，衛薪不屬。今則地藏其熱，天輟其冬。莊生傳薪而不窮，虞詡增竈而不減。冰雪千里，不吹律而谷温；煙火萬家，不樵蘇而士飽。至於金工利用，海舶取求，富國贍軍，猶其次矣。公於是立開平煤鑛公司。穀梁論世，謂視遠未必察形；營平籌邊，謂百聞不如一見。今欲盧牟兩極，提控五洲，則必如朱育通三十六國語言，元奘得六百餘部經典。惟是拘墟難化，鑿空殊多。坤輿外紀有誕詞，西洋典録多陋語。邇來魏圖海國、徐志瀛寰，亦皆創始之椎輪，未切日新之時局。洲名爲歐、阿、澳、美，分求貉隸之官；字母有烏、顩、衣、挨，更廣龍龕之鑑。變白博义，紀月之法專候太陽；緢藍皮書，記事之文不淆新報。夫然後風土優劣，國勢盈虚，步算專門，格物妙悟，兵家實用，工作巧思，審尺寸之短長，知彼己之宜忌。乘障疆吏，藉以折衝；張膽使臣，無難潤色。日出日入之語，免謾侮於來書；地動地静之談，不眩迷於異説。知其情狀，歸我彌綸。公於是開上海廣方言館、格致書院，譯外國諸書。周官約劑，書於丹圖；晉侯誓詞，有如白水。所以昭明大信，永固邦交。板楯罰黄龍，閬中列石；單于刑白馬，諾水告天。至今而海外同盟，極合從連衡之利害；行人將命，爲兵車衣裳之樞機。璧假田而鄭渝平，璽傳書而魯追使。子路證鼎，信於片言；吐蕃勒碑，書分三體。誠以口岸、租界之雜處，如蟻性之趨羶；卡倫、鄂博之荒遼，如犬牙之交錯。責言無已，口歃血而未乾；狙詐難窮，璧睨柱而欲碎。或則黿鼉與處，頓棄成言；或則連雞俱棲，牽連同類。要使榷場不擾，甌脱息争。商於防六里之欺，臚列左證；鄭公争一字之義，剖析毫芒。數踐土之前文，臯鼬騁争爲長雄之辯；索汶陽之侵地，夾谷傳互相劫制之方。交孚則讀牲上之舊書，操縱則增傳家之變例。從此萬邦玉帛，可以執簡而争；絶代輶軒，可以循轍而守。傳不云乎：信者，國之寶也。公於是纂成條約類編三十卷刊行。棫樸周雅，鎬京已有舟師；昆明漢池，西都先習水戰。嘉禾北伐，曾泛樂浪；楊僕東征，亦浮渤澥。雖諸戎勢面，自明保塞之誠；而非族異心，常在卧榻之側。藉非深根固柢，先扼析木之津；上兵伐謀，横絶沃焦之海。島名對馬，遠見亶洲神仙；將號龍驤，别立水軍都督。則渭橋左輔，易駭傳烽；皮島孤軍，空煩饋饟。待敵於堂奥，而不禦敵於藩籬，未爲計之得也。是惟衿喉黄腄，鏁鑰青邱。聯三韓爲外屏，視榆關如枕席。威海衛之水雷設，而之罘海市平；大連灣之船塢成，而旅順門庭固。公於是贊廷議，創設北洋海軍。昔者持旛司南，越裳之使不惑；鳴鼓記里，晉代之造無差。聖如周公，賢如謝傳，豈矜技巧哉！取適時用而已。今玉門四萬里，奇肱飛車；廣輪十二分，壺公縮地。牡闞牝轄，鐵籠冒田單之奔車；幹别枝分，金椎築秦皇之馳道。塹山堙谷，矯若龍游；掣電奔雷，行如魚貫。長蘆經始，遼瀋踵成，接軫分塗，方行天下。將使木牛流馬，武鄉厭輸輓之遲；赤驥盜驪，造父失馳驅之度。萬流奔越於日下，百貨輻輳於交衢。一旦有軍旅之事，則朝發咸池，夕宿崦嵫。芻粟如飛而來，將軍從天而下。王道蕩平，永無反側。普天文軌，從此來同。公於是創造中國鐵路。凡此諸大端，兼包九流，利賴百世。内則使民浹其所習，而漸收成務之功；外則與敵共其所長，而隱格猾夏之志。以視古之身都將相，職莞華戎，虎皮甫納，已賜歌鐘，烏夷來同，遽頒圭卣。以徙戎爲自守上策，以閉關爲中興遠謨。平内地一州，而輒謂鏡清寰海；閔農家一物，而謬稱燮理陰陽者，廣狹洪纖，敻乎遠矣。如之洞者，館閣後進，章句小儒，適會多艱，謬領一道。所處江海四衝之地，皆有樽俎交際之宜。讀公章奏，幸無河漢之驚；覩公設施，輒有符契之合。遂欲砭訂愚頑，冀以補苴罅漏。百夫決拾，覩善射而從風；十駕駑駘，隨良驥而思奮。工商竝舉，愧衛文布帛之寒酸；藍箄初開，忘楚國山林之僻陋。桓寬文士，乃論鐵官；元凱經生，思營武庫。雖度德量力，地小不足以回旋；而前步後趨，山高豈禁於仰止。是則爲桷細木，皆因宗廇以成功；學海百川，益助滄溟之洪量者矣。玆者風清黄圖，月軌青陸。斗樞春轉，知相公斡運之璇璣；江漢波澄，是元老舊時之疆里。之洞等遥瞻駿極，共祝休徵，誦斜川五日之詩，賡旱麓百福之頌。合上台、中台、下台之朝列，典型是資；極紅海、黑海、黄海之殊邦，起居致問。康侯晝日，宜受王母之蕃釐；召公大年，常臨燕國之福曜。所願百齡錫壽；傳張丞相柱史之方；從玆四國畏威，歸仲山甫銘功之鼎。

鐵如意頌

此明吏部尚書、高邑趙忠毅公之故物也，舊存河南布政使任至聖名〔一〕縣邊君家。今邊君之四公子水部郎中，以公之邦人敬爲頌曰：東林之賢，北學之良，正色立朝，彈紏扶陽。殘持計政，善顏道昌。制玆服物，實資純剛。上有垂句，古侯切。以樸見長；下有雅詞，填金景行。六書心畫，遠法史倉。曲而不折，威而不傷。柔以慮事，剛以摧强。以歌以舞，正氣發揚。氣矜隣石，積感非王。如韓令劍，深謀用章。如司農簡，不懾死亡。如應山碑，文刻東方。君子所執，如圭如璋。越二百年，幽然而光。吾黨後生，忠毅同鄉。讀此刻辭，景德無忘。

張孝達集易州田琬德政碑字

故定州直隸州知州馬佳君祠碑

夫九江傳記，報功爲典祀之經；抱朴内篇，德頌有揭石之義。所以陝東草木，懷茇舍之人；沔上旄倪，酹路衢之酒。託精誠於荒怪，羅池稱神；緜遐想於山河，欒公立社。凡以揚張豹、産雕畫宓、期，鐫懿圖芳，其義古矣。定州北負陘塞，東蟠惡沱，五輔望緊之區，四支珠玉之地。秉麾作牧，良躅宏多。李克樹恩於文侯之朝，高湫流惠於河清之代。永徽之元軌，女真之石皋。韓忠獻四裔知名，蘇子瞻中朝第一。斎蹤方軌，其惟馬佳君乎！君諱寶琳，字夢蓮，姓馬佳氏，鑲黄旗滿洲人也。君考禮部尚書，諱昇寅，謚曰勤直。八州作督，三命爲卿。羽儀炳乎皇猷，行義光於柱史。君生而儋定，長而奇麗，孝感致雊翟之祥，因心流頌鴒之譽。風儀淵令，八窗四達之名；才性都長，六筆三詩之藝。由廕生户部主事，出爲直隸趙州知州，移知定州。良弱泳澤，芬若椒蘭；桀（點）〔黠〕閒聲，畏逾葱艾。佳吏無其子諒，粗官無其練深。在職八年，實兼四善。可謂籠二機而竝運，掩三異而孤升者。已遷知正定府，調保定署清河兵備道事。仁風翔於巷衢，惠問達於旒扆。方將騁長轡擁高牙，而嚙指思親，投簪招隱。自撰閒居之賦，無聞北山之移。今者遺愛已徂，清徽未沫。此邦美政，略可臚焉。州南洿澤，盧奴故道，旱乾水溢，下（汗）〔汙〕高萊。君決其潘渚，寫以落渠。重膇之疾既祛，神胦之利斯溥。涇泥數斗，下田皆良。鄴畝一鍾，首先種入。故能埭稱召伯、溝

〔一〕至聖名：「任」下應有「丘」字，因避孔丘名諱而代以「至聖名」三字。

號張網。是曰殖利，其政一也。州有大猾，莫敢誰何。玩密網之凝脂，騰燒城之赤口。便文賣直，鼠善穿墉，骫法告姦，狐能射影。君不陳鼎而燭罔兩，不受箭而知馬羊，收稡季於霸陵，案絮舜於京兆。虎冠雖健，不能燒田叔之獄詞；鼠磔徒工，不敢書絳侯之牘背。掾絶文害之習，邑無訟眚之通。是（日）［曰］擿姦，其政二也。州治置郵交午，冠蓋夷庚。高雞泊裏之健兒，芒碭山中之亡命。取人大澤，分絹林陰。君厲秋隼之稜威，察淵魚於眉睫。五色巨棒，四部督郵。絳縷禽魁，青犢匿影。十里雙堠，五里隻堠，如行堂奧之間；文吏赤丸，武吏白丸，膊諸高城之上。敺京兆界中之盜賊，盡入扶風；解天水道上之衣裝，付之太守。桃李懸而不掇，桴鼓設而不鳴。是曰悦旅，其政三也。建國親民，教學爲先；移風易俗，莫善於樂。君儆犬酒之弗具，閔鱗虡之闕如。修治頖宫，張設雅樂。義堂閎邃，青龍勒禮器之年；石室紆縈，白鹿賡子衿之問。損一益一之管，判懸特懸之鍾。扣角扣宫，不硍不弇。在昔史晨銘春饗之奏，潘乾樹校官之碑。揆其設施，何慙曩哲。是曰文化，其政四也。州境有清風、明月二鎮，囊家列廛，袨服闐市，叢神好博，謇姐能歌。一梟五簺之場，跕躧彈絃之會。習沿弟靡，鼓扇輕浮。君糾之以四維，湔之以五戒。本富末富，不催博進之錢；大匡小匡，坐廢女閭之令。投軍門之戲具，奪北地之燕支。九涂之楚梱皆高，一夕而齊衣變紫。是曰訓俗，其政五也。方志圖經，知今鏡古。襄陽耆舊，桂海虞衡。君輟兩部之喧闐，拾百年之廢墜。躬讎油素，手劖汗青。鮮虞肇封，靖王就國。安喜併省，解瀆分封。胡燕故都，遼羓營頓。苦陘廛税，曲逆繁秏。殺虎兵衝，飛狐扼塞。初唐石墨，北宋陶官。莫不精據密攟，統蒐臚晰。令儀孝女，親裁黄絹之辭；悴節桓婺，爲翦皮金之字。補前人之荒略，揚獨行之潛光。洵可爲司牧之準繩，新尹之龜鑑者歟。是曰後法，其政六也。柳子厚漱滌山川，員半千粉澤文雅。衆春園址，閲古堂基，茂草不除，風流頓盡。君睎高慕古，長想遠思，芟刈薉蕪，繕治闌楯。務使愛人思樹，無間乎古今；觀器升堂，寫心於嚮往。放衙小史，搨永和百本之氈；公讌射堂，酌中山千日之酒。政平刑措，守樂賓從。是曰景賢，其政七也。賅此七長，爰興百廢。墨膠傅幘，是謂真清。葦杖懸庭，不關細愛。牙軍課柳，見士行之吏才；壺士翳桑，誦宣孟之實惠。梁公謇直，獨留泰伯之祠；季友詞華，重建張良之廟。語其徽烈，罄牘難殫。是用亥生卯壯之苗，竝莖雙穗；汗血龍文之産，一乳同槽。其去也，有解韡斷鐙之思；其殁也，有抉瑱釋軒之慕。迺者軍州將吏，三老學僮，訴於行臺，上之儀部，謂宜闡其芳秘，報以蕭脂。以同治五年十二月朔上聞，即日奏可。不鄙譾劣，來徵文辭。予惟汝南之祠荀勗，建於生存；秣陵之祀蔣侯，託諸神道。神道則涉於誕，生存則嫌於諛。唯兹不朽之名，庶符無媿之語。乃最其上善，俾鏤貞珉。霜露星河，歲時膢臘。知朱邑之魂魄，猶戀桐鄉；喜陸雲之圖形，常依縣社。嗚呼！星移谷爛，不磨峴首之碑；麗遠熛今，請視雪浪之石。銘曰：

憲憲聖慈，貽我神君。琦行瑋度，兼資武文。文則鸞皇，武則毛摯。義矩不斸，仁瀾不息。定武之石，不可泐思。定武之政，不可滅思。

祭伏羲、文王、周公、孔子祈雨文

維神道闡苞符，德參造化。師、保、父、母，乾坤其易之門；陰、陽、剛、柔，吉凶與民同患。迺者舞雩閔旱，輟耒增憂。以太原實爲首善之區，而小暑猶有膏屯之象。以及雁平道所領之州郡，殺虎口以外之邊城，素苦貧磽，未聞霑足。竊念晉省，承饑饉薦臻之後，乃創痍未起之時。杼軸早竭其蓋藏，水衡將窮於輔助。某等職膺牧養，目怵孑遺，政事不修，和甘莫迓。已羣望之竝走，盈缶未占；念先天而弗違，奉盛以告。躬率長吏，同省咎愆。蘄資生資始之元功，紓不耕不菑之急難。於戲！吏慶於庭，商歌於市，惟期闓澤之旁流；雷出于地，雲上于天，仰賴神明之幽贊。尚饗！

祭伏羲、文王、周公、孔子謝雨文

維神一元體道，十翼前民，與鴻鈞大造爲彌綸，以龍德正中爲美利。辨山澤風雷之位，妙萬物而稱神；通水火燥溼之情，生兩儀而成易。比以長嬴久屆，甘澍猶虚。已窮索祭於羣神，惟有歸誠於大聖。犧牲敢愛，率百吏以洗心；蟋蟀思憂，爲羣氓而請命。適徼天幸，終閔民艱。升滋液於懸甕之山，回枯槁於飛狐之塞。由霢霂而成優渥，時已浹辰；自畿赤以曁邊關，澤皆下尺。從此百生速化，見絪緼天地之既交；逆知三晉均霑，俾表裏山河而無害。凡此耒耨之利，緊維行施之功。信皇矣，求瘼之非誣；豈寂然，感通之所致。伏冀默參荃宰，宏佑芸生。成始而即成終，以暄而兼以潤。雨若暘若，八庶徵叶吉於洛書；穫之積之，萬斯箱告豐於周雅。於戲！自上下下，益欽易象之光；終日乾乾，敢弛民依之念。祗陳寅感，昭薦馝芬。尚饗！

祭關忠節公天培、張忠武公國樑文

惟二公，關張華胄，褒鄂英姿，勇略奮於風雲，忠誠耿乎日月。溯自島夷萌孽，赭寇猖獗。一則當番舶内犯之初，首遏長鯨於炎海；一則際中原糜爛之會，獨摧封豕於金陵。王濬乃水中之龍，敖曹實地上之虎。篇成籌海，志清歐亞諸洲；軍比撼山，力保蘇杭半壁。天顔有喜，親承召對於五番；宸翰親揮，詔進圖形於兩本。徒以魏絳狃和戎之議，衛青撓飛將之權，齧指痛而空壁無援，量沙饑而長城遂壞。此則英雄未捷，爲今古所同悲；功烈不刊，推中興之首出者矣。滋者雙忠竝祀，五嶺同高。馨香百代之人心，厲水陸三軍之士氣。虎門截海，難平伍廟之雲濤；羚峽撐天，争附征南之舊部。於戲！天上雙騰之劍氣，豹死而皮常留；波心一顆之珠光，海枯而石不爛。尚饗！

祭漢虞仲翔、唐韓文公、宋蘇文忠公文

維三君，立德、功、言，兼三不朽；歷漢、唐、宋，爲百世師。經學參荀、鄭之間，文品列歐、曾以上。竭忠肝而悟主，守直道以危身。洎乎放廢之餘，力倡儒先之教。戍所抗遼東之疏，弔待青蠅；南來書瀧吏之詩，居營白鶴。行芳志潔，比澤畔之靈均；雲集景從，成海濱之鄒魯。化民興學，異代同符。似鼎足之竝尊，宜溪毛之共薦。爾乃蒼梧萬里，遷客飄零；詞林一株，舊居搖落。訪潮州廟碑之記，披髮而下大荒；拜儋耳笠屐之圖，負瓢而行田野。合祠未備，守土滋慚。茲者就粵秀之山，徙安期之宅。重恢傑構，特舉明禋。率僚屬以告虔，命諸生而習禮。過江山之故宅，奉以師資；奏蕉荔之歌詞，尊爲神道。庶幾激揚忠讜，

牖啟人文。窮理則知天以知人，修詞則如潮而如海。宗仰媲東京之盛，踵劉、陳、竇以垂名；元精耿南極之躔，與斗、牛、箕而竝燦。尚饗！

祭晉陶桓公、唐宋文貞公、明韓襄毅公、王文成公、國朝李恭毅公、阮文達公、林文忠公文

粵稽炎漢，交州置刺史之初；爰及熙朝，百粵重海疆之寄。名賢著績，更僕難終。若乃秉聰明正直之資，稱文武威風之帥。才爲世出，代不數人。惟七公應北斗之星辰，作南天之柱石。運甓勵澄清之志，教陶除回禄之災。斷大藤而靖諸猺，平三洲而收八寨。國朝名宦，不乏去思。南昌尚書，尤稱弭盜。開名山之講舍，築列嶼之敵臺。經解大盛於皇清，輿圖遠蒐於海國。雖仁經義緯，一時之治術不同；而外攘內安，千載之心源悉合。有功德於民則祀，微斯人吾誰與歸。茲者薦交廣兩部之馨香，萃今古四朝之賢哲。如過錦官城外，拜丞相之祠堂；豈徒峴首山巔，讀羊公之碑碣。恢張令緒，勉勖同官。以瞻以儀，有祈有報。從此嘉祥備致，寰瀛躋鏡砥之安；祀事孔明，嶽瀆視公侯之秩。尚饗！

祭岳忠武王文

維王才兼文武，心矢精忠。定寇亂於湖湘，耀威棱於河洛。黃龍酒飲，誰攖節制之師；金字牌宣，未遂澄清之志。立文臣、武臣之模楷，括以兩言；思國恥、物恥之振興，奮乎百世。茲當春、秋仲，敬謁新祠，薦雕俎之馨香，瞻靈旗之恍惚。以王長子、左武大夫、忠州防禦使諱雲，王將閩州觀察使、贈甯遠軍承宣使張公諱憲配。嗚呼！麻刀、背嵬，常欽破竹之神兵；漢水、方城，永護分茅之舊壤。尚饗！

祭吳文節公文

惟公學精衡鑑，政勵廉隅。撫浙江，則漕弊剔而水災蘇；督滇黔，則驃部綏而苗氛息。洎乎荆山總制，滄海橫流。孤城紓蟻附之危，同列逞蜮工之射。衝鋒冒雪，混鵝鴨之軍聲；致命沈淵，慘蟲沙之士氣。相茲魁阜，宜冠靈祠。攬白雲黃鶴之遺墟，憶鐵雨金風之英烈。嗚呼！曾文正爲門生、胡文忠爲故吏，拔人傑以佐中興；陶謚文節，名恩培。公歿後鄂撫。殉城守、唐謚威恪，名樹義。同時鄂臬。殉水師，結同心而完大節。永瞻正氣，祇薦維馨。尚饗！

祭羅忠節公文

惟公學宗濂、洛，功著湖、湘。率義旅以同仇，挫凶鋒而莫抗。邁南宋張彥聞之壯烈，教授提兵；媲前明王新建之遺風，軍中講學。英雄灑淚，甘遂志而結纓；部曲傳心，終集勳而奏凱。愴懷戰地，肇建崇祠。溯偉績以難忘，潔明粢而祇薦。嗚呼！按渭原之營壘，猶歎奇才；數魯國之門徒，咸懷忠義。仰邀靈爽，庶冀來歆。尚饗！

祭畿輔先哲文

惟年、月、日，順天直隸同鄉人士某某等，謹致祭於畿輔歷

代聖賢、忠義、孝友、名臣、循吏、儒林、文苑、獨行、隱逸諸先哲之靈曰：入國知教，聖人觀王道於鄉；以德爲馨，古者祭先生於社。我畿輔軒臺肇建，周鼎攸居。太史公稱爲勃碣名都，盧尚書謂之聖賢淵藪。理大物博，被六合而成帝畿；俗美才多，首二南以爲風始。仰維先哲，德稱師表，道貫天人。或危身以捍國艱，或敦行以修人紀。或樹經綸之業，或流愷悌之聲。以及學海閎通，藝林爾雅，孤行狂狷，蜚遯嘉貞。塗雖異而同歸，名雖遐而不朽。如藝文志九流之别，各有淵源；如魯論語四科之分，皆關名教。今者□□□祀典聿新，爰勅禮容，用資矜式。從吾先進，無老成而有典型；保我後生，光邦家以榮閭里。至若國殤精爽，壺德芳堅，竝闡幽潛，各陳芬苾。嗚呼！至于碣石入于海，永欽衆水之朝宗；觀其禮器想其人，莫罄高山之嚮往。敬恭無替，昭格來歆。尚饗！

詢事考言疏[一]

臣聞：器爲士首，非咨諏無以翹其長；名爲實賓，非綜覈無以甄其蘊。譬夫百石鑠銑，不敏則不鳴；千里纖離，不試則不顯。粤昔翠嬀宅揆，黄屋優賢。覃熙績之淵衷，懸任官之大矩，謂事爲政之紀，詢之以驗其設施；謂言爲心之符，考之以觀其悃愊。詢事如以刃攻木，盤錯而不刓者優；考言如以鑒納形，百變而無爽者得。分之，迎機立斷；合之，如環無端。後代哲王，咸遵斯軌。漢崇孝秀，賢良兼射策之科；唐試考功，書判綴身言之格。釋褐才爲簿尉，將使以民事練其才；登仕重舉制科，將使以文章攄其學。楊綰請舉人問以時務，即爲詢事之成規；程顥請試職而後授官，便是考言之遺法。他若千金上將，峥嶸壇上之辭；三顧宗臣，慷慨隆中之對，皆以契同石水，會擬雲龍，事出非常，尚非此例。彼夫東方削牘，阻進獻於公車；南郭吹竽，濫班行於稷下。誦私集而束經史，雜文試而詢事之意微；志温飽而語聖賢，出身驟而考言之法壞。蓋兵農河漕，湖學可師；月露風雲，隋弊可鑒也。

皇上懸鞀勸直，授簡掄才。行見蘭芷升庭，周璞祛其僞；榆槐蔭市，南金貢其英矣。臣謹疏。

學署五箴[二]

提學箴

試官主文，專司考校。提學常職，其責在教。惡莠若讎，育賢如弟。根沃華昌，士良俗美。令甲程式，不得不然。匿瑕登瑾，奇才出焉。

校官箴

州縣學官，肇自熙豐。官不出鄉，三老遺風。鵾距則長，鳳毛則短。秩卑道貴，勿較寒暖。束脩一犬，非物惟儀。先生巖巖，弟子熙熙。

生員箴

章皇建學，觥觥卧碑。雖質雖約，本末無遺。何謂理學，義利勿差。何謂文章，經史之華。康濟天下，秀才之任。先民有作，

[一] 録自《廣雅堂駢文》。
[二] 録自《廣雅堂駢文補遺》。

師范文正。

武生箴

身執干櫓，服曳青衿。文事武備，備在士林。强梁鬭很，不理於鄉。以訟受福，不直於堂。武科得人，唐郭、宋狄。干城公侯，休名舄奕。

童生箴

讀書積理，乃爲文辭，如振岷源，湯湯來思。儉陋操觚，婉孌就試，斲人性靈，沮人志氣。豈惟勵學，抑且懷刑。儌倖得之，何足爲榮。

代族兄子青謝授内閣學士兼禮部侍郎銜摺子〔一〕

臣畿内下材，海隅末學，陋同闚日，迂等拘墟。自釋褐於白傅，遂濫竽乎侍從。授魯詩於楚國，酒醴有加；搜卞璞於荆山，鑑衡屢竊。承華苟禄，曾靡諭治之功；宏父兼官，未擧考工之職。恩言疊下，華秩俄遷。才詎稱乎鳳池，而班齊内相；典未嫺於雞次，而銜署閣臺。聞命驚疑，撫躬戁竦。伏僉東宫官屬之長，微臣已懼負乘；况乎門下侍郎之官，前代皆稱津要。惟有益殫駑鈍，異效錙塵。奉承殿陛之德音，蒐討國家之典禮。銜絲綸而起敬，涣汗欽承；顧黻佩而知榮，寅清交惕。雖未工鳳議，不足增芝檢之華；而仰答鴻鈞，期無改葵傾之篤。時以詹事兼署工部侍郎，故云。

代鹿滋軒謝勝侍郎牋

時勝帥已平東昌郡，轉移節汝甯，徵討苗逆捻匪。

宫保節下：傳霖與執櫜鞬，得遊陶冶，錙豪承乏，稍食兹慙。閒阻旌門，載更緹管。頃知甄録，下逮凡庸。本濫綴于竽行，竟上塵乎牘尾。若驚自哂，永矢奚定。伏維宫保：甲帳威稜，庚鈐神算。潞公杖鉞，貝州之祆賊成離；裴相視師，淮蔡之畔人奪氣。况赤眉不過小醜，早齊熊耳以投戈；剺面久望大人，定向馬頭而崩角。十六州天欃埽邇，争唱檀來之歌；八千户土宇酬庸，欣勸中興之頌。梟藻雷動，知無間於軍中；威臨風行，更何俟乎戲下。傳霖適因邂逅，許效馳驅。十勝未諳，兩當試著。生探虎穴，乃少年鹵莽之常；摒擋羽書，祇書生蹄涔之用。寸長稀寡，八月周接。幸逃椹質之加，已荷怑懞之厚。捷書疾奏，豈由洴澼絖之功；武爵優加，濫拜五大夫之秩。仰惟翦拂，曷答財成。祇謝台慈，冒干威重。前代人賀袁漕督收復鳳陽啟有句云：起故守於雲中，旌旗變色；下將軍於天上，草木皆兵。

賀劉悊泉授中書舍人啟

之洞啟，昨披除目，已覩榮名。衎喜彌襟，飛騰致羡。知懷樸者難欺鄭賈，喜得弓者終是楚人。孝綽、孝標，並是人倫所仰；貢父、原父，允推難弟爲雄。即今西掖之華資，便是南宫之先路。訢賀，訢賀。之洞久諳郭華，悔讀莊書。信飄瓦之無心，雖沉舟而何懟。俗情未免，將毋操慓而舍悲；人事差强，竊幸家

〔一〕以下四篇録自山東圖書館藏《張之洞詩稿》。

貧而鄰富。彈冠結綬，情見乎辭。拜啟縢淺，書不宣意。

與侯敬涇論薦季藝堂書

敬涇表兄足下：一昨匆匆便發，不及面別，紆軫亡已。比想所事屏當已了，大旆不日首路，迴翔幕府，遡聽好音。側聞某帥提兵河上，忠義奮發。意欲網羅英賢，共翼王室。始則以足下爲郭隗，今更倚足下爲王稽。負此志節，當世旄鉞諸君未見其比也。某道出任邱，與藝堂農部相見，縱言至於此君，輒相讚歎。執事此行，涉邢洛，踰魏博，滑臺而歸，此皆古來豪傑馳驟之埸，方今兵鋒交午之道。延攬所及，度必有所以不辱使命者。繼而思之，忽近非智也，避嫌非公也。國有顔子而不知，古人之所訶也。藝堂才氣無雙，深明大略，兼有朱齡石之文，曹景宗之武，此某曩所敬畏而之亦所周知者也，何不即以此人首應夾袋之選。必能悉心贊畫，張吾軍威。龍虎鳥蛇，集於談笑之間；尤來火槍，摧於一笑之頃。之亦其以爲某之言誠乎妄乎。渠方今正繫勝帥戲下，雖有派委，亦非所好。若某帥以一紙書抵勝帥相索，兩帥雅故，而私衷必當推與。以足下之老成，濟以藝堂之英發，左提右絜，戮力同心，奇功豈難足成哉。某從此入都，大要志在謀食。噫，一人餔餟，尚無善計，而胸中不靖，動欲哆口談天下事，蓋不自知其爲可哂也。逆旅草草，布候起居，兼問門中康勝，不宣。

之洞頓首。

詩集

慎獨箴〔一〕

顔子夜浴，不改其容。何以慎之，幽獨之中。鬼不我瞰，人不我知。冥冥夢寐，是不可欺。勿曰容止，惟敬養德。勿曰燕私，惟恒修業。悾之又慎，無所于悾。周規如炬，唯心所命。

春雪用昌黎韻

旅館無烟火，愁賡黄竹謡。不應温律動，未令積陰銷。頓匿纖塵影，微明遠嶂腰。暗添能潤櫱，旋釋未封條。方罫疏平隴，修蛇卧野橋。日灒逾爍爍，風息尚摇摇。陰晦常催夕，清嚴易達朝。龍鱗紛忽結，鶴毳定仍飄。璀璨凝衣鐵，毶毸漬履綃。行春遲亦得，且喜歲豐饒。

拜鐵尚書祠

祠樹湖雲帶素波，廟堂神采尚峩峩。緇衣定策關天數，紈袴觀軍少凱歌。老佛誰供殘俎豆，平陵早改舊山河。項亡魯下知何恨，恨是行圍弩未多。以事與審配相類，故用其語。

蘇明采先生畫象贊

簡潔淡泊，實爲款濱。不見其身，見其裔孫。穆穆畫象，作我敬思。文塞乎諒，亶惟人師。操德塞充，迄于壽耉。毁譽虞謾，不設于口。鄉人顧然，曰我祭酒。來學莘莘，如霧斯集。二物不宿，苛嬈不責。教義風靡，罔敢屑越。不施于私，儀刑于家。捲櫝嘉遜，弗應時法。晏温所漸，可淘薄夫。東方之樓，鎬鎬猶龍。涑水之範，凛然肅恭。先生不然，守静抱沖。晳瘠修頤，皓頂廣顙。太傅威儀，會毓悽愴。洞拜稽首，鄉猥與附。玉色揚休，如撰杖履。疇昔弟瀰衣，而今大紳。祭以大夫，皇哉如綸。耳鳴之德，佑啟來日。

座右六銘

恬憺

貴人過門，釋書往觀。充此一心，亂賊之源。知足當富，無求當貴。遊乎德園，以養吾氣。

和平

在邦在家，和平者吉。讀書觀理，和平尠失。内健外順，聞諸公旦。隘哉正叔，徒爲崖岸。

簡默

甲巴善辯，蹟于魯連。夫惟猶龍，象帝之先。道聽塗説，乃學之賊。吾儕躁人，敬書諸紳。

廣大

致遠之人，務觀大略。爾雅蟲魚，殊傷磊落。而況文辭，娱

〔一〕以下至《忠武公馬》，共六十七件，録自《張之洞詩稿》。

人耳目。此不戒者，有如酖毒。

有恒

輪囷之苗，旦榮夕萎。千歲喬松，日益不知。吾魄雖弱，吾志斯確。綿綿若存，困而學之。

攝生

馬力已竭，東野車僨。捍鋭持盈，其危已甚。毋敝爾精，毋搖爾真。保此黄髮，如履薄冰。

古風二十二首

楚國有佳人，朝華麗且都。嫋嫋春松枝，灼灼秋芙蕖。自擬嬙與光，豈爲倡冶徒。思得嫁侯王，膠添託凝軀。「里中白皙兒，執戟殿前趨。腰裊被錦繡，飛甍蔭綺疏。顧言純絲蘿，遺我定情珠。京鸞引鈿車，觀者溢洛衢。」[一] 十五結香纓，十六青鸞孤。溝水各西東，又無襁褓雛。坐令蕣華姿，棄損等榛蕪。婦人不下堂，古義諒不渝。昔日蓀與蘭，今日堇與荼。委身苟不慎，白青與之俱。

橘柚生雲夢，亭亭如羽葆。金實故纍纍，冰蕤亦裊裊。節籟凋萬卉，繁陰獨鮮好。豈有高世心，貞性出强矯。世人稱松桂，此物不復道。乃知耳目外，蘊藏多瑰寶。

卞生獻璞玉，荆王刖其足。有寶不自珍，理宜召侮辱。礝碱充彤墀，瓊瑛委郊垌。貴賤天所爲，豈在人重輕。猛虎在深山，藜藿不樵采。神物自有光，龍潛終無悔。

洛陽倡家女，粲若雲間華。修袂翳娥媚，皓齒發陽阿。王孫紫騂騮，鳴鞭來相過。一顧當君意，千金未爲多。要約金石堅，匪直松與蘿。明日垂橐來，白眼相誰何。拒君君勿嗔，人情如頹波。衡纊取相評。量，甯復知其他。豈無糟糠人，椎髻方峩峩。峩峩字與椎髻不甚相稱。

蘇秦既發憤，撙銜約諸侯。皇皇洹水盟，大義陵千秋。函關不敢開，山東始耕耰。連雞不相啄，姬籙或淹留。晚節苟善藏，何媿范蠡儔。乃知匹夫怒，滄海爲横流。鳴珂還故鄉，笳鼓闐道周。親戚有寵光，畏懼安足尤。士無巖穴行，貧賤亦可羞。

遼東丁令威，化鶴復來還。但有城與郭，未即變桑田。骨肉爲異物，廬舍長榛菅。神仙非不樂，所樂誰與言。攬涕尚不遑，豈暇開朱顏。何異冢中人，冥然飲黄泉。人生貴行樂，積金如邱山。朝獵藍田陸，夜寫金谷園。常恐白駒速，奄忽委芳年。安能捐親戚，竄迹燒神丹。舜跖同一邱，要在行所安。百歲返吾真，誰辨鬼與仙。茅山鍊氣翁，罔罔可哀憐。似嫌韵多，真意反晦，刪節數句當更有精神。

[一]《張之洞詩稿》中，此處原有「 」號。

玄巖冠白雲，務光巢其顛。養和餌韭葉，遺興揮朱絃。黃屋非不榮，所貴形神全。堯瘦舜亦黑，伯禹成胝胼。一爲塵網嬰，終被憂患煎。後人務苟禄，反以謗昔賢。

修竹不結實，鳳皇常苦飢。引吭登朝陽，自惜光葳蕤。郊原多白粒，迴翔棄若遺。幸免繒繳加，駭怪理亦宜。時世愛文采，豈察中情悲。尼父操清琴，憐汝來非時。振翼凌八表，梧桐豈無枝。本性薄梟雁，焉用咨嗟爲。

志士苦夜長，蕩子苦夜短。卬首觀六合，但見繁星滿。東方卷舌明，西方元戈圓。積尸如滿月，華蓋若連錢。河漢清可涉，天船不可攀。曜靈逝不留，闕河昏如磐。按唐小説，黄昏風雨黑如磐，今本多如此。愚謂磐是礬字之誤。礬，黑石也。自記。永夜無鐙燭，行路良獨難。主人坐高堂，銅荷照朱顏。美人舞掌中，燕婉窮清歡。但恨更漏促，豈戒霜露寒。東望望扶桑，裵褢起永歎。

二月黃鶯飛，睍睆求其偶。羽毛亦有知，何況夫與婦。漢家討黃巾，征夫行役久。送君踐更時，已分戰骨朽。秋風吹靡蕪，春日照楊柳。秋風復秋日，亢鬢成白首。戰士磨寶刀，塵動夕風吼。旋踵非不懷，將軍遇我厚。身奪繡蟹弧，虜騎累累走。幕府上首虜，不知血漬手。歸來佩侯印，錦綬懸龜紐。何如竈下妾，老死徒相守。

𪗋解佩玉脱，六王争雄長。中原正雅絶，楚人嗣遺響。孔子存雅音，不録郢中曲。詎知荆衡霍，美人目如玉。荆山何崔崔，湘水何深深。山川爲憔悴，若憐屈子心。老矣揚子雲，希風馳雕藻。穠華無本根，焉能長美好。

西方有奇華，産自美利國。異芬貢東土，蘭蕙無顔色。六月熱風來，都梁閟芳烈。翠條揚素葳，可以動魂魄。一本值五萬，貴家競移植。採掇登蟬鬢，聊充婦人悦。尤物亦有姿，蕩冶易爲寶。椒椴本不芳，安能亂香草。

陶潛愛秋菊，酌酒泛金英。賞彼幽嫻姿，同並澹泊情。異種海外來，紅紫騁殊形。觀者悦佳麗，尚節非其誠。遂令蓬艾質，偷附黃華名。十月墜元霜，坐看榮華零。悠悠貴耳人，草木喪其真。

水銀出沙礫，非治不脱丱。亂世多奇才，艱難開智勇。管樂挺東周，曹劉殿炎統。一時厮養輩，峥嶸鮮（闖亢）〔闒茸〕〔一〕。群龍戰高穹，四海波浪赤。黽黽愚何知，焦爛相枕藉。天心非不仁，駑良自有真。毋令冢中骨，儌倖成功名。

反角爲雕弧，絃絶人必傷。聖人察物情，因時節弛張。重陰塞宙合，孤陽甘伏藏。一怒爲震雷，虺虺誰能當。江海無澄流，枏梓無妍芳。野人多邇言，持以獻明堂。

〔一〕據詩義，此處謂厮養輩已成亂世英雄，故「闖亢」當為「闒茸」之誤。

西漢黄門郎，彬彬皆士人。中葉亂國紀，刑餘司天閽。五侯既剖符，十璫尤承恩。大家惡鉤黨，狐狸爲麒麟。此輩本不學，小慧何足論。甲第切雲霓，儀衛侔鬼神。司隸不敢彈，彈者肆國門。羣盜塞九州，中貴日以尊。太阿如電光，玩者乃弄臣。析薪不負荷，何以爲子孫。

蘇臺高百尺，羅綺嬌春煙。越兵入東門，歌舞猶未闌。君子六千人，一一衣錦還。誰念嘗膽初，血淚何時乾。勾踐本不仁，越命亦不延。天意豈助桀，知耻神所憐。

漢武祠太乙，夜半候神光。百靈姍姍來，秋雲垂玉漿。五利將軍言，臣有不死方。汲黯老且拙，屏居淮之陽。仙藥何時來，滄海空茫茫。民力亦已勤，帝樂殊未央。此人如長生，闔土盡八荒。

食蘖苦在口，相思苦在心。思君君不知，憂來不可任。芳草被前除，歲晏蜻蛚吟。寶瑟空高張，誰與鑒此音。春華能幾時，衰老奄相尋。知君非輕薄，豈忌膠漆深。君身如浮雲，妾心如明月。照君千里行，關山無間隔。

布衣受人恩，殺身以爲酬。人心有白日，生死如蜉蝣。荆卿衛酒人，晚遇燕太子。黄金抵蚳鼃，美人命如蟻。岌岌白衣來，風色滿易水。成敗事可知，藉以報知己。小人硜硜然，此風今已矣。

上山采苦菜，青青不盈筐。豈意葑菲質，乃登籩俎旁。貴人饜八珍，有時思藜藿，助君一加餐，還媿滋味薄。楚酪來衡陽，吳酸致江南。小草有殊性，不能滑且甘。甘脆復肥醲，多食能腐腸。爲君已内熱，恐君不能嘗。

小隱隱山林，大隱隱朝市。黄初攘漢鼎，典午亦放弑。三綱淪重泉，鬼幽居高位。七賢慨然作，盍遊洛水濱。洛濱有竹林，翳蔚抽青春。淫樂寓幽憂，裸袒全其身。清言根老易，滉瀁歸無垠。一醉返太始，安知葛天民。

清明

九門遊騎試絲韁，柳漸成絲草漸長。愁殺杏花春雨夜，年年爲客在他鄉。

上巳日濟南戒嚴

千佛山前起角聲，青春白日閉孤城。十年羈旅嘗離亂，三月烟花苦戰争。愁倚壺觴修祓禊，獨登樓櫓望團營。典軍校尉今誰是，爲斬昌豨早罷兵。

賊退

花發無人看，花飛更舉觴。湖山春日白，齊魯戰雲黄。賀矣憐羣盜，歸哉憶故鄉。東人良可念，幾載廢耕桑。

上將

上將分旄鉞，三齊幕府開。如何宋江輩，竟度穆陵來。路塞家書少，春殘畫角哀，仲宣歸未得，還上晏公臺。

行宫海棠

魚鑰凄凉濼水濱，一株絳雪正愁人。柔條妍似初中酒，小萼穠如乍點脣。煙雨銷殘金屋夢，樓臺望斷翠華塵。即今正是東巡月，惆悵横汾一曲新。

春興

東風滿樹起離情，又聽傳烽七十城。河上清人齊入壁，泰山都蔚〔一〕乍添兵。酒邊細雨逢花落，馬上春悲見月明。汾水敝廬原易得，横流何計却澄清。

哀山東

昔日魚盜甲天下，祇今杼軸困徵催。魚山祠下聞軍鼓，社首壇前有劫灰。風雨畫完時看劍，河山春盡更登臺。側身東望田横島，憐汝縱横亂世才。

漫興

一聲啼鴂觸幽懷，過雨園林長緑苔。落盡櫻桃花似雪，天涯李白未歸來。

題壁

天下多風塵，戰地在北濟。世無韓淮陰，歸釗北海水。

早發晏城二十里堡遂宿劉智廟

韶光三月未蹉跎，朝犯輕寒整玉珂。衣上春煙過雨潤，馬頭芳樹拂人多。孤城曉角平原郡，淺水蘆芽馬頰河。齊右可憐歌舞地，楹槽一曲奈愁何。

平原懷古

時方戒嚴。

此是開天舊戰場，塵沙鄉夕壓城黄。丁夫荷臿治譙櫓，官馬眠郊帶烙創。憶昔魯公摧犬羯，祇今河北盛豺狼。停車古戍平蕪裏，附髀臨風淚數行。

口諦

地無纖塕馬蹄驕，時有驚烏竄麥苗。如讀香光屏障畫，喬林瑟瑟盡干霄。

德州

淄青滄景望中分，北指鄉關下雁羣。波繞夾城流衛水，書開渠答入燕雲。牙檣若薺朝朝泊，白羽如霜夜夜聞。争地古今多戰伐，論功重憶盛將軍。

〔一〕原稿為「蔚」。

堤上曲

條風百草薰如酒，亭午孤雲斷作陰。行到棣州隄畔路，渌波未敲別愁深。儂家住傍御河頭，河上垂楊緑似油。白馬不如流水疾，先將客夢下瀛州。

濠墻行

將軍下令修濠墻，钁劚畚挶人一張。東西帶跨四百里，首起滕縣尾金鄉。墻成將軍酌酒賀，從此賊至但察障。賊馬朝朝自來去，十盪十決誰敢當。一步縱有一人守，一堵闌入萬人走。况聞東郡蘭陵賊，巢窟並在濠墻北。年來屠燒亦尋常，大峴梁父皆衢康。烏虖一墨若可恃，如何白雁能渡江。

畝捐行

昔日縣令猛如虎，今日縣令葸如鼠。天道好還亦何奇，徒令保正受箠楚。兩税今年一不完，軍帖又下元帥府。府帖一畝輸十錢，榜之通衢無人看。吏白令君且勿躁，里中豪傑方探丸。

悲歌

咸豐二年賊渡湘，咸豐三年賊渡江。是年七月渡河北，赤縣千里皆痍傷。郭李收京席累勝，不能乘勢取三鎮。三鎮負固開疆土，英雄斫石淚如雨。太陽隅中太白出，魑魅呼嘯犬羊哭。天意可回及早回，莫待旱蝗食人肉。噫嗚呼巇可奈何！噫嗚呼巇可奈何！安得赤羽如日白如月，盡洗玄黄萬里血。

大清橋歌

黄河之水如渲湯，大清橋下河流長。河流掔橋橋柱折，行路何人不斷腸。驅車暮就橋東宿，逆旅無人雞上屋。主人摇手戒勿聲，爲客澳釜炊脱粟。此地北與上京通，門前車馬如游龍。袴褶日飛金腰裹，笙歌夜響玉瓏璁。踏歌鵶鬟小結束，銀甲參差轉紅玉。先彈鈎調後馬頭，琵琶阮喊相追逐。五陵年少珊瑚鞭，特教定子許當筵。明眸淺靨年三五，玉椀金波斗十千。但恨朝雲夢裏化，豈知明月客中圓。今來風景成寥落，饑鳶啄肉寒日薄。惟聞櫪頭齧草聲，無復鐙前弄綯索。傭保雜作爲我説，比來山東苦捻賊。二月賊攻泰山郡，百里原谷盡流血。聞道幕府上戰功，盛言賊敗竄膠東。膠東膠西皆赤土，金錢捆載歸如風。三月三日賊再來，所過草木皆成灰。居人争避黑旗隊，賊中黑旗一隊最酷也。十村民兵安在哉。都爺提兵河畔宿，堅壁洗沐兵不出。坐看野火成愁雲，羸弱牽携同一哭。昨聞祆賊起聊城，觀察使君去東征。止此三日無行意，健兒隳突無停聲。市肆十家九閉户，豈暇倚門賣歌舞。弟子行首散如煙，轉徙他鄉尋樂土。今朝又迎新都爺，騶從鼓吹紛如麻。傳聞亦是賁軍將，猶擁八府開雙牙。昔日官道直如髮，金雞一唱車便發。祇今蓐馬須平明，緑林猶可鄉團横。横字義側，不知可作平□。截奪人騎作邊馬，土人謂捻子候騎爲邊馬。持向縣門求賞銀。公真健者乃敢過，此道一月無人行。黄河浪頭大如馬，欲濟無梁淚盈把。孤城隔水旌旗翻，黯黯悲笳起四墅。不見雕面惡少兒，袒裼醉卧橋闌下。

柳絮詞

春老玉鈎斜，風凝蘇小家。亂枝還在樹，飛雪不成花。散落珠塵拂，兜迴縞袂遮。綠波流别恨，一夜到天涯。

無題[一]

亭亭銜月逼羣蛙，□□籍籍度林來。旋呼鐙火增宵課，久闊賓朋罷酒杯。誰令鄉心飛越去，暮天俄聽塞鴻哀。

夜宿沙頭河橋

時七月十四日。

披衣無睡看流雲，華月迢迢漏未分。漁火滄涼橋外見，估船邪許夜深聞。荒江破驛秋先到，瘦馬長途酒易醺。頗憶城南舊精舍，聯床露坐夜論文。

庚申十二月如山東渡河

盜賊如毛草木愁，衝寒輕騎入齊州。英雄不起曹東郡，空見黄河入濟流。

三齊

三齊形勝與凡殊，趙魏燕韓得似無。襟帶天然東帝座，富強何止假王都。濁河清濟來天上，泰嶽沂山到海隅。拱手猶能朝百國，不知誰是管夷吾。

曉行

車上高原曉日升，清寒砭骨不能勝。赤囊未罷三齊戍，白馬還流十月冰。離亂關梁憂鼓角，孤寒蹤跡畏親朋。鯫生遽出袁安下，大雪千人亦自憎。

濟南道中

南望徂徠聳碧虛，山川知近聖人居。沃饒憒衍多喬木，清泚河流上大魚。齊國女閭銷粉黛，秦皇馳道化邱墟。魯連老去田横死，懷古蒼茫異代餘。次句稍寓異代餘三字承。

題壁

仲華河北攀龍日，項羽江東創霸年。我亦春秋二十四，一身饘粥尚茫然。

見山

倦遊燕趙厭車聲，乍見山光喜色生。未識鵲華定誰是，攢頭青過濟南城。

到濟南日作

堂堂持戟好山川，憑軾西來雪滿天。昨日祝阿今歷下，開基發跡是何年。

過長白山范文正公讀書處

長山西來趨海壖，如蛇赴壑青蜿蜒。陰嶺往往有積雪，晴日浮動成鮮妍。小范老子讀書處，至今片石猶巋然。憶昔秀才居山

[一] 原稿無題，且塗改不清，疑有脱文。

寺，篝火夜讀寒無氈。黃虀白粥不果腹，乃發書篋供潛研。一朝登籍登二府，如華斯拔來羣賢。慶歷良臣誰第一，惟公威加綏與延。乃知古人重篤學，讀書養氣動十年。咬得菜根百事易，根柢盤固他何難。譬如佛法貴苦行，欲求圓滿須精堅。曾聞王猛隱太華，重見誠意棲青田。今世淺人多躁進，元髮未燥思求官。馬牛襟裾何以別，授以人民徒學菅。其餘志在青與紫，揮摩簡鍊搜陳編。甘辛難別等無用，鈐山十載誰人憐。我家父書塞滿屋，嗜如蜜酒將無顏。傍人詗瘍不足卹，恨無邱壑供幽攀。飢來驅我亡休息，爾來那得變丹鉛。大雪干人出人下，愧公流汗湛湛然。欲酌醴泉一勺水，益我神智開愚頑。石磴犖确不可上，但見喬木浮蒼煙。

鄒平道上

獨□繁聲聽馬蹄，輕寒凝雪踏成泥。烽臺坐學飢鷹下，華表無人怪鳥啼。魯酒衝寒濃亦薄，海天望日上猶低。海天句似不如□句之渾成。不知果有田文否，彈鋏行歌競入齊。

臨淄縣

營邱王氣冷斜曛，纏足彈絃寂不聞。七萬人家成瓦礫，登城獨弔孟嘗君。

默坐

默坐翫元化，陰陽迭變更。大夏絺葛重，大冬氈毳輕。時燠温風來，歲寒霜霰生。物理固如斯，矧茲世人情。

過新城王文簡公墓道

即效其體。

泰山北斗老尚書，提倡宗風偶好譽。底事談龍苦輕薄，棉津秀水定誰如。

獨標神韻度金鍼，想見掀髯戴笠吟。今日夫子亭下路，莓苔如繡滿碑陰。

罪言

禦外惟中策，張騫起禍端。旐頭蹕渤海，害氣見長安。鍾虡唐靈肅，金繒漢德寬。灤陽銷夏地，無乃聖躬寒。

不設長蘆險，蛟螭陸地行。張儀空就縛，李棁竟行成。宰相陳陶敗，將軍霸上營。獨憐羊散騎，喋血戰臺城。

塞下和親國，花門自請纓。一朝違節度，七北滅威名。潮打橫江鎖，烽銷偃月城。脂膏空復竭，可惜失常清。謂直隸提督樂善。

七聖涵濡德，艱難在此秋。齎糧民款盜，食肉將無謀。行在餘工部，勤王少晉侯。不堪登艮嶽，花石夕陽愁。末句深寓悲感，然佳（往？）事，致稍含蓄。

濟南口諦

城郭延袤十里奇，人家一半傍漣漪。地偏卑濕常愁熯，語雜登來每費思。山色自青譚子國，湖光舊繞鐵鉉祠。濟南名士多如鯽，白雪樓頭更有誰。

臘月廿三日作，明日立春

效放翁體。

爲客經時節舊忘，漸看墨市異尋常。猫頭冬筍尖尖緑，磬口緗梅處處香。餞别餦餭司命醉，迎春簫鼓縣官忙。闌豬釜粥誰料理，一夜愁心滿故鄉。

除日

空庭集霰晚猶寒，守歲山城刻漏殘。風雪去鄉疏骨肉，歲時爲客省衣冠。水仙嫋嫋明華燭，春橘纍纍簇飣盤。相送五窮今夜去，不須怊悵歲闌珊。

辛酉元日

歲華辭我去堂堂，起視桃符爛有光，雪盡大東開岱嶽，日迴黄道起扶桑。鶯花故國春三月，萍梗中年酒一觴。四海並聞寬大詔，含譽早晚靖封狼。

春詞

東皇新自朔方回，文杏夭桃待賜緋。雪霰盡消紅日出，漫空不遣玉龍飛。

初二日

效莫五子偲體。

新年杲杲白日出，九日積雪一日釋。冠蓋不知畏泥濘，往來倀倀如有失。仕女露寒似豬鴨，翠纈紅衿不愛惜。西窻瞑客無人干，危坐何異僧寮寂。千萬靈鵲向我噪，南榮北牖並翔集。不審何祥惟叩齒，但祝臣得二千石。坐燎空尊還復哦，漳柑醲齒强自食。忽聞厲嚮階前墮，瓦上冰柱長一尺。

悶懷

效劍南體。

浸晨燕語雜鶯啼，惆悵年時只旅棲。野蒜殢寒花似箭，浮蛆傷熱酒如醯。空齋來客要常過，行篋無書悔未携。苦憶家庭風味好，遞簞誰寄菊苗齏。

登歷山望濟南府歌

濟南郡城如仰盂，去城三里看若無。一峰當面作屏障，青翠直壓東南隅。昨日宴坐匯泉寺，望見山端縹緲之浮圖。北風習習吹衣領，振策獨上歷山頂。回頭却望大明湖，滿城樓閣皆倒影。勝地何年始開闢，斷碑大書開皇日。岱宗餘脉來如潮，至此停蓄作都邑。絶壁將崩却復立，下有紺亭勢岌岌。千年積雪冰不消，掛在仄出長松腰。狎人對語林鳥寂，攤褐坐睡山僧驕。捫蘿附葛不可上，猶見鳥路懸雲霄。下視歷城十二里，女墻譙樓不盈咫。城北鵲華諸名山，如數旋螺看十指。百日磊塊一日消，昂頭欲觀東海水。一從魯輅罷東巡，霞洞塵封秋復春。鍾乳垂垂滴作石，丁香楚楚摧爲薪。不見深谷衣錦繡，但有大木藏山精。石樓生寒不可住，萬户炊煙掛遠樹。一聲長嘯鳳鸞吟，白雲遮絶來時路。北望鄉關千里愁，黄沙落日是幽州。若教更上歷巖頂，應見黄河作帶流。

歷下亭

湖心行殿蔽，當日駐春旗。鷗影白當户，水光青染衣。荒波侵輦路，殘雪斷漁磯。回憶王貽上，蕭椮柳十圍。

千佛寺

平楚蒼茫酒一尊，僧樓捲幔瞰虚根。開皇造像經幢僕，嘉靖穿泉乳竇存。歷下湖光浮地白，膠西海氣接天昏。上方不迓仙輿久，紅葉青蘿滿寺門。

趵突泉品泉

張季嗜酒汝好茶，淄澠能辨無僞差。自歸海濱飲鹹舄，攢眉擎椀常咨嗟。耳食濟南有趵突，伏脉穿河來王屋。遊人未到觀瀾亭，先聽大聲如飛瀑。欲開廣厦教臨流，廣渠一畝清如油。紫荇青蒲長十丈，汩汩時見珍珠浮。賑坐磐石玩泉勢，不知白雨濺人頭。疑是蟄龍怒歕沫，銀河倒注還復落。三乾相争不能平，日夜雷霆紛激薄。桑經酈注舊所載，至今千載無盈涸。道人烹泉導我嘗，一嚌再啐殊尋常。及其傾倒盡一器，轉從舌本生甘凉。内熱散盡百憂失，有如斛灰湔肺腸。惜哉茶惡罌瓶拙，遂使靈液减顔色。若貯銅斗較玉泉，未信重輕推優劣。我家清泉井上住，道是魏文燕遊處。瓜李零落瓊漿空，素綆銀瓶委寒露。得此已療消渴人，何須更訪郭璞墓。明日來煎小團龍，要使兩腋生清風。虚堂頽廢變祠觀，令我忽憶曾南豐。曾子固守此時，爲二堂記，一堂即在泉上，今呂仙祠其址也。

讀唐書

開寶淫昏自致戎，汾陽血戰定山東。誰探裀出清君側，龍武將軍第一功。

再遊趵突泉口占

步出城西門，群山獻青紫。靸履何所之，盍觀濼源水。水上有平橋，欄楯供跛倚。天寒泉轉温，坐看滃雲起。時見素鱗來，往往蔽石齒。刻石尠佳作，無論趙承旨。西壁有二韵，情狀殊瓌璧。云是高皇時，扈蹕來過此。昔者舜東巡，天章一何綺。翠華渺不來，帳殿生荆杞。濯纓懷既愜，願言窮此理。日費百斛多，上本終亡已。當與濛汜通，往復互輸委。玉壺與雪練，玉壺、雪練，皆壁間松雪諸人咏泉語。不似徒摹擬。毛詩道觱沸，兼可肖俶詭。歸卧心皇駭，駭駭盈吾耳。

無題

冰天雪霽好行圍，木葉山頭駐六飛。父老不知上都近，喁喁日望翠華歸。

湖上散步

砑帽輕衫入早春，尋芳何用出城闉。豐茸煙草明餘雪，清淺湖流動綠蘋。漱浣重懷元好問，歌詩誰繼李于鱗。環波勝地無人識，只有漁郎下釣綸。

濟南雜詩五首

連巷泉聲細可聽，水梳荇藻色青青。嫩晴宜與評茶荈，走上橋東曲水亭。

正覺寺前春意鬧，唐花出窨鬥芳菲。牡丹園徑剛盈尺，不及燕京一半肥。

蒼雪垂垂覆畫廊，歷亭對面起湖莊。開門不叱無名客，風致居然司馬光。謂錢方伯園。

爲愛菱洲間藕田，雎華橋畔顧漁船。等閒一放遊春假，費却東坡兩膳錢。

南橋老子本詩仙，歸卧柴桑二十年。昨日芙蓉街上過，數聞人道使君賢。昨過書肆，聞主人談從祖父南橋先生，讚嘆不絕，先生曾知館陶縣，主人縣人也。

胡桃

蟛蜞空螯不可嚼，嚼之終日無所得。如食胡桃抑又甚，滋味愈薄愈勞劇。不知右軍胡嗜此，遠自西州勞驛駟。重衣包裹城府密，五藏崎嶇坳垤出。牢固往往煩斧鑿，幽隱一一須搜剔。偶剖一枚逢複壁，不然消縮成枯臘。未見舌本餘甘芳，蚤令華池成歛濇。無肉可惜費躊躇，竟日胼胝事口食。我思孟郊之詩多險仄，持正之文無滑澤，小歐之書惟露骨。三者艱苦皆如一，持較此果無兼別。平生但喜磊落人，只合日啖荔三百。

臨河

時黃河奪泲，自利津縣口入海。

東郡金堤十丈開，斷冰觸浪白皚皚。漢家三策終迂闊，特使還從故道來。

陵縣逆旅口號

鐙寒酒薄不成醺，豺虎充塗雨雪紛。行路之難辭不得，尊前愁煞鮑參軍。

得伯洵書前韵卻寄

春入青門柳乍絲，心情中酒費禁持。更吟都尉鴛鴦句，忽夢秋鐙動剪時。

高冠欙具不周身，誰信延津信有神。三十登壇殊未晚，與君同是少年人。

哭弟子仲高因寄伯詢

黯黯霜風落木辰，寢門西望獨沾巾。倉舒童丱先爲鬼，賈誼奇窮更梱人。問字殘編空突兀，買隣舊約剩酸辛。姜紘被冷休悽絶，珍重高堂有老親。時仙石丈久病危篤，故云然，更十日而劉丈亦不起矣，傷哉。

騎馬渡桑乾

没馬圓沙白似銀，桑乾清淺竟揚塵。斜陽滿地青楊樹，不見盤河百戰人。

瓦橋關

白溝河南古戰場，三關兀兀遥相望。囊矢告祭晉王廟，百戰取之劉守光。石郎石郎何自誤，不將金繒媚阿父。趙北際接燕南垂，讓與他人作門户。咄咄郭崔有聖子，提戈洗盡中原耻。未駕艨艟絶長江，先驅鐵騎飲易水。鼎湖龍去空山邱，巨馬無情日夜流。可惜四朝長樂老，不教生見定幽州。

賀子清閣部遷官

吾宗自明以來，官未有至一品者，故喜而有作。

東宫家令劇雍容，又見天書下禁中。門下清華唐兩省，司空職掌漢三公。兼署工侍。銀豪畫口香猶濕，革履聽星漏未終。墨勅斜封置奏駁，懸知不媿古人風。

早聽臚内步巖廊，南阮東崔有寵光。更與馬周同晚節，時年五十一。真看劉蜕破天荒。玉堂鈴索辭儕輩，黄閣絲綸擅勝場。鎖院築堤相待久，即今猶只是初桄。

題張夢九水部小照

照爲如意館供奉沈君寫。

沈老舐豪傳日角，餘情還貌舊郎官。無論棖觸蘇和仲，應作東京妙善看。

湖海論交七尺身，衣衫漸漬帝京塵。吾家莫起争墩習，水部風流有替人。

彰德衛輝道中

夕陽莽莽上沙堤，汙下萊高並慘悽。已燼招提存壞像，無多茇舍卧殘黎。猶聞兩稅煩敲撲，亦有連營動鼓鼙。傳道將軍馳露布，王師早晚定淮西。

忠武公塔齊布馬

今在潼關張公子處，江龍門大令見而顧之，張已許諾矣。予如河南，軍將奪之以行。張言若以詩謝龍門，則惟命是聽。因撰此章遺之。代陸眉生黄門作。

東坡一麾去京國，拳拳乃在玉鼻騂。書券要約苦争執，大賢無乃猶貪嗔。我生嗜好百無着，少年癖馬劇可樂。蹋鞠不惜錦障泥，射生日調紅叱撥。今年有詔令負羽，款段空負鄉里約。昨日瞥見馬中龍，雜毛驪白披花（髮）［鬃］。頹然八尺如山立，顧盻早使燕臺空。厮養致辭君勿忽，三韓忠武將軍物。六百餘戰此馬隨，刀箭創痏紛滿目。憶昔太歲在甲乙，三楚虎狼正充斥。良將騎戰出新意，却用衝鋒變游奕。武侯李衛公置陣皆以騎兵在陣後，名游軍，令楚軍以精騎數百突陣，名衝鋒。協軍戮力誰與同，矯矯湘鄉曾相公。將軍將騎曾將步，巴陵東下如追鋒。進鼓三鳴聲未絶，將軍上馬目眥裂。陷堅突陣轉權奇，歸來兩溝汗流血。田邨夜黑風揚波，失軍夜□□□河。攢矟刺馬馬不動，□冰誰道神撝呵。大樹飄零才幾日，流轉瘦骼空負棘。長稭如竹秋風涼，一擊欷壺三太息。興平使君今韋支，黄門給事亦好奇。君在長安我燕市，見此湔祓同賚咨。使君多暇喜射獵，給事頃亦傅袴褶。買駿不惜捐兼金，何況神物不常得。豪奪未敢畏君讓，黄面奚奴意惆悵。入秦入趙任自爲，束手馮亭不受謗。謂張公子。惟所欲與請馬擇，馬意嚮背吾能説。使君銜散當哦詩，銅錢編埒徒爾爲。沙苑官馬十萬蹄，茂陵秋風空離離。聞道歸臨軍西路，爾來武騎馳突處。朝飲吕梁埽□方，夜踏寒雪過垂瓠。昔從江漢見封京，今向淮淝騰露布。暮年伏櫪英雄哀，神駿況是沙場來。啗棗肥死銅歷葬，造物安用千金材。晉卿一詩奪海石，我舉此例理亦直。子囊强求真老傖，鮑生换取非豪傑。使君愛馬定知馬，肯令驊騮終皁下。他日淮西無戰塵，當遺使君去行春。

附：識跋二則

張香濤先生之洞，余三姑丈潤濤之胞兄也，十六歲為順天鄉試領袖。幼負奇才，文名冠世，長膺疆寄，卓然一代偉人。披閲之下，識制軍少年二十六歲之佳作。世人皆驚香濤為天才，余則直以為奎宿再降人世，何其寫作皆與東坡先生如出一手耶。

光緒三十年冬月涪溪陳仁軒識。

壬戌春暮在京師同寓，伏讀累夜，驚怖河漢，不知首僞之至地也。坡公年二十六作鳳翔八觀詩，少時讀之，以為天才，非後人所及。及季子年與之齊而述作已無多讓，得無奎宿再降人間耶。

河間李義鈞拜識。

點校附言：自《慎獨箴》起以次各首，輯自《張之洞詩稿》。該詩稿綫裝一册，山東省圖書館館藏。毛筆直書，行草體每頁八行，塗改處甚多。天頭有作者和親友評批，句中有夾註。字跡遒勁酣暢，如行雲流水，其為手稿真蹟應無可疑。雖未經作者圈定刊行，但可從中窺見其青年時期文彩詩情，對研究張之洞其人其事，具有一定參考價值，彌足珍貴。

詩稿所録四言、五言七言絶律、古風、歌行各體詩共一百零三首，作者自言自庚申臘月起至壬戌四月止共得詩九十七首，似係誤計。戚友識跋者但云年二十六歲所作，亦非確論。就各詩内容而言，顯係作者入幕山東巡撫任内及往返旅途中的吟咏佳作。

詩稿用行草體字書寫，又多塗改，特作如下處理。一、點校者全然無從辨認者用□號標明。二、詩中夾註於原處照録。三、作者本人天頭批語移至詩末。作者勾去之句及他人評識一律不録。

詩稿中《橘柚生雲夢》、《布衣受人恩》、《山上采苦菜》三首後經作者修改。王樹枏編《張文襄公全集》，收入卷二百二十四之《古風八首》。

十八先生祠堂〔一〕

一代成仁士，千秋俎豆香。孤忠扶社稷，季世振綱常。祠煥

〔一〕原載《興義府志》卷三十二《祠宇》。署名：「生員張桐南皮人」。

山川色，名争日月光。登瀛唐學士，勁節比難當。

半山亭記〔一〕

鷺立清波對夕陽，山亭倒影浸池塘。奇雲莽莽涼風起，吹送荷花十里香。

送亞芬妹入黔〔二〕

人言爲官樂，那知爲官苦。我年三十四，白髮已可數。

叙輩

仁厚遵家法，忠良報國恩。通經爲世用，明道守儒珍。

癸丑七月，畿輔淫雨十日

順天、天津、保定、河間、正定、深、冀方二千里間，大水無際。自通州乘舟至東鹿。

綺繡周原變水鄉，誤看秋稻作菰蔣。澤鴻休怨無安所，且限南來醜虜狂。時髮賊擾河北，畿輔戒嚴。

南歸道中作

時懷慶被困，訥督部爾經額、恩尚書華、勝欽差保、托將軍明阿、李撫部僡，合兵援之。

趙北方憂水，河陽尚用兵。三男都遣戍，九帥各連營。時亂雞驚夜，天寒鴈雁伴行。莫嫌村酒薄，且喜了秋耕。

淩霄吟

題劉貞女淩霄閣詩集貴筑名士劉香士廣文蘅之姑，既聘而壻死，守節四十年。

地有古井水，木有女貞子。水木有時枯，女心無生死。劉家三妹青溪才，桃李方盛乘春開。鳴雁未奠失其匹，瓊瑰盈抱將安歸。淩霄纓珞十丈許，不怨芳華泣紅雨。獨繭繅絲作琴絃，琴語道甘不道苦。比翼無過數十春，孤鸞一曲鳴千古。吾怪中壘與西河，論禮雖精何其苛。旌此亦足輝彤管，世間中庸能幾多，吁嗟乎！女未適人士未禄，一例貞苦不可没。商伯夷，齊王蠋，漢之龔勝，晉之王裒，唐周樸。

哀時

刁調青蘋末，終致沙石飛。嵬騃金隄高，安知蟻穴危。清晏五十年，養此氓蚩蚩。文吏吾公醉，武卒市人嬉。江南信可哀，河北守者誰，勢欲括赤縣，與之作潢池。泰極否所伏，剥窮復繼之。泰否乃天道，剥復在人爲。天道已板板，人事仍熙熙。

瀘州渡江

時乙卯秋。

夔府荆門據上游，魚龍白日狎高秋。三刀不見樓船下，孤負長江竹箭流。

〔一〕原載張鍈主纂《興義府志》卷三十五《公所》張之洞所作《半山亭記》之後的附詩。署名：「生員張桐南皮人」。

〔二〕以下二首録自許同莘《張文襄公年譜》卷一。商務印書館一九四六年上海初版，第六頁、第十五頁。

人日遊草堂寺

人日殘梅作雪飄，出城携酒碧溪遥。無端杜老同心事，四海風塵萬里橋。

杜工部祠

少乞殘杯道已孤，老官檢校亦窮途。榮名敢望李供奉，晚遇難齊高達夫。憑仗詩篇垂宇宙，發揮忠愛在江湖。堂堂僕射三持節，那識流傳借腐儒。今嚴鄭公詩三首，附刻杜集。

雨行蜀棧遇諸兄

鬼方瘴癘正憂兵，兄向南行我北行。此後逍遥堂裡夢，雨風猶是對牀聲。

宿甯羌州

歲晏單車獨北征，風催槁葉下邊城。一家骨肉同萍梗，時家大人方督兵辦賊，賊熾餉缺，艱苦已極。伯仲叔三兄南行在路。四海親朋半死生。五弟小潭以癸丑秋歿，笙樵從兄亦以是秋歿於粵。粵方有紅匪之亂。從姪桐冒難奔喪，今無耗。業師童雲逵、洪南陔兩先生皆陷賊，流離死生未卜。石氏、鹿氏諸戚時在都匀府。圍城中兵警危甚。杼柚山中猶急税，旌旗江上未休兵。憂來無寐披衣起，霜月横天櫪馬鳴。

乙卯除夕宿紫柏山留侯祠

四年四除日，疾如逝水度。無歲不易方，可笑蓬與絮。壬子蔣氏客，癸丑錦官寓。甲寅栖圍城，戰士方暴露。巡警雜卒伍，傳箭待東曙。今年伴道士，寒燈展卧具。階泉鏘玉聲，松雪耀積素。勞人逢幽境，聊作蘧廬住。窮村爆竹稀，瘖啞如裂布。縱横壁下僕，鼻息窌牛怒。文武成何事，僕僕病道路。青山茁紫芝，愧此棲隱處。

鳳嶺

神皋蕩無險，險自散關始。萬壑共一井，行人在其底。壞木支橋閣，二分僅容趾。左捫將墜石，右瞰不測水。兹嶺塞朝昏，去天諒及咫。盤路穿林蛇，細馬行磨蟻。微聞後者喘，數見前人止。青黄木剥膚，鋒鍔石厲齒。幽禽不來集，豈有鳳皇子。通道金牛詐，飛仙毛女美。嶺高有盡時，林際墟烟起。洗足沽茅柴，不勞那得喜。

康對山故里

太邱弔張讓，貶節但自保。康齋謁石亨，感恩遂顛倒。賢哉康殿撰，行權乃合道。孰能救空同，大德不恤小。中情荃不察，黨廢甘枯槁。樂府琵琶哀，鶯花滸東好。肝膽照千春，蒙污自皎皎。蠶室發孤憤，感歎交遊少。世事如翻雲，鄠杜多秋草。

井陘口

羣山萬壑齊塞井陘道，匹馬躑躅千駝愁。大車束輪仍折軸，行人一里須三休。亭午恖恖漏曦月，百步之外誰能搜。瘦婦揭衣避澗漲，瘦男捧土填坑溝。山店主客皆惆悵，成功獨歎淮陰侯。穴中只能鬭兩鼠，豈容旗鼓升高邱。三百里間難進退，殽師一鼓俘秦囚。諸葛不犯子午險，孟德喜脱烏林幽。左車憑水已中策，並此不用真無謀。刎頸之交尚背負，乃以誠信施敵讐。嗟哉！陳餘謬稱儒家流，此輩之冠誠可溲！

閔僕

峻坂摧輪雨雪霽，蕭奴從我在他鄉。乾餱冷店同朝暮，此亦貧交不可忘。

銅鼓歌

咸豐四年黔始亂，播州首禍連羣苗。列郡擾攘自戰守，盤江尺水生波濤。南盤江帶興義府境。府兵遠出連城陷，合圍呼嘯娭徒驕。純皇天章久愈炳，義民豈惑狐鵩妖。嘉慶二年，南籠府苗變，城守經年獲全。賜府名爲興義。高廟製詩一首旌之，刊於郡堂。我先大夫慷慨仗忠信，青衿白屋皆同袍。共守城者皆文武生監及商民。吴公祠下水清泚，百口併命甘一朝。府城有十八先生祠。祀明季吴貞毓等同死事十八人。祠内有大池。衝焚罌聽賊計盡，鑿門而出窮追鈔。民兵五千憑感激，疾如振蘀覆其巢。奢香係頸降道左，濟火革面居前茅。不見援師助空拳，那有饋餉分簞醪。三城百寨並掃蕩，安南、普安二縣，新城縣丞城次第克復。箐谷黯黮湔腥臊。收其積聚供館轂，放其牛馬還林皋。俘其子女赦不殺，授之畲田使畊耨。清酒一鍾亦不飲，獨取一物深於丁甯短於鼙。降夷稽首述故事，傳自漢相安獶猺。嗚呼漢相信神武，拜表討賊先不毛。豈不知秦川、宛洛皆争地，未清堂奥難及郊。隄官隗搆四郡戴，攻心一語參軍教。範銅爲鼓賜酋長，坎地實護埋山坳。歲時祀鬼乃敢擊，蘆笙巫唱紛嗷嘈。不然戰鬭合徒衆，花鬘赤脚奔相招。一面足可直百牸，擅一爲富、擅十爲酋豪。鼓亡苗滅古記語，以威報虐將焉逃。鬼方冀方遠遥遥，致之重煩氊席包。連弩銅牙雖罕覯，此物猶見天威萬古懸雲霄。圍徑四尺修八寸，四耳無當約其腰。文蟠螭，拏朱鷺，翥細乳，三百有二相周遭。髼髴篆文不可辨，屢煩畫肚終牙聱。土花紺碧沁肌理，靁紋宛轉環臯陶。中心瑩滑不留手，恰受二尺楢椎敲。良辰會客風日美，水面考擊鳴蒲牢。如觀溪峝跳明月，宰牛呷酒歡相邀。忽然蠻風捲瘴雨，中有鐵馬聲蕭蕭。一擊再擊轉激楚，戰場萬鬼皆嘑嗥。不用趣戰用行酒，銅龍悲憤發長號。國初諸老始賞詠，黄湄秋谷俱清超。查氏書堂復繼起，宛平查禮以銅鼓書堂名其詩集。徒爲玩物争抽毫。我聞燕然既振旅，仲山實鼎來歸朝。此詩述德因愛物，子孫永寶當不佻。藏之宗祏無忘在莒事，亦知乃祖乃父於國宣勤勞。剖符領郡三十載，不蓄長物甘蕭條。羅施石醜不足載，此鼓祇如薏苡來南交。聖人有道四夷服，何用大食、日本歌金刀。

卯金子行贈姊夫劉伯洵

大鵬向南飛，萬里一徘徊。羊角多回風，轉爲葦上鷦鷯哀。狂國笑狂類如此，河間今見卯金子。卯金之子能好學，雙瞳奥澈翦秋水。問君據案讀何書，乃是黄帝、太公之陰符。神州如沸何人責，作此寂寂真非夫。既不羡賤儒科名嚇腐鼠，復不爲才人詩酒鬭龍虎。纖美儀容何害崔伯深，縱横大略誰識陳同甫。我性樸鈍君靈奇，勿謂相反却相知。雄談能使臧獲訝，標榜誤被親朋嗤。君嘗規我太剛必損缺，我亦戒君精鋭防顛蹶。固知利用非鉛刀，更憂經久無冰雪。君今杖策遊燕都，新知得有奇士無。山水雖好琴絃歇，風雨方急雞鳴孤。勉旃崇德且餐飯，金玉終當遇薛卞，商歌夜永何時旦。

哈密瓜三首

百年都護府，月崛偃天戈。戊己將軍號，燕支少婦歌。微甘何足貴，青海喜澄波。

砂磧瓜州地，艱難土物臧。冰膚瑩慘緑，蜜理發明黃。嗛雪猶相妬，青門詎足方。

漢塞蒲桃紫，唐宮茘子紅。珍奇非聖意，職貢自西戎。早晚天山定，裴岑善紀功。

儆醉篇

我生多幽憂，天放孰解縛。感慨萬端併，寄此無算爵。一石能精明，自謂于公若。螟蛉視二豪，培塿眇五嶽。賢者笑還閔，俗士憎且愕。聖徒貴清明，醉使神識濁。傑士尚沈毅，醉必多疏略。庶厲道力堅，勿爲麴蘖奪。詩狂不可爲，任達未能學。笑謝王無功，獨醒有至樂。

文山、疊山二琴拓本

白雁來江南，海潮伏不起。降表簽臣妾，湖山亦蒙恥。伯厚且行遯，子昂安足詆。重儒莫如宋，獨有文謝美。烈烈柴市風，湛湛橋亭水。無忝大丞相，豈媿小女子。誠知一木微，終爲三綱死。幽情託朱絃，激昂作變徵。德音不可聞，遺此雙藤紙。超然汪元量，抱琴水雲裏。

幽澗泉

幽澗泉，千尺深，長松磊砢生乎南山陰，中有美人横素琴。軫有美玉徽有金。清商激越生空林，元霜殺物兮蕭森。素月默默兮青天心。哀蝯爲我嘯，潛虬爲我吟。牙曠千載，憂思欽欽。撫玆高張與絶絃兮，何怨乎箏、阮之善淫。惟有幽澗流泉知此音。

來日大難

來日大難，長夜漫漫。金鍾進酒，誰與爲歡。羽翰扶疏，以遨天衢。浮雲掩靄，箕翼張舒。鈞天皇皇帝所居，横覽冀州恢有餘。鳳凰在前，青鸞在後，下視瑶光，纍纍如斗。弋人張羅，不敢翹首。驂風如濯，窮年不休。不如燕雀，可以忘憂。

君馬黄

君馬黄，臣馬驪，同閑芻秣並道馳。臣馬羸茶升高岡，君馬趻趠臨江湄。江水浩浩生瀾漪，謂公無度公然疑。飈風激水黿鼉立，馬不能進長鳴悲。馬色尚不同，丈夫有志豈相師。

同人有效玉谿體者，亦戲作一首

青鳥銷沈錦字箋，鳳凰怨絶寶琴絃。佩留洛浦波難語，扇冷班姬月獨圓。夢雨夕飄三峽路，淚筠春緑九嶷烟。持金恥覓他人賦，自賦樓東且自憐。

五忠詠

黔亂最久，死忠者不可勝數。此五人皆余知交，貴州僻遠，湮没者衆矣。

石阡知府嚴謹叔和

浙江桐鄉人。先大夫以署貴東道，率師勦下游苗教各匪。嚴爲幕僚，後死石阡之難。

溪峒飛鳶處，凄凉馬援兵。樵蘇艱一飽，秦越阸連營。決勝賓僚智，扶衰骨肉情。如何箕尾促，不得話平生。

署都勻知府高廷瑛式如

江西東鄉人，以進士知縣募勇，自請隸先大夫軍討賊。

文采蜚科第，稱師艾至堂。艾，東鄉名士。高爲艾入室子弟。義師巡助遠，儒吏伍從王。肺附皆虞殯，同袍又國殤。城雲叢壞氣，祠俎並英光。前任都勻府署貴東道鹿壯節公丕宗夫婦自焚。署都勻府石均不屈遇害。皆余至戚。先後都勻府三任皆死難。

署貴西道巴圖魯于鍾岳伯英

漢軍于襄勤公成龍之裔孫，殉難知縣崇鏊之子。〔一〕

部曲從先子，艱難矢石中。論詩七子傑，破陣萬夫雄。縞素孤兒淚，先以墨絰從先大夫軍。丹青乃祖風。牂柯遲悔禍，不奏貴西功。戰功最偉。貴西悍賊略盡，賊深恨之。戰没後，僅得歸元。

思南府學訓導張鴻遠

甫成傾蓋乍，遽報夕烽來。鳳羽寒雖短，豺牙厲不摧。渙奔時事棘，府縣官吏皆遁，惟君一人殉難。守道腐儒哀。悽咽烏江水，相期愧不才。張君與余，一見有知己之言。

册亨州同雲騎尉劉寶善

以禦粵匪戰没。其父官河南滑縣老岸司巡檢。首發李文成亂，死節。國史有傳。

賢子册亨吏，尊公老岸司。卑官如一轍，慘節不同時。野哭紅江暗，册亨屬貞豐州，在貴州邊境，與廣西以紅江爲界。招魂碧血滋。欲求公百輩，爲帝守邊陲。

送馮竹儒焌光赴湖北入益陽胡撫部幕

志士豈自見，動與艱危尋。竹箭無曲枝，卷葹多苦心。白日有覆盆，刳肝訴九閽。虎豹當關臥，不能遏我言。六月感嚴霜，清問雪沈冤。誰謂烈丈夫，不如女緹縈。緹縈何足羨，清時自聖明。

君家南海壖，我家北海隅。帝京一握手，針芥曾何殊。湛思究理亂，搤捥規匡扶。稠人廣如海，欲語氣類孤。負羽將南征，攬轡立踟躕。所期肝膽親，豈憾蹤跡疎。

〔一〕《張文襄公全集》之《古文》之《八旗文經序》又作「殉難普安知縣崇璟字野漁之子」。

妖氛暗四極，鈇鉞勞王師。將帥敦禮義，大亂有已時。上有好士羅，下有處囊錐。陶公鎮上游，南紀闢安危。幕下多俊傑，佐君攻玉資。雲翔指江漢，願爲晨風飛。

東海行

東海在何許，乃在神州東。振策登之罘，萬里青濛濛。日月星漢互吞吐，江淮河濟來朝宗。鯷壑蜃窟多詭怪，齊人道是蓬萊宮。但見天吳鼓浪黑，那有珊樹殷天紅。君不見排難魯連子，玉貌卻敵圍城中。抗疏胡邦衡，屈膝苟活羞容容。一怒便欲從此逝，甘狎魚鼈隨蛟龍。皜皜不受濁流滓，懷沙惜誓將毋同。我本海濱士，獨銜幽憤希高蹤。坐對天池一長嘯，枯桑槭槭生天風。王倫不斬秦竟帝，吾舍二子將安從。

余在京師，三兄在武昌，以詩奉寄

辭鄉軾轍罕逢知，對屋機雲未有期。兀昦更炊栖廡處，蒼涼作賦上樓時。燕臺寒水成衣晚，漢口斜陽見雁遲。當代功名同氣盛，蹉跎莫待鬢如絲。

座主蕭山朱尚書六十壽辰二首

戒勿置酒，命門人各賦詩。時方以科場事絓誤罷職閒居。

張侯論語夏侯書，帝輔王師有大儒。地近論思歸侍從，時艱擔荷在中樞。曾官兵部尚書。孤芳詎免菉葹累，公論終無薏苡誣。舊德巋然資顧問，豈容揮手臥江湖。

曾記龍門第一遊，柳條西北近光樓。澄懷園樓名，師居之。籠中芝箭孤青眼，歲暮松筠易白頭。修竹羣賢蘭渚會，黃冠一老鏡湖秋。會稽山水堪娛老，句漏丹砂不待求。

送吳叟秋衣往四川爲道士二首

吳癖金石，善刻印，技在陳曼生、趙次閑之間。嘗荷一擔，窮探名山訪碑，遇即搨之。

風塵澒洞厭浮名，竟著黃絁訪佐卿。窈窕青城堪避世，知君不爲學長生。

長物曾無可卓錐，隨身猶自挈氊椎。擔簦西過旄牛徼，當有唐蒙下棘碑。

河間崔次龍

能詩善畫，寓都下十餘年，無所遇而歸。

浩然去國裹雙縢，惜別城南翦夜燈。短劍長辭碣石館，疲驢獨拜獻王陵。半梳白髮隨年短，盈尺新詩計日增。我愧退之無氣力，不教東野共飛騰。

輓同年吳子珍

名懷珍，杭州人。能爲古文，好講求兵事。

文瀾不取歸熙甫，兵略時同魏默深。聲氣牢籠羞鶴蓋，心期寥寂託牙琴。某公負古文盛名，後進皆希其眄睞。同時法源寺有詩客十許人，爲豪貴所隆禮，聲譽日盛。子珍皆與異趣，數爲余言之。倚閭猶自衣添綫，爲位無端淚溼襟。聞有賢妻堪付託，文園遺藁漫銷沈。

送莫子偲遊趙州赴陳刺史鍾祥之招

黄沙舞風白日晡，睸叟子偲近日别號東書戒僕夫。何事犯寒鬚凍結，南渡衡漳饑來驅。臣朔履破不足道，君亦如此堪盧胡。蚤年高名動帝都，西南鄭莫稱兩儒。犍爲文學毋斂尹，二千年上攀爲徒。恐體慣作孟郊語，瘦硬能爲李潮書。今年京國朋不孤，瑰琦跌宕劉與吴。伯涵工詩，喜談經濟。子珍工古文。經生壯士各異態，臭味自合無差殊。劉歸吴逝君去國，遠遊賫璐何人沽。君詩送我西山麓，重裘裝纏去聲秋林疏。九月，余與伯涵將遊西山，子偲作詩送之。有重裘記裝纏句。我歌送君燕市外，劍築蕭瑟冬原枯。勿飲趙茶澆趙酒，平原公子無時無。

漢武帝

平津經術張湯律，厭次詼諧卜式錢。一代公卿齊掃地，四夷珍怪盡朝天。書沈青鳥西飛日，淚灑金人入洛年。第一奇功刊不得，將軍斥地過祁連。

别陸給事眉生

年年帶甲滿關河，燕市逢君對酒歌。貞觀多賢人望治，馬周慚媿負常何。

雨後早發天津至唐官屯

殘溜宵輟響，明霞朝盈矚。灌木驕平川，軒軒出新沐。淺漲縈危磯，瘠坂冒姸緑。大隄亘如繩，方軌各遵陸。救渴趨井眉，亂流度馬腹，向暄窘迴避，栖塵困掃撲。左問漢陰灌，右覩商邱牧。良苗吐微薰，無意時相觸。信知農圃好，坐笑不黔突。拊尾慰轅駒，我與同局促。

歸家

去時春水桃花發，歸日郊原苜蓿青。京國風塵傷老大，期年骨肉見彫零。孟光蓬歷猶如昨，驥子呢嘔漸可聽。且學躬耕避聞達，移書先告草堂靈。

海水

時方北狩熱河。

海水羣飛舞蜃螭，甘泉烽火接令支。牟駝一旅猶言戰，河上諸侯定出師。地孽竟符蒼鳥怪，天心肯使白龍危。春秋王道宏無外，狹量迂儒那得知。

十載艱虞選將才，牙旗玉帳上游開。不關陸九綸言痛，已見陶公義檄來。槊敦肯捐河北地，衣冠幸免廣明災。江頭餘燼千門鑠，蒲柳無春更可哀。

古風八首

橘柚生雲夢，童童如羽葆。甘果既纍纍，冰蕤亦嫋嫋。華實均足珍，衆彫見孤好。霜中溢清芬，能香不願早。世人稱松桂，茲物不復道。乃知耳目外，蘊藏多瑰寶。

山上采苦菜，青青不盈筐。暮春茁寸玉，食之生清涼。菲薄野人味，豈薦鼎俎旁。自殊春薺甘，敢望秋藿香。貴人饜芻豢，腸腐亦當防。爲君已內熱，恐君不能嘗。

山雞對鏡舞，盤旋無時休。文章召争競，知與生爲讐。不如抱我朴，神與太素遊。儵忽不相鑿，攻取當無由。人世縱迫隘，持此狎海漚。

西蜀嚴君平，下簾玩道德。襄陽司馬徽，善鑒仍守默。褐衣賣畚人，治亂若黑白。抒之不可既，閟之亦自得。士不羞貧賤，有道處巖穴。

布衣受人恩，甘以身爲酬。白日見肝膽，微生如蜉蝣。荆卿一酒人，晚遇燕太子。揕柱虎狼愁，氣奪鎬池鬼。戰守術已盡，出奇豈得已。信陵破秦軍，祇爲得士死。所惜時已晚，未並劇樂美。趙吟山木下，齊栖松柏裏。大義獨燕存，光芒照易水。

惟鮪悅回淵，惟鹿安茂林。灌莽何所戀，寒蛬樂以吟。大道隨所挹，志士各有心。殊塗訾異端，黨同感知音。不好自不知，暖姝豈足欽。爲謀無相强，偏至方鉤深。八紘羅羣彦，一目焉得禽。

良馬千里足，媚人不如貍。毬場逐雞狗，安辨騄與騏。不道無所用，要知非其時。塞草動朔風，噴玉偶一嘶。朝刷醫無閭[一]，夕飲西母池，但酬伯樂顧，豈爲黄金羈。

霜氣隕萬物，長夜耿不眠。獨立望九垓，高穹夐難攀。斗杓倦不轉，流星如雨繁。昴畢生芒角，三台惚恍間。文昌傾厥筐，王良失其鞭。獨有積尸氣，燦白如純綿。參旂靡不張，枉矢鈍不穿。蜷縮元武頸，虓怒白虎顔。森森華蓋下，熒惑豈敢干。瞥旦盼神雞，輝輝扶桑顛。

濟南雜詩八首

齊疆多海魯多山，風土中和是此間。濟、汶、黄河三水會，重扃不在穆陵關。

龍山行盡麥田青，沙路無泥十里亭。山色雙雙齊入畫，泉聲步步盡堪聽。

三泉觱沸涌珍珠，花乳傾甌燥吻蘇。甘輭定居揚子上，清空得勝谷簾無。

清波緑繞舊宮墻，流入牙城幾曲長。秋柳蕭疏空照影，吟詩如賦魯靈光。山東巡撫署爲明濟南王故宫，引濟水貫其中。王漁洋秋柳詩爲故王作也。

不見詩人白雪樓，漁洋祇賞錦湖秋。語鈴開府東洲客，灑墨題詩處處遊。前巡撫崇恩，别號語鈴老人。時何子貞在濟南主講，别號東洲老人。

藩伯無家住亦佳，寂寥水竹結茅柴。門生不稱蘇和仲，曾到

[一]「醫無閭」，《廣雅堂詩集》作「醫巫閭」。

歐公畫舫齋。錢布政炘和，雲南人。官天津府時。余應童子試，受知最早。今退休寓此，結廬大明湖上。

伏生親授濟南經，杜甫留題歷下亭。十里明湖成葦蕩，百年名士等晨星。

曾圖清濟貫洪河，一線縈紆十丈多。今日黃流全入濟，愁心誰會濯纓歌。

濟南歲暮

魯酒無温盡一觴，修蛇赴壑惜流光。煙塵暗夕仍多壘，雨雪彫年尚異鄉。餞臘餦餭司命醉，迎春笳鼓老農祥。東藩北渚誰堪語，雄劍寒宵自吐芒。

辛酉春感

上都水草鬱青青，雪漠春回萬騎停。漢德未丁陽九數，天街長護紫微星。韓公輸貢丹心在，杜老看花涕淚零。應識木蘭家法美，朵顏今日是藩屏。

濟南行宮海棠

辛酉二月客濟南作。

舊苑閒廊雨露新，紅芳曾颭屬車塵。柔條妍似初中酒，小萼穠如乍點脣。千里黃河驚北徙，百年鑾輅罷東巡。三齊處處傳烽火，猶有猗儺媚好春。

德州道上

時濟東方有寇警。

隴上牛羊自寢訛，春深農事尚蹉跎。荒陂麥秀平原郡，淺水蘆芽馬頰河。團練倉黃村塢閉，客兵駱驛棧車多。一宵猶是承平象，濁酒銅錢且聽歌。

邯鄲行

寶瑟塵封青娥老，宮車不走邯鄲道。大道祇過無情人，香泥灑酒霑芳草。當日叢臺高際天，平原公子能好賢。履上明珠不足貴，三千貧賤皆比肩。美人不犯上客怒，河北一趙安如磐。廉藺爲公卿，毛生最有名。羅網三千收不盡，賣漿博徒自向市中行。信陵一見恨不早，尚有魯連在天表。一國多賢真可羨，不羨荊山多異寶。强秦噬人勝虎狼，匹夫視之如鼠小。姊夫婦弟雙琅玕，至今生氣吐邯鄲。邯鄲城低一丈五，今望平原已千古，公子如雲士如土，交游知名不知心，後房衮衮充歌舞。窈窕賢才兩不知，求官惟禱唐仙祠。青駒短褐日來往，笑煞城南牧馬兒。大道旁有呂仙祠，記盧生借枕故事。

磁州道中

水入橫陂半淺深，煙絲挂樹路旁陰。一鞭驟響青驄馬，萬點驚飛雪色禽。

朝雨清塵細不霏，荷簪犀利稻秧肥。畫圖祇稱漁蓑好，莫寫勞勞短後衣。

吹臺行贈任邱邊雲航

嘯臺低，吹臺高，臺下瓦礫生黃蒿。登臺弔古逢吾曹，故人誰歎今邊韶。大梁本是霸王地，至今白沙三丈没城壕。五季如風青城虜，惟有信陵死不腐。中原蕩蕩不自立，金戈蹂踐徒辛苦。當年汴水入泗流，清明上河尚可遊。南下朱仙四十里，大車轔轔，小車轆轆，徹夜無時休。一自河決汴流斷，中州貧索來寇亂。錦衣甘食皆河兵，那有健兒習征戰。君來蔡州營，我去宋州城。宋蔡相望列三帥，千羣邊馬仍橫行。僧親王營柘城，幫辦毛侍郎營歸德，河南鄭撫部營汝甯。捻匪騎兵名邊馬。爾我少年容易老，王粲從軍歡情少。飲我酒，爲君歌，金梁水月吹酒波。試看戰骨白，豈惜朱顏酡。抱關俠士不可見，祇有憲王樂府堪吟哦。

送嚴緇生從軍江南

緇生以庶常散館詞賦頌揚被謫，改官主事。

病鶴難諧舞鶴羣，甘從幕職策高勳。黃旗已盡城中氣，朱雀猶懸桁外軍。堪佐談兵京口酒，相隨破浪海東雲。將航海行。相如何止知封禪，試看堂堂諭蜀文。

奉和房師舍人范鶴生先生鳴龢榜後見示之作

先生湖北武昌人，同治壬戌會試得余卷，亟薦，被落，力争不得，憤悒泣下，更爲延譽。今年癸亥恩科，余中式，仍出先生門下，喜極，賦詩四首，有句云：適來已自驚非分，再到居然爲此人。

十八瀛洲選，惟公薦士誠。不才晚聞道，因困轉成名。已賦從軍去，重偕上計行。天知陶鑄苦，更遣作門生。

滄海橫流世，何人惜散才。嶔奇爲衆笑，湔袚有餘哀：疊中憑摸索，孤生仗挽回。韓門多徹喜，應恨不同來。楊峴浙江舉人。亦壬戌被薦，同爲先生歎賞者。今科不復應會試。

十載栖蓬累，輪困氣不磨。殿中今負扆，江介尚稱戈。一介雖微末，平生恥媕婀。心銜甄拔意，不唱感恩多。

附録：范鶴生先生原作四首

上年會試，分校得南皮張香濤之洞卷。薦上，以溢額誤落，深用悵悒。今歲復與校事，填榜得香濤名，仍出余房，衆稱異。比出闈，王少鶴奉常貽書，有此樂何止得仙之語。屬為詩紀之。率成四律，諗諸同人，末章藉答奉常兼示張子。時同治二年初夏望日。

十年舊學久荒蕪，兩度春官愧濫竽。正恐當場迷贋鼎，誰知合浦有還珠。奇文共説元才子，完璧終歸藺大夫。記得題名初唱處，滿堂人語雜歡呼。

苦向閒階泣落英，東風回首不勝情。亦知劍氣難終閟，未必巢痕定舊營。佳話竟拚成一錯，前因遮莫訂三生。大羅天上春如海，意外雲龍喜合并。

一謫蓬萊跡已陳，龍門何處認迷津。適來已自驚非分，再到居然為此人。歧路劇愁前度誤，好花翻放隔年春。羣公浪説憐才甚，鐵石相投故有神。

此樂何應衹得仙，太常箋語最纏綿。早看桃李森佳殖，太常三校禮闈，得士最盛。翻為門墻慶夙緣。名士愛才如共命，清時濟治正需賢。知君別有拳拳意，不獨文章豔少年。

遊法源寺題虛心圖

叩關同訪牡丹開，更爲松風輒一來。數到舊遊常作惡，輸公心是不然灰。同年陸廣甫、前輩謝麟伯，數與余同過法源寺。松間廡下，藉地清言，往往竟日。今兩君皆下世矣。

題李蒓客慈銘湖山高卧圖

江南山水數會稽，會稽無如鏡湖西。水甘能釀千日酒，山深可著高人栖。良田萬野秔稻熟，中歲一晦收十斛。鰕菜如土不論錢，荷芰如雲高過屋。季真棄官甘投老，放翁曾爲楊梅飽。越縵先生逋峭人，卜居踏徧山陰道。兒時上冢年年來，欲專一壑誰相猜。精舍便沿鷗波築，養堂正對屏山開。奉母躬耕此願畢，一椽未就到今日。塘上人家長子孫，墓田丙舍徒蕭瑟。釋之久宦產亦減，長卿爲郎思自免。逢人便索圖村居，要令家山常在眼。可憐畫手矜簡畧，溪樹不春山容薄。新豐門巷無處尋，聊伴越吟解寂寞。買田陽羨知何時，仲長樂志空文辭。有山無錢（賣）［買］不得〔一〕，勸君勿被巢由欺。

同治十一年五月二十八日

重九日作

曉起開門風葉落，白日憶弟舍弟還南安，今聞其病。心不樂。佩壺欲上西山頭，但愁日晚上城鑰。漁洋老子躭秋吟，黑窯廠畔曾登臨。今日平岡上樵牧，寒雲碣石空陰森。碣石寒雲出塞悲，漁洋黑窯廠登高詩。忽憶慈仁有高閣，百級三休試腰脚。晴烟隱約浮觚稜，萬瓦鱗鱗壓羅郭。使我百憂今日寬，翩然衫履來羣賢。開口且從杜牧笑，枯顱誰笑參軍顛。力士酒鐺舒州杓，仰天醉看春雲薄。王郎摩挲井闌字，謝公面壁看書勢。寺有咸豐六年陶鳧翁三十二人修禊詩。東嚮大嚼西停杯，二陳豪逸各有致。豪者，木父。逸者，六舟。高臺葉嚮夕風起，薄寒清瘦愁朱李。就中祭酒長沙周，承平先進常同游。手拊松鱗幾圍長，舍利滿塔僧白頭。董老五年離京國，幽栖良會惜難得。倒冠落佩都相忘，何用唐賢畫主客。清霜未高蟹未肥，籬菊未孕寒花稀。莫嫌花少蟹敖瘦，猶勝歲晏征鴻歸。夕梵鐘魚出林表，尚道行厨莫草草。却憐寓直潘安仁，高閣翳日思魚鳥。潘伯寅侍郎以在直，不得與會。佳日行樂須及時，楚客何必生秋悲。不見閣後纍纍冢，酹盡千觴彼豈知。門外馬嘶奴執鞚，游客倦行主僧送。獨携殘醉辭雙松，菜市燃燈街鼓動。

同治十年九月十七日

送同年翁仲淵殿撰從尊甫藥房先生出塞

玉堂春早花如雪，捧襟攬轡與君別。扶將老父辭青門，西行

〔一〕據楚學精廬一九三七年版《張文襄公全集校勘記》，「賣」作「買」。

上隴水嗚咽。隴山之外路悠悠，輪臺況在青海頭。豈獨鞍馬憂憔悴，花門千騎充涼州。雲中太守行召用，吏議雖苛主恩重。出塞不勞送吏嗔，過海喜有佳兒從。君家季父天下奇，謂叔平丈。曾辭使節披萊衣。君今爲親行萬里，一門孝弟生光輝。幸免清羸似叔寶，更祝白髮顔常好。鹽澤羽球須縱觀，桐乳盤酥强一飽。聞道韓擒師且班，石城青蓋入中原。邊塵一斗爲君洗，早晚金雞下玉關。藥房先生在詔獄時，余兩次入獄省視之，録此詩以見余與翁氏分誼不淺。後來叔平相國一意傾陷，僅免於死，不亞奇章之於贊皇，此等孽緣不可解也。

慰李爽階

同年李爽階士塏將之官天台縣令，作詩留别，意頗鞅鞅。賦此寬之。

天台神秀多邱壑，山巔下瞰見城郭。勸君勿羨牛馬走，仙鄉作令亦不惡。赤城霞色如桃花，縣公鳴鼓開朝衙。亂後撫字未易了，莫但閉閤餐胡麻。

朝鮮灘隱畫竹歌，爲董前輩文渙作

朝鮮人徐某欲學詩於董，以畫爲贄。

唐人畫竹鉤填廓，北宋文蘇乃用墨。此幅金泥寫元綃。髯髯籜龍歎奇絶。萬歷到今三百年，作者灘隱今飛仙。蠟緘紙裹走山海，遠隨貢使來朝天。中朝翰林詩蒼古，遠人持畫代脡脯。桂苑春耕筆未枯，延陵知樂來觀魯。桂苑筆耕，唐學士高麗崔致遠集名。獨恨當年惜穢材，不埽寒梢萬尺許。三韓畫竹用中法，因知詩亦同機括。君詩清瘦學孟郊，正如孤箭拆瓊甲。面壁苦吟至夜分，定閒蒼玉相摩戛。

送陳一山喬森落第還鄉

廣東遂溪人。

雷州陳生將還鄉，贈我寶刀尺五長。千辟萬灌濡血縷，挂之暗室妖精藏。自言本是游俠客，少小彎弓響霹靂。中年折節讀詩書，文章靈怪人不識。時人不識且歸休，丈夫有志當封侯。不然窮居計亦得，蓬累著述争千秋。浮長江，度大庾，六月道塗多淫雨。但知遠遊樂，不道行役苦。愛訾兵子多腐儒，若遇劉巴勿共語。

題朱糜君舍人鑑成焦山酣睡圖

朱，四川人，以詩名。圖作於道光中年。

茗香步算知周鼎，文達多聞辨陸銘。争向山靈談考據，禪牀塞耳不能聽。

竟將四大作禪牀，偶聽鐘魚出上方。寄語東坡老居士，江山如此莫思鄉。

風涼睡美在江樓，隱隱山城見石頭。曾是昔年吟嘯地，戈船軍鼓滿汀洲。

汀洲春草緑芊綿，又見承平選勝年。西掖門前綾被裏，懸知流夢過江天。

題許海秋起居宗衡母孫太恭人山水畫卷

先爲盜竊，後又從廠市買得，時同治三年。

南閣風流是俊人，當年扢秃定酸辛。憐君厭著黃塵帽，爲寫江山寄此身。

三年趙簡發奇香，梁上緘題袖底藏。此物豈容偷奪去，青氊白髮泣王郎。

刦後裝池了不傷，知君喜極重霑裳。圖書偏押宣和璽，賣向東京相國廊。

夢斷杯棬淚暗傾，雙琴空用錦囊盛。兒嬉髫鬌前生事，那記抛簾理柱聲。之洞生四歲，母朱太恭人没。太恭人善鼓琴，遺琴二，見存。

朱蕣裁詩孝子懷，皁囊記注史臣才。獨憐紗幔傳周禮，不剩殘編奇字來。

黃忠端墨妙亭斷碑硯歌，爲孫給事楫賦

莨叔淪精化爲碧，不如石齋有片石。此石來自苕溪頭，春波照影玻璃色。手寫孝經一百通，龍尾鳳咮皆逃匿。墨妙之亭今榛蕪，當年運石煩千夫。漢碑聚散人不道，詩刻獨惜眉山蘇。不因硯材收斷璧，焚爐亦與嶧山俱。任城給事獨妮古，滌硯草疏筆如杵。爲訪餘石裝百衲，莫令東坡辱碪礎。

悲懷

悼亡室灤州石氏。

下澤乘車素志非，遠遊歲歲著征衣。霜筠雪竹鍾山老，洒涕空吟一日歸。王荊公有一日歸行：賤貧奔走食與衣，百日在外一日歸。云云。爲悼亡作。

玉筯雙垂便溘然，没時兩鼻垂玉筯，長尺許。人言佛果定生天。如何明達通儒理，不信西方浄土禪。遺囑勿作佛事。

洒失常遭執友嗔，（鞱）〔韜〕精豈效閉關人〔一〕。今朝又共荆、高醉，枕上何人諫伯倫。

龍具淒淒慣忍寒，篋中敝布剩衣單。留教兒女知家訓，莫作遺簪故鏡看。

空房冷落樂羊機，忤世年年悟昨非。卿道房謀輸杜斷，佩腰何用覓弦韋。

訪萬柳堂

溪堂頹盡野人知，老柳蕭疏尚挂絲。跋扈毛牲曾爛醉，悽涼才甫已來遲。劉才甫集有游萬柳堂記。文章小技猶賢相，亭樹嬉游亦

〔一〕據楚學精廬一九三七年版《張文襄公全集校勘記》，「鞱」作「韜」。

盛時。遊徧城南望城北，西涯無主孰題詩。法梧門祭酒居西涯，即李茶陵故宅。題其齋曰詩龕，在德勝門内西北隅。萬柳堂在京城東南，去廣渠門不遠。

連鎮僧忠親王戰壘

此是名王舊戰場，連村青草上頹墻。野狐争冢抛殘骨，官馬眠坡帶烙創。能率六盟念甥舅，獨提一旅壓淮湘。秺侯只畫麒麟閣，請看中原百廟堂。

江上望荆州城

蒼籙既徂東，諸姬遂摇盪。雲夢納九流，南紀最清壯。夐矣祝熊澤，封宇啟江上。籃蓽逞攘剔，山林頓昭曠。業業渚宫起，包匭漸倔强。蠻闢巴濮險，神赫濉漳望。良弼登於菟，俊儒侍倚相。夾漢北門遠，踰淮東略廣。六國絜雄富，惟楚堪霸王。後嗣壹湛樂，止隅無遠量。青兕供射獵，黄雀昧譏謗。朝雲巫峽陰，夕風蘭臺暢。鄂君何婉孌，宋玉殊謔浪。孤騫終沈原，老師亦棄況。問天憖不聰，割地憎被誑。黨盡楚材用，秦師詎東向。湘東及銑汭，蝸角等昬妄。七澤今安流，三户久彫喪。軍府仍上游，天塹實巨防。三楚十年亂，南郡獨保障。江步存殷賑，墟邑瘵潦漲。息壤古茫昧，徒州秋悽愴。江漢日滔滔，賦詩箴佚蕩。

漢上琴臺

莊叟忘言痛惠施，伯牙輟響爲鍾期。從來朋友雲龍契，亦等君臣石水知。處默固應渾衆獨，希聲何用計成虧。推琴慷慨秦廷對，孰使謀之自敗之。戰國策中旗推琴而對曰：君與知之者謀之，而與不知者敗之。盧抱經謂中旗即鍾期，是也。

詠懷湖北古蹟九首

黄陵廟

千秋哀怨數湘君，悵望涼波落葉紛。遊幸本來殊穆滿，不才難免惜商均。同心斑竹千行淚，一去蒼梧萬里雲。獨有謫仙傳苦意，不殊靈瑟夜中聞。

屈大夫祠

在歸州江上。

心憂三户爲秦虜，身放江潭作楚囚。處處芳蘭開涕淚，年年寒橘落沙洲。嬋媛興歎終無一作何。濟，婞直危身亦有由。宋玉、景差無學術，僅傳詞賦麗千秋。

鸚鵡洲

當塗威武傾天下，七尺書生抗老奸。濁世豺狼遊地上，清風蘭雪在人間。孔融報國憐無智，德祖戕生枉厚顔。怨女微禽同束縛，辭家悔别隴西山。

吴王臺

在武昌縣西山。

一嶺如龍九曲迴，江東霸主起高臺。羞從洛下單車去，親見樊山廣讌開。水陸上游成割據，君臣投分少疑猜。張昭乞食無長策，豚犬悠悠等可哀。

杜征南祠

在襄陽。

碑無文字湮陵谷，公有勛名照古今。共覩平吴功燦爛，誰知癖左智深沈。幕僚湛輩皆奇士，朝貴張華識苦心。羊傅德優才未若，遺踪卓冠漢江潯。

陶桓公祠

在武昌縣寒溪寺。

江左諸軍望義旗，明公一下決安危。曾聞運甓憂勞語，可勝新亭涕淚時。虚譽回翔殊庾亮，替人辛苦覓愆期。南朝史傳多疑謗，百鍊精金後世知。

黄鶴樓太白堂

江上危磯九丈樓，雄奇只稱謫仙游。看花送客逢三月，放筆題詩隘九州。青嶂猶横漢陽渡，浮雲難掃日邊愁。多君詞客饒英氣，目笑蒼蠅狎白鷗。一本作：放筆題詩隘九州，浮雲難掃日邊愁。多君詞客饒英氣，目笑蒼蠅狎白鷗。

秋風亭

寇萊公作，在巴東縣。今存。

萊公作縣種松成，静對孤舟野水生。三峽漁樵淹壯志，千年亭榭被高名。時平自向北門卧，學晚終嗟嶺外行。安用樓臺從地起，西州魏野識高清。

赤壁東坡祠

東坡適意在黄州，夢想瓊樓天上秋。文字雖多無諷刺，笙歌既少得清游。鴉銜破紙三寒食，鶴聽哀簫一釣舟。鈎黨洶洶催白髮，西山應恨不淹留。

四生哀

按部所至，拔其尤異者，得高才生數十人。召來省會，爲搆精舍，俾讀書其中。未及再期物故者四人，皆上選也。方干賜第，無望於幽冥敬禮。遺文罕傳於生後。今肄業諸生得第若干人，而四生已矣！感念愴懷，不能已已。乃合光禄五君詠、工部八哀七歌之體，作四生哀，以存其名。

蒲圻賀人駒

弟兄多才宋韓氏，縝、絳、綜、維皆國器。蒲圻賀氏亦不惡，駒、驥、駿、騄俱隽異。駒之選學何便便，有如江都李崇賢。學僮千人駿爲首，子衿二百駒爲先。使者動色相歎羡，何況士口争喧傳。驥已峥嶸登上第，坐待天路同聯翩。千里貽書招不赴，遽執殤中入重泉。重泉黯黮無朝暮，何堪此中埋玉樹。

安陸陳作輔

陳生文詞如吉金，摩拊潤澤黝而深。純鈎鏽采凋羣色，大瑟動操箔凡音。文章非難孝弟難，自相師友窮丹鉛。慈母苦戒歐心血，良友不意夭天年。文人知樂不知苦，河魚出膏適自煮。瓠肥玉白誰家兒，八百孤寒淚如雨。

孝感傅廷浩

欽定制義一文體，頒諸海内藏學官。理大物博小生訝，束置高閣不敢觀。傅生搜紹有微尚，上自化治迄雍乾。作爲文章無人愛，如奏雅樂知音難。三詩六筆皆奇偉，錕鋙刀劍商湯盤。獨有拙書等羅趙，暗惜此相當酸寒。酸寒未已竟夭死，吁其誰與迴狂瀾。

蘄水范昌棣

河東記室始賦江，名與元虛相頡頏。敷陳往往雜海錯，乃知擇語非精詳。當時王宅在江外，氣勢豈能籠八荒。神武中興奠江表，瀆靈效順不煩禱。黄鶴西樓選賦才，發揮地靈賴文藻。羣賢落筆皆洸洸，第一蘄水范季常。提挈七千六百里，筆開墨闔生陰陽。太沖把臂興公頷，始信古短輸今長。平生詩才尤殊絶，能將宋意入唐格。紫府桂殿皆荒唐，何用文人供塗澤。蘅杜不春蘭蕙愁，使我楚江無顔色。

哭陳生作輔

安陸縣學生，經義治事學舍高材生二十人之一也。文章最醖雅。今秋行部德安，作輔未赴試。問之校官，則曰：作輔於九月間死矣！驚懊累日，作詩哀之，以示其弟作賓、作彦。

鈴閣傳聞一泫然，誰教鬼籙奪翩翩。固知璆璧非時寶，不獨膏薰坐自煎。詞賦縱懸難續命，弟兄雖雋莫齊肩。鐙前轉盡王郎麈，恰限斯人四十年。陳殁時四十歲。

江南梅子賀方回，的的文章是異才。已歎重陰幽玉樹，蒲圻賀生人駒爲武昌諸生之冠。今春二月間溘逝。更堪二妙赴泉臺。滋蘭成晦元霜酷，種柏翹柯野火摧。鍾賦蒐求都不易，嗚呼吾道豈其衰。

湖北提學官署草木詩十二首[一]

桂

聞之春秋緯，桂連名士生。後來郄賓輩，因以方科名。前爲試士廊，後爲退食廳。俠侍如丱妙，繚枝懸幽馨。我謂似君子，大冬猶敷榮。坐諷小山作，感兹偃蹇形。厮養不相宥，捆載戕繁英。其一孑如椔，其一悴欲零。厲禁望後來，勿爲翦拜傾。

梧桐

屋阿一小樓，劣可容我書。登樓闢虛窗，闖然立高梧。席尺染水碧，瓦溝引露珠。秋風漸蕭槮，未覺根植孤。此物産龍門，百尺干清虛。墻宇遭迫迮，生氣閼不舒。側挺與附枝，一一當芟除。縱之出天表，豈無鵷鸞雛。

藤

三年一易官，一藤百餘歲。枯栟閲生人，使者累百輩。墜雨去不留，清蔭終蒼翠。春末發紫蕤，瓔珞引至地。如坐維摩牀，

[一] 底本作十二首，實為十首。

花雨自空墜。矯矯虬龍姿，芬芳復可佩。架閣久不治，未免損奇氣。不知潛柢深，徒賞朝華媚。

蘭

楚澤多香草，一香爲之祖。風露靄清晨，靜貞出媚嫵。梔柰徒馨烈，雅鄭不同語。屏息久相對，和悦達肺府。吾聞離騷經，動以畹畮數。何異柴與桔，車載過梁甫。及今頗衰歇，幽芳萎江渚。草木亦有心，願爲君子伍。世無屈靈均，雖佩亦辱汝。

桃

堂背種山桃，兩碧羼一紅。有如三女粲，對舞嬌春風。凝酥射豔雪，炙日愁消融。短短愈少好，能妍不在豐。向人靨欲笑，喜氣薰房櫳。所惜地渴澤，根荄未得充。十年當可殺，道常勿計功。

紫荆

賓館低於眉，門有一老荆。膚滑不留手，華爛不容睛。桃紅李能白，況茲紅白并。彩雲在天際，縹緲誰敢攖。拙匠治屋漏，一枝當南榮。悍然鋸之去，大如車軸横。斷者不復續，泫然泣花精。感此傷胸臆，念我同根生。余兄仲穆去冬歿於官署。

竹

叔孫居官舍，一日必葺墻。想見無所苟，豈論暫與常。我爲百口計，前賢安敢望。闢地斬叢棘，因山築虚堂。弱槿植爲籓，醜石偃爲床。石罅不宜木，斟酌栽短篁。去年美箭活，今年孫枝長。不得一對嘯，卒卒經三霜。秀外而剛中，此君勿弭忘。

（蠟）［臘］梅

芎藭似藁本，蛇床似蘼蕪。真贋何以别，但視香有無。何物緗色梅，的的融蠟珠。縱然芳臭勝，豈無甘淡殊。落實不可茹，擒英聊足娱。亦如含毒酖，翠羽爲世須。似龍非真龍，貴耳良足吁。

何首烏

坡潁得土菌，自詫名肉芝。我笑二蘇妄，復蹈二蘇癡。廢圃有上藥，引蔓緣山陂。盤根肖嬰孺，疑其能嬰唲。蕘人與杞犬，同有却老奇。兒童不知珍，把弄旋失之。我髮白可鑷，我弟亦清羸。再得烹與共，俱享黄髮期。

構

種樹不易蕃，易蕃莫如榖。毛公作詩傳，命謚曰惡木。穿墻走横株，蓄汁藴餘毒。時時煩斤斸，槎枿旋青緑。頗蒔佳花藥，生意常慘蹙。我僕釋斤諫，好醜皆天物。何必勞拮据，要聽同遺育。褊心不可回，誓絶句萌出。

雜草木詩二首

籬落有微生，濡露亦結實。不能紅如砂，但見黑點漆。延緣何所窮，牽引上東壁。秋雨傾竹籬，萎爛堦下石。附物固不長，因依亦當識。不見兔絲子，施松至百尺。

春華多在木，秋華多在草。慘如漆室女，自傷嫁不早。似得天意憐，幽冷益娟好。敗或如齊紫，素或如魯縞。黯淡抽馬藍，矜誇挺葵蓼。無意偶一溉，霜賈猶未槁。穠靚世所欣，吾獨憐潦倒。

恭擬大婚樂章四章

大學士恭捧詔書起，由中階降，奏乂平之章

嘉祥帝眷孚，乾始坤元合聖謨。蕃祉炳皇圖，藻景昭陳協氣敷，宣綸懔步趨，编璧葉，瑑金符，裔采煥雲衢。六禮備，兆情愉。

皇后詣慈寧宫，皇太后具禮服出内宫，奏翕平之章

懿範雍和孝德揚，儷日月同光。承天地有常，喜洽璇闈慶未央。虔恭婦順彰，褘鞠壼儀祥。蘭馭肅，翠斿颺，紹繼徽音式萬方。

皇太后還宫，奏孚平之章

茂典邁嬪京，任姒聯輝縟禮成。内治稟儀型，晬穆慈顔福履盈。垓埏樂晏清，陳葆佾，靄霓旌，璆佩節和聲，雲輅舉，月波明。

皇上受賀畢，御内殿，奏成平之章

二曜光昭萃茂釐，乾籙啓昌期。中闈贊盛儀，肇正人倫萬福基。鴛梁愜聖慈，麟趾叶風詩。炳帝極，衍宗支，萬葉千春海宇熙。

和王壬秋五月一日龍樹寺集詩一首

王功多楚產，君獨好文學。菀枯若轉轂，一士翔寥廓。四學並甄綜，六筆咸宏博。報罷意無悶，雅尚在述作。昨日城西集，儀璘方合朔。豈罄接席歡，孰喻傾蓋樂。高文如清風，俯仰成寄託。太息金門下，揚雄獨寂寞。

極樂寺海棠初開置酒會客

今日不雨，明日復不雨，白日能笑花能語。今日不出，明日復不出，迴風舞雪隨黄土。火急邀客城西去，絳蕾如珠點碧樹。莫嫌來早香未齊，猶勝繁枝逼春暮。當年合抱二十株，主僧蜕去花亦枯。一株傫然似房老，新叢稚齒鬭娟好。憶昔上林未罷時，侍臣下直尋春嬉。五侯七貴來覓醉，棋子方褥青螺巵。即今遊賞雖蕭索，静晝晴光亦不惡。那須銀燭按涼州，巾履徘徊到日落。秦翁白髮非少年，心情猶逐春風顛。手裂冰縑寫豔骨，醉來輒就花陰眠。其日秦誼亭被酒，離席熟睡。君不見定惠院宇今寂寥，碧雞坊底生蓬蒿。畫成題詩付老衲，要令來者思吾曹。

和王壬秋孝廉食瓜詩三首

晞髮簾旌卷，彈棋麈尾横。茶湯朝客散，枕簟午風清。珍蕨

傾仙液，瓶顔失薄醒。餘犀猶可惜，棄置重含情。

文讌曹吴樂，南皮不可忘。七年京洛客，一頃故園荒。甘脃憎多雨，瓜喜旱，惡雨。青瑩埽薄霜。祇應南館下，鉤帶已緣岡。敝居在縣城南三里，當是魏文所説南館地矣。

帝里駢冠蓋，交衢犯鬱蒸。詣人泥没馬，輟食劍驅蠅。玉椀三危露，銅盤六月冰。煩將治内熱，作頌我猶能。

潘侍郎藤陰書屋勘書圖歌

圖爲無錫秦誼亭作。

良庖炊飯先擇米，讀書先從校勘始。秕穅不簸炊不熟，有如麻沙不可讀。司農坐領天禄閣，手定中經成七畧。沈約馬前逢貨書，安昌堂後無聲樂。掖門散仗晝漏稀，藤陰滿地鳴騶歸。閉門發篋謝賓客，冷冷水石風吹衣。譌文改定七百字，疾如槁葉隨風飛。豈知把筆不妄下，祕本參檢累百架。西州不恨漆簡殘，過江能辨壺盧詐。乾隆四庫求遺書，微聞寫官多魯魚。安得公等爲典校，盡剔魚目還珍珠。我如邢劭不精詳，嬾捉秃管施雌黄。窺日覩月各自快，未知南北誰短長。此圖事韻畫亦好，如見斜簪王仲寶。百宋千元畫裡看，翻對此圖恨秦老。

送王壬秋歸湘潭

王爲某故相客，故有中郎之感。

嗚華鐘，調素琴，漆室老女方哀吟。不嫁不悲好顔色，不知何事傷春心。春心千里歲華晚，洞庭風起白波卷。游子對酒思故鄉，秋士登高悲送遠。不如一觴歡今夕，此會不比新亭集。横流能無滄海憂，陸沈差免神州泣。情懷難遣遊梁人，聲價猶同入洛日。機雲入洛正青春，屣履公卿競到門。東宫絶豔徐陵體，江左哀思庾信文。筆毫費盡珊瑚架，墨瀋書殘白練裙。璧月如花照瓊樹，漢皇好文偏不遇。談經何意動紅陽，獻策豈能感楊素。貴游偶饜五侯鯖，微識早成豪士賦。作賦雕蟲悔誤身，横刀負羽恥依人。河北軍中呵太守，征西坐上笑參軍。十年偃卧衡山裏，侯王徒隷峥嶸起。已知馬槊勝文章，猶倚儒冠侮兵子。鄉人不薦馬長卿，生意刁騷殷仲文。種柳江潭忽已老，蓬萊再到今揚塵。間關北來誰共語，朝野歡娱奏鐘鼓。千官重見漢威儀，故宫仍是周禾黍。壬秋新製圓明園詞，爲人傳誦。詞客弔奇偶經過，野望蒼梧涕淚多。不信禳灾憑屬玉，竟符妖讖陷銅駝。沈炯登臺空拜表，梁鴻過闕獨哀歌。哀歌莫被中朝怒，拜表皤然念鄉土。淮南叢桂娟娟生，不樂留住長安城。秦嘉上計終思婦，王式徵來本强行。九嶷窈窕湘波緑，高樓正臨湘水曲。女兒授學書滿床，小婦彈箏美如玉。儘添鴻寶付名山，會聽蒲輪動空谷。君去江干蘭自芳，君詩蕩氣更迴腸。欲從無奈湘潭水，我亦金門執戟郎。

題潘少司農鄭盦小詩二首

潘少司農嗜鄭學，名其讀書之室曰鄭盦。屬張〔一〕掖張君据高密漢人石刻畫象摸寫爲圖，以同治十一年七月五日康成生日，置酒展拜，會者十一人，因題小詩二首。

戎馬周旋劉使君，幅巾長揖大將軍。後生不會雄奇意，但道

〔一〕《廣雅堂詩集》無「張」字。

研精注典墳。

趙碑亡失史碑荒，濰水沄沄繞禮堂。尚有典型在圖畫，高齋親炷漢宮香。洪駒父香譜，有鄭康成注。漢宮香方又見墨莊漫録。

新春二日獨遊慈仁寺謁顧祠

悴節常苦寂，歡辰常厭囂。東風悦士女，歌吹嬰春朝。街西獨閒曠，不與遊人遭。禪關鷲卧庬，跫然破寂寥。庭陰貯餘雪，渾瑩不受雕。頽檐有凍溜，髡樹無柔條。緇徒閉户睡，爐火細欲銷。寺後有廢邱，觀闕見岧嶤。梵容闃網户，讚頌遺先朝。何年廟市徙，求書琉璃窯。春燈照百貨，車馬如乘潮。雙松適静性，仍伴枯僧寮。儼如魯兩生，偃蹇不可招。又似二詩老，倔强島與郊。返景落樛榦，態色出蕭騷。籠袖且久立，已聞粥鼓敲。豈惟肝肺清，坐使榮觀超。獨畏菰中人，剥啄致譏嘲。亭林著有菰中隨筆一卷，取東吴菰蘆中人語。

題彭侍郎畫梅

畫爲何人所藏，其人亦能畫。今憶其人，乃謝廖伯也。

春分三日雨雪霏，閉門蒙幕篝熏衣。忽撐冷眼看冷畫，怒蕊貼榦交柯稀。此花倔强如此老，老將畫筆龍夭矯。暈墨偶用華光法，放筆羞摹仲圭稿。但見嶺頭月挂樹，不知世上霜殺草。豈知霜寒冰已堅，長松巨柏今凋殘。時曾文正公新薨。獨持幽豔媚空谷，石腸玉貌無人憐。日日畫梅萬毫禿，寶刀鏽澁髀生肉。西隣有客喜貞苦，故遣驛使慰幽獨。君欲報此一枝春，何不畫作孤生竹。

南洼修禊送客

今年節早春翻遲，枯槎細草無春姿。枝頭嚶羽得氣早，呼羣共逐新晴嬉。人亦如鳥愛朋類，佩壺步屧將何之。城隅積水八寸緑，照見凫鷖白如玉。高軒恰可臨潄浣，淺瀨聊堪濯纓足。足底葭萌何短短，碧煙如縠畫陰煖。燕郊日日多風沙，對此風懷復不淺。君不見漢輦衣冠灞水游，唐京花柳曲江頭。會稽内史好感慨，臨觴把筆生春愁。人生别離動千里，良辰勝集能有幾。不信離愁日夜生，試看蘆芽長春水。

秦子衡爲孫駕航畫崇效寺丁香海棠卷

奔走幽僻尋春花，白紙坊下逢僧家。禪房晝掩草斷路，幾年不見金犢車。朽株卧草强八尺，當年曾媚嬉春客。小叢薄豔不成嬌，婀娜銀鉤黯石墨。王漁洋朱竹垞種花留詩句，翁覃溪吴荷屋題詩補花樹。兩孫來游尚有花，和詩寫花費豪素。丁香麗敓千珠圓，海棠霞暈扶春烟。至今紙上鬭香色，疑驕似妬如能言。國初可憐多詩老，翁、吴後來才漸小。衹今又作古人看，争使紅芳不枯槁。勸君莫問西來閣，壞壁空廊宿燕鴿。唐賢石刻苔錢生，故相牓書蛛網絡。京洛歲歲花連天，只有才調慚前賢。此圖不滅花不老，人物重逢一作蒼茫。二百年。

和潘伯寅壬申消夏六詠

搨銘

鼎彝何足好，所好其文字。欵識多通假，往往證經義。高館擁法物，拊手瑩紫翠。莒鐘尤突兀，欒于符往制。千載未入録，吕薛盡失氣。犧尊逢劉杳，甗鼎避展季。宣和六千種，終當歸羅致。我愧張子高，空讀美陽器。

讀碑 侯獲碑

訪碑窮寰宇，乃至陽關外。裴岑已數見，高昌徒靈怪。唐侯君集平高昌碑，不可搨，搨則有風雹。伊吾漢屯官，侯獲有遺愛。幾見青海枯，未令白石碎。窮邊紙墨麤，波磔半明晦。箝口更晝肚，率然以臆對。寥落得三行，官閥已備載。請君致精本，方知非傅會。第三行模糊特甚，釋者言人人殊。余定爲孝廉菑邱烏埒張掖長九字。

品泉

祖約杭世駿皆錢癖，所愛當時錢。學人獨佞古，嗜好殊鄰羶。大者如書刀，齊刀、莒刀之類。小者逾綖環。榆莢、蟻鼻之類。奇品直斤金，當千何足言。隋譜久亡佚，洪志徒誕謾。初渭園翁宜泉戴鹿牀劉燕庭李竹朋，哀鳩成一編。豈惟辨幺壯，史代資考研。寶儀號讀書，猶漏公祏年。輔公祏紀元號乾德。不獨（後）〔前〕蜀〔一〕。

論印

嘯堂録古印，尚不及先秦。豈知蒼姬物，纍纍彌足珍。吾衍刱異説，鑿空徒紛紜。學古編謂三代無印。璽書與璽節，乃忘經傳文。遺範述斗檢，土花猶璘彬，偏旁多移易，往往窮解人。繆篆摹印不必合於古六書。繆篆已絶學，殊異亦書云。陳壽卿吴子苾匆侈大，鼎足將在君。陳得周印三，吴得周印六，据籀文有璽字。是周有印之證也。

還硯

往年孫給事，示我石一枚。書碑出東坡，琢硯得石齋。兩賢相映發，可以敵璠瑰。大屈竟復返，連城終歸來。吴興渺賢守，螭璧叢蒿萊。當其伐山初，豈期爲硯材。宋刻已斷爛，漢碣宜沈薶。費鳳碑。徒憐漢皐曲，玉筍生青苔。湖北天門縣漢水畔有熊氏園，園植一石，乃墨妙亭物。削長四尺，分書題名曰玉筍。余訪得之。

檢書

麗色若可餐，佳墨若可啜，亦如舊槧書，未讀神先悦。窅然蠅鬚館，插架齊棨棁。上攬宋東京，下羅明中葉。大盗燬江左，書種奄欲絶。天一既雨散，士禮久煙滅。掇拾甘破産，收買及斷缺。借觀君其許，一瓻吾已設。

曉起至石閘海看荷花

奇克坦泰觀察邀入水軒，置酒，素不識主人，賦詩謝之。

鳳城傳鑰烏鵲起，樹杪晨光變青紫。地安門外干石陂，壓地紅雲不見水。水足葉大花房深，初日流照開花心。暗有小風動疏葛，踏盡沙隄高柳陰。最勝橋東第一宅，青衣拔關出延客。露香滿室冰紗空，緑窗交瑣生顔色。雲錦炙熱赤輪午，鈿車甏起大隄土。支床拂簟看遊人，不知門外揮汗雨。凍醪飣果金鱗鮮，主人爲我償酒錢。王猷看竹不問主，乃知何代無高賢。多謝主人太勞

〔一〕後蜀年號無「乾德」，前蜀于公元九一九年改元為「乾德」。「後」當為「前」之誤。

劇，不如爾我適其適。何不捨宅爲酒樓，乞與都人過伏日。賢韻以下一本作：客太坦率主勞劇，愧我學道未入室。竹院客話縱不嗔，豈如無客適其適。我願盡忘眼耳鼻舌色香味，並忘冰天與伏日。

病起遊諸寺

病夫多道心，止觀自生静。偶然憶蘭若，獨往取適性。敬愛東固佳，石壁西亦聽。不必携賓朋，何用恩禪定。心冥風動旛，機息鳥驚磬。黄葉下虚廊，逌然發嘯詠。訖遊不見僧，即此安心竟。陋哉杜紫微，空門贊名姓。

送同年楊紹卿由户部主事呈請改官開化縣令

舊是郎官宿，今爲枳棘棲。荒城猶犖确，春隴始鋤犂。皁蓋鞭笞静，青山笠屐携。懸知詩筆好，題徧浙江西。

題董研樵玉泉院聽泉圖

畫一石谷，中嵌陳摶睡象。

空谷老仙好鼾睡，不聞雷震〔一〕與鼎沸。水閣一客擁柱吟，獨覺風泉勝鼓吹。世間誰妄定誰真，都由六鑿生根塵。若聽〔二〕清音道可喜，行逢鼉黽耳須洗。察者多思蒙者適，不如看山枕白石。

世尊聞鐘問弟子，此聲在鐘抑在耳。在耳將奈聾聵何，在鐘衆聽胡相似。此圖百道飛鳴玉，我欲聽之寂〔三〕無物。主人看畫思舊遊，鬖髿妙音發琴築。漠者不應感者求，不逢〔四〕知己徒煩憂。

九日慈仁寺毘盧閣登高

謝麐伯、何鐵生、陳六舟、朱肯甫、董硯樵、陳逸山、王廉生同遊。

吾欲反悲秋，秋氣實快哉。木落天雨霜，萬里無氛埃。志士如黄鵠，人海厭沈埋。且登三藏閣，何異九成臺。磴道既多剥，步櫚又已摧。秋花亦疎薄，辛苦殘僧栽。紛然儔侶集，解帶傾尊罍。晴空擁太行，萬馬脱銜來。蘆溝濁似湯，薊邱低如坏。決雲一雕起，拂霄羣雁排。逸氣翔寥廓，頓使襟抱開。諸公皆能賦，一一大夫才。下視九陌人，營擾徒喧豗。年年有重陽，望古令人哀。此寺盛明季，法筵闐如雷。國初猶莊嚴，廟市奇書堆。亭林賃廡住，漁洋遊春回。近日壽陽相，重復闢蒿萊。坐客皆龍虎，張石淵陳頌南朱伯韓先生曾文正梅伯言。嘉會已陳迹，行逕生荒苔。各自有千古，恨不相追陪。撫此白露零，感我元鬢衰。靡靡枝上葉，常被商聲催。請看雙虬松，鐵幹無摧頹。牛山景下泣，秋井杜銜杯。二子孰爲賢，悠悠非我懷。

〔一〕「雷震」，張之洞手稿作「震霆」。原件藏山西省博物館。下同。
〔二〕「聽」，手稿作「遇」。
〔三〕「寂」，手稿作「寐」。
〔四〕「不逢」，手稿作「世無」。

題潘伯寅侍郎極樂寺看花圖卷

西郊密春雲，出門澹塵慮。陟原得清曠，即麓轉盤互。瀡瀡循澄流，藹藹見嘉樹。南直貝子園，北眺西涯墓。鬱鬱鬘陀林，諸天散香霧。喬幹膚皵蘚，灌叢容妍嫭。哲王珠牓書，成哲親王題楄，經師松牌句。洪稚存詩在壁上。侍郎敬愛客，于野集簪履。鳴珂傔從屏，行厨毹籌具。所憾期集遲，絳雪紛委路。撫柯惓勝賞，駐景託絹素。前游值始華，嘉會我未與。後游已爛漫，良辰薄春暮。令姿少長年，畸士艱良遇。主僧笑我愚，狂華擾真悟。請圖鎮山門，永敕善神護。俯仰成今昔，興懷等禊序。穠華有枯菀，妙墨無朽蠹。授簡不能辭，竊比寒具污。

過華山

不計艱危始見功，發狂華頂有韓公。靈降佛骨頑馴鱷，始信昌黎百世雄。

亂世酣眠澗谷幽，承平策蹇汴京遊。救時悟主都無策，終是神仙第二流。

驪山

不見靈巖叠嶂雄，又無湖澤映離宮。五朝心醉驪山好，都是勞人使鬼功。由余見秦宮室曰：使人爲之則勞民矣，使鬼爲之則勞神矣。

灞橋二首

長虹不雨卧晴瀾，細柳因風拂馬鞍。殘月酒醒詞意好，汴京不似似長安。

祖帳征夫怨別離，騎驢孤客苦吟詩。誰憐灞水傷心處，見慣降王繫組時。

馬嵬驛讀壁上石刻詩

玉貌從來善累身，歐公崇徽公主手痕詩：玉顔自昔爲身累。楊妃更累帝蒙塵。香山歌曲陳鴻傳，悽感何干到小臣。

劍閣

劉宗北去李雄來，縱闢昬狂衍祀哀。幾見一夫當道守，徒憐雙劍倚天開。黝巖誰煅洪爐鐵，劍閣山石皆黑色。雪澗空鳴蟄壑雷。堪笑明皇旋蹕句，方思君德與銘才。一本作：雨昏峻壁撐生鐵，石轉飛流響怒雷。莫道勤銘迂闊語，安危誰是濟時才。

登眉州三蘇祠雲嶼樓

祠與試院鄰，有門與祠通。

坡公南歸老陽羨，買宅不入竟折券。迨逐未安白鶴居，結銜遥寄玉局觀。欒城終見子孫長，斜川差有水竹戀。峨岷西望徒懷鄉，豈意鄉人作祠堂。一本作：一家西望徒懷鄉，鄉人種樹築祠堂。堂上骨肉盡合食，庭檜夾侍虬龍翔。一本無此二句。樹茂竹美人未足，並鑿兩池起華屋。蜀菜可薦三春芹，假山猶是千年木。木假山，今見存，矗立堂下。諸賢魂魄儻樂此，想見張髯並捫腹。入門楸花粲春風，祠有楸樹，極老，花極繁。花飛入水波涵空。西池竭澤窘魚子，東池吐溜歡鳧翁。文書遮眼黑如蟻，刮膜賴有一泓水。門外謝遣立鵠人，脱冠去佩漱清泚。三年皮骨嗟空存，半日燕閒曾有幾。共我登樓有衆賓，毛生楊生詩清新。范生書畫有蘇意，蜀才皆是同鄉人。仁壽學生毛席豐、綿竹學生楊鋭、華陽學生范溶，皆高材生。召之從行讀書，親與講論使習經學。昔聞采石張文潚，高唱呼起謫仙魂。主人未半朱竹君，座客已三黄景仁。蜀産無如天水盛，氣節文章多可敬，紫巖父子亦世家，雁湖兄弟仍同姓。景仁忠直雍國功，都與三蘇相輝映。名山大川靈氣長，誰道後來終不競。思賢懷古難久留，囑付道士祠春秋。賦詩不敢寫祠壁，作俑勿隨何道州。何有詩版在西池上。

滁山書堂歌送吴仲宣尚書東歸將寓滁州

蜀人八年夜安枕，蜀江三月花如錦。軍府熙熙好爲樂，卻念園燕厭官廩。此邦安危仗才傑，花縣相公曾持節。武功才竟未修文，前哲遺憾待來哲。譬如病後須淖糜，公以寬大蘇創痍。流馬饟軍箕谷口，繩橋渡士瀘江湄。援秦、援黔、防隴、防滇。灌瓜善鄰真古誼，遂平河隴西南夷。秦、隴、滇、黔，比年以次底定，均仰川饟，黔、秦並仰川軍。四封無警草木喜，公謂教行方俗美。黄龍清酒無桀驁，四廳、五屯土司、番夷種人，帖服無事。或小紛紜，皆以時撫定安堵。白狼棃木解文理。松藩所轄夷砦十八，請内附，爲請增學額。衿佩青青附景來，傑閣隆隆切雲起。刱尊經書院，建經閣。自發琅環三十乘，善本流傳親勘定。設書局刊書，取坊行説文爲之校正。經例遠紹金陀坊，刊岳本五經。史闕重補汪文盛。刊四史。明汪文盛刊三史，號善本。其餘祕袠何紛綸，都是昭裔傳家珍。刊文選、諸子集之類。已賫刀布遺博士，捐巨金增廣錦江書院膏火。更薦犬酒祀經神。尊經書院製木主，祀蜀中先賢經師。石室禮壁没春草，安知繼起非今人。時清卧治亦易了，何況神觀未衰老。忽憶家園萬牙籤，蛛絲蠹跡無人掃。藏書甚富，率皆舊槧善本。滁山深蔚滁泉香，中有尚書讀書堂。宋槧明鈔四羅列，朱履白髮中徜徉。不惜餅金購一軸，充棟都曾經手觸。狨坐牙旗十五年，長物止此堪夸目。我亦癖書如琳璆，享帚狹陋良足羞。監酒載書儻許借，他日準擬相從游。猶憶徐方驛騷日，萬家大縣剩十室。不有艱難百戰人，誰翦荆榛换黍稷。老羆在鎮孰敢過，東至於海西於河。淮泗口塞七國敗，功侔絛侯當非阿。淮泗口即今清江浦。功在江淮德在蜀，年年俯仰飽飧粥。巨人長德非空言，歲星所躔國有福。去年德音罷露臺，片疏回天赦窮谷。内務府行文，令四川采大木修圓明園。公以今四川山中無大木奏寢其事。春水方生公去時，萬民戀母士戀師。即今説尹不去口，何待去後方見思。去思勒碑深不磨，功成身退能幾多。請張祖帳青門畫，遺唱驪駒王式歌。有詩留别書院諸生，諸生人有和章。

嘉州酒歌

四川渝酒頗有名，重慶所釀也。嘉定酒最清雋，罕有稱者。余平生好爲表微之論，作歌張之。

蜀江濯錦膩春水，薛濤井出桃花紙。青衣來會嘉州城，雙流停涵水味美。凌雲山下碧深深，照見窈窕峨眉陰。作酒不待女兒嫁，家家釀出如黄金。薛能陸游醉忘遠，薛、陸皆有詩，甚贊嘉州酒之美。豈知今日尚有北客來知音。蜀人喜誇渝州酒，不問一石泥數斗。平原督郵不到臍，濃醲只入貴人口。渝酒濁如蘇合油，嘉酒清如雛鵞頭。先取麪米浮脂好，次取江面回波柔。儻教李白遇此味，蘭陵不作他鄉遊。吁嗟乎，富春下若今已渺，鏡湖一水天下飽。世俗隨人作短長，口腹毁譽亦顛倒。不惜釀者難，但傷嘗者少。把酒歌殘不忍傾，天涯何地無芳草。

攜家住桂湖

時余由四川提學報滿還京，住此兩夕。

新都明賢相，定策誅羣邪。升菴亦通才，萬卷丹鉛加。有園不得歸，塞耳禮訟譁。空第作傳舍，後人攀秋花。過客聊寄帑，故相不爲家。慘淡環幽香，一作秀。自照淥水崖。雖非平泉木，固勝拙政茶。回文何哀怨，金齒日已斜。名福古難並，多取徒咨嗟。

遊紫柏山留侯祠

祠在驛路旁。

雲麓標隱居，喧喧臨孔道。成功辟穀人，胡不尋幽窕。稍有一壑秀，猶憾層巖少。森森庭柏竦，一作疎。涓涓砌泉繞。劉樊吾未能，弛擔暫亦好。可惜公强飯，牽連累四皓。如意類龍顏，羽翼何顛倒。徒抛紫芝香，終望赤松杳。

住喜雨亭

來時雨洗竹，歸時雪壓松。余以癸酉秋充四川考官，過鳳翔宿此，時值霖雨。丙子冬由蜀還京。來無賓客伴，歸有妻孥從。豈作三宿戀，樂追前遊蹤。荒池幸未涸，雜樹且蒙茸。簽判本贅旒，仙人得從容。庭陰讀詩碣，憶弟城南峯。秋雁獨耐冷，不覺菊酒濃。東坡詩刻：花開酒美何不醉，愛上南山冷翠微。憶弟淚如雲不散，望鄉心與雁南飛。云云。石在亭下。我有同遊弟，陶然盡一鍾。六弟閏濤從行。

遊東湖

鳳翔唐右輔，水土頗豐潤。岐亂宋亦遠，寺閣俱灰燼。城隅一湖存，隈隩淺數寸。近日佳太守，亭榭緬高韻。湖上亭館，爲太守李慎勤伯修葺。竹樹偃積雪，瓊枝傷蹇困。持綸不得下，坐被層冰悶。僕馭促早發，寒具聊强進。八觀縱奇偉，在亡不及訊。白鵠涑不來，朝鴉讙成陣。

住華山下玉泉院

我想玉女峯，上有真仙家。意欲挈細弱，同昇餐紫霞。既到碧琳館，遠見青蓮華。獨步敬之賦，俯視定非夸。人道蒼龍嶺，石梁如飛蛇。秋風懸鐵絙，猨猱猶欹斜。躡屩誓獨往，三日未爲賒。誰謂餱糧艱，遂被山靈遮。登山往返須三日，家人車馬留滯山下，資用甚繁，遂不果往。夜望集仙闕，月明雲路遐。

褒城

谷口三皇事已奇，又占王霸獵雄雌，屯田征伐無殘壘，閣道開通有斷碑。此地戰爭如鬬鼠，何人威略等當羆。深山破驛尋題壁，可一作儻。有憂時似可之。

登牛首山，望終南、曲江、樊川、輞川，作歌

我升燕臺望太行，西旋北繞如龍翔。今登牛首望秦嶺，南面

連横如堵牆。截然平壤起都會，桑乾渭水渾流黄。幽雍以外降一等，汴京釜底洛土囊。金陵僅栖偏安主，便有陂陀號龍虎，臨安湖山最靈秀，低首稱臣翫歌舞。乃知邱壑與湖溪，止娱寒士遊醯雞。文章綺靡士氣薄，市廛儇巧民心攜。赤烏草草樊山駐，烏喙鬱鬱會稽栖。平城廣莫魏滑夏，和林荒苦元開基。遼金並起黄龍外，周秦先居汧渭西。建國由來戒沃土，勢高氣厚人文武。潤色繁華由後王，當年山川本樸魯。關中今亦少王氣，奥區自全非上計。持戟百萬無定形，以雍比幽廣狹異。小儒論都逞文才，欲建行宫望幸來。小戎不敵回紇馬，陸海已盡南山材。方今天子守四海，提控距在西秦限。碣石難將渤海阻，丸泥豈禁函關開。後擁突騎護遼瀋，前調兵食收江淮。一朝立國有根本，況復駕馭今恢恢。守國在德亦在險，大險惟有軒轅臺。

看法源寺松，懷亡友陸廣甫爾熙

我憎法源寺，車喧馬如龍。獨有賞會處，門下四五松。霜皮白可掃，高秀出沈濃。六月坐其根，火宅失蘊隆。念我素心友，清遊每相從。一貫内外學，見佛不忘恭。往往舉一義，老僧懾箭鋒。二程較温厲，優劣猶挂胸。何計左右門，直會南北宗。彈指成去來，馬鬣秋草封。欲辯誰爲質，惠施難再逢。撫此支離樹，老壽無春冬。

攜家遊江亭

看山宜伴不宜獨，如得異書須共讀。家有良妻薄名利，拙不能詩亦不俗。城南賃屋陋如巢，庭狹宇卑無草木。共載始來荒陂下，已有清輝炯心目。西廊虚敞列蛾眉，近葦遠山等一緑。所惜簷翼未深邃，晚照炙窗不可觸。北軒納山兼納風，又恨城闕多瓦屋。朝坐西廊暮北軒，竟日遊行意未足。粗婢煮茶羅酒琖，山光映鬢青可掬。館職調馴十七載，野性仍難變麋鹿。只合冀缺安耦耕，提攜饁飯治場穀。不然便學龐居士，對屋參禪斷葷肉。欲歸無山亦無田，偕隱且卜香山麓。

題湖州趙忠節公景賢圍城蠟書遺墨

忠唐挫羯數睢陽，尚待昌黎爲表章。生遺突圍亡廟食，恩波如此感先皇。

麥麴芎藭寫赫蹏，千春光氣吐虹霓。齊肩只有嘉興沈，貞苦雙忠並浙西。海鹽沈文節公以廣西學政被執，不屈，欲謀内應討賊，事泄遇害。其蠟丸書稿，亦蠅頭細書，今存其家。

花之寺看海棠，坐中同年董兵備將有秦州之行

春光如箭去可惜，有如千里遠行客。主人惜别並餞花，對此都能飲一石。新陰翳翳燕雛語，脂光澹薄無幾許。石氏珊瑚强護持，闌樓紅粉含悽楚。乾嘉遺老南城曾，腰纏十萬來廣陵。日攜姝麗到花窟，寶箏瑶席驚枯僧。墻頭詩牓黯塵土，繁華轉眼如風燈。承平仕宦得游讌，不解守邊事征戰。今日男兒重功名，一本作今日男子重邊功。豈惜穠華如飛霰。人生美官誰不求，涼州美酒能銷憂。花好亦如盛年一作名。好，莫遣沙場空白頭。董硯樵先爲甘涼道，以憂歸。服闋，授鞏秦階道，意頗鬱鬱。

哀六朝

古人願逢舜與堯，今人攘臂學六朝。白晝埋頭趨鬼窟，書體詭險文纖佻。上駟未解昭明選，變本妄託安吴包。始自江湖及場屋，兩漢唐宋皆遷祧。神州陸沈六朝始，疆域碎裂羌戎驕。鳩摩神聖天師貴，末運所感儒風澆。玉臺陋語紈袴鬭，造象别字石工雕。亡國哀思亂乖怒，真人既出歸烟銷。今日六合幸清晏，敗氣胡令怪民招。睢水祆祠日衆盛，蠟丁文字煩邦交。笛聲流宕伶歎樂，眉髻愁慘民興謡。河北老生喜常語，見此蹙額如聞梟。政無大小皆有雅，凡物不雅皆爲妖。願告禮官與祭酒，輶軒使者頒科條。文藝輕浮裴公擯，字體不正漢律標。中聲九寸黄鐘貴，康莊六達經途遥。寳籙緜緜億萬紀，吾道白日懸青霄。

永歎

悼亡室福山王氏。一本此下有夫人即王文敏之妹八字，乃後人所增。

重我風期諒我剛，即論私我亦堂堂。高車蜀使歸來日，尚藉一本作有王家斗麵香。余還都後窘甚。生日蕭然無辦，夫人典一衣爲置酒。

妄言處處觸危機，侍從憂時自計非。解識篝鐙悲憤意，終差攬袂道牛衣。

門第崔盧又盛年，饁耕負戴總歡然。天生此子宜栖隱，偏奪高柔室内賢。

題常熟曾退庵山莊二圖

爲聖與刑部作。

趙策三年出袖中，知君覩畫意相同。喜神無恙園林在，今日潛夫有父風。時聖與下第將歸。

虞山文物半榛蕪，神護樛枝桂二株。展卷忽然成感慨，東皋還有草堂無。

立秋後二日游牐海

立秋後二日同謝麐伯、朱肯甫、吴清卿、王廉生至石牐海上游，泛舟，坐漁家秦氏園，日暮方歸。

東城廉公堂，萬柳皆臨流。南城梁氏園，曾泛漁洋舟。百年變陵谷，塵堁没馬鞦，九門盛車騎，馳逐無時休。舟鮫守蒲澤，獨得江湖幽。玉泉匯兩派，溶溶通御溝。坊市漸疏闊，平波轉清瀏。輕舠無篷楫，亦足供拍浮。瑩澈鑒儵鯉，振盪隨鳧鷗。疎紅一作紅疎。澹酷日，淨緑一作緑淨。張新秋。沿溯恨有際，迴棹聊淹留。誰析杖拏辨，且諷濯纓謳。漁人期足魚，醉飽他何求。願分主人榻，容我清夜游。白日去如擲，爲此兒戲謀。犀首幸無事，姑以寫我憂。

戒壇松歌

策蹇尋山冒殘暑，食宿招提已四五。仙嶂靈湫那得逢，枉使人畜揮汗雨。精廬雕飾爲檀越，佛衣陊剥見黄土。佛法一綫在戒壇，叩門先聽松聲寒。横廣平臺五十步，穆穆護法排蒼官。墨雲倒垂逾萬斛，壓折白石回闌干。潮音震盪纖壒埽，氣象已足肅羣頑。矯如神龍下聽法，赫若天王司當關。十松莊慢皆異態，各各凌霄鬬蒼黛。一株偃蹇甘獨舞，不與羣松論向背。此樹問年臆可知，開皇下迄耶律代。門内白足鳴鼓鐘，年年傳法欺愚蒙。何人飽食擕坐具，享此萬壑清涼風。風動樹開見山趾，帝畿浩浩盡一作窮。百里。長波如帶縈一作抱。壇來，歷劫不枯桑乾水。回望西山衆精藍，只如房蜂與穴蟻。彼法開山信有人，善踞靈奇爲栖止。定知末法三千年，法終不滅松不死。

偕張繩菴遊潭柘寺看松月

潭柘門前月照松，驪珠吐耀舞羣龍。安排掃地通宵坐，莫急僧樓夜半鐘。

累代莊嚴抵布金，窮山涸澗造叢林。能吟堪畫無多處，止有山門百步陰。

輓吴圭庵觀禮

識君日淺見君心，兩疏憂時壯翰林。交徧公卿無詭合，久更戎馬轉湛深。憐才曾叫巫咸筮，君典蜀試，有綿竹楊生，高才不遇。君深自咎責，至於下泣。敦舊親調子敬琴。謝廖伯前輩病殁。君經紀其喪。使府三良同一厄，秦川嗚咽隴雲陰。君與廖伯及張兵備樹荄，皆爲恪靖伯薦辟入幕，期月内並卒。

合肥李相太夫人八十壽詩

八座焉能比盛隆，五朝親見更誰同。恭逢辛卯生明夜，初三日生。妙契庚申駐景功。李太夫人庚申年生。聖佐簡嫄天咫尺，家兼周召陝西東。邦畿鳴雁今康樂，願戴慈雲頌閟宫。

天甯寺紫藤花初開獨遊玩之

春事如駒不留影，藤花爛漫只俄頃。芳妍可賞才五日，常畏陽驕與風猛。此遊正值縠雨過，丈室吹香晝漏永。纓珞菩薩低垂鬘，鱗甲蛟螭曲宛頸。密葉張幄已交蔓，細蕋編珠猶附梗。恰無車馬來喧闐，黄蜂薨薨白日静。玫瑰作甘稍塵濁，酴醿似酒或酩酊。此花雖甜幸不俗，蕩魄攝心由一作聽。自領。功德能破定僧禪，蒲團觀鼻須警省。狼藉一斗無人惜，持歸調酥煎作餅。

遊净業湖，訪法梧門故居不得

闕下有滄浪，淼淼不可涉。盛此十頃碧，清光漾城堞。詩龕今在亡，乾隆數中葉。蒙古老祭酒，愛才喜容接。投贈四海徧，英靈滿箱篋。孤寒生羽毛，名譽在齒頰。滿洲鐵貴盛冶亭，漢軍朱豪俠孝純。三賢相羽翼，倡和律吕協。開門香滿湖，官退心自愜。前有西涯翁，餘韻遠可躡。賣文亦雅操，姑勿責調燮。故宅俱渺茫，漁邨荒苻萎。迎日翹朱華，其下萬緑疊。適然驚翠鳥，掠水起還貼。僧寺啟北户，風善不用箑。此地多戚里，珂馬日蹀躞。遊客但裸飲，顛倒巾與屧。誰會思古心，水花賞眉睫。吟詠固無用，且免勢燄懾。我來常苦遠，暮愁風雨霎。終當移家來，租屋弄舟楫。

誤盡四首

伯厚多聞鄭校讎，元金興滅兩無憂。文儒尤散姑消日，誤盡才人到白頭。

淮譁蜀亂毀藩籬，已是弓藏磬盡時。德壽才催臨禊帖，阜陵又賞選唐詩。

後主春寒弄玉笙，章宗秋月坐金明。詞人不管興亡事，重譜師涓枕上聲。

兵食無籌治本疎，秀才酌古論孫吴。朱辛都愛龍川好，北固樓頭一酒徒。

詠古詩〔一〕

漢高帝

身經百敗事尋常，頑鈍終能定四方。芒碭風雲鐘佐命，鴻門神鬼護真王。英雄那解治生産，富貴何須反故鄉。莫唱西風殘照曲，長陵烟樹鬱蒼蒼。

蕭何

手扶日月起泥塗，刀筆誰能薄吏胥。坐擁神皋建宗稷，先争始計在圖書。壁瑠零落生秋草，令甲叢殘化蠹魚。天監永元終受篹，規隨食報竟何如。

張良

亂世英雄貴識幾，沛公天授幾人知。一椎已竭孤臣力，三略終成帝者師。崔浩機權微仿佛，右侯位業尚差池。人生快意功名遂，敝屣通侯獨往時。

韓信

旗鼓堂堂下井陘，憐君智略獨知兵。登壇豈減隆中對，齒劍方思走狗烹。長樂殿前鍾未歇，南昌亭上月空明。江東道覆隋王頬，不獨傷心有蒯生。

陸賈

調和將相賴良媒，一語陰教吕氏衰。獨惜先營好時地，知君不是列侯才。明珠大貝充庭至，寶劍千金捆載來。搔首不勝懷古意，春風愁上越王臺。

劉敬

四塞盤紆八水流，關中形制擬龍頭。無端開濟逢齊虜，遂使葳蕤啟雍州。高枕猶能鞭七國，覆東何用諂東周。獨憐乾德英雄略，未有文成贊廟謀。

文帝

屬東藹藹引鸞旂，安用君王騁六騑。海外淫威揚翠羽，宫中元化表綈衣。救時黄老書微襍，御寇和親計恐非。畢竟大醇難掩

〔一〕《詠古詩》十四首録自光緒朝刻本樊增祥《樊山集》。

没，天仁貞觀或依稀。

晁錯

少學申商强受經，鑿堧先使貴人嗔。匆匆東市蘿殘碧，衮衮關西卧積薪。公愚暗被揚雄笑，老向承明箸美新。

李廣

大黄射却賊紛紛，□□□□始見君。身手能擒白馬將，姓名羞説故將軍。通侯無命非緣殺，天子憐才不録勛。一語九京相慰藉，似聞日角是雲礽。

賈誼

坎坷休怨漢文皇，絳、灌、樊、酈暗中傷。十卷新書多涕泪，三年謫宦戀巖廊。承平王佐殊無用，少小奇才定不祥。可惜未聞坡老諍，青楓湛湛滿沅湘。

武帝

平津經術張湯律，厭次詼諧卜式錢。一代公卿齊掃地，四方珍怪盡朝天。書沈青鳥西飛日，泪灑金人入洛年。第一奇功刊不得，將軍斥地過祁連。

霍光

定策功高計卻疎，徙薪轉笑□□愚。逼如德裕終非福，禍類阿衡幸免誅。落日便房聞劍佩，秋風麟閣想形模。可知風雨崖州路，應悔班書未讀無。

司馬相如

西蜀開山兩漢宗，訾郎文采甚雍容。餐慚和靖陳封禪，老羡張騫下笮卬。秋雨茂陵空黯黯，春波錦水自溶溶。孔桑豈識凌雲賦，狗監而今不易逢。

司馬遷

少讀詩書親過海，晚瞻禮器獨登堂。擬經何幸逃攻擊，削札空勞弭謗傷。白發清娱還送老，千秋人祭蔡中郎。

廣雅堂試帖〔一〕

紅紅白白花臨水 臨

水複花交處，横斜夾岸臨。萬紅圍野渡，一白鎖烟潯。種別虹橋記，香繁雪海尋。雙流分錦漲，接葉照瓊林。借日重芳影，如冰對素心。菰蒲難混色，桃花各成陰。蝶路春寒暖，魚梁畫淺深。楊村風物好，疊韵更聯吟。

碧碧黄黄麥際天 天

碧碧東西隴，黄黄上下田。參差抽宿麥，平遠際遥天。春水

〔一〕《廣雅堂試帖》二十五首録自光緒朝刻本樊增祥《樊山集》。

秧同嫩，晴云菜比妍。輕花鷴并語，叠浪犢雙眠。餅信秋遲早，稄痕雨后先。罫疏如界畫，笠寫欲粘連。接畛晨烟潤，分場夕照圓。兩歧書聖瑞，綉壤盡逢年。

高筍半成林 高

才覩林間筍，成鞭破土膏。再來憑檻數，半已出墻高。脱穎分班别，書筠仰視勞。頭番琳瓦拂，后勁錦綳韜。嶰谷張圍帷，湘雲劃剪刀。緑齊輪隴稻，紅短壓籬桃。蘇子休餐玉，黄州想代陶。聖朝楨干富，清節孰能撓。

貪看新禽駐酒杯 禽

對此新醅酒，千杯不厭斟。莫貪無算爵，且看乍來禽。瀲灔輕濡吻，鉤輈驟變音。燕歸非舊識，鯨吸漫豪吟。萬柳難藏羽，雙柑盡賞心。扑將花露冷，坐到樹雲深。珠串流天籟，瓊筵轉午陰。珍奇非所育，淡泊聖懷欽。

蠶如黑蟻桑生後 如

蠶子饒生意，桑陰雨後舒。蛹成黄尚待，蟻附黑應如。上簇條猶嫩，南柯蔭比疏。鼓祈疑斗穴，磨轉想繅車。時術調眠起，朝饑認吐茹。烏絲翻繭譜，墨點誤蟲書。珠縷剛穿箔，瑶筐不滿籧。蜎蠉涵闓澤，賜服拜彤除。

筆健乍臨新獲帖 臨

扛鼎雄文筆，閑情帖乍臨。新奇剛獲寶，瘦健已如金。鋪紙圖求象，探囊獵得禽。柳碑摹俊骨，東本慰初心。頓覺神鋒見，休從故紙尋。發硎同試劍，穿札悟懸鍼。王版裝將黯，銀鉤仿定深。天行瞻聖學，濡管敢忘箴。

手生重理舊傳琴 傳

棋射生難理，惟琴舊有緣。重調荆棘手，一演竹林傳。謝客麟豪閣，懷人雁柱懸。松風温此夜，薪火冷經年。長爪應嗤李，新聲不寫涓。艱如吹管澀，熟讓讀書專。指印徽難記，心鐙譜更編。學優加邃密，軒律願精研。

山光悦鳥性 山

幽谷非吾性，晨光對好山。已將雲自悦，兼與鳥相關。簧語春來碎，攀頭雨如斑。入深欣有託，飛數不妨閑。樂静誰張網，忘機莫報環。畫皴添彩翠，詩趣寫緡蠻。木美樵停響，梁空聖解顔。含生歸化育，蓬島願躋攀。

潭影空人心 心

對影原無愧，澂潭寺后尋。盡空禪界色，早洗聖人心。紋少情瀾涌，光難理障侵。鑑虚雲滓去，印朗月華臨。芥蔕何從絓，桃花不厭深。橋邊鱗數片，谷外足傳音。莫泥冰壺問，休參古井吟。未如崇實濟，龍德沛甘霖。

白櫻桃熟每先賞 桃

珍果壘壘白，先賞每望勞。尾婁香芍藥，心賞熟櫻桃。絲籠青分色，晶丸素釀膏。滴成冰椀蜜，買到玉壺醪。含粉遲鶯觜，彈珠誤鵲毛。味難園吏覺，漿待大官叨。幾樹梨初謝，頭番笋正高。甘芳頒紫禁，清潔荷恩褒。

紅芍藥開長有詩 開

詩思長矜貴，紅箋只偶裁。不辭筠管禿，爲有藥欄開。雲朵嬌能捧，風情缽屢催。一春婪尾處，幾日撚髭來。麗采圍金帶，新篇詠玉臺。翻階頻和謝，閣筆漫誇崔。畫許添猩暈，題休惜麝煤。上林嘉植富，摛藻共呈材。

翠竇新疏一脉泉 泉

久謁珍珠水，雲根試一穿。氣疏通翠竇，脉動得新泉。練影拖猶窄，圭痕畫不圓。分支岩滴髓，寸口石鑽拳。診笑臨池鵲，勞同鑿空騫。蘇皴開幾道，花乳蘊何年。螺染青鑱壁，龍來白注淵。逢源探妙理，靈沼賦漪連。

買書安得黃金百 書

清況臣如水，黃金少積儲。安能揮百鎰，盡得買群書。價減燕求駿，情殷獺祭魚。秘窺天禄未，直計露臺初。善藥方終售，香芸貨任居。博傳張篋候，富待越裝餘。廣廈懷同杜，高貲賜羨疏。願從東觀讀，冰操飽經畬。

覓句如求白璧雙 雙

佳句難求對，精思覓夜窗。清如珠貫一，白似璧成雙。不待圭三復，休矜鼎獨扛。滌瑕車倚玠，叩寂筆傳江。金采卑顏體，瓊瑶賦衛邦。月輝交朔魄，風譜二南腔。圓轉環連解，推敲斗并撞，□璋須特達，賡拜聖恩龎。

小詩細録兼行草 兼

才大詩能小，誰人笑不廉。格精緣律細，草録與行兼。間仿神龍帖，才吟阿鵲鹽。機圓今體易，豪脱赫蹄纖。累黍鋒妨秃，銜華韵鬬尖。篇摹郊島狹，楷異晉唐嚴。天馬空逾妙，秋蛇綰未嫌。柏梁賡聖藻，陸句陋詹詹。

緑樹有陰休倦步 休

踏遍千峰緑，行縢健不休。偶當人步倦，恰有樹陰稠。石濯筇無力，雲凉笠在頭。一蟬吟野塢，重繭問山郵。納履瓜初熟，鋪茵蘚正幽。飛還巢隱鶴，汗滴隴驅牛。前路花欄午，誰家草閣秋。趨蹌槐棘下，美蔭仰瀛州。

澄溪無滓濯塵纓 溪

烏帽黃塵久，曾無滓與泥。彯纓尋退谷，照鏡濯澄溪。蟬珥高難涴，鷗衣淡欲迷。圓沙淘處净，方屋照來低。匹練詩懷謝，雙緌俗變齊。清還卑柳下，淤不染蓮西。瓢飲休牽犢，冠彈莫照犀。光芒照六合，沐澤徧蒸黎。

閒分酒劑多還少 分

家釀精調劑，閒稽酒正文。濁清還自擇，多少待平分。糟熟紅添液，泉香碧劃紋。麴塵余瓅碎，藥鼎讓芳芬。滌器傭應慣，敲門客未聞。均如詩選韵，重擬易論斤。甎静遲量日，床寬細撥雲。物情通變理，作醴佐堯勛。

自記書籤白間紅 籤

玉白牙紅處，群書部分嚴。記名都著録，間色自標籤。似葉輕難混，如花雜未嫌。題眉雙管下，拄腹五車添。墨妙誰能代，珠靈不待拈。庭陰桃李對，坊本棗梨兼。素錦囊視裹，朱泥印更矜。琳琅天禄富，校理聖恩霑。

煖風遲日有詩無 無

晴煖風徐到，陰遲日未晡。有誰能畫似，覓得好詩無。柳浪紋微皺，花甎影乍逾。拈毫停綺扇，叉手數銅壺。草長宜懷謝，楓寒記詠吴。衣單留倦客，囊滿問奚奴。拂面柔初覺，搜腸久未枯。來薰離曜炳，鳴盛句聯珠。

緑潤軒窗午餉餘 餘

清供誰同餉，軒窗緑蔭舒。洗從朝雨後，潤到午陰餘。幽幌巢雲暗，蕭齋爨火虚。鐘鳴蘭若晚，衣膩麥秋初。濕暈池邊墨，勞停隴上鋤。花干衣曬蝶，茶熟眼生魚。捫腹巡苔砌，支頤對綺疏。木天欣珥筆，賜宴侍彤除。

瀠洄水抱中和氣 和

人鑒無如水，瀠洄漾緑波。養中心不競，在抱氣常和。容與帆初轉，冲虚鏡乍磨。溪迴斜谷異，灘遠怒濤過。光繞城千雉，紋旋嶼一螺。曲流修禊帖，樂境濯纓歌。縠浪春涵影，璇源雪暈渦。聖功宏位育，順軌奠長河。

平遠山如蘊藉人 人

蘊藉因山悟，平岡有遠神。迥殊奔放馬，如對静觀人。麓阜寛容步，烟嵐淡寫真。礬頭窺杳靄，棱角謝崚峋。江左烏衣韵，河陽鼠尾皴。挹來空際翠，釀出笑中春。岫吐雲膚緩，林藏石齒匀。論文終喜峭，峻節侍丹宸。

進賢興功 安

士進民興世，賢功佐治安。虚懷符漢詔，古義合周官。獎善懸旌早，叨榮畫墁難。風清誰儆墨，日起各攄丹。受賞歌升芷，忘勞戒伐檀。冠宜良相繪，書向太常看。報政侯開國，求才將築壇。聖朝隆籲俊，寵錫耀躬桓。

茶甌對説詩 茶

酒罷詩成後，犀甌對品茶。烹煎勞檢點，論説妙梳爬。調水應裁竹，談經遠溯葩。頭綱評七椀，頤解析三家。小啜甘于肉，高吟粲似花。新圖傳主客，清思鬭尖叉。律細參聲病，香濃沁齒牙。賡颺逢聖世，錫宴侍重華。

題門人諸孝廉楚游十三圖

門人諸孝廉可寶爲余畫楚游十三圖，今失去，更求畫手補之。各題一詩。

黄鵠磯

武昌雄劇勝荆州，混合江湘接漢流。鷗鷺都忘争戰事，一樽明月坐西樓。

琴臺

漫嗟孤調闕朱絲，當世遺音後世知。梅子山青湖水白，良宵可有撫絃時。

武昌西山

前帶平江後枕湖，山林葱蒨舊吴都。西龕北拒喧騰過，草棘尋幽到二蘇。

樊口

石瘦江清曲港長，窪尊突兀近漁莊。今人亦有聱牙性，願結郙居伴漫郎。

雪堂

乞得營田自墾荒，數椽聊禦北風涼。仙翁去後英雄住，占斷江山是此堂。胡文忠公駐軍黄州，葺雪堂駐之。

鹿門

拜床難訪德公廬，白髮詩人作隱居。欲濟無舟牢落意，槎頭秋水釣鯿魚。

習家池

隄上曾無女似花，天寒魚鳥數雲沙。里中冠蓋銷沈盡，尚有荒池號習家。

隆中

健婦蒸藜兒課耕，諸賢朋好又親情。休論魚水雲龍事，已足山居了一生。

蘭臺

在安陸府城内。

漢水如環繞郢都，山川秀朗楚中無。侍臣朝暮陪遊讌，成就清才宋大夫。

龍山

山上有寺，余宿此一夕。

司馬豪情幕府賢，霜風落帽賞秋天。龍山剩有枯僧寺，夜雨留人講鈍禪。

蝦蟆碚

案諸暹菊畫册，有歌羅驛，無蝦蟆碚。

蝦蟆碚下水泉清，遷客争題洞口名。謫到夷陵真善地，豈惟橘茗敵東京。

空舲峽

疊巘陰深插虎牙，猨猱行處見人家。秋煙摇盡巴人櫓，一夜灘歌兩鬢華。行峽江皆蜀船，櫂歌最哀。

蒙泉

在荆門州。

循嶺清泉濊濊鳴，使君講學數遊行。塵車獨戀虚堂宿，默坐苔磯自濯纓。

秋興

歸鴻警邊吹，離羊嘶商音。夷則傷萬物，肅然惻我心。夕溥砌菊露，晨損庭柯森。元蟬閟曼響，蜻蛚振促吟。虚堂紬緗素，珍此一寸陰。隕落悚困學，澄顥愉煩襟。蹇衣覽城闕，披露西山岑。涼宇絳蝀斂，頹照碧氛沈。登稼農休耒，授衣女急鍼。荒陂稍夷曠，葭薍猶蕭槮。此日歎竭澤，昔游鑒清湛。潘生賦不達，漢武樂已淫。玩易自無悶，歌唐獨思深。欲辯誰爲質，命璲聊孤斟。游息止義圃，翔集耽文林。誰云秋可悲，且操履霜琴。

扈從上定東陵作

孝貞顯皇后陵名。

蒼梧雲已遠，娀臺景忽傾。同歸瞻鼎湖，遐征辭鳳城。六龍爲躑躅，萬騎咸悲鳴。引綍黯天容，啟輴摧皇情。恭維配天日，德邁楚樊貞。教禮彤管煒，廣恩樛木縈。曳綀既垂戒，脱珥亦流聲。板蕩屬危疑，負扆資神明。並尊覩嫄簡，同德逾皇英。賢才卷耳詠，和氣女媧笙。良由好道德，終見告武成。西眷葱嶺静，東瞻瀛洲平。保沖奠兩代，付託完八紘。天步已清晏，聖善功莫京。重紆聽卑訪，祇益受寵驚。絳灌詫殊遇，終賈非爲名。撮壤亦何裨，負乘徒殫精。璇魄有薄蝕，秋霜忽淒清。追思燕羽勗，莫阻鸞驂迎。仙桃弇山渺，儀樹薊煙横。幽宫閟億載，雨泣號編氓。風撼羣松哀，日照孤藿誠。小臣蒙藎育，何用惜餘生。

同張繩菴訪僧心泉，因與同遊南洼

簪組如林森機械，拙者轉喉招嗔怪。辛苦酬答兩無益，適野尋僧差足快。清遠無如龍樹閣，風水鱗鱗漾蒲稗。白日閒澹罕遊人，午鳩獨鳴寂梵唄。三人不知誰主客，錯綜談端如鍼芥。會心即答倦即默，茗椀無温聊一啜。此際羈鞅盡擺脱，何異枯柳揩馬疥。禪客灑落不參禪，偶參金石及書畫。遠識阮儀徵姚伯昂近戴鹿牀劉燕庭，略述舊聞資感喟。海甯達受號博古，法眼炯炯同宗派。縹囊犀軸積如倉，投老盡償柴米債。此亦五陰障真如，今朝始入四禪界。文暢愛文心無著，如滿遊山力未憊。我雖鈍根可漸磨，師老難迴年齒邁。留此孤雲伴我遊，灑然何知世網隘。

族姪瑞蔭入學，與其父子青宮相同歲。賦詩爲賀，二首

高山鉅谷虎龍蟠，合有蘭芽玉挺妍。剛數祥齡周綺甲，已欣故物得青氈。傳家灝固汾陰榜，華國韋平漢史編。我愧潁濱羈海曲，和詩喜得小斜川。

嶄然頭角不尋常，南阮西裴與有光。豈羨文辭比枚馬，好爲公相致堯湯。父風清約留茶器，門第高華戒紫囊。六十年來重秉節，佳談更繼北平黄。黄侍郎叔琳與其子總憲登賢，先後同科成進士。

憶蜀遊十一首

浣花溪

乾隆下詔訪蜀故，禮壓石室均渺茫。君平卜肆更無考，趙録樂記烏能詳。獨有城西浣花宅，至今門前溪水香。經術道德皆寂滅，世人所愛徒文章。文章小技胡能爾，顛倒百代籠三唐。此老落筆與衆異，憂國愛主出肝腸。胡羯恣睢蕃回鬨，收京問寢無時忘。敦本好賢念故舊，臧獲雞蟲皆恐傷。乞錢辛苦作草閣，苟完豈能免淒涼。今日朱甍映渌水，滿徑竹露一作竹露滿徑。圍花光。身居兩載甚倉卒，栖神獨與江山長。豈是詩筆吐光燄，實惟忠篤通穹蒼。即論愛文亦美俗，巖穴老生皆激昂。鄙哉大橋題駟馬，今成都北十里有駟馬橋。徒以富貴驕其鄉。

劍閣

物苟有可欲，徒自錮南山。敵國貪吾土，地利難防閑。瀛海不能阻，奚論山蹊間。劍門若石城，猨鳥愁躋攀。五丁迎秦使，納敵召禍患。艾越彬亦入，重扃失其艱。平世成夷塗，戍卒稀且閒。陰壑秋雨積，馬羸憂石頑。巖樹覆深澗，微聞鳴潺潺。慷慨發勞歌，誰爲賦緜蠻。陸銘不可求，峭壁惟苔斑。李唐恃三窟，乘輿四往還。宋真逮金哀，學步何其孱。天子守四夷，豈在保一關。

錦屏山

嘉陵一江勝處在閬州，閬州城南號稱五城十二樓。明鏡三面抱城郭，錦屏九叠臨汀洲。江深石潤樹葱蒨，帝子飛蓋時來游。峭壁下瞰黿鼉動，危磴上見猨猱休。山顛地勢轉夷曠，翹足卧看澄江流。當年丹梯碧瓦照山谷，今日石稜磊磊成荒邱。時見樵牧語煙靄，無復士女嬉春秋。杜歌清壯猶可誦，馮記荒渺誰能搜。唐代親藩多典郡，曹皋最著他無儔。好治宫室恣游讌，猶勝虐下藏奸謀。吾聞洪州高閣亦是滕王建，飛雲捲雨今仍留。我勸蜀人惜名勝，荒蕪勿使山靈羞。

凌雲山

李冰弱水性，雙流分離堆。釃爲千陂塘，澶漫生文漪。合爲一巨瀆，頓異濫觴時。嘉州江始縱，如鯨揚其鬐。青衣自西注，高浪無雄雌。靈巖爲幟志，岸然臨其歧。石色間黝赤，藤蒙樹倒垂。摩頂高且平，廣讌可張施。手持一卮酒，下視千帆馳。三峩晃翠黛，晴明或見之。曠欲游鴻濛，豪欲挈地維。如去肝鬲病，宿痞吐無遺。鑿山鑿化人，皤腹手如箕。道是南康王，造象福氓蚩。皋才雖文武，暴侈驚華夷。留此鉅偉觀，差足駭蛟螭。山川數雄駿，吾謂蜀之魁。蘇歌固跌宕，未盡山川奇。願召名士游，一洗寒酸詩。

重慶府

江與孫水會漢嘉，南下敘州會金沙。瀘州南會黔瀘水，都邑逐漸成繁華。重慶北會西漢入，壯盛灝瀁遂無涯。楚加不羹陵中國，秦并六王成一家。名城危踞層巖上，鷹瞵鶚視雄三巴。巴人能文兼好武，深山今已無長蛇。唐人分鎮昧形勢，梓州亦建東川牙。吴畫嘉陵不畫入江處，丹青雖妙奚足誇。荆湖東控闢門户，子午北嚮通幽遐。東風連檣來估舶，春雲被野蕃桑麻。橘官鹽井并充阜，萬機織錦翻朝霞。産巴緞。今更織爲方文錦。請歌巴曲教渝舞，夜夜醉看巴江花。

忠州東坡

川東山水會，忠州最清妍。巴峻夔陿隘，適處巴夔間。唐代猶僻陋，謫官類多賢。前有李與陸，後有白樂天。既少冠蓋客，復無歌舞筵。民貧吏亦魯，弄筆圖木蓮。野步得東坡，聊寄桑者閑。我來江上望，花竹籠春烟。萬畦同一緑，菜畦間秧田。江平碧瑟瑟，山遠青娟娟。刺史甚安樂，厨傳頗充然。不望遷三秩，但願居十年。竊笑古人常有遷謫意，雖有山水戚戚無歡顔。今忠州爲四川善地。余按試時，同鄉侯菊坡知此州，先調省，年餘回任，甚喜。

摩圍閣

在黔江鬱山鎮。

蒼蒼摩圍山，猶染唐時色。白樂天詩：摩圍山色正蒼蒼。此是入黔道，蠻山逞崱屴。太虚失清曠，遭此羣峭逼。往者李供奉，後來黄魯直。山閣井觀天，遷客來游息。其下有丹井，泠泠我心惻。宜州寄城樓，羡此安可得。黄詩多楂牙，吐語無平直。三反信難曉，讀之鯁胸臆。如佩玉瓊琚，舍車行荆棘。又如佳茶荈，可啜不可食。子瞻與齊名，坦蕩殊雕飾。枉受黨人禍，無通但有塞。差幸身後昌，德壽摹妙墨。注詩獲任淵，亦得謫蜀力。南浦題名存，山鬼護石刻。

邛崍山九折坂

今名大相公嶺、小相公嶺。土人謂以武侯得名，恐非。疑是韋南康、李贊皇耳。

漢家愛金碧，遠通西南徼。至今兩物蕃，貢市來六詔。自從唐蒙後，叱馭猶震掉。熙朝文軫恢，越嶲供庸調。匏壺鬼教廢，花鬘菩薩妙。不憂瀘水毒，奚畏邛崍陗。嵐氣造陰晦，燭龍鄙不照。不見山首尾，高度詎能料。巨有旄牛迹，悽無杜鵑叫。閔玆役夫病，眴慄捧輿轎。明發昏未休，百盤困旋繞。茅舍喜一飯，溼衣就烘燎。谷鳴致霧涌，摇手戒呼嘯。兩日升嶺脊，西見雪山耀。直北走松維，迤南包蠻驃。積素闢朝日，目懾身飄摇。大嶺最廣博，小嶺亦窅窱。熟户解迎拜，生番或攻剽。蜀境接藏衛，法王受徵召。業業耆闍崛，冠蓋久焜燿。何況益部内，豈蹈回車誚。甯遠有銅官，誅求吏不肖。蜀帥無遠略，黄龍失信約。葛侯收南中，豈曰非治要。

夔門

導河鑿三門，導江止一門。赤甲高刺天，瑶姬司其閽。自入湔氐道，驟如萬馬奔。嘘噏恃一壑，鯁咽不能吞。灩澦抗其間，虎豹當關蹲。灩穴走鯢桓，聯臂戰猨猻。何人立高艑，指麾灘師尊。哀歌助羣楫，犯難穿天根。臍入汨復出，觀者失其魂。霜清秋潦降，寒見東西屯。牽挽費百丈，峻壁寒可捫。天建華陽國，人力抉其樊。昔日麻鹽通，今日集諸蓄。從來多險國，不得如圈豚。攻者成霸王，守者難自存。流杮破吴都，井蛙蹙公孫。八陣已破碎，日落巫雲昏。

火井

閉關一無求，善國莫如蜀。大利歸鹽筴，不薪火自足。富媪吐靈怪，光向絳霄燭。一邀葛相窺，再昌炎漢籙。當其穿鑿始，頑堅百丈劚。萬竈恣煎烹，天饜程鄭欲。卻哂巴婦井，丹沙細如粟。神愁地脉洩，人畏劫灰促。蜀産洵夥頤，更僕難盡録。錦江夏絲白，蒙頂春茶緑。陰木堅勝鐵，樹蠟潔如玉。卮茜今衰歇，糖霜復繼續。順慶紅花之利，今爲洋紅所奪。自黄山谷居叙州，始造糖霜。著糖霜譜。今爲出洋土貨大宗。銅鐵饒坑冶，但患無人督。馬牛充耕戰，藥物兼良毒。憶昔南宋季，一鎮支全局。緡錢三千萬，供軍踵相屬。南宋時蜀中財賦解三司者三百餘萬緡。蜀中自用者三千餘萬緡。固由地産穰，亦恐征斂酷。保民有至道，君子善處沃。

青城山

在灌縣。余季父曾知灌縣。久聞其勝，今提蜀學報滿，遂欲往遊。聞有司將具供張，乃止。

五嶽之外孰可遊，山荒樹伐憐羅浮。雁宕石好病瘦狹，黄山雲好嫌陰幽。匡廬外博中枯寂，但誇簾谷懸飛流。只有青城不可唾，深秀能使人淹留。巖壑回互三十里，青蒼不落無春秋。層巒簇簇散花竹，長坂往往開田疇。隨處澗泉堪濯足，登攀不爲芒鞵愁。千家百寺資用廣，薪蔬何待出山求。欲界仙都此儻是，縱留一月豈能周。古有避世姚平仲，今無好事何東洲。何子貞由四川提學罷官後，曾往遊。茲山十載入夢寐，已辦笠屐窮探搜。或云行部古不到，謝公伐木招人尤。不畏鶴猨謝逋客，惟恐雞犬驚鳴騶。姑效輿公寄吟想，弔奇有願何年酬。

沈松樵贈琴泉寺唐經二紙

琴泉寺在潼川府，即唐慧義寺。

唐書貴楷則，峭急始經生。千碑同一法，寫經遂孤行。晚出王鱣祥，蚤顯鍾紹京。東川遺梵夾，資福獨無名。想見拾遺來，浮圖尚崢嶸。象法不自庇，劫火俄相攖。舍利已灰滅，掇拾得筆精。麻紙黄不蠹，松墨湛兒睛。當時取急就，千萬日有程。卧腕驅拂筆，波媚出欹傾。右餘左不足，荒率得其情。宋帖多臆改，覩此息喧爭。三藏大海闊，片紙一漚輕。將毋佛笑儒，寶此如連城。研金與刺血，彼教何其宏。儒徒寫釋典，蔽惑良不平。我自重我法，古今一蔣衡。誰存孔壁簡，豈咎秦皇坑。

五北將歌

廣州副都統烏蘭泰

桓桓都護鬚髯紫，平日愛兵如父子。都統在京爲八旗副都統，待兵最有恩，爲謀生計，回民屠羊者號羊肉牀，慣以重息剥旗兵。公爲設法還債，而禁其私借旗兵以紓。萬里征討毒瘴鄉，能結士心得士死。左江右江賊如麻，四方征調糜蟲沙，按礮持燧不敢發，一里以外猶呿嗟。始將火攻教懦卒，可惜利器無開花。烏在京管火器營，以長於火器著稱。老羆據險氣山涌，水竇孤軍摇不動。黑夜出奇卷甲來，以少擊多無旋踵。獨恨諸軍不和輯，老將兀兀成孤立。桂林橋上鐵雨飛，公中礮重傷旋殞。五管軍民同雨泣。嗚呼庸相真無謀，棄駿任駑禍神州。當年若使烏向爲兩翼，安有長鯨直下江海成橫流。賽相任總兵和春後以爲翼長，和在諸鎮中差勝，遠非烏向之比。

湖南提督塔忠武齊布

湘沸江騰虎出柙，千城百壘如摧拉。誰翻敗局據勝勢，破賊首見滿洲塔。艱難起義會大傅，左提右挈無人助。猛火光裏識奇男，一旦英雄歸駕馭。塔署長沙協守備，以救火爲曾公所知。南來帳下三百人，公以長沙協標兵三百人爲親兵，後皆立功名。一一材武皆冠軍。童添雲彭三元劉士宜畢金科蒯豺虎，四人皆部下健將戰殁者。楊岳斌鮑超黃翼升李成謀、朝斌翔風雲。諸將皆三百人之内。楊長沙協湘陰汛千總，鮑從向忠武至廣西，轉至湖南，以餘丁補長沙協兵。軍門神武殆天授，能用水師兼步鬬。兼統水師船數百隻。楊勇慤即其部。六合槍訣無人學，公自教將校親兵六合槍，皆只能二三合即已困憊歐血。公獨能盡六合。出必先人歸殿後。上游湘潭城，下游九江郡，行二千里無頓刃。兵勢如龍賊如草，百船鐵鏁一宵盡。歸營僵卧不知人，公至九江後，謀畫戰鬬，勞苦過甚。每戰歸輒卧牀若昏眩，逾三四刻始蘇。聞之公部將云。明朝蓐食仍陷陣。田鎮故壘臨江湄，父老言之歎且悲。中興諸將列茅土，開創風氣非公誰。我聞但有勝將無勝兵，惟在運用能神明。請看塔公部下諸將士，豈分勇營與綠營。公所部有湘勇、寶勇、辰勇、湖南撫標兵、長沙協兵、滇兵及水師。

西安將軍多忠武隆阿

明公將步布將騎，縱橫天下皆如意。胡公東征善知人，鮑步多騎左右臂。收取太湖扼潛山，奇兵橫絶集賢關。馬隊八百敵萬衆，無髮無捻無精堅。陳狗失穴如遊沸鼎內，安慶無援已在掌握間。江淮大局進退在一戰，挂車河水流血成朱殷。古來騎將專擊搏，今看陷陣良足樂。灌嬰季布平陽侯，不及將軍有智畧。關中禍亂留花門，三輔焦爛無完邨。外援到陝已卻步，劉秉璋之軍敗於陝西。鮑超聞調入關，辭避不往。內兵渡渭徒迸奔。陝撫劉蓉所部屢敗。將軍鐘鼓鳴灞上，終南山色開朝昏。盩厔堅巢城如鐵，將星遽碎城亦裂。以攻盩厔城中砲卒，其日城竟拔。部下金順善慶長順穆騰阿王可陞曹克忠雷振綰，餘威掃盡葱嶺雪。從來步騎難兼長，何況能謀能戰平生無敗創。所恨倉卒不待一二載，生寫形容上紫光。

科爾沁僧忠親王

商軍尚持重，北軍尚剽疾。湘淮兩幟戰江表，河北獨有名王一。中原曠蕩幾千里，鐵騎騰踔一萬匹。神京既奠遂南下，年年征討無休日。海東勁卒材昂藏，奉天、吉林、黑龍江東三省馬隊。漠南蕃部性雄強。內蒙古四十九旂。目瞋語難孰能馭，指揮赴敵如驅羊。射雕羽箭二斤重，詐馬繩竿九尺長。正兵螺旋迭進退，馬隊進戰皆爲螺旋陣，退亦如之。奇兵烏翼相舒張。不知何者爲兵法，但見萬馬併爲一馬無能當。王全不依古來營陣之法。自言吾馬隊不論多少，戰時合爲一人一馬。連鎮銜，馮官屯，杞縣城，金樓村，白蓮池上東捻滅，馬山口外西捻奔。大沽夷船亦奪氣，咸豐己未王防天津海口，擊敗英法兩國兵船。蒙城苗練先亡魂。大功數十小戰不知數，所到驚呼赤面如天神。王面正赤，見者驚爲關壯穆。誠感悍鎮化野性，陳國瑞善戰，而最桀驁。服王忠誠，奉令唯謹。指授良將成高勳。張曜，宋慶自從王征討後，戰益力，名益起。殘寇狂走趣戰迫，强弩穿縞不自惜。紅旗一隊稱軍鋒，先向平原灑戰血。紅旗馬隊副都統恒齡最有名，以追賊急，戰歿汝州。盡殲大憝覆鳥巢，有名捻首皆殲，盡毁蒙亳捻巢。甘酬素志歸馬革。廿年大帥多如林，車後遺棄梁肉廡下堆黄金。阿史社爾行軍無卧具，沙陀朱耶報國惟赤心。蟣蝨滿甲幾曾浣，芻藁一束時難尋。艱苦廉樸鑒天地，家家私祭同霑襟。嗚呼！異姓賢王羅青史，李郭徐常非其比。不獨戰功近掩策凌超勇王，合將忠誠遠追擴廓奇男子。

塔爾巴哈台參贊大臣署伊犁將軍錫綸

匈奴象人射郅都，楚祭北門爲黔夫。敵國所惡我所寶，羊陸市詐將人愚。邇來閫外盛材武，敢戰内寇怯戰虜。何况羅刹逞睢盱，六國同聲畏狼虎。一自昆彌叛不朝，王庭十載淪天驕。狡黠老漁伺便利，盜據甌脱容逋逃。豪傑陷賊能自拔，習慣沙場從結髮。賢父戰死沙州城，桓靖美謚榮忠骨。父爲古城領隊大臣，殉難謚桓靖。賢兄博學高名起，兄副都統錫縝，博雅能文，爲滿洲名士。武達文通一門裏。國難家雠在西域，孤兒甘赴邊城死。絶遠無如塔城孤，斗入斯科環雜胡。藩籬外收哈薩克，塔城一帶，内哈薩克屬我，外哈薩克屬俄。犄角内結呼土圖。阿爾泰山喇嘛棍噶扎拉參，曾賜呼土克圖號，驍勇善戰。科布多、塔爾巴哈台一帶蒙民皆附之。有衆十萬。屢與俄邊人戰。錫深與結納，相爲犄角。俄人侵軼者輒擒治之。俄深忌兩人，屢言於朝求斥去之。遂疊經吏議革職，暫緩離將軍任。清語克爲語助辭。若讀呼土克圖，聽之只有呼土圖三字，無克字。匈奴未滅家何有，閉壁不許通妻孥。妻子自都赴之，閉門不與相見，居之他所。墾荒起疲變重鎮，鄂博一步誰能踰。西鄰責言衆積毁，熱血未冷霜盈顱。玉門望斷敵人喜，刀筆糾擿紛紛起。私交不責許田鄭，山東巡撫張曜借洋債六十萬爲私用。身後事發，户部爲奏請籌欵償之，亦無譴責。市租獨苛代郡李。户部劾其借俄商餉五萬，前後奏報不符。撤銷卹典。恩寬僅殺飾終儀，柳翣淒凉歸萬里。二卵棄將古有之，長城頓壞今已矣。鼓鼙聲壯磬聲悲，我皇聽之思者誰。屯田未熟征夫老，界上來争帕爾碑。

連珠詩

陸士衡創爲演連珠，後世多效之。庚子山並用韻。然駢終不能盡意。今以其體爲詩，務在辭達而已。

朝菌不知晦朔，蟪蛄不知春秋。知遠心多危，知近心多偷。微生只須臾，苟樂且嬉遊。所甘草頭露，所便叢棘幽。霜寒即埽跡，潦至亦隨流。宇宙固不問，謀身且不周。賢惜没世名，聖爲百世謀。宣尼日栖皇，公旦思綢繆。天高可倚杵，海深或斷流。陽烏畏仰射，六鼇防垂鉤。吾聞堯與舜，日爲天下憂。

弓調而後求勁，馬服而後求良。士苟不誠篤，雖才終不祥。賓參終負泚，蔡京亦叛光。相士貴取節，非謂根本傷。菀集枯則背，飢縶飽且颺。其始受操縱，其終不可量。無事猶依違，緩急終相戕。吾聞諸葛公，鱗甲屏正方。

大厦成而燕雀賀，湯沐具而蟣蝨弔。小人工依附，禍福不自料。憑城作威福，視人爲嚬笑。隻鯖方逐逐，翟羅忽悄悄。幸爲播間乞，敗爲秋籜埽。冰山未足恃，終遇太陽照。志士貴自立，炙手恥媚奥。吾聞梁伯鸞，因熱甘滅竈。天不滿西北，地不滿東南。人生高厚內，何爲無窮貪。魚木難並足，齒角不相兼。孔門多出妻，堯舜無肖男。高位叢憂懼，宴兒夜寢酣。苟得多惡名，外侈內必慙。一歲再結實，枯萎已可占。此益致彼損，得失常相參。昧此喬松促，悟此瓢飲甘。吾聞榮啟期，帶索樂有三。

善言感人，煖於布帛；惡言傷人，慘於矛戟。艮象止其輔，咸戒騰其舌。一發弦上箭，遂成終身隙。拂鬚丁衙寇，致仕杜觿白。才人取快意，洛蜀始決裂。憸壬肆中傷，擲筆埽名節。縱使不悖入，亦自累盛德。吾聞歐陽子，持論常不竭。

琥珀拾芥，磁石引針。不在同鄉里，只在兩同心。或因萍水合，亦有千里尋。慕羶風無逆，佩香谷無深。燕昭愛士誠，豈爲多黃金。宣聖講洙泗，七十士如林。跖徒休首山，九千尤森森。薰蕕自相感，氣類各不侵。一賢集衆正，一邪招百壬。賢不患無輔，士不患終沈。吾聞楚瓠巴，遊魚知瑟音。

善飲者善醉，善騎者善墜。隱禍由忽萌，高才以矜累。必敗東野車，卒窮田巴對。得意忌再往，上人休自忕。由基雀失目，滑叔柳生臂。極訥該萬辯，無争處常貴。防患不可勝，不如味無味。吾聞漆園叟，取名妨公器。

百山學山不至於山，百川學海乃至於海。安坐終無成，精進效可待。十駕駑及騏，壹心螾勝蟹。尹需受秋駕，夢魂通真宰。吕蒙一武夫，三日面目改。從來半塗廢，皆坐不知悔。望道登天難，得道瓦礫在。吾聞衛武公，好學耄不懈。

佐饔者得嘗，佐鬬者得傷。附驥行自顯，助桀天所亡。連茹保貞吉，渙羣終夷傷。黨碑磨不滅，逆案蓋彌彰。文若抱偉幹，徒污孟德臟。伯喈感誤恩，一涴損芬芳。吾聞晉孫登，離塵若鸞凰。

水清者無魚，人察者無徒。作聖容爲本，用晦明之符。坐照有心鏡，象罔得元珠。隋文好聰察，肘腋忘獨孤。衛君辨白馬，無救國爲墟。王道如春臺，亡國如秋荼。法煩亂愈生，徒快巧吏胥。救過且不給，安問宏遠謨。吾聞史公書，漢興由破觚。

户樞不蠹，流水不腐。酖毒生宴安，善心出勞苦。黃道日不息，何況含生伍。輿輦致躄痿，導引成輕舉。偷士非可雕，惰農豈得黍。玉錯光乃發，劍厲芒始吐。敵緩兵必鈍，工暇器必楛。綿綿存本元，新故相吞吐。吾聞周公旦，無逸戒聖主。

石可破，不可以奪堅；丹可磨，不可以奪赤。世事有成敗，本性無改易。苟閔蘭漸滫，墨歎絲染質。秉德既寡薄，磷緇隨所適。豈能計萬全，但存生理直。憂心雖悄悄，不作鑒與席。吾聞劉并州，深爲繞指惜。

言得其人，如聚沙而雨；言非其人，如聚聾而鼓。高論不啟蒙，强諫不悟主。點雪須顔氏，投水惟漢祖。既遇諱疾人，豈御藥酒苦。强教欲覺迷，徒受按劍侮。知心一言善，戾時三策腐。稱佳徽謝妻，姑諾孔拒虎。躁隱兩不失，叩鳴視所與。吾聞漢張猛，曉人在一語。

越人衣文蛇，代馬依北風。習俗尚各別，禮樂豈苟同。聲教化所始，非類神所恫。病吟不改舄，囚操不移鍾。文軌古自一，皮弁今交通。胡纓與蕃樂，汩亂安所終。物曲雖博取，王制乃常宗。許孱乘荆車，魯殃作楚宫。讀書歎微管，適野憂其戎。能嚴内外辭，方有膺懲功。吾聞白太傅，華聲諷樂工。

耕當問奴，織當問婢。兵繫國存亡，將繫民生死。書生好大言，法吏多吝鄙。劉秩陳陶覆，吴隱廣州委。謏才蹶街亭，琦賢挫好水。軍容唐掣肘，言路明鬨市。罷鎮歸郡縣，宋氣不能起。能兼文武才，翁歸世無幾。老馬識徑途，老卒知營壘。吾聞漢高皇，哀歌思猛士。

井蛙不可以語海，夏蟲不可以語冰。物有知不知，人有能不能。尹鐸爲繭絲，逾量非所勝。齊桓讀糟粕，陳言徒相仍。見遠儒乃尊，知時國乃興。理非一孔盡，木非一法繩。小言或破道，大受終難憑。吾聞李白詩，笑道如蒼蠅。

三世長者知被服，五世長者知飲食。世德罕象賢，世禄多惡習。神爲形骸勞，志以耳目溺。謝尚佩香囊，何胤議鉏臘。雞鶩争一飽，蜉蝣矜羽翼。筋骨既柔脆，物理亦罔識。一旦巢卵覆，徒嗟枯魚泣。憂樂判生死，壽夭視勞逸。吾聞淮南子，淡泊以明德。

舌以柔而存，齒以剛而亡。健順貴兼濟，禍福豈有常。牛缺攖盜患，單豹罹虎戕。井弱汲易竭，玉堅燒益光。精金能屈伸，百煉仍無傷。君子有卷舒，帝王有弛張。南越綏以柔，匈奴克以剛。李煜馴而滅，仲謀抗而王。度德爲進退，相時爲行藏。洪範陳皇極，極以中爲綱。吾聞孫思邈，智行兼圓方。

甘爲雞口，勿爲牛後。匹夫能肆志，勝於趦趄走。曾聞厲憐王，亦有國含垢。專城百里榮，伴食媪相醜。駑戀困鞭箠，鵠舉快山藪。負重陸忍辱，内熱顔喪守。羊裘帝座客，白衣聖人友。至樂貧非病，至貴德不朽。吾聞陶靖節，乞食羞五斗。

天不以人之惡寒而輟其冬，地不以人之惡險而輟其廣。剥窮上反下，夬決消必長。敬慎終不敗，心亨利攸往。鳳輝翔千仞，虞人徒張網。郭爲太學宗，朱冠慶元黨。匈匈一時事，嶽嶽千載想。下流豈可居，危行吾所仰。吾聞子輿氏，尋直羞尺枉。

直木先伐，甘井先竭。誰是材不材，古今未能決。良幹爲榱棟，朽木炊爨掇。甘泉入嗽咽，潢污流薉雜。榮悴無端倪，偏舉未爲達。君看昏亂世，蚩氓豈苟活。犧有文繡悲，馬有鹽車撻。貴賤同一患，但勿自戕伐。倘無世情嬰，賢愚俱白髮。吾聞繫辭傳，樂天有真訣。

刻鵠不成猶類鶩，畫虎不成將類狗。苟無將相才，不如先有守。孝經致三公，下澤稱謹厚。快犢能破車，代斲必傷手。既有絶臏危，轉益效顰醜。假王焚漸臺，擬經覆醬瓿。斗筲任重器，覆餗終貽咎。陋儒談大道，燕説招擊掊。吾聞漢馮唐，爲郎甘白首。

薰以香自燒，膏以明自銷。徒供人世悦，坐令天年彫。亦如文章士，苦心自抽繅。究竟歸幻滅，何補人一毫。造幽和已滑，極絢精必摇。人賞等玩物，不賞如風飄。老（眒）［聃］薄虛車［一］，揚雄悔刻雕。空憐投溷賀，復笑秋蟲郊。惟有德功言，光景懸雲霄。吾聞韓昌黎，載道規唐堯。

牛涔之水無尺鯉，塊阜之山無丈材。凡百文學科，積理爲根荄。衷聖義乃高，廣納言乃恢。古今歸一貫，雅鄭慎別裁。左氏肇經傳，千篇搜帝魁。班生擅史法，九流綜蘭臺。能漱六藝潤，始起八代衰。勃如芝菌生，浩如江河來。文筆且猶然，何況著述才。玄言王弼謬，賣餅公羊哀。逃虛詩喻禪，破道文類俳。陋乃理之賊，碎乃文之灾。吾聞南華經，風積必待培。

三人成市虎，一里能撓椎。習非可勝是，志士之所悲。無端亦無末，徒以戾俗訾。蒙深誰能擊，復窮凶在迷。黠者詐不汗，愚者悍不思。飽食百無事，但爲哆口箕。既有盈篋謗，豈無投杼疑。可使童生角，能變素爲緇。以此理亂樞，供彼談笑資。任賢賢必摇，舉事事必隳。訛言既莫懲，國事遂阽危。不信嗃嗃多，救藥無所施。吾聞小弁篇，君子舒究之。

乞火不如取燧，寄汲不如鑿井。求己勝仰人，勞暫逸乃永。嬰兒在人掌，待乳存徼幸。貧士衣中珠，未索自不省。世人志在偷，不好精進猛。齊景但出涕，趙孟惟顧景。亦如士爲學，剽竊非修綆。謀國計久長，豈得飾清淨。國與天地立，衆醉須獨醒。吾聞周易象，自强爲要領。

良醫之門多病人，檃栝之門多曲木。能者用其能，老死猶不足。龍蛇堯階儆，驅盜孔門育，天意主仁閔，聖政哀惸獨。羣頑翹一秀，意在互相畜。苟無巧者勞，安有拙者福。十全未爲功，一間輙抵觸。藏刀莊不仁，重趼墨取辱。顯晦當相時，因應非逐物。吾聞禹與顔，同道無覆局。

不聰不明不能爲王，不癡不聾不能爲公。家國雖有別，恩義貴得中。正位稱嚴君，嘻嘻以吝終。燕褻孟儆慢，三笞禽教恭。室有勃谿婦，堂有蹲踞翁。頹弛啟司晨，蔽惑來掇蜂。娓娓顔家訓，穆穆柳氏風。老人更事多，深知法有窮。解紛兼教讓，養福取抱沖。要須兩斟酌，家國道自通。防患宜識微，矜愚貴苞蒙。吾聞子思語，聰明乃有容。

造父無馬無所見其能，羿無矢無所見其巧。不患國無人，有賢不知寶。有不得其用，用不盡其道。掣肘作書難，狐搰成功少。廉頗棄異邦，樂毅不自保。信陵徒飲酒，屈原空起草。虞卿著書窮，荀況作賦老。贈策託空言，斧柯傷懷抱。吾聞齊扁鵲，治疾

［一］據楚學精廬一九三七年版《張文襄公全集校勘記》，「眒」為「聃」之誤。

恨不早。

割而舍之鏌鋣不斷肉，執而不釋馬甆截玉。人生貴立志，不爭遲與速。三年通一經，既冠諸經熟。敏者廢於嬉，魯者稱高足。生教各十年，蘇臺游麋鹿。强者亡於驕，弱者大讐復。太行無增加，愚公有似續。吾聞南人言，不爲無恒卜。

爲猨賜者不必負以緣木，爲魚德者不必挈以入淵。王道利萬民，惟在因自然。吏良若慈父，不必讀法煩。政平若雨澤，不必煦沫憐。勸桑拔民茶，勸農蹊民田。清丈奪民時，青苗貸民錢。水利拂民俗，保甲擾民眠。不見倉箱溢，但聞冠蓋喧。冤獄不能察，罪人施蒲鞭。寇兵不能禦，亂後埋傷殘。隄防不早築，灾後施粥饘。有司書上考，閭里滅炊烟。雖或勝貪饕，實足長巧姦。吾聞劉子政，去害馬自全。

上求材，臣殘木。上求魚，臣乾谷。人君思恤民，莫如先寡欲。鷇食與鶉居，鎮以無名樸。漢文履革舄，宋仁惜羊肉。所省能幾何，克己爲化俗。務觀民廢業，貴珍吏貪黷。木鐸何人聽，戒石何人讀。夜飲國失日，求仙巫蠱伏。上好下必甚，有如景響速。諒哉爲君難，不得稍快足。無怪石户農，甘心辭黄屋。吾聞唐開元，身瘦天下福。

螣蛇無足而飛，鼯鼠五技而窮。士貴知道要，不在誇多通。趙武言語訥，曹參清静宗。周勃少文采，汲黯號愚忠。諸葛尚淡泊，魏徵稱田翁。鼂桓兩智囊，均不保其躬。曼倩最多能，屈身滑稽中。劉鄩饒百計，夾河終無功。惟静識乃遠，惟樸力乃充。吾聞柱下史，無名道猶龍。

謁胡文忠公祠二首

樞軸安危第一功，上游大定舉江東。目營四海無畦町，手疏羣賢化黨同。江漢重瞻周雅盛，山林始起楚風雄。長沙定一作靖。亂誠相似，未及高勳又赤忠。武昌縣寒溪有陶桓公祠。公手題其榜曰：長沙之勳。今存。此袁宏東征賦語：精金百錬，在割能斷。功則治人，職思靖亂。長沙之勳，爲史所讚。侃封長沙郡公。公，長沙益陽人。

二老當年開口笑，九原今日百身悲。公與先大夫手札云：在軍中得令郎領解之信，與南溪開口而笑者累日。南溪乃昌黎，韓果靖公名超。韓與公皆余受業師也。敢云駑鈍能爲役，差幸心源早得師。聖慮當勞破吴後，雄心不瞑渡河時。公聞熱河北狩，請自率師入援。次年聞定陵上僊，病遂篤。數日即薨。安攘未竟公遺憾，徽福英靈儻有知。

金山觀東坡玉帶歌

黨人文字毁不留，章蔡疾之若仇讐。帶鞓一圍落方外，山僧寶之若天球。豈惟僧俗知敬愛，壓伏海門百靈怪。曾瞻黄繖對延英，更抵傳衣鎮法界。傳衣傳鉢碎南華，達摩傳六祖衣鉢，在韶州南華寺。明提學道魏校莊渠椎碎。道君玉押埋胡沙。可憐攢宫一片石，理宗不保歸真伽。世事由來有反覆，故主謫臣殊榮辱。南巡聖藻身後榮，宣仁社飯當年哭。我哀公遇誦公詩，八州徧到拜公祠。

眉州、嘉州、杭州、黄州、登州、定州、瓊州、廉州，皆余所到。一事堪令古人羨，今是天海澄清時。四大五蘊皆空相，惜公愛公公豈知。欲訪中泠桑田改，紫金浮玉成陸海。京口十年作戰場，緇徒千人無一在。此玉不焦亦不濡，龍珠上護白虹采。峩眉險巇瞿塘艱，不如北固好江山。妙高臺上月明夜，應見驂鸞數往還。

彭剛直公輓詩

神州貫長江，其南際漲海。江海幸息浪，砥柱今安在。持危望同心，事棘公不待。回憶越禔昏，炎方門户殆。天降江神尊，氣吞海若倍。軍離終成睦，民恐頓忘餒。雪濤擁虎門，兩角高崔嵬。孤軍壁其外，免胄不披鎧。共苦感士卒，任難服寮宷。虎門曩爲廣州前敵，黄浦爲次敵，前粤督以淮軍守黄浦，以水師提督率粤軍守虎門。提督怨之，以致粤淮交惡。公於虎門外沙角、大角二山築礮臺，自督湘軍守之。粤淮兩軍皆愧服，聽指揮，無異詞矣。我亦受危任，同臭若蘭茝。論奏出腐儒，謬謂謀可采。凡防海規越、計畫兵食、及諫阻停戰撤兵諸事，余意皆與公合。摺奏、電奏皆余屬稿，聯銜會奏，不易一字。王師入龍編，虜肉不足醢。擣虚勢已成，行成逞欺紿。返旆三軍呿，撞斗老夫唉。天鑒剛且直，戆言宥不罪。兩年栖庵閭，擇地斥爽塏。霧潦看墜鳶，浸淫中肩髎。爛爛紫石稜，疏髯蒼繞頦。扶掖始下牀，英姿終不改。九州服威風，所至絶姦賄。燦爛婦孺口，張皇及瑣猥。畫梅徧人間，自吐冰霜蕾。北歸未過衡，一面至今悔。余移湖廣，本擬自韶州度嶺取道衡州，由湘入鄂，便視公疾。後以有奏明過滬商榷之事，遂由海道，不得過衡州。急難不尸位，此意空千載。袍澤入魂夢，孤憤結磊磈。鯨牙日鋒厲，箕尾失光彩。羣蒿豈任柱，雨泣問真宰。

憶嶺南草木詩十四首

廣益堂雙松

兩廣節署幕府之堂。

南海氣龐厚，卉木四時好。歲奏壽民婦，常有百齡老。挺挺後彫姿，不寒孰知寶。平生有篤嗜，謂勝桃李姣。移根扶胥口，磈大枝未繚。廣州少松，此自黄浦北岸牛山移來。廣庭闢坦夷，不使雜樹繞。龍性生已具，森然蓄鱗爪。櫸柳及楊梅，難較年大小。此堂晝沈沈，幕僚盛文藻。敬事屏戲談，攻闕無枉道。增此兩畏友，峩冠強哉矯。坐對穆清風，塵牘紛如掃。不憾成器晚，自由種不早。贊皇念寺竹，平安冀長保。歲挺一尺心，十年出屋表。去粤時松已八尺，大率松性每年可長一尺也。根深接元氣，狂颶難傾倒。何必自得蔭，神扶竊所禱。海國見垂陰，吾首猶未皓。

此君亭竹

雲龍渴飲海，蟠爲歌舞罔。大雅化冶麗，種此夏雪蒼。太傅歸紫府，教澤在炎方。巨海納萬流，達者來升堂。堂前藹叢緑，粉籜拂輕霜。滿城皆袒裼，十步常清涼。諸生月一會，束帶各矜莊。三老金錫齡張其翽劉昌齡，捧手接容光。歲時薦蘋藻，如侍先生旁。講罷或吟嘯，竹間聲琅琅。緣山富樓觀，此亭心獨臧。有斐不可諼，我歌淇澳章。

越王臺木棉

誰摹宋院畫，花色赤如土。問名爲木棉，發豔獨奇古。赫若朱衣神，不比紅裳女。五丈阿房旗，十圍金輪柱。高幹必掩羣，奇葩向天吐。鶉火挂屋角，珊瑚出海浦。疑是丹穴鳳，翔風散毛羽。登臺瞰春城，光采照萬户。自闢天雲霞，不憂海風雨。絜著復丰茸，温龢救貧窶。色正兼體直，耐久且高舉。糟魄又利用，可頌德有五。移此貢漢廷，玉樹安足數。

三君祠桄榔

海南多直木，挺挺擎高穹。桄榔尤勁秀，旁枝無附庸。紺理外深靚，疏節中虚通。栟櫚安敢望，自媿衣蒙茸。鶴脛據白石，鳳尾摇青空。彈指叩冰膚，璆然若絲桐。豈等多刺笏，羞伍腐心榕。三賢虞韓蘇，皆以直不容。流轉五嶺外，百世爲儒宗。靈祠有奇樹，勢若一夔雄。疎無争巢鳥，潔無自賊蟲。獨立江海上，庶幾烈士風。

南園老柳

詩人愛古調，遊人愛喬木。耿耿抱幽情，悽冷勝穠縟。獨憐南濠上，鑿池雙碧玉。前後五先生，遊賞寄濠濮。高壘七子抗，餘波三家逐。圃廢垣亦頹，强鄰或騎屋。我來理荒穢，侵地一朝贖。高詠不可聞，餘此老柳秃。何幸免蠹朽，嶺南蒸溼，柳罕有老者。兼得赦樵牧。如對耆舊人，齒衰風趣足。疏濬發清瑩，僵幹吐柔緑。晨引翡翠下，暮來子鵝浴。翼翼抗風軒，後生薦泉菊。喜見大雅材，文獻有嗣續。

杏林莊杏花

退之嶺外歸，江陵詫杏花。豈知千載後，渡海飛明霞。移根曲江上，照映炎洲涯。潛雷未啟蟄，蠟蒂已含葩。山榴與躑躅，自羞風韻差。婉孌漢明妃，遠嫁瀚海沙。主人閟絶豔，貴希殊矜誇。北客喜來看，感物皆憶家。廣南久無瘴，風物同中華。春盤已見薺，土人素不識薺菜，余與汪提學柳門訪得之。城内官署民家荒園皆有，味與京師無異。秋渴亦得瓜。曩惟潮州有西瓜，近年自上海輪船運致甚易。陬澨均袵席，文軫極荒遐。徒憐唐宋陋，過嶺輒咨嗟。

虞苑訶子樹

北海無如管，南海無如虞。饑鶴翔天表，不受曹氏污。功曹忠所事，正諫忘其軀。天啟椎結秀，經師來涵濡。荒翳訶子林，姑結流人廬。青蠅正一作亦。寥落，禮堂淪浮屠。暴恣兩鐵塔，勒名龔澄樞。作主乾隆代，海内知尊儒。曾賓谷爲粤藩，始於寺内作祠祀木主。兵火殘美蔭，艱難存一株。棱棱綴秋實，苦澀不可咀。植栅衛槃根，不厭清芬孤。虞易闡天道，參同得其粗。乾坤終不毁，碩果終不枯。

光孝寺菩提樹

梵書貴不死，菩提譯堅固。蕭梁千載遥，留此青青樹。智藥好事人，一枝伴東渡。膩葉圓如桃，書繪抵絹素。尊宿撫庭柯，風旛得妙悟。回憶西來初，未免異種惡。大地風輪轉，祆從天，讀宣。神嘘海霧。米囊豔春光，劼貝織霜布。瞿曇更何責，莊列或同趣。如遊九州外，隔縣皆親故。佛法成寄生，祇園迷印度。吾道大而博，閔此黎侯寓。清曠好塔院，高枝宜愛護。一本無此上四句。勿碎南華鉢，智者急當務。

半塘荔支

曲江善賦荔，如覩樂天圖。簡核盡物狀，流涎啟貪夫。驛致何足貴，貴及朝露濡。久知劉苑荒，誰問潘園蕪。南海荔支灣即今半塘。潘仕成海山仙館一名荔香園，在半塘港内。今廢，惟園扁存。城西多曲港，垂岸千百株。丹實飽暑雨，緑葉相承扶。舟行過其下，手接赬虯珠。但覺天酒香，竟忘雪乳腴。始知野人芹，可獻君庖厨。初涼嘗早稻，輕霜擷園蔬。懷新皆悦人，不在物精粗。豈無糖霜甜，不中作酪奴。

菊坡精舍朱槿

乾嘉才斯盛，人恥不讀書。後進棄心得，騁騖各殊塗。誰與端經術，通德在番禺。洸洸陳先生，深入五經郛。盡剗漢宋畛，兼握文筆珠。日日曳杖來，菊坡開精廬。晚學不得見，見此一叢朱。扶桑生暘谷，何年移明都。朱菫莖葉似桑。一名佛桑，疑即扶桑、榑桑之譌。絶倓雨中歕，絳霞巖陰敷。經旬燦不落，始知日及誣。舜華隄薄媚，無怪枯菀殊。槿花輕紅色，類木芙蓉。叢卉亦何有，愛此屋上烏。

白雲山玉蘭

安期經世士，蜚遯白雲山。白雲塞幽谷，山半生木蘭。斗大盛露囊，縹緲不可干。陋彼玉盤盂，羣芳皆羞顔。翻憐絶澗底，菖蒲瘦且寒。杲日飄風香，仙人來驂鸞。惟有羅浮蝶，凌虚時往還。所恨巨棗核，不得遺人間。吾觀南海物，博大非一端。覘國卜其强，豈止草木蕃。願生十丈華，浮作太乙船。

花埭五棱子

花田以花耕，素馨粲如雪。臨水土膏香，嘉果亦殊別。蘇詩始贊揚，范志稍臚列。捷業五出花，鏤冰沁喉舌。色如青李淺，漿並消梨潔。老人齒動摇，酥脆不勞齕。嶺南數俊味，與荔稱雙絶。此物饒清涼，尤勝荔内熱。平生表微意，忍令名湮滅。擬作羊桃圖，遠爲朝士説。

螺岡梅

漲海雪不到，臘花紅如春。深崦閉香雪，别有桃源津。一白被層巘，雜樹不亂羣。種梅如種桑，衣食山中人。紅萼不結實，嫣媚奚足珍。量谷數珍珠，豈以斗斛論。但看花塞户，已指穀滿囷。縞袂懸圃鶴，冰肌藐姑神。萬壑吐晴霧，溪井皆芬薰。入山心目醉，藍轝忘苦辛。行人折且齅，玉英踏作塵。磐石拂題字，甘泉明湛若水。逮張南山、陳蘭浦。年年花照月，定招詩老魂。羅浮窮道士，枯朽難比倫。羅浮山中今甚寂寞。此地隱逋客，何必西湖濱。南海多水鄉，番禺多山村。水鄉易致富，山村常患貧。不信桑園户，樂勝螺岡民。桑園圍爲南海縣境最大村。阮文達鎮粤時，爲之大築圍隄，遂益富饒。螺岡司亦番禺縣境大村。設營汛。

濂溪祠荷

祠在廣雅書院内。

嶺外有别傳，霽月懸光明。朱子白鹿講會詩：青雲白石聊同趣，霽月光風更别傳。宋儒較氣象，濂溪最寬宏。遺愛陽春崖，猨鳥護題名。講舍祀畫像，學者示鵠正。悠然會公意，净植涵波清。勤業策知能，息游和性情。斲輪喻爲學，甘苦持其平。報國拙寡效，所志人才成。嶺雲自修阻，如聞弦誦聲。所賴皐比師，切磋殫至誠。梁節庵翰林，朱容生道長。文行具本末，博約無訢争，眼中彬彬彦，守道俱研精。潮州拔趙德，瓊島識姜生。前賢得一士，今日羅羣英。佩此芳潔意，永保君子貞。

壽黄漱蘭通政六十

白日當天事主心，屢收涓壤補高深。貴臣自憚愚忠黯，聖世終容直道禽。欹枕浮雲看轉轂，揚帆海月望抽簪。後彫獨有貞松在，四諫榮名冠翰林。

歐陽門下盛生徒，説與吾文必道俱。豈僅汗流降國士，獨將浩氣厲頑夫。從游藍轝春常好，問字壺觴德未孤。不藉丹沙紅兩頰，逍遥自有養生符。

公論昭明息謗傷，服公忠實絶他腸。閉關韜隱杯如斗，看鏡行藏鬢有霜。椎布同心誇主婦，絲綸傳世付諸郎。元城老健貧仍樂，百鍊難柔鐵漢剛。

觚棱回首五雲中，待漏聞珂夜每同。海有横流慙報國，風催喬木各成翁。坂前負重傷駑馬，天外冥飛見遠鴻。人惜投閒吾獨羨，小車游洛定從公。

俄國太子來遊漢口，饗燕晴川閣。索詩索書，即席奉贈

一本云二詩乃幕客代作。

海西飛軑歷重瀛，儲貳祥鍾比德城。日麗晴川開綺席，花明漢水迓霓旌。壯遊雄覽三洲勝，嘉會歡聯兩國情。從此敦槃傳盛事，江天萬里喜澄清。

希臘世子

俄太子之戚來同遊者，年甚少。

乘興來搴楚畹芳，海天旌旆遠飛揚。偶吟鸚鵡臨春水，同泛蒲桃對夜光。玉樹兩邦聯肺腑，瑶華十部富縑緗。漢南司馬慙衰老，多感停車問七襄。

謝周伯晉翰林惠黄州雞毛筆

古人貴硬筆，刻畫等錐印。取材潁與鬚，剛健生神駿。宣城傳散卓，能使少師困。今人矜柔毛，因難乃得順。墨采常有餘，曼緩藏堅韌。新意縛雞毳，三錢非鄙吝。盤辟尤如意，得自弋陽郡。芥羽殺餘怒，草翹涵朝潤。毫齊力亦齊，馬服忘其迅。剛勒無不可，繭栗至徑寸。細筋自露鋒，豐肌轉成韻。萬物無剛柔，善役隨所運。投筆揩眼花，忘我椎指鈍。

謝周伯晉惠上海三白瓜，時方苦熱

仙棗曾傳海上瓜，今嘗珍韍玉無瑕。清涼已足還思雨，尚有農夫轉水車。

謝易實甫餉廬山茶菽

平生最羡一作慕。樂天廬山草堂記，面山腋寺聽飛泉。恨不追隨二林老，清齋素榻常周旋。樂天謫官避世網，始思棲飲全其天。怪君盛年佩青紫，胡爲窅然亦樂此。築室奉母廬山陽，美哉天下賢公子。遠貽山菽勸我嘗，筍皮薄如春雲香。苦茗堪伴晏嬰菜，石耳親試伊尹湯。山居一月兩食肉，尚有清供非負腹。人生枯槁勝憂煎，何必花羔壓紅玉。肆志由來抵學道，耐寂方爲善擇福。我想名山遊無緣，枕上夢見鑪峰煙。江南信美戀河北，恥非千里累纏牽。終尋王屋太行去，暮年一壑吾其專。

謝易實甫再惠廬山三峽泉

江城炎燥閟無風，忽有甘泉藥病翁。徧酌一家俱滿腹，勞人堪傲贊皇公。

四海都能納一瓶，恍從峽裏濯清泠。不如長結宗雷侶，竟日棲賢澗上聽。

九月十九日八旗館露臺登高

賦呈節盦、孝通、伯嚴、斗垣、叔嶠諸君子。

磯上嚴城晚吹凉，凌風壯觀補重陽。柳仍婀娜秋生色，荷已離披水吐光。目極白波迷楚渚，一本作風動白波寒楚佩。夢回青瑣在江鄉。寒烟去雁窮懷抱，用范文正窮塞主詞意。强爲羣賢一舉觴。

兩湖書院講堂看雪月

臘月十六日邀汪進士、陳考功、易兵備、楊舍人至兩湖書院講堂看雪月，余以畏寒頭痛先歸。

大寒結楚澤，望雪喜得兩。素凌鵠折翼，緇泥馬没掌。麥溝吐微青，佃傭券豐穰。湖北土俗：麥歸佃客，秋收歸田主。農美工商病，役夫尤鞅鞅。溼薪束破竈，敗蔬埋凍壤。我憂鐵官職，歲暮敢嬉蕩。千夫倚洪鑪，邪許久輟響。忽撥愁雲繁，兼覩温暾上。瓦作鱗出没，陌有迹來往。轉恐晛遽消，及茲魄未長。廓然湖上堂，冰月交滉瀁。映廊千步空，照臺三成廣。諸生臘早歸，閒見短檠晃。病夫甚凌競，嘉賓皆倜儻。紅頰酒倒缾，冰齒虀出盎。登樓矚城表，皎皎窮萬象。嶺陰尚曳練，樹背或披氅。殘滴墮鳥巢，流澌戛漁榜。雖然犯栗烈，自喜攬高朗。著帽忍久立，惜此夜方養。客歸且勿庸，僕病慚共賞。平生服董語，學行皆勉强。强酒祇得昏，强游猶得爽。歸來防轉筋，灼艾不道枉。携此清淨觀，閉閤藏夢想。

封印之明日，同節盦、伯嚴、實甫、叔嶠登凌霄閣

印鈐乍寂仍無閒，曾子固詩：印鈐封罷閣門閒。僉判衫袖紛朱殷。百蠟一澤息老物，文武張弛如弨彎。黃鵠山閣見百里，從衆豈得辭躋攀。梅蕾如椒已得活，春意踴躍叢篁間。窮陰急景往必復，暄風習習開我顔。畠畠惟有萬屋頂，縈青繚素江西山。煙暧遠見寶通塔，漲動迴薄油湖關。關在漢口下。洲背露土似浴馬，水光抱郭成玦環。辣酒燔炙學旃毳，準年許大猶騃頑。剪毛胡羊肉

磊磊，窟草雉子青斑斑。客盡百觚主亦酺，登頓未覺吁痛難。蕉萃不爲諸公棄，何異蘭杜容榛菅。江山雪霽好畫本，可惜江生今南還。歸善江孝通善畫，秋間來武昌住一月。今年雪壯極萬里，屨足燕代包南蠻。閩廣皆有雪。隴蜀春漲江漢恐，對此悄悄生憂患。驛符火急催楗石，我與郡縣毋官癏。

湖北三得大雪，微雪無數。除日賦詩

瘦人愈饑肥愈飽，今年三白猶未了，江上千山化白雲，勢欲出川薄天表。耎如鳥毳寒生温，眩及牛目昏變曉。池上病鶴獨悽惶，苦爲堅冰縮觜爪。世間坎窞萬里平，眼前荆棘一旦埽。楚國土宜兼南北，高稷下麥均得寶。協風入律土膏釋，且忍五日行泥潦。立春已旬餘。既幸漢口粥場空，漢口每年冬，輒有沔陽、漢川、天門、潛江諸縣饑民萬數來就食。官私粥堂多至十餘所。今年漢沔大熟，漢口粥堂至臘月半始設三處，皆本地乞丐，無外來者。復愁南樓燈市少。南樓在省城司門口。正月賣燈及新年民用兒嬉諸物，皆集其下。太空落落德怨集，安能委曲慰祈禱。褊心獨憂荆襄隄，誓殫人力俟天道。蟋蟀太康民已偷，衣裍日戒神所保。庶矜澤農止流亡，差免愚臣疚癃老。歸田未遂思鄉切，盼我畿赤蘇枯槁。京師畿輔皆得雪。鼻火難陪射生曹，肩寒自對祭詩島。梁節盦翰林方宿衙齋，連日屢有詩。且喜殘年掃塵牘，諸蓄懷德守盟好。湖南、北兩年來教案四起，宜昌教案尤劇，膠擾一年有餘。臘月廿八日方奏結。城坊鬧鼓鬪屠蘇，幕府爐燭點奏草。來年六合泥滓無，中夜焚香望晴昊。

正月初二日同楊叔嶠登樓望餘雪

自醜銀旛白髮人，晴光喜見照城闉。山通佳氣猶明雪，江汎柔波已漾春。冠佩漸勞知老至，羽書方急愧年新。湖南華容會匪蠢動，今日發兵往捕。憫牛誰誦河東賦，清嘯南樓恐不倫。

題殘帖硯

易實甫以司馬温公殘帖硯見贈，乃温公與其姪九承議手札後半段，其眉亦缺數字，就殘石作硯。葉東卿故物，翁覃溪刻字。題爲斷碑硯。誤。上有元吾子行印及昌齡印。昌齡，滿洲人，乾隆時官學士，多藏舊槧本書，余每見之。印朱文，曰長白敷槎氏。李南澗日記載其人。疑此爲昌齡所刻諸家真蹟法帖，不詳帖何名，又不知真蹟在何所。此其半石也。

介甫書顛狂，子瞻書豪縱。穆穆司馬公，落墨必謹重。邪異賢亦殊，朝局成一鬨。宵磨黨碑名，俘掠花石貢。貴賤在公道，殘帖今傳誦。遺書問九郎，無異鵠鶩諷。忽憶停雲帖，書勢相伯仲。文氏停雲館帖，有温公與潞公札。結體取寬平，挫筆少縱送。固知任誠慤，或少智術控。譽王已過厚，任蔡良可痛。獨惜通鑑藁，細書失充棟。此石僅八寸，其價璆璧共。幸免佞人污，壺盧未押縫。易生性忼慨，如石充僧供。坳墨謹洗滌，廉棱戒磨礱。作我方正友，泚筆豈敢弄。嗟哉六月相，昊天不祚宋。紹述肆詆誣，天怒神怨恫。釋言：恫，痛也。是即痛字。政荒相若鬼，敵喜國如夢。居洛十八載，伏如雞處甕。有園甚荒率，忘機到僕從。花藥助讀書，獨樂不與衆。我意獨慕此，守墨甘無用。點易滴新泉，石田春可種。誰能考鳳墅，抱殘誇博綜。宋曾宏父刻鳳墅帖，皆賢臣端士書。今止存數卷在。歸安姚氏有鳳墅殘帖考。

焦山觀寶竹坡侍郎留帶三首

玉局開先繼石淙，竹坡游戲作雷同。大廷今日求忠諫，魏笏終當納禁中。

同姓懷忠楚屈原，湘潭摇落冷蘭蓀。詩魂長憶江南路，老卧修門是主恩。

故人宿草已三秋，江漢孤臣亦白頭。我有傾河注海淚，頑山無語送寒流。

蜀葵花歌

蘭論畹，蕙論畝。荷華菡萏澤陂有。看花滿眼意始快，艱苦驕矜何足取。世俗貴耳鬭奢華，洛花道好蜀花醜。十千一窠且難得，不賞園林賞罌缶。可憐光采弄頃刻，愁陽愁雨勞邏守。田間野客愛蜀葵，謂是易生兼耐久。娟若芙蓉鬭秋霜，直如枲麻出蓬莠。爛然千朵應時發，糞溉豈出園奴手。美錦難比縑利用，河豚豈如鯉適口。廣庭廓落無雕飾，蘿薜挂墻一尺厚。花光噴溢充虚堂，最好旭初及雨後。我欲表微張此花，爲集嘉客傾美酒。此花雖賤君子貴，君子爲誰，司馬君實號迂叟。温公蜀葵詩：白若繒初斷，紅如顔欲酡。坐疑仙駕儼，幢節紛駢羅。物性有常好，人情輕所多。菖蒲儻日秀，棄擲不吾過。

題王翬畫石湖圖卷

吴清卿罷湘撫，歸蘇州，過金陵，出示王翬畫石湖圖卷，題句。

飛霰凝寒黯石頭，故人東下放扁舟。眼花睡少曾何補，海蕩江湖送魏牟。

正月十七日發金陵，夕至牛渚丙申年

牛渚春波淺漲時，武昌官柳已成絲。東來温嶠曾無效，西上陶桓抑可知。

登采石磯

磯上有太白樓彭剛直楊勇慤長江提督李成謀祠。

艱難温嶠東征地，慷慨虞公北拒時。衣帶一江今涸盡，祠堂諸將竟何之。衆賓同灑神州淚，尊酒重哦夜泊詩。霜鬢當風忘卻冷，危闌烟柳夕陽遲。

過蕪湖贈袁兵備昶

爲政有道道有根，佳人讀書袁使君。九流擩嚌仍擺落，收拾併入不二門。羅城于公三間屋，民隱不隔當闌闠。東頭圖書西筦庫，中有湛寂心君尊。我鎮金陵强一載，蔣山蘿薜何曾捫。老牛困鞭思脱紖，經義就子同尋温。春雲壓江雨意遠，泥淖洗轍胥徒奔。南望赭山隔煙霧，北瞰于湖新波渾。燕語亦足抵游覽，芻飯滂沛傾深樽。談詩看畫細篆刻，十不盡一晡侵昏。過江名士均在坐，此會此樂悦心魂。胡爲欲理嚴瀨釣，儒效未竭安酬恩。黄山幸在君管内，來遊何日常思存。賓從豪盛自詫王元美，東道殷勤還望汪道昆。

小孤山

霧髻嵳峩插鏡空，山容孤與客心同。明波自惜青青影，不逐

淘沙走向東。

石鐘山拜水師昭忠祠並祠前閣，坐芸芍堂

一本無坐芸芍堂，有並祠前閣四字。

南疆水戰兩奇蹤，赤壁東來數石鐘。千里江湖成竹破，一時賢俊等風從。靈旗月閃驚栖鶻，罍空波鳴起睡龍。太傅功名誰不贊，服公勝算在從容。

江行望廬山

先約陳伯潛同遊。陳不到，遊亦輟。

朝見廬山臨江滑，青翠騰躍來迎人。暮見廬山忽杳靄，首尾隱若龍登雲。從來倔强五嶽外，彭蠡作杯江爲帶。内蓄百澗包靈奇，外切太虚定澎湃。江表名山數第一，儼若大賢兼通介。尋幽有約近十年，療渴須酌康王泉。學道未成遊未遂，誰令悤遽妨蕭閒。思得素心共山水，海客狎鷗呼不起。蒼蒼五老笑我忙，高檣長風送旗尾。山林聚會尚阻格，世事難爲可知矣。人愛廬山高，歐公有廬山高長歌一篇。我愛廬山深。欲到深處須抽簪。世無慧遠堪結社，且聽東林鐘磬音。

九江南岸西上二十餘里，新柳緜延相屬

潯陽江上柳娉娉，遮斷琵琶送客亭。秋樹年年能再緑，行人雪鬢不重青。

九曲亭三首

余同治戊辰提學湖北，來遊西山，見亭已圮，出錢造之，今廿八年矣。

華顛文武兩無成，羞見江山照旆旌。祇合巖栖陪老衲，石樓横榻聽松聲。

矜此勞人作少留，卻煩冠蓋滿汀洲。隔江欲唤楊夫子，載酒攜書伴我遊。黄州教授楊君守敬，博雅多藏古書。

坡公選地抉山靈，奥曠雙奇會此亭。日落江光都轉白，春來谷氣盡含青。

寒溪寺觀陶桓公手植桂

上造樊山頂，江湖相排盪。下窮寒溪曲，暮色已莽蒼。同遊無懦夫，決履猶策杖。隔哉伏守詩，徒羡譎樂廣。磐石避雄劍，此意最倜儻。舊遊如在目，影堂一作影書。鎖方丈。余戊辰過此寺，有詩僧住持恒化已久。彈指去來今，滔滔天運往。神護千歲桂，飄香高可仰。前賢殖嘉樹，後賢題祠牓。胡文忠牓書長沙之勳。一楚横天下，古今陶胡兩。訪古愜幽邃，傷時轉慨慷。物存山自馨，人去吾安放。

贈日本長岡護美三首

爾雅東方號太平，同文宏願蓋環瀛。君爲同文會副會長，來滬創設同文書院，集東方學人講求會通中西之學。荆州課武塹陶侃，齊國多

艱感晏嬰。止有合縱紓急劫，故知通道勝要盟。此皆席間所談。衛多君子吾何敢，愧此朋簪惓惓情。君來武昌，此間勝流多與款洽。

往代儒宗判南北，方今學派別東西。九流宗聖皆容納，巨海稽天賴指迷。同文書院章程，除專門之學外，人人皆須習五經四書。更續考文研孟子，兼資鏡古訪吾妻。楚材晉用前聞在，定有羣英佐取攜。

劍佩詩囊萬里遊，知君家世古諸侯。君家世爲熊本侯。君自以勳勞封子爵。羞歌敕勒矜蒼莽，愛寫麻源鑿險幽。君詩集中多遊覽山水之作，鑱刻幽窅，類謝康樂、柳柳州。對酒人懷鸚鵡賦，拂箋雲帶鳳麟洲。他年卧看扶桑日，猶憶江磯月滿樓。

入對恭紀

案此下公自題曰朝天集。

罪己親聞吐玉音，孤臣惟有涕霑襟。慈聖面諭之言。挹損誠懇過於禹、湯。聞者悚惶無地。久因郊壘慙旄節，屢被恩波入禁林。問答自書千載遇，高寒天鑒一生心。温諭渥賞不能盡述。櫽括胡銓、蘇軾事以紀殊恩。興元尊號麾三表，豈待重陳在莒箴。六月十五日羣臣請上徽號，峻拒不許。

中興

流轉江湖髩已皤，重來闕下撫銅駝。故人第宅招魂祭，勝地林亭掩淚過。前席頗憐非少壯，小忠猶得效蹉跎。神靈今有中興主，準擬浯溪石再磨。

慈仁寺雙松猶存，往觀有作

千步廊前車如織，歸來中滿不能食。無聊欲共草木語，城南雙松上胸臆。琳宮百堵無片瓦，遠見精光出草棘。偉哉衣冠綺與黄，曾覩秦火三月熄。龍鱗如掌醜愈妍，返照在頂晃黝碧。崇效僧圖遭掠賣，長春九蓮難踪跡。此寺瓷像亦俄空，佛救不得憑誰力。訪舊多爲遊岱魂，求如汝壽那可得。同遊俱是感慨人，藉草相看到曛黑。往年妖亂等一夢，錦庫成灰銅仙泣。遺此區區老秃樹，豈足增壯帝京色。雖不中用亦復佳，左傳杜注：無能爲役，猶言不中用。留與後來阮亭望溪弄筆墨。方望溪、王虚舟屢看封氏園松，畫爲長卷，方有記，王有跋。今在琉璃廠。

攜酒再遊南河泊，邀茗樓同賦

香山九老詩皆七言六韻。此擬其體。

零落紅裳間緑茄，兹遊安足復成蛇。喧喧車馬嫌韋曲，小小蹏涔比若耶。草軟時爭野人席，衣輕仍著秀才麻。湖心取藕初成峪，石上開尊不借窪。我效童騃同寇準，君搜奇字勝侯芭。孔鸞自與梟鷟別，正看槐街散賀衙。

和茗樓南河泊之作，即用九佳韻

江海無能一病骸，獨欣藪澤免塵埋。早涼樹鵲聲先喜，殘睡漁翁眼乍揩。謀野曾無禆諶獲，遊車姑學邵雍乖。鑑湖倘荷君恩賜，致仕何妨被硬差。

西山

西山佳氣自葱葱，聞見心情百不同。花院無從尋道士，都人何用看衰翁。藁街列第峥嵘起，前殿南軍顧盼雄。新舊祇今分半坐，廟堂端賚斡旋功。

早朝恭紀

宫禁調和四海安，唐賢李泌宋賢韓。龍樓問寢烟花好，頓把悲懷變喜歡。

新舊

璇宫憂國動霑巾，朝士翻争舊與新。門户都忘薪膽事，調停頭白范純仁。

觀諸國公使覲見

先延北使後稱觴，憔悴當年宋壽皇。説與朝賢休氣餒，國家今日勝錢塘。兩年來各國公使覲見甚頻，然尊嚴如禮，不干我典禮也。兩宫萬壽日皆至外務部申賀。

卧佛寺松

沈沈行殿四株松，仰視摩霄翠蓋重。臺圮池平都改變，鶴歸誰識舊髯龍。

國子監拜熙文貞、王文敏兩公祠，遂觀石鼓

戟門階下緑苔生，鳳翥鸞翔老眼明。人紀未淪文未喪，巋然石鼓兩司成。

歌曲

念奴歌曲賀琵琶，天寶遺民認不差。父老若狂知有意，自欣凝碧屬唐家。

留滯都下日久，時有唱酬

李越縵、謝麐伯、王霞舉、袁漚簃宿草萋，區區風雅亦陵夷。薛能自忖無功業，不耻粗官且説詩。

李文正故宅

獨樂園中花藥荒，思賢重上讀書堂。誰編元祐初年事，且喜諸郎尚有康。

過琉璃廠

畢董殘衰有吉金，陳思書肆亦森森。曾聞醉漢稱祥瑞，何況千秋翰墨林。

拜寶竹坡墓二首

翰苑猶傳四諫風，至尊能納相能容。楓林留得愁吟老，長樂

疎星獨聽鐘。

子政忠言日月光，清貧獨少作金方。市樓一琖良鄉酒，那得魚頭共此觴。君貧甚，官侍郎時，余嘗淩晨訪之。惟新熟良鄉酒一罌，與余對飲，更無鮭菜，鹹齏一楪而已。用魯宗道事。

拜壽伯符翰林富墓

賦斷懷沙不可聽，宗賢忠憤薄蒼冥。荊高燕市躭沈醉，莫使重泉歎獨醒。

高梁橋

（壠）〔瓏〕璁珂馬滿長隄〔一〕，水過高粱更向西。月鵲風蟬都解詠，神仙日日聽朝雞。

城坊

懲毖殷憂聖主詩，桃辛蓼苦國人知。淒迷誰補城坊考，但寫門前一絢絲。

八月初一日奉德音，欽悚恭紀二首

八月初一日奉德音：明年萬壽不許鋪張。臣工惟在盡職，毋庸報捐廉俸。欽悚恭紀二首

涓埃不及竭心肝，懿訓光明戒百官。聞道周公稱萬壽，但將王業述艱難。

紺髮無霜億萬春，九如報上本詩云。深宮卻貢非無意，十論還期獻美芹。

讀題名録

猶記麻衣待至公，而今瓦礫没蒿蓬。四年重覩天門牓，文采能銘克敵弓。

聞西使言永樂大典尚有殘本

麗正初開侍聖皇，西園東壁有奎章。嚴城文武何曾盡，殘本難尋永樂裒。

四月下旬過崇效寺訪牡丹，花已殘損

一夜狂風國豔殘，東皇應是護持難。不堪重讀元輿賦，如咽如悲獨自看。

龍樹寺

此地曾來一百回，荒陂敗紫葦花開。當年茶話成今古，誰畫山僧兩秀才。曾與心泉和尚、張縄菴學士同遊。不具酒食，清談竟日，乃遊茲寺第一適意事也。

龍樹寺西樓

誰種樓西樹幾行，此來更比昔年長。苦思無限西山好，須待

〔一〕據楚學精廬一九三七年版《張文襄公全集校勘記》，「壠」為「瓏」之誤。

秋林九月霜。

小學堂

犯盡龜茲曲調新，樂工繙譜每含顰。顔家卻勸鮮卑語，學取他年事貴人。

讀盛伯熙集

密國文詞冠北燕，西亭博雅萬珠船。不知有意還無意，遺稿曾無奏一篇。

政務處諸公招同樊茗樓按察遊積水潭二首

東省夔龍坐上齊，招涼同到後門西。舊人惟有樊山老，愁絶僧墻續舊題。

對岸喬林付爨烟，水西匯通寺老樹數百株，盡爲寺僧所伐。荷花愈少愈堪憐。明知不是滄桑事，但惜西涯變稻田。

故府

秋梧故府剩荒烟，豪士銷沈賦一篇。荆棘滿城憐不了，厲人無暇替王憐。

極樂寺

萬穗紅雲伐作薪，且澆瓜菜作僧珍。凌霄無骨高三丈，留待孤行再到人。極樂寺海棠最有名，成哲親王題榀，洪北江有詩牌。今花已盡，惟檐前凌霄花甚長大，開花百餘朶。

念曹司

屢有旨整頓部務，不令假手吏胥。曹司均汲汲講求吏事，而清苦殊甚，亦鮮閒暇，當爲長官所深念也。

勞劇無如畫省郎，五更城外踏鞾霜。六房綱目何年定，且勸三杯厚朴湯。

學術

理亂尋源學術乖，父讐子刼有由來。劉郎不歎多葵麥，祇恨荆榛滿路栽。二十年來，都下經學講公羊，文章講龔定菴，經濟講王安石，皆余出都以後風氣也。遂有今日，傷哉。

此日足何惜

鶴蓋晨飛到夕曛，借驢泥滑更辛勤。神州多事光陰少，還望陶公惜寸分。近年風氣，士大夫多散處城内外，有遠在城東北隅、西北隅者。凡入直到署，及朋友往還，約略日須奔走三四十里。

食陶菜

都官留鯽爲嘉賓，作鱠傳方洗洛塵。今日街南詢柳嫂，祇緣曾識舊京人。陶鳧香宗伯以西湖五柳居烹魚之法授酒家，名曰陶菜。今寝失其法矣。柳五嫂乃汴京厨娘，南（度）［渡］後流轉至杭州〔一〕。

哀舊人

北闕南顧祀儒宗，大雅尚書繼相公。舊者不悲新者笑，朱書祠額在蒿蓬。顧亭林祠，祁文端建於慈仁寺內，令子文恪復於寺內增設閣祠，今均燬。

道路

城頭鼓角已平和，禁夜都無醉尉呵。忽見棄灰妨道路，始知秦法不爲苛。

長安

曾見闕門畫七賢，雪驢風帽晚來寒。九天已問囊錢少，從此長安住不難。聞慈聖語樞臣云：諸臣多清苦，正欲爲之加廉俸，豈有令其報效廉俸之理。

題瞿贈公魯青先生自濟圖

二聖榮褒爲一門，千官兩府羡殊恩。天平功德先公墓，范文正公追福祖先之地，名天（下）［平］功德寺〔二〕。文正祖墓皆在天平山。待詔丹青上相孫。獨樂誰知孤憤寓，乘桴猶見壯心存。橫流君子從來貴，述祖詩篇告後昆。謝康樂述祖德詩：橫流賴君子。

題瞿太母湯太夫人分鐙課子圖

令伯難忘烏鳥私，何如遭遇聖明時。清寒燈火吟三鳳，勝躍風雲挺一夔。椎髻雅宜偕隱伴，絳紗重見授經師。弇山分得題眉墨，灑向人間教孝慈。

王盧賢母秋鐙課詩圖六首

早作緹縈後乳姑，饁耕斷杼一身俱。灑將東野三春淚，染作更生列女圖。

翦綴鍼停夜漏遲，霜檐情味短檠知。杜陵驥子應慙羡，祇誦翁詩欠母詩。

不愁明鏡朱顔老，但恐高堂白髮生。此語能教真宰泣，掃除風格與才情。焦尾閣遺稿有句云：浮生四十年，兩度干戈擾。生恐憂患多，朱顔不自保。回首望高堂，淒然已垂老。

賃廡能貧少詠篇，丸熊終是太平年。鄜州看月都含淚，貞苦何人似母賢。

夢隨寶墨落江湖，孝至神通信不誣。何異壽昌重見母，豈惟合浦得還珠。

先朝錢老近瞿公，世澤天題動九重。錢香樹尚書母南樓老人畫

〔一〕據《廣雅堂詩集》，「度」爲「渡」之誤。

〔二〕據此詩及下注文，「下」爲「平」之誤。《廣雅堂詩集》即作「平」。

圖，高廟賜題：今瞿子玖尚書祖母分鐙課子圖。慈聖及御筆皆賜題。欲補一行黃絹字，祝君八座紫泥封。

遊陶然亭

當年葦海萬弓遥，旱久青青未没腰。淺水蛙生波少態，蕪田牛病莠方驕。看山終礙横城闕，有屋猶應勝黑窯。曾是千場觴詠地，酒邊腹痛頓思橋。

八月再遊積水潭

新凉城北勝城南，遠有山光近有潭。擬共漁郎分枕席，喜無門校促騑驂。肅邸新章前門不閉。蓼花新雁杜荀鶴，秋柳栖鴉紀阿男。衮衮貴遊誰會得，都來收拾與詩龕。

同人集寄園西樓看西山

王韜甫、沈同叔新葺寄園。西樓成，同人集於樓上看西山。限雙聲格。

晚望巖阿霧外屼，嵬峩未礙嫵蛾彎。偶哦款乃靄襖。忘無味，葦岸翱鷗謂我頑。

登天甯寺樓

過闕當行復暫留，數將新緑到深秋。貪看野色時停騎，坐盡斜陽尚倚樓。霜菊如人支歲晚，西山似夢隔前遊。廊僧亦有蒼茫感，何況當筵盡勝流。

慈聖賜食

九日慈聖賜起酥花糕、蒸食花糕、内饌水角共十四合，又北羊一口，醬菜十簍，攜與同遊諸客共之，以廣上恩。賦詩恭紀。

野服攜童出禁闈，宫壺雨露下丹宸。客中久欲忘佳節，天上何由憶具臣。分惠幸多倉卒客，衰年難乞自由身。北風方勁驚蓬起，試問如何報露塵。

白日一首示樊山

又到山寒木瘦時，黄雞白日去如馳。詩才已爲塵勞盡，霜鬢空教海内知。送遠添愁身是客，解憂無效酒停巵。夢争王室煩驚醒，櫪馬依墻齕斷萁。

不朽堂夜集，送樊山按察，分得咸韻

我惜嘉謨去殿巖，人言遺愛在崤函。刼餘長句頻煩和，愁裏深盃竟夜銜。且倚湖山供判牘，好留塵土檢朝衫。時危祇在同心事，豈在南鴻寄寸緘。

用咸韻呈同坐諸君

文飲何須立史監，虚堂霜月闞清嚴。滿階菊影成幽獨，三尺松栽已不凡。老作幸民愁論事，新名聱叟自題銜。諸公才韻如鋒發，杞國應憂造物劖。

讀王文敏公絶筆

癸卯入都，讀王文敏公懿榮絶筆一紙，慷慨從容，敬仰悲歎，非言所罄。賦詩述哀。

勁木少繁卉，節士罕多文。試數羣雅材，恒以智包身。卌年閱館閣，博古無如君，遠諍翁潭溪、阮文達、吴荷屋，近籠劉燕庭、李竹朋、陳壽卿，書爲九州霸，行筆來風雲。洪纖夷險等，窅然齊鵬鯤。當其入集賢，恩禮冠同羣。首録大寶箴，筆諫陳義純。盡發天禄祕，一一别圭珉。臣學信已劬，知己逢至尊。金鑾賜對數，密記不得聞。多箭報銀虬，歸鞚猶逡巡。在公豈恤私，大宅割與鄰。舉朝昏不學，聽妖如聽神。五斗踞朱邸，六甲塞禁闉。衮衮狂且醉，翹足策殊勳。讀君貽予書，赫蹏墨猶新。上言韓賈繆，編虎殃君民。下言素志定，掘井如廣輪。身爲國子師，臣道自我存。詐窮到潰決，天脱青城屯。留守諸貴人，棄職争西奔。君獨屹不去，闔門從靈均。楚毒備三死，所求臣志伸。絶筆卅八字，刦燄不敢焚。近代文且節，鹿床戴文節公熙差比倫。回憶交君時，洒落驚衆賓。嬉笑出坦率，不畏一世嗔。雖駡無他腸，人亦諒其真。真僞有時見，須待疾風晨。韓祠分一席，模楷俱千春。侈哉淡生堂，掠賣隨烟塵。市上見朱記，璆璧輸其珍。我知浩然氣，豈念屬玉分。有兒豐雋才，不憂衰此門。的的虎賁肖，對之輒霑巾。照影俯寒碧，常見貞苦臣。

讀史四首

李龜年

散序霓裳出月宮，重逢岐薛按秋風。漢官不獨威儀在，猶有梨園舊樂工。

蔡攸

緇衣堂上壽甌香，父子同朝荷寵光。盜起盟寒都不問，護持學究祀舒王。

張天覺

元祐多賢號泰交，不應黨論自紛淆。無心佛祖從呵罵，祇爲遮頭一把茅。

張孝祥

射策高科命意差，金盃勸酒顫宮花。斜陽煙柳傷心後，僅得詞場一作家。

紀恩詩十五首

藹藹蒼松伴紫芝，彝眉妙墨出瑶池。朽株新被祥風拂，一夕青回兩鬢絲。召對次日，慈聖賜御筆畫扇。上畫青松紫芝。

日日侏儒飽大官，書生洗盡粥齏寒。君榮弟信心空壯，恐有詩人刺素餐。連日賜内饌。

敢道滹沱麥飯香，臣慙倉卒帝難忘。艱難險阻親嘗到，天使他年晉國强。述西幸在陝時，湖北貢品豐足濟用。

水際花間響玉珂，免教星履上鑾坡。時艱不盡馳驅感，韋叡猶能效伏波。賜紫禁城騎馬，西苑門騎馬。

國勢須憑傑士扶，大科非比選鴻儒。阮文兆武吾何敢，忠孝專求鄭毅夫。派兩次閲特科卷。

文字編排秘殿深，緋桃青李出瓊林。華門不比新昌里，頓長庭前幾樹陰。在園時命中官賜桃李各一盤，告以係御園所産。

珍蘗饒甜共拜嘉，龍團徧賜婺源茶。猶嫌不是金莖露，御選傾筐素葉瓜。一日賜内饌瓜果。慈聖閲之，謂瓜不美。更命健步入城買三白瓜四擔爲賜。

擊汰蓮漪到日晡，對鷗仙館勝西湖。煙波本是寒家事，準勅容臣作釣徒。賜遊頤和園，乘舟遊覽，命至對鷗館憩息。

百級珍臺竦碧虛，乘輿内苑外臣無。自慙不是温申輩，許上蓬萊更給扶。命入排雲殿覽觀，賜乘椅輴入内，以小黄門舁之。

黼衮裳華錫賚重，美珠又見賜黄封。曾無寇準供論薦，中使前頭有作容。疊次綢緞蟒服，外賜珊瑚朝珠一挂。

天語傳來寵若驚，遠勝四裔道虛名。衰庸李揆成何事，孤負丹霄定品評。慈聖召見樊按察增祥，於洞有李揆之褒。

水調江城閲幾秋，今宵對酒傍瓊樓。人間天上知誰勝，難替東坡決去留。中秋節賜衣料、月餅、蘋果與他内膳，初八、十三、十五，共賞三次。

佛粥分香甫浹辰，韭黄生菜賫新春。用宋真宗語。今年已是匆匆過，虛踏長安九陌塵。十二月初八日賜臘八粥，二十日立春賜春餅内饌及生菜七種。

牢落蓬門聖藻光，一旬三賜驛塵忙。陳庭車服呼兒輩，此是荀邕勸學章。余十二月廿二日出都，廿七日到南皮。廿三日由直隸督臣發下江綢四卷，貂皮八箇。廿六日由直隸督臣發下慈聖御筆融和二字一直幅，福壽字各一方。廿八日由兵部遞到御筆福字一方。

欲報慈恩似海深，窮鄉安得校如林。二疏饔飧江村陋，酒食園亭耗賜金。陛辭時，慈聖賞銀五千兩。旋里後，以此金並益以積俸，造慈恩學堂，教合族子弟。

再贈樊山仍用咸韻

雄峻廉車勝郡監，定將蘇白洗朱嚴。滿朝公論推文藻，百日清遊任履衫。惜别出城常襆被，乘風渡海看張帆。題詩縱愛西湖好，興也箋云子細芟。

遊蘇門山四首

百泉

衛多君子淇多竹，最是百泉宜隱居。中有游儵長尺半，始知人樂不如魚。

拜孫夏峰徵君祠

庭下琅玕三丈長，霜筠常護歲寒堂。中年廢學慚湯耿，垂老猶思炳燭光。

坐泉上東亭

圓荇尖菱媚檻泉，波光滉瀁月初弦。一宵清静千金價，滌盡塵勞二十年。

登孫登嘯臺

入山都道太行深，長嘯荒臺尚可尋。谷路今朝開子午，最憐絶響鳳鸞音。英、義兩國設福公司，采澤潞煤鐵，下太行至衛輝，鐵路已興工。

王樓營見杏花新柳，是日濟河微雨

營濱黄河二十里。

行盡幽州一千里，稍見冰谷通流水。太行隨我向南行，漸有煙霏含青紫。王樓營外三家邨，潑眼春光百鳥喜。柳葉作態杏花驕，人馬風沙一時洗。我載沈痾逐鋒車，頓覺融暢入筋髓。枝裊鵞黄已蔽腰，蒂融絳蠟齊破蕊。乃知草木亦如人，寐者方酣覺者起。自由天氣有通閡，不緣土膏獨肥美。麥溝四徹如引繩，披拂蠕蠕將盈咫。濟河正逢好雨作，餅香飯熟都準擬。三輔疲甿何時蘇，北望攢眉皺筋七。直隸北五府苦旱已一年矣。

金陵游覽詩

吴氏寂園

在復成倉，皖人吴學廉所營。案此下公自題曰金陵遊覽詩。注云：余兩假江節，不暇遊觀，甲辰春奉命來與江督議事，公事無多，又不能速去，日日出遊以謝客。

厥初一瓜廬，蕞爾青溪邊。十年三過門，附益成名園。有水可濯纓，況兼遠與偏。堂後挺高竹，粗如夏屋椽。鍾山翔且舞，來住几案間。貪夫多媢嫉，履迹如慕羶。會見千朱甍，蔽岸成喧闐。及此衆未奪，日弄清且漣。

薛廬

在烏龍潭上，昔為全椒薛慰農院長所居，今為薛祠。潭即顔魯公放生池也。今有魯公祠。

人愛顔魯公，池古澤不竭。天憐薛夫子，分此地幽絶。閉山籬門内，貯水臥榻側。貧士生巧思，一壑遂專得。吟詩構杜堂，問字比揚宅。雖無五松雅，猶勝倉山熱。路荒花竹鬭，家索藩墻缺。溪亭徒兀兀，無梁不可涉。影前自炷香，悽然懷抱别。常恐嘯詠事，後起遂銷歇。

元武湖

滄海日以東，江潮日以遠。城頭紫氣盡，城下白波淺。龍子去荒洲，春深荻芽短。逶迤隨崇墉，縱横抱疊巘。樂游與青溪，自笑蹶涔徧。勝國一紙堆，明藏天下黄册於元武湖。今日萬家産。賢侯勳業多，豈暇計瀦匽。閒鷗樂藪澤，白舫洗心眼。欲使清虚露，先將荒穢翦。汙萊畀農漁，蒲荷兼游衍。利害隨時生，陳迹不相踐。葦閒貪延緣，浦口暗西崦。

莫愁湖

蕭衍黠老公，豔體託麗人。製爲莫愁曲，歌者頰生津。遂令石城水，曼膩嬌千春。將柳作腰支，以山當眉顰。六代迄宏光，海枯湖不湮。顛倒滿城客，彷彿遊洛濱。可歎遊觀末，亦罕真賞存。了無川嶼媚，一勺安足珍。白雨忽飛灑，水草生精神。明鏡頓如拭，一洗金粉塵。

雨花臺泉

不見報恩塔，猶見雨花臺。信知象教力，帝王不能摧。灑此一清涼，救彼羣昏霾。一嗽肺肝平，再嚥神識開。此邦苦爨汲，流惡孰決排。安有脂粉膩，時見糞草偕。疹癘固由此，並使風俗卑。汲汲安吴翁，陳義通江淮。符調忍獨清，見泥志勿衰。

胡氏愚園

有六朝石，宋人題字，曰劉季高甫徘徊其旁紹興丙申十月乙亥十六字。

甲第什伯區，充塞冶城中。云是大將家，一堂役萬工。土木朱紫衣，歌舞玻瓈鍾。佳哉婺源叟，獨以園池雄。浩渺起鷗鷺，心落滄洲空。撫此徘徊石，頓思相賞松。池東有磵壑，畫意參荆穜。池西多嘉實，霜餘綴青紅。我來值冷落，掃除驚兒童。無人亭黯敝，不翦花蒙茸。獨有賞會處，不與衆人同。

青溪

劉江諸大宅，一礎不可尋。遺此衣帶水，穠華變清深。稍稍種桃柳，寡薄無繁陰。聊借三人航，寫我五湖心。燥吻甘止酒，茗椀自酌斟。清曠人語絶，時逢禪叢林。煙際聞相呼，三兩歸暝禽。何必牛渚月，已足愜素襟。得享一舸閒，勝擁千鎰金。

羊氏〔一〕巷某氏園

園主人某太守方自滬赴都，謀攬造川漢鐵路事。

逢花輒停車，有竹便叩門。古來達士遊，何用具主賓。倦遊老太守，酣眠看朝暾。楚楚一畝宫，蕩蕩十畝園。訪戴不見戴，所見荷葉繁。繫馬槿籬下，移床苔石根。雛鳧白依母，斤竹高避孫。市聲屏不至，坊巷同邱樊。似聞遊嶽叟，浮海踏京塵。樹間黄栗留，向我如有言。客何多閒情，主何不憚煩。煩者有至樂，旁人不得聞。閒者有至苦，寫我憂如焚。

謝公墩

謝傅功再造，轉憂爲臣難。桓箏急且哀，一坐皆汍瀾。詠詩效洛生，擁鼻仍儒酸。山澤自本性，亦以免憂患。豈意芰憩地，千載爲公專。後枕鍾阜樹，前流北郭泉。僻有鹿跡雜，静聞田水

〔一〕「氏」，《廣雅堂詩集》中《金陵游覽詩》作「皮」。

喧。景物甚寥寂，自取碩人寬。寄興在象外，一拳同東山。來爭無味名，猶是介甫賢。何人惜古意，築室加藩援。善保此部婁，勿使犁爲田。

雞鳴寺

余以金施寺僧，闢寺後經堂為樓，盡伐墻外雜樹，遂為金陵諸寺之冠。

雨暗覆舟山，泉響雞鳴埭。埭流南朝水，僧住南朝寺。當時造宮城，選此陵阿地。朝市皆下臨，江山充環衛。白門遊冶子，沓拖無生氣。心醉秦淮南，不踏鍾山背。一朝闢僧樓，雄秀發其秘。城外湖皓白，湖外山蒼翠。南岸山如馬，飲江駐鞍轡。北岸山如屏，縈青與天際。鷺洲沙出没，浦口塔標識。煙中萬樓臺，渺若蟻垤細。素有杜老憂，今朝豁蒙蔽。

瞻園

本徐中山園，今在布政司署。

去年入瞻園，水涸不盈尺。殘梅如病尪，步步生草棘。山林有重遊，相隔幾何日。攢蹙寸楮畫，展作尋丈壁。充悦盎百卉，苔潤新陰碧。邱壑涌奇詭，尋路忘曾歷。虚堂久扃鐍，一旦波照席。佳處添茅茨，愛之坐忘夕。屋烏與儲胥，非關好惡辟。物態由抉發，兼遇興會集。傳舍慎勿譏，滄桑衹過隙。不哀大功頹，豈代青君惜。達哉張全義，不理平泉石。主人觀静妙，開縣李雨亭官布政使時，題曰静妙堂。俯仰掃陳迹。

翠微亭

即南唐暑風亭。

明光曳地來，長如一匹練。不登石頭城，幾疑天塹誕。邱垤齊斂避，形勢頓涌現。是日積雨晴，千里無陰闇。夕陽生金采，青緑染郊甸。尺樹藏百村，片嵐連數縣。南北交映發，不爲洲渚間。姑熟及朱方，左右一顧盼。保大雖孱王，此亭江表冠。涼風掃盛暑，夜夜金輿玩。霸圖偶起滅，山川長絢爛。窮蛙食井泥，安有超世見。欲攬大瀛環，凌虚思羽翰。江神傲河伯，醯雞兩足歎。遠略我所乏，老朽頗自厭。登高或能賦，含毫窮汗漫。

燕子磯

汹汹黄天蕩，空曠如巨池。舟行無幟志，遠指江（千）[干][一]磯。鐵骨蒙苔蘚，舒翼昂（領）[領]頤[二]。翩然來下浴，斗入青琉璃。南北此要津，日有千帆飛。喜其無障礙，登者輒賦詩。豈知白鷺洲，駸駸能東移。水道多改變，（迴）[迴][三]異梁陳隋。伐荻如伐木，取充州軍資。青青雖可悦，大觀爲蔽虧。蕃舶運尻輪，外水晝夜馳。內水頓淺狹，竹塢連秧畦。陽侯逞靈怪，沙禽眠不知。昔傳裘司空，水神此地尸。裘文達爲燕子磯水神。今祠內木主尚存。巖巖臨溝澮，威福將安施。既失搏水險，遂減翔風奇。利害互相因，世事常如斯。猝然來好事，路壞亭孤危。仰讀設險句，感歎南巡碑。磯上乾隆御題詩，有設險語。俯瞰鹽舸商，

〔一〕「千」疑為「干」之誤。
〔二〕「領」當為「領」之誤。《廣雅堂詩集》即作「領」。
〔三〕「迴」疑為「迴」之誤。

誰解題好辭。此草輭夾內夾江，惟鹽船行之，行旅皆乘輪矣。暝雲送客散，滿山嘑畫眉。磯下多畫眉，皆巢石罅內。

賦贈胡彥孫糧儲

魏（都）［督］部光燾招集適園[一]，賦贈胡彥孫糧儲。

園在糧道署湯園，金陵賈人湯某作，今歸義州李光瑜。張園，皖人張士珩所居。湯園以多魚名，張園以多竹名。

湯園九池金尾魚，不如張園名竹居。竹外靈巖高八尺，不如左轄池畔石。佳石貴有水映帶，牛馬飲溪各異態，或似穹龜與長魚，詩情忽落五嶺外。九曜池上曾往遊，此地具體小藥洲。南漢九曜石翁覃溪表章之。今在廣東提學署內。其（他）［地］即南漢藥洲[二]。桂海年年作大浪，何人更賞林塘幽。江城春盡雨如瀉，洗出秀野勝嫣姹。嬾乘藍轝登岡巒，且倚禪牀玩圖畫。我看客飲脣不濡，余以病止酒。歡雖不足適有餘。借問主人何所適，溪堂客散仍讀書。

金陵雜詩

兵力無如劉宋强，勵精政事數蕭梁。何因不享百年祚，酖毒山川是建康。

叢蘆無主魯公池，斷甓難尋武惠祠。功德無憑憑富貴，山中處處有園基。土人謂布政司園、糧道園，南至胡園，東至張靖逆侯園，皆徐中山園址。

荒陂野水尚西流，朱雀橋邊繫葑舟。莫道南朝無可念，求書今少大航頭。

太白南遊意可傷，吴宫泯滅國山荒。雪讒自寫浮雲感，豈爲登臺弔鳳凰。

孟老録中思汴臺，達摩曲裡鄴城灰。世間少有蘭成賦，便覺江南最可哀。

宰相荒嬉夜宴闌，保儀新拜掌書官。春風一半殘桃李，獨有潘郎忍淚看。

北横天塹雪濤吞，東擁鍾山翠壁捫。堪笑謂之無遠志，賞心偏在水西門。丁謂建賞心亭以懸上賜袁安臥雪圖，故址在今水西門。

老借瞿（呥）［聃］作退藏[三]，蔣山驢背舊平章。惠卿雖敗惇京壽，法乳綿延送靖康。

相公開閫帶中樞，公子南軒闢敬夫。百萬椿錢支破盡，靈虹果有岳韓無。張浚開府建康時，張敬夫在保甯寺方丈讀書，號其室爲南軒。南軒之稱由此始也。

〔一〕據楚學精廬一九三七年版《張文襄公全集校勘記》，「都」為「督」之誤。

〔二〕「他」當作「地」。《廣雅堂詩集》即作「地」。

〔三〕「呥」當為「聃」之誤。

躭隱周雷不可攀，栖霞訪古長卿閒。明賢專甑板橋水，讓與貧僧住攝山。

媒翳開場隴麥肥，君王射雉撤重圍。祇今遊戲無生氣，惟見蕃兒獵騎歸。

句曲陽明洞裏天，館壇殘刻渺荒烟。挂冠神武真豪傑，不訪三柔已是仙。

景宗何如霍去病，慶之無愧張子房。誰道江東詩綺靡，如聞敕勒見牛羊。

祕種傳來自海涯，雞雍爲帝亦堪嗟。牡丹芍藥舊王謝，一尺妖紅月季花。

雞鳴寺改半山頹，永濟荒涼靈谷灰。獨喜清涼名實好，贊幽躭僻有誰來。金陵諸寺以清涼寺爲最。餘無取。

秣陵遊客慣騎驢，今日全家挽鹿車。拈出維新一公案，請參利病究何如。

過張繩菴宅四首

北望鄉關海氣昏，大招何日入修門。殯宮春盡棠梨謝，華屋山邱總淚痕。時歿已一年，尚未歸葬。

篋中百疏吐虹霓，泛宅元真世外嬉。劫後何曾銷水火，人間不信有平陂。

憑誰江國伴潛夫，對舞髯龍入畫圖。憐汝支離經六代，此心應爲主人枯。宅有六朝栝兩株。

廿年奇氣伏菰蘆，虎豹當關氣勢粗。知有衛公精爽在，可能示夢儆令狐。

過蕪湖弔袁漚簃四首

七國連兵徑叩關，知君卻敵補青天。千秋人痛晁家令，能爲君王策萬全。帝王之道必出萬全。晁錯言兵事書中語。

民言吴守治無雙，士道文翁教此邦。白叟青衿各私祭，年年萬淚咽中江。士民祠之於中江書院。

梟鴈江湖老不材，百年世事不勝哀。蓋公堂下青青樹，曾見傳杯讀畫來。蕪湖道署中，漚簃用宋人蕪湖故事作避舍蓋公堂。丙申二月，余還武昌過蕪湖，漚簃留余及幕僚賓客，談讌竟日。

江西魔派不堪吟，北宋清奇是雅音。雙井半山君一手，傷哉斜日廣陵琴。

登臨

登臨秘要待閒身，杜牧之詩：景物登臨閒始見，願爲閒客此閒行。

墨突無黔已幾春。山水有靈應笑我，自疲自樂豈關人。

仲弢偕令弟叔容手拓三遊洞山谷歐公題名

賞心無如山水佳，至樂無如兄弟偕。賢兄弟遇奇山水，豈惜踏破雙青鞵。下牢關前人鮮蹇，涪翁投荒同氣送。可憐鑿險姑留題，筆勢荒率轉飛動。曩閲圖經心識之，百年陰閟氈椎稀。永嘉二黄儻再世，秉炬搨壁窮幽微。仲如鳳皇長苦飢，叔如鷟鳥甘卑飛。雖勝黨籍亦蕭瑟，得恣幽討恒忘歸。六一亦有殘字跡，案牘顛倒聊蘇息。大瓢一酌蝦蟇泉，定勝汴京飲泥汁。諒哉遊緣須天假，嘗聞愚溪慰賢者。我宦江湖空白頭，遊賞怱怱似走馬。祝汝爲歐勿爲黄，夷陵歸來終入政事堂。

少年

少年容易擲春華，酒量山行歲歲差。客鬢漸添千縷雪，家園已少五分花。

竈嫗辭

賢婦三言甫入門，得人嗤處祇緣新。如何竈下蓬頭嫗，不聽登堂勸徙薪。

食橄欖

回甘青子出艱難，爛熟朱櫻衆喜歡。内熱清涼空論定，幾曾同薦赤瑛盤。

兔絲

文杏夭桃鬭一時，天涯芳草襯胭脂。兔絲亦厭風霜苦，誰伴青青澗底枝。

題周東邨畫隱居圖

黄雞啼午棗花開，狗臥桑陰吠客來。驅狗出門雞上樹，華胥好夢莫驚回。

元稹

賈誼多言絳灌傷，舊勳新進敢衡量。最憐輕薄元才子，操縱英雄緑野堂。

非荆公詩

大婦鳴環治酒漿，彈箏小婦鬭新妝。爲君辛苦成家計，凍折機絲不怨涼。

江上觀魚

緑波風定起微皺，磯畔拋罾待巨鱗。網得固欣空亦喜，喜他江上是閒人。

惜春

老去忘情百不思，愁眉獨爲惜花時。闌前火急張油幕，明日陰晴未可知。

六十九歲生日奉答柯遜菴中丞二首

六十九歲生日，柯遜菴中丞賦詩爲壽，慙惶感歎，奉答二首

不辭霜鬢與灰心，裴晉公詩：灰心緣忍事，霜鬢爲論兵。廟略堅强挽陸沈。雄峻直轅通日月，困窮筆路啟山林。醯雞久笑江神劣，精衛安知海水深。方悟離鄉莊舄老，勞歌已作楚人吟。

漢柳成陰三十秋，當年賢士與吾遊。早聞天驥行千里，爭使迂生不白頭。日下黄壚愴嵇阮，舊日門人卓卓者，如黄良煇、劉國香、馮德材、潘頤福、王萬芳、黄源、黄嗣翊、陳作輔、周錫恩、楊毓秀、張榮澤、張士瀛諸人，皆下世。湖尋畫舫愧蘇歐。暖姝自抱薪窮憾，今日干城在五洲。

中秋大熱，月夜與客乘舟至金口

世事攻人如鑽灼，那堪秋陽更助虐。江妻不吝明珠圓，抛向波心尚騰躍。救此煩惱一方民，清濁衆生同一濯。出城已是蟹離甑，臨水無殊病得藥。靈風肅然樓船高，疏布兩重猶可著。雙闕突起明鏡裏，危石怒與驚湍搏。戍樓鼓角遠不聞，魚龍晏處歸其壑。可憐雪壁如堵墻，欲題方悔筆未槖。荆蠻和歌退之哀，黄州起舞子瞻樂。愚公哀樂兩不挂，差幸良宵解束縛。了無際斷放空明，誰爲藪澤誰寥廓。歸舟客醉我獨醒，遥天又警南飛鵲。

中秋夜登大軍山，和易實甫

今夜居然小三昧，江風山月短牀支。都無點滓留雲影，暗有新涼透鬢絲。安睡舟魚皆自樂，登高賓佐盡能詩。憑臨軍壘我思古，康熙間提督徐治都、咸豐間楚撫胡文忠，皆先屯軍於此山，遂以克復武昌。除却徐、胡更有誰。

送沈乙盦上節赴歐美兩洲二首

海水東迴三萬里，同瞻日月共星辰。飛蓬漸覺風輪急，倚杵方憂刼界新。南北神功矜鑿竅，東西儀態誚工顰。平原賓從儒流少，今日天驕識鳳麟。

君詩宗派西江傳，君學包羅北儌編。管内果然擁廬蠡，軺車更欲歷英蹇。蹉跎拙政慙佳客，絢爛秋花鬬别筵。善飯挽强都不敏，何勞異國問霜顛。

改建賢良祠，於祠中設仕學院，書示衆官

祠祀楊清端公宗仁、胡文忠公林翼。

二百年來止兩公，雲霄並峙表清忠。後生多學前賢畏，時局更新大節同。盡取摴蒱投巨浪，樂觀鼓篋暢儒風。升堂無異臨師保，炳燭猶堪策病翁。

武學西園四首

秋花本不合時宜，況復芻除茜與脂。恰似頹唐蘇玉局，洗將素面鬬天姿。園中白秋海棠、白芙蓉、黄蜀葵，無一紅者。

陳氏東莊百桂開，此園花過客稀來。何人得似支離叟，約伴尋詩賞緑苔。

枯荷折芰曲池空，砌露宵寒減蕙叢。獨有女蘿依託好，緣荆攀棘吐嫣紅。

人稱晚達樹冬青，園竪編排作翠屏。不耐矯揉真性在，故知澗壑勝園亭。

九日寶通寺塔登高

喜看天際乍輕陰，暫脱塵鞿到二林。楓葉未紅欺客老，北鴻初到攪鄉心。百年皮骨鹽車淚，萬里江湖漆室吟。此塔閲人沙海數，豈惟登峴歎銷沈。塔明初建。

送梁節菴之官襄陽道

此去提封楚北門，幾年江國悴蘭蓀。謗書那得湮公道，遠謫終然念至尊。健筆淩秋花未晚，停杯感世酒無温。三雍輦下方興學，臺省旬周伫異恩。

食黄河鯉與易實甫聯句

時河橋告成，京漢鐵路大通，故有鮮河鯉來鄂也。

久作江湖客冰，蕭疏鬢髮更。歲時惟記楚鼎，夢録每思京。稍稍嘗南食冰，棼棼慨北盟。窮山藍筆啟鼎，馳道鐵椎成。梁駕鷩鼉伏冰，書飛與雁争。塵紅休驛騎鼎，海碧杜長鯨。風馬俄相及冰，河魚夙有名。琴高初薦綱鼎，張翰正思羹。照座金鱗閃冰，堆盤雪鱠明。何勞頣貫柳鼎，最喜飯宜杭。猶記龍門峻冰，難將鮒井衡。馮蠵耀神怪鼎，茭玉萃公卿。跋浪莊知樂冰，充庖鄭饋生。芳鮮等王鮪鼎，殘冷笑侯鯖。昔入周王燎冰，今誇柳嫂烹。碎煩聃史戒鼎，饕餮宋妻輕。鮮美嫌芒刺冰，魴腴病尾赬。臭香無餒敗鼎，腹疾任彭亨冰。西塞慙漁父鼎，中原羨老傖冰。舟吞新縱漏鼎，冰貢免疲氓冰。莫惜銀刀破鼎，同將玉注傾。薑芽愁棧險冰，瓠子幸瀾清鼎。活勝陶封鮓冰，尖殊越姓鬐鼎。餅需闕隴麥冰，齏想嶺南橙。嘉穴休探丙鼎，通郵孰塞庚冰。鋏彈伸士氣鼎，鷖溉察民情。尸素公厨愧冰，烟波舊夢縈。落英添夕餽鼎，朔雁聽宵征。既飽增蕭瑟冰，周行樂蕩平鼎。看君千里足，刷夜到幽并冰。

壽易笏山方伯八十生辰

蚤年識面象房西，余與君爲同年，然在徐琴舫學士象房橋西宅内始相識。碧玉春祠手重攜。擐甲勳名抛鼓角，挂冠道術得刀圭。厭求千絹徵栽橘，喜傍雙林飽杖藜。五老山樓終日對，祝君眉壽與之齊。

讀宋史

南人不相宋家傳，自詡津橋警杜鵑。辛苦李綱虞允文文天祥陸秀夫輩，追隨寒日到虞淵。李綱閩人，虞蜀人，文吉水人，陸楚州人，皆南人。

讀白樂天以心感人人心歸樂府句

樹枏案：宣統元年，監國將以洵貝勒籌辦海軍，濤貝勒管理軍諮。公面諍曰：此國家重政，應於通國督撫大員中選知兵者任其事，洵濤年幼無識，何可以機要爲兒戲。監國不聽，公力爭之。監國頓足，色然曰：無關汝事。公因此感情致疾，遂以不起。此詩即爲是而作。第二句作君臣末世自乖離，有謂君臣二字太顯，恐公以此賈禍，乃改臣爲民，而不料成民國之讖也，噫。

誠感人心心乃歸，君臣後作民。末世自乖離。豈知人感天方感，淚灑香山諷諭詩。

讀史絶句二十一首

賈誼

遭逢聖主落江湘，年少多才豈不祥。自古孤根難獨任，堪嗟同姓楚蘭芳。

漢文帝

救時黄老愧純王，款敵和親計不臧。北宋昭陵知此意，書生何用苦雌黄。

陸賈

調和將相賴良媒，寶劍黄金捆載來。從此海南誇寶玉，使車爭指越王臺。

司馬相如

傳遞琴心作上賓，吹噓賦手藉閹人。餘辜留藁言封禪，誤到唐元與宋真。

叔孫通

綿蕞恖恖帝改觀，兩生偏道百年難。不知禮樂扶開創，陋絶寒儒二寸冠。

東方朔

上林苑與主人翁，正諫難言譎諫從。不到韓公憂鬼怪，誰知曼倩果猶龍。

劉向

父矢忠良子黨新，五行七略卻無倫。傳家不獨遺經貴，恐有含飴瀹牡人。

李商隱

芙蕖霧夕樂新知，牛李裴回史有辭。未卜郎君行馬貴，後賢應笑義山癡。

揚雄

寂寞猖狂作亂臣，苦搜奇字美亡新。成都不少文章士，淺陋何緣動富人。

馬武臧宫

講藝投戈閉玉門，燕然勒後弛邊屯。黄巾甫滅涼兵亂，從此胡塵洛下昏。

房元齡、杜如晦

筆磬無徵帝寵優，家聲並隕士林羞。當年參佐宏文館，多少功名出射鉤。房、杜之子皆以反誅，意有道家陰禍歟。

唐明皇

正本安邊有大猷，空談吏治兔園流。一作梭。請看安史蕃回亂，枉費一作可惜。顔元典郡州。

張九齡、李德裕

流人遠惡盼還鄉，甘露逋誅到會昌。賢相蕭條憐末路，贊皇李與曲江張。曲江建議謫官不得與善地，武宗時劉稹平、賈餗、王涯親屬匿潞府者皆誅。

李泌

衣白山人御輦乘，重來仙翮困騫騰。衡峰嵩室無緣住，歎惜何人悟懶僧。

杜甫

稷契尋常便許身，忽儕孔跖等埃塵。雖高不切輕言語，論定文人有史臣。

裴度

早定淮西晚薦賢，旁看閹禍午橋邊。汾淮泌贊無安枕，忍痛良臣學老（眒）[聃][一]。

李吉甫

元和漸解武夫權，郡縣成書會計編。牛李宗閔紛紛攻執政，後來相業果誰賢。

陳子昂、宋之問

文人夸誕騁虛辭，多少緇塵涴素絲。伯玉幽貞孤竹詠，延清鯁直老松詩。

白居易

海圖題詠見憂思，浪攬天吳悔已遲。亦有刑天精衛句，千秋獨誦白家詩。

[一]「眒」當為「聃」之誤。

張九齡

辭達風清兩義均，輕縑大練濟時臣。微之浮豔荆公險，敢告衡文薦士人。

陸贄

稽神説鬼費搜尋，總是孤臣悄悄心。争似忠州方藥好，活人猶比狄公鍼。

弟子記

抱氷堂弟子記 一百二十條

一、殿試時，對策不襲故套，指陳時政，直言無隱，爲二百年來創格。閲卷大臣皆不悦，議置三甲末，獨寶文靖公賞之，置二甲第一。進呈時，兩宫皇太后拔置一甲第三。自應小考、鄉、會試至殿廷諸試，從不帶片紙隻字。所刊鄉會硃卷、殿試朝考卷，不改易一字。

一、任洗馬時，諫阻俄約，收回伊犂，奉旨隨時到總理衙門諮商，前後疏二十餘上，卒將崇厚所訂十八條全廢。時舉朝士大夫無一知外國交涉情形者，自此以後，京朝官始講求洋務矣。崇厚赴俄議約時，曾代人上疏：請敕崇厚先赴新疆一行，晤左宗棠，考究新疆形勢，豫籌因應之法，免至懵昧貽誤。政府不聽，遂有崇厚擅定十八條之禍。

一、官翰詹時，有日本學人竹添光鴻來京求見，拒之。乃懇總署介紹，奏明請旨。詔令與見。執禮甚恭。其人博學能詩，治春秋左傳，有著述，其來意在覘國，今爲老宿，不問世事矣。

一、庚辰、辛巳間，官庶子時，有中官率小奄兩人，奉命挑食物八盒賜醇邸，出午門東左門，與護軍統領及門兵口角，遂毆棄食盒回宫，以毆搶告。上震怒，命褫護軍統領職，門兵交刑部，將置重典。樞臣莫能解，刑部不敢訊。乃與陳伯潛學士上疏切論之，護軍統領及門兵遂得免罪。時前數日内，有兩御史言事，瑣屑不合政體，如争遷安縣落花生秤規事之類。被責議處。恭邸手張、陳兩疏示同列曰：彼等摺真笑柄，若此真可謂奏疏矣。

一、方略館編纂平定粤匪方略、捻匪方略告成，欲撰表上進，以其文相屬。其書汗牛充棟，存館内，不得見也。兩表成，各二千餘言，歷叙髮、捻始末、兵勢利鈍、廟堂及諸大將方畧，如指諸掌。樞府驚歎，竟不能改易一字。今其文刊方畧編首。

一、歷官主考、提學，最勤於搜遺。鄉試卷全閲，小試卷十閲其七，得人甚多。提學時屏絶搜檢，然槍倩、懷挾、勦襲，專於文字中求之，罕能欺者。所録專看根柢、性情、才識，不拘拘於文字格式，其不合場規文律而取録者極多，惟義理悖謬者，雖一兩語，必黜。人服其公明，亦不訾議也。

一、同治丁卯典浙江鄉試，得人最盛，知名者五十餘人，經學、史學、詞章、經濟、忠義之士咸備。前後數科皆莫及也。

一、同治癸酉典四川鄉試，旋督四川學政，所拔皆學行超卓之士。專以經學提倡士林，於是蜀人皆知以通經學古爲尚，風氣一變。

一、任四川提學時，撰輶軒語（一）［二］卷〔一〕、書目答問（一）［四］卷以教士〔二〕，宗旨純備，於學術源流、門徑，開示詳明，令學者讀書即可得師。

一、任四川提學時，成都惡習凡攻訐、冒籍、槍替、身家不清諸弊，提調官多置不理。民怨不伸，輒有痞徒糾衆持械，伺於學使轅門外，待其人覆試時擒去，索重賄，名曰拉搕。本生亦僱倩數十健兒爲保護，鬭於學轅，動有殺傷。乃懸牌示：攻訐者當

〔一〕據楚學精廬一九三七年版《張文襄公全集校勘記》，「一」爲「二」之誤。

〔二〕據楚學精廬一九三七年版《張文襄公全集校勘記》，「一」爲「四」之誤。

親訊，拉搕者飭提調率兵拏辦。每於覆試日放牌後訊之，剖斷公明，或扣除、或坐誣、或勸解，士論翕服，其訟立平，其爭立解。自是學轅無械鬭者。松潘有回人武生蘭某，勇健多黨，橫行川省，曾在省城内與駐防旗兵鬭，旗兵大敗，官亦不能捕。治試成都時，蘭逞故智，拘松潘書吏廪生閉其家，納重賄者方許應試。乃設策誘之來面訊，遂以兵擒之，繫之獄。成都武試遂静。

一、任湖北學政時，捐廉創立經心書院。任四川學政時，與督部吴勤忠公商籌立尊經書院。皆選調高材生肄業其中，親定課程，成就人才不可勝計。任晉撫時，創立令德堂，皆課通經學古之學，不習時文。

一、在山西，劾治吞賑之官十數員，設局清查道光以至光緒數十年庫款，兩年乃畢。積弊一清，永杜冒領、濫支之弊。

一、在山西，奏除當驛站各州縣民間差徭之累，釐定章程。又奏除民間歲辦官鐵、潞紬之累。

一、在山西，奏開澤、潞、平、盂等處鐵貨出洋之禁。時洋鐵充斥各省，而土鐵尚沿舊例不准出海，故奏開之。

一、在山西日，户部函咨各省，商京官津貼。以其數太少，請增之，並請籌政府言官公費，其數應增籌若干，聽户部派，並有云：山西雖小，願比大省。户部見小而泥，不肯加增。在粤日，忽接部咨，將此項京官津貼不給京官，改爲加復俸餉，統解京充餉。又疏力阻之，謂此事關係人才吏道，斷不可廢，朝令夕更，亦非政體。此款如必須提充京餉，情願照數另籌一分，仍解京充各官津貼。權其輕重，所得爲多。疏入，執政既愧且怒，駮斥之，不行。

一、在山西，永除州縣饋送上司節壽禮之累，另籌公款以代之，定名曰公費，刊有奏案章程。

一、在山西，修四大天門路。

一、在山西日，欲經理邊外七廳之蒙地，開墾升科，屯田練兵，奏派前山西藩司奎、樂山都統斌周歷蒙地，察勘情形，確可舉辦。自歸化城東至豐鎮廳，西至和林格爾廳，規畫已有大畧，適擢粤督去，未竟其事。後任踵而行之，今遂大舉興辦，實當日發其端也。

一、初到粤時，前任已借洋款二百萬兩。到任後，爲本省海防借銀二百萬兩，爲協助滇、桂，越南劉、唐兩軍及臺灣，共借五百萬兩。合前任、本任，共借洋款九百萬兩。先經奏明，分各省認還。嗣户部派廣東籌還，乃獨力認籌，分十五年還清，專取給於本任内新增洋藥釐金中飽一款。

一、初到粤時，藩庫存款不及五十萬，善後局欠債無算。臨去粤時，存現款銀、正項銀二百萬兩，書院、書局雜款銀五十餘萬兩，皆存匯豐，藩庫所儲在外。面交李筱泉督部。時中外譁言在粤濫用，巨虧。李至是愕然，大驚服，肅然起立，長揖以謝。

一、在粤，因法船踞臺北，乃倡議奏請攻越南以救臺灣，爲圍魏救趙之計，招回黑旗劉永福爲我用，得旨俞允。乃議分三路攻之：岑襄勤滇軍攻臨洮府，劉、唐攻宣光，粤軍攻文淵州諒山一路。助滇、桂及劉永福、唐景崧之餉銀軍械，並助臺灣餉：滇二百萬，桂二百萬，劉、唐四十萬，臺灣四十萬。

一、法攻越邊急，桂軍數路皆敗潰。法兵入桂境，兩廣大震。廣西官吏將卒皆棄龍州。特奏派馮子材軍門、總兵王孝祺兩軍

（綏）［援］桂〔一〕。馮、王兩軍扼鎮南關内之關前隘，苦戰兩晝夜，卒大破敵，繼克諒山。自中國與西洋交涉數百年以來，未有如此大勝者，各國皆詣總署致賀，法人大懼，日發急電求和，法總統茹兒斐禮即日黜退。七次電奏，力争請少緩之，不得。竟由總署、北洋與之劃界定議。

一、在粤創立廣雅書院，規模宏整，教廣東西兩省人士，以興實學。又修葺三大忠祠，於其地設廣雅書（院）［局］〔二〕，以刊經史有用之書。

一、平日持論謂某廠學生過文弱，藝雖優而無益軍用。於黄埔設水陸師學堂，募西國將弁教之，專取行伍中材力勇健者充學生，名曰營學生。此爲南北各省創立營學生之始。其中人才傑出，今日爲京外任用者極多。

一、瓊州熟黎句串土匪爲患，時出殺掠，瓊人苦之。屯兵設戍數十年於兹矣。在粤時，奏派馮萃亭軍門勦辦瓊州黎匪，擒誅奸匪，安撫良黎。於瓊島之中心開爲十字路，以通南北東西各路聲氣，自是瓊無黎患。

一、親巡欽州海面，至越南境。又親到廉州、瓊州，相度地勢，創建礮台十餘處。瓊州屬崖州，有榆林港最深，可泊大兵輪，爲中國第三船澳。乃擬於瓊州府城外設守，并經營榆林港，分投營造，已籌有定款，購有甚巨礮臺數十尊。後任某君到，言此臺北礮爲無用，盡舉以贈北洋。又籌款在鎮南關設礮臺十餘座，置新式礮。奏令廣西提督移住龍州之幕府。又著有廣東沿海險要圖説一卷，曾奏進，有刊本。

一、在粤，因水災，乃籌款修圍隄數十處。粤省從來不辦災，不辦賑，辦災自此始。又於省城外創修天字馬頭，並於馬頭左右修築隄岸，開市廛以利商民。至今官民皆享其利。

一、在粤，裁粤海關陋規銀二十四萬兩，悉以發善後局充餉。

一、粤省鹽商承充埠商，數年一次。承充時，督署、鹽運司署皆有費，多者數萬、少者數千。與運司英續村煦約，勿取此款，留以備公用。凡在粤所辦書局、書院、祠廟等類風雅事，大率取給於此及粤海關家丁、清書罰款。

一、廣西梧州關税，往年於正額外，多收加倍，名曰經費，歲收約十四五萬。適有旨查辦，乃據實上聞，劾去欺隱之梧州府知府，删除經費名目，商民以蘇。

一、廣東肇慶府所管黄江税廠，每年除解正額一萬餘金外，餘皆入己。廷旨令查辦，乃奏改收税章程，知府歲籌給公費一萬二千兩，不令與聞税事，專派道府大員管税務，議定除正額外，長收過十萬者，優獎升階。此項專充省城築臺、購礮之用。又惠、潮、嘉道關税，盈餘亦過多，亦奉旨查辦，乃歲提銀三萬兩解省充餉。

一、廣東鹽課歷年止銷九十餘萬兩。到粤後，裁革督署規費，慎選六門緝私文武委員，弊端遂少。又歲辦倉鹽一次，每年遂銷至一百三十餘萬兩。

一、廣東潮州鹽運司運同自爲報銷，不歸省城運司調度，運同皆由部選，逸樂廢弛，私販公行，額銷不及七成，積虧日甚。

〔一〕據楚學精廬一九三七年版《張文襄公全集校勘記》，「綏」爲「援」之誤。

〔二〕據楚學精廬一九三七年版《張文襄公全集校勘記》，「院」爲「局」之誤。

乃奏明改章，不令運同管事，優給公費，專派知府周福昌總辦潮橋鹽務，定章優奬。行之一年，已加課三萬，次年舊課正雜十三萬之額盡復。

一、在粤，因海防籌餉緊急，舊有闈姓捐一項，因内地禁開，驅歸澳門，徒供漏卮，實未嘗禁也，因與彭剛直公奏開其禁，歲收巨餉。自到任以至去粤，計此項捐款并罰款，共收銀約五百萬兩。此事素爲各衙門利藪，名曰黑錢。議及此者，必遭謗毁。以廉正素爲官民所信，自督署及承辦大小委員，不取規費一文，故事舉而民無怨。

一、在粤，創煙膏店領牌捐。在鄂，創就土徵膏，兩湖、贛、皖四省統捐之法，作鄂省賠款，抵民間歲納巨金。户部謂鄂省款太多，提歸部自辦。在鄂省歲減百餘萬金，而在部中驟增巨餉。

一、在粤，創鑄銀元，歲獲盈餘三十餘萬。是爲中國鑄銀幣之始。昔林文忠建議欲鑄銀元，爲宵人造言阻止。

一、澳門爲粤省肘腋患，自洋藥加税後，總署冀澳助我，曲意餌之，改舊約數條。澳勢漸張，思擴界，屢請，皆駁之。乃使澳門同知駐自澳入内之要（查）［隘］名關閘者〔一〕，嚴定界限，資以兵衛，杜其侵軼。

一、在粤，時適新行洋藥税釐并徵之法，赫德欲沿海設巡船多艘，皆歸赫調度，各兵船兼有海防名目，意欲全攬海防之權，用心難測，乃覆奏力駁之而止。

一、在粤，時外人有擅在羅定州開桂皮行棧者，立封禁之。總署代爲調停，卒不許。在鄂時，外人有强佔竹山縣銅鑛者，前任已允，卒沮之。一切工商事，力保主權，如此類者甚多。

一、在粤時，屢有官紳請開白鴿票，餌以重賄。以此票爲害最鉅，不許。戊子年，京師創設海軍衙門，籌經費，合肥李相議開廣東白鴿票，可得規銀一百萬兩，函致粤省，專遣臬司某述貴人意，使照辦。復書力陳其害，乃另籌巨款一百萬應海軍派款，卒堅持不開白鴿票。

一、廣東素爲盜藪，官幕拘泥刑名例章，且畏解勘之費，率多諱飾不辦，盜風日熾，民不安枕。自丙戌海防竣事後，乃明法以治盜。奏復松文清廣東盜犯正法章程，與巡撫苦争三月，議乃行。復專設五路緝捕營，盜始稍戢。又奏請重誘拐人口出洋之法與劫盜同，經刑部議准，遂著爲令。

一、在粤，知兵船最爲急需，而部款極絀，因於武營賭規四成報效、鹽務陋規兩項歲籌巨款。先在粤造兵船廣元、廣亨、廣利、廣貞、廣金、廣玉六艘，又在閩造兵船十艘，止成廣甲、廣乙、廣庚三艘，旋爲後任停止，款亦不向閩索。

一、在粤時創議請造蘆漢鐵路。及乙酉年，復建議請造粤漢鐵路。今日路綫皆當日原奏一疏中所定也。又創議請造甯滬鐵路。又乙未在江南時，知俄人西畢利亞鐵路已成，窺伺東三省甚亟，乃奏請自修奉天至邊界鐵路，經畫詳密，坐言起行。政府懵然置之不理，遂有俄國東方之禍。

一、在湖北，創設槍礮廠、鍊罐（銅）［鋼］廠〔二〕、造無烟藥廠。從前江南上海製造局皆製造他物，間或兼造軍械，北洋製

〔一〕據楚學精廬一九三七年版《張文襄公全集校勘記》，謂「查名關閘者」疑有誤字。今按：「查」，《大清畿輔先哲傳》卷七《張之洞傳》作「隘」，義長，可從。

〔二〕據張之洞行事政蹟，「銅」當為「鋼」之誤。

造局止造槍礮彈，福建船政局專造船。鄂廠爲中國設槍礮、鋼、藥專局之始。

一、中國初設鐵廠時，言者多請開徐州利國鑛。以徐州運道不便，且鐵路南北皆自漢口發端，鐵廠必近於武漢方合，乃主開大冶之鐵鑛以供用，設煉鐵廠於漢陽。又以鄂境煤質疏薄，不宜燒焦炭煉生鐵，訪得江西萍鄉縣煤鑛，其地與湖南醴陵縣鄰，地居上游，乃決計開之，今已大效。萍煤冶鐵，相資爲用，是爲東半球設鐵廠之始，日本製煉所尚在其後。

一、今日洋布、洋紗，歲耗中國四千餘萬，故在湖北設織布、紡紗、繅絲、製麻四局。注重者尤在麻局，以麻爲中國土産，甚多而賤，南北各省皆宜，此爲富民塞漏上策，乃創設之，織成綢緞與絲織者無異，織成布與棉花織成者無異，是爲中國設製麻廠之始。

一、在鄂設銀幣、銅幣局。湖北所造，較他省所造爲優，料足工精，故江浙等省暢行，其價高於他省所造。

一、以外國收買中國牛皮以去，製練後轉售入華，漏卮無算，故創設製皮局自製，現已告成出貨。

一、光緒甲午權兩江篆時，周歷江防寶山、江陰、鎮江諸處，以舊日礮臺皆舊式雜劣窳敗不堪之物，乃購泰西新式礮五十餘尊，改修礮臺。又於城北獅子山、幕府山創修新式礮臺二十餘座，是爲江南有外洋製造後膛臺礮、及西式礮臺之始。又擬於吴淞、崇明大修礮臺，以爲江防經久之計，爲某司農所駁而止。

一、甲午署兩江日，時諸路防營皆爲各統領把持，有如世業。兵怨械朽，不能一戰。乃先將總辦兩江營務處總統兵輪之壽春鎮郭某撤去，其餘如統江陰礮臺各營之蘇松鎮張某病故，某相舉其部下爲代，不許。統吴淞礮臺各營之狼山鎮曹某、統徐州馬步隊之徐州鎮陳鳳樓，皆分別撤换劾罷。又淮陽鎮吴安康素劣，亦諷令乞病去。自此江南南北各路之兵柄始歸督府矣。時海防北路以海州爲急，南路以金山、乍浦爲急，乃奏調馮萃亭宫保率粤軍防海州，任宿將朱洪章防金山，沿海賴以無恐。

一、在江南日，募德國將弁練自强軍二千六百八十人，此爲江南兵有新操之始。

一、在江南日，各礮臺設立臺官，兵屬其臺不屬營，又設總臺官，不許隨時更調，是爲江南礮臺設專將專兵之始。

一、在江甯，以城内外聲氣阻隔，乃創修馬路以通南北，甚爲當時俗吏刁民所詆，至今中外頌之。在湖北，先於省城内外創修馬路，交會通達，民生日阜，繼又在漢口堡垣故址創修馬路，均已告成。

一、采上海道黄祖絡議，於上海南市接修馬路，設巡警，截斷外人侵入華界之路，以保政權、利權。借出使經費興辦，分年籌還，經總署議行。又因各國每於租界外廣闢馬路，設巡警。路之所至，即隱然劃爲租界。奏請於租界外各國所修馬路盡處，各接修馬路一段，以扼其鋒。總署懵然，竟寢其議。自此滬上租界愈闢愈廣矣。

一、光緒二十三年，户部續借英、德洋款還日本，以五省鹽釐作抵。部文渾言撥湖北宜昌鹽釐一百萬兩抵還洋款，歸税務司徵收，隨時解滬。部文嚴急，已照解兩年矣。冬夜細譯部文，内有萬户沱字樣。按萬户沱之局，歲收約二十五萬兩，乃加抽川鹽局。所抽係江南款，非鄂款，殆户部誤撥也。急電詢之户部，户部不省；詰之江南，江南不承。乃電詢總署，查當日與洋行所訂合同原文，確係指江南在萬户沱所設加抽局之款。辯論明澈，户部無詞，乃更正，將此二十五萬撥歸江南，鄂省每年始得脱此無名之鉅累焉。

一、戊戌九月，英議院長前提督貝思福自京來。總署已經奏准，令該提督代湖北練華兵二千，練旗兵一千。以已奉旨爲詞，迫脅膠擾多日，卒嚴拒之。總署來電助之，亦不顧。

一、自乙未後，外患日亟，而士大夫頑固益深。戊戌春，僉壬伺隙，邪説遂張。乃著勸學篇上下卷以闢之。大抵會通中西，權衡新舊。有人以此書進呈，奉旨頒行天下，秋間果有巨變。

一、戊戌、己亥間，剛毅爲政，責天下辦團練。乃覆奏力陳其害，謂團練若成，則天下教堂皆毁，大亂作矣。竟止不辦。次年直隸、山東遂有義和團之禍。

一、庚子拳匪初起，甫自淶水擾定興。五月初四日，即電總署請嚴禁勦捕，嗣復於五月内疊次電奏，斥爲邪教亂民，請保護使館，力勦各匪，勿召回出使大臣。單銜徑電各國外部及各國來華水師提督，與約保護東南，勿擾京城，勿驚乘輿。並聯合各省督撫十餘人，電各國外部。與劉忠誠會同，與滬上各外國領事立約，不得犯長江。聖駕西幸，與各國堅明約束，勿擾襄樊，以通東南貢賦之道。

一、庚子七月中旬，京師危急，聞兩宫意將西幸，合肥李相糾合各督撫力阻聖駕，並未先商，已電山東，請發摺。然後電知，乃急電項城，謂此議大謬，萬不可行，鄂斷不會銜，如已發，當單銜另奏，乃撤去鄂銜。幸此摺到京之日，畿郊已大亂，疏未達而乘輿已行，不然大局不堪問矣！合肥又有聯銜疏請駕留山西，勿赴陝。亦駁之。

一、庚子七月，票匪唐才常等乘京師不守，人心惶亂，乃謀糾合湘、皖、江南數省會匪，起事於漢口，刊布富有票，沿江五省皆通消息相策應，分設糧台，名爲東南新造自立之國，有名號、官職、僞印，部署已定。安徽大通、湖南臨湘已舉事，分向武漢、新隄。湖南捕獲逆首悍黨多人，供認不諱，乃誅渠魁數十人，附合之會匪，分别勸撫解散，事乃定。

一、庚子拳匪亂作，黑龍江首和拳匪，於是俄人乘機占東三省。將軍增祺、委員周冕爲俄所脅，强立新約。大意以關東權利盡畀俄人。全權大臣李相已允之。乃與劉忠誠合詞力阻，勸朝廷勿許，摺奏、電奏凡二十餘上。俄人限以三月初七日畫押，過此則決裂，恫喝萬端。堅持力諫，遂得不畫，東三省以全。

一、庚子西幸以後，和局將定，朝廷斟酌回鑾之舉。外人來言，諸禍首雖已治罪，然某要事未辦，名位如故，到京後各國必力要之，得請乃已。乃密電樞廷，勸其面奏，趁兩宫未回京之先，出自慈斷發之，以全國體。此議遂定，時乘輿尚在汴也。

一、辛丑年兵事粗定，乃與劉忠誠上變法三疏：第一疏言人才爲先，請設文武學堂、改文科、罷武科、奬遊學四條；二疏言整頓中法十二條；三疏言采用西法十一條。綱目精詳，今刊播海内。

一、中東事定以後，丙申、丁（西）〔酉〕之間[一]，湖北即創立武備、自强諸學堂，於兩湖、經心兩大書院更定課程，即以學堂之法教之。故自辛丑變法，詔令各省立學堂以來，獨鄂省所

〔一〕據楚學精廬一九三七年版《張文襄公全集校勘記》，「西」爲「酉」之誤。

立學堂爲最多、最早、最完善，文武各學堂之外，有農、工、商、實業、鐵路、方言、軍醫、女子、幼稚諸學堂。

一、時尚新學，從風而靡。少年輕躁之士，時有背本蔑倫之憂。乃在鄂省創立存古學堂，注重經、史、子、集諸古學中國文章，以存國粹，仍以學堂課程之法行之。

一、在武昌設勸業、善技、益智三場，以惠工商。設學堂應用圖書館，減價售與各學，以惠士林。

一、湖北自丙申以後，即盡屏舊習，以西法練兵，故今日湖北陸軍，東西人來觀者，皆言甲於各省。

一、湖北所募新兵，皆識字通文理者。特創設陸軍小學堂，一日在營應操，一日入學講習，意在於教兵之中，即寓教將校之用，平日即可節餉，有事時一年之內可得精兵百萬。又以原用營官、哨官、諸武弁，無學問而有閱歷，不能盡從廢棄，乃設將校講習所以教之，寬課程而講大義。

一、在武昌，於額支餉需之外，另籌巨款在日本訂造楚泰、楚同、楚有、楚豫、楚觀、楚恒兵輪六艘，湖鵬、湖鶚、湖隼、湖燕魚雷艇四艘。是爲湖北有兵輪、雷艇之始。又以武漢渡江多覆溺之患，乃招商設輪渡數艘，活人無算。

一、先請諸總署，擬派學生赴日本游學，肄習陸軍、製造、實業諸事。總署止許數人。乃設爲一策，約南北洋合請，言每省已派二十人。總署亦無如何。自此始有中國官費生學陸軍之事。

一、湖北派赴日本游學陸軍及實業畢業生傑出者，不下三四十人，多爲練兵處、户部、學部、貴胄學堂、北洋大臣强調以去。此外本省學堂畢業者，往往應他省之所求，尤難數計。

一、辛丑聯軍和約各國以濬吴淞口利商船爲詞，全權大臣已許之，强中國派員會同開工。劉忠誠延宕不派。壬寅冬到署任後，屢有旨催派員，其勢已迫，乃抗論力爭，卒不派。並約他國領事爲助，遂倡中國自行籌款疏濬之議，勿庸他國捐款，亦勿庸他國干預其事。竟用此議阻止。

一、壬寅夏間，奉旨會同吕尚書、盛侍郎、劉忠誠與英國議商約，匡正挽回者極多。最要者：彼力求免釐金及常關税，乃與議定徵銷場税。內有一條尤要，係收回治外法權，實爲通商五十年來無人道及者。

一、壬寅夏，會三大臣與英使議商約。時英原列條目內有開鑛一條，外務部奏阻之，有旨戒勿與議。乃單銜電奏：謂中國礦産斷不能不開，外人入股開鑛斷不能禁。二十年來，外人蒙混准開者已不少，若不明許，必然句串奸民，私行開采，既無法律，亦無限制，徒失權利，流弊甚大，不如乘此議一定章，使舊開者得補救，新開者有範圍爲善。上大嘉賞，令與劉忠誠會同議章程。劉既没，乃獨力纂成之，兼采東西各國事例禁令，擇善而從，大指以保主權、惠民生、輕税項爲主。爲書兩卷，正章七十四條，附章七十二條，奏上之。

一、第二次署兩江篆時，道員謝某以二十萬金爲賂，請許商人開海州鑛，詞意閃爍多蒙混。乃劾罷其人，而行知海州立案，以杜將來後患。

一、癸卯再署兩江時，整頓鹽法，親到儀棧考求利弊，設兵輪、造帆船，大舉緝私。精擇賢能，任以三要事，重其事權：一、用蒯觀察光典爲儀棧緝私；一、用方觀察碩輔爲正陽關督銷；一、用趙觀察有倫爲下關掣驗。三要既得，鹽課大旺，第一年課釐多收五十萬，第二年課釐多收一百餘萬。

一、在江南，裁停無用陳舊兵輪，在日本訂造江元、江亨、江利、江貞兵輪四艘，不另籌款。

一、上海製造局居商埠之中，危險不便，每有海警，外人輒生覬覦。乃奏請移設江西萍鄉縣堂奧之地，兼便煤鐵。人皆韙其議。移廠之款已籌足：節存舊廠款每年七十萬，自設銅幣局每年盈餘五十萬，五年可成。因其款爲户部提用，故暫未舉行，然有急時當念之耳。

一、癸卯入覲，奉旨編纂學堂章程二十卷。竭八閱月之力而成書，奏上之。今頒行天下者是也。

一、癸卯冬，述職在京。日、俄將開衅，政府囑往勸日本勿與俄戰，拒之，並述西國公使之言曰：日俄開戰，此乃於中國有益之事，何爲阻之。因請政府據以上聞。以後遂不復有勸阻日、俄用兵之説矣。又甲辰春，前南洋大臣魏某倡議合數省督撫致書北洋，欲合詞上疏勸阻日戰。適過津，項城以爲問，力阻之。是年冬間，日俄戰久，俄雖屢敗，未肯退出東三省境。新任南洋大臣某欲邀合北洋及鄂省出作調人，勸日、俄議和，勿苦戰。復書痛駁之而止。

一、德商瑞記欲攬我全國洋藥税、土藥税，洋藥於入口時由德商全數收買發賣，土藥由德人派人各省産地巡查收買。初辦第一年無税可收，願代我納賠款一年。經理人景維行爲之營謀，並向京師關説，已有成議，來鄂謁見，餌以重賄，懇爲助力。當即以萬不可行嚴斥之。景某旋入都，事寢成矣。兩次電奏，痛陳其害。榮相悟，乃駁斥不行。

一、日本因租界商務未興，暫借漢口沿江馬頭泊大阪公司輪船。德商美最時遂亦效尤，欲於漢口龍王廟泊躉船，將挾兵船來設之。鄂民皆恐，懼永爲華民渡船之害。及二十九年冬入都後，遣員與德使穆默議，卒允停罷不設，而議令日本大阪馬頭依議定限期移至日界。穆使先已告外務部：明年正月初一日，將有一要事告貴部。外務部憂惶無策，及接此問咨文，乃大欣慰。

一、總税司赫德建議重加農田之賦，盡免商貨關税釐金。政府心不然之而不能阻，交各省議，各省亦不敢明駁。獨上疏力斥之，得罷。

一、美員精琪圖攬中國銀幣大政，中朝諸大臣不能駁，意已允矣。精琪來鄂，面加詰難，無詞以對。乃上疏力駁其謬，指陳其害，其事幸而獲止。

一、辦交涉之案甚多，遇有應抵償之犯，必以保全民命爲主。往往同一教案，他省誅戮甚多，而湖北較少者；亦有他省誅戮者數人，而湖北不殺一人者；又有前任已擬重辟，而爲之平反者。外人服其公平，亦無閑言。

一、粤漢鐵路爲美國人轉售與比國合興公司。首發其弊，布告天下，毅然獨任抗議，收回自辦。美、比兩國皆不欲，合全力拒我。美國執政素敬公威信，竟以此路還我。

一、與川督錫清帥合謀，倡議自辦川漢鐵路。

一、湖北部派庚子賠款捐一百二十萬兩。以鄂民貧困，乃另設法，歲籌鉅款一百二十萬以供賠款，而以原派之一百二十萬改爲學堂經費。

一、釐金向歸巡撫主政，他人不能參預。自裁兼撫缺後，以鄂省釐捐局卡太多，商民困累，乃創議改辦百貨統捐，裁撤各州縣釐卡三十一處。官吏百端阻撓，怵以餉必大虧。竟不爲動，謂即使短收至五十萬，亦必爲之。試辦之初，疏節闊目。現屆試辦一年，期滿核計收數，比較上年轉增多十萬緡，商民大悅。

一、在鄂，於省城之北，創築自紅關至青山江隄三十里；於省城之南，創築自白沙洲至金口江隄五十二里；於省城鮎魚套起，至上新河止，修築磡岸十餘里；從前巨浸數十里，皆爲田疇村落。

一、漢口後湖，每年汪汪千頃，渺無涯涘。去年至今，特修築攔湖長隄四十里，涸出田地十餘萬畝，商民歡呼，以後澤國皆將化爲市廛矣。以上三隄，創修時皆爲羣議阻撓，官吏非笑、工徒驚駭，以爲必不可成。不意其竟成也。

一、平日專持以工代賑之論，用范文正、蘇文忠遺法，以爲散錢施粥非善政也，所到皆多興工作，如造鐵路、開鑛山、修隄閘、開河渠、築礮臺、修馬路之類，每日閑民食力者常有數萬人。武漢土夫小工，向來每日錢六十文，近年貴至一百五十文，猶不肯應，雇募往往無人。議者以爲此地方蕃盛之明徵也。

一、各省監獄率多狹暗穢濕，苦毒難言，往往瘐斃。在粵，發巨款修南、番兩縣監獄。到鄂後，屢飭各屬清理監羈。以江夏縣監獄爲通省犯總匯，乃籌巨款依外國法式造之。開朗整潔，嚴密堅固，分内監、外監、女監、屏禁監、暗室，有工廠、有病室、有教誨廳。復限以定額，人多則分別省釋，罰作苦工，以免闐塞。於典史之外，另派州縣爲典獄官，其規模章程，實爲各省之冠。

一、在鄂，禁止官場賭博、演劇、宴會奢侈，每宴客不得過五簋。

一、變法疏内，力主裁書吏之説。癸卯入對，面陳尤力，并與各部院痛陳其弊，此議遂行。湖北自督、撫兩院始，已全行裁汰矣。

一、變法三疏内籌八旗生計一條，已有旗民並無區別，京城（乃）［及］駐防旗人聽便僑寓之請[一]。癸卯臘月陛辭時，面奏數百言，力請兩宮化去滿漢畛域，以彰聖德，而遏亂萌。如將軍、都統等官，可兼用漢人，駐防旗人犯罪，用法與漢人同，不加區別，皆其大端也。慈聖霽顔納之，且諭曰：朝廷本無畛域之見，乃無知者妄加揣測耳。次年遂定陸軍官制，用都統參領等名目，及定旗民一律用刑新章。仰見覆載無私，一視同仁。近日新政變通，破除常格之事日多。當日前席敷奏，洵足上契天心矣。

一、在粵、在鄂、在江，所籌餉數甚巨，既不恃原有之庫款，亦不責民間之所本無，大率取於中飽私規。昔曾文正論胡文忠理財之法曰：利民、利國，獨不利於中飽之蠹。正謂此也。

一、所到各省，於協助鄰省軍餉、軍械，不遺餘力。除法事協濟滇、桂外，在江、在楚，先後協助奉天、陝西、山東、河南、湖南、廣西、江蘇、廣東之軍火，皆以鉅萬計。於救災、助賑，或中、或外，尤不吝巨款。

一、在各省用人，一秉至公，重任要差，非賢能不得與。親故有周恤而無偏袒，又從不以文法小過及愛憎私情彈劾屬員。

一、吏治先以爲屬吏養廉爲首，故在粵裁除通省道府節壽、學院陋規，另籌公款津貼，奏明立案。在鄂，爲鄖、宜、施南三府及襄陽道最爲清苦，乃於土藥緝私項下，爲施鶴道、安襄鄖道、鄖、宜、施三府，及所屬州縣暨鄖陽、宜昌兩鎮，竹山協歲籌津貼公費供支雜項，不令屬員費用一文。

一、用刑素以寬厚爲主，州縣審擬重辟，批答時必詳慎推求，

［一］「乃」當為「及」之誤。

常有平反者。深惡酷吏，變法三疏内有恤刑獄一條，痛言其弊。近日法律大臣奏頒刑律新章，其省刑恤獄數條，實由鄂疏發之也。

一、奉旨查辦各省重案五次，皆虛（公）〔心〕詳慎〔一〕，不爲刻核，惟稔惡者必除去之，其餘多不株連，衆論翕服。有劾與舉並行者，從來查案所無，量能觀過，可謂愛惜人才矣。

一、薦舉人才，往往多設方畧，護持保全，皆不告其人知，有始終竟不知者，如李鑑堂督部秉衡、于次棠撫部蔭霖、張勤果中丞曜、王朗青方伯德榜諸公皆是也。

一、所到之處，必以表章先賢爲亟。在粵：創建三君祠，以祀虞仲翔、韓文公、蘇文忠三賢；建濂溪祠以祀濂溪周子，並於陽春縣求得周子磨崖題名一段，懸之祠内；又建七公祠以祀宋文貞、王文成、韓襄毅、吴興祚、松文清、阮文達、林文忠諸賢；又於海珠礮臺建關、張二公祠，關忠壯天培、張忠武國樑也；又於粵秀山阮太傅祠内附祀盧敏肅坤、錢星梧儀吉兩先生；又建嶺學祠於廣雅書院内，以祀古來粵人及官粵、遊粵諸人之學行可爲師法者。在鄂：作楚學祠於兩湖書院内，以祀楚産及官楚、遊楚之學行可爲師法者；在鄂建羅忠節公專祠，及彭剛直、楊勇慤二公專祠，乃奉敕已久而失修建者；又省城舊有敕建賢良祠，祀楊清端公宗仁及胡文忠公二人，甚敝陋，乃重修之；又祀諸葛武侯、杜成侯預、劉元公宏、陶桓公侃、柳元公公綽、張文獻九齡、岳武穆飛、孟忠襄珙、盧忠肅象昇、胡文忠於撫署内，爲十賢祠。

一、在京與同鄉創建畿輔先哲祠，祀歷朝鄉賢，專收藏鄉賢書畫手蹟。

一、自居外任，所到各省從不用門丁，不收門包，不收餽遺禮物。性嗜精本舊槧書。在山西日，有選人以宋本經史五種爲贈，不索值，但乞在山西聽鼓當差而已，乃峻卻之。在廣東日，時值端溪硯石自嘉慶後停采已久，商人何昆玉以辦貢乏材，請開大西洞老坑，官許之，商大獲利。時去粵已兩年，商人謂督部在粵未嘗求硯也，乃寄十方至鄂。予以時價每方二十金，似尚不悖於古人不攜一硯之義也。

一、服官四十餘年，鄉里未造房舍置田産。兄弟除本房外，共五房，皆代置有莊田。無私財焉。

一、仿范文正故事，奏明捐置義莊一區，以贍宗族，凡無告、廢疾及極貧之喪葬、入學各費，皆取資焉。其同高祖以下，别置孝義堂義莊一所，以贍近支。

一、癸卯入對，慈聖賜銀五千兩。乃以此款益以平日廉俸所餘，於原籍南皮縣建慈恩學堂一所，令本族及同縣學徒肄業其中，並捐置莊田爲常年經費。

一、調直隸、天津府屬各州縣學生二百人來鄂，附入學堂肄業。又派畿輔學生三十餘人赴日本遊學，皆代籌學費。

一、平生性情好施予，而不喜奢侈，朝珠、帶鉤、雜佩所值，無過十金者，裘服無華美者。至今燕居皆服布衣，帷幔、坐具、裏衣皆用布。

一、經學受於吕文節公賢基，史學、經濟之學受於韓果靖公超，小學受於劉僊石觀察書年，古文學受於從舅朱伯韓觀察琦。學術兼宗漢、宋，於兩漢經師、國朝經學諸大師，及宋明諸大儒，皆所宗仰信從。漢學，師其翔實而遺其細碎；宋學，師其篤謹而

〔一〕「公」當為「心」之誤。

戒其驕妄空疎，故教士無偏倚之弊。

一、平生學術最惡公羊之學。每與學人言，必力詆之，四十年前已然，謂爲亂臣賊子之資。至光緒中年，果有奸人演公羊之説以煽亂，至今爲梗。

一、最惡六朝文字。謂南北朝乃兵戈分裂、道喪文敝之世，效之何爲。凡文章本無根柢，詞華而號稱六朝駢體，以纖仄拗澀字句强湊成篇者，必黜之。書法不諳筆勢結字而隸楷雜糅假託包派者亦然。謂此輩詭異險怪，欺世亂俗，習爲愁慘之象，舉世無甯宇矣。果不數年而大亂迭起。士大夫始悟此論之識微見遠也。

一、性喜山水林木，登臨嘯詠，興來獨往。在杭州久病不愈，輿疾遍遊諸山。於各省程途所經，遇有名勝，雖冒雨雪必往遊覽。甲午乙未權江篆時，因海防有事，在江一年餘，未登一山、未入一寺，惟數登覽礮臺而已。甲辰春奉使金陵，公事多暇，乃遍遊諸名勝。

一、官京朝日，嘗與親故言：平生有三不争：一不與俗人争利；二不與文士争名；三不與無謂争閒氣。官粤以後，取張曲江無心與物競，鷹隼莫相猜詩意，自號爲無競居士。

一、己丑、庚寅間，大樞某、大司農某立意爲難，事事詰責，不問事理，大抵粤省政事無不翻駁者，奏咨字句無不吹求者。醇賢親王大爲不平，乃於曩所議奏各事，一一皆奏請特旨准行，且事事皆極口稱奬，有：粤省報銷用款不爲多，一也。於沙路、河道立阻敵船鐵樁，二也。修瓊廉礮臺，三也。修鎮南關礮臺，四也。購槍礮廠機器，五也。購織布機器，六也。清查沙田，給照繳費，七也。並作手書與樞廷諸公，曰：公等幸勿藉樞廷勢恐喝張某。又與大司農言曰：如張某在粤有虧空，可設法爲之彌補，不必駁斥。其實粤省報銷款，乃合曾、張前兩任及本任五年用款彙報，名第五案，報銷五年，共一千餘萬，並不爲多，與前任第四案海防並無戰事之報銷數相等，數且較少。户部有案，固無所謂虧也，然賢王之意則可感矣。

一、嘗語僚屬曰：自官疆吏以來，已二十五年，惟在晉兩年公事較簡，此外無日不在荆天棘地之中。大抵所辦之事，皆非政府意中欲辦之事；所用之錢，皆非本省固有之錢；所用之人，皆非心悦誠服之人。有某大吏病篤，語家人曰：我平日於張公所辦之事，事事皆不以爲然，今日事事皆佩服矣。又有某中丞，素與齟齬，及罷官歸，語人曰：爲我致謝張公，吾父子惟有感激而已。蓋力勸其勿附康黨，言之四次也。又有某中丞，自負而偏執，論事多不愜，及去官里居，始悟在鄂之多誤。總之，不外中庸勉强而行四字。然所辦各事，亦頗有竟覩成功者，真徼幸也。嘗戲撰一聯曰：不合時宜蘇玉局，事多天幸霍嫖姚。令幼子書爲楹帖懸之燕坐。又嘗語親故曰：吾生性疏曠，雅不稱爲外吏，自顧常爲京朝官，讀書箸述以終其身。不意以閣學遂膺撫晉之命，旋擢督嶺南。請樞臣代奏力辭，慈聖不悦，嚴詞責之。及抵粤而海疆急，遂不能辭。海防既定，乃具疏引病乞罷。光緒十一年十二月十八日，又光緒十三年四月，又光緒十三年八月，凡三次上疏請開缺，皆不許。擬相機再上陳，閒居讀書十年，始可再出任事，如司馬温公已官中丞，而居洛箸書十八年，湯潛菴、耿逸菴已官監司，而解組講學，皆可師也。適奉調任湖廣之命，事由議奏蘆漢鐵路而起，不能辭。擬俟鐵廠告成，即申前請。遲至丙申，始有商承辦，而煤鑛未定，商意不堅，牽絓無已。至庚子而聯軍之變作矣，大局紛紜，至今未已，竭蹶支拄，遂至於今。魂夢憂勞，無非苦境，惟待目前重大數端畧有畔岸，即當仰懇聖恩，速乞骸骨。即不能修老莊養生之道，尚可從容嘯詠，追縱白、陸，或能重理舊業，箸書數卷，尤至幸至樂之事矣。

以上各條凡關於公事者，皆有案牘可考。

張之洞傳

馮天瑜

張之洞，字孝達，又字香濤，號壺公、香崖居士。兩廣總督任上，取唐代嶺南詩人張九齡「無心與物競，鷹隼莫相猜」詩意，號「無競居士」，又因創辦廣雅書院，號「廣雅」；湖廣總督任上，仿越王勾踐「冬抱冰，夏握火」以振邦家之志，將武昌居所命名「抱冰堂」，晚年自號「抱冰老人」；辭世後，清廷追謚「文襄」，時稱「張文襄公」。

張氏先世居山西洪洞縣，明永樂遷漷縣（今屬北京市通州），繼遷天津府南皮縣，為一耕讀官宦世家。先祖在明代即取得功名，高祖、曾祖均於清代官知縣，祖父任四庫謄録，題補古田知縣；父張鍈曾任貴筑知縣、古州同知、興義府知府，署貴東道。一八三七年九月二日（道光十七年八月初三日），張鍈的繼室朱夫人生下張鍈的第四個兒子之洞。[一]

張鍈對子弟管教甚嚴，禮聘遠近名儒為六個兒子傳授「乾嘉老輩緒言」。之洞四歲入塾，八歲讀畢四書五經。他成年出仕，始終親治文書，往往通宵達旦，「乃幼時讀書好夜坐思之故」[二]。十二歲文名冠於貴州省學童，其時詩文存《興義府誌》。一八四九年與兄長回直隸南皮應童子試，翌年入縣學。

［一］許同莘《張文襄公年譜》、胡鈞《張文襄公年譜》均稱，張之洞生於興義府官舍。但據《貴州通誌》載，張鍈道光二十一年始署興義知府。而張之洞誕生於道光十七年，其時張鍈任貴筑知縣。若據此説，張之洞生地應為貴筑縣官舍（今貴陽市博愛路）。

［二］許同莘《張文襄公年譜》卷一。

一八五二年，再度回籍，應順天鄉試，中式第一名舉人，「一時才名噪都」〔一〕。翌年，太平軍攻克金陵，改稱天京，并舉兵北伐，清廷震恐，畿輔戒嚴。八月，張之洞出都返興義府，侍父於軍中，與貴州苗民及農民軍周旋苦鬥。一八五四年，娶石夫人。一八五六年春，赴京參加禮部試，考取覺羅官學教習。同年夏，張鍈病卒，之洞在籍守制。一八五九年，擬赴京會試，因族兄張之萬為同考官，循例迴避，留南皮辦理清平團練，以禦捻軍。一八六〇年，再度迴避。七月，長子權誕生。九月，英法聯軍攻陷北京，感憤時事，作《海水》詩。秋季至濟南，入山東巡撫文煜幕府。一八六一年回南皮，又赴任丘，為人作塾師。八月，咸豐帝病歿於熱河行宮，載淳繼位，慈安、慈禧兩太后垂簾聽政。翌年改元同治。

一八六二年二月入都，四月會試，額溢落榜，赴河南入督辦團練的毛昶熙幕府，參與軍政；繼入河南巡撫張之萬幕府，為之代擬奏疏。一八六三年入都會試，中式第一百四十一名貢士。復試列一等一名。朝考，列一等二名，廷試對策，因「不襲故套，指陳時政，直言無隱」，「閱卷大臣皆不悦，置三甲末」〔二〕。試卷進呈兩宫皇太后，拔置一甲第三，賜進士及第，授翰林院編修。這是慈禧太后看中并起用張之洞的開端。一八六五年，散館考試列一等一名。石夫人病故。

張之洞在科舉途中雖小有坎坷，但他十五歲中頭名舉人（解元），二十六歲中第三名進士（探花），算一個英年得志的幸運兒，正如清末文士李慈銘所説：「近日科名之早者，盛推南皮張香濤。」〔三〕

一八六七年，奉旨充浙江鄉試副考官，所取多樸學之士。清末外交家袁昶、許景澄，曾任陝甘總

〔一〕《大清畿輔先哲傳·張文襄公傳》。

〔二〕《大清畿輔先哲傳·張文襄公傳》。

〔三〕《越縵堂日記》（光緒五年一月朔日）。

督、兩廣總督，力主革新的陶模，著名學者孫詒讓等，都是此榜所録舉人。一八六七年秋，簡放湖北學政。一八六九年在武昌建經心書院。一八七〇年，從本年歲試、科試試卷中擇其文章雅馴者，編為《江漢炳靈集》。娶唐夫人。該年底交卸湖北學政，入京復命，先後充任翰林院教習庶吉士、侍讀。在這段閑散的京官生活期間，與潘祖蔭、王懿榮、吴大澂、陳寶琛等京師「詞流名彦」相交結，詩賦唱和，縱論天下事，為日後加入清流派埋下伏筆。一八七二年，方略館進呈《平定粵匪方略》、《剿平捻匪方略》，張之洞代擬恭進表。一八七三年元月，唐夫人卒。二月，同治帝親政。七月，奉旨充四川鄉試副考官，又簡放四川學政，整頓該省科舉積弊。一八七四年建尊經書院。一八七五年，同治帝病故，載湉繼位，改元光緒。著《輶軒語》、《書目答問》。前書將科舉考試注意事項逐條列出，對考生加以指導；後書列舉經史子集要目，并作簡明評述，「總期令初學者易買易讀」〔一〕，成為學子入門之徑。主持四川學務期間所取士人，如氾溶、宋育仁等，極一時之選；其門生楊鋭等，亦為清末英才。張在四川廉介自矢，於例得參費銀二萬兩辭而不受，及去任，無以治裝，售所刻萬氏十書經版，始成行。

一八七七年初奉調回京，任文淵閣校理。娶王夫人（王懿榮之妹）。結束將近十載的外省學官生活，躋身京官清流。「清流黨」作為晚清政壇與洋務派相抗衡的派別，對內主張整飭紀綱，對外反對列强侵略，其鋒芒除針對貪官污吏外，主要指向洋務大吏的外交政策。張之洞所受教養、政治見解和京官冷曹的境遇，都促使他向以李鴻藻為首的北派清流靠攏。一八七七年五月，讀罷清流黨重要發言人張佩綸關於穆宗（同治帝）升祔位次的奏疏，十分欽敬，「遂造廬訂交」。此後，兩張并稱「畿南兩杰」，彼此唱和。一八七九年三月，王夫人卒。補授國子監司業，取得直接上疏權。一八七九年五月，

〔一〕《書目答問·略例》。

同治帝后移葬惠陵，監護移葬的吏部主事吴可讀「屍諫」，引起繼嗣繼統事端，張之洞與宗室寶廷聯銜上疏，力言繼嗣即為繼統，為慈禧解圍，肯定了慈禧掌權的合法性，討得慈禧的「恩寵眷顧」。此為張之洞長期獲得清廷統治核心器重、支持的遠因。同年六月，具疏為四川東鄉縣農民申冤，轟動朝野。翌年與陳寶琛聯名奏請裁抑宦官，更赢得「直諫」聲譽。一八八〇年前後上疏言事以外交議題居多，其中最重要的是關於改訂《中俄伊犁條約》之議。他在《熟權俄約利害摺》、《詳籌邊計摺》中，怒斥崇厚的喪權辱國行徑，力陳「俄約有十不可許」，倡言整修武備，與俄另訂新約。其籌兵、籌約奏議為朝廷所重視，慈安、慈禧召見，特許隨時赴總理各國事務衙門陳獻意見。作為「清流六君子」之一，張之洞連連晋級：一八七九年九月，補授左春坊中允（正六品），十月轉司經局洗馬；一八八〇年六月升右春坊右庶子（正五品），八月充日講起居注官，九月轉左春坊左庶子；一八八一年，補授翰林院侍講學士，充咸安宫總裁，七月補授内閣學士，兼禮部侍郎銜，「兩年而躋二品」。該年底補授山西巡撫，邁入封疆大吏門檻。

出撫山西，鑒於官民積習懶散，以「清明强毅」率之，禁革種種陋規，整頓吏治，薦舉人才，促成原户部侍郎、理財能手閻敬銘復職，保獎「循良之吏」知府馬丕瑶等六人，推薦京官十四人、外官二十九人、八旗大臣六人、武職十人。創辦令德書院。面對山西民生凋敝，勸墾荒地，建倉積谷；清丈土地，減免苛税；禁種罌粟，禁食鴉片。張之洞從京師言官變為掌管一省軍政的封疆大吏，每日撲面而來的現實問題使他意識到，單靠「聖經賢傳」提供的辦法已無濟於事，而自咸、同之際以來，一些省份的督撫通過興辦洋務，使財力軍力大增，則令其羡慕，遂生仿效之念。正當此間，看到英國傳教士李提摩太上前任山西巡撫曾國荃的條陳，頗感興趣，召集屬員討論條陳中開礦、築路、興學諸事宜，又聘李提摩太任顧問。自一八八三年起，在山西興辦一系列洋務項目：元月設教案局；五月設洋務局，印發《延訪洋務人才啓》，分咨各省，徵聘通曉天文、算學、公法、條約、兵械、礦學的通才或專家；設桑棉局、鐵絹局；籌辦山西練軍，調李先義、吴元愷管帶操練。正當在山西展其宏圖，一八八三年底，南方傳來中法戰爭隆隆炮聲，舉國視綫投向兩廣，張之洞亦連上奏章，竭力主戰，抨擊李鴻章等人的妥協求和言行，并籌畫戰守事宜。一八八四年三月，中法在北寧開戰。五月，赴京陛見，署理兩廣總督。出任山西巡撫是張之洞從清流黨走向洋務派的開端，而總督兩廣，歷史正式把這位「短身巨髯，風儀峻整」〔一〕的能臣推上洋務巨擘的位置。

一八八四年六月，張之洞陛辭請訓後出都，經天津、上海，由海路於七月抵達廣州，與欽差大臣、兵部尚書彭玉麟，前任兩廣總督張樹聲，廣東巡撫倪文蔚等亟籌戰守之備，勸諭紳民舉辦團練，為籌集戰爭經費，向港商借銀數百萬兩。主動援助外省抗戰，擬派游擊方恭率勇五營，自汕頭馳援福州，因福建水師馬江慘敗，方部未成行，又改派潮軍兩營連同軍火運抵福州；向督辦臺灣軍務大臣劉銘傳詢問援臺事宜，以餉銀運往臺灣，軍火援臺則因外輪拒運而未果；為雲南抗法提供電訊設施，并籌集餉械、派遣士兵。一八八五年一月，因保薦徐延旭失當被譴，吏部議奏降一級留任。二月，因「籌濟軍事，不分畛域」，「著交部議叙，部議加一級。」〔二〕張之洞從戰爭全局出發，主張容納原農民軍將領劉永福及其所率黑旗軍，使這支活躍在越南北方的抗法武裝發揮重要作用，并力薦唐景崧募勇出關作戰，配合黑旗軍，形成「劉團為正，我軍為奇，越之義民為助」〔三〕的部署，促進了越南境內抗法戰役的勝利。頒發一系列激勵抗戰的政令，并力排衆議，起用老將馮子材，奏派馮募勇十八營參戰，贏得一八八五年三月的鎮南關—諒山大捷。清廷藉諒山一勝之威，立即與法人議和，雖未賠款，却承認越南為法國的保護國，使中國軍隊失去進擊時機，「中國不敗而敗，法國不勝而勝」。張之洞對朝廷

〔一〕《清史稿》卷四三七，《張之洞傳》。
〔二〕胡鈞《張文襄公年譜》卷二。
〔三〕《張文襄公奏稿》卷五。

的撤軍求和頗持異議，在致岑毓英、李秉衡的電報中譴責中法新約，并因外人對中國「愚侮至此」，憤恨欲死。張之洞作為主戰派重鎮，在對法作戰中運籌帷幄，籌餉濟械，立功甚偉，獲得「天下之望」。在這場戰争中，通過與彭玉麟等人共事，加深了與湘系的聯系；又因批評李鴻章而同淮系進一步形成對立。中法戰争還使他更深切體驗到朝政的腐敗，并第一次直接接觸外部世界，認識到洋務不可緩。追隨多年的幕僚辜鴻銘説：「洎甲申馬江一敗，天下大局一變，而文襄之宗旨亦一變，其意以為非效西法圖强無以保中國，無以保中國即無以保名教。」〔一〕中法戰争結束後，張之洞「舍理而言勢」，轉向興辦洋務。

一八八七年（光緒十三年），光緒帝親政。六月，張之洞建廣雅書院，在廣東原有洋務局基礎上改設「辦理洋務處」，「督飭各衙門講求洋務，練習人才」。任用曾駐美國的翻譯官蔡錫勇為幕僚，又奏請熟悉洋情的瑞璋來粤兼辦洋務。蔡錫勇成為張在兩廣和湖廣興實業、練新軍、辦學堂的重要助手。在廣東期間，張之洞所舉辦的主要洋務事項有：一、購置機器，鑄造制錢、銀元，以堵塞外洋銀元輸入，中國機製銀元自此始。二、創設槍彈廠，籌建槍炮廠。三、建立演習洋操的廣勝軍，延聘德國軍人充任教官。四、試造淺水輪船，籌議建立粤洋水師。五、開設廣東水陸師學堂。六、籌辦織布官局。七、籌設煉鐵廠。

出任兩廣總督五年間，身居「華洋雜處，萬國盟聘」的華南門户廣州，頻繁處理各類外務。在辦理對法外交時，既抵制法方的無理要求，又注意防止授人以柄的排外事件發生；派遣使者赴南洋查訪華僑生活境遇，奏請在南洋諸島設立領事館；參與交涉旅美華工問題；奏請催設駐香港領事，阻止澳門的永久割讓。以上作為，帶有鮮明的抵禦外侮、保護民族權益的傾向。

〔一〕《張文襄幕府紀聞·清流黨》。

十九世紀八十年代，朝野「路政」之争日趨激烈。張之洞從修建腹地幹綫的總構想出發，主張緩修津通綫，先修盧漢綫，并列舉築造盧漢鐵路的「七大利」，要者為「富國」、「强兵」、「利民」，得到主持朝政的醇親王奕譞的贊許，於是便有移任湖廣總督之命。

一八八九年十一月，交卸兩廣總督職務，十二月乘輪船經香港、上海，抵達武漢，開始為期十餘年的湖廣總督生涯，開創「湖北新政」，後來居上，成為直追李鴻章的洋務派又一巨擘。

興辦實業是張之洞「湖北新政」的基礎。他任湖廣總督伊始，即着手籌備盧漢鐵路修造事宜，一度因故停頓，一八九五年，經張力争，清廷決定，「先辦盧漢，次及蘇滬、粤漢」。盧漢鐵路於一九〇五年全綫完成，并改稱京漢鐵路。清季疆吏更調頻繁，而張之洞總督湖廣長達十餘年，原因之一便是盧漢鐵路修造曠日持久，「他人不願為，且不能為。」[一]

修造盧漢鐵路的姊妹篇是興建湖北煉鐵廠。張之洞調任湖廣，以盧漢綫需鋼軌為由，奏請將原擬建於廣東的鋼鐵廠設備移往湖北，一八九〇年獲海軍衙門批准，在武昌設湖北鐵政局，翌年委派湖北補用道蔡錫勇為總辦。為着官員的「督察之便」，張否定設廠盛産鐵礦的大冶的方案，而將廠址定在漢陽龜山之麓。一八九一年元月正式動工，一八九三年三月，煉生鐵廠完工；六月，煉貝色麻鋼廠、煉熟鐵廠完工；八九月，煉西門士鋼廠、造鐵貨廠、造鋼軌廠先後完工；十月，魚片鈎釘廠完工；十一月，奏《煉鐵全廠告成摺》。一八九四年春爐工告竣，六月下旬生鐵大爐升火開煉，張之洞於七月三日臨廠巡視一周。鐵廠出鐵在國内外引起强烈反響，西方人甚至視此為中國覺醒標誌，驚呼「黄禍」將臨[二]。張之洞則宣稱：「鄂省奉旨設廠煉鐵，實為中國創辦之事……今日之軌，他日之械，皆

〔一〕張繼煦《張文襄公治鄂記》。

〔二〕《東方雜志》第七年第七期，譯西報《論漢陽鐵廠裝運鋼鐵出口將為歐美二洲實在之中國之黄禍》。

本乎此。總以將來軍旅之事，無一仰給於人為斷。」[一] 漢陽鐵廠先於日本八幡製鐵所七年，是亞洲第一家兼采鐵礦、煉鐵煉鋼、采煤三大端的鋼鐵聯合企業。張之洞為其建設，「撫輯羣情，綏靖謡諑，家喻户曉，艱險備嘗，始終罔懈。歷經四年，始竟全功。」[二] 鐵廠初成，生産形勢一度不錯，也刺激了湖北民族工業的勃興。但由於管理不善，生産成本居高不下，虧折甚巨，而所聘洋員又一再更易，原料燃料供應也未獲妥善解決，鐵廠難以為繼。一八九五年，張之洞擬交洋人「包辦」，遭湖南巡撫陳寶箴等物議而未果。又於一八九六年奏准歸直隸津海關道盛宣懷招商承辦。一九〇八年，也即張去世前一年，盛宣懷合漢陽鐵廠、大冶鐵礦、萍鄉煤礦為漢冶萍煤鐵廠礦公司，德、日皆有投資，「外人覬覦，外資侵入」，張之洞力倡的民族鋼鐵工業淪為列强的囊中物。

與鐵廠自粤移鄂相同時，在醇親王奕譞支持下，將原定設於廣東的槍炮廠移建於湖北漢陽龜山下，亦由蔡錫勇兼領其事。一八九〇年部分機器由德國啓運來華。翌年，與出使俄、德、荷大臣許景澄往返電商，將連珠槍設備改為小口徑槍機器，以適應漢陽鐵廠鋼料性質。以後，又向德國增訂制造炮架、炮彈、槍彈機器。一八九四年六月槍炮廠落成，一八九八年添設鋼藥廠。一九〇四年槍炮廠改名湖北兵工廠，為中國第一家具有完備系統的軍火工廠，「植中國軍械專廠之初基」[三]。軍工生産不是商品生産，所製槍炮多由清政府無償調撥，每年的浩大開支，成為湖北的沉重負擔。張之洞為槍炮廠經費問題多方呼號，四處羅掘，除江漢關洋税銀外，還要取給於地方財政收入，然仍不敷需用，只得舉借外債，并挪用官辦民用工業利潤。

一八九〇年，在武昌文昌門外設湖北織布官局，題楹聯云：「布衣興國，藍縷開疆」。織布局首批機械也由廣東隨遷湖北，後又與出使英國大臣薛福成電商，添購紡機。一八九一年在文昌門外建

〔一〕〔二〕《鐵廠著有成效請奬出力各員摺》，《張文襄公全集》卷三四。

〔三〕吴禄貞等《湖北請建專祠摺》，《張文襄公榮哀録》卷一。

廠，翌年底開工，產品暢銷湖北、四川、湖南城鎮，「略分洋利」，漢口進口洋布大減。一八九四年，上《開設繅絲局片》，年底在武昌望山門外購地設廠。一八九八年，在武昌平湖門外購地建製麻局。以上布、紗、絲、麻四局均在武昌沿江一帶，占地一萬六千餘方，用款六百餘萬兩，歷時七年方基本建成，為華中最大紡織中心。紡織業能夠贏利，但張之洞意在挪其利潤彌補鐵廠、槍炮廠虧空，導致布紗絲麻四局因官款支絀，不易維持，遂於一九〇二年招商承辦，這便是後來的「應昌有限股份公司」。近人總結張之洞興辦工業的功過得失時説：「（張之洞）在粤在鄂皆鋭意提倡織布煉鐵，漢陽之鐵政局，武昌之織布、紡紗、製麻、繅絲四局，規模之大，計劃之周，數十年以後未有能步其後塵者。惜所用非人，不能興利，反為外資輸入之階，亦中國新工業之大不幸也。」[一]

建立洋操洋械的近代化軍隊以增强朝廷軍力，應付外患内憂，是洋務運動的又一基本目標。張之洞自出任封疆之始，即高度重視「整軍經武」，而這種努力是在一八九四年以後正式展開的。該年中日戰争爆發，兩江總督、湘系宿將劉坤一以欽差大臣駐節山海關，清廷調張之洞署理兩江。張抵達江甯，立即巡閲江防，購置新式後膛炮，建築西式炮臺，并與主戰的湘系集團結盟，同主和的淮系集團相抗衡，力阻和議，反對割讓臺灣，又懇求英、法、俄抑制日本侵略兇焰，均未獲結果。甲午之役淮、湘練勇每戰必敗，使張之洞深受震撼。一八九五年七月上奏朝廷，提出救治「眉睫之患」的九條辦法，第一條便是編練新式陸軍。同年十一月，在江甯成立自强軍，效德國練兵之法，募洋弁洋將，在招兵、訓練、建制諸方面均不同於舊式勇營，一改清軍單一化的落後現象。除馬隊、步兵外，設置炮兵和工程兵，各營還配有醫官、槍匠、獸醫等技術人員。鑒於中國軍官缺乏軍事知識，仿照德制，於一八九五年底在江甯創辦陸軍學堂，聘德國軍官五人充任教習。該學堂畢業生成為湖北及其他省份

[一] 楊銓《五十年來中國之工業》。

新軍的骨幹。一八九六年初，調回湖廣本任，自强軍交劉坤一賡續成之，是與胡燏棻在天津練定武軍（袁世凱擴練新建陸軍）同為清末最早出現的洋操新軍，後并入北洋六鎮。

張之洞視練洋操軍為「身心性命之學」，返任湖廣後，以更大規模編練新軍。初以從兩江奏調回鄂的護軍營為基礎，選募新兵，組成護軍前營、後營，工程隊一哨。不同於江南自强軍的是，這支軍隊不任洋員作軍官，只委其當教習。初仿德軍編制，一九〇二年後改聘日本教習，仿日本軍制。一九〇三年，清廷推行「新政」，設練兵處。一九〇五年，練兵處計劃在全國編練三十六鎮（師），至辛亥革命前夕，編成十三鎮，湖北占一鎮一混成協，這便是陸軍第八鎮（鎮統張彪）和暫編第二十一混成協（協統黎元洪），共稱「湖北新軍」，是實力僅次於北洋六鎮的第二支强大新軍。湖北新軍區别於舊式軍隊的特徵是：一、裝備和訓練全為洋式。二、淘汰老弱和兵痞，對入伍者有較嚴格的文化、年齡、體質要求。三、軍官多由軍事學堂出身者擔任，為此，張之洞在湖北設置多所軍事學堂，并派遣軍事學堂學生出國留學。這一切使湖北新軍脱離中世紀故道，邁入近代新式軍隊行列。清末全國各省新軍秋操，湖北新軍成績最優。張之洞又不同於北洋六鎮的組訓者袁世凱一類軍閥型人物，他并未將湖北新軍孳孳經營為私家武裝，對其控制比較鬆弛，客觀上為新軍中聚集的大量知識青年和貧苦農民接受革命黨人影響提供了某種方便，使得湖北新軍成為反清革命的重要温牀，這自然與張之洞「執干戈以衛社稷」的治軍願望相違背，正所謂「種豆得瓜」。

張之洞痛感通曉近代事務的人才缺乏。為着「興學求才」，他在總督兩廣、湖廣，暫署兩江的二十餘年間，改制書院、創設學堂、倡導游學，建立圖書館和報社，文教事業極一時之盛。他本人則在朝野贏得「第一通曉學務之人」的盛名。一八九〇年，在武昌創辦兩湖書院，取湖北、湖南兩省士子入學，除經學、史學等傳統課目外，還開設天文、地理、數學等學科。這類書院「中學為體，西學為用」，是通向新學堂的過渡形態。一八九五年張之洞暫署兩江期間，直接興辦一系列新學堂，如江甯儲才學堂、陸軍學堂（内附鐵路專門學堂），恢復水師學堂，在江西高安辦蠶桑學堂。同年七月上《籲請修備儲才摺》，提出多選才俊之士分派游歷各國，并選派學生四十名，分赴英、法、德三國留學。一八九六年初，張之洞從兩江返任湖廣，更大規模地興辦學堂，一類為專業學堂，如自强學堂（武漢大學前身）、方言學堂、農務學堂、工藝學堂、湖北駐東鐵路學堂等；二類為軍事學堂，如武備學堂、武普通中學堂、將弁學堂等；三類為師範學堂，如湖北師範學堂、兩湖總師範學堂、師範傳習所、支郡師範學堂等；四類為普通學堂，如湖北初等小學堂、文普通中學堂、文高等學堂等；五類為婦幼學堂。與此同時，又力倡游學，其派遣重點則由西洋轉向東洋，至二十世紀初葉，湖北留日學生達數千人之多，名列各省前茅。

在興辦教育的過程中，深感圖書館事業的重要，遂於一九〇四年八月，在武昌長街三佛閣設立「學堂應用圖書館」，又擴充兩湖總師範學堂的南北兩書庫，此為湖北圖書館前身。對於近代新聞的「利器」報紙，張之洞也頗為重視，一八九八年，在其贊助下，漢口商務局辦《湖北商務報》。在此前後，漢口、武昌出現一批民營報紙，如《楚報》、《湖北日報》，每以犀利筆鋒批評清廷。張之洞為抵制民間報紙的「犯上作亂」，於一九〇一年底指令《武昌商務報》兼辦《湖北官報》，其體制由張親訂，且「幕前擬稿，偶不愜意，輒令重改，再三不厭。」[一]

十九世紀的最后幾年，張之洞於湖廣、兩江經理各項洋務實事的同時，也以老謀深算的重臣身份，參與此間譎詭幻化的政治鬥爭。在第一次暫署兩江期間，因甲午戰爭中方慘敗的刺激，康有為等人受帝黨支持，於一八九五年八月在北京組織强學會，力倡「變法」，張之洞捐五千金，列名北京强學會。十月，康有為南下江甯，運動張之洞出面設立强學會上海和南京分會，張「頗以自認」，遂為

[一] 戈公振《中國報學史》第二章。

上海强學會發起人。不久，慈禧在北京壓迫强學會，將帝師翁同龢的兩名重要助手革職，示帝黨以顔色。張獲悉后黨反攻消息，立即改變對强學會的態度，藉口不同意康有為的「孔子改制」説，下令封查上海强學會和《强學報》，授意以該報餘款交汪康年，由梁啓超、黄遵憲、汪康年等於一八九六年八月在上海創辦《時務報》。該旬刊以宣傳維新變法、救亡圖强為宗旨，數月間，風靡海内外。已於一八九六年二月返任湖廣的張之洞曾對《時務報》表示特别的器重，札飭湖北全省官銷，并著文贊揚該刊「有裨時政，有裨學術，為留心經世者必不可少之編」，「實為中國創始第一種有益之報」[一]。《時務報》創刊發行期間，維新變法運動正向縱深進展，光緒帝也愈益明確地予以贊許，張之洞便試圖密切同維新派的聯係。一八九七年元月邀請《時務報》撰述（主筆）梁啓超訪鄂，待為上賓。然而，《時務報》犀利的政論文章又常常引起張的驚恐，尤其是一八九七年十月該刊第四十册所載梁啓超《知耻學會叙》，譴責清廷喪權辱國。張立即致電陳寶箴、黄遵憲，稱梁文「太悖謬」，并令「此册千萬勿送」，又授意梁鼎芬致函汪康年，掣肘梁啓超。第五十六册以後，該刊即為汪康年、梁鼎芬控制，宗旨大變。對于湖南維新派組織南學會及《湘報》、《湘學報》等維新刊物，張也是始而支持，繼而扼殺。

隨着維新變法的深入，堅守綱常名教的張之洞與這個運動的矛盾愈益尖鋭。同時，他又「深窺宫廷齟齬之情與新舊水火之象」[二]，十分注意實權在握的后黨的動向。既由其思想學説必然所致，又從「預為自保計」，張之洞在幕僚的協助下，於一八九八年四月撰成《勸學篇》四萬餘言，分内外篇，「内篇務本，以正人心；外篇務通，以開風氣」。所謂「本」，指有關世道人心的綱常名教，不能動摇；所謂「通」，指工商學校報館諸事，可以變通舉辦。全書在兩條戰綫作戰，既批評頑固派的「守

[一]《飭行全省官銷時務報札》，《時務報》第六册。

[二]《張文襄公大事記·張文襄公之學術》。

舊」、「不知通」，也批評維新派的「菲薄名教」、「不知本」，企圖在兩者間另尋別途，這便是「中學為内學，西學為外學；中學治身心，西學應世事」[一]。即在維護綱常名教的前提下接受西方資本主義的技藝，并以這種新器用來彌補舊道體之「闕」，復起清廷統治之「疾」，以便在新的世界環境中維持下去。這是十九世紀六十年代以降洋務派推行的政治、經濟路綫和所奉行的「變器不變道」文化哲學的系統概括。而《勸學篇》的重心，又在于排擊被他稱之「邪説」的維新派政治理論，尤其是民權論，認定「使民權之説一倡，愚民必喜，亂民必作，紀綱不行，大亂四起」[二]。一八九八年春，邀請樸學殿軍俞樾的高足章太炎來鄂作《正學報》主筆，意在讓章站在古文經學的立場批評康有為的今文經學。但章并不就範，而且在讀到初成的《勸學篇》文稿時頗表不敬，「於上篇不置一辭，獨謂下篇取合時勢。張聞言，意大不懌」[三]。同年春夏之交，章太炎即離鄂赴滬。張章交惡。

正當張之洞撰寫「激忠愛，摧横議」的《勸學篇》之際，北京的變法運動進入關鍵時刻，光緒帝亟欲物色握有實權的重臣支持變法。張之洞雖然已經表現出不贊同康、梁的端倪，但他給人的主要印象仍是「政績昭著」的洋務大吏，且與維新派多有聯係，又是慈禧「手擢之人」，可以為后黨所容，以其作「言新者領袖，既可彈壓羣倫，且能調合兩宫」[四]。這一切使張之洞成為戊戌變法期間光緒帝所矚目的人物，經大學士徐桐推薦，皇帝五月電召張入京陛見，「輔翊新政」。張之洞接旨，欣然起程，行至上海，湖北沙市發生教案，朝廷令張折回本任。此番「内召」被擱置，操縱者是「貴為帝傅」的翁同龢。作為南派清流魁首的翁同龢出於畛域之見，對張之洞素不信任，「會沙市有教案，乃

〔一〕《勸學篇·會通》。
〔二〕《勸學篇·教忠》。
〔三〕馮自由《中華民國開國前革命史》第十四章。
〔四〕《張文襄公大事記·體仁閣大學士張公之洞事略》。

與張蔭桓密謀，中阻」〔一〕。經此曲折，張之洞感受到朝中派系角逐的危險性。九月，陳寶箴擬電總理衙門，建議張之洞入京襄贊新政，張馬上函陳力辭。當然，張之洞并未置身局外，而以著述干預維新運動。六月十一日光緒帝詔定國是，十六日召見康有為，決定變法。慈禧則針鋒相對，迫令光緒帝將翁同龢開缺回籍。光緒帝股肱頓失，「上制於西后，下壅於頑臣」，無所措手足。在這一微妙時刻，張之洞的門生、翰林院侍讀學士黄紹箕將《勸學篇》進呈。七月二十五日，光緒帝「詳加披覽」，認為「持論平正通達」，慈禧亦十分賞識，遂以聖諭形式下令軍機處給各省督撫學政各一部，要求他們「廣為刊布，實力勸導，以重名教而杜卮言」。《勸學篇》作為「欽定維新教科書」，「挾朝廷之力以行之」，「不脛而遍於海内」，刊印不下二百萬册，并先後譯成英文、法文在歐美出版。九月，慈禧發動政變，幽禁光緒帝於中南海瀛台，捕殺譚嗣同、楊鋭等「六君子」，通緝康有為、梁啓超。張之洞曾為楊鋭奔走説項，稱其「素非康黨」，懇請王文韶、陳夔龍等「鼎力拯救」，無效。其時陳寶箴等支持變法的官員遭罷免，亦有朝臣稱張之洞贊助過維新派，應予追究，終因其「以先著《勸學篇》，得免議」。頑固派蘇輿編輯《翼教叢編》以聲討維新運動，選録《勸學篇》的『教忠』、『明綱』、『知類』、『正權』諸篇。另一頑固派葉昌熾更贊《勸學篇》為「拯亂之良藥」。

百日維新被扼殺於摇籃，在中國實行「明治維新」式的自上而下的近代化改革的通路被堵塞，革命派進一步堅定了武裝推翻清廷，建立民主共和國的信念。同時，在帝國主義瓜分狂潮刺激下，農民為主體的下層民衆以迷信形式組織起來，宣泄反帝怒濤，這便是一八九九年至一九〇〇年席捲半壁中國的義和團運動。清廷内部對義和團分「主撫」、「主剿」兩派。頑固派如端郡王載漪、軍機大臣剛毅、大學士徐桐等主張招撫義和團，利用其制止列强扶保光緒帝；而與列强有千絲萬縷聯繫的洋務派

〔一〕黄尚毅《楊叔嶠先生事略》。

則主張剿辦義和團，以「杜外人借口」。時任湖廣總督的張之洞是主剿最力者之一，明示對於義和團唯有「格殺勿論」。

久任疆吏的張之洞其實力地位日益依賴列强支持，因而抵禦外侮的態度漸趨軟化。一九〇〇年八國聯軍入侵京師，張之洞一反中法戰爭、中日戰爭期間抵抗派健將的固有風格，與劉坤一等東南督撫始而諫阻朝廷對外宣戰，繼而在自己轄區抵制朝廷的宣戰上諭，并與英、美等列强籌劃「互保」協議。經英國駐上海總領事華倫策動，盧漢鐵路大臣盛宣懷致函兩廣總督李鴻章、兩江總督劉坤一、湖廣總督張之洞，希望這些地方實力派對於清廷的「招拳民禦外侮」的電詔「萬勿聲張」，又「趁未奉旨之先」，由劉坤一、張之洞會同電飭上海道與各國領事訂約。張之洞、劉坤一立即采納此議，并委託上海道臺出面與英國駐上海領事訂立《東南互保章程》，盛宣懷則「奉南洋大臣劉、兩湖督憲張電示」，向東南各省督撫宣布這個章程。此刻的張、劉儼然以東南首腦對鄰省發號施令，并以「互保派」盟主身份向朝廷宣布「東南互保」宗旨。此後一段時間，以張、劉為首的東南督撫組成一個獨立於朝廷之外的權力中心，不僅拒不向入侵京津的列强作戰争狀態，且對中央的調兵求援諭旨置若罔聞。此後，「互保」範圍由長江中下游擴大到浙江、福建、廣東、四川、陝西、河南、山東等十餘省，朝廷全然失控。滿洲親貴對李鴻章、劉坤一、張之洞等漢族疆吏的「抗命」恨之入骨，提出「誅三凶」口號，企圖收回李、劉、張的權力。但由於列强背後支持，李、劉、張又實權在握，敢於有恃無恐地「犯顔抗命」，朝廷也莫奈其何。時人評説：張之洞在庚子年間「所處之地位，不啻為南方各省之總統。」[二] 而這一現象正標誌着清廷權威的急劇跌落。

在策劃「東南互保」之際，老謀深算的張之洞仍然對朝廷預留地步，特别是當西逃的慈禧立住脚

〔二〕《張文襄公大事記·外人對於張文襄公評論》。

根，列强無意抛棄時，張之洞更竭力修補裂痕，一方面派員赴西安「恭請聖安」，呈進方物，另一方面，「擒誅」自立軍首領唐才常等，向慈禧貢奉一份效忠禮。一八九九年，唐才常在日本受康、梁和孫中山的雙重派遣，偕林圭、吴禄貞、傅慈祥等回國舉事，先聚於上海，後潛往兩湖。一九〇〇年八月，唐才常抵達漢口英租界，企圖利用「東南互保」形勢，建立「東南自立之國」。張之洞表面與自立軍周旋應酬，對其兩湖獨立主張不置可否，同時又派遣「水客」刺探内情，嚴密監視自立軍動向。八月下旬，自立軍準備在漢口、漢陽、武昌三處同時舉義，此時英國在華中策劃「獨立」的圖謀因俄、德、法反對而告吹，以慈禧為核心的清廷得以「保全」。張之洞在大局明朗之後，立即派親兵在英租界捕獲唐才常、傅慈祥、林圭等二十人，隨即將其在武昌殺害。時人評議：「中國維新之機，西太后挫之於北京，張之洞戕之於漢口。」[一] 由此，愛國志士利用漢族督撫反清的構想徹底破滅。要救國，唯有武裝革命一途。這是張之洞庚子年間的行徑留給國人的教訓。

義和團運動和八國聯軍入侵使清王朝幾乎「宗社傾覆」，清朝統治者於深創巨痛中深感必須「改弦更張」，慈禧也在撲滅戊戌變法一年多以後，撿起「變法」旗幟，舉辦「新政」。一九〇一年設立「督辦政務處」作新政主持機構，而張之洞以遥領「參預政務大臣」身份，投入被稱之「第二次洋務運動」的清末「新政」。這次「新政」，同第一次洋務運動一樣，其操縱者表面是朝廷的滿洲親貴（前次為恭親王奕訢，這次為慶親王奕劻），但實際發揮作用的是漢族疆吏（前次為曾國藩、李鴻章、左宗棠，這次為劉坤一、張之洞、袁世凱）。劉於「新政」展開不久病故，張之洞和袁世凱是「新政」的真正主角。

一九〇一年元月，朝廷頒布《變法詔》，要求大臣就變法事宜「各抒所見」。時任湖廣總督的張之

〔一〕趙振《説敗》，《清議報》第八七期。

洞初擬聯合各省督撫會奏，劉坤一推薦張執筆起草。正在醖釀間，山東巡撫袁世凱收到慈禧、光緒從「行在」西安發來的電報，得知朝廷希望大臣「各抒所見」，不必「聯銜入告」，袁於五月搶先單銜具奏，張之洞便「薈萃衆説，斷以己意」，撰成奏稿，七月與劉坤一聯銜上奏三摺，合稱《湖廣、兩江總督會奏三疏》。在著名的「變法三疏」中，張之洞針對「大局幾危」的嚴峻局勢，强調「變法」的必要，并在「變法疏議」第一摺提出「興學育才」的四大端，「一曰設文武學堂，二曰酌改文科，三曰停罷武科，四曰獎勵游學。」〔一〕第二摺提出「整頓中法十二條」；第三摺提出「采用西法十一條」，包括廣派游歷，練洋操，勸工藝，譯東西書等，内容近於《勸學篇》外篇，不過進一步指出變法須「以仿西法為主」，并申述其與洋務運動一脉相承，「大率皆三十年來已經奉旨陸續舉辦者」〔二〕。同年十二月，張因「東南互保」賞加太子少保。慈禧、光緒還京。

一九〇二年（光緒二十八年）七月，兼充督辦商務大臣。十月，劉坤一病故，張奉上諭署理兩江。第二次兩江之任為時甚短，主要政績是設兩江學務處，奏設三江師範學堂（南京大學、東南大學前身），與袁世凱會奏「變通科舉」，議定滬寧鐵路借款合同，整頓淮鹽積弊，奏陳江南製造局移於内地。這些興革都是「變法三疏」的具體化。一九〇三年三月，返回湖廣本任，後參預處置「蘇報案」，力促從上海租界區引渡章太炎、鄒容，予革命黨以重懲。

一九〇三年朝廷籌議學制改革，管學大臣張百熙奏請添派素以「知學」著稱的張之洞會商學務。五月，張之洞赴京，實際主持一系列教育制度的制訂工作。八月奏定《約束出洋游學生章程》、《獎勵游學生章程》，十二月奏呈《重訂學堂章程》，同年清廷頒布《奏定學堂章程》。因該年是癸卯年，這個學堂章程提出的學制通稱「癸卯學制」，并且是在上年制定的「壬寅學制」基礎上，參酌東西洋各

〔一〕《變通政治人才為先遵旨籌議摺》，《張文襄公全集》卷五二。
〔二〕《遵旨籌議變法謹擬采用西法十一條摺》，《張文襄公全集》卷五四。

國學制而形成的我國第一部較完備、并付諸實施的近代化學制。這一學制的諸章程，由曾經赴日考察的陳毅草擬，張之洞親自審定，故王國維説：「今日之奏定學堂章程，草創之者沔陽陳君毅，而南皮張尚書實成之。」[一]

北京會商學務八個月後，張之洞於一九〇四年初返鄂。他一面在湖北孜孜於「新政」，一面眼觀朝局，謀劃進退應對之策。其時中樞已無得力漢族重臣，舉朝内外，從實力和聲望言之，只有張之洞、袁世凱堪負此任，二人於一九〇七年同時入樞。七月，張之洞補協辦大學士，仍留湖廣總督任，又著充體仁閣大學士；九月著補授軍機大臣，同月入京，兼管學部。「入閣拜相」加上「入參軍機」，張之洞歷官四十餘年後，終於登上清朝行政職官的極峰，被倚為「朝廷柱石」。

張「入樞」前後，清廷滿洲貴胄正在强化特權，排斥漢官。張從清朝的長治久安着想，力求「化除滿漢畛域」。一九〇八年（光緒三十四年）十一月，光緒、慈禧相繼亡故，溥儀登位（明年改元宣統），張之洞賞加太子太保銜。以攝政王載灃為首的貴胄乘皇位更迭之機集權，親貴聯翩用事，張之洞「固争以為不可」，然載灃不納，一意扶植「少壯親貴集團」，從而動摇了清王朝維系二百餘年的基石——滿洲貴族與漢族地主階級的聯合統治。較富遠見的張之洞意識到這無異於自殺，所以反復抗争，終「因孤掌難鳴，不得已而萌退志」。清末朝廷滿漢争權的焦點集中在袁世凱身上。袁於戊戌間曾出賣光緒帝，為光緒一系親貴所深恨。同時，作為漢官的袁世凱占據軍政外交要津，亦為少壯貴胄所不容，故溥儀即位之初，朝中「除袁」呼聲頗高。張之洞則力陳不可，他向載灃指出，袁負練兵重任，京畿為其勢力所在，倘處置不慎，非國家之福。載灃權衡再三，不敢貿然殺袁，遂以袁「患足疾」為詞，「着即開缺，回籍養疴」[二]。這就避免了清廷内部滿漢間的火并，却為袁氏日後東山再起埋

[一] 王國維《奏定文科大學章程書後》，《教育世界》第一一八期。

[二] 《宣統政紀》卷四。

下伏筆。

對於清末的「預備立憲」，張之洞持相當保留的態度，除因張素來力主「倡君權，抑民權」外，還由於他深知清廷貴胄高倡「立憲」，策劃「外官改制」，意在從漢族疆吏手中收權，故張之洞特別聲明「鄙人斷斷不敢附和，倡議者必欲自召亂亡」。一九〇六年七月，端方等游歐美返滬，致電張之洞徵詢對立憲的意見，張覆電稱「此時實不敢妄參末議」。張入閣後，「預備立憲」已成定局，他便轉而作出襄贊姿態，引起立憲黨人的關注，「政聞社」健將彭淵洵，以及康有為、梁啓超均寄望於張，企圖借重其力推行憲政。此刻張之洞也儼然憲政魁首，成為各省成立諮議局的重要推動者。

「路政之争」是清末社會矛盾的又一焦點。一九〇四年，張之洞奏請從美國合興公司手中收回粵漢鐵路修築權，并出面向港英當局借款一百萬英鎊作贖金。一九〇五年，在武昌召開鄂、湘、粵三省紳商代表會議，但隨即拋棄鐵路商辦計劃，力主官辦。張之洞晋京入參軍機，粵漢鐵路因資金缺乏而停頓。一九〇八年七月，清廷决定收路權歸中央，任命張之洞為「粵漢鐵路督辦大臣」，十二月又命其兼督鄂境川漢鐵路。張接任伊始，即宣布將各省商辦鐵路「由官收回」。而朝廷財政窘困至極，「官辦」實際是「借外債辦」的代名詞，激起鄂、湘、粵、川紳商和全國民衆的抗議。湖南諮議局初選議員八百二十人致電張之洞，聲稱「鐵道借款，湘人决不承認」；以往比較沉寂的湖北也掀起拒款運動，成為以後震撼全國的「保路風潮」的前奏。

一九〇九年（宣統元年），充實録館總裁官。六月，患肝病，服藥無效，仍勉强入朝辦公。攝政王載灃一味任用皇室親貴，滿漢鴻溝日深，張之洞「憂形於色」。九月，肝痛加劇，奏請開去各項差缺。十月四日，載灃親臨探視，張之洞在載灃離去後向老友陳寶琛嘆曰：「國運盡矣」。彌留之際告誡子孫：「勿負國恩，勿墮家學，勿争家産，勿入下流」。并説：「吾生平學術行十之四五，政術行之五六，心術則大中至正已」。復改「政術」為「治術」。語畢而卒，終年七十二。十月六日，郡王銜貝勒載濤帶領侍衛十員，往張靈奠祭，宣布加恩予謚文襄，晋贈太保。翌年，棺椁歸葬南皮。

張之洞誕生於第一次鴉片戰争前三年，辭世後兩載，辛亥革命爆發，歷時二百六十七年的清王朝以及沿襲兩千餘年的專制帝制轟然坍塌。這位幾乎與中國近代史共始終的人物，以清流健將現身政壇，繼以洋務殿軍給晚清政治、經濟、軍事、外交、教育諸側面打上深刻烙印。作為學宗漢宋、新舊雜揉的著作家，他又給近世中國思想文化領域造成久遠影響。張之洞執着於儒教理想，「通經為世用，明道守儒珍」為其奉行始終的圭臬；同時，他又通權達變，并不泥古迂腐，集「儒臣」與「能吏」於一身，兼「衛道」與「開新」於一體。李鴻章自稱「喜談洋務乃聖之時」，張之洞雖與李屢生扞格，却同樣也是這類「聖之時者」。面對新的時代風雲際會，他苦心孤詣於「保國」、「保種」、「保教」，試圖并采中外，會通新舊，按「中體西用」模式規範中華文化的走向，其「持危扶顛之心」昭然於世，而其客觀效果又往往與主觀動機大相徑庭，他久任封疆的湖北竟成為辛亥革命的首義之區，正是這種「二律背反」的典型表現，人稱其「種豆得瓜」，道出了個中真諦。

張之洞擅長古文政論，兼擅詞賦。任事數十年，筆耕未輟，其奏議、函牘、論著、詩詞達千萬言，具有廣泛的文獻價值。一九二八年（民國十七年）北平文華齋刻本《張文襄公全集》計二二九卷，為當時集大成之本，然仍未能盡囊遺文。今次武漢出版社印行《張之洞全集》，輯録了目前所能得到的全部張之洞文獻。這篇小傳，或許有助于對上述文獻的解讀。

後記

一九八七年六月，湖北人民出版社約請我主持編輯《張之洞全集》。這與我多年的心願不謀而合，於是欣然接受，開始物色編輯人員。一九八八年十一月，由於湖北省原副省長陳明的關注和推動，這項工作被列為湖北省社會科學研究重點項目，給予資助，收集資料工作得以正式啓動。一九八九年四月本書編輯組成立，通過《凡例》和《編輯整理工作細則》。一九九一年和一九九六年，該書被列為國家「九五」、「十五」出版計劃重點圖書。從一九九五年起，我們開始向湖北人民出版社送交書稿。二〇〇一年十月，出版計劃突然中輟。次年九月，在張之洞與武漢早期現代化國際學術研討會上，章開沅教授在發言中提及此事，與會的武漢市政協主席劉善璧當即表示願意促成該書的出版，隨即得到武漢市人民政府市長李憲生、中共武漢市委宣傳部部長張岱梨等同志的支持，指示武漢出版社接手出版此書。峰迴路轉，柳暗花明，我們倍感欣喜。該市和出版社為此投入大量資金。彭小華社長任此項目的責任人，副社長洪濤統籌協調，總編輯助理潘長勝等十餘位編審、副編審精心編校。他們的辛勤工作，使本書得以減少諸多疏失。

二〇〇四年十月，本書的編輯出版又納入國家清史編纂委員會清代文獻整理項目，受到該編委會文獻組、出版組、項目中心多位專家的熱情關懷和服務，特別是王汝豐教授全程式的指導與幫助，使我們深受其益。

本書之成，有賴吴劍杰、馮天瑜、周秀鸞、薛國中、谷遠峰、彭忠德等六位教授和魯毅、李珠兩位副教授積年的艱辛勞作。他們鍥而不捨、精益求精的工作態度令我感動。能與這八位教授合作成就這一盛舉，是我人生中的一大幸事。

本書文獻的收集，由我提供主要綫索，組織全組人員動手。在方法步驟上，按先易後難、先近後遠、先大宗後零散的原則進行。先是收集各種版本的張之洞論著；逐期查閲《京報》與《申報》的有關部分，查閲已出版的檔案文書、史料集、私人文集、年譜、方志、族譜諸書；到可能藏有張之洞文獻的貴州、河北、北京、山東、河南、浙江、湖北、四川、山西、廣東、海南、廣西、湖南、江蘇、上海、安徽、江西、福建等省市，每到一地都去檔案館、圖書館、博物館，方志館（辦公室）、文史館和部分高等學校、科學研究機構搜尋，並走訪有關專家與人士。粗略計算，在收集資料過程中，幫助過我們的單位八十多個，朋友一百多人。單位中，如中國社會科學院經濟研究所，無償提供所藏近三百萬字文獻資料，風格高尚，難能可貴。朋友中，如班耀波副教授在一九八九年至一九九一年的三個暑假里，奔波在北京幾十個單位之間，沐雨梳風，艱苦備嘗。他們的慷慨無私和樂於助人使本書的文獻得以豐富。

對為本書作過貢獻的各位領導和朋友，他們的卓識、仁心與辛勞，一一銘刻我心。由於人數衆多而篇幅有限，未能臚舉，祈求諒宥。在本書出版之日，謹表衷心謝意，并熱忱邀請他們與我們共享成果問世的喜悦。

趙德馨

二〇〇七年十二月三十日